Paulo Freire

Waxmann Verlag GmbH
Steinfurter Straße 555, 48159 Münster
info@waxmann.com

Interaktionistischer Konstruktivismus

herausgegeben von
Kersten Reich und Stefan Neubert

Band 9

Waxmann 2010
Münster / New York / München / Berlin

Kira Funke

Paulo Freire

Werk, Wirkung und Aktualität

Waxmann 2010
Münster / New York / München / Berlin

Bibliografische Informationen der Deutschen Nationalbibliothek
Die Deutsche Nationalbibliothek verzeichnet diese Publikation in der
Deutschen Nationalbibliografie; detaillierte bibliografische Daten sind
im Internet über http://dnb.d-nb.de abrufbar.

Die vorliegende Arbeit wurde von der Humanwissenschaftlichen Fakultät der
Universität zu Köln als Dissertation angenommen.

Interaktionistischer Konstruktivismus, Bd. 9

ISSN 1612-6572
ISBN 978-3-8309-2355-8

© Waxmann Verlag GmbH, 2010
Postfach 8603, 48046 Münster

www.waxmann.com
info@waxmann.com

Umschlaggestaltung: Pleßmann Kommunikationsdesign, Ascheberg
Titelfoto: © Ana Maria Araújo Freire
Druck: Hubert & Co., Göttingen

Gedruckt auf alterungsbeständigem Papier, säurefrei gemäß ISO 9706

Mix
Produktgruppe aus vorbildlich bewirtschafteten
Wäldern und anderen kontrollierten Herkünften
www.fsc.org Zert.-Nr. SGS-COC-005773
© 1996 Forest Stewardship Council

Meinen Eltern

Vorwort von Kersten Reich

Paulo Freire (1921–1997) kann heute als einer der jüngeren Klassiker der Pädagogik angesehen werden. Dies gilt vor allem in einem übergreifenden Sinne, da er sowohl für einen Teil jener Länder, die in der Entwicklung noch stark von den wohlhabenden Industrieländern entfernt sind, sehr bedeutsam wurde, zugleich aber auch von Pädagogen der Industrieländer breit rezipiert wurde. Einerseits ist sein Werk stark politisch motiviert, um aus einer Politik der Unterdrückten heraus eine Reform/Revolution über die Pädagogik aus der Kultur Brasiliens heraus zu erreichen, andererseits verbindet er dabei reformpädagogische, christliche, kulturtheoretische und sozialpädagogische Ansätze zu einem eigenen pädagogischen Ansatz der Befreiung, der ihn berühmt für Anhänger und Kritiker vor allem auch in den entwickelteren Industrieländern gemacht hat. Diese Doppelbedeutung des Werkes und der Rezeption muss immer mit beachtet werden.

Kira Funke stellt sich mit ihrem Buch die Aufgabe, die erste umfassende wissenschaftliche Arbeit über das Werk, die Wirkung und die Aktualität von Freire in systematischer Form vorzulegen. Dies war ein schwieriges Unterfangen, da sie dazu nicht allein auf die deutschen Übersetzungen zurückgreifen konnte, sondern sich den portugiesischen Originalschriften, den englischen Schriften und erst in zweiter Linie den deutschen Übersetzungen zu stellen hatte, um die Breite des Werkes hinreichend zu erfassen. Die Breite und Tiefe des Unternehmens verlangte zudem, dass sie nach Brasilien reisen und ein eigenes Archiv anlegen musste, um die gestellte Aufgabe umfassend und grundlegend zu bewältigen. Dies ist ihr insgesamt in außergewöhnlicher Weise gelungen. Ihre Arbeit wird künftig als Standardwerk in der Freire-Forschung nicht nur im deutschen Sprachraum gelten.

Kira Funke geht in überzeugender Weise in der Argumentation nachfolgend in sieben Schritten vor:

Kapitel 1 beschreibt das Leben, Denken und die Zeit von Freire sowohl biografisch als auch in den historischen und ideengeschichtlichen Verbindungen, die wesentlich zum Begreifen und zur Einordnung des Autors sind. Mit dieser Herangehensweise eröffnet die Verfasserin einen sehr guten Einstieg in das Thema, der zugleich von einer profunden Literaturkenntnis zeugt. Sie erfasst alle relevant erscheinenden bisherigen Forschungen zu dem Thema und arbeitet diese akribisch in die eigene Argumentation ein. Leserinnen und Leser erhalten so einen guten Einstieg in das Werk, wobei die Darstellung auf wesentliche Aspekte beschränkt und damit zielorientiert bleibt.

Kapitel 2 analysiert Freires Gesellschafts- und Menschenbild in kritischer Betrachtung. Hier ist es eine große Chance für die Forschung, dass Frau Funke keine Haltung als blinde Anhängerin einnimmt, sondern von einer kulturkritischen und konstruktivistisch geprägten Erkenntniskritik ausgeht, um die Position Freires einerseits objektiv darzustellen, aber andererseits auch mögliche Defizite nach Begründung und Geltung aufzuklären, so wie sie aus heutiger Sicht eines aufgeschlossenen und kulturtheoretisch orientierten Konstruktivismus erscheinen. Für die Anhänger Freires, die sein Werk eher als Appell rezipieren, wird aufgezeigt, mit welch eklektizistischer Methode und mit welch mitunter leider auch mangelnder wissenschaftlicher Sorgfalt die Begründungsdiskurse bei Freire teilweise im theoretischen Bezugskreis geführt werden, ohne dass jedoch die praktische Wirksamkeit des Ansatzes und sein Erfolg damit bestritten werden. Der Verfasserin gelingt es, in wohlwollender Kritik zwar wesentliche Schwachstellen anzusprechen und offen zu diskutieren, aber sie vermeidet jede Besserwisserei und zeigt die vorhandenen Stärken des Ansatzes auch durchgehend auf. Dadurch, dass sie die komplette Breite der Schriften beachtet, gelingt es ihr zugleich, das Bild über Freire gegenüber dem bisherigen Stand der Forschung zu differenzieren und insgesamt neu einzuschätzen. Die Gliederung in Freire als christlicher Aufklärer (inklusive anthropologischer Grundlagen), als linker Modernisierer und als moderner Postmoderner ist wahrscheinlich für viele bisherige Rezipienten überraschend, aber sie ist als sehr gelungen zu bezeichnen und bietet eine gute Systematisierung auch der verschiedenen Etappen des Werkes. Darstellung und Kritik sind zudem transparent unterschieden. Insgesamt glaube ich, dass dieser Teil, der auf theoretische Grundlagen bei Freire eingeht, sehr deutlich zu zeigen vermag, inwieweit viele Theoriebezüge bloß oberflächlich bleiben, dass dies aber nicht umgekehrt zu einer Unterschätzung der vor allem pädagogischen und politischen Wirkungen verleiten darf, die sich unabhängig von der Begründetheit theoretischer Herleitungen im Detail in der Wirkung Freires auf andere zeigen.

Kapitel 3 ist der Pädagogik Freires gewidmet. Hier werden sowohl Grundbegriffe analysiert, interpretiert, kritisch hinterfragt, aber es wird auch Bezug auf die Praxis der Freire-Pädagogik genommen. Dieser Teil der Arbeit ist als besonders hochwertig einzuschätzen, weil es Frau Funke gelingt, die in Freires Werk sehr verstreuten Argumente und Darstellungen auf einen wesentlichen Kern zu konzentrieren, ohne dabei das Werk insgesamt zu verkürzen oder einseitig auszulegen. Gleichzeitig zeigt sie Problemstellen im Verhältnis zu anderen Ansätzen auf. Darstellung und Kritik sind getrennt, so dass sich auch hier ein leichter Nachvollzug in transparenter Form ergibt. Es liegt im Sinne der Pädagogik Freires, ihn nicht als einen abgeschlossenen Klassiker zu lesen, sondern in veränderten Kontexten auch zu hinterfragen und neue Sichtweisen einzuführen, die durch das Werk angeregt werden.

Kapitel 4, das der Rezeption und Wirkung in Brasilien nachgeht, und Kapitel 5, das die deutsche Rezeption beschreibt, aber auch Kapitel 6, das die Rezeption in der *Critical Pedagogy* für den englischen Sprachraum kurz charakterisiert, runden diese Arbeit in hervorragender Weise ab. Frau Funke hat für diese Teile viele Reisen unternommen, um sich vor Ort aus erster Hand von der Rezeption und Praxis zu überzeugen. Dabei hat sie Erkenntnisse zusammengetragen, die ein für die Forschung über Freire völlig neues Bild zeichnen lassen. Sie gibt einen ersten Überblick über die Vielfalt der Forschungen und Praktiken überhaupt. Überraschend ist vor allem die Lebendigkeit in der brasilianischen Erziehungspraxis, die für die englische und deutsche Interpretation bisher gänzlich unbekannt geblieben ist. Auch wenn Freire eine internationale Rezeption erfahren hat, so ist in der heutigen Wirkung eine lokale Begrenztheit bestimmter praktischer Ansätze zu beobachten als auch eine recht beschränkte Vernetzung der Anhänger, obwohl sie genau ein solches vernetztes Denken oft als größten Wunsch ausdrücken. Freire steht heute paradigmatisch für einen Ansatz, der in der Perspektive eint, der pädagogische Bemühungen und politische Implikationen zusammendenkt und die Frage nach Gerechtigkeit und Bildung grundsätzlich stellt.

In Kapitel 7 gibt Frau Funke einen positiven Ausblick: Trotz einiger kritischer Einwände im nicht immer stimmigen Begründungshorizont des Ansatzes sieht sie den generell positiven Beitrag einer Pädagogik, die heute noch hohe Relevanz hat. Ganz im Sinne Freires können wir eine solche Pädagogik allerdings nicht aus ihren Kontexten einfach lösen, wir können sie nicht einfach für alle Verhältnisse übernehmen, sondern sollten sie stets für unsere Verhältnisse neu erfinden. Viele Probleme in der gegenwärtigen globalen und insbesondere auch der deutschen Welt, vorrangig die Frage nach einer deutlichen Stärkung der Bildungsungerechtigkeit, lassen den Kampf, den Freire führte, nicht als überwunden, sondern als notwendiger denn je erkennen. Alle, die eine pädagogische und politische Vision von größerer Bildungsgerechtigkeit vor Augen haben, sollten sich mit seinem wichtigen Ansatz beschäftigen, um dann – wie es Freire schon in der Entwicklung seiner Arbeit selbst praktizierte – auch über ihn hinaus zu gehen.

Die Arbeit ist umfassend begründet, systematisch differenziert, sprachlich sehr gut und präzise angelegt, innovativ und einschlägig. Sie stellt ein wichtiges Grundlagenwerk zum Klassiker Paulo Freire dar. Sie zeigt nicht nur die Theorie von Freire in konsistenter Darstellung und kritischer Einschätzung auf, sondern setzt besondere Maßstäbe dadurch, dass sie als erste Monografie überhaupt das Gesamtwerk auch in Bezug auf seine internationale Rezeption analysiert und kritisch wertet.

Abschließend möchte ich noch sagen, dass die Zusammenarbeit mit Frau Funke als Doktorandin mich zwar stets gefordert, aber auch begeistert hat. Selten habe ich jemanden neben dem Beruf, aus dem sie sich zeitweise freistellen ließ, um ihre Forschungen auch durch Reisen zu intensivieren, erlebt, der so engagiert und begeistert ein Forschungsthema bis in seine unwägbaren Tiefen hinein ausgelotet hat. Gerade für sie als eine sehr systematisch arbeitende Forscherin war ein Autor wie Freire, der eher assoziativ und teilweise auch widersprüchlich vorging, eine große Herausforderung. Sie hat diese Herausforderung, davon werden sich hoffentlich viele Leserinnen und Leser überzeugen können, mit ausgezeichnetem Erfolg gemeistert.

Inhalt

Dank

Ohne die Unterstützung von vielen Menschen wäre dieses Dissertationsprojekt nicht möglich gewesen. Ich schulde ihnen meinen tiefsten Dank.

Ich danke meinem Doktorvater Kersten Reich für seine kontinuierliche Betreuung und Ermutigung. Die Gewissheit, dass meine Arbeit unbedingt auf fruchtbaren Boden und uneingeschränktes Interesse stößt, hat maßgeblich zu meiner Motivation und meinem Durchhaltevermögen beigetragen. Ich danke ihm vor allem auch dafür, dass mein Perfektionismus durch ihn immer wieder in die notwendigen Grenzen verwiesen wurde.

Dem Kulturwissenschaftlichen Institut (KWI) in Essen, besonders Jörn Rüsen, und der Stiftung Mercator danke ich für die Gewährung eines Forschungsstipendiums im Rahmen des Projektes „Der Humanismus in der Epoche der Globalisierung. Ein interkultureller Dialog über Kultur, Menschheit und Werte". Meinen Kolleginnen und Kollegen und Freundinnen und Freunden in diesem Projekt danke ich für ihr Interesse und für die vielen fruchtbaren Diskussionen und Gespräche.

Allen meinen Interviewpartnerinnen und Interviewpartnern in Deutschland und Brasilien bin ich zu besonderem Dank verpflichtet. Sie haben mir großzügig, freundlich und offen Einblick in ihre Gedankenwelt und in ihren theoretischen wie praktischen Bezug zu Paulo Freire gegeben. Ohne ihre Unterstützung hätte ich den Teil zur Wirkungsgeschichte des Ansatzes von Freire in Deutschland und Brasilien nicht erstellen können.

Arthur Assis und André Araújo danke ich dafür, dass sie mich in Zweifelsfällen bezüglich der Übersetzung aus dem Portugiesischen mit bewundernswerter Kenntnis beider Sprachen kompetent und humorvoll unterstützt haben und mir mit einem Augenzwinkern die brasilianische Wirklichkeit sowie die freireschen Wortschöpfungen immer wieder neu verständlich gemacht haben.

Meinen Freundinnen und Freunden, Kolleginnen und Kollegen im Doktorandenkolloquium an der Universität Köln danke ich für kritisches Nachfragen und Anregungen, für ihr Interesse an meiner Arbeit und für das gemeinsame Gehen eines manchmal auch steinigen Weges, der zusammen beschritten oft weniger steinig erscheint.

Ich danke der Belegschaft der Universitätsbibliothek Köln, durch deren Freundlichkeit und Hilfsbereitschaft ich mein tägliches Arbeiten an dieser Dissertation in einer überaus förderlichen Atmosphäre bestreiten konnte.

Meinem Arbeitskollegen Gerald Rathjen und meinem Bruder Boris Funke danke ich für die Hilfe bei der Überwindung der technischen Hürden, die sich bei der Erstellung dieser Arbeit auftaten.

Meinen unermüdlichen Korrekturleserinnen Silvia Logemann, Gerlinde Hollnsteiner und Ute Langer danke ich dafür, dass sie die Mühen der Rechtschreibkorrektur auf sich genommen haben.

Meinen Arbeitskolleginnen und -kollegen danke ich dafür, dass sie während der intensiven Arbeitsphasen an dieser Dissertation auf meine Mitarbeit verzichtet haben beziehungsweise mir ermöglicht haben, meine dienstlichen Verpflichtungen und diese wissenschaftliche Arbeit unter einen Hut zu bekommen.

Ich danke allen meinen Freundinnen und Freunden, die während der Arbeit an der Dissertation häufig auf meine Anwesenheit verzichtet, sich meinem engen Zeitschema angepasst und meine Arbeit mit Interesse und Diskussionen begleitet haben. Vor allem aber danke ich ihnen dafür, dass sie in meinen Schaffenspausen immer wieder dafür gesorgt haben, dass Erholung, Freude und Spaß mein Leben bereichert und dadurch auch die umfangreiche Arbeit ermöglicht haben.

Meinen Eltern Carola und Karl Josef Funke danke ich ganz besonders. Sie haben mir nicht nur ermöglicht, das zu sein, was ich heute bin, sondern mich auch bei der Erstellung dieser Doktorarbeit in allen nur erdenklichen Arten und Weisen unterstützt. Dies war für mich von unschätzbarem Wert. Ich danke ihnen auch dafür, dass sie mir gezeigt haben, dass alles das gut ist, was mit Überzeugung und Leidenschaft vertreten und getan wird und was den eigenen Talenten und Interessen entspricht.

Einleitung

„Wir müssen weiterhin seine [Freires, K.F.] Arbeiten zu Rate ziehen, nicht um ihn zu verehren wie ein Totem oder einen Heiligen, auch nicht um ihm wie einem Guru zu folgen, sondern um ihn als einen der größten kritischen Pädagogen des 20. Jahrhunderts zu lesen." (Gadotti 2007b, 87)

Während eines Aufenthaltes in Brasilien lernte ich noch als Studentin – im Rahmen eines Praktikums in einem Projekt für und mit Kindern und Jugendlichen, die auf der Straße lebten – einige Facetten der brasilianischen Wirklichkeit kennen. Ich gewann eine Vorstellung davon, in welchem Kontext – auch wenn dieser sich seit den 1960er Jahren gewandelt hatte – Freire seine Idee einer *Pädagogik der Befreiung* entwickelt hatte: Brasiliens Gesellschaft war und ist in sich extrem gespalten, ein Großteil der Bevölkerung lebt in überaus prekären Lebensbedingungen, Hunger ist der ständige Begleiter vieler, während andere sich hinter hohen Mauern und Zäunen in einer bewachten Hochglanzwelt von Elend und Gewalt abschotten. Anstatt mit den Kindern und Jugendlichen pädagogisch arbeiten zu können, war ich in erster Linie vor allem damit beschäftigt, für sie Mahlzeiten zuzubereiten und sie regelmäßig zu wiegen, denn viele waren unter- und mangelernährt. Drogenkonsum und durch Prostitution entstandene Schwangerschaften minderjähriger Mädchen waren an der Tagesordnung. Kinder wie alte Menschen arbeiteten in der sengenden Hitze im Kaffeeanbau, dessen beste Erträge nach Europa und die USA exportiert werden und dessen Erlös den Lebensunterhalt dieser Kinder und alten Menschen aber nicht sicherte. Diese Wirklichkeit tagtäglich hautnah zu erleben, machte mir klar, dass es nicht ausreichte, Freire vergangenen Revolutionsträumen zuzuordnen, die jeglichen Anspruch auf Umsetzung verwirkt hatten, sondern über ihn als einen Pädagogen und Praktiker nachzudenken, der sich bis zu seinem Tode hartnäckig weigerte, diese Realität zu akzeptieren und dies in seinen Schriften auch deutlich formulierte. Während dieser Reise lernte ich Portugiesisch und erschloss mir dadurch, ohne dies zu diesem Zeitpunkt bewusst zu beabsichtigen, einen Weg zu Freire und seinen Werken.

Mein Interesse an Paulo Freire war bereits während meines Studiums der Erziehungswissenschaften entstanden. Zunächst stieß ich im Rahmen eines Seminars zu Ansätzen der Reformpädagogik auf seinen Namen und lernte einige seiner Grundideen kennen. In diesem Seminar war jedoch der brasilianische Kontext, der mich so beeindrucken und auch schockieren sollte, nicht zur Sprache gekommen. Im Verlaufe des Studiums beteiligte ich mich an von Studierenden selbst organisierten Theaterprojekten, die unter anderem Methoden von Augusto Boals *Theater der Unterdrückten*, das sich auf Freires *Pädagogik der Unterdrückten* bezieht, anwendeten. Freire war also als praktischer Bezugspunkt in meinem Studium relevant geworden und hatte dadurch eine andere Bedeutung als nur die eines „Klassikers der Pädagogik". Zu meinem Diplom erinnerte ich mich, vor allem von den Eindrücken meiner Reise geprägt, an Freire und entschied mich dafür, seinen Ansatz als Prüfungsthema zu wählen. Mit einigen Mühen und Verwirrungen quälte ich mich durch die zu der Zeit erhältlichen deutschen Übersetzungen von *Pädagogik der Unterdrückten*, *Erziehung als Praxis der Freiheit* und *Dialog als Prinzip* und extrahierte in mühevoller Kleinarbeit die Hauptthesen und den praktischen Alphabetisierungsansatz Freires für mein Verständnis. Es war damals schlichtweg nicht die gängige Praxis, Freire im Original zu lesen oder die englischsprachige Literatur zu konsultieren – auch nicht seitens der Professorinnen und Professoren.[1]

Bei der ersten Lektüre nahm ich Freire als einen radikalen freiheitlichen Sozialisten wahr, der eine blumige, schwer verständliche und dennoch oft plakative Sprache verwendete, viel forderte, wenig erklärte und auf eine inhaltliche Gliederung seiner Arbeiten weitgehend verzichtete. Das machte das Studium seiner Schriften anstrengend. Dennoch war ich von den Ideen Freires fasziniert, da es schwer abzustreiten war, dass seine Ziele und Forderungen von hoher Aktualität und Dringlichkeit waren. Während Freire in Bezug auf Deutschland aus meiner Sicht den Blick auf benachteiligte Gruppen und ihre gesellschaftliche Inklusion lenken konnte (und damit zunächst eher als ein Zugang zur Sozialpädagogik und zur sozialen Arbeit als zur Erziehungs- und Bildungswissenschaft erschien), wurde mir bei einer weiteren, längeren Brasilienreise Folgendes deutlich: Freire war mehr als ein politisch links orientierter brasilianischer Pädagoge, der in den 1960er und 1970er Jahren interessant gewesen war und nun allenfalls in Diplomprüfungen lateinamerikainteressierter Studierender seinen Platz hatte, sondern er war ein politischer Pädagoge, der bis in die späten 1990er Jahre hinein publiziert hatte und der die zum Teil katastrophalen sozialen Ungleichheiten in Brasilien und der Welt, die sich im Erziehungs- und Bildungssystem widerspiegeln und reproduzieren, verurteilte, ohne ein Blatt vor den Mund zu nehmen. Seine Ideen wurden in Brasilien auf vielfältige Art und Weise aufgegriffen und in unterschiedlichen Praxen umgesetzt. Möglicherweise, so dachte ich, gab es eine aktuelle Relevanz Freires, die über die schwer zugänglichen deutschsprachigen Übersetzungen von *Pädagogik der Unterdrückten*, die nur von wenigen gelesen und von noch wenigeren in der Praxis angewendet wurden, und auch über die in deutscher Sprache verfügbaren Publikationen zu Paulo Freire, die überwiegend rekonstruktiv, wenig kritisch und vor allem nur auf die frühen Schriften Freires bezogen waren, hinausging und die nicht nur für Brasilien, sondern auch für Deutschland (beispielhaft für eine westliche Gesellschaft) untersucht und ausformuliert werden wollte. So entstand die Idee zu dieser Arbeit. Ich wollte Freires Werke in ihrer Gesamtheit lesen, seine Ideen und auch deren Rezeption und Wirkung umfassender verstehen und damit einen aktuellen und aktualisierten Weg zu und mit Freires Ideen in Theorie und Praxis aufzeigen. Nicht zuletzt getragen von der Überzeugung, dass wir mit Freire das Recht haben, die sozialen Ungleichheiten und Ungerechtigkeiten in der Welt klar abzulehnen und dennoch wissenschaftlich sauber und theoretisch anspruchsvoll arbeiten können, dass also Theorie und Praxis, persönliche Einstellung und Wissenschaft nicht nur nicht getrennt werden sollten, sondern vor allem auch nicht getrennt werden *können*, entstand die vorliegende Arbeit.

Paulo Freire ist einer der bekanntesten Pädagogen des 20. Jahrhunderts. Mit seiner *dialogischen Erziehung*, die stets einen politischen Anspruch hat und selbst als politischer Akt verstanden wird, hat er sich für soziale Gerechtigkeit engagiert und ein neues Verständnis von Lernen und Lehren vorgestellt. Sein Hauptanliegen war es, durch Bildung ein *kriti-*

---

1   Eine Arbeit, über eine Pädagogik, die befreien will, und die sich mit diesem Anliegen in erster Linie auch auf die Sprache als bedeutungskonstituierendes und wirklichkeitsgestaltendes Element bezieht, muss dies aus meiner Sicht auch in der in ihr verwendeten Sprache wiedergeben. Sie kann nicht von einer Befreiung sprechen, die männlich definiert ist, so wie Freire es in seinen frühen Arbeiten gemacht hat. Ich verwende in dieser Arbeit mal die weibliche, mal die männliche Form, um beide Geschlechter sprachlich in dieser Arbeit zu repräsentieren und, so hoffe ich, anzusprechen und gleichzeitig im Sinne der besseren Lesbarkeit nicht fortwährend beide Formen zu benutzen (vgl. dazu Taylor 1993, V f.).

sches Bewusstsein zu fördern, welches den Menschen ermöglicht, die eigenen Lebensumstände hinterfragend zu betrachten und in diese verändernd einzugreifen. Freire prägt(e)
nicht nur die praktische pädagogische und bildende Arbeit mit verschiedenen Schwerpunkten und Zielgruppen in Lateinamerika und nahezu allen Kontinenten. Er hat vor allem
in Brasilien, Europa und in den USA großen Anklang in der pädagogischen Praxis (zum
Teil auch in der Theorie) gefunden, nicht ohne immer wieder Verstörungen und offene
Fragen im hiesigen Pädagogik- und Gesellschaftsverständnis aufzuwerfen. Gerade Paulo
Freires konsequente Forderung einer Gesellschaft – und hierunter sind auch nationenüber-
greifende Kontexte zu verstehen –, welche die Lebensentwürfe, kulturellen Verortungen
und elementaren Bedürfnisse aller in ihr lebenden Individuen und Gruppen dialogisch und
gleichberechtigt berücksichtigt, macht ihn zu einem Autoren, der es verdient, in die aktuelle wissenschaftliche Diskussion wieder verstärkt mit einbezogen zu werden und in ihr
mit seinen Implikationen für eine zeitgenössische Pädagogik neu gedeutet zu werden.

Während die frühen Arbeiten Freires in der Mehrzahl deutlich marxistisch orientiert
sind und sich als Stellungnahmen für eine gesellschaftliche Revolution verstehen, kennzeichnen Freires spätere Werke Argumentationslinien und Forderungen sowie politische
Plädoyers, die von der *Lehrerrolle* bis zur *Globalisierung* ein breites Themenspektrum
berühren. In diesen Stellungnahmen hat sich Freire epistemologisch im Verlauf seines
Schaffens immer stärker postmodern geprägten und konstruktivistischen Positionen angenähert, während er auf der Ebene der Handlungstheorie mit dem Versuch, seinen Forderungen deutliche politische Wirkkraft zu verleihen, bis zuletzt universalistisch und essentialistisch – und damit in der Tradition der Moderne – argumentiert.

Aus welchem Grund aber bietet sich heute ausgerechnet eine Beschäftigung mit Paulo Freire an? Während viele Linksintellektuelle des 20. Jahrhunderts politisch ähnliche
Positionen wie Freire vertraten, sind zum Beispiel in der Reformpädagogik Ansätze zu
finden, die vergleichbare Vorschläge wie Freire für die Pädagogik machen. So gesehen
steht Freire in der Tradition einer Zeit und einer politischen wie pädagogischen Bewegung, auch wenn diese teilweise im Nachhinein erst als eine solche konstruiert wird. Freire ist jedoch in dreierlei Hinsicht einzigartig: Zum einen hat er Politik und Pädagogik zu-
sammengedacht und in der Praxis zusammengeführt, wie es in der Form niemand sonst
getan hat. (Parallelen bestehen hier zum Beispiel am ehesten zum Ansatz Deweys, der
jedoch weitaus weniger praktisch aktiv war.) Zum zweiten hat Freire durch seine Person,
sein Auftreten und die Vision, die er verkörperte, weltweit eine derartig starke Faszination
ausgestrahlt und Beachtung gefunden, die es aus meiner Sicht nicht nur rechtfertigt, sondern geradezu erfordert, sich auch heute noch und wieder mit Freire zu befassen. Sein
großer Einfluss macht damit eine kritische Reflexion seiner tatsächlichen Leistungen notwendig. Zum dritten hat Freire durch seine Position als Brasilianer für postkoloniale Fragestellungen eine besondere Bedeutung für Pädagogik und Politik gehabt und hat diese bis
heute. Er bietet einen Verbindungs- und Anknüpfungspunkt für ein Denken und Handeln,
das Nord und Süd im Blick hat und einen Dialog von Nord und Süd reflektiert und anstrebt.

Es liegen aber auch detailliertere Gründe im Denken Freires selbst, die dafür sprechen, dieses erneut zu betrachten. Freire hat mit dem Thema Alphabetisierung als ein
Hauptfokus seiner Arbeiten ein Thema gewählt, das eng mit Modernisierungsprozessen
verknüpft ist und für diese eine notwendige Grundlage darstellt. Die Arbeit von Paulo
Freire hat wesentlich dazu beigetragen, dass das Thema Alphabetisierung und dessen Stellenwert global stärker wahrgenommen und berücksichtigt wurde und wird. Er ist damit

sozusagen der „Urvater" der Alphabetisierungsarbeit und -forschung. Paulo Freire hat
jedoch die Alphabetisierung mit der Förderung von rational-kritischem Denken verknüpft
und damit einen aufklärerischen politischen Anspruch formuliert, welcher eine Kritik an
vormodern geprägten Gesellschaften darstellt. Ziele Freires waren die Stärkung von ratio-
naler Vernunft, Menschenrechten und Demokratie und das In-Frage-Stellen prämoderner
Mythen, die den Alltag der Menschen strukturieren und ihm Sinn verleihen. Freire ist in
diesem Zusammenhang ein Denker der Moderne.[2] Jedoch hat Freire darüber hinaus nicht
nur die Vormoderne, sondern auch die Moderne selbst kritisiert, nämlich in dem Maße,
wie sie ihre eigenen Werte nicht umzusetzen vermochte. Dies äußert sich in erster Linie in
Freires Kapitalismuskritik. Ein globales Wirtschaftssystem, das auf Wachstum beruht und
Verdinglichung von Mensch und Natur als Unterwerfung unter das Prinzip der Gewinn-
maximierung erfordert, hat Freire radikal abgelehnt. Freire wollte also gewissermaßen die
Mängel sowohl einer vormodern als auch einer modern geprägten Gesellschaft mit Hilfe
seiner Pädagogik überwinden. Dies trifft auch auf andere freiheitliche Sozialisten (wie
zum Beispiel auf Antonio Gramsci) und Pädagogen zu, jedoch strahlte Freire durch seine
praktische Arbeit, durch seine visionäre Persönlichkeit und nicht zuletzt durch seine Biografie als exilierter Brasilianer eine besondere Wirkungskraft aus.

Eine direkte Anleitung jedoch, wie die Nachteile moderner kapitalistischer Gesellschaften überwunden werden können, gibt Freire uns nicht. Er erarbeitet aber in seinen
Schriften Vorschläge, wie die Voraussetzungen für pädagogisches und politisches Engagement, das sich mit diesen Nachteilen kritisch befasst, geschaffen werden können. In
dieser kritischen Betrachtung zeigt sich der späte Freire sowohl als Kritiker der Postmoderne als auch als postmodern orientierter Kritiker der Moderne. Diese Entwicklung Freires, die auf den ersten Blick widersprüchlich erscheint, ist für eine kritische Neubetrach-
tung Freires besonders interessant. In ihr kann der Versuch und die Chance begründet
werden, eine Philosophie der Aufklärung, als die der Ansatz Freires im weitesten Sinne
verstanden werden kann, an Perspektiven des Postmodernismus und Poststrukturalismus
anschlussfähig zu machen und umgekehrt auch mit Freire aufzuzeigen, an welchen Punkten er zu Recht auf seiner aufklärerisch motivierten und damit modernen Perspektive beharrt. Wenn es gelingt, diese beiden Positionen miteinander in Einklang zu bringen, können wir Freire als einen Denker deuten, der uns Anregungen gibt, sowohl mit den
Schwachpunkten der modernen *als auch* der postmodernen Philosophie umzugehen und
gleichzeitig Freires Ansatz dazu verhelfen, an wichtige Erkenntnisse postmoderner Ansätze anzuknüpfen, ohne seine in gewisser Hinsicht modernen Ansprüche in Gänze aufgeben
zu müssen. Denn die postmodernen Philosophen haben viele sozialphilosophische Erkenntnisse in die zeitgenössische Diskussion nicht nur in der Philosophie, sondern auch in
anderen Disziplinen wie der Soziologie und der Erziehungswissenschaft eingebracht, die
auch Paulo Freire (oder wir in Bezug auf Freire) berücksichtigen sollte(n). Dennoch können sie vor allem in Bezug auf ethische und politische Fragen nicht die Erkenntnisse moderner Philosophien vollständig ersetzen oder ablösen. Aus postmoderner und poststrukturalistischer Perspektive regen jedoch vor allem die Undurchsichtigkeit und die widersprüchlichen Artikulationen des Sozialen dazu an, Freires Vorstellung einer eindeutigen
objektiven sozialen Wahrheit und sozialen Kohärenz zu hinterfragen. Die Idee der Unbe-
stimmtheit des Subjekts als multiple, unabgeschlossene und kontingente Identität(en), und

---

2   Als solcher ist er auch, wie aufgezeigt werden wird, kritisierbar. In der Tradition der Moderne überbe-
     tont Freire die Bedeutung der rationalen Vernunft und die Konsenserwartung auf ihrer Basis und weist
     einen gewissen Ethnozentrismus auf.

die foucaultsche Verwobenheit von Subjekt und Macht, die zeigt, dass Subjektivität nicht eine natürliche Tatsache ist, sondern dass das Subjekt auch durch diskursive Praktiken konstituiert wird, zwingt uns dazu, das freiresche Anliegen von Befreiung und Emanzipation neu zu buchstabieren. Auch Freires Bild der menschlichen Geschichte als eine Geschichte des Fortschritts erweist sich aus dieser Perspektive als nicht überzeugend. Dennoch ist an einigen Punkten Freires universalisierende und essentialistische Argumentation nachvollziehbar und diese sollte auch nicht in Gänze preisgegeben werden, denn es geht Freire in letzter Konsequenz um ein Anliegen, das nach wie vor wichtig und erstrebenswert ist und das, um eine praktische Anwendbarkeit zu erlangen, auf diese Argumentation in Teilen rekurrieren muss: das eines praktischen, politischen und vielfältigen Humanismus, der die Werte der Moderne neu aufgreift, sich vor postmodernen Dekonstruktionen nicht scheut, sondern diese mitberücksichtigt und durchläuft, um dann Vorschläge für seine Umsetzung zu machen, die notwendigerweise unvollständig, unabgeschlossen und prozesshaft sind, die aber dennoch gemacht werden sollten. Freires Aktualität liegt nicht zuletzt in diesem Anliegen.

Ich werde in dieser Arbeit nicht die Frage lösen, wie mit Freire (und anderen Autoren, die zu Rate gezogen werden müssen) diese Spannung miteinander in Einklang gebracht werden kann. Viele Schriften beschäftigen sich bereits unter verschiedenen Fokussierungen mit dieser Frage – und in Bezug auf Paulo Freire wäre eine weitere Arbeit dafür nötig. Vielmehr mache ich in der vorliegenden Arbeit auf die genannten Verwobenheiten aufmerksam und arbeite Anregungen und Ideen heraus, wie Freire vor diesem Hintergrund verstanden werden und noch heute als fruchtbarer Bezugspunkt in Pädagogik und Politik dienen kann.

Obwohl Paulo Freire in der Pädagogik vor allem in den 1970er Jahren weltweit so stark rezipiert wurde wie kein anderer Pädagoge des 20. Jahrhunderts, ist es doch in gewisser Weise überraschend, dass seine neueren Arbeiten der 1980er und vor allem der 1990er Jahren bei vielen Praktikern und auch Theoretikerinnen im deutschsprachigen Raum so gut wie unbekannt sind. Es spricht für sich, dass die allermeisten seiner in diesen Jahren erschienenen Bücher nicht ins Deutsche und einige auch nicht ins Englische übersetzt worden sind. „[With, K.F.] *Education as a Practice of Liberty* (1967) and *Pedagogy of the Oppressed* (1969), two of his most famous books, … many of his admirers and critics, left him virtually suspended. The Paulo Freire of the last two decades (…) is just as or even more alive than that of the 60s and 70s, although unfortunately unknown by the majority of the people." (Torres, R.-M. 1999, 239 f., Hervorhebung im Original) Umso wichtiger ist es aus meiner Sicht, Paulo Freires Werk nicht nur umfassend zu rekonstruieren, sondern es auch einer Interpretation zu unterziehen, die seine Stärken wie Brüche und offene Stellen herausarbeitet.

Bei der Erstellung dieser Arbeit hatte ich vor allem die folgende Hürde zu überwinden: Es ist nicht leicht, auf der sprachlichen Ebene – von der häufig nicht vorhandenen Gliederung der Arbeiten ganz zu schweigen – mit den Werken Freires umzugehen. Während sie sich im Portugiesischen als eloquente und flüssig erzählte, poetische Prosa lesen (das trifft nicht nur für die älteren Texte, sondern vor allem auch für die neueren Arbeiten Freires, wie zum Beispiel *Pedagogia da Esperança* oder auch *Pedagogia da Autonomia* zu), mutieren die Texte in deutscher Übersetzung allzu leicht zu sperrigen, staubigen und stur klingenden Revolutionsmanuskripten, die scheinbar aus der linksradikalen Schublade hervorgekramt wurden und sich gegen jedwede Anpassung an das deutsche Sprachsystem zu wehren scheinen. Freires zweite Frau Ana Maria Freire beschreibt, wie Freire seine Texte geradezu zeichnete,

> „(…) auf weißem Papier mit blauem Stift, häufig Markierungen mit roter oder grüner Tinte machend, das Bild, das er mit seinem Verstand geschaffen hatte [zeichnend, K.F.], die in seinem ‚bewussten Körper‘, seinem ganzen Körper, entstandene Sprache, denn sie entsteht durch seine Leidenschaft für den Akt des Kennenlernens, des Lesens-Schreibens und seines persönlichen Erlebens als sensibler Mann seiner Zeit.“ (Araújo Freire 1996a, 59)

Dieser Vorstellung folgend wird es leichter nachvollziehbar, aus welchem Grunde die Texte Freires ihre Form und ihren Inhalt haben, dessen Verquickung von Verstand und Gefühl es der deutschen Leserin nicht immer leicht macht. Tödt/Tödt (1991) kritisieren beispielsweise Freires bekanntestes Werk *Pädagogik der Unterdrückten* wie folgt:

> „[A]ls Analyse der lateinamerikanischen Gesellschaft kann man das Buch eigentlich nicht lesen; denn es wirkt als krasse Schwarz-Weiß-Malerei der Absichten: ‚die anderen‘ [sic] wollen alles Böse, ‚wir‘ wollen alles Gute. Vielmehr ist das Buch ein einziger Appell an die Selbsterforschung im Prozess der Pädagogik der Unterdrückten, dargeboten mit einer lateinischen Beredsamkeit (…), die zunächst in etwas hilflose Verwirrung versetzt. (…) Erst nachdem man gemerkt hat, daß es Freire nicht um begriffliche Darstellung und Auslegung, etwa eines Hegel-Zitats (…), geht, weicht die Irritation dem Verständnis: Freire benutzt Zitate und Begriffe nur als Hilfsmittel (die auch durch andere ersetzt werden könnten) zum Aufrütteln von Menschen in pädagogischen Situationen. (…) Demgegenüber wird der Aufbau des Buches nebensächlich; die einzelnen Kapitel tragen nicht einmal eine bündelnde Überschrift.“ (Tödt/Tödt 1991, 40)

Es verwundert deswegen nicht, dass Paulo Freire in seiner Art zu Schreiben nicht klassifizierbar genannt wird. Freire machte an das Bestreben, wissenschaftlich zu sein oder zu erscheinen, keine Konzessionen und in seinen Schriften durchdringt die Poesie stets den Text (vgl. Gadotti 1996b, 78). Freires Texte sind stark narrativ und repetitiv, so dass es der Leserin viel Geduld und Genauigkeit abverlangt, um den Inhalt und auch inhaltliche Nuancen und Entwicklungen in den Texten zu erfassen. Es bleibt dem Leser nichts anders übrig, als Freires Art des Denkens, zu folgen: „[T]his is my way of working, of thinking. First I try to make a circle so the issue can't escape.“ Erst nach und nach dann, häufig versteckt in Nebensätzen oder Anekdoten, schildert Freire „I am coming near the question.“ (Freire/Horton 1990, 156)[3] Paulo Freire hat ohne Zweifel starke imaginative Energien – doch um ihn ernst zu nehmen und von ihm lernen zu können, müssen wir auch dem inhaltlichen Gehalt seiner noch so imaginär durchwirkten Texte auf die Spur kommen. Einen Versuch habe ich mit der vorliegenden Arbeit unternommen. Das bedeutet auch, dass ich versucht habe, die ausgewählten portugiesischen Textstellen möglichst eng an ihrem Original (teilweise neu) ins Deutsche zu übertragen und dennoch die deutsche Fassung gut lesbar und verständlich zu formulieren (vgl. dazu auch Mayo 2004, 9 f.).[4]

---

3 Bei Zitaten aus Schriften, die Dialoge Freires mit anderen Autoren wiedergeben, zitiere ich in der gesamten Arbeit jeweils aus den Redebeiträgen Freires.

4 Das bedeutet, in den meisten Fällen sind die in dieser Arbeit verwendeten Zitate aus Freires Texten meine eigenen Übersetzungen des in der Regel portugiesischsprachigen Originals. In einigen Fällen verwende ich die deutschen Übersetzungen, wenn ich diese nach dem Abgleich mit dem Original für gut befunden hatte. Die Übersetzungen aus italienischsprachigen und spanischsprachigen Texten von Freire und anderen Autoren stammen ebenfalls von mir.

Freires Veröffentlichungen lassen sich grob in drei Schaffensphasen einordnen:[5] Die Phase der frühen Arbeiten, die in erster Linie im Kontext Lateinamerika, Europa und Afrika entstanden und in die die bekanntesten Schriften Freires fallen (Mitte der 1960er bis Ende der 1970er Jahre), eine ruhigere Phase, in der Freire nur wenige und wenn, dann seine so genannten *gesprochenen Bücher* im Dialog mit nordamerikanischen und lateinamerikanischen Kollegen veröffentlichte (Anfang der 1980er bis Ende der 1980er Jahre) und eine wieder aktive Phase in Brasilien (Anfang der 1990er Jahre bis zu seinem Tod im Jahr 1997).[6] Posthum sind noch einige weitere Bücher mit seinen Schriften aus unterschiedlichsten Zeiten veröffentlicht worden, so wie *Pedagogia da Indignação* (*Pädagogik der Empörung*, Freire 2000), *Pedagogia dos Sonhos Possíveis* (*Pädagogik der möglichen Träume*, Freire 2001a) und *Pedagogia da Tolerância* (*Pädagogik der Toleranz*, Freire 2005e). Freires Witwe Ana Maria Araújo Freire verwaltet den Nachlass Freires und veröffentlicht nach und nach dessen noch nicht publizierte Schriften, so dass davon ausgegangen werden kann, dass weitere Sammelbände folgen werden, die jedoch vermutlich inhaltlich wenig Neuerungen bringen werden.

In der frühen Phase seines Schreibens legte Freire den Grundstein seines Denkens. Schriften, die in diese Zeit fallen, sind hauptsächlich *Erziehung als Praxis der Freiheit* (Freire 1977, ursprünglich von 1967) das die Grundthesen seiner ersten Arbeit *Educação e atualidade brasileira* (*Erziehung und die brasilianische Wirklichkeit*, Freire 2001d, Original 1959) aufgreift. Des Weiteren verfasste Freire in dieser Phase, während seines Aufenthalts im chilenischen Exil *Pädagogik der Unterdrückten* (Freire 1973, erste Publikation 1970 auf Englisch, erst 1974 auf Portugiesisch)[7] und *Pädagogik der Solidarität* (Freire 1974, erste Publikation 1969 auf Spanisch; die Arbeit heißt auf Portugiesisch *Extensão ou Communicação*, erschien in Brasilien 1970 und ist im deutschsprachigen Raum weniger bekannt als die anderen in deutscher Sprache erschienenen Schriften). Während seiner Zeit an der Harvard-Universität in den USA schrieb Freire den kurzen Aufsatzband *Cultural Action for Freedom* (Freire 1970). *Dialog als Prinzip. Erwachsenenalphabetisierung in Guinea-Bissau* (Freire 1980, Erstausgabe 1977) entstand während Freires Tätigkeit für den Ökumenischen Rat der Kirchen in Genf. *Conscientização. Teoria e Prática da libertação* (*Bewusstseinsbildung. Theorie und Praxis der Befreiung*, Freire 1979a) und *Educação e Mudança* (*Erziehung und Veränderung*, Freire 1979b) sind zwei Arbeiten, die im Kontext der Rückkehr nach Brasilien stehen. In den Arbeiten dieser frühen Phase formulierte Freire seine Hauptthesen zu den Themen Bewusstseinsbildung, Dialog, Befreiung und Erziehung und machte seine politische Haltung deutlich. *Dialog als Prinzip* bildet in der Hinsicht eine Ausnahme, als sie sich direkt auf die Erfahrungen Freires bei der Mitarbeit in den Alphabetisierungskampagnen in Guinea-Bissau bezieht und weniger allgemein gehal-

---

5   Vgl. dazu auch Roberts (2000, 24 ff.), der eine etwas andere Einteilung, die jedoch ebenso nachvollziehbar ist, vorschlägt.

6   Ich gebe als Datumsangabe jeweils die Jahreszahl an, in der das Buch in der jeweiligen Sprache das erste Mal erschien. Dies muss sich nicht unbedingt decken mit dem Erscheinen in anderen Sprachen und auch nicht immer mit der Reihenfolge ihres Entstehens. Obwohl beispielsweise *Erziehung als Praxis der Freiheit* von Freire vor *Pädagogik der Unterdrückten* geschrieben wurde, erschien letzteres in deutscher Sprache zuerst. Dort, wo eine deutsche Übersetzung vorliegt, nenne ich den deutschen Titel, sonst in der Regel den englischen. Wo keine Übersetzung vorliegt, nenne ich vorwiegend den portugiesischen Titel und in Klammern die deutsche Übersetzung des Titels. Im Literaturverzeichnis gebe ich jeweils die Jahreszahl der Erstveröffentlichung als auch die Jahreszahl des von mir verwendeten Exemplars an, damit die Leserin die Chronologie im Einzelnen nachvollziehen kann. Zu einer ausführlichen Bibliographie vgl. auch Gadotti (1996a, 257 ff.) und besonders auch Araújo Freire (2006, 375 ff.).

7   Vgl. Araújo Freire 2006, 381. Gadotti (1996a, 262) kommt zu einem anderen Ergebnis, hier lautet die Angabe, das Buch sei 1970 sowohl auf Englisch als auch auf Portugiesisch erschienen (vgl. ebd.).

ten ist als die anderen Arbeiten. Es enthält Briefe Freires, die in erster Linie an Mário Cabral gerichtet sind.

In der zweiten Phase seines Schaffens, beginnend mit der Rückkehr nach Brasilien und der dortigen Neu-Orientierung, wird es ruhiger um Freire. In diese Zeit fällt auch der Tod seiner ersten Frau Elza (1986), der Freire sehr zu schaffen machte und schließlich die Hochzeit mit seiner zweiten Frau Ana Maria (1988), die Freires ungeliebte Einsamkeit beendete. Die Arbeiten, die er in dieser Zeit veröffentlichte, sind in der Hauptsache weniger grundlegende Schriften. Im Dialog mit Kollegen und Freunden (in diesem Fall tatsächlich ausschließlich männliche Kollegen und Freunde)[8] diskutierte Freire in ihnen einzelne Aspekte seines Denkens, entwickelte dies weiter, fügte ihnen weitere Stränge hinzu und wertet sozusagen im Gespräch „laut denkend" bisher gemachte Erfahrungen aus. Sein Freund Sérgio Guimarães regte ihn zu der Idee dieser so genannten *livros falados* (*gesprochenen Büchern*) an (vgl. Araújo Freire 2006, 379). Zu den Schriften, die in dieser Zeit erschienen, zählen unter anderem *Schule, die Leben heißt. Befreiungstheologie konkret* (Freire/Frei Betto 1986), *Literacy. Reading the Word and the World* (Freire/Macedo 1987; dieses Buch enthält Konferenzreden Freires der frühen 1980er Jahre und einen gemeinsamen Teil mit Macedo, der in der portugiesischen Ausgabe *A Importância do Ato de Ler* (Freire 1989) nicht enthalten ist), *Pedagogia: diálogo e conflito* (*Pädagogik: Dialog und Konflikt*, Freire/Gadotti/Guimarães, 1985), *A Pedagogy for Liberation* (Freire/Shor 1987), *Learning to Question. A Pedagogy for Liberation* (Freire/Faundez 1989), *We Make the Road by Walking* (Freire/Horton 1990).

In der letzten Phase seines Schreibens publizierte Freire wieder verstärkt Monografien und entwickelte sein Denken vor allem in *Pädagogik der Autonomie* (Freire 2008, Originalausgabe von 1996) und *Professora sim, tia não. Cartas a quem ousa ensinar* (*Lehrerin ja, Tante nein. Briefe an die, die es wagen zu unterrichten*, Freire 1997) in Bezug auf Reflexionen über die Lehrerrolle weiter. Er betrachtete sein Buch *Pädagogik der Unterdrückten* in *Pedagogia da Esperança* (*Pädagogik der Hoffnung*, Freire 1992) neu und verfasste einige Schriften mit stark biografischem Bezug wie *Cartas a Cristina. Reflexões sobre minha vida e minha práxis* (*Briefe an Cristina. Reflexionen über mein Leben und meine Praxis*, Freire 1994) und *À sombra desta mangueira* (*Im Schatten dieses Mangobaums*, Freire 1995). In *A Educação na Cidade* (*Die Erziehung in der Stadt*, Freire 1991) beschreibt Freire Überlegungen zu seinen Erfahrungen als Dezernent für Erziehung in São Paulo. In anderen Schriften reflektiert er über eine Bandbreite von Themen der Politik und Erziehung wie kulturelle Vielfalt, Demokratie und Globalisierung. Zu diesen Arbeiten zählen beispielsweise *Política e Educação* (*Politik und Erziehung*, Freire 1993) sowie *Pedagogia da Indignação* (*Pädagogik der Empörung*, Freire 2000), das in erster Linie Aufsätze aus den Jahren 1996 und 1997 enthält.[9]

In der vorliegenden Arbeit stelle ich eine umfassende kritische Rekonstruktion und Verortung des Denkens und der Praxis Paulo Freires vor, welche nicht nur seine frühen Werke berücksichtigt, die im deutschen Sprachraum, aber auch international bis heute die

---

8   Diese Tatsache brachte Freire unter anderem Kritiken feministischer Denkerinnen ein.
9   Zum Umgang mit den Werken Freires vgl. auch Taylor (1993, 4 ff.), der aufschlussreich über die freiresche Art zu denken und zu schreiben reflektiert. Er weist darauf hin, dass der Leser durch die Arbeiten Freires auf zweierlei Art und Weise auch mit Ideen anderer Autoren in Berührung kommt, da a) Freire, wie im Kapitel 1.3 zur ideengeschichtlichen Verortung Freires erläutert werden wird, eklektisch vorgeht und b) Freire sich in den *gesprochenen Büchern* auf die Ausführungen seiner Gesprächspartner bezieht. Aus diesem Grund schlägt der Autor drei Zugänge zu den Schriften Freires vor, nämlich 1. biografisch kontextualisiert, 2. grafisch textorientiert und 3. den Beitrag der Co-Autoren berücksichtigend (vgl. ebd., 6).

bei weitem bekannteste Literatur Paulo Freires ausmachen, sondern auch seine späteren Schriften, die überwiegend noch nicht ins Deutsche und zum Teil auch nicht ins Englische übersetzt worden sind. Ich gliedere diese Rekonstruktion zusammenfassend an thematischen Schwerpunktsetzungen. Zum besseren und kontextualisierten Verständnis seines Denkens schicke ich dieser Rekonstruktion eine Darstellung der Biografie Freires, des geschichtlichen Hintergrundes, vor dem seine Ideen zu sehen sind, und der ideengeschichtlichen Wurzeln seines Ansatzes voraus. Darüber hinaus gebe ich mit dieser Arbeit einen Einblick in Freires Wirkung in Theorie und Praxis in Deutschland und Brasilien sowie einen kursorischen Überblick über seine Rezeption in der *Critical Pedagogy* in Nordamerika. Neben den Arbeiten von Paulo Freire selbst ziehe ich dafür Literatur zu Rate, welche sich aktuell schwerpunktmäßig im deutschen, englischen und portugiesischen, zum Teil auch spanischen Sprachraum mit den Werken Freires auseinandersetzt und sie einer aktuellen Deutung und Verortung zu unterziehen versucht. Zusätzlich beziehe ich Literatur, die in Bezug auf den Konstruktivismus und insbesondere den *Interaktionistischen Konstruktivismus* relevant ist, und auch Literatur (post-)moderner Theorien aus den Bereichen Philosophie, Soziologie und Erziehungswissenschaft, insbesondere der *Cultural Studies* und der Globalisierungsdebatte, mit in meine Überlegungen ein. Der Verständigungshorizont dieser Arbeit liegt in einer Perspektive, die sich vor allem dem *Interaktionistischen Konstruktivismus* und daneben auch postmodernen Theorien verbunden fühlt, ohne diese absolut zu setzen, sondern sie eher als relevant für einen Versuch sieht, den Ansatz Freires neu zu deuten, zu ergänzen und zu erweitern.[10]

Eine Arbeit wie diese liegt bisher in deutscher Sprache nicht (und auch in englischer und portugiesischer Sprache nur mit Einschränkungen) vor, so dass ich die Hoffnung habe, mit ihr eine Lücke zu schließen. Mein Ziel ist es, damit vor allem auch für die Leserinnen und Leser, die den Ansatz Freires nicht kennen und sich mit ihm vertraut machen wollen, eine umfassende, strukturierte, und dennoch überblickartige Lektüre mit aktuellen Hin- und Verweisen zur Verfügung zu stellen. Gleichzeitig sehe ich diese Arbeit jedoch auch als Angebot an die Leser, die die frühen Arbeiten Freires kennen, ihre Kenntnis der Werke Freires zu erweitern oder auch neu auszurichten, beziehungsweise sich mit der Entwicklung seiner Kerngedanken und -anliegen sowie deren Wirkung in den vergangenen Jahrzehnten vertraut zu machen. Die vorliegende Arbeit kann also sowohl als Einführung in das Denken Freires als auch als kritische Neubeschäftigung mit ihm gelesen werden. Auf diese Art und Weise möchte ich auch dazu anregen, das Denken Freires verstärkt in die aktuelle wissenschaftliche Diskussion mit einzubeziehen und es mit seinen Implikationen für die zeitgenössische Debatte der Erziehungs- und Bildungstheorie und -praxis in einer sich zunehmend globalisierenden Welt einer neuen Deutung zu unterziehen.

Ich verfolge nicht das Ziel, die Arbeiten und Gedanken Paulo Freires erschöpfend und vollständig wiederzugeben – das wäre auch innerhalb des Umfangs dieser Arbeit nicht möglich –, sondern ich stelle vielmehr die zentralen Punkte seines Denkens dar und formuliere zu ihnen Kritik- und Anknüpfungspunkte. Besonderes Augenmerk wird hier implizit auf die Aspekte des Denkens Paulo Freires gelegt, welchen auch heute eine besonders hohe Aktualität zukommen kann. Gleichzeitig werden auch die Aspekte in Freires Denken als solche vorgestellt, die Kritik und Weiterentwicklung bedürfen. Die Kapitel

---

10   Der *Interaktionistische Konstruktivismus* ist ein Ansatz, welcher vor allem kulturtheoretische und interaktionstheoretische Überlegungen in konstruktivistisches Denken einbezieht und dieses umfassend erkenntnistheoretisch begründet. Insbesondere stellt er eine differenzierte Beobachtertheorie sowie eine Diskurstheorie zur Verfügung, die von Interesse sind. Er steht in einigen Annahmen postmodernem Denken nahe, geht jedoch nicht in diesem auf.

können eigenständig als einzelne Teile gelesen werden; zwar beziehen sie sich aufeinander, sind aber auch jeweils in sich abgeschlossene Einheiten. Durch diese umfassende Rezeption der Werke von Freire selbst, und von Publikationen in deutscher, englischer und portugiesischer Sprache, die sich auf Freire beziehen, enthält diese Arbeit eine umfangreiche Bibliografie zu Paulo Freire, die ebenfalls bisher so in deutscher Sprache nicht zur Verfügung steht und die dem interessierten Leser eine Grundlage an die Hand gibt, sich selbst weitergehend mit der Primär- und Sekundärliteratur zu befassen. Die Gliederung der Arbeit ist wie folgt aufgebaut:

In Kapitel eins werde ich zunächst zusammenfassend die Biografie von Paulo Freire darstellen, um einen Eindruck davon zu vermitteln, vor welchem persönlichen Erfahrungshorizont Freires Werke zu verstehen sind und vor allem, um eine Vorstellung davon zu vermitteln, wie Paulo Freire als Mensch zu verstehen ist, denn die Rezeption des Wirkens von Paulo Freire bezieht sich bis heute oft stärker auf die – tatsächliche oder imaginierte – Person als auf seine schriftlichen Werke. In der Darstellung der Biografie gehe ich deswegen auch besonders auf die *Konstruktion* von Paulo Freire als einen Mythos ein. Weiterführend werde ich die Arbeiten Freires beziehungsweise die Genese seiner Hauptideen in ihrem geschichtlich-gesellschaftlichen Kontext in Brasilien verorten, indem ich knapp die Geschichte Brasiliens umreiße, da nur in Anbetracht dieses Kontextes Freires Denken überhaupt erst nachvollziehbar wird. Freire hat sich in seinen Arbeiten eines breit gefächerten ideengeschichtlichen Spektrums bedient und seine Überlegungen in Beziehung zum Denken zahlreicher Theoretiker gestellt beziehungsweise sie aus deren Ideenspektrum gespeist. In einem weiteren Schritt stelle ich deshalb diese ideengeschichtlichen Bezüge dar und zeichne die philosophisch-politischen Hintergründe des Werkes von Paulo Freire nach.

Kapitel zwei stellt das Menschen- und Gesellschaftsbild Paulo Freires dar. Dieses bildet die Grundlage seiner Pädagogik, so dass seine Kenntnis für das Verständnis der Vorstellung Freires von Pädagogik unverzichtbar ist. Ich erläutere es mit Blick auf die frühen und späten Schriften Freires sowie auf weiterführende, sich mit seinem Ansatz beschäftigende Literatur. Die Kernelemente des Denkens Freires sind in weiten Teilen während seines gesamten Lebens bestehen geblieben.[11] Jedoch hat Freire versucht, diese auf sich wandelnde global-gesellschaftliche Bedingungen zu beziehen, so dass sich beispielsweise seine Vorstellung von *Freiheit, Unterdrückung* oder *politischem Kampf* im Laufe seines Schaffens gewandelt hat. Zentral in Freires Arbeit sind weiterführend die Themen Macht und Identität und, auf den aktuellen Kontext bezogen, deren (post-)moderne Merkmale und politische Ausgestaltung im Zuge der Globalisierung. Die Darstellung der

---

11   Moacir Gadotti beschreibt dies folgendermaßen: „Paulo hat mit großer Häufigkeit die gleichen Ideen wieder aufgegriffen. Es gibt etwas, dass im Fortschreiten seines Denkens eine Konstante darstellt: sein ethisches Anliegen, seine Parteinahme für die ‚Verdammten dieser Erde' (*Pädagogik der Unterdrückten*), für die ‚Ausgegrenzten' (*Pädagogik der Autonomie*). Seine Sichtweise blieb immer dieselbe. Was sich verändert hat, ist die Betonung gewisser Problematiken, die sich als solche diversifizieren und entwickeln." (Gadotti, M. 2007b, 87, Hervorhebungen im Original) Entsprechend weist Gadotti (ebd., 90) darauf hin, dass „die Stärke des Werkes von Paulo Freire nicht so sehr in seiner Erkenntnistheorie liegt, sondern in der Tatsache, dass er auf der Idee bestanden hat, dass es möglich, dringend und nötig ist, die Ordnung der Dinge zu verändern." In diesem Sinne, insbesondere in Betracht ziehend, welch enorme Resonanz in Theorie und Praxis das Denken Paulo Freires weltweit und fortwährend erfährt, können einerseits die Arbeiten Freires sozusagen als zeitlos und nach wie vor aktuell bezeichnet werden. Auf der anderen Seite drängt sich hier der Eindruck auf, Paulo Freire habe sich in seinem Denken wenig weiter entwickelt und seine Ideen nicht hinreichend an aktuelle gesellschaftliche Entwicklungen weltweit und an den wissenschaftlichen Diskurs angepasst. Diese Fragestellung wird uns im Verlauf der Arbeit beschäftigen.

Kernelemente der Anthropologie und Gesellschaftstheorie Freires wird jeweils begleitet von kritischen Anmerkungen, welche Brüche, offene Stellen und Diskussionsbedarf des Denkens Freires markieren.

In Kapitel drei zeichne ich analog zu Kapitel zwei das Pädagogikverständnis Freires in Theorie und Praxis nach. Dazu stelle ich die Grundaxiome der Pädagogik Freires vor und ergänze auch diese durch kritische Anmerkungen, welche die Stärken und auch Schwächen des pädagogischen Ansatzes Freires herausstellen. In diesem Zusammenhang werde ich darauf eingehen, was Freire unter dialogischer Erziehung und problemformulierender Methode in der Erziehung und Bildung versteht und welche Rolle dabei die Arbeit mit Sprache im Allgemeinen und die Alphabetisierungsarbeit im Besonderen spielt. Unerlässlich wird es hier beispielsweise auch sein, auf das Konzept der Bewusstseinsbildung (*conscientização*)[12] in Freires Bildungsarbeit einzugehen. In einem weiteren Schritt beschreibe ich knapp die Praxis Freires, die vor allem in den Bereichen von weltweiten Alphabetisierungsbemühungen, Umgestaltung des formalen Bildungssystem in Brasilien und Formulierung politischer Forderungen im Zusammenhang mit einer aktiven Zivilgesellschaft und Bürgerbewegungen angesiedelt ist.

Kapitel vier beinhaltet eine Darstellung der Rezeption und Wirkung Paulo Freires in Brasilien seit Beginn der 1960er Jahre bis heute. In diesem Kapitel stelle ich zum einen die zu Freire publizierte Literatur vor. Die Auswahl der Arbeiten ist selbstverständlich selektiv und erhebt keinen Anspruch auf Vollständigkeit. Insbesondere auch über die Zeit der Militärdiktatur in Brasilien (1964–1980) ist noch weitere und tiefergehende Forschung notwendig, um Aussagen darüber treffen zu können, wie der Umgang mit den Ideen Freires in dieser Zeit einzuschätzen ist. Dennoch habe ich versucht, Veröffentlichungen herauszugreifen, die in gewisser Weise repräsentativ für die zu Freire erschienene und erscheinende Sekundärliteratur in Brasilien ist. In einem weiteren Schritt schildere ich Erkenntnisse aus Interviews, die ich in Brasilien mit Freire-Kennern, Wissenschaftlerinnen, Praktikern und Familienangehörigen geführt habe. Als drittes Element dieses Kapitels stelle ich pädagogische und politische Projekte vor, die sich auf Freire und sein Denken beziehen und so den praktischen und pragmatischen Umgang mit Freire in Brasilien verdeutlichen. Ein zusammenfassendes Fazit fokussiert zuspitzend auf die Kernpunkte der Relevanz Freires und deren Chancen und Herausforderungen im heutigen Brasilien.

In Kapitel fünf wechsele ich den geografischen Fokus und stelle die Rezeptions- und Wirkungsgeschichte Freires in Deutschland, mit einigen Blicken auf den deutschsprachigen und europäischen Raum, dar. Hierbei gehe ich in vier Schritten vor: Erstens beschreibe ich die Wirkung Freires auf der Ebene der Institutionen, Bürgerinitiativen und politischen Bewegungen von den 1970er Jahren bis heute. Zweitens beinhaltet das Kapitel einen kritischen Überblick über die in deutscher Sprache im gleichen Zeitraum zu Freire erschienene Literatur. Drittens stelle ich dem ergänzend Ergebnisse aus Gesprächen mit Freire-Kennern, Theoretikerinnen und Praktikern in Deutschland gegenüber. In einem vierten Schritt stelle ich praktische Projekte vor, die aktuell in Deutschland mit einem Fokus auf Freires Ansatz durchgeführt werden. Schlussfolgernd schließe ich das Kapitel mit einigen Überlegungen dazu, aus welchen Gründen die aktive Freire-Rezeption in Deutsch-

---

12 Der portugiesische Begriff wird im Deutschen in der Regel mit „Bewusstwerdung", „Bewusstmachung" oder „Bewusstseinsbildung" übersetzt. Wörtlich könnte man ihn am ehesten mit „Bewusstsein schaffen" ins Deutsche übertragen. Da der Begriff *conscientização* inhaltlich weit gefasst ist beziehungsweise vielfältige Prozesse meint, ist eine eindeutige Übersetzung schwierig. Ich verwende in dieser Arbeit in der Regel den Begriff „Bewusstseinsbildung" oder aber den portugiesischen Terminus selbst.

land stetig abgenommen hat und in welcher Hinsicht diese wieder neu aufgegriffen werden könnte.

Im Anschluss erläutere ich in Kapitel sechs in einem knappen Exkurs die Rezeption Freires in der nordamerikanischen Diskussion der *Critical Pedagogy*. Auf diesen kann aus meiner Sicht nicht verzichtet werden, da Freire die *Critical Pedagogy* besonders stark beeinflusst hat und gleichzeitig die Vertreterinnen dieses Ansatzes ein breit gefächertes Angebot für eine Weiterentwicklung des freireschen Denkens machen. In erster Linie verdeutliche ich in diesem Kapitel die enge Verknüpfung zwischen Freire und den Vertretern des Ansatzes der *Critical Pedagogy* sowie die Hauptideen dieses Ansatzes, die sich vor allem auch auf Positionen aus dem Spektrum der postmodernen und poststrukturalistischen Philosophie beziehen. Exemplarisch gehe ich zu diesem Zweck besonders auf die feministische Kritik an Freire ein.

Ich schließe diese Arbeit mit einem Fazit und Ausblick (Kapitel sieben), in dem ich die Kernerkenntnisse dieser Arbeit zu einigen Thesen verdichte und Vorschläge formuliere, inwiefern Freire für eine zeitgenössische Pädagogik und Erziehungswissenschaft sowie für politische Fragestellungen weiterhin relevant sein kann und sollte.

Es wird sich im Verlauf der Arbeit zeigen, dass Freire ein Denker der Moderne ist, der in seinem Spätwerk dennoch versucht hat, postmoderne Sichtweisen mit in seinen Ansatz zu integrieren. Auch wenn Freires universalistische Sichtweise in mancherlei Hinsicht problematisch ist, sollten wir auf seinen radikalen und visionären pädagogischen wie politischen Anspruch nicht verzichten, denn er gibt mit seinen Überlegungen Anregungen für eine zeitgenössische Pädagogik:

„Paulo Freire scheint mit einer Frage beschäftigt zu sein: Welche Art von Erziehung benötigen die Frauen und Männer des nächsten Jahrhunderts, um in dieser so komplexen Welt der kapitalistischen Globalisierung von Wirtschaft, Kommunikation und Kultur und, gleichzeitig, des Wiederauflebens des Nationalismus, des Rassismus, der Gewalt und eines gewissen Triumphs des Individualismus, zu leben?" (Gadotti 1996b, 104)

1.   Leben, Denken und Zeit Paulo Freires

Wie verlief das Leben Paulo Freires? Inwiefern flossen seine persönlichen Erfahrungen in sein Denken und Handeln ein? In welcher Hinsicht spielte das Land Brasilien, dessen Geschichte, sozioökonomische Struktur und kulturelle Vielfalt dafür eine Rolle? Welche Theorie- und Denkansätze haben für den Ansatz Freires eine Bedeutung? Diesen Fragen wird im folgenden Kapitel nachgegangen. Da Freire nicht nur als Autor und Praktiker, sondern auch als Mensch große Faszination ausgestrahlt hat und bis heute ausstrahlt, und da seine Persönlichkeit und Haltung deutlichen Einfluss auf seine Werke hatten, stelle ich an dieser Stelle zunächst die Biografie Freires vor, um eine Annäherung an seine Werke in einen weiteren Kontext zu stellen und damit besser und anders verständlich zu machen. Auch Freires Biografie und persönliche Erfahrungen sind natürlich von einem Kontext beeinflusst. Brasilien mit seiner Kolonialgeschichte und seiner bis heute von starker sozialer Ungleichheit geprägten Gesellschaft haben nicht nur Freires Leben, sondern auch seine Werke und seine persönliche Haltung bis zu seinem Tode deutlich beeinflusst. Um diesen Einfluss nachvollziehbar und damit auch seine Werke zugänglicher zu machen, folgt der Darstellung der Biografie Freires ein Abriss der Geschichte Brasiliens von der Kolonialzeit bis heute. Bewusst stelle ich die brasilianische Geschichte bis heute und nicht nur bis zu den 1960er Jahren, in denen Freire viele seiner Ideen entwickelte, dar, um aufzuzeigen, dass viele Schwierigkeiten des Landes bis heute bestehen, und damit eine Bezugsfolie für die praktische Anwendung der Ideen Freires in Brasilien heute (vgl. Kapitel 4 dieser Arbeit) zur Verfügung zu stellen. Freire bewegte sich zur Zeit der Entstehung seiner Hauptideen jedoch nicht nur in einer Zeit und in einem Land, sondern auch in einem geteilten Denkhorizont lateinamerikanischer Intellektueller, die vor allem europäische Denker rezipierten. Freire selbst machte diese in seinen Werken häufig nicht explizit, sondern greift implizit und wenig systematisch, aber doch in grundlegenden Punkten auf diese zurück. Zum besseren Verständnis der Werke Freires beinhaltet deswegen der dritte Teil dieses Kapitel eine Darstellung der wichtigsten ideengeschichtlichen Einflüsse auf das Denken Freires.

1.1   Biografischer Überblick

„Freire, mainly because of his education and class, has never been poor or unemployed. He has always been ‚invited‘ to take up his various posts and has never had to look for work. Yet, with the security of a job, a wife and family, even with house servants …, he felt empowered to create a pedagogy of the oppressed. The contradiction between the radical, subversive nature of his approach to education and the apparent conformity and ordinariness of his early life style and experience is blatant. (…) The mismatch is certainly not easy to explain, particularly because a simply chronological or historical bio-text often allows hindsight to impose a logic and orderliness on events which do not reflect the reality of the situation at the time. Often, too, memory sees certain facts with more coherence and certainly with more charity than the lived experience might merit." (Taylor 1993, 15 f.)

Eine Übersicht über das Leben Paulo Freires zu geben erweist sich als schwierig. Es finden sich zahlreiche widersprüchliche Angaben in diverser Literatur und Zeittafeln. Dies reicht von unterschiedlichen Geburtsdaten Freires über unterschiedliche Namen seiner ersten Frau bis hin zu variierenden Zeitangaben und inhaltlichen Schwerpunkten seines Lebens sowie deren Bewertungen.

Dies bedeutet einerseits, dass eine vielfältige Quellen berücksichtigende biografische Übersicht über Paulo Freires Leben auch bei noch so großer Sorgfalt der Recherche weder unter Garantie vollständig sein noch möglicherweise zu anderen, hier nicht beachteten, Quellen in Widerspruch stehen kann. Andererseits zeigt sich schon an dieser Stelle eins der wichtigsten Merkmale Paulo Freires beziehungsweise der Art und Weise wie er und sein Denken bis heute rezipiert, behandelt und weitergetragen werden: Paulo Freire ist längst zu einem Mythos geworden, welcher die Imaginationen derer, die sich mit ihm und seinem Denken beschäftigen, vielfach auf sich zieht und für weit mehr steht als für einen politisch-pädagogischen Ansatz. Hier vermischen sich Träume und Wünsche von einer besseren Welt und damit verbunden auch von einem Menschen, der diese bessere Welt zeit seines Lebens gefordert hat, mit dem, was sich in Form von „Daten und Fakten" zuge-tragen hat. Schon bevor ich in dieser Arbeit den Schritt unternehmen kann, Paulo Freires Biografie darzustellen, wird deutlich, dass Paulo Freire selbst immer wieder neu und an-ders eine Konstruktion derer ist, die an ihn, mit ihm, vermeintlich oder tatsächlich in sei-nem Sinne oder über ihn (nach-)denken. Besonders Personen, die Paulo Freire kennenge-lernt haben, liefern uns im Ansatz eine Vorstellung davon, was einen Beitrag zu diesen Konstruktionen leistet:

Paulo Freire sei ein warmherziger, herzlicher, liebevoller Mann gewesen, jemand mit wachen und großen, klugen Augen, jemand, der nur aus diesen Augen zu bestehen schien, Augen, die für alle(s) und jede(n) einen Blick gehabt haben.[13]

Wer möchte nicht diesen Menschen Paulo Freire so erleben und sehen, wie er hier geschildert wird? Es macht Hoffnung darauf, dass es mit ihm und durch sein Leben und Denken tatsächlich gelingen wird, die Welt zum Besseren – wie auch immer dieses Besse-re definiert sei – hin zu verändern. Paulo Freires befreiende Pädagogik hat offensichtlich für diejenigen, die sich mit ihr beschäftig(t)en, ebenfalls eine befreiende Wirkung: Er und sie darf zu seinen und ihren eigenen Wünschen, Utopien, Hoffnungen stehen (vgl. Ger-hardt 2000, 28). Freire selbst (2002) räumt ein, dass sich rückblickend Fakten und Vorstel-lungen zu mischen vermögen und dass er Einzelheiten seines Lebens nicht vollständig rekonstruieren könne (vgl. ebd., 31), und „in diesem Sinne ist es unmöglich, der Fiktion zu entkommen, wenn man sich zu erinnern versucht." (ebd. 32) Eine Fiktion, die Freires Be-kanntheits- und Beliebtheitsgrad keinen Abbruch getan hat.

All dies zeigt aber umso mehr die Notwendigkeit, sich neu mit Paulo Freire und sei-ner Biografie auseinanderzusetzen, nicht nur, um die eine oder andere Imagination an dem zu messen, was sich in Paulo Freires Leben tatsächlich abgespielt hat, sondern vor allem, um Paulo Freires Denken zu dem zu verhelfen, was es ist und als was es ernst genommen werden sollte: eine überraschend tragfähige, mutige und anschlussfähige Denkart, die sich auf sehr viele Bereiche gesellschaftlichen Zusammenlebens produktiv beziehen lässt und die bis heute neue und beachtenswerte Wege pädagogischen, politischen und kulturellen Denkens und Handelns aufzuzeigen vermag. Zu diesem Zweck müssen aber insbesondere auch Schwachstellen, Auslassungen und Widersprüchlichkeiten erörtert werden. Gerhardt (2000, 33) schreibt hierzu treffend:

---

13   Ergebnisse aus eigenen Gesprächen mit deutschen und portugiesischen Wissenschaftlern, die Paulo
       Freire kannten. Vgl. Archiv Funke und vgl. hierzu vor allem auch Gutiérrez (1996, 187 f.); Schimpf-
       Herken (1991, 18); Gerhardt (1996, 154); hooks [sic] (1994, 56 ff.). Der Name *bell hooks* ist ein Pseu-
       donym für Gloria Watkins. Die Autorin schreibt bewusst das Pseudonym mit kleinen Buchstaben. Ich
       verwende in dieser Arbeit die Schreibweise der Autorin.

„Denkmal, Heiligenschein, Heiligenschrein und Museum sind Orte und Gedenkformen, die die Theorie und Praxis *Paulo Freires*, die von ihm entwickelte befreiende Pädagogik der Vergangenheit zuordnen. Jahrestage, Ausstellungseröffnungen, Wallfahrten zu Stätten früheren Wirkens und Führungen daselbst werden Erinnerungsrituale sein, die der Aktualität befreiender Erziehung heute, ihrer notwendigen Neuerfindung und Vermessung an anderen Orten und in anderen Zeiten Abbruch tun werden. Freire sollte vor einem Kult um seine Person bewahrt werden. Und: Je größer der Kult wird, desto weniger wird es uns Sterblichen möglich sein, Ähnliches zu vollbringen. Es sei denn, einige wenige hätten noch vom Meister selbst den Jüngerstatus verliehen bekommen." (Hervorhebung im Original)

Die nachfolgend gemachten Aussagen über das Leben Paulo Freires sind von mir unter den geschilderten Voraussetzungen sorgfältig und nach bestem Wissen recherchiert worden. Ich sichtete zu diesem Zweck zahlreiche Kurzbiografien und Nachrufe, Klappentexte seiner Bücher, Anhänge zu Sekundärliteratur und insbesondere die ausführlichen Biografien seines Freundes und Kollegen Moacir Gadotti und seiner zweiten Frau Ana Maria Araújo Freire sowie die Biografie von Taylor.[14] (Vgl. Araújo Freire 2006 und 1996a; Gadotti 1996b; Taylor 1993, 12 ff.). Die Arbeiten von Paulo Freire selbst wurden dazu ebenfalls herangezogen.

Brüche und Widersprüche mache ich an den Stellen kenntlich, an denen sie Auskünfte über mitschwingende Konstruktionen geben können. In Zweifelsfällen habe ich mit Lutgardes Costa Freire, einem der Söhne von Paulo Freire, Rücksprache genommen und habe mich dafür entschieden, die von ihm gemachten Auskünfte als wahrscheinlich weitestgehend zutreffend anzusehen.

1.1.1 Brasilien (1921–1964)

Paulo Freire wurde am 19.09.1921 in Recife, Bundesstaat Pernambuco, einer der ärmsten Gegenden des Landes, in Nordostbrasilien als Sohn von Joaquim Temístocles Freire, einem Offizier der Militärpolizei (vgl. Freire 2002, 67; Taylor 1993, 14), und Edeltrudes Neves Freire geboren (vgl. Araújo Freire 1996a, 28). Die Mutter war praktizierende Katholikin, deren Konfession sich Freire auch anschloss, während der Vater sich den spirituellen Strömungen Nordostbrasiliens zurechnete, auch wenn er den katholischen Glauben seiner Frau und seines Sohnes akzeptierte und unterstützte (vgl. Freire 1978, 6). Entgegen des häufig betonten Umstands, Freire habe Hunger und Armut am eigenen Leib erfahren (vgl. Simpfendörfer 1991, 4 und Gadotti 1994, 2 f.), darf die Tatsache, dass Freire in bürgerlichen Verhältnissen aufwuchs, nicht außer Acht gelassen werden (vgl. Freire 2002, 40). Er besuchte private Schulen und lebte das Leben der brasilianischen Mittelklasse, wenn auch zeitweise geprägt durch Erfahrungen von ökonomischer Not: 1931, als Paulo Freire 10 Jahre alt war, zog die Familie, gezwungen durch die von der Weltwirtschaftskrise von 1929 verursachte sich verschärfende wirtschaftliche Lage des Landes, nach Jaboatão, einer kleinen Stadt 18 km außerhalb von Recife (vgl. Freire 2002, 63 f.). In Jaboatão verstarb nach langer Krankheit der Vater, als Paulo Freire dreizehn Jahre alt war (vgl. Freire 2002, 67 f., 105 ff.; Wagner 2001, 17; Araújo Freire 1996a, 28; Gadotti 1994, 2 f.).

---

14 Taylor (1993) legt mit seinem Buch *The texts of Paulo Freire* eine insgesamt aufschlussreiche und gut recherchierte Arbeit zu Paulo Freire und den Details seiner Alphabetisierungsarbeit vor. Schwächen der Recherche zeigen sich allerdings im Gebrauch portugiesischer Namen und Begriffe. Diese sind bis auf wenige Ausnahmen durchweg in der Orthografie fehlerhaft (vgl. beispielsweise Taylor 1993, 15, 17, 36 usw.). Zudem gibt Taylor an einigen Stellen Informationen ohne Quellenangabe.

Die Mutter hatte Schwierigkeiten, die Familie alleine zu ernähren, so dass die älteren Geschwister Paulo Freires durch ihre Arbeit die Familie unterstützten, um auch dem Bruder den Schulbesuch zu ermöglichen (vgl. Freire 2002, 107 f.). Paulo Freire wiederholte in dieser Zeit zwei Schuljahre. In der Regel wird diese Tatsache damit begründet, dass Freire sich häufig aufgrund von Hunger in der Schule nicht konzentrieren konnte (vgl. Freire 2002, 40, 70; Gadotti 1994, 5; Taylor 1993, 12). Während dieser Zeit kam Freire mit Kindern der Arbeiter in der Nachbarschaft in Kontakt, und er beschrieb später: „Die Erfahrung mit ihnen gewöhnte mich an eine andere Form des Denkens und des Ausdrucks. Ich lernte die Syntax des Volkes, die Sprache des Volkes" (Freire/Frei Betto 1986, 10). Freire sieht sich rückblickend als von diesen Kindern verschieden, denn, auch wenn er selbst Armut erlebt hat, hat seine Familie doch immer ein bildungsbürgerlich geprägtes Leben aufrecht erhalten (vgl. Freire 2002, 40, 44 f., 98). Freire teilte zwar mit diesen Kindern den Hunger, aber nicht die *soziale Klasse* (vgl. Taylor 1993, 14, 18 und Freire 2002, 45 ff.). Schon vor der Einschulung konnte Paulo Freire lesen, da die Eltern mit ihm durch Schreiben im Sand des Hinterhofs ihres Hauses Schreiben übten. Sie zerlegten, wie es in Brasilien zum Lesen und Schreiben lernen üblich war, die Wörter in Silben und bildeten daraus neue Wörter – eine Vorgehensweise, die Freire später selbst auch in seiner Alphabetisierungsmethode verwendete (vgl. Gadotti 1994, 2; Taylor 1993, 14). Die Ehe der Eltern und das Familienleben beschreibt Freire als harmonisch – hier habe er früh das Prinzip des Dialogs kennengelernt (vgl. Freire 2002, 55).

Die erste Lehrerin von Paulo Freire während seiner Grundschulzeit, Eunice Vasconcelos, war für Paulo Freire persönlich und für seine Lernerfahrung von großer Bedeutung, da er durch sie einerseits die Erfahrung einer liebevollen und andererseits unterstützenden, an den Fähigkeiten und Kenntnissen des Schülers orientierten Erziehung machte. Bis zum Tod der Lehrerin im Jahr 1977 blieb Paulo Freire ihr freundschaftlich verbunden (vgl. Freire 2002, 55 f., 79; Freire 1996, 31; Araújo Freire 1996a, 31; Gadotti 1994, 2). Nach einem gymnasialen Schuljahr am Colégio 14 de Julho, dessen Schulgeld die Familie nicht mehr zu zahlen in der Lage war, besuchte Freire in den Jahren 1936–1941, ermöglicht durch ein Stipendium, das Colégio Osvaldo Cruz in Recife (vgl. Freire 2002, 93 f.; Araújo Freire 1996a, 30). Seit 1941 war er selbst als Dozent an dieser Schule tätig und unterrichtete dort Portugiesisch (Auskunft von Lutgardes Costa Freire, 10.04.2006, Archiv Funke; vgl. Simpfendörfer 1991, 4; Gadotti 1994, 3 ff.; Freire 1981a, 38; Araújo Freire 2006, 59 ff.), nachdem er in den Jahren zuvor, während seiner Schulausbildung, schon für gleichaltrige Schüler nebenbei Portugiesischunterricht erteilt hatte: „When I was a young man, I accepted a position as a high school teacher of the Portuguese language. (…) Of course, at that time I taught youths whose families were very well-to-do." (Freire 1985, 175; vgl. Freire 1981a, 38; Freire 2002, 109; Taylor 1993, 15). In diesen Jahren erwarb Freire auf diese Art und Weise erste Kenntnisse in der Tätigkeit des Unterrichtens. Dies diente jedoch in erster Linie eher der Unterstützung der ökonomischen Stabilität der Familie als dem Ziel der Bildung und Unterstützung des *Volkes*[15] – seine Schülerinnen gehörten eben-

---

15   Der Begriff *Volk* klingt im deutschen negativ konnotiert und erinnert an Begriffe wie „völkisch". Zudem suggeriert er eine Homogenität, die nicht vorhanden ist. Freire verwendete den Begriff im marxistischen Sinne von Volk als sich solidarisierende, *unterdrückte* Klasse der Arbeiter. Ich verwende ihn in dieser Arbeit, solange sein Verständnis des Begriffs dem Kontext angemessen ist. Um auf diesen Hintergrund zu verweisen, verwende ich ihn *kursiv* gesetzt. Ansonsten verwende ich in der Regel den Begriff „Bevölkerung".

so der Mittelklasse an wie er selbst.[16] Freires körperliche Schwäche und diese Tätigkeit bewahrten ihn in dieser Zeit davor, als Soldat in der brasilianischen Armee als Teil der Alliierten im 2. Weltkrieg dienen zu müssen (vgl. Araújo Freire 1996a, 33; Araújo Freire 2006, 61).

Nach Abschluss seiner Schulausbildung studierte Freire an der Universität von Recife Jura und Philosophie, interessierte sich aber auch für Sprachwissenschaften (vgl. Freire 1981a, 38; Freire 1985, 175; Taylor 1993, 15; Gadotti 1994, 5). In verschiedenen Quellen wird betont, dass es zu diesem Zeitpunkt an den Universitäten in Pernambuco keine Möglichkeit gab, Pädagogik zu studieren (vgl. beispielhaft Araújo Freire 1996a, 30). Hätte also Paulo Freire sonst konsequenterweise Pädagogik studiert, da er seine revolutionäre Berufung im Dienst für das *Volk* erkannt hatte? Höchstwahrscheinlich nein. Vielmehr folgte Freire der „standard route for the intellectual middle classes" (Taylor 1993, 15), die er selbst später als elitäres, deformiertes universitäres Training bezeichnete (vgl. Freire 1981a, 42; Taylor 1993, 15).[17] Freire schildert in verschiedenen Schriften selbstkritisch, wie sehr seine Praxis lange Zeit vom Blick eines bürgerlichen Intellektuellen geprägt war, der dem *Volk* scheinbar erklären kann, was es zu tun hat, ohne seine wirtschaftlich-sozial prekäre Situation nur annähernd zu kennen und mitzubedenken (vgl. Freire 1981a, 41 f., 63 ff.; Freire 1985, 12). Das universitäre Studium war inhaltlich von den Arbeiten französischer Intellektueller geprägt, da das gesamte Universitätssystem nach französischem Vorbild gestaltet war (vgl. Taylor 1993, 12 f.) – eine Tatsache, die sich auch in Freires Büchern widerspiegelt (vgl. dazu auch Kapitel 1.3 dieser Arbeit). 1944, noch während seines Studiums, heiratete Freire 23-jährig die Lehrerin Elza Maia Costa Oliveira,[18] eine Grundschullehrerin (vgl. Freire 1978, 7).[19] Sie bekamen fünf Kinder; drei Töchter und zwei Söhne. Elza Maia Costa Oliveira war Freires Privatschülerin gewesen (vgl. Taylor 1993, 20). Über das Familienleben der Freires und Paulo Freire als Ehemann und Vater ist nur wenig bekannt. So offen Paulo Freire über seine Liebe zu seiner Frau Elza (und später zu seiner zweiten Frau Nita) gesprochen hat (vgl. zum Beispiel Freire 1991, 60; Freire 1978, 7 f.), so wenig hat er über das Leben der Familie preisgegeben. Beispielsweise sind so gut wie keine Fakten darüber bekannt, wie die Familie die Zeit seiner Inhaftierung und der zahlreichen Umzüge (Brasilien – Bolivien – Chile – Cambrigde/Massachusetts – Genf – Brasilien) verlebt hat (vgl. Taylor 1993, 20). In wenigen Büchern Freires gibt es Hin-

---

16 In seinem Buch *Educação na Cidade* (*Erziehung in der Stadt*, 1991) beschreibt Freire, er habe als junger Lehrer „in den Gossen und auf den Hügeln von Recife" (ebd., 59) unterrichtet. Dies erläutert er jedoch nicht näher. In anderen Quellen befinden sich keine weiteren Hinweise darauf, dass Freire in dieser Zeit auch in Vierteln ärmerer Bevölkerungsgruppen unterrichtet hat (vgl. dazu auch Taylor 1993, 19). Vermutlich bezog sich Freire in seiner Schilderung auf seine späteren Erfahrungen, als er für den Sozialdienst des Arbeitgeberverbandes der Industrie (SESI) arbeitete und in diesem Zusammenhang mit verhältnismäßig armer Arbeiterbevölkerung zusammenarbeitete.

17 Taylor (1993) erläutert, dass es zum Beispiel keine Anhaltspunkte gibt, dass sich Freire aufgrund der katastrophalen wirtschaftlich-sozialen Situation des Nordostens von Brasilien und dem damit einhergehenden Leid großer Teile der Bevölkerung schon früh dafür entschieden habe, gegen diese Ungerechtigkeiten zu kämpfen, obwohl sie in dieser Zeit schon offen von einigen brasilianischen Autoren, deren Werke Bestseller waren – wie zum Beispiel Gilberto Freyre mit seinem Buch *Herrenhaus und Sklavenhütte* (1933) – offen angeprangert wurden (vgl. ebd., 16 ff.).

18 Deren Name wird in zahlreichen Publikationen fälschlicherweise mit Elza Maria Costa (de) Oliveira angegeben (vgl. zum Beispiel Gerhardt 1996, 150 und Araújo Freire 1996a, 33).

19 Es herrscht in der Literatur Unklarheit über den Beruf der ersten Ehefrau Freires. Laut Taylor (1993), der in anderen Fragen genau und gründlich recherchiert hat, war Elza Maia Costa Oliveira eine Lehrerin der Krankenpflege. Diese Information lässt sich durch andere Quellen nicht bestätigen. Ebenso gibt Taylor das Jahr der Heirat mit 1943 an (vgl. ebd., 20), das sich gleichfalls durch andere Quellen nicht bekräftigen lässt.

weise darauf, wie das Familienleben der Freires aussah und welche Beziehung Paulo Freire zu seinen Kindern hatte – einer davon ist in seinem Buch *Cartas a Cristina* (2002, 30)
zu finden, in dem er berichtet, dass er mit seinen Kindern in Chile Spaziergänge im
Schnee gemacht habe, um sich selbst zu „verkindlichen".[20] Einige biografische Schilderungen in Bezug auf Freires Umgang mit seinen Kindern sind verteilt über andere Werke
auszumachen. (Vgl. dazu beispielhaft Freire/Horton 1990, 138 ff., wo Freire über sein
Vater-Sein spricht).[21] Freires Sohn Lutgardes Costa Freire nennt seinen Vater einen „abwesenden Vater", der aufgrund seiner zahlreichen Tätigkeiten und internationalen Reisen
sehr wenig Zeit mit seinen Kindern verbracht habe, was für diese sehr schmerzlich gewesen sei. (Gespräch mit L. Costa Freire am 05.11.2007, Archiv Funke)

1947 schloss Freire sein Jurastudium ab (vgl. Freire 1981a, 38 und Auskunft von
Lutgardes Costa Freire, 10.04.2006, Archiv Funke). Freire arbeitete jedoch nur kurze Zeit
als Anwalt. Es ist unklar, aus welchem Grund Freire den Beruf des Anwalts nur über einen
sehr begrenzten Zeitraum ausübte und wie lang dieser Zeitraum war. Einige Autoren begründen Freires Entscheidung gegen den Anwaltsberuf mit der Tatsache, dass er festgestellt hatte, in diesem Beruf nur unter Schwierigkeiten die *Unterdrückten*[22] unterstützen zu
können, da die Rechtssprechung im Dienste der Wohlhabenden stand. Auch Freire selbst
schildert es häufig aus dieser Perspektive, indem er beschreibt, wie er kurz nach seinem
ersten Fall beschloss, den Beruf nicht weiter auszuüben (vgl. Freire 2003, 16 ff.; Simpfendörfer 1991, 5 und Gadotti 1994, 8). Sicherlich hätte aber Freire auch als Anwalt die Möglichkeit gehabt, sich in den Dienst der *Unterdrückten* zu stellen, hätte er dies gewollt.
Vielmehr sollte von mehreren Gründen ausgegangen werden, die ihn dazu veranlasst haben, sich der Pädagogik zuzuwenden: 1. seine Erfahrungen im und Freude am Unterrichten, 2. die Möglichkeit, auf ihm angebotene Stellen zurückzugreifen, 3. der Einfluss seiner
Frau Elza Maia, denn durch ihre Arbeit und wie sie diese ausübte, wurde Paulo Freire
nachhaltig in seinem Denken und Wirken geprägt (vgl. Gadotti 1994, 4 und Simpfendörfer
1991, 5). Taylor (2003) schreibt dazu:

> „His move into education was pragmatic and opportunist: he never was, and he never pro-
> fessed to be, a Messianic figure who was somehow ‚born' to save the oppressed masses.
> None the less, it is this very pragmatism that explains first why he might have wanted, con-
> sciously or not, to play down the elitist education which led him from private school to a
> lawyer's office, and second, why, at the height of his popularity and fame, he preferred to
> emphasize his pedagogical roots as a teacher and linguist. (…) However, his path from Por-
> tuguese to Literacy was due to less to his own sense of vocation than to the guidance and
> motivation which he received from Elza." (Ebd. 20 f.)

Paulo Freires Weg in die Erziehungs- und Bildungsarbeit spielte sich sehr wahrscheinlich
in einer Gemengelage von Motiven ab. Paulo Freire (2002) sieht sich rückblickend jedoch

---

20   „… als ich mit meinen Kindern auf die Straße ging, um mich zu ‚verkindlichen', indem ich Schneebäl-
     le machte und mich ganz dem Weißen aussetzte, das in Flocken auf die Wiese fiel, auf meinen tropi-
     schen Körper." (Freire 2002, 30)

21   Das zitierte Buch ist eins der so genannten „gesprochenen Bücher" Freires, in denen Dialoge mit un-
     terschiedlichen Autoren wiedergegeben werden. Ich zitiere jetzt und in der gesamten Arbeit jeweils aus
     den Redebeiträgen Freires. Das Gleiche gilt beispielsweise für Freire/Faundez (1989).

22   Der Begriff *Unterdrückte* meint im Sinne Freires, ähnlich wie das Konzept des *Volkes*, die wirtschaft-
     lich und sozial benachteiligten Bevölkerungsschichten Brasiliens, die zum großen Teil unter großer
     Armut litten (und leiden). Erst in späteren Schriften deutet Freire eine Differenzierung der *Unterdrück-
     ten* nach Kategorien wie Geschlecht, ethnischer und sozialer Zugehörigkeit und sexueller Orientierung
     an.

als jemand, der „sich seit Beginn seiner Jugend der Erziehungsarbeit widmet" (ebd., 31) und gibt dadurch, ob gewollt oder ungewollt, wie Taylor einräumt, wenig konkrete Information über die Grundlagen seiner damaligen Entscheidungen.

Durch Elza, die katholisch war und in der *Ação Católica* (Katholische Aktion, ein Teil der *Movimento de Educação de Base*, vgl. Araújo Freire 2002, 265 f.) aktiv war, bekam auch Paulo Freire engeren Kontakt mit der katholischen Bewegung des Erzbischofs von Olinda und Recife, Dom Helder Câmara, und beteiligte sich an ihr (vgl. Taylor 1993, 21).[23] Nachdem er sich in seiner Jugend von der Kirche distanziert hatte,[24] fand er durch die Lektüre katholischer Autoren wie Tristão de Ataíde (Pseudonym für Alceu Amoroso Lima, den Präsidenten der katholischen Aktion von 1932–1945),[25] Jaques Maritain und Emmanuel Mounier, die sich für soziale Gerechtigkeit einsetzten, und schließlich durch die Heirat mit Elza zu ihr zurück (vgl. Freire 1978, 7; Collins 1977, 6; Bessa 2001, 369 f.).[26]

Über die Zusammenarbeit mit der kirchlichen Bewegung und seinen Kontakten zu den Gewerkschaften (vgl. Gerhardt 1996, 151) wurde Paulo Freire vom Sozialdienst des Arbeitgeberverbandes der Industrie (*Serviço Social da Indústria*, SESI) von Pernambuco für eine Tätigkeit im Bereich Erziehung und Bildung eingeladen (vgl. Freire 2003, 15 f.; Taylor 1993, 22). Von 1947, also noch im Jahr des Abschlusses des Jurastudiums, bis 1954 war er als Leiter der Abteilung für Erziehung und Ausbildung tätig, anschließend von 1954 bis 1957 als Superintendent, das heißt Direktor (vgl. Araújo Freire 1996a, 33; Freire 1981a, 38 f.; Araújo Freire 2006, 62 ff.). Obwohl das SESI eine Institution der Arbeitgebervereinigung war, ließ sich Freire in deren Dienst stellen. Später reflektierte er über seine Tätigkeit für das SESI, indem er einerseits dem SESI vorwarf, eine „originäre Schuld" (Freire 2002, 123) in sich zu tragen, da es zum Ziel hatte, zwar die Arbeitnehmer in allen Belangen ihres täglichen Lebens zu unterstützen, sie aber nicht zum kritischen Denken anzuregen (vgl. ebd. 116 f. und 123 f.). Der Schritt von der Unterstützung im Sinne von Assistenz hin zum Assistenzialismus sei klein. Dabei räumte er auch ein, selbst nicht „unschuldig" (Freire 2002, 123) gewesen zu sein und besonders zu Beginn der Tätigkeit Fehler gemacht zu haben, indem er letztlich autoritär gewesen sei (vgl. ebd. 126). Andererseits beschreibt Freire nicht nur, wie er während seiner Tätigkeit als Leiter der Abteilung für Erziehung und Ausbildung des SESI versuchte, alle Beteiligten in den als gemeinsam betrachteten Lernprozess mit einzubeziehen (vgl. Freire 2002, 125 ff.), sondern wie er vor allem auch in der Funktion des Direktors vielfältige Maßnahmen durchführte, um das SESI als Organisation selbst in seinen Strukturen zu demokratisieren (vgl. Freire 2002, 131).

Beim SESI begann Freire in der Arbeit mit Arbeitern (in Form von Gesprächen zur Erziehungsberatung und zum familiären Zusammenleben) und Lehrern, so genannten Eltern- und Lehrerkreisen „den Dialog mit dem Volk" wieder aufzunehmen, „jetzt da ich tatsächlich ein Mensch geworden war" (Freire 1978, 8). Er sammelte so für seine später

---

23   Zur Person des Dom Helder Câmara vgl. beispielsweise Bernecker et al. (2000, 285).

24   Collins (1977) schreibt dazu: „Like most adolescents he questioned the discrepancy between what he heard preached in church and what life was really like on weekdays. For about a year's time he withdrew from the practice of Catholicism but returned to it". (Ebd., 5 f.) Vgl. dazu auch Gerhardt (1978, 42 f.).

25   Vgl. http://www.brasilescola.com/biografia/alceu-amoroso-lima.htm, Zugriff 21.06.2007.

26   Diese Beschäftigung mit der christlichen Kirche und ihren Aufgaben fand schließlich Ausdruck in dem Aufsatz *Os cristãos e a libertação dos oprimidos* (*Die Christen und die Befreiung der Unterdrückten*) (Freire 1978), auf Deutsch als Aufsatz unter dem Titel *Erziehung und Bildung, Befreiung und die Kirche* veröffentlicht im Band *Erziehung als Praxis der Freiheit* (Freire 1982).

entwickelte Alphabetisierungsmethode wichtige Erfahrungen – durch einen Dialog, den er offenbar in den Jahren zuvor nicht geführt und auch nicht angestrebt hatte (vgl. Freire 1981a, 39; Freire 2002, 115; Freire 1985, 75 und Gadotti 1994, 6). Freire räumte später ein, dass er in den Jahren zuvor in seiner pädagogischen Arbeit kaum politisch gedacht habe: „When I began my educational practice as a young man I was not clear about the potential political consequences. I thought very little about the political implications and even less about the political nature of my thinking and practice." (Freire 1985, 179) Während der Tätigkeit beim SESI entdeckte Freire die Wirksamkeit der Arbeit in Kulturzirkeln[27] (vgl. Taylor 1993, 22 f.; Freire 1985, 176) sowie das Problem des weit verbreiteten Analphabetismus: „it seemed profoundly unjust that men and women were not able to read and write" (Freire 1985, 176).

Parallel zu seiner Tätigkeit beim SESI wurde Freire im Jahr 1952 Dozent an der *Escola de Belas Artes* (Hochschule der schönen Künste) in Recife, welche Teil der Universität Recife war.[28] Hier übernahm er eine Professur am Lehrstuhl für Philosophie und Geschichte der Erziehung (vgl. Araújo Freire 2006, 93 ff.). Ausgehend von seinen bisherigen Erfahrungen erstellte Paulo Freire 1959 eine Arbeit zum Thema Erziehung und brasilianische Wirklichkeit (*Educação e Actualidade Brasileira*), die er an der Universität Recife einreichte. Diese wird häufig als seine Doktorarbeit bezeichnet. Es handelt sich jedoch um eine *Tese de concurso*, also eine Bewerberschrift, mit der er sich um seinen Verbleib am Lehrstuhl der *Escola de Belas Artes* bewarb, der nun öffentlich ausgeschrieben wurde. Diesen Lehrstuhl erhielt jedoch seine Mitbewerberin (vgl. Gespräch mit M. Gadotti, 05.11.2007, Archiv Funke; Gerhardt 1978, 60 f.; Araújo Freire 2006, 94 ff.).[29] In der Arbeit stellt Freire Überlegungen zu einer demokratischen Erziehung an, die ein kritisches Bewusstsein zu fördern vermag und stellt Erfahrungen seiner Alphabetisierungsarbeit vor (vgl. Freire 2001d; Araújo Freire 1996a, 34), insbesondere aber auch zur Struktur der Gesellschaft Brasiliens, die er als *Gesellschaft im Übergang* bezeichnet und deren Weiterentwicklung er anregen möchte.[30] Da Freires Professur mit der Ablehnung der eingereichten Bewerberschrift endete, musste er seine Tätigkeit als Professor an der *Escola de Belas*

---

27   Unter *Kulturzirkeln* versteht Freire sich regelmäßig treffende Gruppen von Lernenden im Allgemeinen (zum Beispiel Arbeiterinnen oder Bauern) oder Alphabetisanden im Speziellen sowie Erziehern beziehungsweise Moderatorinnen des Lernprozesses, um sich während dieser Treffen sowohl der Alphabetisierung als auch der *conscientização* zu widmen. Erst später, während seines Engagements bei der *Bewegung für Volkskultur (Movimento de Cultura Popular,* eine von der französischen Bewegung *Peuple et Culture* inspirierte Bewegung)* verwendet Freire diesen Begriff konsequent (vgl. Freire 2002, 148).

28   Araújo Freire (2006) nennt das Jahr 1952 als das Jahr seiner Berufung und Aufnahme der Lehrtätigkeit, während erst im Jahr 1955 seine Berufung rückwirkend offiziell gemacht wurde, was damals in Brasilien durchaus der gängigen Praxis entsprach, da die Universitäten häufig erst seit kurzer Zeit bestanden – die Universität Recife wurde im Jahr 1946 gegründet – und die ersten Professoren, in Ermangelung eines beurteilenden Lehrkörpers und noch nicht vorhandenen Studienordnungen, relativ unbürokratisch eingestellt wurden. Hierfür war es ausreichend, dass sie als Persönlichkeiten, die breite Kenntnisse besaßen, bekannt waren (vgl. ebd. 93 f.).

29   Taylor (1993) geht zum Beispiel davon aus, dass es sich um eine Doktorarbeit handele, vermutet aber, dass Freire möglicherweise hauptsächlich aus dem Grunde promoviert habe, um an der Universität Recife eine Stelle annehmen zu können (vgl. ebd. 23). Araújo Freire (2006) erläutert, dass die Arbeit dennoch als „bestanden" gewertet wurde und Freire dafür den Doktortitel erhalten habe (vgl. ebd. 97). Gadotti jedoch betont, Freire habe keinen akademischen Doktortitel gehabt, sondern nur Titel *Honoris Causa*. Fest steht jedoch, dass er keinen Titel *Honoris Causa* der Universität Recife erhielt, wie Gerhardt (1978, 50) schreibt.

30   Diese Arbeit wurde von einigen Autorinnen als nationalistisch und entwicklungsideologisch kritisiert, was zum Teil auf den Einfluss der Mitglieder des ISEB (*Instituto Superior de Estudos Brasileiros*) auf Paulo Freire zurückzuführen ist (vgl. Pereira Paiva 1980, 124 ff. und Gadotti 1994, 9). Sie diente als Grundlage für sein Buch *Erziehung als Praxis der Freiheit*.

Artes beenden (vgl. Araújo Freire 2006, 98). Stattdessen wurde er 1960 zunächst Assistent eines anderen Professors ebenfalls an der *Escola de Belas Artes* und erhielt dann 1962 die Aufforderung, Privatdozent an derselben Fakultät zu werden (vgl. Araújo Freire 2006, 99 ff.). Noch im Jahr 1962 jedoch bot sich für Freire eine interessantere Möglichkeit, weiterhin an der Universität tätig zu sein: Der Rektor der Universität João Gonçalves da Costa Lima, den Freire bereits beim SESI kennengelernt hatte, gründete den *Serviço de Extensão Cultural da Universidade* (SEC, *Kulturdienst der Universität*)[31] und berief Freire in seinen Arbeitsstab (vgl. Araújo Freire 2006, 104 ff.). Freire wurde beim SEC Beauftragter für studentische Angelegenheiten (vgl. Gerhardt 1978, 61). Ziel des *Serviço de Extensão Cultural da Universidade* war es, die Universität zu öffnen und „ihre Aktivitäten auf nicht-akademische Bereiche auszudehnen" (Freire 2002, 173), wie zum Beispiel Fortbildungen für Funktionäre der Gewerkschaften, Alphabetisierungskurse und Lehrerfortbildungen für Lehrerinnen der Grund- und Mittelstufe (vgl. ebd. 173 f.). Es entstand ein regelmäßig erscheinendes Informationsblatt des SEC über dessen Aktivitäten und ein universitärer Radiosender (vgl. Freire 2002, 177).[32]

Seit Ende der 1950er Jahre, das heißt nach Beendigung seiner Tätigkeit beim SESI und parallel zur Tätigkeit an der Universität Recife, hatte Freire begonnen, sich bei Bewegungen zur *educação popular* (*Volkserziehung*)[33] zu engagieren. Der damalige Bürgermeister von Recife, Miguel Arraes, begründete die *Bewegung für Volkskultur* (*Movimento de Cultura Popular* – MCP), ein Zusammenschluss von christlich und marxistisch orientierten Personen, in der Regel Studenten (vgl. Freire 2002, 161; Gerhardt 1978, 62), die sich die Durchführung von Bildungsarbeit für beziehungsweise mit der Bevölkerung zum Ziel gesetzt hatte und an der Freire sich beteiligte. Das Ausbildungswesen sollte erweitert werden, eine Erziehungskonzeption, die die Entfaltung des menschlichen „Wesens" unterstützte, entwickelt werden, das kulturelle Wissen der Bevölkerung gefördert werden und Personen ausgebildet werden, die diese Aufgaben übernehmen konnten (vgl. Gerhardt 1978, 62 f.). Die MCP war zur Verwirklichung dieser Ziele unter anderem im Bereich der Erwachsenenalphabetisierung und der Förderung der volkstümlichen Kultur aktiv: „Eins

---

31 Der Begriff ist schwierig ins Deutsche zu übersetzen, wörtlich würde er bedeuten *Dienst der kulturellen Ausbreitung der Universität.*

32 Zur detaillierten Beschreibung der Tätigkeiten und Ziele des SEC vgl. Gerhardt (1978, 75 ff.).

33 Dieser Begriff klingt, ähnlich wie der Terminus *Volk*, im Deutschen altmodisch und negativ konnotiert, da er zum Beispiel Assoziationen weckt zu seiner Verwendung während der nationalsozialistischen Diktatur, aber auch zur sozialistisch motivierten „(Um-)Erziehung" des *Volkes* in sozialistischen Diktaturen (vgl. Holm 1991, 95 f. und Freire/Frei Betto 1986, 9). Paulo Freire versteht die *educação popular* als eine Pädagogik für, aber vor allem *mit* dem *Volk*. Ich verwende aus genanntem Grund in dieser Arbeit den portugiesischen Begriff oder je nach Kontext aktuellere Termini, die ähnliches meinen wie Paulo Freire zu bezeichnen suchte, zum Beispiel *politische Bildung*. Während im Deutschen das Wort *Bildung* sowohl Bildung im Sinne von Wissenserwerb als auch im Sinne von Selbst-Bildung oder Wachstum der Persönlichkeit meint, wird der Begriff *Erziehung* im heutigen Gebrauch oft tendenziell negativ mit *Disziplinierung* assoziiert. Damit steckt in der Spaltung von Bildung und Erziehung das Problem, dass in Deutschland im Gegensatz beispielsweise zum englischsprachigen Raum die Erziehungsseite oft unter- und die Bildungsseite überschätzt wird. Auch im Portugiesischen bezeichnet der Begriff *educação* neben Erziehung und Kenntniserwerb auch den Aspekt der selbstbestimmten Persönlichkeitsentwicklung und wird demnach weniger mit *Disziplinierung* in Verbindung gebracht. Der Begriff *formação* bezieht sich schwerpunktmäßig auf den Erwerb von Wissen und Kenntnissen. Der Begriff *educação popular* wird entsprechend bis heute in Brasilien verwendet (vgl. dazu beispielhaft Gadotti 1991, 1 ff.). Die *Movimento de Educação de Base* (MEB) ist die sehr aktive und bekannte Bewegung zur *Volkserziehung* der katholischen Kirche Brasiliens (vgl. http://www.meb.org.br/). Im Verlaufe dieser Arbeit verwende ich deswegen in der Regel das Begriffspaar *Erziehung und Bildung* um deutlich zu machen, dass ich sowohl auf die Bildungs- als auch auf die Erziehungsseite (im positiven Sinne) pädagogischer Prozesse abziele.

der expliziten Ziele der Bewegung war der Erhalt der Traditionen der Volkskunst, der Volksfeste, der Verwicklungen ihrer Handlungen,[34] der Figuren ihrer Legenden, der Schlichtheit ihrer Religiosität, in deren Körper wir nicht nur den angepassten Ausdruck der Unterdrückten finden, sondern auch ihren möglichen Widerstand." (Freire 2002, 156)[35] Wichtigstes Element der Aktivitäten der MCP waren die *Kulturzirkel*. Es war explizit das Ziel der MCP, *mit* dem *Volk* gemeinsam aktiv zu werden und nicht nur *für* das *Volk* zu arbeiten oder *über* es zu sprechen. Aus diesem Grunde verstand sich die MCP auch als eine Bewegung und nicht als eine Institution oder Organisation (vgl. Freire 2002, 148 f.). Im Rahmen der MCP entwickelte Freire maßgeblich seine Alphabetisierungsmethode: „Es war genau die Effektivität dieser Arbeit [der MCP, K.F.], das von ihr geweckte Interesse, die Lebendigkeit der Diskussionen, die kritische Neugier[36] und die Fähigkeiten, die die einfachen Menschen[37] hatten, zu erkennen, die mich an die Hypothese denken ließen, etwas ähnliches unter dem Blickwinkel der Erwachsenenalphabetisierung zu entwickeln." (Freire 2002, 162; vgl. Araújo Freire 1996a, 40; John 2006, 12; Pereira Paiva 1980, 285 ff.; Gadotti 1994, 7, 163).[38] Besonders im studentischen, gewerkschaftlichen und kirchlichen Umfeld stieß Freires Arbeit und die der MCP auf Interesse und Unterstützung. Gerhardt (1996, 154 f. und 1978, 64 ff.) gibt kritisch zu bedenken, dass Freires Einschätzung der MCP als einer *Aktion des Volkes* eine Beschönigung sei. Militante Katholiken, Protestanten und Kommunisten, die an der MCP beteiligt waren, hätten durchaus unterschiedliche Vorstellungen von ihren pädagogischen und organisatorischen Aufgaben gehabt. Dies habe schließlich dazu geführt, dass sich Freire zu Beginn der 1960er Jahre nach und nach von der MCP distanziert habe, da er ihre autoritäre, marxistisch-leninistisch geprägte Haltung nicht mittragen wollte und sich wieder stärker seinem Wirkungskreis an der Universität widmete (vgl. ebd.; Bessa 2001, 372).[39]

Immer mehr Initiativen bildeten sich, die sich der Idee der Alphabetisierung anschlossen. Die Relevanz der Alphabetisierung der Bevölkerung für den damaligen soziokulturellen Kontext im Brasilien der 1960er Jahre ist kaum zu überschätzen, denn in einer Zeit der wachsenden Umgestaltung der Gesellschaft, während der sich viele politische Gruppen um Demokratisierung bemühten (vgl. Collins 1977, 6; Gerhardt 1996, 153 und Kapitel 1.2 dieser Arbeit), in der jedoch große Teile der Bevölkerung nicht alphabetisiert waren, kam deren Möglichkeit auf Teilhabe und Mitbestimmung eine große Bedeutung zu.[40] Zu Anfang der 1960er Jahre begann zum Beispiel die katholische Kirche im Zuge

---

34   Gemeint sind die Handlungsstränge der zahlreichen insbesondere nordostbrasilianischen Volkslegenden.

35   Zur genauen Satzung und Zielsetzung der MCP siehe Araújo Freire (2002, 305 f.) und Freire (2002, 172). Zu den Schwerpunktthemen und Orten der Bildungsarbeit der MCP vgl. Freire (2002, 161 f.).

36   *Curiosidade crítica*, diesen Ausdruck benutzt Freire, neben *curiosidade epistemológica* (vgl. Freire 2002, 154) als fest stehenden Begriff für die Geisteshaltung des von seiner Erziehungsmethode angestrebten *kritischen Bewusstseins*.

37   *Grupos populares*, wörtlich übersetzt „völkische Gruppen", gemeint ist hier die Land- und Arbeiterbevölkerung.

38   Zu konkreten Beispielen und Anekdoten die Entwicklung der Alphabetisierungsmethode Freires betreffend vgl. Gerhardt (1996, 155 f. und 1978, 67 ff.). Er beschreibt, wie Freire teils planmäßig, teils zufällig (beispielsweise durch das Verhalten seines 3-jährigen Sohnes oder seiner nicht alphabetisierten Haushaltshilfe), das Lernen von Silben als Wortbestandteile, deren Verknüpfung mit visuellen Darstellungen und die Wichtigkeit ihrer existenziellen inhaltlichen Bedeutung für die Lernenden, entdeckte.

39   Zur detaillierten Beschreibung der Tätigkeiten des MCP und der Rolle Freires vgl. Araújo Freire (2006, 128 ff.).

40   Im Jahr 1960 lag die Analphabetenrate der Personen über 15 Jahre in Brasilien bei 39,7%, ohne Einberechnung der funktionalen Analphabeten (vgl. INEP/Ministério da Educação 2003, 6). Die Zahl der

der Befreiungstheologie unter Dom Helder Câmara, im Radio Rundfunkschulen zu den Themen Alphabetisierung, Hygiene, Landwirtschaft, gewerkschaftliche Organisation und anderen zu senden (vgl. Freire 1981a, 234).

Seit Mitte der 1950er Jahre bis zum Staatsstreich 1964 stand Freire in engem Austausch mit dem *Instituto Superior de Estudos Brasileiros* (ISEB), in dem sich Intellektuelle, unter ihnen Helio Jaguaribe, Roland Corbisier, Alvaro Vieira Pinto, Vicente Ferreira da Silva, Guerreiro Ramos und Durmeval Trigueiro Mendes zusammenfanden, diskutierten, Ideen teilten und weiterentwickelten. Ziel des ISEB war es, nationalistisch-ideologische Perspektiven für ein im Denken und Handeln eigenständiges, unabhängiges Brasilien zu entwickeln und zu seiner Modernisierung beizutragen. Bürgertum, Intellektuelle und auch das einfache *Volk* sollten als Subjekte aktiv in die Gestaltung der Geschichte eingreifen und zu diesem Zweck kritisches Bewusstsein erlangen (vgl. Freire 1982, 45; Araújo Freire 2002, 312 f.; Gerhardt 1996, 153; Bernecker et al. 2000, 237; Gerhardt 1978, 32 ff.). Ursprünglich vom ehemaligen Präsidenten Brasiliens Café Filho, der noch im selben Jahr von Juscelino Kubitschek abgelöst wurde und der zum ISEB ebenfalls in enger Verbindung stand, 1955 gegründet, wurde es von der amtierenden linkspopulistischen Regierung Goulart unterstützt (vgl. Araújo Freire 2002, 313 f.). Das ISEB bezog sich in seinen Überlegungen auf den Soziologen Karl Mannheim, auf deutsche Anthropologen der 30er Jahre (J. Spengler, Alfred Weber, Max Scheler), auf die Existenzphilosophien von M. Ortega y Gasset, J. P. Sartre, M. Heidegger, K. Jaspers und auf die historisch-soziologischen Ansätze Max Webers, Alfredo Paretos und Arnold Toynbees. Freire wurde vom intellektuellen Klima im ISEB stark beeinflusst, ging aber in seinen Überlegungen auch darüber hinaus (vgl. Torres, C. A. 1996, 118; Gerhardt 1996, 153; Gadotti 1994, 9, 163 und Kapitel 1.3 dieser Arbeit).

Durch die Arbeit beim SESI und für das SEC wurde Freire für die lokalen wie regionalen Politiker im Bildungsbereich interessant, so dass er in den Folgejahren eng zu der Stadt Recife und dem Bundesstaat Pernambuco in Beziehung stand und deren Verwaltungen in verschiedenen Ausschüssen und Gremien in Fragen der Erziehung und Bildung unterstützte (vgl. Gadotti 1994, 6 f. und Wagner 2001, 17). Freire rechtfertigte beide Tätigkeiten, anscheinend ausgelöst durch eigene Zweifel, ob es richtig gewesen sei, oder ob es in die Biografie eines *revolutionären Pädagogen* passe, für die staatlichen Organe und Organisationen der Arbeitgeber gearbeitet zu haben, indem er erklärt: „Heute sehe ich wie

---

über 15-Jährigen, die im Jahr 2007 in Brasilien nicht lesen und schreiben können, wird auf ungefähr 20 Millionen geschätzt, das sind knapp 11% der Bevölkerung (vgl. http://www.auswaertiges-amt.de/diplo/ de/Laenderinformationen/Brasilien/Kultur-UndBildungspolitik.html, Zugriff 21.06.2007). Andere Quellen geben die Rate bei knapp 14% (vgl. http://www.child-hood.com/index.php?id=465, Zugriff 21.06.2007) oder sogar 17% an (vgl. http://www.rwl.info/portunol/12/brasil.htm, Zugriff 21.06.2007). Die brasilianische Regierung und das Erziehungsministerium gehen in einer Studie aus dem Jahr 2003 (vgl. http://noticias.terra.com.br/brasil/interna/0,,OI110852-EI994,00.html, Zugriff 21.06.2007) von 16 Millionen Analphabeten über einem Alter von 15 Jahren aus, die nicht in der Lage sind, eine einfache Fahrkarte zu lesen. Dies entspricht einer Rate von 13,6%. Rechnet man die funktionalen Analphabeten als Personen, die weniger als 4 Schuljahre abgeschlossen haben, mit ein, so erhöht sich die Zahl auf über 30 Millionen, was einem Prozentsatz von 25% entspricht (vgl. INEP/Ministério da Educação 2003, 6 f.). Zum Vergleich: In Deutschland können ca. 4 Millionen erwachsene Menschen, das sind 6,3%, als funktionale Analphabeten nicht lesen und schreiben (vgl. http://www.alphabetisierung.de; www.bmbf.de, Zugriff 21.06.2007; Bundesverband Alphabetisierung 2000, 29), wobei die Zahlen je nach Definition schwanken (vgl. Bundesverband Alphabetisierung 2000, 20 ff. und 26 ff.). Seit 2003 bis 2012 läuft die von den Vereinten Nationen ausgerufene Weltalphabetisierungsdekade, die zum Ziel hat, die Anzahl der Menschen, die weltweit nicht lesen und schreiben können (derzeit 780 Millionen Erwachsene, das sind 18%) zu halbieren (vgl. http://www.bmbf.de/de/426.php; http://www.unesco.de/ alphabetisierung.html, Zugriff 21.06.2007).

richtig es gewesen ist, zu erkennen, dass die Unterstützung seiner [Cid Sampaios, Präsident des SESI, K.F.] Kampagne für die Regierung des Staates Pernambuco im Jahre 1958 genauso ein fortschrittlicher Akt war wie, vier Jahre später, die Unterstützung für Miguel Arraes [Abgeordneter des Staates Pernambuco, Bürgermeister der Stadt Recife und später Ministerpräsident des Staates Pernambuco, K.F.]." (Freire 2002, 116) Taylor (1993) hingegen räumt ein, dass Freire weniger aus dem Grunde, dass er wesentlich mit den politischen Zielen von Arraes übereinstimmte, an dessen Projekt mitgearbeitet habe, sondern „the simple motivation was Freire's own delight in teaching. He was not one of Julião's[41] social agitators: he was an educator, loving and needing the adrenalin of the classroom (…), an intellectual occupying that position of neutrality which later he came to condemn." (Taylor 1993, 23) Taylors Folgerungen klingen plausibel, jedoch ein wenig hart formuliert – es liegen weder dafür, dass sich Freire sehr, noch dafür dass er sich gar nicht mit den politischen Zielen von Arraes und Julião identifiziert habe, Hinweise vor.[42] In Zusammenarbeit mit der *Bewegung für Volkskultur* und der Regierung in Rio Grande do Norte führte Freire als Mitarbeiter des SEC Alphabetisierungskurse in der Stadt Angicos in diesem brasilianischen Bundesstaat durch (vgl. Araújo Freire 1996a, 40; Gadotti 1994, 15; Freire 2002, 180 ff.; Bessa 2001, 371 f.; Araújo Freire 2006, 137 ff.; Gerhardt 1978, 113 ff.). Dies ist eine der ersten Erfahrungen Freires mit systematisch konzipierten und durchgeführten Alphabetisierungskursen (vgl. Freire 2002, 180 ff.).

Auch auf nationaler Ebene begannen sich politische Verantwortungsträger für Freires Methoden und Ideen zu interessieren (vgl. Araújo Freire 1996a, 40 f.; Taylor 1993, 24), so dass er zu Beginn der 1960er Jahre[43] vom brasilianischen Erziehungs- und Kulturministerium als Mitarbeiter der SEC der Universität Recife beauftragt wurde, an der Konzeption eines nationalen Alphabetisierungsprogramms mitzuwirken (vgl. Freire 2002, 177; Araújo Freire 1996a, 40 f.; Araújo Freire 2006, 115 ff.), und in der Folge das SEC von Juni 1963 bis April 1964 an den Maßnahmen des nationalen Alphabetisierungsprogramms beteiligt war. In 20 000 Kulturzirkeln sollten zwei Millionen Menschen alphabetisiert werden (vgl. Weffort 1977, 96; Gadotti 1996b, 72).[44] Dieses nationale Programm *Programa Nacional de Alfabetização* (PNA) hielt jedoch nur wenige Monate an, da es im April 1964 durch die neue Militärregierung wieder abgeschafft wurde (vgl. Araújo Freire 1996a, 42 und Wagner 2001, 17).[45] Obwohl Freires Ziel mit den Alphabetisierungskursen zwar die Demokratisierung, nicht aber die Revolution war – erst in den folgenden Jahren während Freires

---

41   Francisco Julião Arruda de Paula – der Name ist bei Taylor falsch geschrieben – Rechtsanwalt und Mitglied der sozialistischen Partei, Abgeordneter im Parlament von Pernambuco, brachte gemeinsam mit Miguel Arraes, damaliger Bürgermeister von Recife, Themen wie Entwicklung, Landreform und Analphabetismus in die politische Diskussion ein und vertrat vor allem die Interessen der Benachteiligten und Landlosen. Beide mussten, genauso wie Paulo Freire, aufgrund des Staatsstreichs 1964 das Land verlassen (vgl. Taylor 1993, 22 f.; http://www.artnet.com.br/gramsci/arquiv249.htm, Zugriff 22.06.2007; http://www.senado.gov.br/comunica/museu/pron3.htm, Zugriff 22.06.2007; Araújo Freire 2002, 308 ff.; Jacob 1974, 236; Bernecker et al. 2000, 268 f.).

42   Zu den politischen Ereignissen im Nordosten Brasiliens in dieser Zeit vgl. auch Gerhardt (1978, 34 ff.).

43   Es gibt in den Sekundärquellen über den Zeitpunkt des Beginns der Zusammenarbeit mit den nationalen Ministerium keine genauen und einheitlichen Zeitangaben. Laut Taylor (1993) wurde Freire 1963 vom Erziehungsministerium zur Entwicklung des Alphabetisierungsprogramms eingeladen (vgl. ebd., 24). Araújo Freire (1996a) spricht vom Beginn der 1960er Jahre (vgl. ebd., 40).

44   Araújo Freire (2006) nennt eine Zahl von fünf Millionen Personen, die alphabetisiert werden sollten (vgl. ebd., 145).

45   Araújo Freire (1996a, 42) und Wagner (2001, 17) gehen vom Zeitraum Januar–April 1964 aus, in denen die Alphabetisierungskurse tatsächlich brasilienweit umgesetzt wurden.

Exils orientierte dieser sich deutlich marxistischer –, wurde er von den Zeitungen bezichtigt, das Land in eine unruhige revolutionäre Stimmung zu versetzen (vgl. Taylor 1993, 25 f.). Taylor legt nahe, dass Freire bis zu einem gewissen Grade von der sozialistischen Koalition für deren politische Ziele instrumentalisiert wurde, ohne selbst ausreichend über die politischen Implikationen der von ihr initiierten Alphabetisierungskampagne reflektiert zu haben, insbesondere da er selbst rückblickend sagt:

> „An educator has to question himself or herself about options that are inherently political, though often disguised as pedagogical to make them acceptable within the existing structure. (…) Educators who do their work uncritically, just to preserve their jobs, have not yet grasped the political nature of education. (…) During that period I was still not totally clear about the political nature of education, and I think my first book (…) reveals this lack of political clarity." (Freire 1985, 179 f.)

1.1.2 Das amerikanische und europäische Exil (1964–1980)

1964 wurde Freire als Folge des Militärputsches gegen Präsident Goulart festgenommen und verbrachte zweieinhalb Monate in Haft (vgl. Gadotti 1996b, 72 und Wagner 2001, 17).[46] Anschließend wurde er, wie tausende andere ehemalige Regierungsbeamte und Intellektuelle (vgl. Bernecker et al. 2000, 280), des Landes verwiesen und erhielt, nach einem kurzen Zwischenstopp in Bolivien,[47] das er aufgrund des kurz darauf folgenden dortigen Staatsstreichs und seiner gesundheitlichen Probleme durch das Klima im Hochland ebenfalls verließ, in Chile Asyl (vgl. Araújo Freire 1996a, 42; Wagner 2001, 17 und Taylor 1993, 27). Freire lebte fünf Jahre lang, also bis 1969, in Chile und fand dort ideale Bedingungen für seine Arbeit vor (vgl. Willianson 1991, 186 f. und Gadotti 1996b, 72). Er führte dort seine Alphabetisierungsarbeit für die UNESCO und die chilenische Regierung, die im *Instituto de Capacitación e Investigación en Reforma Agraria* zusammenarbeiteten, als Berater des Erziehungsministeriums und als Dozent im Rahmen der Universität Santiago fort (vgl. Freire 2003 35 ff.; Gerhardt 1996, 159 f.). Das Erziehungsministerium der christdemokratischen Regierung eröffnete in Chile ein nationales Büro für die Planung der Alphabetisierung der Erwachsenen, das nach den Methoden Freires arbeitete und von einem seiner Schüler geleitet wurde. 1967 erschien in Chile sein Buch *Educação como Prática da Liberdade (Erziehung als Praxis der Freiheit)*.[48] Es folgte 1969 *Extensión o*

---

46 Es sind unterschiedliche Angaben über die genaue Anzahl von Tagen, die Freire inhaftiert war, zu finden. Einige Autoren sprechen von 75, andere von 70 Tagen. Bemerkenswerterweise hat Freire selbst – wie in einigen anderen Fragen seine Biografie betreffend auch – nicht versucht, Klarheit über diese Frage zu schaffen (vgl. dazu insbesondere Taylor 1993, 27 f.). Er nennt zwar selbst sowohl die Gesamtzahl von 75 als auch von 70 Tagen, gibt jedoch keine Details darüber an, wieviele Tage er wo inhaftiert war und wie lange Zeit er in der sehr kleinen Einzelzelle verbracht hat, die er beschreibt (vgl. Freire 1985, 180; Freire 1981a, 52 f.; Freire 1978, 8).

47 Die Zeitspanne, die er in Bolivien verbrachte, wird unterschiedlich mit wenigen Tagen bis hin zu 2 Monaten angegeben. Freire selbst (2002) berichtet, er habe sich zwei Monate in Bolivien aufgehalten (vgl. ebd., 30).

48 Während unter anderem Taylor (1993) schreibt, das Buch sei bereits 1967 erschienen, gibt es bei weiteren Autoren variierende Angaben zum Erscheinungsjahr dieses und anderer Werke Freires, was sicher auch damit zu tun hat, dass zum Teil vom Erscheinungsjahr in portugiesischer oder aber in spanischer/englischer/deutscher Sprache ausgegangen wird (vgl. beispielsweise Gerhardt 1996, 160; Gadotti 1996b, 69). Das Buch stellt eine Weiterentwicklung seiner in der Dissertation beziehungsweise Bewerberschrift von 1959 begonnenen Gedanken dar (vgl. Freire 2002, 122 f.). Auch hierzu findet man differierende Einschätzungen (vgl. Taylor 1993, 28, der die Entstehung des Buches eher der Zeit der Inhaftierung zuordnet und Torres, C.A. 1996, 117). Dieses Buch konzentriert sich hauptsächlich dar-

Comunicación (Pädagogik der Solidarität), das seine Tätigkeiten in Chile, insbesondere bezüglich der dortigen Landreform und dem gleichzeitigen Prozess der *Volkserziehung*, beschreibt und reflektiert. 1970/1974 erschien Freires bekanntestes Werk *Pedagogia do Oprimido* (*Pädagogik der Unterdrückten*), das Freire in Chile in den Jahren 1967 und 1968 verfasste (vgl. Freire 2003, 53 ff.), auf Englisch und Portugiesisch (vgl. Gadotti 1996a, 262; Araújo Freire 2006, 381). 1969 verließ Freire Chile und ging in die USA an die Harvard Universität, um dort bis 1970 eine Gastprofessur anzunehmen (Auskunft von Lutgardes Costa Freire, 10.04.2006, Archiv Funke; vgl. Araújo Freire 1996a, 42 und Taylor 1993, 29 f.). Dort erschienen 1970 zwei Aufsätze unter dem Titel *Cultural Action for Freedom*, die auf Spanisch schon 1968 erschienen waren (vgl. Gadotti 1996, 261). In dieser Zeit, seine Tätigkeiten in der Alphabetisierungsarbeit in Brasilien und Chile reflektierend, änderte Freire in Teilen sein Konzept der *Conscientização*, indem er es nicht mehr, wie in seinem ersten Buch als rein psychologisches Konzept der Bewusstseinsbildung betrachtet, das zu politischen Veränderungen führt, sondern indem er stärker die historisch-politische Bedingtheit jeder pädagogischen (Bewusstseins-)Arbeit mit bedenkt, so dass er *Conscientização* alleine als nicht ausreichend betrachtet, um nachhaltige politische Veränderungen herbeizuführen (vgl. Kapitel 3.1.2 dieser Arbeit und Taylor 1993, 30).

1970 ging Paulo Freire nach Genf, wo er bis 1980 als Leiter der Abteilung für Bildungsfragen beim Ökumenischen Rat der Kirchen und auch als Dozent an der Universität tätig war. Es war mehr der Bekanntheitsgrad seiner Bücher, welche in der Nach-68-er Zeit breiten Anklang gefunden hatten, als detailliert dokumentierte Erfolge seiner Alphabetisierungsarbeit, die ihn für den Ökumenischen Rat der Kirchen interessant machten (vgl. Taylor 1993, 30). In seiner Funktion als Berater beim Weltkirchenrat stellte Freire von Anfang an klar, dass er sich für die Armen der Erde einsetze und sein Ziel die Revolution sei (vgl. Wagner 2001, 17 und Simpfendörfer 1991, 8). Freire hat sich nun endgültig für eine klare politische Haltung entschieden: Nach einer Phase der relativen politischen Zurückhaltung oder Unentschlossenheit verschreibt er sich nun, vermutlich insbesondere geprägt durch die Erfahrungen beim MCP und SEC und die Erfahrung des Exils in Chile, einer eindeutig marxistisch-revolutionär geprägten politischen Sichtweise.

Gemeinsam mit anderen im Exil lebenden Brasilianern gründete er im selben Jahr das *Instituto de Ação Cultural* (IDAC – *Institut für kulturelle Aktion*), das zum Ziel hatte, die *Pädagogik der Unterdrückten* in unterschiedlichen Kontexten umzusetzen und bekannt zu machen. Gleichzeitig diente es seinen Mitgliedern dazu, den Bezug zu Brasilien gemeinsam zu bewahren und zu versuchen, ein aktuelles, möglichst nicht nostalgisches Brasilienbild auch im Exil zu erhalten (vgl. Freire 1981a, 207 ff.). Parallel zu seiner Tätigkeit beim Weltkirchenrat war Freire gemeinsam mit dem IDAC maßgeblich an Alphabetisierungsprogrammen in unabhängig gewordenen Ländern Afrikas (ehemalige portugiesische Kolonien), insbesondere Guinea-Bissau, Mosambik, Angola, São Tomé und Príncipe, den kapverdischen Inseln und randständig auch in Tansania unter der Regierung Nyerere beteiligt. Zudem war er als Berater für die sandinistische Regierung des postrevolutionären Nicaraguas tätig und ebenso als Berater für die *New Jewel*-Regierung, die 1979 an die Macht kam, in Grenada in der Karibik (vgl. Mayo 2006, 169; vgl. dazu auch Jules, 1993). Besonders während seiner Tätigkeit in Guinea-Bissau positionierte Freire sich politisch klar marxistisch, indem er sich mit der neomarxistischen Ideologie Amilcar Cabrals solidarisierte und diese maßgeblich in seine Argumentation zur Gestaltung der Alphabetisie-

---

auf, die brasilianische Gesellschaft zu analysieren und erste Erfahrungen mit der Alphabetisierungsarbeit vorzustellen.

rungskampagnen in den afrikanischen Ländern einbezog (vgl. Freire 1980, 21 ff.; Taylor 1993, 31). Bei der Tätigkeit in den afrikanischen Staaten sah sich Freire neuen Herausforderungen ausgesetzt, insbesondere in Bezug auf die Sprache, in welcher die Kursteilnehmer alphabetisiert werden sollten. In Guinea-Bissau fand die Alphabetisierungsarbeit in der portugiesischen Sprache statt, obwohl diese die Sprache der Kolonisatoren war und einem Großteil der Bevölkerung nicht beziehungsweise nur in ihrer kreolischen Variante geläufig war, was zu Schwierigkeiten in der Arbeit führte. Paulo Freire wurde später für diese Tatsache kritisiert (vgl. Bessa 2001, 376 f.; Araújo Freire 2006, 225 ff.), obwohl Freire selbst sagt, dass er für die kreolische Sprache als Alphabetisierungssprache plädiert habe, während die Regierungen der Länder das Gegenteil durchsetzten, da sie davon überzeugt waren, dass es für die Bevölkerung wichtig sei, die portugiesische Sprache als, mit Bourdieu gesprochen, Teil des kulturellen Kapitals der ehemaligen Kolonialmacht zu beherrschen (vgl. dazu beispielhaft Freire/Macedo 1987, 94 ff., besonders 108 ff.). In den Jahren 1970 bis 1980 veröffentlichte Freire nur wenige weitere Schriften. Seine Hauptpublikation in dieser Zeit ist *Cartas a Guiné-Bissau. Registros de uma experiência em processo* (1977) (*Dialog als Prinzip. Erwachsenenalphabetisierung in Guinea-Bissau*), das sich hauptsächlich auf seine Erfahrungen in den Alphabetisierungsprojekten in den genannten Ländern bezieht.

1.1.3 Zurück in Brasilien (1980–1997)

Nach ersten Reisen nach Brasilien im Jahr 1979, die trotz der noch immer herrschenden Diktatur durch Amnestien möglich waren, kehrte Paulo Freire 1980, nach 16-jähriger erzwungener Abwesenheit und seinem Wunsch, wieder in seinem Geburtsland zu leben, endgültig nach Brasilien zurück. Allerdings war es ihm aufgrund der politischen Verhältnisse nicht möglich, in seine Heimatstadt Recife zurückzukehren, sondern er ging als Professor der Universität PUC (*Pontifícia Universidade Católica de São Paulo*) nach São Paulo (vgl. Araújo Freire 1996a, 44). Zusätzlich war er von 1980 bis 1990 Professor an der Universität UNICAMP in Campinas (vgl. ebd.). Er übernahm Lehrtätigkeiten an verschiedenen Universitäten und Instituten und war als Berater im Bereich Erziehung und Bildung tätig. Auch wurde er erstmals parteipolitisch aktiv und trat der Arbeiterpartei *Partido dos Trabalhadores* (PT) bei, der auch der derzeitige Präsident Brasiliens, Luiz Inácio „Lula" da Silva, angehört, beziehungsweise gründete diese mit (vgl. Araújo Freire 2006, 287; Wagner 2001, 17 und Freire 2005a, 62).

1986 starb seine Frau Elza Maia. Ebenfalls 1986 erhielt Paulo Freire den UNESCO-Friedenspreis für Erziehung, seine wohl wichtigste Auszeichnung. 1988 heiratete Freire seine zweite Frau Ana Maria „Nita" Araújo Freire, die Tochter seines Lehrers und Freundes, Aluízio Araújo, Direktor des Colégio Osvaldo Cruz (vgl. Araújo Freire 1996a, 46, 51). 1986 wurde Freire Präsident des *Instituto Cajamar*, ein Bildungszentrum von und für einfache Arbeiter und Bauern, das mit Universitäten und Gewerkschaften zusammenarbeitete (vgl. Freire/Horton 1990, 213 f.). Von 1989 bis 1991 leitete er das Städtische Sekretariat für Bildung und Erziehung in São Paulo. Das erste Mal übernahm Freire ein öffentliches Amt, da die Stadt São Paulo zu diesem Zeitpunkt von der Arbeiterpartei regiert wurde. Hier widmete er sich insbesondere der Aufgabe der Umgestaltung des Schulsystems und der Lehrerbildung, das heißt der formalen – und nicht, wie bisher der non-formalen – Bildung (vgl. Araújo Freire 1996a, 46). In seiner Funktion als Bildungssekretär bewirkte er so eine Demokratisierung und Öffnung der Schulen, zum Beispiel durch Einführung von Schulräten, bestehend aus Schülern, Lehrern, Eltern und Schulangestellten (vgl. Freire 2005a). Er gründete daneben ein Alphabetisierungsprojekt MOVA-SP (*Movimento de Alfabetização da Cidade de São Paulo*), das in Zusammenarbeit der Stadtverwaltung mit selbstorganisierten Bürgergruppen realisiert wurde. Auf der Basis dieser Erfahrung entsteht 1991 das Buch *A educação na cidade* (*Erziehung in der Stadt*, Freire 2005a; vgl. dazu auch Kapitel 3.2 dieser Arbeit). 1992 und in den folgenden Jahren widmete sich Freire wieder verstärkt dem Schreiben und gab parallel zahlreiche Kurse, Konferenzen und Seminare, sowohl erneut an der PUC in São Paulo als auch an der USP (*Universidade de São Paulo*) ebenfalls in São Paulo sowie weltweit. Er nahm national wie international zahlreiche weitere Auszeichnungen entgegen (vgl. Araújo Freire 1996a, 49 ff.).

1992 erschien das Buch *Pedagogia da esperança* (*Pädagogik der Hoffnung*, vgl. Freire 2003), eine Auseinandersetzung mit seinem Buch *Pädagogik der Unterdrückten*. 1993 wird Paulo Freire durch einen Zusammenschluss von zahlreichen Organisationen weltweit für den Friedensnobelpreis vorgeschlagen (vgl. Araújo Freire 1996a, 62 und Gadotti 1996, 249 ff.). 1994 nahm Paulo Freire in Barcelona am Kongress *Kritische Pädagogik* teil. Mit zentralen Vertretern der kritischen Pädagogik wie Henry Giroux, Donaldo Macedo, Ira Shor, Peter McLaren und Carlos Alberto Torres pflegte er seit den späten 1980er und in den 1990er Jahren einen engen fachlichen und freundschaftlichen Austausch (vgl. Gadotti 1996b, 74 und Kapitel 6 dieser Arbeit). Mehr und mehr wurde er zum Kritiker von neoliberalen Tendenzen im Bildungswesen und in der Welt im Allgemeinen und beschäftigte sich zudem verstärkt mit den Themen Umwelt und Globalisierung[49] (vgl. beispielhaft Freire 2000). 1994 erhielt er, von der UNESCO verliehen, die Comenius-Medaille (vgl. Araújo Freire 1996a, 51).

In den 1990er Jahren publizierte Freire, nach einigen Jahren in denen er weniger veröffentlicht hatte, weitere zahlreiche Bücher, wovon *Pedagogia da Autonomia. Saberes Necessários à Prática Educativa* (*Pädagogik der Autonomie. Notwendige Kenntnisse für die erzieherische Praxis,* 1996) eins der wichtigsten ist. In den späteren Büchern beschäftigte sich Freire mit Themen wie Demokratie, Vielfalt und Pluralität. Eine neue politische Haltung wird deutlich: Obwohl er sich selbst nach wie vor als Sozialist bezeichnet (vgl. Freire 2002, 154) betont er, dass er gleichzeitig Demokrat sei, und distanziert sich so implizit von Strömungen des autoritären Marxismus in seinen früheren Werken und Praxen.

Neben zahlreichen Auszeichnungen erhielt Freire Ehrendoktortitel von 27 Universitäten weltweit und wurde Ehrenbürger verschiedener Städte in unterschiedlichen Ländern sowie Ehrenpräsident mehrerer Institutionen im Bereich Erziehung. Zahlreiche Institutionen, Dokumentationszentren und Fakultäten sind nach ihm benannt (vgl. Araújo Freire 1996a, 49 ff. und Araújo Freire 2006, 473 ff.). Sein bekanntestes Buch *Pädagogik der Unterdrückten* wurde in 18 Sprachen übersetzt. Eine Vielzahl von Büchern und Artikeln beziehen sich auf seine Werke. Paulo Freire wurde weltweit bekannt und fand in der Praxis der Pädagogik und Bildungsarbeit international ein großes Echo. Er starb am 2. Mai 1997 im Alter von 75 Jahren in São Paulo an einem Herzinfarkt.

Seiner Grundidee einer befreienden, dialogischen Erziehung, die immer auch zugleich politisch ist, der Idee der Bewusstseinsbildung und Gleichberechtigung aller Mitglieder der Gesellschaft blieb Freire durch sein gesamtes Werk hin treu (vgl. Freire 2005a, 127 ff.), auch wenn die Hintergründe der Entstehung seiner Werke und seiner Praxis und die damit verbundenen Motive – wie bei anderen Wissenschaftlerinnen, Praktikern der

---

49   Dies allerdings ohne eine konkrete Analyse der Zusammenhänge sowie differenzierte Vorschläge für
     einen zeitgemäßen pädagogischen wie politischen Umgang mit diesen Phänomenen.

Pädagogik und anderen Disziplinen – als vielfältig, zum Teil vermeintlich widersprüchlich und nicht bis ins Letzte rekonstruierbar anzusehen sind. Eines ist klar – Paulo Freire wurde nicht als revolutionärer Retter des *Volkes* geboren, sondern entwickelte sich im Laufe seines Lebens durch unterschiedlichste Erfahrungen und Wirkungskreise zu einem Pädagogen, der sich der *Befreiung des Volkes* durch eine bewusstseinsbildende Pädagogik verschrieb – was damals wie heute durchaus als revolutionär im etymologischen Sinn zu verstehen ist: als ein Wieder-Aufrollen des Verständnisses von Pädagogik, ihren Aufgaben, Möglichkeiten und Pflichten in einer Welt, die alles andere als perfekt ist.

1.2   Geschichtliche Verortung des (Er-)Lebens und Denkens Freires

Dieses Kapitels skizziert einige Linien der historischen Entwicklung Brasiliens und deutet zentrale Punkte an, die sich direkt oder indirekt im pädagogisch-politischen Ansatz Paulo Freires niedergeschlagen haben. Insofern ist dieser kurze geschichtliche Abriss immer schon aus der Perspektive Freires mitgedacht und teilweise in seinen Worten wiedergegeben. Es geht hier also weniger um die detaillierte und genaue Nachzeichnung der Historie Brasiliens, sondern um ein Herausarbeiten der für Freire interessanten Zusammenhänge.[50]

1.2.1   Die Kolonisierung und das Kaiserreich (1500–1889)

Aufgrund der Kolonialgeschichte waren aus der Sicht Freires in Brasilien die Möglichkeiten, Erfahrungen von Selbstorganisation und Mitbestimmung zu sammeln, eingeschränkt gewesen. In Freires Perspektive „waren die Bedingungen unserer Kolonisation äußerst ungünstig: mit gesenktem Kopf in Ehrfurcht vor der Krone, ohne Presse, ohne Beziehungen zum Ausland, ohne Schulen oder ohne auch nur eine eigene Stimme. Unsere Kolonialisierung, zum größten Teil ein Beutezug, fußte, auf der ökonomischen Ausplünderung durch den Großgrundbesitz und auf Sklavenarbeit" (Freire 1982, 27). Die Kolonialmacht Portugal, die Brasilien 1500 das erste Mal auf dem Seeweg erreichte (vgl. Jacob 1974, 154 f.; Fausto 1997, 30) und in den folgenden Jahrhunderten kolonisierte, hatte die Absicht, aus dem Land wirtschaftlichen Nutzen zu ziehen.[51] Aus diesem Grunde bildeten sich

---

50 Obwohl ich die Daten und Fakten der historischen Forschung entnehme, ist dieses Kapitel demnach nicht als ein Text als rein historischer Sichtweise zu betrachten. Insbesondere die Arbeiten Freires sind nur eingeschränkt als Quellen für einen historischen Abriss verwendbar. Da aber in dieser Arbeit natürlich die Sichtweise Freires besonders interessiert, habe ich seine Arbeiten in die Darstellung miteinbezogen.

51 Freire geht davon aus, dass die portugiesische Kolonialmacht kein Interesse daran hatte, Brasilien zu besiedeln und zu entwickeln, sondern lediglich an der wirtschaftlichen Ausbeutung des Landes interessiert war. In der Fachliteratur wird heute diese Position nur noch abgeschwächt vertreten. Vielmehr wird davon ausgegangen, dass die Kolonialisierung neben der Komponente der wirtschaftlichen Nutzung den Charakter der Besiedelung mit all ihren zivilen und gesellschaftlichen Implikationen prägte. Während der ersten Zeit nach der Ankunft der Portugiesen in Brasilien konzentrierten diese sich zunächst darauf, das wertvolle, da rot gefärbte und sehr harte Holz *Pau Brasil* von der indigenen Bevölkerung zu erhalten und zu exportieren. In dieser Zeit lag der Schwerpunkt darauf, das als exotisch angesehene Land kennenzulernen und zu erkunden; es fand, abgesehen vom *Pau Brasil*, wenig Handel statt. Später dann erkannten die Portugiesen, dass eine Kolonisierung, also Besiedelung des Landes, nötig wurde – nicht zuletzt, um den Anspruch auf das Territorium gegen die Franzosen zu verteidigen –, so dass ab ca. 1530, mit der Expedition von Martim Afonso de Sousa (1530–1533) erste Besiedelungen geplant und ausgeführt wurden. Planmäßig wurden durch die portu-

riesige Ländereien, die einer Person zugesprochen wurden und die nur durch Sklavenarbeit bestellt werden konnten (vgl. Freire 1982, 28; Bernecker et al. 2000, 40 ff., 62 ff., 166 ff.; Fausto 1997, 48 f.). Die Sklaven – in erster Linie eingeschleppte Afrikaner[52] – hatten so gut wie keine Rechte und Mitbestimmungsmöglichkeiten sowie keine Möglichkeit, die wenigen Rechte, die sie hatten, kennenzulernen und zu nutzen (vgl. ebd.): „Das Übermaß an Macht, Kennzeichen unserer Kultur, von Anfang an, brachte einerseits den fast masochistischen Wunsch hervor, sich dieser Macht zu unterwerfen, und andererseits das Streben, totale Macht zu gewinnen." (Freire 1982, 29) Es sind in Freires Schriften jedoch keine Hinweise darauf zu finden, dass er sich in dieser Hinsicht kritisch mit der eigenen Familiengeschichte auseinandergesetzt hätte. Als Weißer ist er selbst zumindest in weiten Teilen ein Nachfahre der Kolonisatoren und nicht der ehemaligen Sklaven oder der indigenen Bevölkerung. Diese Unterwerfung wurde aus Sicht Freires zur Gewohnheit und bewirkte, dass sich die Menschen an ihre Lebensumstände anpassten, anstatt sich im freireschen Sinne in die Wirklichkeit zu *integrieren*, das heißt eine kritische Auswahl ihrer Handlungen zu treffen und über diese bewussten Entscheidungen sich nicht nur in die Wirklichkeit einzufügen, sondern diese auch zu transformieren (vgl. Freire 1982, 10, 28). Durch diese Unmöglichkeit des Dialogs und das Vorherrschen von bloßen Anweisungen verstummte laut Freire Brasilien und geriet in einen Zustand, den Freire die *Kultur des Schweigens* nannte (vgl. zum Beispiel Freire 1982, 30; Freire 1975, 16; Freire 1979a, 33 ff.;[53] Freire 2005d, 53, 67, 201).

Auf der einen Seite behinderte also das System des Großgrundbesitzes und der Sklavenarbeit das Herausbilden demokratischer Strukturen und, im Sinne Freires, eines kritischen, rationalen Bewusstseins. Auf der anderen Seite entwickelten sich kaum städtische

---

giesische Krone Teile des Landes – so genannte *capitanias* – an Portugiesen gegeben, die bereit waren, es zu besiedeln und zu bestellen – und Abgaben an die Krone zu leisten. Hauptziel war es zu diesem Zeitpunkt, das Land auszubeuten und es in das merkantile System Europas einzubinden (vgl. Fausto 1997, 43 ff.). Fausto weist darauf hin, dass die Tatsache der Verteilung der *capitanias* häufig als Beispiel für den feudalen Charakter der Kolonisierung verwendet werde, dass jedoch diese These heute nur noch wenig relevant sei, da sie eine zu eindeutige Festlegung für komplexe soziale Vorgänge bedeute, zumal das System der *capitanias* nicht den Erfolg zeigte, den sich die Krone von ihm versprochen hatte, so dass diese sie im Laufe der Zeit wieder in Besitz nahm (vgl. ebd. 45 f.). Im Jahr 1549 wurde schließlich das *governo geral* eingerichtet, um die Verwaltung des Territoriums zu zentralisieren und besser zu organisieren. Nach Fausto (1997) begann hier eine zweite Phase der Kolonisierung, die über einen Zeitraum von mehr als zwei Jahrhunderten bis in die letzten Jahrzehnte des 18. Jahrhunderts reichte und die eine Konsolidierung der Kolonialisierung bedeutete (vgl. ebd., 41, 47 f.). Die sich anschließende dritte Phase der Kolonisierung, in der große Veränderungen in der Weltordnung als auch in den Kolonien, die schließlich zu deren Krise und Unabhängigkeitsbestrebung führten, dominant waren, markiert ein bis zur Unabhängigkeit Brasiliens im Jahr 1822 (vgl. ebd., 41).

52 Der Versuch, die indigene Bevölkerung als Sklaven einzusetzen, war aus unterschiedlichen Gründen gescheitert. Auf der einen Seite war ihnen das Konzept der intensiven, regelmäßigen und gezwungenen Arbeit fremd. Sie waren es gewohnt, genug zu arbeiten, um ihre Existenz zu sichern, aber nicht, um Gewinn zu erzeugen. Sie flüchteten oder verweigerten die Arbeit. Besonders für ersteres hatten sie weitaus bessere Voraussetzungen als die afrikanischen Sklaven, da sie sich in ihrem eigenen Land befanden. Hinzu kam, dass Epidemien von durch die Weißen mitgebrachten Krankheiten wie Masern oder Grippe tausenden von indigenen Einwohnern den Tod brachten. Aus diesem Grunde intensivierten die Portugiesen die Einfuhr von Afrikanern nach Brasilien ab 1570. Zwischen 1550 und 1855 wurden ca. vier Millionen Afrikaner, in erster Linie junge Männer, nach Brasilien gebracht (vgl. Fausto 1997, 49 ff.).

53 Ich beziehe mich in der gesamten Arbeit auf die in der *Digitalen Bibliothek Paulo Freire (Biblioteca Digital Paulo Freire)* an der *Universidade Federal da Paraíba* im Internet verfügbare Version des Buches. Da das Dokument keine Seitenzahlen aufweist, gebe ich die Seitenzahlen der pdf-Datei an (vgl. http://www.paulofreire.ufpb.br/paulofreire/Controle?op=detalhe&tipo=Livro&id=1370, Zugriff 12.11.2008).

Zentren, die auf mehr oder weniger demokratische Art verwaltet wurden, da die weitgehend autarken und geografisch weit auseinander liegenden Fazendas (Großgrundbesitzungen) keine Notwendigkeit entstehen ließen, sich in städtischen Gemeinschaften zusammenzuschließen. Zusätzlich bestanden die Räte in den kleineren Gemeinden weitgehend aus den Repräsentanten der Großgrundbesitzungen; der übrigen Bevölkerung blieben diese Kreise verschlossen. Brasilien war, wie andere Kolonien auch, politisch weitgehend isoliert und hatte so nicht die Chance, sich im gleichberechtigten Kontakt mit anderen Ländern weiterzuentwickeln (vgl. Freire 1982, 30 ff.; Jacob 1974, 160 ff.; Bernecker et al. 2000, 121, 195; Collins 1977, 11). Erst nachdem fast dreihundert Jahre nach der ersten Besiedlung brasilianischen Bodens durch die Portugiesen das portugiesische Königshaus nach Rio de Janeiro im Jahr 1808 umsiedelte, wurde der Einfluss der Stadt Rio de Janeiro gestärkt und es entstanden Schulen, Zeitungen und Büchereien, das bedeutet, Orte der Bildung und der Möglichkeit demokratischer Erfahrungen, die natürlich dennoch nur einer sehr kleinen Gruppe der Bevölkerung zugänglich waren (vgl. Fausto 1997, 125 f.). Das große städtische Zentrum Rio de Janeiros wuchs weiter, aber auch die Städte Salvador, Belém, Recife und São Paulo nahmen nach und nach an Bevölkerung zu – wenn auch Rio de Janeiro mit 522 000 Einwohnern im Jahr 1890 bei weitem die größte Stadt war. Die anderen genannten Städte hatten zum gleichen Zeitpunkt rund 65 000 Einwohnerinnen (vgl. Fausto 1997, 237). Die industriellen Aktivitäten verbreiteten sich und wurden immer wichtiger. Aber auch die Verschuldung des Landes, die soziale Ungleichheit und, einhergehend mit einem höheren Bildungsstand, das Bewusstsein über diese wenig befriedigende Situation, stiegen an. Eine starke Einwanderung aus der ganzen Welt, insbesondere aus europäischen Ländern, fand statt (vgl. Bernecker et al. 2000, 224 f., 226, 231 f., 234; Fausto 1997, 275 ff.). In den Jahren 1846 bis 1875 wanderten etwas mehr als 300 000 Menschen nach Brasilien ein, von denen die Hälfte Portugiesen waren und 39 000 Deutsche. Weitere 3,8 Millionen wanderten zwischen 1887 und 1930 ein, insbesondere aufgrund der großen Nachfrage nach Arbeitskräften in der Kaffeeindustrie (vgl. Fausto 1997, 237, 241). Der Landadel verlor durch diese Entwicklungen mehr und mehr seiner Macht an die städtische Bourgeoisie. Die Städte insgesamt sollten nach europäischem Vorbild funktionieren, so dass es dort beispielsweise üblich wurde, in Europa ein universitäres Studium zu absolvieren. Auf diese Art und Weise wurde die Herausbildung einer eigenen, brasilianischen Kultur und Identität nicht explizit angestrebt, auch wenn nach und nach ein brasilianisches Heimatbewusstsein entstand (vgl. Jacob 1974, 194 ff.). Dementsprechend war der große Teil der Bevölkerung auf der einen Seite von dieser Entwicklung ausgeschlossen und wurde auf der anderen Seite durch sie erneut *unterdrückt* (vgl. Freire 1982, 30 ff.). Auch nach der Unabhängigkeitserklärung Brasiliens im Jahre 1822 bestanden die ungleichen Macht- und Besitzverhältnisse mehr oder weniger unverändert fort (vgl. John 2006, 5; Bernecker et al. 2000, 139, 195). Im Jahr 1831 wurde der weitere Import von Sklaven verboten, so dass ein Prozess in Richtung der Abschaffung der Sklaverei in Gang gesetzt wurde, auch wenn das Gesetz zunächst in der Praxis wenig Beachtung fand (vgl. Bernecker et al. 2000, 345 f.; Fausto 1997, 192 ff.). Es folgte ein weiteres Gesetz im Jahr 1851, welches zur Folge hatte, dass ab dem Jahr 1851 praktisch keine Sklaven mehr eingeführt wurden (vgl. Fausto 1997, 195). Im Jahr 1888 wurde dann die Sklaverei quasi in einer letzten Etappe, nachdem im Jahr 1871 ein weiteres Gesetz erlassen worden war, das einige Gruppen von Sklaven für frei erklärt hatte, durch die Räte und die Regentin Prinzessin Isabel abgeschafft (vgl. Fausto 1997, 217 ff.; Bernecker et al. 2000, 203 ff.). Mit dem Verbot der Sklaverei 1888 änderte sich zwar formal gesehen das Leben vieler Menschen,

in der Praxis aber existierten (zum Teil bis heute) sklavenhalterische „Beschäftigungsver-
hältnisse" weiterhin. Die ehemaligen Sklaven hatten zum Zeitpunkt der Befreiung faktisch
keine Mittel, um sich ein von ihren ehemaligen Herren unabhängiges Leben aufzubauen,
zumal die Sklavenarbeit de facto zum Teil weiter praktiziert und geduldet wurde, so dass
die Lebensbedingungen der ehemaligen Sklaven sich nur wenig, und wenn dann sehr
langsam verbesserten (vgl. Fausto 1997, 221). Viele ehemalige Sklaven verdingten sich
vor allem in Rio de Janeiro in der wachsenden Industrie als Fabrikarbeiter und lebten unter
noch schwierigeren Bedingungen als bisher, da die bisher in vielen Fällen über den Herren
einigermaßen sichergestellte soziale wie medizinische Versorgung wegfiel (vgl. Bernecker
et al. 2000, der sich u. a. auf Gilberto Freyre bezieht 203 ff. und 206 ff. sowie Fausto
1997, 220 f.).

1.2.2   Die Erste Republik, die Ära Vargas und der Estado Novo (1889–1945)

Ab 1889 ersetzte die „Erste Republik", später República Velha („Alte Republik") genannt,
nach einem Staatsstreich das Kaiserreich (vgl. Fausto 1997, 246 ff.). Obwohl in den Jahrzehnten darauf regelmäßig Präsidentschaftswahlen stattfanden, waren große Teile der Bevölkerung, da sie die nötige Voraussetzung, alphabetisiert zu sein, nicht erfüllten, von den
Wahlen ausgeschlossen (vgl. Bernecker et al. 2000, 217, 219 f.). Bis 1932 durften nur
männliche und wohlhabende Bürger wählen; erst in diesem Jahr wurde das Frauenwahl-
recht eingeführt. Das Wahlrecht für Analphabeten – für die anderen Bürgerinnen gilt die
Wahlpflicht – existiert in Brasilien seit dem Jahr 1988 (vgl. Bernecker et al. 2000, 217,
303). In der Folge lag die Wahlbeteiligung in den Jahren bis 1930, dem Ende der Ersten
Republik, nur bei maximal 5,7% (vgl. Bernecker 2000, 217). Politische Entscheidungen
wurden vom Präsidenten gemeinsam mit den Gouverneuren der Bundesstaaten getroffen,
welche als Großgrundbesitzer und zeitgleich Coronels der Nationalgarde wirtschaftliche
und politische Macht in sich vereinten: Der so genannte Coronelismo schrieb die hierar-
chische Gesellschaftsordnung weiter fest (vgl. Bernecker et al. 2000, 220).[54] „Der *Coronelismo* repräsentierte eine Variante der übergeordneten soziopolitischen Zusammenhänge
des Klientelismus, der sowohl auf dem Land als auch in den Städten existierte. Diese Zusammenhänge basierten auf sozialer Ungleichheit, der Unmöglichkeit für die Bürger, ihre
Rechte auszuüben, des unzureichenden oder nicht existierenden staatlichen sozialen Net-
zes und der Unzugänglichkeit der öffentlichen Verwaltung." (Fausto 1997, 263) Als ein
Erbe der Kolonialzeit erhielten die lokalen Machthaber während der Zeit der Ersten Republik die Möglichkeit, ihre Macht noch zu verstärken, indem die Steuern, die den Gemeinden zuflossen, angehoben wurden und sie die Wahlen kontrollierten (vgl. ebd.). Dennoch
aber mussten sie sich mit den staatlichen Machthabern einigen, um sich gegenseitig Vorteile zu verschaffen und die jeweilige politische Strategie in Einklang zu bringen (vgl.
ebd., 263 f.).
    Das Wachstum der Städte, die Einwanderung und die langsame ökonomische und
soziale Umorganisation des Landes brachte zwar potentielle Vorteile und Möglichkeiten
zur aktiven Beteiligung der Bevölkerung sowie zur Stärkung einer als brasilianisch definierten Kultur und Identität mit sich (vgl. Bernecker et al. 2000, 236 f.). Die genannten
Tatsachen trafen allerdings wie erwähnt nur für einen kleinen Teil der Bevölkerung zu, der

---

54 Mit Coronelismo ist insbesondere die Machtkonzentration auf die lokal, regional und national domi-
    nierenden Agraroligarchen während der Ersten Republik in Brasilien gemeint. Vgl. dazu insbesondere
    Fausto (1997, 261 ff.).

große Teil war nach wie vor vom politischen, sozialen und kulturellen Leben ausgeschlossen (vgl. Freire 1982, 36). Erst zu Beginn des 20. Jahrhunderts begann deshalb in Brasilien eine öffentliche Diskussion über die brasilianische Kultur und Identität:

> „Aber eine nachhaltige Diskussion darüber, was brasilianische Kultur – im Unterschied zur portugiesischen und zur europäischen allgemein – ist, beginnt erst im 20. Jahrhundert, wenngleich sie auch Vorläufer im 19. Jahrhundert hatte, wie z.B. bei dem brasilianischen Romantiker José de Alencar oder bei Machado de Assis. Diese Diskussion findet ihren ersten Höhepunkt mit der brasilianischen Bewegung des ‚Modernismo‘ (…), der sich erstmals während der Kunstwoche von São Paulo 1922 spektakulär selbst inszenierte. Von hier aus wird eine umfassende Diskussion und Polemik innerhalb der brasilianischen Intellektuellen darüber in Gang gesetzt, was ‚Brasilien‘, ‚brasilianische Kultur‘, *brasilidade* überhaupt jeweils bedeuten solle." (Nitschak 1996, 246, Hervorhebung im Original)[55]

Die Weltwirtschaftskrise von 1929 zog eine zunehmend katastrophale Verschlechterung der wirtschaftlichen Lage des Landes nach sich. Innenpolitische Spannungen und Unruhen beim Militär, die über Jahre hinweg stärker geworden waren, waren nicht mehr länger tragbar (vgl. Bernecker et al. 2000, 239 f., 245 f.; für Details vgl. auch Fausto 1997, 319 ff.). In der Folge wurde die Regierung unter Washington Luís 1930 durch einen Putsch beendet. Gleichzeitig endete dadurch die Zeit der Ersten Republik.

Obwohl bei den Präsidentschaftswahlen am 1. März 1930 zunächst Júlio Prestes, den Washington Luís als seinen Nachfolger einsetzen wollte, als Sieger hervorging, war es ihm nicht gelungen, für Ruhe im Land zu sorgen. Aufgrund des endgültigen Zusammenbruchs des Kaffeemarktes und der Weltkapitalmärkte musste Brasilien dringend eine neue politisch-wirtschaftliche Strategie einschlagen (vgl. Bernecker et al. 2000, 241 f., 346). Noch im selben Jahr stürzten in der Folge nur wenige Monate nach der Wahl, im Oktober 1930, Teile des Militärs, das ausgehend von Minas Gerais, Paraíba und Rio Grande do Sul auch die Mittelklasse und das industrielle Bürgertum vertrat, den Präsidenten Washington Luís, noch bevor dessen geplanter Nachfolger Júlio Prestes die Amtsgeschäfte übernehmen konnte und setzte Getúlio Vargas als neuen Präsidenten ein (vgl. Fausto 1997, 324 f., 570; Bernecker et al. 2000, 330 f.; Skidmore 1967, 3 ff.). Im Jahr 1930 löste so die Ära Vargas mit der „Revolution von 1930" (Skidmore 1967, 7) die Erste Republik ab.

Dieser war zunächst vorläufiger, ab 1934 auch gewählter und ab 1937 schließlich außerordentlicher Präsident – faktisch jedoch ein Diktator (vgl. Jacob 1974, 223; Skidmore 1967, 21 ff., 48): „All legislative bodies from the National Congress were abolished" (Skidmore 1967, 13); die Macht konzentrierte sich auf den Präsidenten. Vargas setzte die Verfassung der Ersten, nun „alten", Republik außer Kraft. Erst 1934 wurde eine neue Verfassung angenommen (vgl. Bernecker et al. 2000, 243; Skidmore 1967, 19 f.). Vargas verfolgte, nach Jahrzehnten der relativ dezentralen Eigenständigkeit der Bundesstaaten und deren Gouverneure, die sich einerseits miteinander absprachen, aber auch miteinander konkurrierten, eine zentralistische Nationalisierungspolitik (vgl. Bernecker et al. 2000, 246 f., Skidmore 1967, 13, 33). Im Oktober 1937 täuschte er einen kommunistischen Aufstand vor und rief den Ausnahmezustand aus, so dass er wenige Wochen später den Kon-

---

55 Ortiz (1994, 8 f.) weist jedoch mit Recht darauf hin, dass jede Suche nach der Definition von Identität eng mit der Frage der (Definitions-)Macht verknüpft ist. Die Festlegung des Zeitpunktes der beginnenden brasilianischen Identitätssuche auf den Modernismus bedeute eine arbiträre Setzung in der Deutung der historischen Ereignisse, um eine ideologische Absetzung gegenüber dem Bestreben anderer Gruppen, Identität zu definieren, vorzunehmen. Schlussfolgernd erklärt er, „dass es eine Geschichte der brasilianischen Identität und Kultur gibt, welche mit den Interessen der verschiedenen sozialen Gruppen und deren Beziehung zum Staat korrespondiert." (Ortiz 1994, 9)

gress auflösen konnte, alle politischen Parteien verbot und unter dem Namen *Estado Novo* (*Neuer Staat*) eine Diktatur mit neuer Konstitution installierte, die ihm die uneingeschränkte Staatsgewalt verlieh (vgl. Jacob 1974, 223 f.; John 2006, 7 f., Bernecker et al. 2000, 243, 252 f.; Fausto 1997, 352 ff. und 364 ff.; Skidmore 1967, 27 ff., 33 ff.).[56] Seit 1930 waren die politischen Verhältnisse in Brasilien chaotisch, instabil und von Improvisation geprägt gewesen, so dass „In 1937 an exhausted Brazil ended her political experimentation and began eight years of authoritarian rule under the *Estado Novo.*" (Skidmore 1967, 8) Eine Erneuerung der Sozialpolitik zur Verbesserung der Lebensverhältnisse der Bevölkerung auf der einen Seite und ein ökonomischer Nationalismus auf der anderen Seite sollten nun unter autoritärer Führung stattfinden. „The result was a deepening of the dichotomy between a narrow constitutionalism which had neglected social and economic questions and a nationalistic social welfarism which had become unequivocally antidemocratic." (Skidmore 1967, 31) Bis 1945 hielt Vargas sich an der Macht. Aufgrund sich nach und nach immer mehr verbreitender Kritik durch Studenten, Intellektuelle (sie wehrten sich beispielsweise insbesondere gegen die Einschränkungen der Presse- und Meinungsfreiheit) und Oppositionelle musste er, vom Militär gestürzt, das Präsidentenamt zunächst kurzzeitig an José Linhares als Interimspräsident und schließlich an General Eurico Gaspar Dutra, der die Wahlen, die noch im Jahr 1945 stattfanden, gewonnen hatte und der unter Vargas Kriegsminister gewesen war, abtreten (vgl. Jacob 1974, 225; Bernecker et al. 2000, 243, 257; Skidmore 1967, 48 ff. und 62 ff.).

1.2.3   Phase der Demokratisierung: Die Neue Republik (1945–1964)

Die Zeit der *República Nova*, der „Neuen Republik", die bis zum Militärputsch 1964 andauerte, begann.[57] Jedoch hatte diese mit ähnlichen Schwierigkeiten und Herausforderungen wie die bisherigen politischen Systeme umzugehen, zum Beispiel mit der Übermacht der Großgrundbesitzer gegenüber der Stadtbevölkerung:

> „They remained strongest in the areas untouched by significant economic change. With the return of free elections these areas could be expected once again to display the political vices common in the Old Republic. Their back-country bosses could still deliver votes on demand, but their importance would depend on how rapidly the urban share of the total national electorate grew. This contrast between the developing and the traditional regions within the country (…) had become even more acute in the fifteen years since the Revolution of 1930." (Skidmore 1967, 55)

Nach einer kurzen Phase der Demokratisierung und Liberalisierung der Gesellschaft unter Dutra (vgl. Bernecker et al. 2000, 259; Skidmore 1967, 65 ff.) konnte Vargas, mittlerweile Senator des Bundesstaates Rio Grande do Sul, nach den Wahlen von 1951 eine zweite Amtszeit antreten (vgl. Skidmore 1967, 73 ff.). Er hatte nun versucht sich das Image eines demokratischen Staatsmannes, anstelle das eines Diktators, zu geben, der auch in der Ver-

---

56   Die faschistisch orientierte Gruppe der *Ação Integralista Brasileira* (AIB) spielte seit 1932 in der politischen Landschaft eine Rolle, auch wenn der *Estado Novo* mehr autoritär als faschistisch war, zumal die *Integralistas* nie an die Macht kamen (vgl. Fausto 1997, 353 ff. und 513 ff.; Skidmore 1967, 21). Dennoch nennt Skidmore (1967) den *Estado Novo* „Brazil's milder version of Europe's fascist mode" (ebd. 30).

57   Zu einer detaillierten Beschreibung der Ereignisse während der Jahre 1950–1964, die für die Genese und Entwicklung des Denkens Paulo Freires besonders wichtig waren, vgl. auch Gerhardt (1978, 15–39).

gangenheit stets zum Besten des Staates Brasilien gehandelt habe (vgl. Skidmore 1967, 74). Während dieser zweiten Amtszeit jedoch stand er stark in der Kritik und es gelang ihm nicht, an den *Estado Novo* anzuknüpfen, denn:

> „The political scene Vargas encountered in the early 1950's [sic] was more difficult to dominate than any he had faced in his years of rule between 1930 and 1945. Vargas now presided over a political system that was open and fluid. (...) Back in the 1930's [sic], Vargas had been able to count on the ultimate support of the higher military, as well as politicians of the center and right (...). Now, Vargas faced a suspicious center, implacable opposition on the right, and an army which was at best neutral." (Skidmore 1967, 101)

Korruption und wirtschaftliches Chaos – Inflation, hohe Lebenshaltungskosten, Ermordung des Begleiters eines Vargas-Gegners durch Attentäter aus Vargas' engem Umfeld – belasteten das Land stark, so dass Vargas seine Präsidentschaft 1954, nachdem er von der Armee erneut zum Rücktritt gedrängt worden war, durch einen Selbstmord beendete (vgl. Jacob 1974, 226 f.; Bernecker et al. 2000, 243, 347; Skidmore 1967, 81 ff., 108 ff., 136 ff.). Es folgten Jahre wechselhafter politisch-wirtschaftlicher Entwicklung unter sechs weiteren Präsidenten (vgl. Skidmore 1967, 143 ff.). Juscelino Kubitschek, ein Anhänger Vargas' (ein „Getulista") hatte von 1956 bis 1961 das Amt am längsten inne. Er trieb mit seiner Zukunftsorientierung die Industrialisierung und die technische sowie infrastrukturelle Entwicklung des Landes voran und propagierte ein neues, selbstbewusstes und modernes Brasilien. Gleichzeitig vernachlässigte er aber die Sozialpolitik, insbesondere die Stärkung der weniger entwickelten Regionen wie die des Nordostens. Er ließ als Symbol für seine Zukunftsorientierung die neue Hauptstadt Brasília erbauen.

> „The Kubitschek strategy deserves the label ,developmentalist nationalism' rather than simply ,developmentalism', because of the manner in which it was presented to the Brazilian public. (...) The secret lay in Kubitschek's remarkable ability to find something for everyone, while avoiding any direct conflict with his enemies. This political style involved no fundamental changes; instead, Kubitschek exploited the system in order to win support for – or in many cases to buy off opposition to – his programs. (...) The essence of Kubitschek's style was improvisation." (Skidmore 1967, 166 f.)

Doch verschuldete sich das Land während seiner Amtszeit sehr, die Korruption gedieh weiter und die Inflation stieg an (vgl. Jacob 1974, 229; Bernecker et al. 2000, 261 ff.; Gerhardt 1978, 22; Skidmore 1967, 163 ff., 174 ff.). Nach kurzen Regierungsperioden von Jânio da Silva Quadros und Pascoal Ranieri Mazilli als Übergangspräsidenten (vgl. Bernecker et al. 2000, 331, 265 ff.; Skidmore 1967, 187 ff.) wurde 1961 João Goulart, genannt „Jango", ebenfalls ein Anhänger von Getúlio Vargas, Präsident (vgl. Jacob 1975, 231 f., Fausto 1997 ff.; Skidmore 1967, 205 ff.). Er war bereits unter Quadros und Kubitschek Vizepräsident gewesen. Auf Druck der Gegner Goularts war jedoch das Präsidentenamt mit dem Ergebnis, dass der Präsident einen Großteil der Macht an den Ministerpräsidenten abgeben musste, umdefiniert worden. Aus diesem Grunde war Goularts Handlungsfähigkeit zunächst sehr eingeschränkt. Erst 1963 konnte er durch eine Volksabstimmung diesen Beschluss rückgängig machen (vgl. Bernecker et al. 2000, 267; Gerhardt 1978, 23, Skidmore 1967, 220 ff.). Das Land war wirtschaftlich, sozial und politisch in einem desolaten Zustand. Goulart hatte es nicht leicht, denn „[t]his situation (...) offered ready arguments to political radicalizers of both right and left." (Skidmore 1967, 228) Der Präsident strebte an, die wirtschaftlichen und sozialen Probleme des Landes zu beheben und verwirklichte

zu diesem Zweck eine Reform- und Entwicklungspolitik (vgl. Bernecker et al. 2000, 244).
Insbesondere plante er eine Reduzierung der Inflation, Steigerung des Wirtschaftswachs-
tums und Reformen der Landverteilung, des Steuersystems und Wahlrechts (vgl. ebd. 267;
Gerhardt 1978, 23; Fausto 1997, 447 ff.). Dies war jedoch keine einfach zu bewältigende
Aufgabe: „Goulart inherited ... a party structure which promised little success for his program, whether in its short-run aim of economic stabilization, or its long-range ambition for
structural reform." (Skidmore 1967, 133) Um das Jahr 1950 herum hatten gesellschaftliche Reformbewegungen begonnen, sich zu bilden. Sie intensivierten sich im Verlaufe der
Amtszeit von Goulart. Es gab eine „increasing (…) popular participation in politics. Although social classes were only occasionally and incompletely self-conscious about their
political role, direct appeals to class and sectoral interests became more frequent after be-
ginning of Vargas' presidency in 1951." (Skidmore 1967, 153) Auf der einen Seite sind
hier die Landarbeiterligen zu nennen. Durch die wachsende Verstädterung und Industrialisierung war die Nachfrage nach Produkten der Landwirtschaft gestiegen, was auch eine
Veränderung der Besitzverhältnisse auf dem Land und vor allem der Produktionsbedin-
gungen zur Folge hatte (vgl. Fausto 1997, 443 f.) Die Arbeitsbedingungen verschlechter-
ten sich und schürten die Unzufriedenheit der Landbevölkerung. Durch Migrationsbewe-
gungen verstärkte sich der Kontakt zwischen Stadt- und Landbevölkerung, „was die Erkenntnis auf Seiten der Landbevölkerung begünstigte, dass sie sich in einer extremen Un-
terwerfungssituation befanden." (Fausto 1997, 444) In verschiedenen Landesteilen bildeten sich die Landarbeiterligen, unter welchen die Liga des Staates Pernambuco unter Leitung des Anwalts und Politikers Francisco Julião eine führende Rolle einnahm (vgl. Fausto 1997, 444 f.; Gerhardt 1978, 24).[58] Mit ihm kam auch Paulo Freire im Rahmen seiner
Arbeit in Berührung. Eine weitere zu nennende Gruppe waren die der Studenten. Auch sie
radikalisierten sich im Laufe des genannten Zeitraums und beteiligten sich an politischen
Prozessen, indem sie soziale Veränderungen forderten (vgl. Fausto 1997, 445). Ein anderer wichtiger Akteur war die katholische Kirche. Die streng antikommunistische Haltung
der Kirche wich einer Ablehnung des Kapitalismus, ohne den Kommunismus jedoch als
eine Alternative zu betrachten. Ausnahmen waren die studentischen katholischen Gruppen
wie die *Juventude Universitária Católica* (JUC), die sich im Zuge der Radikalisierung der
Studentenbewegungen ebenfalls eindeutiger positionierte und sozialistische Positionen
einnahm sowie die straffe Hierarchie der Kirche selbst ablehnte. Aus der JUC ging im Jahr
1962 die *Ação Popular* hervor, die revolutionäre Ziele verfolgte und sich stark an den politischen Kämpfen beteiligte. (Sie hatte nach dem Militärputsch von 1964 unter extremen
Repressionen zu leiden). Insgesamt war die katholische Kirche zwar reformorientiert, indem sie zu Beginn der 1960er Jahre die Probleme der Armut und Unterentwicklung – zum
Beispiel in der Enzyklika des Papstes Johannes dem XXIII 1961 und durch die brasilianische Bischofskonferenz – thematisierte, aber sie war nicht für radikale Veränderungen und
stellte den aktuellen Regierungskurs nicht in Frage (vgl. Fausto 1997, 445 ff.; Gerhardt
1978, 24 f., 29 ff.). Die katholischen Studentengruppen knüpften Kontakte zur kommunistischen Jugend, von der sie in ihren politisch-ökonomischen Analysen beeinflusst wurden,
jedoch deren radikale marxistische Haltung sie nicht teilten (vgl. Gerhardt 1978, 30 f.).
Weitere wichtige Bewegungen waren die Arbeiterbewegung und die Gewerkschaften,
welche eng mit der Regierung zusammenarbeiteten und sich auf diese Art und Weise von
ihr abhängig machten, so dass sie durch den Militärputsch ebenfalls in Mitleidenschaft

---

58   Die Landarbeiterligen insbesondere im Nordosten des Landes hatten nach dem Militärputsch von 1964
      mit besonders starken Repressionen zu kämpfen (vgl. Fausto 1997, 467).

gezogen wurden (vgl. ebd. 447 ff.). Auf der intellektuellen Ebene hatte in dieser Zeit das entwicklungsnationalistische Denken, das besonders im *Instituto Superior de Estudos Brasileiros* (ISEB – Höheres Institut für brasilianische Studien) vorangetrieben wurde, einen wichtigen Einfluss.

Paulo Freire wurde von der entwicklungsnationalistischen Denkweise maßgeblich beeinflusst (vgl. dazu Kapitel 1.1 und 1.3 dieser Arbeit und Pereira Paiva 1980).[59] Obwohl der Militärputsch im Jahr 1964 die Aktivitäten der Intellektuellen des ISEB beendete, wurden und blieben die durch das ISEB vertretenen Grundideen nach und nach in progressiv und linkspolitisch orientierten Gruppen Brasiliens populär (vgl. Ortiz 1994, 47). Nach der Theorie der nationalen Entwicklung, die davon ausging, dass jeder Mensch sich auf der Basis seiner Vernunftbegabtheit als aktives Subjekt an der Entwicklung der brasilianischen Gesellschaft beteiligen könne, sollte sich sowohl das Bürgertum als auch das „einfache Volk" aktiv an diesem Prozess beteiligen. Den Intellektuellen komme hierbei die Aufgabe zu, das *Volk* bei der Entwicklung eines kritischen Bewusstseins zu unterstützen (vgl. Gerhardt 1978, 31 ff.).

Goulart war als Präsident populistisch und opportunistisch in seinem politischen Verhalten und konnte nur wenige politische wie wirtschaftlich Erfolge vorweisen, was ihm Misstrauen und Ärger der Bevölkerung und verschiedener politischer Gruppen eintrug: Die Lebenshaltungskosten stiegen weiter, die Inflation war enorm, der Export ging zurück, es häuften sich Streiks und Unruhen. „Bereits im Juni 1963 wurde klar, daß der Plan keine Realisierungschance mehr hatte. Goulart wollte nun durch die Mobilisierung der Basis Unterstützung für seine Reformen aktivieren, ließ damit aber gleichzeitig die Gefahr von sozialen Unruhen wachsen." (Bernecker et al. 2000, 268). Die ungerechte Landverteilung bestand weiterhin und somit auch die Macht der Großgrundbesitzer: Über 80% des Landes waren in Form von Latifundien in Besitz von nur knapp 13% der Bevölkerung. 80% der Menschen, die das Land bearbeiteten, besaßen selbst keinerlei Ländereien (vgl. Jacob 1974, 232). Goulart war selbst wohlhabender Großgrundbesitzer aus dem Süden Brasiliens und seine eigenen Besitzungen waren von seinen Reformen nicht betroffen (vgl. Jacob ebd.; Gerhardt 1978, 23), so dass „die von Jango verkündete Landreform ... wie so manche seiner Maßnahmen mehr eine demagogische Waffe als ein wirklicher Lösungsversuch" war (Jacob 1974, 232). Goulart strebte eine Republik mit uneingeschränkter Macht des Präsidenten an (vgl. Jacob 1974, 233, 236; Bernecker et al. 2000, 269). Obwohl er sich gegenüber den kommunistisch und sozialistisch orientierten Gruppen aufgeschlossen gab, kann er selbst kaum als Sozialist bezeichnet werden; vielmehr spielte er mit der Idee des Sozialismus, um seine Interessen durchzusetzen und argumentativ zu unterfüttern:

> „Es ist leicht festzustellen, dass die grundlegenden Reformen nicht mit der Absicht durchgeführt wurden, ein sozialistisches System einzuführen. Sie waren lediglich ein Versuch, den Kapitalismus zu modernisieren und die tiefen sozialen Ungleichheiten im Land durch staatliche Aktivitäten zu reduzieren. Dies jedoch implizierte starke Veränderungsprozesse, denen die dominierenden Klassen insgesamt, nicht nur die Großgrundbesitzer, wie man gedacht hatte, starken Widerstand entgegen setzten." (Fausto 1997, 448)

---

59 Zur detaillierten Beschreibung und auch kritischen Betrachtung des Denkens des ISEB und dessen Konstruktionsversuch brasilianischer Identität und Kultur vgl. auch Ortiz (1994, 45 ff.).

Dies war der politisch-historische Kontext, in dem Paulo Freire seine Grundideen entwickelte.[60] Brasilien befand sich in einer Um- und Aufbruchssituation, die gleichzeitig von großer Hoffnung und Tatendrang auf der einen Seite sowie von katastrophalen wirtschaftlichen und sozialen Schwierigkeiten auf der anderen Seite geprägt war. Hauptidee des Anliegens Paulo Freires war es, zu zeigen, dass die Menschen – und zwar alle Menschen und nicht nur die politisch-wirtschaftlichen Eliten – in Brasilien[61] in der Lage waren, über ihre persönliche und kollektive Situation zu reflektieren und diese aktiv zu beeinflussen und zu verändern. Freire hatte zu Beginn seiner gesellschafts- und bildungspolitischen Aktivitäten in den späten 1950er und frühen 1960er Jahren, dem damaligen Zeitgeist entsprechend, eine „moderne", aufgeklärte Vorstellung vom Menschen als vernünftiges Wesen, Entdecker und Pionier, welcher die Gesellschaft fortschrittlich voranbringt und eine Zukunft neuer Möglichkeiten schafft. Durch *Unterdrückung*, Beherrschung und Benachteiligung kann der Mensch aus Sicht Freires zwar von der ihm eigenen Transformationskraft entfremdet werden, jedoch nicht seiner grundsätzlichen Aufgabe und Fähigkeit enthoben werden. Diese Sichtweise wurde jedoch konterkariert durch die Situation Brasiliens zu der Zeit: Im Jahre 1960 hatte Brasilien ungefähr 70 Millionen Einwohner.[62] Fast 40% der über 15-Jährigen waren Analphabeten (vgl. INEP/Ministério da Educação 2003, 6)[63] und somit nicht wahlberechtigt, da das Wahlrecht an die Fähigkeit des Lesens und Schreibens gekoppelt war.[64] Die übrigen Menschen waren, mit Freire gesprochen, in eine *Kultur des Schweigens*[65] gehüllt. Allein im Nordosten Brasiliens, Freires Herkunftsgebiet und Tätigkeitsschwerpunkt in den 1950er und 1960er Jahren waren von 25 Millionen Einwohnern ca. 15 Millionen Analphabeten, also über 50% (vgl. Weffort 1977, 96; Figueroa 1989a, 11).[66]

Im Jahr 1949 waren nur 15,1% der bildungsberechtigten Bevölkerung zwischen fünf und 24 Jahren an einer Schule angemeldet. Im Jahr 1964 waren 44% der Schüler im *Ensi-*

---

60 Detaillierte Angaben zu Freires konkreten Aktivitäten innerhalb dieses Kontextes finden sich im Kapitel zu seiner Biografie (1.1). Informationen zu den philosophisch-politischen Einflüssen zu dieser Zeit häufig rezipierter Theorien auf seine Ideen finden sich im Kapitel zur ideengeschichtlichen Verortung seines Werkes (1.3).

61 Zunächst beschäftigte Freire sich in seinem Denken und Handeln insbesondere mit dem Kontext Brasilien, aber seine Grundideen bezog er stets auf den Menschen als anthropologische Entität im Allgemeinen und übertrug diese dann in weiteren Büchern und Praxen auch auf Kontexte anderer Länder (wie zum Beispiel Chile und afrikanische Länder sowie Europa und die USA).

62 Vgl. Instituto Brasileiro de Geografia e Estatística (IBGE) http://www.ibge.gov.br/home/estatistica/populacao/censohistorico/1940_1996.shtm, Zugriff 12.08.2008

63 Im Jahr 2000 waren noch 13,6% der Bevölkerung über 15 Jahre Analphabeten (ca. 16 Millionen Personen). Auf absolute Zahlen gerechnet jedoch gab es im Jahr 2000 mehr Analphabeten als im Jahr 1960. Zusätzlich hat sich die Definition von Analphabetismus gewandelt, heutzutage werden als funktionale Analphabeten die Menschen dazu gerechnet, die weniger als eine vierjährige Schulbildung genossen haben, so dass nach dieser Zählweise ca. 30 Millionen Personen über 15 Jahren in Brasilien im Jahr 2000 Analphabeten waren (vgl. INEP/Ministério da Educação 2003, 6 f.), mit einem starken Nordsüdgefälle: Nach wie vor gibt es im Nordosten des Landes die höchste Analphabetenrate; hier leben ca. 50% der Analphabeten des gesamten Landes (vgl. ebd. 7 und Kapitel 1.1.1 dieser Arbeit).

64 Laut Bernecker et al. (2000) waren nur 15 Millionen Menschen wahlberechtigt (vgl. ebd., 217, 303).

65 Das Konzept der Kultur des Schweigens stellt Freire vor allem in seinen frühen Büchern *Erziehung als Praxis der Freiheit* (implizit) und *Pädagogik der Unterdrückten* (explizit) vor. Er meint damit die Haltung der brasilianischen Bevölkerung, ihre Lebenssituation als ihr Schicksal zu akzeptieren und diese weder in Frage zu stellen noch zu verändern.

66 Gadotti (1996b, 70) nennt für den Nordosten Brasiliens eine Bevölkerungsanzahl von 30 anstatt 25 Millionen. Um diese Zahlen zu überprüfen, habe ich eine umfangreiche Recherche durchgeführt. Jedoch waren keine Zahlen zur Bevölkerung des Nordosten Brasiliens zu Beginn der 1960er Jahre zu finden, so dass ich die von Weffort beziehungsweise Figueroa genannten Zahlen wiedergebe.

no Superior auf privaten Schulen, da das öffentliche Schulsystem unzureichend ausgestattet war (vgl. Fausto 1997, 543 f.). Viele Kinder im schulfähigen Alter in Brasilien der 1960er Jahre hatten überhaupt keinen Zugang zu einer Schule (vgl. Freire 1982, 46).[67] Freire (1982) nannte die Gesellschaft Brasiliens zu Beginn der 1960er Jahre geschlossen (er bezog sich damit auf Popper),[68] rückwärtsgewandt, antidialogisch und elitär (vgl. ebd. 14 f., 27 f.). Zu einem großen Anteil ausschlaggebend für die Schwierigkeiten, die Brasilien hatte, sich zu einer demokratischen, offenen Gesellschaft zu entwickeln, war für Freire der „Mangel an demokratischen Erfahrungen." (Freire 1982, 27) Soziale und ökonomische Ungerechtigkeiten hatten sich also über Jahrzehnte fortgesetzt und bestanden während der Regierungszeit João Goularts weiterhin. Der größte Teil der Bevölkerung lebte abseits jeglicher Bildungseinrichtungen auf dem Land. Die Analphabetenrate war, wie erwähnt, mit fast 40% der über 15-jährigen Bevölkerung im Jahr 1960 extrem hoch (vgl. INEP/Ministério da Educação 2003, 6). Es häuften sich Streiks, organisiert durch die Arbeiterbewegungen und Gewerkschaften (vgl. Fausto 1997, 449). Um sein Ziel zu verfolgen, wollte Goulart die gesamte Bevölkerung mit einbeziehen. Er setzte sich dafür für bildungspolitische Reformen, wie das Wahlrecht für Analphabeten, und für breit angelegte Alphabetisierungskurse ein – nicht ohne den eigennützigen Grund, auf diese Art und Weise mehr Unterstützer und Wählerstimmen für die eigene Politik zu rekrutieren. (Vgl. Fausto 1997, 448; Bessa 2001, 372 f.) Während der Amtszeit des Präsidenten Goulart fand die politische Stimmung des *Übergangs*, wie Freire sie nannte, seinen Höhepunkt (vgl. Bernecker et al. 2000, 244, 268 f.; Freire 1982, 25 ff.; Gerhardt 1978, 24 ff., 27 ff.). An genannter Situation des *Übergangs* setzte Freire seine Überlegungen an, indem er durch seine Pädagogik, die er kritische Pädagogik nannte (vgl. Freire 1982, 37), – namentlich die Bewusstseinsarbeit und damit verbunden Alphabetisierungskurse – die Demokratisierung unterstützen wollte:

„Der spezifische Beitrag des Pädagogen zur Geburt der neuen Gesellschaft bestand folglich in einer kritischen Pädagogik, die kritische Einstellungen auszubilden imstande war. (…) Allein eine Pädagogik, die den Übergang von der naiven zur kritischen Transitivität erleichterte und die menschlichen Fähigkeiten vergrößerte, die Herausforderungen der Zeit zu be-

---

67 Zur Situation Brasiliens und Lateinamerikas in den 1960er Jahren und deren Einfluss auf die Rezeption der Arbeiten Freires vgl. Torres (1996a, 119 f.).

68 Freire bezieht sich hier, ohne es zu zitieren, auf Poppers Werk *Die offene Gesellschaft und ihre Feinde* (1945/1992) (vgl. dazu auch Elias 1994, 34). Hierin beschreibt Popper die „geschlossene Gesellschaft" als eine Gesellschaft, die totalitär und starr organisiert ist, im Gegensatz zur „offenen Gesellschaft", in der „Frieden, Freiheit und Rechtssicherheit" (Popper 1992a, XIV) einen wichtigen Stellenwert einnehmen. Aus Poppers Sicht soll „die magische, stammesgebundene oder kollektivistische Gesellschaft auch die *geschlossene Gesellschaft* genannt werden; die Gesellschaft aber, in der sich die Individuen persönlichen Entscheidungen gegenübersehen, nennen wir die *offene Gesellschaft.*" (Popper 1992a, 207) Popper kritisiert darüber hinaus den Marxismus in weiten Teilen (vgl. Popper 1992b, 135 f.); eine Kritik, die auf Freires Denken wenig Einfluss hatte. Freire bezieht sich zudem zur Erklärung des Verhältnisses zwischen den lateinamerikanischen Ländern und den Ländern des Nordens, in erster Linie der ehemaligen Kolonialmächte, auf die Abhängigkeitstheorien. Dadurch nimmt er insgesamt einen stark polarisierenden Blick auf die Kolonialzeit Brasiliens ein, der heute in dieser Ausprägung in der Fachliteratur nicht mehr anzutreffen ist (vgl. dazu auch Gutiérrez 1992, 145 ff.). Dieser konstatiert, „daß die Dependenztheorie, zu der wir ja in den ersten Jahren unserer Begegnung mit der lateinamerikanischen Wirklichkeit immer wieder griffen, bei allen positiven Ergebnissen heute doch ein zu grobes Werkzeug ist, um die innere Dynamik eines jeden Landes wie auch die Ausmaße der Welt der Armen insgesamt hinreichend scharf in den Blick zu nehmen." (Gutiérrez 1992, 27) Zur Rezeption der Theorie der offenen und geschlossenen Gesellschaft bei Popper und der Dependenztheorien durch Freire und dessen Widersprüchlichkeit vgl. auch Bendit/Heimbucher (1977, 20 ff.).

greifen, konnte dem Volk die Kraft geben, den starken Emotionen während der Phase des Übergangs zu widerstehen." (Freire 1982, 37)

In Anbetracht der hohen Analphabetenrate in Brasilien und der Bildungsferne großer Teiler der Bevölkerung aufgrund der jahrzehntelangen Vernachlässigung der Universitäts- wie der Grundbildung hat Freire auf der einen Seite die Wichtigkeit der Alphabetisierung, Erziehung und Bildung für gesellschaftliche Veränderungsprozesse treffend benannt (vgl. hierzu beispielhaft Bernecker et al. 2000, 314 f.). Dennoch hat Freire im zitierten frühen Werk den Stellenwert und die Durchsetzungskraft der Pädagogik überschätzt und andere politische wie ökonomische und soziale Einflüsse – beispielsweise den Populismus und die Korruption, die eine tatsächliche tiefgreifende verändernde Entwicklung der brasilianischen Gesellschaft zu jener Zeit verhinderte (vgl. Fausto 1997, 462) – nicht ausreichend in den Blick genommen.

Ab dem Jahr 1963 spitzte sich die politische Situation im Land zu. „It was a process of mobilization wider than any political participation previously seen in the history of the republic." (Skidmore 1967, 253)[69] Gleichzeitig wurden die Gegner Goularts aktiv, um dem Fortschreiten seiner Politik, die von den sozialen Bewegungen weitgehend unterstützt wurden, Einhalt zu gebieten. Sowohl rechte als auch linke Kräfte forderten stärkere politische Führung, die sie Goulart, der als schwach angesehen war, nicht zutrauten (vgl. Skidmore 1967, 254 ff.). So wurde die Amtszeit Goularts, und somit auch die Ära des *Getulismo* (von 1930 bis 1964), sowie die Zeit der demokratischen Erfahrung während der *República Nova* (Neue Republik) (von 1945 bis 1964) 1964 durch einen Putsch der Koalition konservativer kirchlicher Gruppen, Militärs, Gouverneure und des US-amerikanischen Botschafters beendet, denn diese hatten kein Interesse an der Veränderung bestehender Macht- und Besitzverhältnisse, am wachsenden Einfluss der Gewerkschaften und am „Klassenkampf" (vgl. Bernecker et al. 2000, 269; Jacob 1974, 233 f.; Fausto 1997, 458, 460 ff.; Gerhardt 1978, 26; Skidmore 1967, 294 ff.). Sie wollten dem wachsenden wirtschaftlichen Chaos – die Inflationsrate lag im Jahr 1964 bei fast 92% (vgl. Bernecker et al. 2000, 264) – Einhalt gebieten. Auch Freires Tätigkeiten wurden durch den Umsturz gewaltsam beendet: „Wäre das Nationale Bildungsprogramm nicht durch den Militärputsch beendet worden, hätte es 1964 mehr als 20 000 Kulturzirkel im ganzen Land gegeben. Wir hatten die Absicht, mit diesen Kulturzirkeln die Themen des brasilianischen Volkes aufzuspüren." (Freire 1982, 61; vgl. Weffort 1977, 96)

1.2.4   Die Militärdiktatur (1964–1985)

Dem Putsch gegen den Präsidenten João Goulart folgten zwei Jahrzehnte rechtskonservativer, rückwärtsgewandter, repressiver und gewaltsamer Militärdiktatur unter verschiedenen Generälen, welche sich gegenseitig ernannten beziehungsweise im kleinen und kleinsten Kreis (aus-)wählten (vgl. Bernecker et al. 2000, 271 ff., 279; Fausto 1997, 465 ff.; Skidmore 1988, 23 ff.).[70] Sie legten den Schwerpunkt auf staatlich gelenktes wirtschaftli-

---

69   Zum politischen und wirtschaftlichen Chaos in den Jahren der Präsidentschaft Goularts und dessen politische Schwächen vgl. auch Almeida Cunha (1975, 88 ff.).

70   In dieser Hinsicht unterschied sich die brasilianische Diktatur von anderen lateinamerikanischen Diktaturen, die in erster Linie über sehr lange Zeiträume hinweg von einer einzigen Führungsperson, wie zum Beispiel Augusto Pinochet in Chile, gesteuert und repräsentiert wurden (vgl. hierzu Fausto 1997, 475).

ches Wachstum, das jedoch zu Beginn der 1980er Jahre stagnierte und einen weiteren hohen Schuldenberg verursachte (vgl. Bernecker et al. 2000, 278). Die bisher existenten politischen Parteien wurden aufgelöst, Politikern Mandate entzogen, Verfassung und Gesetze durch so genannte *Atos Institucionais* (AI – Institutionelle Akte) nach Gutdünken geändert, die Medien zensiert; es herrschte Staatsterror mit Folter und Mord (vgl. Bernecker et al. 2000, 279 ff.). Paulo Freire, als einer unter vielen, musste das Land verlassen. Besonders der *Serviço Nacional de Informações* (SNI – der Nationale Informationsdienst) war ein wichtiges Instrument der Macht, der die Bürger im Sinne der so genannten inneren Sicherheit und zur Aufdeckung von Subversion ausspionierte (vgl. Fausto 1997, 468). Nur zwei offizielle Parteien, die zum Ende des *Estado Novo* gegründet worden waren, waren zugelassen: die regierende Partei *Aliança Renovadora Nacional* (Arena) und die *Movimento Democratico Brasileiro* (MDB) (vgl. Fausto 1997, 474 f.). Bereits ab 1966, verstärkt ab 1968, begann sich der politische Widerstand nach und nach neu zu formieren. Insbesondere Teile der Kirche im Nordosten des Landes unter der Führung des Erzbischofs von Recife, Dom Hélder Câmara, aber auch in São Paulo unter dem Erzbischof Dom Paulo Evaristo Arns (ab 1970) sowie in der Amazonasregion organisierten sich (vgl. Skidmore 1988, 135 ff. und 180 ff.). Die Studentenbewegung sowie ins uruguayanische Exil gegangene Politiker wie die beiden Ex-Präsidenten des Landes Juscelino Kubitschek und João Goulart zeigten neue Aktivitäten. Die Anzahl der Gewerkschaften nahm während der 1960er und 1970er Jahre stetig zu (vgl. Fausto 1997, 498 ff.). Im Zuge der weltweiten Studentenrevolte von 1968 gab es auch in Brasilien Demonstrationen auf öffentlichen Plätzen und Straßen, bei der im selben Jahr ein Student ums Leben kam, was große öffentliche Empörung hervorrief. Diese bereitete den Boden für weiteren Widerstand. Es folgten Streiks in Städten bei Belo Horizonte (Contagem) und São Paulo (Osasco), die jedoch vom Militär gewaltsam zerschlagen wurden (vgl. Fausto 1997, 477 f.). Es bildeten sich in der Folge verschiedene, in der Regel wiederum marxistisch orientierte, zum Teil bewaffnete guerillaartige Widerstandsgruppen, gegen die jedoch mit aller Härte vorgegangen wurde (vgl. Bernecker et al. 2000, 283 ff.; Skidmore 1988, 84 ff.). Die linken Bewegungen waren sich jedoch keineswegs in ihren Strategien einig. Beeinflusst durch die kubanische Revolution und das Entstehen von Guerillas in anderen lateinamerikanischen Ländern wie Guatemala, Kolumbien, Venezuela und Peru waren einige von ihnen zu dem Schluss gekommen, dass nur der bewaffnete Kampf ein wirkungsvoller Weg zur Beendigung der Diktatur sei. Es folgte eine Reihe von Anschlägen und Entführungen, wovon die Entführung des US-amerikanischen Botschafters Elbrick im Jahr 1969 die spektakulärste war (vgl. Fausto 1997, 478 ff.; Skidmore 1988, 86 und 101 ff.). Die Militärs reagierten hierauf mit harten Maßnahmen, insbesondere mit Folterungen (vgl. Fausto 1997, 481). Ebenso wurden Menschen, die als subversiv angesehen wurden, des Landes verwiesen oder wurden im Zuge der Folter – deklariert als „Zusammenstöße zwischen Subversiven und den Ordnungskräften oder mysteriöses Verschwinden" (Fausto 1997, 481) – getötet. Der bewaffnete Widerstand jedoch nahm, anders als in anderen Ländern Lateinamerikas, schnell wieder ab. Dies war auf der einen Seite dem äußerst repressiven Vorgehen der Militärs geschuldet, auf der anderen Seite der Tatsache, dass die Guerillas nur geringen Rückhalt in der Bevölkerung fanden (vgl. Fausto 1997, 483 f.). Durch das äußerst harte und kompromisslose Vorgehen der Militärs werden die Jahre 1968 bis 1974, dem Ende der Regierung Médici, als die repressivsten Jahre der Zeit der brasilianischen Diktatur (vgl. Fausto 1997, 483; Skidmore 1988, 93 ff. und 180 ff.) bezeichnet und die *Anos de*

Chumbo (Bleijahre)[71] genannt. Gleichzeitig waren sie jedoch durch großen ökonomischen Fortschritt gekennzeichnet,[72] obschon die großen sozialen Ungleichheiten bestehen blieben (vgl. Fausto 1997, 482 ff.; Skidmore 1988, 284 ff.). Erst Ernesto Geisel, regierend ab 1974, verfolgte eine Politik der relativen *Entspannung* oder *Öffnung* und verringerte die Folter. Einerseits waren die Machtverstrickungen zwischen und innerhalb der Militärs und den politischen Machthabern so ungünstig, dass zum Teil eine Handlungsunfähigkeit entstand und eine Neuorganisation des Systems nötig wurde. Gleichzeitig war es erklärtes Ziel von Geisel, eine *relative Demokratie* zu errichten (vgl. Fausto 1997, 490). Gründe hierfür waren andererseits der wachsende Druck durch die Kirche und die politische Opposition (vgl. Skidmore 1988, 180 ff.). Die Bewegungen der Zivilgesellschaft erstarkten, sie forderten mehr Freiheit und Mitbestimmung (vgl. Bernecker et al. 2000, 280, 287 f.). Ende der 1970er und Anfang der 1980er Jahre wuchs der Druck durch die Bevölkerung, insbesondere der studentischen Opposition, aber auch der Arbeiter und Landarbeiter (vgl. ebd.), der Kirche und der Mittelklasse (vgl. Fausto 1997, 492) gegen die Diktatur.[73] Die Landlosenbewegung *Movimento dos Trabalhadores Rurais sem Terra* (MST) entstand, es gab zahlreiche Streiks in den Industriebewegungen (vgl. Bernecker et al. 2000, 288). Eine langsame Öffnung des Landes musste von den Machthabern zugelassen werden. Ab 1979 herrschte wieder relativ große Meinungsfreiheit und die Kontrollen der Printmedien war weitestgehend aufgehoben worden (vgl. Fausto 1979, 494). General Figueiredo führte den Weg der Öffnung der Regierung Geisel fort und erließ 1979, im Jahr seiner Übernahme des Präsidentenamtes, ein Amnestiegesetz, das 1980 unter anderem die Rückkehr Freires sowie Miguel Arraes' nach Brasilien möglich machte und die Gründung neuer Parteien zuließ (vgl. Bernecker et al. 2000, 294; Fausto 1997, 504 f.; Skidmore 1988, 217 ff.). Der Öffnungsprozess verlief jedoch alles andere als friedlich – der Präsident hatte stets mit dem Widerstand der politischen Hardliner zu kämpfen; es explodierten Bomben und Entführungen von Kirchenvertretern sorgten für Unruhe (vgl. Fausto 1997, 505). Durch ein ebenfalls im Jahr 1979 erlassenes Gesetz wurde es möglich, dass sich politische Parteien gründeten. Während sich die beiden bereits vorhandenen Parteien (Arena und MDB) umbenannten, gründeten sich verschiedene neue Parteien, wovon die Arbeiterpartei (*Partido dos Trabalhadores* – PT), ein Zusammenschluss gewerkschaftlicher Organisationen, sozialer und kirchlicher Basisgruppen sowie Intellektueller der Mittelklasse, an ihr war auch Paulo Freire beteiligt, die innovativste war (vgl. Bernecker et al. 2000, 294) und sich ebenfalls gegen das diktatorische System wandte (vgl. Fausto 1997, 506 f.). In den Folgejahren verlor das Militärregime immer mehr an Macht. Katastrophale ökonomische Bedingungen, extrem hohe Inflationsraten und große soziale Ungleichheit überforderten die Machthaber (vgl. Bernecker et al. 2000, 295 f.). Die Bevölkerung organisierte sich immer mehr und forderte freie und direkte Präsidentschaftswahlen und die Lösung dringender gesellschaftlicher Probleme in der Kampagne *Diretas já*, zu der sich viele Oppositionsparteien und andere Gruppen zusammenschlossen (vgl. Fausto 1997, 509).

---

71 Der Begriff, den vor allem die brasilianische Presse rückblickend verwendet, geht zurück auf den Film von Margarethe von Trotta „Die bleierne Zeit" von 1981, welcher den Umgang mit der RAF in Deutschland zum Thema hat. Auch in Italien werden die 1970er Jahre die „anni di piombo" genannt.

72 Während dieser Zeit wurden große nationale Projekte angegangen, wie die Transamazônica und das Mobral, das nationale Alphabetisierungsprogramm (vgl. dazu Fausto 1997, 574).

73 Anlässe großer öffentlicher Empörung war die Folter mit Todesfolge von Vladimir Herzog, Direktor des Fernsehsenders TV Cultura, im Jahre 1975 und des Metallarbeiters Manuel Fiel Filho im Jahr 1976 durch die Militärs. Diese bereiteten den Boden für weitere Proteste (vgl. Fausto 1997, 491 f.).

1.2.5 Die neue Demokratie (seit 1985)

Aus den Präsidentschaftswahlen im Jahr 1985, welche den Anfangspunkt der *Nova República* (Neue, im Sinne von erneuerte, Republik) setzten, ging Tancredo de Almeida Neves, welcher unter Vargas Minister und unter Goulart Ministerpräsident gewesen war, als Sieger hervor. Die brasilianische Bevölkerung setzte in ihn große Hoffnungen (vgl. Skidmore 1988, 256 ff.). Er verstarb jedoch kurz vor Amtsantritt, so dass José Sarney, der Vizepräsident, noch im selben Jahr das Präsidentschaftsamt erhielt. Dieser war noch bis kurze Zeit zuvor Vorsitzender der *Partido Democrático Social* (PDS) – in diese hatte sich die Arena umbenannt –, der Regierungspartei des Militärregimes, gewesen (vgl. Bernecker et al. 2000, 298 ff.; Fausto 1997, 511; Skidmore 1988, 257). Nun jedoch gehörte er dem Zusammenschluss der oppositionellen Parteien *Aliança Democratica* an. Während seiner Amtszeit, die ansonsten durch Populismus und Hinwendung zu konservativen Gruppen geprägt war, entstand die bisher demokratischste brasilianische Verfassung der Neuen Republik, in der zahlreiche Ergänzungen und Änderungsvorschläge sozialkritischer Gruppen Berücksichtigung fanden. Diese trat 1988 in Kraft (vgl. Bernecker et al. 2000, 301; Fausto 1997, 524 f.). Durch sie fand der lange und langsame, durch die Öffnungspolitik Geisels im Jahr 1974 begonnene Prozess der Demokratisierung mehr als 20 Jahre später seinen Höhepunkt.

> „Der brasilianische Übergang [zu einem demokratischen System, K.F.] hatte … zum Vorteil, dass er keine großen sozialen Erschütterungen hervorrief. Aber er hatte auch den Nachteil, dass er Probleme nicht betrachtete, die neben der Garantie politischer Rechte der Bevölkerung ebenfalls vorhanden waren. Es wäre nicht angemessen zu behaupten, dass diese Probleme mit dem autoritären Regime entstanden wären. Die Chancenungleichheit, die Abwesenheit von staatlichen Institutionen, die vertrauenswürdig und für die Bürger zugänglich sind, die Korruption, der Klientelismus sind verwurzelte Übel in Brasilien. Natürlich können diese Übel nicht von heute auf morgen geheilt werden, jedoch hätten sie zu diesem wichtigen Zeitpunkt des Übergangs angegangen werden können. Dadurch, dass es ein augenscheinliches generelles Übereinstimmen für die Demokratie fast aller politischen Akteure gab, begünstigte die Fortsetzung von Handlungsweisen, die einer tatsächlichen Demokratie entgegen stehen. Auf diese Art und Weise brachte das Ende des Autoritarismus dem Land eher eine ,demokratische Situation' als ein konsolidiertes demokratisches System." (Fausto 1997, 527)

Die Präsidentschaften von Fernando Collor de Mello und Itamar Franco in den frühen 1990er Jahren waren auf dieser Basis gleichermaßen von politischen wie wirtschaftlichen Skandalen, gleichbleibend hoher Inflation – diese war unter Sarney stetig angestiegen und erreichte im Jahr 1989 1783%, im Jahr 1990 astronomische 2751,34% (vgl. Bernecker et al. 2000, 300, 303) – und Korruptionsskandalen in großem Stil geprägt. 1994 gelang es Finanzminister Fernando Henrique Cardoso, der in der Folge von 1995–2003 Präsident wurde, mit Hilfe der Einführung der neuen, an den US-Dollar gekoppelten Währung Real die Inflation zu bremsen, die Wirtschaft zu stabilisieren und politische Reformen durchzuführen (vgl. Bernecker et al. 2000, 303 ff.). Als Präsident war Fernando Henrique Cardoso jedoch ebenfalls nicht ganz frei von korrupten Verstrickungen (vgl. Bernecker et al. 2000, 310 f.). Im Jahr 1999 wurde die Dollarbindung des Real aufgehoben und dieser wiederum extrem abgewertet und als Währung instabil (vgl. ebd., 313 f.). Seit 2003 ist Luiz Inácio Lula da Silva, der zuvor schon dreimal – 1989, 1994 und 1998 – in Stichwahlen für das Präsidentschaftsamt gestanden hatte (vgl. ebd., 303, 309, 314), von der Arbeiterpartei (PT)

Präsident Brasiliens. Er wurde im Oktober 2006 wiedergewählt und trat somit seine zweite Amtszeit an.[74]

Obwohl Brasilien heutzutage als eine stabile konstitutionelle Demokratie angesehen werden kann, ist das Land geprägt von Strukturen und Seilschaften, die alles andere als demokratisch funktionieren: Bis heute bestehen zum Beispiel Korruption und Vetternwirtschaft, große soziale Ungerechtigkeit – und damit Hunger, medizinische Unterversorgung und Gewalt –, das Problem der ungleichen Verteilung des Landes aufgrund des Großgrundbesitzes und die Nicht-Zugänglichkeit der staatlichen Bildungsinstitutionen für einen Großteil der Bevölkerung fort. Die Parteien als politische Bewegungen haben verhältnismäßig wenig Macht; eher sind es ihre Kandidaten, die als Hauptakteure die Politik Brasiliens steuern und somit den Regionalismus und die Personenzentriertheit im Land fortschreiben. In den Jahren 1994 bis 1998 wechselten beispielsweise 40% der Abgeordneten die politische Partei (vgl. Bernecker et al. 2000, 311 ff.). Gadotti (1996b, 97) beschreibt diese Tatsachen wie folgt: „Brasilien ist autoritär geboren. Es hat eine 500-jährige autoritäre Tradition. Aus diesem Grunde kann man nicht erwarten, dass dies in wenigen Jahren zu überwinden sei." (Vgl. dazu auch Bernecker et al. 2000, 315, 318 f.) Freire (2002) hat diesen Zustand bis in seine späten Werke hinein beklagt:

„Es scheint mir wichtig zu unterstreichen, dass trotz der Jahrzehnte, die uns von dieser Zeit [den 1950er Jahren, K.F.] trennen, die Frage nach dem Recht des Volkes auf seine Stimme, was seine Mobilisierung, seine Organisierung, eine Erziehung, die Wahrheiten enthüllt, impliziert, heute genauso aktuell ist wie sie damals grundlegend war. Im Grunde geht es jetzt die so diskutierte und debattierte, aber heute wie damals den großen Massen des brasilianischen Volkes[75] verwehrte Frage nach der Staatsbürgerschaft.[76] (…) Das gegenwärtige Brasilien wird von diesen kolonialen Erbschaften umarmt: von der des Schweigens und des Widerstands dagegen, von der der Suche nach der Stimme, der der Rebellion, welche es benötigt, immer mehr kritisch-revolutionär zu werden." (Ebd. 119 ff.)

Analog dazu beschreiben es Bernecker et al. (2000) aus Sicht der Historiker:

„Typisch für das politische System Brasiliens waren seit der Unabhängigkeit auch nicht die Parteien, sondern das Prinzip der ‚Kooptation' gewesen. Dieses charakterisiert ein politisches System, in dem die Partizipation schwach ausgeprägt ist und das von oben nach unten kontrolliert wird. Gruppen, die außerhalb des politischen Systems stehen, werden ‚von oben' in das System kooptiert, wenn sie hinreichend Gewicht haben: Sie werden eingebunden. Zwischen den Inhabern der Macht und denen, die nach Beteiligung streben, entsteht so ein System von Abhängigkeiten. Beteiligung an der Politik ist in diesem System kein Recht, sondern eine von oben gewährte Wohltat." (Ebd. 256 f.)

---

74 Auch „Lula" wird heutzutage in seiner Politik nicht nur von den politischen Gegnern, sondern auch von denjenigen, die ursprünglich seine Wählerinnen waren, wie Umweltverbänden, Gewerkschaften, Vereinigungen der indigenen Bevölkerung, der Landlosenbewegung und anderen für seine der Wirtschaft zugewandte Politik, die beispielsweise häufig auf Kosten des Naturschutzes und des Schutzes kultureller Vielfalt geht, kritisiert (vgl. dazu beispielhaft KoBra 2007, 2 ff.; Gespräch mit Araújo Freire 20.11.2007, Archiv Funke).

75 Auf Portugiesisch *grandes massas populares brasileiras*, wörtlich übersetzt *die großen völkischen brasilianischen Massen*. Gemeint sind die wirtschaftlich, sozial und politisch benachteiligten Gruppen der brasilianischen Bevölkerung, wie die einfachen Arbeiter, Bauern und Erwerbslosen beziehungsweise diejenigen, die sich mit Gelegenheitsarbeiten, Straßenverkauf oder Kleinkriminalität den Lebensunterhalt erwirtschaften, aber auch diskriminierte Gruppen wie zum Beispiel Homosexuelle und andere.

76 Auf Portugiesisch *cidadania*, gemeint ist Staatsbürgerschaft im Sinne von aktiver Bürgerschaft der zivilgesellschaftlichen Gruppen und des Einzelnen unter Gewährung und Ausübung aller Bürgerrechte.

Ähnlich skizziert es Brühl:

> „In Brasilien hat sich schon damals sehr wirkungsvoll im politischen Leben der Prozeß der
> Kooptation als interessengeleiteter Kompromiß zwischen konkurrierenden Machteliten ein-
> gespielt. (…) Er ist zugleich das Eingeständnis der politischen Institutionen, daß innerhalb
> der Gesellschaft partikuläre Mächte vorhanden sind, die Gesamtmacht des Staates in Frage
> zu stellen. Es gelang den politisch Mächtigen in Brasilien in den entscheidenden Momenten
> der brasilianischen Geschichte, sich auf Kompromisse zwischen den Machtgruppen zu eini-
> gen und so die Übergänge ‚friedlich‘ für die gesellschaftlich Mächtigen zu gestalten. So war
> es mit dem Ende der Kolonialzeit, so vollzog sich auch der Übergang von der Militärdikta-
> tur zur ‚Neuen Republik‘. Ebenso konsequent wurde die große Mehrheit der Bevölkerung
> immer aus diesen Prozessen herausgehalten – Politik ist in Brasilien bis heute ein Spiel der
> gesellschaftlichen Eliten geblieben, deren geistige Konzeption in eine unsägliche Verknüp-
> fung von säkularen Interessen und messianischem Sendungsbewußtsein mündet.“ (Brühl
> 1996, 204 f.)[77]

Die Geschichte der autoritär und kooptativ verwalteten brasilianischen Gesellschaft hat
sich natürlich parallel in das brasilianische Bildungs- und Erziehungssystem eingeschrieben. Vor diesem Hintergrund sieht Freire die Notwendigkeit einer veränderten und verändernden Erziehungs- und Bildungsarbeit, die die Bevölkerung unterstützt und befähigt,
sich aktiv an dem Demokratisierungs- und gesamten Entwicklungsprozess des Landes zu
beteiligen. „Unser traditionelles Curriculum war ohne Bezug auf das wirkliche Leben. Es
kreiste um bloße Wörter, die von jeglicher Realität, die sie doch wiedergeben sollten, und
jeder konkreten Aktivität entleert waren. Niemals konnte sich so ein kritisches Bewusstsein entwickeln.“ (Freire 1982, 42) Er sieht also nicht nur aufgrund der Situation Brasiliens, sondern auch aufgrund der Merkmale des vorhandenen Bildungs- und Erziehungs-
wesens selbst die Notwendigkeit, dass dieses grundlegend umgestaltet werden müsse.

> „Und da unsere Geschichte uns nicht einmal Verhaltensmuster politischer oder sozialer So-
> lidarität vermittelt hatte, die den demokratischen Formen unserer Regierung angemessen
> waren, mußten wir an die Erziehung als eine neue kulturelle Aktion appellieren, durch die
> das brasilianische Volk neue Verhaltensweisen der Partizipation und Intervention an Stelle
> der überlieferten Passivität erlernen konnte. Darüber hinaus mussten wir uns auch der Her-
> ausforderung stellen, die in dem alarmierenden Prozentsatz an Analphabeten in der Bevöl-
> kerung Brasiliens lag.“ (Freire 1982, 44)

Die Theorie und Praxis Freires sollte vor dem beschriebenen Entstehungs- und Entwick-
lungszusammenhang verstanden werden. Ausgehend von einem Erfahrungshorizont, der
tief- und weitreichende soziale Ungerechtigkeiten mitdenkt und diese in die Forderungen
einer befreienden Pädagogik mit einbezieht, wird Freires Werk in seiner Radikalität erst
verständlich. Vor diesem Hintergrund wird auch Freires Wut, Empörung und Beharrlich-
keit nachvollziehbar. Das bedeutet für diejenigen, die Freires Arbeiten aus der Perspektive
der Gesellschaften der Länder des Nordens betrachten und zu deuten versuchen, nicht,
dass diese für den hiesigen Kontext keine Relevanz hätten. Vielmehr bedeutet es, dass die
*Unterdrückungs*geschichte(n) im jeweiligen – sei es nationalen, regionalen, strukturellen,
historischen oder situativen – Kontext zwar weniger offensichtlich sein mögen, jedoch
damit nicht weniger anti-demokratisch und veränderungswürdig sind, sowie dass sie identifiziert und in das pädagogische Denken und Handeln miteinbezogen werden wollen.

---

77   Zu den Hindernissen einer demokratischen Praxis in Brasilien vgl. auch Almeida (2007, darin insbe-
      sondere 17 ff., 45 ff., 75 ff., 97 ff., 215 ff. und 275 ff.).

1.3   Zu ideengeschichtlichen Hintergründen des Ansatzes Freires

1.3.1   Auf der Suche nach der großen Theorie

„Nicht der studiert mit dem größten Erfolg Philosophie, der ipsis verbis über die Philosophie des Wandels bei Heraklit spricht, über das Seinsproblem bei Parmenides, über das
Reich der Ideen bei Platon, über die Metaphysik bei Aristoteles oder in der Moderne, über
den Zweifel bei Descartes, über das Ding an sich bei Kant, über die Dialektik von Herr und
Sklave[78] bei Hegel, die Entfremdung bei Hegel und Marx, die ‚Intentionalität des Bewusstseins' bei Husserl. Mit dem größten Erfolg studiert der Philosophie, der kritisch über dieses
Denken nachdenkt und dabei das Risiko eingeht, selbst zu denken." (Freire 1974, 53)

Dieses Kapitel benennt die Haupteinflüsse, welche auf Freires Theorie und Praxis gewirkt
haben, und stellt diese knapp dar, um nachvollziehbar zu machen, vor welchen ideengeschichtlichen Traditionen Freires Werk zu begreifen ist. Den ideengeschichtlichen Wurzeln der Konzeption Freires in der Sekundärliteratur nachspürend, zeigt sich ein Spannungsfeld: Das Bild, welches von Freire in Bezug auf seine Werke und seine praktische
Tätigkeit gezeichnet wird, bewegt sich zwischen dem eines verehrten Quasi-Heiligen und
Praktikers einerseits und eines großen Theoretikers und Denkers andererseits, der viele
Theorie- und Denkrichtungen gekannt und miteinander in Einklang gebracht hat.

Die Untersuchung seiner Werke selbst führt jedoch zu folgendem Ergebnis: Der Einfluss der unterschiedlichen philosophisch-politischen Strömungen in den Schriften Freires
ist zum einen größtenteils wenig explizit und vielmehr angedeutet, das heißt über ihr Vorhandensein und ihre Bedeutung für das Denken Freires können teilweise nur Vermutungen
angestellt werden. Einige Publikationen, die sich mit dieser Frage beschäftigen, gehen
dem ideengeschichtlichen Spektrum Freires mehr oder weniger tiefgehend nach. Dies geschieht jedoch in der Mehrzahl auf eine Art und Weise, die eine weitaus differenziertere
und breitere Theorierezeption in den Werken Freires suggeriert, als es tatsächlich der Fall
ist. Auch wird auf die Nachträglichkeit dieser Konstruktionen – die durchaus ihre Legitimation und Relevanz haben – in der Regel nicht ausdrücklich hingewiesen. (Zu den Deu-
tungen vgl. beispielsweise Figueroa 1989a und 1989b, Torres 1996b, Gadotti 1996b, 74,
88 ff.).

Elias (1994) stellt demgegenüber treffend fest, dass „[t]he use of so many sources
makes it difficult to determine where the originality of Freire's theory lies." (Elias 1994,
31) An den Stellen, wo Freire Bezüge zu bestimmten Denktraditionen explizit macht, sind
diese nicht selten von ihm je nach Passung zu dem, was er an der jeweiligen Stelle verdeutlichen möchte, ausgewählt worden, ohne dass Freire einen erkennbar systematischen
Bezug zu diesem Theoriegebäude herstellt. Dieser Eindruck drängt sich insbesondere
deswegen auf, da diese Bezüge punktuell und nicht fortlaufend und das ideengeschichtliche Spektrum betreffend teilweise sehr breit gestreut sind,[79] während andere, insbesondere
die späteren Werke Freires kaum explizit benannte Bezüge zu philosophischen oder politi-

---

78   Hierbei handelt es sich um einen Übersetzungsfehler. Es müsste „Herr und Knecht" heißen.
79   Vgl. beispielsweise hauptsächlich die früheren Schriften Freires wie *Pädagogik der Unterdrückten*,
      Erziehung als Praxis der Freiheit, *Cultural Action for Freedom*, *Pädagogik der Solidarität*, *The Poli-
      tics of Education* und *Pedagogia da Esperança*, eine Beschäftigung mit seinem Buch *Pädagogik der
      Unterdrückten*, dessen Entstehungszusammenhang und der Aktualität der darin enthaltenen Haupt-
      ideen.

schen Ansätzen beziehungsweise anderen Autoren aufweisen.[80] In seinen späteren Schriften wendet Freire seinen Blick von seinen zentralen Themen wie Befreiung, Dialog, Revolution und Bewusstseinsbildung hin zu Themenkreisen wie Neoliberalismus und Pragmatismus, Postmoderne sowie Globalisierung. In diesem Zusammenhang erweitert er jedoch analog dazu kaum die Auseinandersetzung mit Autoren, die sich mit diesen Phänomenen beschäftigen oder einer dieser Theorietraditionen zuzuordnen sind, sondern begnügt sich mit kritischen, nur wenig differenzierten Bemerkungen und Hinweisen.[81] Dies ist überaus bedauerlich, denn Freire hätte hiermit die Möglichkeit gehabt, seine Ideen und Ziele in einen aktuelleren Kontext zu setzen, sie einem breiteren Leserkreis zugänglich zu machen und ihre theoretische wie praktische Relevanz zu erhöhen. Freire erklärte, in Bezug auf Kritik an seiner Arbeit, er habe diese insbesondere in der Folge der frühen Bücher hinsichtlich ihrer philosophischen, soziologischen, politischen und pädagogischen Implikationen nicht ausreichend und fortwährend systematisiert, nicht ohne Ironie klarstellend, dass „sie [die Kritiker, K.F.] etwas von mir verlangen, mit dem ich ihnen nicht dienen kann. In Wahrheit bin ich ein gewöhnlicher Mensch, nicht mehr als das." (Freire 2005a, 128) Und darüber hinaus entzieht er sich mit einem Augenzwinkern bewusst dem Versuch, sich auf seine theoretisch-philosophischen Hintergründe und Überzeugungen hin einordnen zu lassen: „Ihr, die Europäer, neigt [dazu, K.F.] zu klassifizieren, einzuordnen. Deswegen sage ich immer, ich wäre Eklektiker, um jeder Klassifizierung aus dem Wege zu gehen." (Im Gespräch mit Hernández, vgl. Hernández 1977, 168).

Freire hat nicht im engen Sinn wissenschaftlich gearbeitet – dies lässt sich bei der Durchsicht seiner Werke unschwer feststellen –, sondern in seinen Büchern ist eine Darstellung seiner Ideen und seiner Praxis in einem eher literarischen bis hin zu predigenden Stil zu finden.[82] „Freire uses such religiously evocative language as vocation, ontological vocation, faith, trust, humility, hope, guilt, conversion and original sin." (Elias 1994, 39). Nicht umsonst bescheinigen McLaren/de Lissovoy (2003) Paulo Freires Werk „revolutionäre Einbildungskraft und (…) prophetische Züge" (ebd., 217). Auch wenn es denkbar wäre, dass Freire sich über die in seinen Schriften ersichtlichen Quellen und Ideengeber hinaus in Gesprächen mündlich geäußert hat, welche Einflüsse ihn in seiner Arbeit geleitet haben und wie er diese Einflüsse genau in seiner Theorie und Praxis verortet, muss davon ausgegangen werden, wären sie tatsächlich tiefgreifend und nennenswert, wären sie auch in Freires Schriften wiederzufinden. Freire selbst beschreibt seine Herangehensweise an

---

80 Vgl. beispielhaft *A Educação na Cidade*, bestehend aus kurzen Aufsätzen und Interviews seine Zeit als Erziehungssekretär in São Paulo betreffend, *Teachers as Cultural Workers. Letters to Those Who Dare Teach, Cartas a Cristina. Reflexões sobre minha vida e minha práxis, À sombra desta mangueira, Pedagogia da autonomia* und *Pedagogia da indignação*.

81 Lediglich Neil Postman und François Jacob geben ihm in dieser Hinsicht einige Impulse (vgl. beispielhaft Freire 2004, 24 und 33). Diese sind auch so gut wie die einzigen Autoren, die die ideengeschichtlichen Einflüsse im Vergleich zu seinen frühen Schriften erkennbar bereichern. Torres, R.-M. (1996, 655) spricht in diesem Zusammenhang von einem „relativen ‚theoretischen Schweigen' das sein neueres Werk kennzeichnet." Vgl. hierzu auch McLaren (2000, 160).

82 Torres (1996a) weist darauf hin, dass englischsprachige Leser Schwierigkeiten im Verständnis der Texte Paulo Freires hätten, was auf der nicht näher belegten Aussage beruht, dass nicht etwa die Übersetzung unzureichend sei, sondern dass die dialektische Denkweise Freires, abseits positivistischer Erklärungen, für englischsprachige Personen schwieriger nachzuvollziehen sei (vgl. Torres 1996a, 119 und dazu Freire 2003, 74 f.). Collins (1977, 24) erläutert, Freires Arbeiten seien „confusing, and (…) at times oversimplified and incomplete". Gadotti schildert, Freire habe in einem erzählenden Stil geschrieben und er habe es „nicht nötig" gehabt, zu zitieren (vgl. Gespräch mit M. Gadotti, 05.11.2007, Archiv Funke).

die Entwicklung und Auswertung seiner Theorie und Praxis auf der Basis der Rezeption anderer Denker wie folgt:

> „Die existentielle Dramatik dieser Männer und Frauen hat mich an Marx verwiesen. Es war, als hätten die Arbeiter zu mir gesagt: ‚Sag mal, Paulo, kennst Du Marx?‘ Deshalb ging ich zu Marx. Als ich mich mit Marx beschäftigte, habe ich plötzlich mit großer Freude entdeckt, daß ich Marx zwischen den Landarbeitern und Arbeitern gefunden habe. Mit anderen Worten (…) habe ich bei den Bauern und Analphabeten angefangen, die originäre Radikalität des marxistischen Denkens zu begreifen. (…) Ich möchte nicht behaupten, daß ich ein Marx-‚Experte‘ bin, und auch nicht, daß ich ein Marxist bin. Das ist eine Frage von Demut. Es ist sehr anspruchsvoll zu sagen, daß jemand Marxist ist. Ich sage lieber, daß ich mich darum bemühe, es zu werden. Das gilt auch für meine Haltung gegenüber dem Christentum. Ich bin jemand, der sich bemüht, Christ zu werden. (…) Nicht zuletzt möchte ich sagen, daß sowohl meine christliche Haltung wie meine Annäherung an Marx sich nicht auf der Ebene eines Intellektuellen vollzogen, sondern immer im Konkreten. Ich bin nicht zur Klasse der Unterdrückten gegangen wegen Marx. Ich ging zu Marx wegen dieser Klasse. Es war die Begegnung mit dieser Klasse, die mich zu Marx brachte und nicht umgekehrt." (Freire 1981a, 48 f., vgl. auch ebd., 94 f.)

Freire bekräftigt diese Erfahrung auch an anderer Stelle: „Erhellende Lektüren brachten mich vor Freude zu einem quasi jugendlichen Lachen, da ich in ihnen die theoretische Erklärung meiner Praxis oder die Bestätigung des theoretischen Verständnisses, das ich von meiner Praxis hatte, antraf." (Freire 2003, 44, vgl. dazu auch Freire/Horton 1990, 36)[83] Diese Aussagen von Freire selbst zeigen deutlich, dass die Theorie für ihn eine Untermauerung von zuvor gemachten praktischen Erfahrungen war und – was wichtig und bemerkenswert ist – auch nichts anderes zu sein beanspruchte. Auf diese Art und Weise lässt sich erklären, dass Freires theoretisch-philosophische Leistung vergleichsweise gering ist (und sie im Allgemeinen von seinen Lesern und Praktikerinnen tendenziell überschätzt wird).

In Freires Buch *Pädagogik der Unterdrückten* (vgl. Freire 1998, erschienen 1971), welches bis heute als sein Hauptwerk gilt, lassen sich sechs Bezugnahmen auf Fromm, fünf Bezugnahmen auf Ernesto „Che" Guevara, vier auf Hegel, ebenso jeweils vier Erwähnungen Mao Tse-Tungs und Marx', zwei Lenins und gleichfalls zwei Sartres finden. Zudem findet sich eine Referenz zu Husserl. Ähnlich verhält es sich mit seinem frühen Werk *Erziehung als Praxis der Freiheit* (Freire 1982). In diesem sind neben anderen vier Bezugnahmen auf Gilberto Freyre, je zwei auf Fromm und auf Jaspers und eine auf Mannheim zu finden. In seiner ebenfalls frühen Schrift *Cultural Action For Freedom* (vgl. Freire 1975) verhält es sich ähnlich, hier sind unter anderem drei Verweise auf Marx, zwei auf Sartre und zwei auf Ernesto „Che" Guevara vorhanden.[84] Araújo Freire (2006) beschreibt dazu treffend: „Ich weise darauf hin, dass Paulo, je mehr er sein eigenes Denken festigte, er desto weniger andere Autoren als vielmehr sich selbst zitierte." (ebd. 353) Dies enthält einen Hinweis darauf, wie die späteren Schriften Paulo Freires gestaltet sind.

Es wäre unangebracht, die Verbindung Freires zu den Ideen der genannten Personen rein an ihrer quantitativen Erwähnung festzumachen. Jedoch ist klar, dass eine quantitativ

---

83 Freire verwendet hier für das Wort „Praxis" das portugiesische Wort *prática*, welches sich tatsächlich nur auf den praktischen Teil einer Arbeit oder Tätigkeit bezieht. Im Sinne seines dialektischen Konzepts von Aktion und Reflexion, die zusammen die *Praxis* ausmachen, verwendet er auch im Portugiesischen diesen Begriff, angelehnt an das marxistische Konzept der *Praxis*.

84 Araújo Freire (2006) hat ausführliche Listen aller Zitate in Paulo Freires Werken erstellt (vgl. ebd. 353 ff.).

geringe Erwähnung zumindest einen engen Bezug und vor allem eine systematische theo-retisch-wissenschaftlich fundierte Auseinandersetzung nicht gerade nahe legt. Dazu kommt, dass die meisten Schriften Freires nur mit spärlichen oder teilweise sogar keinen erkennbaren inhaltlich-systematischen Gliederungen ausgestattet sind, so dass die Leserin nicht nur häufig dazu gezwungen ist, die immer wieder neu und an den verschiedensten Stellen eingebrachten, von der Idee her zusammengehörenden, Argumentationsstränge im Geiste miteinander zu verknüpfen, sondern auch – zum Teil im Vorwort angekündigte – Gliederungspunkte im Text selbst zu suchen und nicht selten zu vermissen.[85]

Wie ist es vor diesem Hintergrund zu deuten, dass Freire eine „innovative Synthese der am meisten fortgeschrittenen zeitgenössischen philosophischen Denkarten, wie de[s] Existenzialismus, d[er] Phänomenologie, d[er] Hegelianischen Dialektik und de[s] histori-schen Materialismus" (Torres 1996a, 118 f.; vgl. dazu auch Torres 1997, 34 f.) oder sogar deren Überwindung (vgl. Araújo Freire 1996a, 63) zugeschrieben wird, obwohl eine tiefe und umfassende Auseinandersetzung mit diesen Philosophien durch die Analyse seiner Werke nicht erkennbar ist und sich eine theoretisch fundierte Synthese gleichermaßen nicht nachvollziehen lässt, auch wenn gewisse Einflüsse definitiv vorhanden sind? Es ist klar, dass ein derartig umfassendes Unterfangen nicht auf wenigen Seiten als impliziter Bestandteil seiner pädagogisch-praktischen Werke geleistet werden konnte.

Eine weitere Überlegung sei angedeutet: Wie ist es weiter zu erklären, dass in der Se-kundärliteratur, die Freire und seine Ideen darstellt, der Bezug zu Hegel und Marx, auch zu Husserl oder Sartre (vgl. Figueroa 1989a[86]; Araújo Freire 1996a, 63; Gadotti 1996b, 88 ff.) betont wird, obwohl zum Beispiel in *Pädagogik der Unterdrückten* ebenso viele Bezugnahmen auf beziehungsweise Zitate von Mao Tse-Tung wie von Marx oder Hegel zu finden sind, und noch mehr von Ernesto „Che" Guevara, jedoch der Bezug zu Mao Tse-Tung in diesen, Freires Texte rezipierenden, Schriften nicht erwähnt wird?[87] Hier liegt

---

85 Ein treffliches Beispiel hierfür ist *Pedagogia da Esperança*, das jeglicher Gliederung entbehrt. In die-sem späten Werk beschreibt Freire, dass er schon während seiner praktischen Tätigkeit als junger Leh-rer und beim SESI Sichtweisen hatte und in die Arbeit mit einfließen ließ, die er zu einem späteren Zeitpunkt in Werken von Marx, Lukács, Fromm, Gramsci, Memmi, Sarte, Kosík, Heller, Merleau-Ponty, Weil, Arendt und Marcuse wiederentdeckte (vgl. Freire 2003, 20).

86 Figueroa sieht in Freires Arbeiten Bezüge zu den Theorien von Descartes, Kant und Hegel, zu den Überlegungen des frühen Marx, den Existenzphilosophien von Jean-Paul Sartre, Karl Jaspers und Gab-riel Marcel, zum Personalismus von Emmanuel Mounier und Jacques Maritain, zu den Sprachtheorien von Martin Buber, Noam Chomsky, Ferdinand de Saussure und Charles Bally, zur Theorie zu Sprache und Diskurs bei Jürgen Habermas, zu den ethnologischen Theorien von Gilberto Freyre und Claude Lévi-Strauss, zur humanistischen Psychologie Erich Fromms, zur Theorie von Herbert Marcuse, zum Utopiebegriff Leszek Kołakowskis, zum Abhängigkeitsbegriff André Gunder Franks, zur Phänomeno-logie Edmund Husserls und zur Wissenssoziologie Karl Mannheims (vgl. Figueroa 1989a, 14 f. und Figueroa 1989b, 123 ff.). Das Bestreben Figueroas, Freires Werke theoretisch einzuordnen und zurück zu verfolgen, ist ehrenhaft und wichtig und kann Aufschlüsse darüber geben, welche impliziten Ein-flüsse bei Freire tatsächlich vorhanden sind, wie diese genau verlaufen und nachgezeichnet werden können sowie wie die expliziten Einflüsse zu verstehen und nachzuvollziehen sind. Insofern versucht Figueroa hier, etwas nachzuholen, was Freire selbst zu leisten versäumt hat. Um dieses Ziel zu errei-chen, wäre eine etwas genauere Darstellung, Strukturierung, Analyse und Gewichtung der Einflüsse hilfreich. Figueroa (1989a) eignet sich trotz des Titels *Paulo Freire zur Einführung* nicht als Einfüh-rung, sondern eher zur Vertiefung der philosophischen und soziologischen Bezugsfolien Freires. Zur Rückgebundenheit der Ideen Freires bezüglich einer Erziehung zur Demokratie auf die Wissenssozio-logie Karl Mannheims vgl. auch Pereira Paiva (1980, 150 ff.); zum Bezug der Befreiungstheologie und in dieser Hinsicht auch des Denkens Paulo Freires zu Karl Mannheim hinsichtlich der Begriffe Utopie und Ideologie vgl. Gutiérrez (1992, 296 ff.) und Elias (1994, 34).

87 Bendit und Heimbucher (1977) stellen hier eine Ausnahme dar und erwähnen den Einfluss Mao Tse-Tungs auf Freire, kommentieren ihn jedoch nicht (vgl. Bendit/Heimbucher 1977, 34).

zumindest die Vermutung nahe, dass den Einflüssen autoritärer marxistischer Positionen auf das Denken Freires weniger Aufmerksamkeit gewidmet wurde, da sich die Tatsache ihres Vorhandenseins nicht reibungslos in die Vorstellung des christlich-revolutionären Pädagogen Paulo Freire einpassen lässt. Freire wird hier tendenziell sehr positiv wahrgenommen und wenig kritisiert.[88] Elias (1994) bemerkt dazu lakonisch: „Freire's revolutionary heroes [Mao Tse-Tung und Che Guevara, K.F.] are not widely admired among socialists today." (Ebd., 44)

Neben Figueroa liefern insbesondere Gadotti (1996b) und Araújo Freire (2006, 1996a) lange Auflistungen ideengeschichtlicher Quellen, mit denen sich Freire beschäftigt hat.[89] Seine Witwe Ana Maria Araújo Freire sieht Bezüge zu Marx, Georg Lukács, Jean-Paul Sartre, Emmanuel Mounier, Albert Memmi, Erich Fromm, Frantz Fanon, Maurice Merleau-Ponty, Antonio Gramsci, Karel Kosík, Herbert Marcuse, Agnes Heller, Simone Weil, Amilcar Cabral und Aluízio P. de Araújo (vgl. Araújo Freire 1996a, 63; vgl. dazu auch Gerhardt 1996, 163 und McLaren 2000, 151). Araújo Freire 2006 zählt eine lange Liste von Autoren auf, die Paulo Freire gelesen habe (vgl. Araújo Freire 2006, 350 ff.). Moacir Gadotti (vgl. Gadotti 1996b, 88 ff.) konstatiert unter anderem Bezüge und Vergleichbarkeiten zu Arbeiten Enrique Pichon Rivières, Theodore Bramelds, Enrique Dussels, Janusz Korczaks, Bogdan Suchodolskis, Pierre Bovets, Célestin Freinets, Iván Illichs[90] und John Deweys. Elias (1994) vergleicht das Konzept der freireschen *Conscientização* mit Deweys kritischem Denken oder kritischer Reflexion (vgl. Elias 1994, 34). Vor allem in seinen frühen liberal geprägten Schaffensphasen habe er sich eng auf Dewey bezogen: „Though Freire does not cite Dewey, he does not defend himself from charges that he has plagiarized the liberal ideas of Dewey and other North American educators." (Elias 1994, 35) Gadotti sieht mit John-Steiner (vgl. Gadotti 1996b, 92 f.) Ähnlichkeiten des Gedankenguts von Freire zu den Ansichten Lev Vygotskys – dessen Arbeiten Freire allerdings laut Gadotti erst in den 1990er Jahren kennenlernte. Gadotti sieht zudem Parallelen zwischen dem Denken Freires und Anton Semjonowitsch Makarenkos. Es ist davon auszugehen, dass diese Listen nicht nur aus dem Studium der Werke von Paulo Freire hervorgegangen sind, sondern sich vielmehr auf Gespräche und mündlichen Gedankenaustausch mit Paulo Freire sowie auf die Sammlung der persönlichen Bibliothek Freires, die zu einem großen Teil im *Instituto Paulo Freire* in São Paulo steht, stützen. (Zu den Aufzählun-

---

88 Es ist davon auszugehen, dass Paulo Freire sich nicht *bewusst* auf Mao Tse-Tung beziehungsweise dessen Ideen und politische Praxis als autoritären Machthaber gestützt hat. Vielmehr weist Freire hier hinsichtlich des kritischen Nachfragens und Nachforschens bezüglich gewisser autoritärer Sozialisten einen blinden Fleck auf und steht so in der Tradition der lateinamerikanischen Linken seiner Zeit. Paulo Freire, dessen Hauptideen und -forderungen untrennbar mit dem Ideal des rational-kritischen, demokratischen Denken verwoben sind, maß diesem offensichtlich in der Auseinandersetzung mit den theoretischen Überlegungen und Praxen autoritärer Sozialisten wie Lenin, Fidel Castro, Ernesto „Che" Guevara und Mao Tse-Tung nicht ausreichend Bedeutung bei. Kritische Informationen über diese Personen, die zum Zeitpunkt der Beschäftigung Freires mit ihnen bereits durchaus zugänglich waren, hat Freire nicht zur Kenntnis genommen. In der Annahme, demokratisch und freiheitlich zu sein, weist Freire hier jedoch deutlich autoritäre Tendenzen in seinem Denken und Handeln auf. Zur Kritik Freires hinsichtlich dieser Tatsache vgl. besonders Walker (1981).

89 Der Vollständigkeit halber seien diese Namen erwähnt, damit die interessierte Leserin selbst weitere Nachforschungen anstellen kann.

90 Illich und Freire sind sich in Cuernavaca, Mexiko zum Ende der 1960er Jahre begegnet und standen in den Folgejahren in einem Austausch. Hieraus gingen gemeinsame Publikationen in Form von verschriftlichten Dialogen hervor, vgl. beispielhaft Freire/Illich (1975). Das Buch wurde noch im Jahr 2001 in Argentinien neu aufgelegt (vgl. Freire/Illich 2001). Zur Rezeption der frühen Arbeiten von Freire und Illich in Deutschland vgl. auch Kapitel 5 dieser Arbeit.

gen der ideengeschichtlichen Hintergründe von Freires Werk vgl. auch Dabisch/Schulze 1991, 1).[91]

Etwas zurückhaltender beschreiben McLaren/de Lissovoy (2003, 224) die ideenge-schichtlichen Wurzeln des Denkens von Paulo Freire, indem sie beschreiben, dass Freire von den unterschiedlichsten Ansätzen inspiriert war – was zweifelsohne zutrifft – die Frei-res Konzeption beeinflussten und ermöglichten. Dennoch gehen auch die Autoren schluss-folgernd davon aus, dass Freire eine Integration verschiedener philosophischer und politi-scher Traditionen gelang, was tendenziell eine Überschätzung der Leistung Freires in die-sem Punkt darstellt. Für ihre praktische pädagogische Relevanz ist eine solche Darstellung nachvollziehbar, für ihre theoretische Fundierung jedoch nicht. Beispielhaft hat dies Rose-now für den Bezug des Denkens Paulo Freires zu dem von Martin Buber dargestellt: „Freire eignet sich zwar buberianische Begriffe an [wie Dialog und Ich-Du-Beziehung, K.F.], aber verwandelt deren Sinn." (Rosenow 2003, 120)[92] Bendit und Heimbucher (1977) sprechen lediglich von Einflüssen, Wurzeln und Vorbildern der Ideen Freires und nennen eine durchaus überschaubarere Anzahl von Namen und philosophischen Strömun-gen. Ebenso erwähnen die Autoren die Möglichkeit des *Herauslesens* dieser Einflüsse aus Freires Schriften, was bestätigt, dass sie die Bezüge ebenfalls als zum Teil lediglich impli-zit sehen (vgl. ebd., 34 ff.).[93]

Pereira Paiva (1980) legt eine vergleichsweise differenzierte Analyse von Freires Begriffsbestimmungen, Hauptideen und Praxen und deren ideengeschichtlichen Bezugs-rahmen vor dem Hintergrund brasilianischer Wirklichkeit der 1960er Jahre vor. Der in dieser Zeit entstehende Entwicklungsnationalismus vertreten durch die im ISEB (*Instituto Superior de Estudos Brasileiros*) zusammenarbeitenden Intellektuellen, zu denen Freire Kontakt pflegte, stellte, wie die Autorin zeigt, für Freire einen wesentlichen Referenz-punkt dar, so dass er von den Sichtweisen dieses Personenkreises maßgeblich beeinflusst war (vgl. ebd.). In ihrer Arbeit sucht Pereira Paiva auch Brüche, Widersprüchlichkeiten und offene Stellen in Freires Theorie und Praxis zu verdeutlichen. In der Gemengelage der zu Freire erschienenen Sekundärliteratur bedeutet diese Arbeit eine Ausnahme.[94] Der im Rahmen des ISEB geführte Diskurs stellte in der Tat einen Haupteinfluss auf das Denken Freires dar. Aufgrund seiner Vielfältigkeit und Überschneidungen mit den anderen, im Folgenden genannten ideengeschichtlichen Kategorien ordne ich (anders als Elias 1994) diesem Einfluss in den folgenden Ausführungen keinen eigenen Unterpunkt zu. Unter Re-zeption von Autoren der christlichen Existenzphilosophie, der antiken Philosophie, der Werke Hegels, Marx', Karl Mannheims und vielen mehr entwickelten die Denker des ISEB ihre Theorie der nationalen Entwicklung, von welcher Freire insbesondere die Idee

---

91 Araújo Freire liefert auf der Basis von Freires Bücherregal eine Liste der Autoren, die dieser bereits seit den 1940er Jahren las (vgl. Araújo Freire 1996b). Ausgehend von dieser Aufzählung lassen sich natürlich nur Vermutungen über Einflüsse auf Freires Denken anstellen.

92 Hernández (1991, 71) gibt in Bezug darauf einen treffenden Hinweis: „Nun ist es berechtigt zu fragen, ob Paulo Freire Marcel und Buber so [wie diese es meinten, K.F.] verstanden hat, wenn er von Mit-Sein, Dialog, Solidarität etc. spricht, oder ob er einen philosophischen Begriff übernommen hat, der gerade zu seiner Ideologie paßte. Meine Vermutung ist, daß er mehr gesagt hat, als er selber damals gemeint hat, und das gibt uns die Möglichkeit, an seiner Pädagogik weiterzuarbeiten, sie zu korrigie-ren, sie zu verändern beziehungsweise sie zu ergänzen und sie zu entwickeln."

93 Dennoch lässt die Analyse der ideengeschichtlichen Bezugsfolien Freires durch die Autoren viele Fragen offen. Sie legen lediglich eine durch Behauptungen und Verweise angereicherte Auflistung der als zentral angesehenen Einflüsse vermischt mit einer Darstellung einiger Hauptideen Freires vor (vgl. Bendit/Heimbucher 1977, 34 ff.).

94 Bemerkenswerterweise wird sie von Carlos Alberto Torres (1996a, 118) lapidar als polemisch be-zeichnet.

des kritischen – statt naiven – Bewusstseins des gesamten *Volkes* übernahm (vgl. dazu die Kapitel 1.1 und 1.2 dieser Arbeit; Gerhardt 1978, 32 f.; Elias 1994, 32 ff.; Pereira Paiva 1980 und Ortiz 1994, 45 ff.).[95] Insbesondere in Freires erster Schrift sind die zwei Hauptdenkrichtungen, welche die dominanten Hintergründe seiner Argumentation darstellen, der fortschrittlich orientierte Katholizismus und die vom ISEB vertretene Theorie der (nationalen) Entwicklung (vgl. Gerhardt 1978, 54).

Welche Folgerungen lassen sich aus diesen Brüchen, Rissen und Widersprüchlichkeiten ziehen, die erkennbar werden, wenn wir Freires Werk auf dessen ideengeschichtliche Hintergründe untersuchen? Welche Auswirkung haben diese offenen Stellen auf die Rezeption der Arbeiten Freires, die hier im Ansatz skizziert wurde?

Freire hat seine schriftlichen Werke auf der Basis der Erfahrungen und Inspiration verfasst, die ihm seine Praxis lieferten. Erst in einem zweiten Schritt bezog er theoretische Überlegungen unterschiedlichster – oben erwähnter – Quellen in seine Arbeiten mit ein. Dies erfolgte nicht, indem er das gesamte jeweilige Theoriengerüst und dessen Genese umfassend analysierte, sondern vielmehr ausschnitthaft und nach situativer Passung in Bezug auf das, was Freire im jeweiligen Text zu verdeutlichen suchte.[96]

Daraus folgend hat es den Anschein, dass diejenigen, die Freire rezipierten, über ihn schrieben, mit seinen Ideen arbeiteten und arbeiten, die sich in Freire-Gruppen und Initiativen zusammenschließen, häufig auf ähnliche Art und Weise vorgingen, wie Paulo Freire selbst es bei Philosophien gemacht hat: Sie haben sich jeweils die Idee oder das Praxisbeispiel in Paulo Freires Werken ausgewählt oder abgeleitet, das für die eigene Praxis und Theorie relevant und interessant erschien, denn die „Offenheit [des Ideengebäudes Freires, K.F.] läßt nicht nur unterschiedliche, sondern sogar widersprüchliche Interpretationen und Anwendungen der Methode zu." (Bendit/Heimbucher 1977, 70) Dies ist legitim und in der pädagogischen Praxis durchaus gängig. Auch ist dies im Sinne Freires, der stets betont hat, dass seine Konzeption nicht als gesetzt und vollständig auf jeglichen Kontext übertragen werden sollte, sondern dass seine Ideen und Praxen ausprobiert, weiterentwickelt und so einem neuen Bedeutungszusammenhang und neuer praktischen Wirksamkeit zugeführt werden sollten. Giroux beschreibt Freires Anliegen wie folgt:

> „[I]t must be stated, that he [Paulo Freire, K.F.] would never argue that his work is meant to be adapted in gridlike fashion to any site or pedagogical context. What Freire does provide is a metalanguage that generates a set of categories and social practices that have to be critically mediated by those who would use them for the insights they might provide in different historical settings and contexts. Freire's word is not meant to offer radical recipes for instant forms of critical pedagogy; rather, it is a series of theoretical signposts that need to be decoded and critically appropriated within the specific contexts in which they might be useful." (Giroux 1985, xix)

Für die Fragestellung nach den ideengeschichtlichen Hintergründen der Werke Freires bedeutet dies, dass auch diese in der Sekundärliteratur, wie dargestellt, kaum kritisch und tiefgehend betrachtet und dargestellt werden, sondern in der überwiegenden Anzahl der

---

95 Ortiz (1994) beschreibt detailliert die Bestrebungen des ISEB, eine nationale Kultur und Identität Brasiliens zu konstruieren und verdeutlicht dessen Einfluss bis in die aktuelle Debatte zu diesem Thema in Brasilien (vgl. Ortiz 1994, 45 ff.).

96 Nicht ganz zu Unrecht wird Freires Vorgehen aus diesem Grunde auch von einigen seiner Leserinnen als eklektisch bezeichnet (vgl. Bendit/Heimbucher 1977, 70 f.; Collins 1977, 23, 25; Taylor 1993, 34), ein Vorwurf, den Freire nicht von sich wies, sondern sogar als zutreffend bestätigte.

Arbeiten werden diese entweder kaum erwähnt oder überschätzt, je nach Interesse und Schwerpunktsetzung der Autoren. Freires theoretische Leistung wird tendenziell von den lateinamerikanischen Autoren überschätzt (wie bei den genannten Figueroa, Araújo Freire, Torres und Gadotti), während die genannten englischsprachigen Autoren (Collins, Taylor, Elias) eher eine etwas distanzierte und kritische Sichtweise in dieser Hinsicht einnehmen. Die deutschsprachigen Autorinnen kommentieren diese Frage, abgesehen von den genannten, insgesamt eher marginal; wahrscheinlich aus einem ihrerseits eher niedrigen Theorieinteresse heraus.

Auch an Paulo Freire sollte, wie an allen anderen Praktikern und Theoretikern der wissenschaftlichen und gesellschaftlichen Diskurse und Handlungsfeldern, kritisches Beleuchten und Hinterfragen möglich sein, und dies hat Freire selbst stets gewünscht und herausgefordert (vgl. Freire 1981a, 69 f.). Rosenows Analyse des Denkens und Werkes Martin Bubers scheint, um es auf den Punkt zu bringen, ebenso auf das von Paulo Freire zuzutreffen: „Da seine Schriften keine Lehre und kein System, sondern eher mehrere Reihen von Zeichen und Hinweisen bieten, ermöglichen sie ein selektives Herangehen, das auch ohne Berücksichtigung eines ‚schlüssigen Denkzusammenhangs‘ auskommt." (Rosenow 2003, 120)

Es ist an dieser Stelle selbstverständlich nicht das Anliegen, Freires Leistung und geistige wie praktische Hinterlassenschaft zu schmälern. Im Gegenteil kann diese in der heutigen Zeit nicht hoch genug eingeschätzt werden, denn es sind Ideen, Stimmen und Praxen gefragt, die neue Wege aufzeigen, wie die großen gesellschaftlich-politischen Herausforderungen unserer Zeit – auch pädagogisch – angegangen werden können.[97] Gerade deshalb ist es jedoch notwendig, dass ein möglichst multiperspektivischer und kritischer Blick auf Freire und seine Werke geworfen wird.[98] Freires Konzeption sollte in der pädagogischen Praxis nicht nur rezipiert und angewandt, sondern differenziert betrachtet und weiterentwickelt sowie auch im wissenschaftlichen Diskurs ernst genommen werden, um diesen mit fortwährender Relevanz zu bereichern. Dafür ist es unabdingbar, dass wir uns diesen Brüchen in Freires Werken und ihrer Rezeption stellen, zumal Paulo Freire von sich selbst zu keinem Zeitpunkt behauptet hat, er habe derartig weitreichende theoretische Leistungen, wie oben erwähnt, erbracht. Das tradierte Bild Paulo Freires zeigt sich selbst als Konstruktion: Freire war kein Theoretiker, sondern, wie manch anderer großer Pädagoge, in erster Linie ein begabter Praktiker.[99] „Freire has one very clear identity: he is first and foremost a teacher and an educator of teachers. (…) Furthermore, through his books Freire has become a teacher to the world." (Elias 1994, 32)

Eine dekonstruktive Kritik an Freire erscheint mir demzufolge in dreierlei Hinsicht wichtig:

➢ Eine Dekonstruktion der Vorstellung von Freire als Mythos, um den ringenden und sich entwickelnden Menschen und Pädagogen hinter diesem Bild stärker sichtbar zu machen.

---

97 Und dafür halte ich Freire, neben anderen, für geeignet.

98 Es ist offenkundig, dass selbst unter der Berücksichtigung möglichst vieler Perspektiven im Hinblick auf Freires Werk nicht die universelle Wahrheit gefunden werden kann. Jede Darstellung unterliegt gewissen konstruktiven Einflüssen. Diesem Dilemma unterliegen wir jedoch grundsätzlich in der Wissenschaft – wie in allen anderen Lebensbereichen auch.

99 Zum Primat der Praxis, der Freire selbst gegenüber der Theorie stets den Vorrang gegeben hat, und der Notwendigkeit dieses Primats angesichts der und ausgehend von den katastrophalen Lebensbedingungen großer Teile der Bevölkerung in Brasilien vgl. beispielhaft Weffort (1977, 90).

> ➢ Eine Dekonstruktion von Freire als großen synthetischen Theoretiker, um bei aller Wertschätzung für sein praktisches Werk darauf hinzuweisen, dass eine emanzipatorische Praxis auch eine fundierte Theorie benötigt, um zu maximaler Anerkennung und Wirksamkeit zu gelangen.
> ➢ Eine Dekonstruktion von Freire als radikalen Demokraten, der immun gegen jegliche undemokratischen ideologischen Einflüsse zu sein schien. Freires positiv gefärbte Bezugnahme auf Lenin und Mao-Tse-Tung vor allem in seinen frühen Werken zeigen beispielhaft, wie bereits erwähnt, ein durchaus niedriges kritisches Reflexionsniveau bezüglich einflussreicher Strömungen in der sozialistischen Theorietradition und realer politischer Praxis. Es finden sich hier also auch Einflüsse, welche nicht freiheitlich-sozialistisch sind, sondern autoritär.

Torres (1997) fasst die ideengeschichtlichen Einflüsse Freires wie folgt zusammen:

„Die Bewusstseinstheorie Freires basiert auf einer Herrschaftstheorie. Sein Projekt ist eine rekonstruktive Integration der Pädagogik der Unterdrückten als Pädagogik für die Dekolonisierung des Lebens. Gleichzeitig diskutiert Freire, der Tradition Karl Mannheims, John Deweys und Jürgen Habermas' folgend, einige Probleme der Demokratie (wie zum Beispiel der (…) Manipulation der Massen) im Kontext von populistischen Gesellschaften. (…) Seine intellektuellen Wurzeln erkunden unterschiedliche Richtungen (…). Es ist kein Zufall, dass viele Vertreter von Handlungstheorien in Freire Neuformulierungen von Max Weber oder Karl Mannheim finden werden. Auf die gleiche Art und Weise werden sie manchmal finden, dass einige seiner Themen und Analysen der Phänomenologie oder dem Symbolischen Interaktionismus sehr nahe sind. Schließlich werden andere in der heuristischen Struktur Freires ein Echo des Denkens von Karl Marx und besonders Antonio Gramsci finden." (Torres 1997, 34)

Zusammenfassend ist festzustellen, dass Freires Stärke auf der einen Seite darin liegt, dass er ein visionäres, mit den Worten Freires gesprochen utopisches, Theoriennetz liefert, das eine Vielfalt von Praxen inspirieren und ihnen entsprechen konnte und dies bis heute kann. Freire kommt hier ohne tiefgehende und systematische Theorieanalysen aus, sondern legt ein Konzept vor, das er vornehmlich auf seine eigene Praxis stützt und es stellenweise durch unterschiedliche Bezüge zu Autoren und Denktraditionen vielmehr zur Veranschaulichung anreichert und das eine gewisse freche Originalität und Wirksamkeit in sich birgt. Das Wagnis und die, wenn man es so nennen möchte, Unverfrorenheit einer solchen radikalen Vision, die bis heute unzählige pädagogisch-politische Praxen anregt und mit ihrer imaginativen Kraft – und wie erläutert weniger durch ihre theoretisch-argumentative Eindeutigkeit und Überzeugungskraft – mit trägt, muss als Stärke von Freires Arbeiten angesehen werden. Als eine Art Projektionsfläche vielfältiger pädagogisch-politisch-persönlicher Imaginationen und damit auch Konstruktionen liefern die Arbeiten Freires die Möglichkeit, ihn und seine Ideen relativ frei in unterschiedliche Denk- und Handlungskontexte zu transferieren und auf diese zu beziehen. Vor diesem Hintergrund sehen sich verschiedene Theorien und Ansätze durch Freire bestätigt, wie zum Beispiel die *Critical Pedagogy* oder die vormals so genannte „Dritte-Welt-Pädagogik", die sich heute eher im Diskurs des *Globalen Lernens* wiederfinden lässt.[100]

---

100 Die in diesem Zusammenhang Freire positiv rezipierende Literatur stammt in der Hauptsache von politisch links stehenden und/oder christlich orientierten Personen, die sich, man könnte sagen, zu den Ideen und Forderungen Freires bekennen.

Gleichzeitig liegt hier jedoch auch die Schwäche Freires: Seine Analysen sind häufig nicht tief genug und theoretisch oft wenig überzeugend. Begründungs- und Herleitungsversuche seiner Konzeption bestehen aus ideengeschichtlichen Fragmenten, deren Kompatibilität nicht begründet wird, sondern die vielmehr durch die – ehrlicherweise als erfolgreich zu bezeichnende – Praxis eklektisch zusammengefügt werden (vgl. dazu Gerhardt 1996, 153 f. und 170; Taylor 1993, 34; Collins 1977, 25).[101] Freires Ansatz ist so offen für unterschiedlichste Interpretationen, dass er Gefahr läuft, ohne Profil zu bleiben, gar in das Gegenteil seiner ursprünglichen Interpretation umgekehrt zu werden oder als naiv und somit in seiner Konsequenz letztlich herrschaftsunterstützend oder schlichtweg irrelevant abgetan zu werden.

Welche Konsequenzen ergeben sich hieraus für diese Arbeit? Da, wie in den vorangegangenen Überlegungen gezeigt wurde, die Werke Freires vielschichtig lesbar sind, ist auch in dieser Arbeit notwendigerweise eine gewisse Offenheit der Interpretation angelegt. Freire sollte in jedem Zeitalter neu gelesen und zu einer viablen, konkreten Handlungsbedeutung gebracht werden. Im Sinne von Freire ist sie als Angebot zu verstehen, die Pädagogik Freires multiperspektivisch und kritisch neu zu re/de/konstruieren und in spezifischer pädagogisch-politischer Praxis umzusetzen (vgl. dazu auch McLaren 2000, 164 f.). Aus der Sicht von Rosa-Maria Torres (1996, 654) bedeutet das Folgendes:

> „Weit von einem abgeschlossenen und artikulierten Theorievorschlag entfernt, erscheint uns das Werk Paulo Freires als ein Vorschlag, der reich an Intuitionen und Keimen ist und der es als solcher verdient, tiefgehend entwickelt zu werden; als Basismaterial schließlich für die Entwicklung einer Theorie, die noch zu konstruieren ist … . (…) Das Feld [der Erziehung, K.F.] zu de-personalisieren bedeutet, Freire zu de-idealisieren oder zu de-dämonisieren (…)."

Mit dem Ziel, eine nachvollziehbare, klare, weder idealisierende noch ideengeschichtliche Vernetzungen des Denkens Freires ganz in Abrede stellende Darstellung der philosophisch-theoretischen Einflüsse auf Freire zu geben, werden im Folgenden die wichtigsten ideengeschichtlichen Strömungen in Freires Arbeiten erläutert. Ich habe diejenigen Bezüge ausgewählt, die anhand von Freires Werken und mündlichen Aussagen am stärksten erkenn- und nachvollziehbar sind. Diese Auswahl erfolgt ausgehend von den dargestellten Überlegungen unter Berücksichtigung der Tatsache, dass Freires Weltanschauung aus einer Vielzahl nicht vollständig rekonstruierbarer, zum Teil diffuser, theoretischer und auf persönlicher Erfahrung beruhender Einflüsse fußt und somit eine abschließende sowie vollständige Betrachtung dieser Zusammenhänge trotz allem nur schwer möglich ist. Als in diesem Sinne wesentlich für unser Interesse sind diejenigen Bezüge zu Autoren und Theoriekonstruktionen zu erachten, die vor allem die frühen Werke Freires durchziehen (die späten Werke sind, wie erwähnt, in dieser Hinsicht weniger aufschlussreich) oder in ihnen wichtige Denkphasen markieren und die in ihren Hauptannahmen anhand von Freires Theorie und Praxis am ehesten greifbar werden. Diese befinden sich in der Hauptsache an der Schnittstelle zwischen katholischer Soziallehre und Befreiungstheologie[102] einerseits und marxistisch inspiriertem freiheitlichen Sozialismus andererseits:[103]

---

101 Ich verwende den Begriff hier und im Folgenden im Sinne eines Rekurses auf Begriffe und Gedankengänge unterschiedlichster Autorinnen und Theorien ohne deren vollständige, explizite und systematische Reflexion, Darstellung und Bezug aufeinander. Die deutlich negative Konnotation des Terminus ist in diesem Zusammenhang nicht intendiert.

102 Metz (1992) weist darauf hin, dass sich der befreiungstheologische Ansatz heute Kritiken ausgesetzt sieht, denn „nicht nur kirchlicherseits, auch philosophisch und gesellschaftstheoretisch vermutet man

„Yet what defines Freire most clearly are his religious or theological vision and his Marx-ism. The two intertwine in such degree that (...) the more theological he has become, the more Marxist he has become." (Elias 1994, 37) „It can be debated whether or not he is es-sentially a Christian thinker who has assimilated Marxist ideas or essentially a Marxist who speaks in religious language and categories to certain audiences." (Elias 1994, 42)

1.3.2 Ideengeschichtliche Wurzeln des Denkens Freires

1.3.2.1 Christentum und Befreiungstheologie

Der christliche Glaube kann als einer der wichtigsten Motivationen, wenn nicht als *der* tragende Einfluss für und auf Freires Denken und Handeln angesehen werden:[104] „Ich bin nicht wegen Marx in die Elendsviertel meines Landes gegangen. Ich ging dorthin, weil mich Christus dorthin schickte. Ich habe keinen Grund, diese Sache zu verheimlichen." (Freire 1981a, 114) Freire beschrieb, dass er bereits in seiner Jugend „stark vom christli-chen Glauben her motiviert war. Das verleugne ich nicht. (...) Ich bin jemand, der sich bemüht, Christ zu werden." (Freire 1981a, 48; vgl. ebd. 94) Freire betont, dass er *noch kein* Christ sei, um deutlich zu machen, dass er den eigenen Glauben und sein christlich inspiriertes Leben genauso im stetigen Prozess des Werdens begriffen sieht, wie die Wirk-lichkeit und das Wissen auch.

„Was ist die Hoffnung des Beherrschten? Es ist die Hoffnung zu SEIN. Und das ist die höchste Hoffnung, eine christliche Hoffnung; oder es gibt kein Christentum. Deswegen kann ich einen christlichen Reaktionär nicht begreifen. Man kann nicht reaktionär und christlich sein, denn der Christ ist ein Wesen, das vorwärtsschreitet [sic]" (Freire 1981a, 82, Hervorhebung im Original).

---

in ihm zu wenig kritischen Vorbehalt gegenüber einer inzwischen fraglich gewordenen marxistischen Kategorienwelt und gegenüber einer ausgesprochen sozialistischen Vision von der Rettung der Menschheit." (Ebd. 11) Für eine knappe und übersichtliche Darstellung der Genese und Grundideen der Befreiungstheologie in Brasilien vgl. beispielhaft Liehr (1983, 105 ff.) und Persie (1984, 122 ff.); eine ausführliche Arbeit zur Bedeutung der katholischen Kirche für Demokratisierungsprozesse in Brasilien legt Liehr (1988) vor.

103 Zu der folgenden Auswahl vgl. auch Gerhardt (1996, 169 f.); Taylor (1993, 34 ff.); Collins (1977, 27 ff.). Faundez (2000) beschreibt, dass Freires Praxis in erster Linie aus den im Kontext eines Brasilien der 1950er Jahre dominanten Ideologien gespeist wurde, nämlich des Marxismus und des Katholizis-mus, wobei die christlichen Werte die Basis seines Denkens ausmachten (vgl. Faundez 2000, 291 f.). Collins (1977, 27 ff.) schlägt eine ähnliche Systematisierung der ideengeschichtlichen Wurzeln des Denkens Freires wie die hier vorliegende vor, indem er die Kategorien *(1) Personalismus, (2) Existen-zialismus, (3) Phänomenologie, (4) Marxismus* und *(5) Christentum* nennt. Aufgrund seiner christli-chen Ethik würde ich in diesem Fall den von ihm genannten Einfluss des Personalismus von Emmanu-el Mounier unter Punkt *(5) Christentum* subsumieren. Taylor favorisiert eine etwas abweichende Un-terteilung; er schlägt die Schwerpunkte *(1) Strukturalismus, (2) Reformpädagogik (3) Personalis-mus/Existenzialismus (4) Marxismus* und *(5) antike/klassische Einflüsse durch Aristoteles und Hegel* vor. Taylors Abhandlung ist durchaus aufschlussreich und an vielen Stellen nachvollziehbar. Elias (1994) systematisiert die theoretischen Hintergründe des Denkens Freires in den Kategorien *(1) Libe-ralismus* – darunter versteht der Autor in erster Linie den Einfluss des Denkens, dass vom ISEB aus-ging – *(2) Existenzialismus, (3) Phänomenologie, (4) Katholizismus/Christentum (5) Marxismus, Neo-marxismus, humanistischer Marxismus.* Torres, C.A. (1997) schlägt eine ähnliche Unterteilung vor, in-dem er die Kategorien *(1) Existenzphilosophie, (2) Phänomenologie, (3) Marxismus* und *(4) Hegelia-nismus* nennt.

104 Zum Einfluss seines christlichen Glaubens auf Freires Werke vgl. vor allem auch Elias (1994, 38 ff.).

Nachdem Freire sich in seiner Jugendzeit vom katholischen Glauben entfernt hatte, fand er im Laufe seiner politischen Aktivität zu ihr zurück, indem er sich an der *Ação Católica* (Katholische Aktion) beteiligte und in katholischen Basisgemeinden aktiv war (vgl. Kapitel 1.1 dieser Arbeit; Gerhardt 1978, 49 f.). Mit der Rezeption französischer Denker mit katholischem Hintergrund, wie J. Maritain,[105] E. Mounier[106] und G. Marcel teilte er deren Auffassung, der Mensch müsse sich humanisieren beziehungsweise personalisieren. Auch mit dem Interesse für die Werke von Alceu de Amoroso Lima stand Freire in der Tradition der brasilianischen linken Intellektuellen der damaligen Zeit. (Vgl. Gerhardt 1978, 31, 42 f.) Freire kritisierte die Kirche dafür, dass sie sich aus seiner Sicht nicht an dem Bestreben, Herrschaftsverhältnisse aufzuweichen und zu verändern, beteiligte, sondern sogar die Menschen auf der Basis von Gottesfürchtigkeit dazu aufforderte, ihre Situation als gottgewolltes Schicksal zu akzeptieren (vgl. Freire 1981a, 95 und Freire 1978, 20). Diese Kritik bezog er sowohl auf die traditionelle Kirche wie auch auf die sich im Zuge der Industrialisierung modernisierende Kirche, der er vorwarf, ihre sozialen und pastoralen Aktivitäten anhand von Kriterien der Effizienz und technisierter, anonymer Abläufe zu gestalten (vgl. Freire 1985, 135 f.). „The traditionalist churches alienate the oppressed social classes by encouraging them to view the world as evil. The modernizing churches alienate them in a different way: by defending the reforms that maintain the status quo." (ebd., 136) Freire betont im Gegensatz dazu die Rolle der so genannten *prophetischen Kirche*, die sich rigoros an die Seite der *Unterdrückten* stellt und im Sinne einer prophetischen, utopischen (Befreiungs-)Theologie für die Beendigung der bestehenden Herrschaftsverhältnisse kämpft. Dabei stellt er heraus, dass sich in dieser prophetischen Kirche katholische wie evangelische Christen zusammenfinden sollten, da diesem Unterschied keine Bedeutung zukomme (vgl. Freire 1982, 136 und 1978, 40 ff.). Kirche kann aus seiner Sicht ebenso wenig neutral sein wie Erziehung (vgl. Freire 1982., 113), denn „Christus war kein Konservativer. Die prophetische Kirche muß wie er ständig vorwärts schreiten [sic], ständig sterben und neugeboren werden." (Freire 1982, 136)[107]

In den 1960er Jahren hat sich, parallel zum Wirken Freires in Brasilien und anderen lateinamerikanischen Ländern, die katholische Richtung einer sozialkritischen Theologie entwickelt und es kam zu einem Austausch zwischen Paulo Freire und Vertretern der Befreiungstheologie.[108] Die *Theologie der Befreiung*, die als Begriff erstmals 1968 verwendet wurde (vgl. Gutiérrez 1992, 18), wurde ab Beginn der 1970er Jahre insbesondere durch Gustavo Gutiérrez geprägt.[109] Die christliche Lehre sollte nicht mehr jenseitig, abgetrennt von der eigenen Kultur und Lebenswirklichkeit gedeutet werden, sondern diesseitig, mit konkretem Bezug zur Wirklichkeit und Kultur der Menschen. Armut, Ausbeutung, Analphabetismus und Machismo wurden in diesem Zusammenhang als Merkmale einer

---

105 Vgl. Elias (1994, 34).

106 Zum Einfluss des Denkens von Mounier auf Freire vgl. auch Elias (1994, 33f.).

107 Vgl. dazu auch Araújo Freire (2006, 595).

108 Da sich Paulo Freire ab 1964 im Exil befand, waren dem direkten Austausch natürlich gewisse Grenzen gesetzt. Durch die bereits veröffentlichten Schriften Paulo Freires konnte sein Denken aber dennoch auch darüber hinaus Einfluss auf die zentralen Ideen der Befreiungstheologie haben (vgl. hierzu Araújo Freire 2006, 454 ff., 593 ff.). 1986 erschien das Buch *Schule, die Leben heißt. Befreiungstheologie konkret*, das ein Gespräch zwischen Paulo Freire und Frei Betto, einem Dominikaner und Vertreter der Befreiungstheologie wiedergibt. Beide hatten sich zu einem mehrstündigen Gespräch getroffen, da sie die Idee der Befreiung durch Erziehung verband (vgl. Gadotti 1996a, 278 – Wiedergabe eines Zeitungsartikels aus der Zeitung *Folha da Tarde* vom 25. 06. 1985 und Freire/Frei Betto 1986 insbesondere 30 ff. und 110 f.).

109 Vgl. dazu beispielsweise Gutiérrez (1992).

Lebenswirklichkeit gesehen, welche als strukturelle Sünde Gott beleidigten, da dieser sich durch Jesus mit den Armen und Schwachen solidarisiert hatte. Dem Begriff der Erlösung kommt in diesem Zusammenhang nicht nur die Bedeutung spiritueller Erlösung zu, sondern vor allem die Bedeutung einer sozialen, politischen und ökonomischen Befreiung von Armut und Benachteiligung. Von diesen Grundideen ausgehend hatten sich in ganz Lateinamerika (und in der Folge in ähnlicher Ausgestaltung auch auf anderen Kontinenten) so genannte Basisgemeinden, die die Evangelien vor diesem Hintergrund neu auslegten und aus ihr eine christliche Praxis für Befreiung und soziale Gerechtigkeit zu entwickeln versuchten, gebildet. Sie fanden sich in der Idee der Befreiungstheologie wieder (vgl. Freire 1981a, 133 f.; Gutiérrez 1992, 42, 45 ff., 141 ff.). Für Freire bedeutete diese Auseinandersetzung mit den Evangelien, dass „die einzig adäquate Art, sich ihnen gegenüber zu verhalten, ist, sie zu leben. Sie leben heißt nicht, sie zu konservieren, sondern sie neu zu schaffen." (Freire 1981a, 122) Zunehmend vertraten auch katholische Geistliche und Theologen die befreiungstheologische Richtung und unterstützten die Gemeinden. Im Jahr 1968, als im kolumbianischen Medellín die zweite Generalversammlung des lateinamerikanischen Episkopats, der katholischen Bischofskonferenz, stattfand und mit der so genannten *Option für die Armen* eine offizielle Legitimation und Unterstützung der Aktivitäten in den Basisgemeinden durch die lateinamerikanische katholische Kirche festschrieb,[110] entstanden für die befreiungstheologische Bewegung gute Voraussetzungen, innerhalb der Kirche weitere Unterstützung zu finden, denn „Medellín klagte die lateinamerikanische Realität an und verkündete einen Weg der Befreiung." (Freire 1981a, 119; vgl. Torres 1996a, 121 ff.) Für Freire war die Befreiungstheologie „so prozesshaft und dynamisch wie die soziale Wirklichkeit, mit der sie sich auseinandersetzt." (Freire 1981a, 121)[111] Der Einfluss des christlichen Glaubens und der Befreiungstheologie auf Paulo Freire, aber auch Freires Wirkung auf die Theologie der Befreiung muss als wechselseitig angesehen werden. So beschreibt Gutiérrez in „Theologie der Befreiung", seinem „Standardwerk" zu Beginn der 1970er Jahre:

> „Damit aber die ... Befreiung authentisch und vollgültig sein kann, wird sich das unterdrückte Volk selbst für sie einzusetzen haben. (…) Unter diesem Gesichtspunkt stellen die Erfahrungen und Arbeiten von Paulo Freire eines der schöpferischsten und fruchtbarsten Werke dar, die in Lateinamerika je entstanden sind: seine ‚Pädagogik der Unterdrückten'. Mittels einer ‚kulturellen Aktion', die Theorie und Praxis miteinander verbindet, der Entfremdung entgegentritt und so befreiend wirkt, erfährt der unterdrückte Mensch seine Beziehung zur Welt und zu den anderen Menschen." (Gutiérrez 1992, 157 f.)

Im Jahr 1980 wurden Freire und das Team des *Instituto de Ação Cultural* in Genf vom Erzbischof Kardinal Dom Paulo Evaristo Arns, ebenfalls einem Vertreter der Befreiungstheologie, eingeladen, ihn und die anderen Priester der Diözese São Paulo bei der Auswertung der Arbeit der Basisgemeinden in den vorangegangenen zwei Jahren zu unterstützen und Hilfsmittel für einen bewusstseinsbildenden reflexiven Auswertungsprozess zu entwickeln. Freire entwarf eine Diaserie, die einzelne Aspekte des Lebens in den Basisgemein-

---

110 Die katholische Kirche hatte jedoch in den Jahren davor keine eindeutige Position bezogen und hatte sogar den Militärputsch im Jahre 1964, bis auf wenige Ausnahmen in den Basisgemeinden und der *Ação Católica*, unterstützt, um eine gefürchtete kommunistische Staatsform abzuwenden. Erst vier Jahre später also konnte die katholische Kirche sich dazu durchringen, sich auf die Seite der Armen zu stellen (vgl. Taylor 1993, 28). Die *Option für die Armen* wurde dann im Jahr 1979, bei der dritten Generalkonferenz des lateinamerikanischen Episkopats im mexikanischen Puebla bestätigt (vgl. Gutiérrez 1992, 17, 25 f., 30).

111 Zur Haltung Freires gegenüber der Befreiungstheologie vgl. auch Freire (1978, 21 ff.).

den darstellt (vgl. Freire 1981a, 233 ff.). Henry Giroux fasst Freires Verhältnis zur Befreiungstheologie treffend zusammen:

> „Freire's attack against all forms of oppression, his call to link ideology critique with collective action, and the prophetic vision central to his politics are heavily indebted to the spirit and ideological dynamics that have both informed and characterized the theologies of liberation (…) In truly dialectical fashion Freire has criticized and rescued the radical underside of revolutionary Christianity." (Giroux 1985, xvii)

Der christliche Glaube blieb für Paulo Freire zeit seines Lebens einer der zentralen, wenn nicht der zentralste Einfluss auf sein Denken und Handeln, auch wenn er eine eigene Vorstellung von Glauben hatte, die nicht dem Konzept einer bestimmten Kirche folgte, und sich selbst anstatt als religiösen Menschen als einen Menschen bezeichnete, der auf Gott vertraue (vgl. Araújo Freire 2000, 593 ff.).[112]

1.3.2.2 Marxismus und Sozialismus

Freire bezieht viele seiner Ideen aus der Tradition des Sozialismus und Marxismus. Insbesondere Freires Revolutionsverständnis, sein Freiheitsbegriff, sein Verständnis sozialistischer Demokratie und sein Menschenbild sind im Wesentlichen den (freiheitlichen) Strömungen des Sozialismus entlehnt.[113] In diesem Zusammenhang ist insbesondere der frühe Marx relevant, außerdem in Teilen Antonio Gramsci[114] sowie vor allem auch Karel Kosík.[115] Mayo (2006, 81 ff.) arbeitet folgende Gemeinsamkeiten zwischen Gramsci und Freire heraus:[116] a) Jede Form von Bildung ist politisch. b) Beim Nachdenken über Herrschaft und Befreiung müssen die Aspekte Zwang und Gewalt mit in den Blick genommen werden.[117] c) Pädagogik, die transformierend sein will, muss die (Institutionen der) Zivil-

---

112 Zum Verhältnis zwischen dem Denken Freires und dem christlichen Glauben vgl. auch Ameida Cunha (1975).

113 Diese umfassen ein breites Spektrum heterogener und dennoch inhaltlich zusammengehörender revolutionärer sozialistischer Richtungen, welche gemeinsam haben, dass sie Demokratie und Sozialismus miteinander in Verbindung zu bringen suchen.

114 Torres (1996) schildert, wie sich Freire laut eigener Aussage nach seiner Rückkehr nach Brasilien besonders mit den Überlegungen Gramscis auseinandersetzte, und auch den „Gramsci des Volkes in den Armenvierteln" (Torres 1996a, 141) hörte, das heißt in Gesprächen mit den Bewohnern der Armenviertln versuchte, die Theorie Gramscis zu erkennen und ihr nachzuspüren. Nach Giroux teilt Freire mit Gramsci die Idee, dass alle Menschen intellektuelle Fähigkeiten haben und diese herausbilden können (vgl. Giroux 1985, xxiii). Diese Annahme erscheint sehr plausibel. Ein Verweis Freires auf Gramsci findet sich zum Beispiel in Freire (1975, 56). Vgl. dazu auch Gramsci (1964, 6): „Alle Menschen sind Intellektuelle, könnte man … sagen; aber nicht alle Menschen haben in der Gesellschaft die Funktion eines Intellektuellen." Auch Faundez (2000) weist auf diese Gemeinsamkeit hin, auch wenn er zu bedenken gibt, dass Einzelheiten dieses Konzepts bei beiden differieren (vgl. Faundez 2000, 291).

115 Zum Rückgriff Freires auf Kosík vgl. Freire (1998, 83 und 1975, 32); zum Denken Kosiks vgl. Kołakowski (1979, 243 ff.) und Kosík (1967). Kosík (ebd., 21) schreibt beispielsweise „Der Mensch erkennt die Wirklichkeit nur darum, weil er die menschliche Wirklichkeit *gestaltet* und sich primär als praktisches Wesen verhält." (Hervorhebung im Original) Dieser Satz könnte genauso gut von Freire stammen.

116 In der Folge zeigt er ebenfalls einige Unterschiede auf, vgl. dazu Mayo (2006, 98 ff.).

117 Die Erläuterung dieses Punktes fällt bei Mayo relativ schwach aus, es bleibt offen in welcher Deutungsrichtung er Freires Haltung zu Zwang und Gewalt sieht. Eine Aufzählung von Situationen, in denen Freire selbst mit Gewalt in Berührung kam oder er über Gewalterfahrungen anderer berichtet, ist hier wenig hilfreich. Freires Haltung zur Anwendung von Gewalt beispielsweise im revolutionären Kampf bleibt gänzlich unerwähnt. Im direkten Vergleich erscheint hier zudem die Gesellschaftsanalyse

gesellschaft mit einbinden. d) Die im Befreiungsprozess befindlichen Personen sind grundsätzlich handlungsfähig.[118] e) Den Intellektuellen als (organischer) Teil einer Klasse kommt eine besondere Bedeutung im Befreiungskampf zu. f) Der Mensch soll sich vom Objekt zum Subjekt entwickeln. g) In der *Praxis* wird eine Einheit zwischen Aktion und Reflexion hergestellt. h) In den Bildungsprozess müssen soziale Bewegungen miteinbezogen werden. i) Das Beherrschen der Standardsprache ist eine Voraussetzung für politische Handlungsfähigkeit des *Volkes*, ebenso muss die „Sprache des Volkes" von den Intellektuellen verstanden werden.

Einen direkten nachvollziehbaren Einfluss der Arbeiten Gramscis auf Freire begründet Mayo jedoch nur für Punkt e) (vgl. Mayo 2006, 90 ff.). Obwohl Freire in seinen frühen Werken Mao Tse-Tung und Lenin zitiert beziehungsweise sich auf sie zustimmend bezieht – beispielsweise die Rolle des *revolutionären Führers* oder der *Avantgarde* im leninistischen Sinne zum Teil sehr idealisiert – sind zum autoritären Sozialismus in seinen sonstigen Arbeiten darüber hinaus nur wenige Verbindungen zu finden.[119] Streitbar allerdings ist jedoch zum Beispiel Freires praktische Bildungs- und Alphabetisierungsarbeit in den ehemaligen portugiesischen Kolonien Afrikas – Guinea-Bissau, São Tomé und Principe und die Kapverden – die in Teilen unübersehbar autoritäre Züge aufweist. Aus heutiger Sicht sind diese zu einem wichtigen Anteil Freires Präferenz eines sozialistischen, also kollektivistischen, anstelle eines individualistischen Freiheitsbegriffs zuzuordnen und sind somit dem daraus folgenden entsprechenden Umgang mit der politischen Situation dieser Staaten nach der Unabhängigkeit geschuldet (vgl. Freire 1981a, 153ff.; Freire 1985, 129).[120] In seiner späten Schrift *Pedagogia da Esperança* hingegen betont Freire, dass auch Marx und Lenin autoritäre Merkmale im Sozialismus zu verantworten haben, indem er sagt:

> „Für mich …war es nicht der sozialistische Traum, der in der Erfahrung des so genannten ‚realistischen Sozialismus' nicht brauchbar war, sondern … [sein, K.F.] autoritärer Rahmen – der ihm widerspricht und an dem auch Marx und Lenin ihre Schuld hatten und nicht nur Stalin – genauso wie das Positive an der kapitalistischen Erfahrung nicht das kapitalistische System war und ist, sondern der demokratische Rahmen, in dem er sich befindet." (Freire 2003, 96; vgl. dazu auch Freire 2005c, 35)[121]

Die Idee des Klassenkampfes und des revolutionären Kampfes hat Freire weitestgehend von Marx übernommen. Jedoch denkt er in Bezug auf die Relevanz der Kultur für die Revolution auch über ihn hinaus und verbleibt nicht bei den politischen und ökonomischen

---

Gramscis weitaus differenziertere Überlegungen zum Verhältnis von Hegemonie und Zwang aufzuweisen als Freire (vgl. Mayo 2006, 86 f.). Insgesamt ist die Tiefe und der Umfang der Gesellschaftsanalyse Gramscis größer als bei Freire, denn „Gramsci [schreibt, K.F.] aus der Perspektive eines politischen Strategen …, während Freire zumeist aus der Position eines Pädagogen, eines Lehrers, seine Gedanken entwickelt." (Mayo 2006, 99)

118 Mayo weist zu Recht darauf hin, dass Freire seine Haltung in Bezug auf diese Annahme in seinen späteren Schriften etwas modifizierte, da er die gesellschaftlich-strukturell-ökonomischen Bedingungen von Veränderung stärker reflektiert (vgl. Mayo 2006, 89).

119 Elias (1994) erläutert zutreffend, dass Freires erste Veröffentlichung *Educação como Prática da Liberdade* (Erziehung als Praxis der Freiheit) wenig marxistische Prägung aufweist, sondern dass in erster Linie auf die Dependenztheorien, auf das Konzept der *geschlossenen Gesellschaft* sowie auf die liberalen Entwicklungstheorien, wie sie vor allem im ISEB vertreten wurden, rekurriert (vgl. Elias 1994, 32 ff.).

120 Ich werde in Kapitel 2.2.2 dieser Arbeit auf diesen Aspekt zurück kommen.

121 Eine ähnliche Distanzierung von Mao Tse-Tung und Ernesto „Che" Guevara ist jedoch in seinen Schriften nicht zu finden.

Bedingungen von Revolution (die er hingegen jedoch zu wenig berücksichtigt, vgl. dazu beispielsweise Elias 1994, 44). Auch das Thema der *Unterdrückung* ist marxistisch geprägt; in Bezug darauf spielen darüber hinaus für Freires Sichtweise auch marxistisch orientierte antikoloniale Denker wie Frantz Fanon und Albert Memmi eine Rolle (vgl. zum Beispiel Elias 1994, 43; Fanon 1966 und 1980). Araújo Freire (2006, 424) beschreibt, dass die Arbeiten Memmis für Freires Schrift *Pädagogik der Unterdrückten* eine wichtige Rolle gespielt haben. Offenbar hatten Freire und Memmi später auch persönlichen brieflichen Kontakt (vgl. Araújo Freire 2006, 424). Freire weist in dieser Arbeit auch vereinzelt auf ihn hin, indem er sein Konzept der Kolonisierung der *Unterdrückten* durch die *Unterdrücker* aufgreift (vgl. Freire 1998, 49, 119). Auch auf Erich Fromm bezieht sich Freire mehrfach (vgl. zum Beispiel Freire 1998, 46, 54, 62 f., 142; Freire 1978, 14). Freire scheint zwar weitgehend Fromms Marxismusverständnis, wie die Fokussierung auf den humanistischen Marx der Frühschriften, keine zentrale Gewichtung des Basis-Überbau-Modells und der historischen Gesetze sowie der Idee der Diktatur des Proletariats zu teilen, aber das alleine reicht noch nicht aus, um einen starken Einfluss von Fromm auf Freire zu behaupten. Andere freiheitliche Marxisten haben die gleichen Ansichten vertreten, ohne sich auf Fromm zu beziehen. Freire und Fromm unterscheiden sich zudem in ihrer Haltung zur marxistischen Klassenkampftheorie. Freire bezieht sich wiederholt auf diese (vgl. insbesondere Freire 1998, 32 ff.), Fromm hatte dafür keine Verwendung (vgl. hierzu Kołakowski 1979, 413 ff.). Eine deutliche Parallele zwischen Freire und Fromm ist jedoch die Idee einer *historisch-sozialen Psychoanalyse*, die den Menschen von verinnerlichten Mythen und dem *internalisierten Unterdrücker* befreien soll; diese übernimmt Freire von Fromm (vgl. dazu ausführlich Kapitel 3.1.4 dieser Arbeit). Die Kombination von hegelianischem Geschichtsverständnis, marxistischen und psychoanalytischen Perspektiven ist sonst typischerweise innerhalb der *Kritischen Theorie* zu finden. Interessanterweise verweist Freire selbst nicht auf sie, auch wenn die frühen Arbeiten von Horkheimer und Adorno bereits in den 1930er beziehungsweise 1940er Jahren in Europa veröffentlicht worden waren. Es lässt sich vermuten, dass Freire sie vor allem vermittelt über die Arbeiten von Fromm und Marcuse kennenlernte.[122]

Von Marx abgesehen, dessen Denken die Werke Freires mehr oder minder durchzieht (vgl. Elias 1994, 44), ist jedoch kein sozialistischer Theoretiker als *zentraler* Ideengeber für Freire hervorzuheben – es sei denn man möchte die Parallelen zu Gramsci, Fromm und Kosík als solche werten –, wiewohl er sich auf einige hin und wieder bezieht. Freire hat sich des freiheitlichen Sozialismus vielmehr als allgemeinen Bezugrahmen bedient, ohne dessen verschiedene Strömungen und deren wichtigste Theoretiker ausgiebig zu rezipieren, sie einer Analyse zuzuführen und sie zur differenzierten theoretischen Untermauerung seiner Arbeit zu verwenden.

Der Einfluss der frühen Schriften von Marx auf Freire ist jedoch nicht zu übersehen. Insbesondere seine Idee des tätigen, produzierenden Menschen, das Konzept der Revolution und Befreiung und der Schaffung einer sozialistisch organisierten Gesellschaft sind stark von Marx beeinflusst (vgl. von Oertzen 1991, 139 ff.). Auch sein Verständnis von Theorie und Praxis hat Freire von Marx abgeleitet: „Bei der Frage, ob dem geistigen Produkt der Reflexion, der Theorie, oder dem produktiven Herstellen, der Praxis vorherr-

---

122 Interessant ist, dass es bisher keine Arbeit gibt, die diesen Zusammenhang genauer untersucht. Vielmehr gibt es nur Arbeiten, die den Zusammenhang zwischen Freire und Habermas, also der späten kritischen Theorie mit ihrem sprachphilosophischen Fokus, thematisieren. Freires Vorstellung von herrschaftsfreiem Dialog ist hier der hauptsächliche Anknüpfungspunkt.

schende Bedeutung zukommt, entscheidet sich Marx für das Primat der Praxis. Nicht in der Theorie, sondern in der Praxis muss der Mensch beweisen, dass seinem Denken Wahrheit und Macht zukommt" (Figueroa 1989a, 81 f.). Wahrheit bezieht sich in diesem Sinne immer auf die jeweilige Praxis, denn „[a]ls diesseitige Wahrheit ist sie der historisch-sozialen Praxis unterworfen." (Figueroa 1989a, 82) Die Praxis ist also die Basis, auf welcher sich Theorie bilden lässt, welche wiederum als kritische Reflexion dazu führt, dass die vorhandene Praxis durch sich verändernde Bewusstseinsstrukturen weiterentwickelt, verändert und verbessert wird (vgl. ebd.). Daraus folgert Freire: „Was geschieht, wenn ich keinen Unterschied mache zwischen dem existierenden Wissen und dem Akt, etwas neu kennenzulernen? Es gibt kein Wissen, das nicht auf einem anderen Wissen aufbauen würde. Deshalb stelle ich fest, dass das Wissen keine Tatsache ist, sondern ein Prozeß; ein Prozeß der aus der Praxis der Menschen bei der Veränderung der Wirklichkeit erwächst." (Freire 1981a, 73) Hier wird auch deutlich, dass Freire davon ausgeht, dass die Menschen im revolutionären, die Gesellschaft verändernden Prozess durch das praktische Tun lernen, wie der Veränderungsprozess in Gang gesetzt und zum Erfolg geführt werden kann.

Freire distanziert sich hingegen von den späteren Überlegungen von Marx hinsichtlich seines historischen Materialismus, der sich aus seiner Sicht im autoritären Sozialismus widerspiegelt. Die Idee, dass sich die Geschichte nach festgelegten Gesetzmäßigkeiten entwickele und die Zukunft auf dieser Basis bis zu einem gewissen Grade festgelegt sei – eine Annahme, die er überdies generalisierend auch den neoliberalen Denkern der 1990er Jahre zuschreibt –, lehnt Freire ab, da dies aus seiner Sicht dem Individuum wie der Gemeinschaft in pädagogisch-politischer Praxis nicht ausreichend Potential hinsichtlich der Transformation der Gesellschaft durch die Auseinandersetzung mit einer stets *problematischen* Zukunft zuspricht (vgl. Freire 2005c, 33 f.; Torres 1997, 187 f.). Gadotti und Torres sehen in Freires Werken insbesondere die hegelianische Dialektik von Herr und Knecht als sehr präsent an (vgl. Gadotti 1996b, 107; Torres 1997, 190 ff.).[123] Es ist davon auszugehen, dass Freire diese auch über die Vermittlung von Marx und nicht nur durch die Beschäftigung mit Hegels Schriften selbst kennenlernte. Indem sich Herr und Knecht gegenseitig bedingen, dem Knecht aber potentiell die Fähigkeit und Macht zukommt, die vorhandene Situation, indem er durch das Tätigsein zum „selbständigen Sein als seiner selbst" (Hegel 2000, 157) gelangt, zu verändern, kommt Freires *Unterdrückten* – als Knechte in diesem Sinne – eben diese Möglichkeit und Fähigkeit zu, die Freire so sehr betont und in seiner Bildungsarbeit zur praktischen Wirksamkeit bringen möchte (vgl. Hegel 2000, 154 ff.; Torres 1997, 191 und Freire 1998, 36). Der Knecht als die Antithese des Herrn ist maßgeblich daran beteiligt, die Synthese herbeizuführen, die Freire mit Marx in einer klassenlosen, sozialistisch organisierten Gesellschaft sieht. Während Freire jedoch in den 1950er und 1960er Jahren von *Unterdrücker* und *Unterdrückten* schreibt, spricht er in den späteren 1960ern und 1970ern von *Unterdrückung der Klassen* und in den 1980ern und 1990ern zunehmend von *Geschlechter- und „Rassen"unterdrückung*.[124] Das bedeutet,

---

123 Torres, C.A. (1997) erarbeitet eine differenzierte Analyse der Gemeinsamkeiten zwischen Freire und Hegel beziehungsweise der Anleihen, die Freire bei Hegel macht (vgl. ebd., 11 ff. und 190 ff.).

124 Freire verwendet im Portugiesischen den Begriff der „Rasse" ohne Anführungszeichen. Er ist im Portugiesischen wie im Englischen durchaus gängig. Ich verwende den Begriff aufgrund seiner Problematik und letztlich rassistischen Implikationen in dieser Arbeit, wie im deutschen Wissenschaftsdiskurs (anders als in der deutschen und europäischen Politik) üblich, nicht. Ist eine Verwendung des Begriffes im Verweis auf Freire unumgänglich, so setze ich ihn in Anführungszeichen, um die kritische Distanz zum Terminus deutlich zu machen. Vgl. dazu auch Cremer (2008) und Brumlik (1990).

dass Freire die zunächst sehr allgemeine Dualität des Gegensatzes Herr-Knecht beziehungsweise Eliten und Benachteiligte später auf spezifische Gruppen von Benachteiligten
erweitert, also versucht hat, die „Knechte" genauer zu definieren: Diskriminierung je nach
ethnischer Zugehörigkeit, Geschlecht und sozialem Status (vgl. beispielhaft Freire 2004,
208; Gadotti 1996b, 107; Kapitel 2.2.1 dieser Arbeit).[125]

Praxis als Handlung des Menschen impliziert auch, dass Leid und *unterdrückende*
Verhältnisse nicht naturgegeben sind, sondern durch freiheitliche Praxis von Menschen
verändert werden können. Dies beschreibt Freire wiederum in Anlehnung an Marx, der
Hegels Konzeption des fortschreitenden Weltgeistes, welcher die Entwicklung der
Menschheit bewirkt, durch seine materialistische Geschichtsauffassung ersetzt, in der die
Entwicklung der Produktivkräfte und der Möglichkeiten, die diese bedingen, sowie die
Klassenkämpfe die fortschreitende Entwicklung der Gesellschaft vorantreiben. Freire
wendet sich mit Marx gegen die Auffassung, dass Formen des gesellschaftlichen Zusammenlebens ein Resultat der natürlichen Lebensbedingungen seien und somit nicht verändert werden könnten (vgl. Figueroa 1989a, 84 f.). Wie Marx versteht Freire die Praxis des
Menschen als historisch-gesellschaftlich bedingt. Jedoch, wie bereits erwähnt, betont er
mehr als Marx die Tatsache, dass das Individuum und die Gemeinschaft Möglichkeiten
haben, Einfluss auf die Gestaltung der Entwicklung der Gesellschaft zu nehmen. Dennoch
bezieht sich Freire in den *Pädagogik der Unterdrückten* folgenden Schriften stets auf das
historisch Mögliche; das bedeutet, dass Veränderungen aus der Sicht Freires immer nur so
weit realisiert werden können, wie gesellschaftliche Spielräume vorhanden sind und genutzt werden können, während diese letztlich historisch bedingt sind: „Der Begriff des
Freiraums führt uns zu dem historisch Möglichen. D.h. wir können nur das tun, was unter
den jeweiligen historischen Bedingungen möglich ist und nicht, was wir vielleicht gern
tun möchten." (Freire 1981a, 96)

Besonders in seinen frühen Werken betont Freire hingegen sehr stark die Rolle der
Unterdrückten im Prozess der Befreiung. Er sieht die *Unterdrückten* als „die einzigen
Subjekte der befreienden Praxis" (Figueroa 1989a, 87; vgl. dazu auch Freire 1998, 35 f.)
und bezieht sich hierbei wiederum auf den Freiheitsbegriff Hegels, der die Freiheit des
Menschen als abstrakte Anlage versteht, die sich in der Praxis und durch Erziehung zu
konkreter Freiheit entwickelt (vgl. Figueroa 1989a, 87, 101). Es ist jedoch fraglich, ob die
Unterdrückten ihre Aufgabe tatsächlich mit dem gewünschten Effekt erfüllen können,
denn „weder Marx noch Freire erklären, aus welcher Quelle die völlig auf sich selbst gestellten Unterdrückten im jeweiligen historischen Kontext die Kraft schöpfen sollen, die
menschliche Emanzipation zu realisieren." (Figueroa 1989a, 92) Jedoch hat Freire bereits
Mitte der 1970er Jahre, diesen Zusammenhang betreffend, selbstkritisch betont, dass das
reine Erkennen der Wirklichkeit noch nicht ihre Veränderung bedeutet, und Erziehung als
Teil der Gesellschaft nur insoweit verändert werden kann, wie die historischen Bedingungen es zulassen, das heißt eine Veränderung der Erziehung erfordert eine ebenso radikale
Veränderung der Gesellschaft (vgl. Freire 1981a, 84).[126]

---

125 Wie wir sehen werden, hat Freire dies jedoch nicht in ausreichender Differenziertheit und Schlüssig-
     keit im Hinblick auf konkrete Handlungskonsequenzen weiterentwickelt, denn er blieb bis zu seinen
     späten Werken hin einen Vorschlag schuldig, wie diese unterschiedlichen Gruppen zueinander in Be-
     ziehung stehen und diese gesellschaftliche Vielfalt organisiert werden kann.

126 Zum Einfluss von Marx und der sozialistischen Tradition auf Freire vgl. auch McLaren/de Lissovoy
     (2003, 222).

1.3.2.3 Existenzphilosophie

Freire wird des Öfteren mit der Existenzphilosophie (beispielsweise von Karl Jaspers oder Gabriel Marcel) in Verbindung gebracht.[127] Der tatsächliche Einfluss der Existenzphilosophie auf das Denken Freires ist, aus oben beschriebenen Gründen, nicht immer eindeutig nachvollziehbar. Bezüge auf existenzphilosophische Denker sind in seinen Werken verteilt (vgl. beispielsweise Freire 1982, 50f.; Freire 1998, 59, 61, 66; Freire 1975, 23, 31, 79). Freires Konzepte des menschlichen Lebens als fortwährendem schöpferischen Entwicklungs- und Lernprozess sowie des Mensch-Seins im Werden und als *mit* der Welt und nicht nur *in* der Welt sein (vgl. Freire 1982, 10; Freire 1978, 9; Bendit/Heimbucher 1977, 35; Torres 1996a, 125), des Menschen als von Natur aus freiem und dialogischem Wesen und der fortwährenden, nie abgeschlossenen Revolution ist jedoch der Existenzphilosophie entnommen beziehungsweise aus ihren Begriffen abgeleitet.[128] In Freires Verständnis vom Christ-Werden und Marxist-Werden beziehungsweise Mensch-Werden als ewig unabgeschlossene engagierte und auf das konkrete Leben bezogene Lernprozesse spiegelt sich in Grundzügen das Verständnis der Existenzphilosophie vom Leben als dynamischem Seinsvollzug wider. Auch Hernández (1977) erklärt, dass es nicht einfach sei, den Einfluss einer Denkrichtung oder eines Autors auf das Wirken eines anderen eindeutig herauszuarbeiten (vgl. Hernández 1977, 42), insbesondere

> „bei Paulo Freire, der selbst viel Wert darauf legt, nicht in ein bestimmtes System eingeordnet zu werden und der sich selbst als Eklektiker bezeichnet. Das Denken Karl Marx', Freires eigene Erfahrungen mit Studenten, Industrie- und Landarbeitern, sowie seine christliche Erziehung und seine theologische Bildung sind miteinander in ihm verflochten und bilden (…) eine Einheit. Seine Originalität besteht aber vor allem in seiner Pädagogik der Befreiung, die eine eindeutige maßgebende existenziell-christliche Prägung hat. Repräsentant für diese christliche Existenzphilosophie ist Gabriel Marcel." (Hernández 1977, 42)

Hernández (1977) arbeitet in der Folge systematisch die Ähnlichkeiten zwischen Marcels und Freires Denken heraus, die er in der Hauptsache in den folgenden Punkten sieht:[129] a) Die Berufung des Menschen ist eine zur Partizipation am Sein; das menschliche Sein als eines in Raum und Zeit eingelassenes Sein hat Aufgabencharakter, es strebt zum Mehr-Sein. b) Die menschliche Freiheit verwirklicht sich durch schöpferische, bewusste und befreiende Akte. c) Der Mensch bildet mit der Welt eine dialektische Einheit von Subjekt und Objekt. d) Der Mensch ist ein historisches Wesen, das Geschichte macht und Wirklichkeit gestaltet. e) Die Intersubjektivität des Menschen spiegelt sich in dialogischen Beziehungen und in Akten des Glaubens, der Liebe und der Hoffung wider (vgl. Hernández 1977, 42 ff.). Ein wesentlicher Unterschied besteht jedoch darin, dass Freire nicht nur vom einzelnen Menschen, sondern stets auch von der sozialen Klasse oder der Gesellschaft als Ganzes ausgegangen ist (vgl. Pereira Paiva 1980, 162) – ein Hinweis auf seine wiederum

---

127 Vgl. beispielhaft Araújo Freire (1996a, 63); Dabisch/Schulze (1991, 1); McLaren/de Lissovoy (2003, 224); Bendit/Heimbucher (1977, 34 ff.); Elias (1994, 34).

128 Bendit/Heimbucher stellen mit Bezug auf Hernández dar, dass Freire zum Beispiel in seinen Konzeptionen der Natur des Menschen, seiner Aufgabe in der Welt, seiner zu verwirklichenden Freiheit insbesondere von Gabriel Marcel beeinflusst ist, und dass Freires Auffassung vom Menschen als historisch eingebundenes, bedingtes, dialogisches und bewusstes Wesen der Praxis auf existenzphilosophischen Ideen beruhe (vgl. Bendit/Heimbucher 1977, 36 f.). Leider führen die Autoren jedoch keine konkrete Rückführung der Begriffe auf die Existenzphilosophie durch. Zur existenzphilosophischen Verortung des Denkens Freires vgl. auch Pereira Paiva (1980, 162 ff. und 235 ff.).

129 Zur Darstellung der Existenzphilosophie Gabriel Marcels vgl. auch Hernández (1977 17 ff.).

marxistisch inspirierte Denkweise. Elias (1994) arbeitet ebenfalls spurensuchend einzelne Bezüge zu existenzphilosophisch orientierten Denkern heraus und gibt Beispiele von Bezügen zu Gabriel Marcel (Beschreibung der *Volksmassen*), Karl Jaspers (Unterschied zwischen Mensch und Tier, Leben und Existieren, Bedeutung von Liebe, Hoffnung, Vertrauen, Glaube und Demut, Idee der *Grenzsituation*), Jean-Paul Sarte (Ähnlichkeit der Kritik an der Erziehungskonzeption nach dem *Bankiers-Konzept*, Subjekt-Objekt), Martin Buber (Idee des Ich-Du Verhältnisses) und Fromm (Furcht vor der Freiheit), der eigentlich kein Existenzphilosoph ist, aber für Elias in dessen Nähe eingeordnet werden kann (vgl. Elias 1994, 35 f.). Ähnlich geht Torres, C.A. (1997) vor, der neben Anleihen von Mounier, Marcel und Jaspers auch Bezüge zu Heidegger beleuchtet und Freire eine lateinamerikanisch-optimistische Variante des Existenzialismus (unter Einfluss von de Chardin) zuordnet (vgl. Torres, C.A. 1997, 177 f.).

Die Existenzphilosophie unterscheidet sich von anderen Richtungen der Philosophie darin, dass sie nicht von Versuchen einer umfassenden Weltdeutung, von einem alles einbeziehenden philosophischen Systementwurf ausgeht, sondern von der konkreten Existenz des Menschen. Existenzphilosophische Denktraditionen haben die Existenz des einzelnen Menschen und mit dieser verbundene Fragestellungen zum Ausgangspunkt der Überlegungen erhoben; wobei die Eingebundenheit des Einzelnen in soziale Zusammenhänge von einigen Existenzphilosophen jedoch als wichtiger Aspekt der konkreten Existenz des Menschen mitgedacht wird (zum Beispiel Jaspers, Sartre, Camus).[130] Hier liegt eine Entsprechung zu Freire vor, der ebenfalls nicht von theoretischen Abstraktionen, sondern von der konkreten Existenz der Menschen ausgeht und den sozialen Zusammenhang mit berücksichtigt. Freire betont den sozialen Aspekt der konkreten Existenz des Menschen wie erwähnt aber stärker als alle Existenzphilosophen. Die Existenzphilosophie thematisiert Grunderfahrungen des menschlichen Daseins wie Freiheit, Verantwortung, Sinn, Schuld, Angst, Leid, Scheitern und Transzendenz. Das bedeutet, dass die Existenzphilosophen unter existentiellen Problemen etwas ganz anderes verstehen als sozialistische Denker – nämlich spezifische Probleme, die aus der bewussten Auseinandersetzung des Menschen mit Fragen nach den psychologischen, moralischen und geistigen Grundbedingungen des menschlichen Daseins erwachsen. In der sozialistischen Tradition hingegen werden unter existenziellen Problemen solche verstanden, die buchstäblich die menschliche Existenz bedrohen oder die Befriedigung elementarer Bedürfnisse massiv einschränken. Beispielsweise ist der Freiheitsbegriff der Existenzphilosophen oft ein anderer als der der Sozialisten. Unter Freiheit verstehen diese oft eine Grundvoraussetzung menschlichen Daseins, mit der der Mensch lernen muss, verantwortlich umzugehen und weniger ein zu erreichendes gesellschaftliches und politisches Ziel. Sie thematisieren insbesondere, wie der Mensch aus Angst vor der Freiheit oft die Unfreiheit wählt. Freire erwähnt dies auch als *Furcht vor der Freiheit*, einem Konzept, das er ebenfalls Fromm entlehnt. Es geht ihm jedoch auch darum, wie man vom Zustand von Ausbeutung und *Unterdrückung* zur Freiheit – als Freiheit der ganzen Gesellschaft – gelangen kann, und bezieht sich somit auf die sozialistische Idee von Freiheit. Insofern macht Freire sowohl bei den Existenzphilosophen als auch bei den sozialistischen Denkern Anleihen für die Erläuterung seiner Konzeption und deren zentralen Begriffe. Für Freire wie für die Existenzphilosophie ist das Leiden und die bewusste Auseinandersetzung mit dem Phänomen des Leidens ein wichtiger Aspekt menschlicher Lernprozesse. Das Erlernen und die Übernahme bewusster Verantwortung und die Entwicklung hin zu einem reifen, authentischen, bewussten, rationa-

---

130 Zu den Hauptideen der Existenzphilosophie vgl. zum Beispiel Hutterer (1998, 152 ff.); Yalom (1989, 13 ff.); Seibert (1997, 1 ff.; 11 ff. und 71 ff.).

len, verantwortungsbewussten und weltzentrischen Individuum sind weitere Gemeinsamkeiten. „Both Freire and the existentialists want people to become aware and to be able to
use their freedom of choice to become authentic persons and to work for free societies."
(Elias 1994, 37)

1.3.2.4 Phänomenologie

Einige Autoren weisen darauf hin, dass Paulo Freires Denken von der Phänomenologie
geprägt sei (vgl. Araújo Freire 1996a, 63; Torres 1996a, 119; Gadotti 1996b, 107;[131] Figueroa 1989a, 105 ff.). Eine intensive und fundierte Beschäftigung Freires mit der Denktradition der Phänomenologie und verwandten Richtungen ist anhand seiner Schriften
nicht eindeutig nachvollziehbar, auch wenn einigen Einflüssen nachgespürt werden kann.
Elias (1994) führt vor allem Freires Beschäftigung mit dem Bewusstsein und den Bewusstseinsstufen auf die Phänomenologie zurück. Er weist hier vor allem auf Husserl und
Hegels *Phänomenologie des Geistes* hin, jedoch ohne diesen Vorschlag in der Tiefe zu
begründen (vgl. Elias 1994, 37).
    Ein Bezug zur Phänomenologie Husserls, wie es Figueroa (1989a) darstellt, erscheint
in meinen Augen als eher randständig in Freires Werken verankert, selbst wenn Freire
Husserl vereinzelt als Einflussfaktor auf sein Denken erwähnt und von ihm die Idee des
Erforschens des Bewusstseins selbst als Voraussetzung für das Erforschen und Verstehen
der Wirklichkeit übernimmt (vgl. Freire 1998, 67; Figueroa 1989a, 66 ff., 105 ff.; Collins
1977, 31 f.). Hernández (1977) weist jedoch zu Recht darauf hin, dass Paulo Freire die
Idee der Intentionalität des Bewusstseins als Bewusstsein *von* etwas an Husserl anlehnt
(vgl. Hernández 1977, 44 f.). Husserl hat sich in seiner Phänomenologie in erster Linie für
die Grundlage von reiner Erkenntnis auf der Basis des Erlebens interessiert und weniger
für die Problematisierung des Wahrgenommenen als Herausforderung für die menschliche
Kritikfähigkeit hinsichtlich gesellschaftlicher Transformation, wie Freire ihn deutet. Freire
geht also von einer Idee Husserls aus und fügt dieser den Aspekt der Problematisierung
der Wirklichkeit hinzu. Torres (1997) wertet den Einfluss der Phänomenologie Husserls
auf Freire wie folgt aus: „Paulo Freire übernimmt diese Konzepte der Phänomenologie
[Intentionalität und Objektivität, K.F.], aber setzt sie zu der sozialen Struktur in Beziehung." (Torres 1997, 184)
    Freires Denken ließe sich, ähnlich dem Denken einiger Richtungen in der humanisti-
schen Psychologie, als phänomenologisch bezeichnen, wenn man darunter eine bestimmte
theoretische und praktische Orientierung versteht: Der Stellenwert der Emotionen, des
Gefühlten wird gegenüber dem rein Kognitiven besonders betont. So genannte phänomenologisch vorgehende Psychologen, Soziologen und Pädagogen legen verstärkten Wert
auf die Bewusstmachung der emotionalen und erlebensorientierten Aspekte von Erfahrungen. Sie zielen darauf ab, neben oder unabhängig von logisch-rationalen Analysen auch
die emotionale Bedeutung eines Sachverhalts direkt und unmittelbar zu ergründen, damit
dem Menschen sein inneres Erleben, das sonst oft unbewusst, halbbewusst oder verdrängt
ist, direkt und unmittelbar zu Bewusstsein kommt (vgl. Hutterer 1998, 143 ff., 238 ff., 306
ff. und Waldenfels 1992, 13 ff. und 83 ff.). In diesem Sinne kann Paulo Freires Werk als
phänomenologisch geprägt bezeichnet werden, denn neben der logisch-rationalen Reflexion einer Situation hat auch das emotionale Erleben der Bedeutung eines Sachverhalts ei-

---

131 Gadotti bezieht sich hierin wiederum auf Torres.

nen zentralen Stellenwert in seiner Arbeit. Des Weiteren hat die Empathie – eingefangen in dem für Freire zentralen Begriff der Liebe – für ihn eine herausragende Schlüsselfunktion in der pädagogisch-politischen Praxis. Freires Konzeption und Werk jedoch im engeren Sinne phänomenologisch zu nennen oder zu behaupten, er habe die Philosophie der Phänomenologie weiterentwickelt, in die Praxis überführt oder gar überwunden, würde diesem ideengeschichtlichen Verweisungszusammenhang Freires bei weitem zu große Bedeutung beimessen.

2. Freires Gesellschafts- und Menschenbild in kritischer Betrachtung

Im folgenden Kapitel werden Grundannahmen Freires bezüglich seiner Anthropologie und Gesellschaftstheorie nachgezeichnet. Beide sind keine systematischen Theorien, sondern eine Zusammenstellung von Kernaussagen aus unterschiedlichen Theorietraditionen.[132] In jedem Unterkapitel werden zunächst die zentralen Punkte des Denkens Freires vorgestellt. Dort, wo es angebracht erscheint und wo Freire sein Denken im Verlaufe seines Lebens einer nennenswerten Entwicklung unterzogen hat, mache ich auf diese Entwicklung aufmerksam und beschreibe deren Kennzeichen. Es ist dem Umfang dieser Arbeit geschuldet, dass die Darstellung der Ideen Freires und auch die Erläuterung ihrer philosophischen Grundlagen, welche zu einer umfangreichen Analyse und kritischen Betrachtung aus aktueller Perspektive einladen, hier nur fokussiert dargestellt werden.[133] Freire arbeitet mit Begriffen wie zum Beispiel *Freiheit, Befreiung, Macht, Unterdrückung* und *Dialog*, die jeder für sich bereits eine umfangreiche philosophische und soziologische Analyse und Bedeutungsdefinition verlangen könnte. Auch auf diese verzichte ich in diesem und im nächsten Kapitel im Hinblick auf den Umfang der Arbeit weitestgehend und konzentriere den Blick auf die Bedeutungsschattierungen, die für Freire selbst in den jeweiligen Begriffen relevant sind. Es wird sich zeigen, dass dies in der Regel Bedeutungen sind, die auf der einen Seite einem klaren Ziel untergeordnet sind, nämlich dem der gesellschaftlichen Transformation, während sie erst im jeweiligen konkreten Kontext ihre fassbare Relevanz erhalten, die stets neu ausgehandelt werden muss. Es sollen also die wichtigsten Kernelemente von Freires Gedankengebäude nachvollziehbar gemacht und erläutert werden. Das vorliegende Kapitel (und auch das folgende) können also auch als eine Einführung in das Denken Freires gelesen werden.

Im Anschluss an diesen rekonstruktiven Teil in jedem Unterkapitel mache ich die Leserin de/konstruktiv auf kritische Punkte, offene Stellen und heute in dieser Form nicht (mehr) in Gänze haltbare Annahmen Freires aufmerksam. Dies geschieht in der Regel aus einer Perspektive, die sich zeitgenössischen interaktionistisch-konstruktivistischen Theorien der Erziehung und Bildung sowie kulturtheoretischen Gesellschaftsanalysen der (Post-)Moderne[134] verbunden fühlt. Auf dieser Basis entwerfe ich Vorschläge und Anre-

---

132 In Kapitel 1.3 wurde gezeigt, dass Freire sich eines breit gefächerten ideengeschichtlichen Horizonts bedient, ohne die jeweiligen Ansätze systematisch zu bearbeiten. Hieraus ergibt sich auch der Charakter der Anthropologie und des Gesellschaftsbilds Freires.

133 Zu einer ergänzenden Erläuterung vgl. Kapitel 1.3 dieser Arbeit.

134 Der Begriff „postmodern" wird in vielerlei Hinsicht verwendet und ist dementsprechend in seiner Bedeutung nicht immer klar. Es ist an dieser Stelle nicht der Raum, um die unterschiedlichen Begriffsschattierungen und seine Verwendungen seitens unterschiedlicher Autoren und Disziplinen und deren Sinnhaftigkeit zu diskutieren. Ich verwende ihn in der Folge in erster Linie zur Umschreibung eines Paradigmas, welches sich gegen essentialistische und universalistische Annahmen sowie „Metaerzählung[en] oder großer Erzählung[en] (…) mit legitimierender Funktion" (Lyotard 1991b, 51) wendet und so in gewisser Weise die moderne (Denk-)Tradition in Frage stellt. Darunter fasse ich folglich auch Autoren, die zur Beschreibung dieser Haltung andere Begriffe bevorzugen, wie zum Beispiel *zweite* oder *reflexive Moderne* (Ulrich Beck) oder *flüchtige Moderne* (Zygmunt Bauman – er verwendet in seinen Werken auch den Begriff *Postmoderne*); vgl. dazu auch Beck/Bonß 2001, 13 ff., die darauf hinweisen, dass die Bedeutung der Begriffe nicht ganz deckungsgleich sind. In diesem Zusammenhang verstehe ich postmoderne Denkansätze nicht als einen strikten Gegensatz modern geprägter Traditionen, sondern auch als eine Chance, Inhalten und Zielen, die in letzterer bereits angelegt sind, aber nicht zufriedenstellend bedacht und in die Praxis überführt wurden, zu neuem Gewicht zu verhelfen, so

gungen, auf welche Art und Weise mit diesen Punkten konstruktiv umgegangen werden könnte und wie das Denken Freires ergänzt, bereichert und aktualisiert werden könnte. Diese Aspekte werden im vorliegenden Kapitel knapp betrachtet, um dann in Kapitel 7 erneut aufgegriffen zu werden. Dieser de/konstruktive Teil wird jeweils als *kritische Anmerkungen* deutlich gemacht, so dass der Leser die Möglichkeit hat, klar zwischen der Darstellung des Ansatzes Freires – auch wenn diese nie ganz wertfrei sein kann – und dessen Kritik zu unterscheiden.

In den allermeisten Fällen wurden die Zitate, welche aus deutschsprachigen Übersetzungen der Texte Freires stammen, mit der portugiesischen Originalfassung abgeglichen. An der Stelle, wo mir eine differierende Übersetzung angemessen schien, habe ich die eigene Übersetzung anhand des Originaltexts bevorzugt.

2.1   Anthropologische Grundlagen – Freire als christlicher Aufklärer

2.1.1   Der Mensch als historisch verortetes, werdendes und bewusstes Wesen

Paulo Freire konzipiert den Menschen als ein Wesen, das einerseits in einen übergeordneten historisch-gesellschaftlichen Kontext eingelassen und in seinem Denken und Handeln von diesem beeinflusst ist: „Wir tragen in uns die Erinnerung an viele Spuren, der Körper [ist, K.F.] von unserer Geschichte, von unserer Kultur durchtränkt" (Freire 2003, 32 f.) Dieser Kontext wird in den einzelnen Situationen, in denen der Mensch sich befindet, für ihn konkret spür- und fassbar. Eng gekoppelt an diese Vorstellung ist Freires Konzept des Bewusstseins. In ständiger Wechselwirkung mit den gesellschaftlich-historischen Bedingungen entwickelt sich das Bewusstsein. In diesem Sinne ist der Mensch ein werdendes Wesen, welches sich stets in einem fortwährend befreienden Prozess weiterentwickelt: „Menschen *sind*, weil sie *in einer Situation sind.* Und sie werden mehr sein, je mehr sie nicht nur kritisch auf ihre Existenz reflexieren, sondern kritisch an ihr handeln." (Freire 1998, 91) Der Mensch ist auf diese Art und Weise nicht nur *in* der Welt, sondern *mit* der Welt. (Vgl. dazu beispielhaft Ordóñez Peñalonzo 1996, 574 f. und Elias 1994, 64 f.) Dieser Prozess des *Werdens* liegt für Freire in der Natur des Menschen als dessen ontologische und historische „wahre Berufung" (Freire 1998, 31) und bedeutet eine fortwährende Humanisierung, also Mensch-Werdung (vgl. Freire 1998, 31 ff.; Freire/Horton 1990, 194; Roberts 2000, 41). Die Wirklichkeit, welche dem Menschen *Grenzsituationen* entgegenstellt, fordert ihn heraus. Diese *Grenzsituationen* liefern dem Menschen Anlässe, sich weiter zu entwickeln und gleichzeitig die Wirklichkeit zu transformieren „als eine begrenzende Situation, die sie verändern können." (Freire 1998, 36) Die Wirklichkeit beeinflusst also das Leben und Denken des Menschen, jedoch ist dieser andererseits auch in der Lage, diese Wirklichkeit zu gestalten und zu verändern: „Die Gesellschaft enthüllt sich selbst als etwas unvollendetes, nicht als etwas, das endgültig gegeben ist." (Freire 1982, 19) Diese Transformation und Entwicklung passiert jedoch nicht von alleine, sondern erfordert politische „Aktion und Reflexion". (Freire 1998, 106) Die dialektische Grundhaltung Freires

---

zum Beispiel der Respekt für Vielfalt und Differenz (vgl. dazu beispielhaft Engelmann 1991b). In diesem Sinne wäre das postmoderne Paradigma wie folgt aufzufassen: „‚Post-' erscheint hier weder als ein zeitliches, epochenbildendes Danach noch als Geschichte strukturierender Begriff, sondern allein als Zeichen für Distanz, als Versuch, das, was man zu wissen glaubt, zunächst möglichst fern zu halten von der Interpretation." (Engelmann 1991b, 12) Vgl. dazu auch Peters (1999).

wird dadurch deutlich, dass Freire die Beziehung zwischen Mensch und Welt als aufeinander bezogen und sich gegenseitig bereichernd konturiert.

Aus der Grundannahme, dass der Mensch auf der einen Seite historisch und situational eingebunden ist, aber auch auf der anderen Seite in Entwicklung begriffen ist, ergeben sich für Freire die folgenden Konsequenzen, die er in seiner Pädagogik in zentraler Rolle berücksichtigt:

> ➢ Die historische und kontextuelle Bedingtheit des Menschen kann nicht aus dem Erziehungs- und Bildungsprozess ausgeschlossen werden, sondern muss als dessen Ausgangspunkt und grundlegender Bestandteil maßgeblich mit in diesen einfließen.
> ➢ Die Fähigkeit des Menschen, sich zu entwickeln und sich von diesen Bedingtheiten zu emanzipieren soll im Erziehungs- und Bildungsprozess gefördert und in den Dienst praktischer Gesellschaftsveränderung gestellt werden.

Diese beiden Grundaxiome der freireschen Anthropologie sind von seinen frühen Werken bis hin zu den späten Veröffentlichungen zu finden. Freire hat sie in seinen frühen Werken expliziert und setzt sie in den späten Werken als Grundlage voraus, ohne dass er sie erneut im Detail beschreibt, begründet oder erweitert. Parallel zur gesellschaftlichen Entwicklung geht Freire von einer Bewusstseinsentwicklung aus, die in unterschiedlichen Phasen verläuft. Da Freire bis hin zu seinen letzten Schriften an der Idee der fortschreitenden Bewusstseinsentwicklung festhält und sie die grundlegende Ausgangsbasis seiner Bildungsarbeit darstellt,[135] – auch wenn das Stufenmodell in seinen späteren Arbeiten keine Erwähnung mehr findet – seien die Bewusstseinsstufen nun in Kürze vorgestellt:[136]

1) Freire bezeichnet die Bewussteinsstufe, auf der er große Teile der brasilianischen Bevölkerung zu Beginn seines Wirkens sieht, als *magisches* oder *intransitives* beziehungsweise *semi-intransitives Bewusstsein* (vgl. Freire 1982, 23 f., Figueroa 1989a, 38). Auf dieser Bewusstseinsstufe nehmen die Menschen nach Freire die äußeren Umstände, die die zwangsgeschlossene (in Bezug auf Karl Poppers Konzept der *geschlossenen* Gesellschaft), von den europäischen Kolonisatoren etablierte Gesellschaft vorgibt, als gegeben und unveränderlich hin. Die Menschen sind noch nicht fähig, ihre eigene Weltsicht zu entwickeln und Verantwortung zu tragen. Sie sind hauptsächlich mit dem biologisch-physischen Überleben beschäftigt und ihr Interesse geht wenig über diese vorherrschende Erfahrungswelt hinaus (vgl. Freire 1982, 23). Es werden nicht kausale, sondern magisch-mythische Erklärungszusammenhänge für die Wirklichkeit gehalten. „Magisches Bewusstsein erfaßt … einfach die Tatsachen und mißt ihnen eine überlegene Kraft zu, durch die sie kontrolliert werden und der man sich folglich unterwerfen muss. Fatalismus kennzeichnet das magische Bewusstsein. Sein Ergebnis ist, die Hände in den Schoß zu legen und angesichts der Unmöglichkeit, der Macht der Tatsachen Widerstand zu leisten, zu

---

135 Vor dem Hintergrund aktueller brasilianischer Realität ist diese Tatsache, wie andere Grundannahmen und Forderungen in Freires Werken auch, nachvollziehbar. Aufgrund der brasilianischen Gesellschaftsstruktur, die nach wie vor von überaus großer sozialer Exklusion gekennzeichnet ist, lassen sich ökonomische und soziale Verhältnisse in einigen Teilen des Landes erkennen, die prämoderne Kennzeichen aufweisen. In diese Lebenszusammenhänge eingebundene Menschen zeigen parallel dazu eine Präferenz für magische, mythische und fatalistische Erklärungsmuster von Welt auf, die Freire mit seiner bewusstseinsbildenden Arbeit verändern möchte. Zu diesem Punkt vgl. auch Kapitel 1.2 und 4 dieser Arbeit. Problematisch bleibt hier jedoch die wertende und wenig kultursensible Haltung gegenüber diesen Erklärungsmustern.

136 Zu einer Darstellung und alternativen (Be-)Deutung der Bewusstseinsstufen bei Freire vgl. auch Roberts (2000, 138 f.).

resignieren.'' (Freire 1982, 49).[137] In diesem Zusammenhang sieht Freire einen Gegensatz zwischen den lateinamerikanischen Gesellschaften und den nordamerikanischen und europäischen Gesellschaften; erstere nennt er (wiederum in Anlehnung an Popper) *geschlossen*, letztere *offen*. Gleichzeitig sieht Freire diese mit Bezug auf die Dependenztheorien als in einem Abhängigkeitsverhältnis zueinander stehend: Die lateinamerikanischen Gesellschaften in ihren Entscheidungen und in der praktischen Gestaltung ihrer Gesellschaft sind nicht frei, sondern von letzteren gelenkt (vgl. Figueroa 1989a, 40; Freire 1982, 14 ff.).

2) Die zweite Bewusstseinsstufe, von welcher Freire in seinem Modell ausgeht, nennt er *naives Bewusstsein* beziehungsweise *naiv-transitives Bewusstsein* (vgl. Freire 1982, 23 f., Figueroa 1989a, 38). In dieser Entwicklungsphase beginnt der Mensch ein Bewusstsein seiner selbst zu entwickeln und sich so auch in Beziehung zu der ihm umgebenen Umwelt und Gesellschaft zu setzen. Laut Freire entsteht in dieser Phase im Menschen die Fähigkeit zum Dialog. Dies sei jedoch noch von einer stark vereinfachten Sichtweise der Probleme, einem Mangel an genauen Analysen und einem Vorherrschen phantasiereicher, polemischer Erklärungen geprägt. Wenn sich in dieser Phase das Bewusstsein nicht zu einem *kritischen*, *transitiven* weiterentwickelt, kann es für Freire durch zu starke Irrationalität zu Fanatismus und *Vermassung* (zum *fanatischen Bewusstsein*, vgl. Bewusstseinsstufe 3) führen (vgl. Freire 1982, 24 f.; Freire 1975, 79). Freire sieht die beginnende Industrialisierung in Brasilien als einen wichtigen Faktor für die Entwicklung vom (halb-)intransitiven zum (naiv-)transitiven Bewusstsein, da die Menschen durch sie stärker Verantwortung für die Gesellschaft übernähmen: „In Brasilien verlief der Übergang von einem vorwiegend intransitiven Bewußtsein zu einer überwiegend naiven Transitivität parallel zur Veränderung der ökonomischen Strukturen. Mit der Intensivierung des Urbanisierungsprozesses wurden die Menschen in komplexere Formen des Lebens hineingestoßen. Ihr Bewußtsein wurde automatisch transitiver." (Freire 1982, 25) Freire ist der Meinung, dass vor Erreichen dieser Bewusstseinsstufe zwar Staaten gegründet und aufrechterhalten werden können, diese aber nicht von allen seinen Mitgliedern getragen werden und somit für viele ein rein äußerliches, von ihnen abgetrenntes Gebilde bleiben (vgl. Figueroa 1989a, 42).

---

137 Diese These ist insofern nicht vollständig nachvollziehbar, als sie den Menschen in prämodern, totalitär oder anti-demokratisch geprägten Gesellschaften die Fähigkeit abspricht, aus sich selbst heraus eigene Sichtweisen und auch Widerstand zu entwickeln. Auch in Brasilien selbst gibt es Beispiele für aktiven und ausdauernden Widerstand, wie zum Beispiel Capoeira, der Kampf der afrikanischen Sklaven, den sie als Waffe gegen ihre weißen Herren entwickelten beziehungsweise verwendeten. Freire selbst nennt erst in späteren Arbeiten den Widerstand der Sklaven in Brasilien durch die Gründung eigener Siedlungen, der so genannten Quilombos als Form von Widerstand, der überhaupt erst nur durch eine temporäre, überlebenssichernde Anpassung an die unterdrückende Situation entstehen könne. Der Widerstand sei demnach als Anpassung angelegt (vgl. Freire 2003, 108 f.; vgl. dazu ähnlich Freire 2000, 81, wo Freire auf den Synkretismus der afro-brasilianischen Religionen als Widerstand eingeht. Vgl. ebenso Freire/Horton 1990, 206 f.). Analog dazu ändert Freire in den späteren Arbeiten seine Vorstellung von Macht (vgl. Kapitel 2.2.1 dieser Arbeit). Freire versäumt es demnach in seinen frühen Arbeiten, sich auf die marginalisierte Situation und auch den Widerstand der ehemaligen Sklaven und auch der indianischen Bevölkerung zu beziehen und bleibt sehr in seiner Sichtweise eines Mitglieds der weißen Mittelschicht verhaftet, welche die *Unterdrückten* und ihre potentielle *Befreiung* ausschließlich bei den Land- und Industriearbeitern ansiedelt. Vgl. dazu auch Mayo (2006, 114) der in Bezug auf Freires frühe Arbeiten feststellt: „[W]enn er sich auf die Unterdrückten im verarmten Nordosten bezieht, unterscheidet Freire nicht nach Rasse [sic], und dies trotz der Tatsache, dass Schwarze und Eingeborene [sic] in dieser Zeit erheblicher Unterdrückung ausgesetzt waren." Diese Auslassung impliziert auch, dass Freire den Widerstand, den diese Gruppen *aus ihrem Denken und ihrer Kultur heraus* leisten (können) zugunsten eines universellen *kritischen Bewusstseins* geringschätzt. Zu dieser Kritik vgl. auch Bowers/Apffel-Marglin (2005). In diesem Band sind unterschiedliche Artikel zusammengetragen, die vor allem die Perspektiven unterschiedlicher kultureller und ethnischer indigener Gruppen hinsichtlich dieser Frage zum Ausdruck bringen.

3) Als eine dritte Stufe des Bewusstseins nennt Freire das *fanatische Bewusstsein*.[138] Es tritt aus Sicht Freires gewissermaßen als Fehlentwicklung ein (und passt deswegen nicht in die idealtypische Chronologie der Stufen), wenn ein Mensch vom naiv-transitiven Bewusstsein nicht zum kritisch-transitiven Bewusstsein übergeht. Anpassung und mangelndes Engagement sieht Freire als Merkmale dieses Bewusstseins an (vgl. Freire 1982, 25). Das *fanatische Bewusstsein* ist durch Starrheit und Unwillen zu kommunizieren gekennzeichnet – also letztlich von Konservatismus. Zeichen dieser Bewusstseinsstufe wurden nach Freire deutlich, als sich Teile der Elite der Bevölkerung Brasiliens massiv gegen die beginnende Demokratisierung wehrten – was 1964 den Militärputsch zur Folge hatte: „In der Phase des brasilianischen Übergangs erhob sich, als das emotionale Klima immer bedrückender und die sektiererische Irrationalität vor allem auf der Rechten immer stärker wurde, ein zunehmender Widerstand gegen ein Erziehungsprogramm, das Menschen helfen sollte, sich von der Naivität zur Kritik zu entwickeln." (Freire 1982, 26; vgl. Figueroa 1989a, 42)[139]

4) Die vierte und letzte Stufe auf Freires Bewusstseinsskala ist die Stufe des *kritischen beziehungsweise transitiven Bewusstseins* (vgl. Freire 1982, 24 f.), welches sein Ideal ist, das er mit seiner pädagogischen Arbeit und politischen Aktion in den Menschen erwecken möchte. „Der weitergehende, alles entscheidende Schritt jedoch von der naiven Transitivität zur kritischen Transitivität trat nicht automatisch ein. Um diese Stufe zu erreichen, bedurfte es also eines aktiven, dialogischen Erziehungsprogramms, das sich um soziale und politische Verantwortung kümmerte und darauf vorbereitete, der Gefahr der Vermassung entgegenzutreten." (Freire 1982, 25) Diese Stufe zeichnet sich durch ein rationales Bewusstsein aus, welches die Ordnung der Gesellschaft durch Dialog und Planung schafft und diese aus Abhängigkeiten von anderen Gesellschaften löst (vgl. Figueroa 1989a, 43). Dazu gehört für Freire auch die Fähigkeit, eigene Individualinteressen zu einem Teil den Interessen des Ganzen unterzuordnen. Auf dieser Bewusstseinsstufe ist der Mensch in der Lage, kausale anstatt magische Erklärungen zu finden, Ergebnisse zu überprüfen, Altes wie Neues gleichermaßen auf seinen Sinn hin zu untersuchen und anzunehmen beziehungsweise abzulehnen. Dialog anstelle von Polemik ist das Grundprinzip dieser Bewusstseinsstufe von Erkennen und Handeln. Dieses kritisch-transitive Bewusstsein stellt für Freire die Basis der Demokratie dar (vgl. Freire 1982, 24 f.). Für Freire ist dieses kritische Bewusstsein auf der einen Seite integrationsfähig, das heißt in der Lage, die eigene Lebenswelt wahrzunehmen und Zugehörigkeit zu ihr zu akzeptieren, auf der anderen Seite jedoch befindet es sich, wenn nötig, in einer kritischen Distanz zu derselben, um deren Merkmale, die einem freien und solidarischen Leben entgegenstehen, in einem Prozess der Bewusstseinsbildung als historisch-sozial bedingt zu erkennen und zu verändern. Bewusstseinsbildung könnte also als eine dem kritischen Bewusstsein eigene, kritisch-konstruktive Haltung gegenüber der Gesellschaft und Lebenswelt bezeichnet werden, welche von stetem Interesse bewegt wird, sich als Subjekt ihr gegenüber ebenso kritisch-konstruktiv, mit Freire gesprochen „rational", zu verhalten und so nicht zuletzt eine offene und solidarische Gesellschaft herbeizuführen (vgl. Figueroa 1989a, 47).

---

138 Die Herleitung beziehungsweise Existenz dieser Bewusstseinsstufe entnimmt Freire dem Denken Gabriel Marcels (vgl. Freire 1975, 79).

139 Auch hier sollte kritisch hinterfragt werden, ob dies nicht anstatt mit der Entwicklung des Bewusstseins auf einer bestimmten Stufe mit Interesse an Besitzstandswahrung bezeichnet werden sollte. Insbesondere die *Unterdrücker* haben wenig Interesse an der freireschen *Befreiung*, da es bedeuten würde, nicht nur von ihrer Macht, sondern besonders auch von ihrem Wohlstand einen Teil abzugeben (vgl. Figueroa 1989a, 93).

Im Wesentlichen stellt Freire diese Phasenentwicklung in seinem ersten Buch *Erziehung als Praxis der Freiheit* (vgl. Freire 1982, 23 ff.) vor. Er greift es in *Cultural Action for Freedom* (vgl. Freire 1975, 57 ff.) noch einmal erläuternd auf (vgl. dazu auch Figueroa 1989a, 37 ff.). In seinen späteren Werken spielen sie kaum noch eine explizite Rolle. Auch in seinem Hauptwerk *Pädagogik der Unterdrückten* werden die Bewusstseinsstufen nicht erwähnt, hier verwendet Freire allgemeine Begriffe wie „kritische Reflexion" (Freire 1998, 108) oder „kritisches Bewusstsein" (ebd., 157). Auch in späteren Arbeiten verwendet Freire eher den Begriff „kritisches Denken" (vgl. dazu beispielhaft Freire/Horton 1990, 172), dann „richtiges Denken" (Freire 2008, 34). Die Veränderung der Termini ist der Tatsache geschuldet, dass Freire für die Überbetonung des Stellenwerts des Bewusstseins zu Recht kritisiert wurde, da dies den Eindruck erweckte, als sei das Bewusstsein nicht nur in der Lage, jegliche gesellschaftliche Transformation in Gang zu setzen, solange es nur weit genug entwickelt ist, sondern als gehe diese Entwicklung mehr oder minder als linearer, zwangsläufiger und allgemein gültiger Prozess vonstatten, welcher durch befreiende Bildungsarbeit nur noch gelenkt werden müsse, um nicht in unerwünschte Richtungen abzugleiten (vgl. beispielhaft Freire 2003, 100 ff.; Rothe 1975, 25 ff.). Diese Position relativierte Freire selbst, indem er betonte, dass dies immer nur im Rahmen des historisch gesehen Möglichen, also innerhalb politischer, ökonomischer und struktureller Begrenzungen realisierbar sei.[140] Hier lässt sich eine Kursänderung Freires von einer revolutionären zu einer stärker reformorientierten Position beobachten. Der Verzicht auf den Rekurs auf die Bewusstseinsstufen in seinen späteren Arbeiten deutet darauf hin, dass Freire die Bewusstseinsentwicklung in diesen mehr als einen fortwährenden Prozess betrachtet, der jedoch nicht an festgeschriebene Stufen gebunden ist (vgl. Roberts 2000, 145).

Anhand der Werke Freires ist es nicht eindeutig nachzuvollziehen, aus welchen psychologischen, soziologischen und philosophischen Quellen er die Stufenabfolge der Bewusstseinsentwicklung speist. Es ließe sich spekulieren, inwiefern Freire in der Idee der Bewusstseinsentwicklung von niedrigeren hin zu höheren Stufen von Hegel beeinflusst ist. Elias (1994, 78) weist darauf hin, Freire sei „phenomenological in describing the various levels of consciousness" und bezieht sich dabei auf Hegels *Phänomenologie des Geistes.* Auch Taylor (1993) sieht diesen Zusammenhang: „The importance of Hegel's *phenomenology* [for Freire, K.F.] is that he describes here three phases or stages of consciousness. (…) Only this final stage, which Hegel identifies as the synthesis of objectivity and subjectivity, surpasses the stoic or unhappy consciousness *(das unglückliche Bewusstsein)* or what Freire … calls the passive, intransitive consciousness." (Taylor 1993, 50, Hervorhebungen im Original) Zudem ist Freire in dieser Hinsicht auch von der Phänomenologie Husserls beeinflusst. Gleichzeitig weist Elias darauf hin, dass Freires Terminologie bezüglich der Bewusstseinsstufen von dessen Interesse für Grammatik beeinflusst ist: „The terminology which Freire uses he uses to explain these levels comes from grammar, a subject which has always fascinated Freire since his days as a teacher of Portuguese." (Elias

---

140 In seinem 1992 erschienenen Buch *Pedagogia da Esperança* setzt Freire sich mit diesen Kritiken auseinander. Er räumt ein, in *Educação como prática da liberdade* das Bewusstsein überbetont zu haben und es nicht genug in seiner dialektischen Beziehung zu Objektivität, also zur Transformation der Wirklichkeit gesetzt zu haben (vgl. Freire 2003, 103). Er beschreibt, dass er den Übergang vom halbintransitiven zum transitiv-naiven Bewusstsein in der frühen Schrift als quasi automatisch (durch Transformationen der Infrastruktur, vgl. unten) beschrieben habe, was aber falsch sei (vgl. ebd. 102). Jedoch der Übergang vom transitiv-naiven zum transitiv-kritischen Bewusstsein – und dieser sei viel wichtiger – habe er als durch „ernsthafte erzieherische Arbeit" (ebd.) zu erreichen beschrieben. Diese Auseinandersetzung mit der Kritik bleibt ein wenig dürftig und liest sich wie eine Beschwichtigung, zumal die Zulässigkeit dieser Rangfolge innerhalb eines Stufenmodells zweifelhaft erscheint.

1994, 125) Dieser Schluss ist plausibel, vor allem auch weil Freire in seinen späten Werken ebenfalls die grammatischen Begriffe „transitiv" und „intransitiv" zur Begründung anderer Zusammenhänge heranzieht (vgl. Freire 2004, 23 f.). Roberts (2000, 140 und 150) sieht zudem einen Bezug zur Kohlbergschen Entwicklungspsychologie. Figueroa (1989a, 37) weist darauf hin, dass Freires Verständnis der Stufen der Entwicklung des Bewusstseins durch Karl Mannheim beeinflusst ist, der ebenfalls „die historische Entwicklung des Menschen in drei Stufen" (ebd.) konstruiert. Bemerkenswert ist in jedem Fall, dass Freire dieser Bewusstseinsentwicklung wesentlich mehr Aufmerksamkeit beimisst als der gesellschaftlichen Entwicklung. Während letztere ihm als allgemeine Bezugsfolie zur Erläuterung der an sie rückgebundenen menschlichen Wesen dient, ohne die Entwicklungslinien und Spezifika der jeweiligen historisch-gesellschaftlichen Dimensionen nachzuvollziehen (und das ist problematisch), ist das Verständnis der Bewusstseinsentwicklung für Freire deswegen zentral, da sie als Grundprämisse für die Vorgehensweise und Ziele seiner politisch-pädagogischen Arbeit fungieren.

Kritische Anmerkungen

Es lassen sich mehrere Kritikpunkte an den beschriebenen Überlegungen Freires benennen. Diese Kritik richtet sich zum einen auf Freires Betrachtung gesellschaftlicher Verhältnisse und analog dazu an seiner Beschreibung (der Entwicklung des) Bewusstseins: Die Analyse der brasilianischen Gesellschaft bleibt in Freires (frühen) Werken, in denen er die Bewusstseinsstufen entwickelt, oberflächlich. Die Genese und Ausdifferenzierung von *unterdrückenden* Bedingungen, der an ihnen beteiligten gesellschaftlichen Gruppen und Interessenslagen werden nur unzureichend untersucht. (Vgl. dazu ausführlich Elias 1994, 78 ff.) Zusätzlich müsste systematisch darüber nachgedacht werden, inwiefern Freires Annahmen nicht nur für den Kontext Brasilien, sondern auch für andere Kontexte zutreffen. Des Weiteren vernachlässigt Freire analog dazu die Frage, was geschieht, sobald der Mensch die oberste Bewusstseinsstufe erreicht hat, wie also der gesellschaftliche Gegenentwurf aussehen kann und kommt dementsprechend auch hier zu einer stark vereinfachenden Lösung.[141] Elias (1994, 84) beschreibt, Freire sei „too sanguine about what people will do once they have arrived at a level of critical reflection. His failure to take into account the dark side of human nature leads him to neglect the possibilities that this critical reflection might be combined with self-interest to bring about a more oppressive situation than the previous system of domination." Elias weist hiermit auf die Gefahr hin, es könnte dem freireschen kritischen Bewusstsein in der praktischen Umsetzung eine orwellsche *Animal Farm* folgen. Die Problematik ist jedoch größer: Die Idee der Stufenabfolge der Bewusstseinsentwicklung bei Freire ist idealistisch und normativ. Indem Freire davon ausgeht, der Mensch durchlaufe eine allgemein gültige Abfolge von Entwicklungsstufen des Bewusstseins und handele allein nach rationalen Kriterien (vgl. Figueroa 1989a, 95 ff.), welche für alle Menschen gleichermaßen einsichtig seien, vernachlässigt Freire psychologische, strukturelle, interaktionistische, soziologische und kulturelle Bedingungen menschlichen Handelns.[142] In der Folge stellt sich auf dieser Basis die überaus

---

141 Darüber hinaus schätzt Freire zudem das Bewusstsein der „einfachen" Menschen gering, um es wiederum dann zu überschätzen. Elias (1994, 127) gibt zu Recht zu bedenken: „There is some form of elitism implied in Freire's analysis of consciousness, which emerges in his description of the lowest levels. (…) Freire never makes clear how this analysis is related with his more revolutionary writings, where he asserts the great wisdom and intelligence of the masses." (Elias 1994, 127)

142 Reich (1998a, 55 ff.) nennt diese die Kränkungsbewegungen der Vernunft. Die erste Kränkung sieht er in der Tatsache, dass es keine absolute Wahrheit gibt. Die zweite Kränkung ergibt sich aus der Bezo-

problematische Frage, wer dann den Wahrheitsgehalt des Ergebnisses des Erkenntnisprozesses dieses kritischen Bewusstseins festlegt und welche praktischen Konsequenzen das hat. Es ist offensichtlich, dass auf dieser Basis Schlussfolgerungen gezogen werden können, die die vermeintliche Überlegenheit von Denk- und Handlungsweisen und Kulturen gegenüber anderen festschreiben und so letztlich hegemoniale Ansprüche eines (bei Freire westlich und aufklärerisch geprägten) Denkens darstellen (vgl. dazu auch die Schilderungen Freires in Freire/Horton 1990, 131 ff.). In dieser Hinsicht muss Freire deutlich als ethnozentrisch kritisiert werden (vgl. dazu auch beispielhaft Bowers/Apffel-Marglin 2005, darin besonders Bowers 2005 und Siddhartha 2005).

Freire überbewertet den Einfluss der kritischen Vernunft auf das menschliche Handeln und blendet andere Faktoren wie zum Beispiel die Emotionen aus. Dies ist erstaunlich, da er an unterschiedlichen Stellen in seinen Arbeiten auf deren Bedeutung hinweist: „[D]ie Kraft der Erziehung liegt zugleich in ihrer Schwäche. Das verlangt von uns die Weisheit, zu erfühlen, wie die Wirklichkeit sich ergibt. Akademiker verneinen manchmal auf absurde Art und Weise die Bedeutung des Ratens, der Intuition, der Sensibilität im Erkenntnisprozess." (Freire in Schulze 1991, 32)

Rationales Denken und die grundsätzliche Fähigkeit dazu bedeutet weiterhin nicht, dass die Menschen auf dieser Basis zu denselben Einsichten gelangen. Unterschiedliche Lebensweisen, Kulturen, Weltsichten, Religionen, gesellschaftlich-politisch-sozial-ökonomische Bedingungen erfordern komplexe Aushandlungsprozesse, in der die unterschiedlichsten Wirklichkeitskonstruktionen aufeinandertreffen können. Es bleibt an dieser Stelle zu unklar, was Freire mit rational meint, beziehungsweise es drängt sich der Verdacht auf, dass Freire von einem vereinfachten aufklärerischen Bild eines fortschrittlich-rationalen, bewussten Menschen ausgeht, welcher frei von Wünschen und Begehren, kulturellen Verortungen, ambivalenten Beobachterperspektiven, Kränkungen der Vernunft und realen Schicksalsschlägen im Einvernehmen mit allen anderen Gesellschaftsmitgliedern eine Gesellschaft schafft, die von Solidarität geprägt ist und die freie Entfaltung aller Mitglieder nicht nur fördert, sondern geradezu logisch herausfordert. Es sollte hier nicht vergessen werden, dass Entwicklung und Lernen häufig nicht linear sind und auch nicht in einer gesamten Gesellschaft gleich verlaufen. Geschichtliche Entwicklung beinhaltet immer auch Brüche, Sprünge, Widersprüche und Rückschritte. Vorstellungen von dem, was richtig, befreiend und rational begründbar ist, können differieren und das freiresche *kritische Bewusstsein* unterminieren. Postmodernistische und poststrukturalistische Theoretiker lehnen solche Stufenmodelle kultureller Entwicklung aus diesen Gründen ab, was Roberts (2000, 147) treffend so beschreibt:

> „From a postmodernist perspective, it becomes impossible to conceive of a quintessentially magical (or naïve, or critical) individual. (…) [C]onscientization as a linear progression through successive, irreversible stages is equally worrying given the postmodernist view of history as discontinuous, disorderly and nonsequential."

Dennoch könnte man Freires Vorstellung eines sich entwickelnden Bewusstseins als insofern an diese Sichtweise als anschlussfähig betrachten, als

➢ die Wichtigkeit eines kritischen Verstandes für die Entwicklung demokratischer Gesellschaften nicht von der Hand zu weisen ist und

---

genheit des Selbst auf einen Anderen, der wiederum in dieses Selbst eingeschrieben ist. Die dritte Kränkung ist die Unterminierung des Bewussten durch das Unbewusste und Ungewusste.

> Freire das Bewusstsein nicht als stabil ansieht, sondern als sich ständig im wechsel-
  seitigen Bezug auf gesellschaftliche Realitäten wandelnd: „Through conscientization
  a person shifts his o her ‚position' in the world, though not in the ordered sequential,
  behaviorist fashion implied in the stages model." (Roberts 2000, 154)

2.1.2 Der Mensch als Wesen der kultur- und wirklichkeitsschaffenden Praxis

Freire beschreibt den Menschen – schwerpunktmäßig in seinen frühen Werken, auch wenn
er in den späten Werken zum Teil auf diese Beschreibung zurückkommt – als ein Wesen
in Abgrenzung zum Tier. Während das Tier nur lebt, existiert der Mensch, das heißt er
kann sich von der Welt distanzieren, diese betrachten und verändern.[143] Durch diese Eigenschaft des Menschen besteht zwischen ihm als Subjekt und der Welt als Objekt eine
„dialektische Einheit" (Freire 1981a, 51). Mit dialektischer Einheit ist gemeint, dass weder
die Menschen die sie umgebene Wirklichkeit beliebig erschaffen können, was Freire den
„subjektivistischen Irrtum" nennt (ebd.), noch die Wirklichkeit als unantastbare Objektivität unabhängig vom Subjekt existiert und von dessen Bewusstsein höchstens abgebildet,
aber nicht gestaltet werden kann; dies nennt Freire den „mechanistischen Irrtum"
(ebd., 52). Für Freire ist also „das Bewusstsein ... weder ein Abklatsch des ‚Realen', noch
... das ‚Reale' die willkürliche Konstruktion des Bewusstseins." (Ebd., 51)[144]

Der Einfluss des Menschen auf die Wirklichkeit sieht Freire in erster Linie in der
Gestaltung von Kultur. Unter Kultur versteht Freire das, womit der Mensch in erster Linie
als Ergebnis produktiver Arbeit die Wirklichkeit gestaltet, er hat also ein enges, „anthropologische[s] Konzept der Kultur" (Freire 1982, 51). Freire versteht „Kultur als das, was
Menschen einer Welt, die sie nicht selbst gemacht haben, hinzufügen" (Freire 1982). Diesen Kulturbegriff verändert Freire im Verlaufe seines Schaffens nicht wesentlich beziehungsweise reflektiert ihn nicht neu, auch wenn er später den Begriff „kulturelle Identität"
(Freire 2008, 41) zusätzlich verwendet und auf die Notwendigkeit von „Toleranz" (ebd.,
63) gegenüber kultureller Vielfalt und Multikulturalismus (Freire 2003, 153 ff.) hinweist.

Paulo Freire möchte mit seiner Alphabetisierungsarbeit Kultur, und zwar die Kultur
der *Unterdrückten*, oder zumindest eine veränderte, abgewandelte nicht unkritisch übernommene Form der importierten europäischen Kulturen entdecken und fördern (vgl. Figueroa 1989a, 16). Er geht davon aus, dass die *Unterdrückten* ihrer eigenen Kultur entfremdet sind und die Kultur der *Unterdrücker* durch deren *kulturelle Invasion* angenommen haben. Auf diese Weise haben sie zugleich eine entfremdete Identität angenommen,
die sie nicht selbst definieren, sondern die sie als verinnerlichtes Fremdbild in sich tragen
(vgl. Freire 1998, 129 ff.). Das Thema Kultur ist dementsprechend auch Inhalt der freireschen Alphabetisierungsarbeit. Für Freire

„bestand die erste Dimension des programmatischen Erziehungsinhalts im anthropologi-
schen Konzept der Kultur, das heißt in der Unterscheidung zwischen der natürlichen Welt

---

143 Hierbei macht Freire einige Anleihen bei Hegel. Vgl. dazu Freire (1998, 81); Freire (1982, 9 ff.). Zur
   Unterscheidung Freires zwischen Mensch und Tier vgl. auch kritisch Elias (1994, 51 ff.).
144 Vgl. dazu auch Freire (2003, 22). Auch der *Interaktionistische Konstruktivismus* versucht, die wechselseitige Bedingtheit des Subjektes (als Beobachter, Teilnehmer und Akteur) und der außerhalb des Subjektes vorhandenen Lebenswelt und Wirklichkeit (als Beobachtung beziehungsweise Objekt) zu berücksichtigen, denn „als Kulturtheorie will der interaktionistische Konstruktivismus beide Seiten in einem Konzept vertreten, ohne in reinen Subjektivismus oder Objektivismus zurückzufallen." (Reich
   1998b, 383) In diesem Sinne weist Freires Ansatz hier implizit konstruktivistische Merkmale auf.

und der Welt der Kultur; die aktive Rolle des Menschen in und mit der Wirklichkeit, die Rolle der Vermittlung, die die Natur in den Beziehungen und in der Kommunikation zwischen Menschen spielt; Kultur als das, was Menschen in einer Welt, die sie nicht gemacht haben, hinzufügen; Kultur als das Ergebnis menschlicher Arbeit (...) Kultur als systematische Aneignung menschlicher Erfahrungen" (Freire 1982, 51).

Kultur als Begriff im Gegensatz zur Natur, zu vorgegebenen natürlichen Bedingungen des Lebens, dient Freire also in erster Linie dazu, um den Bereich zu bezeichnen, in dem er die Handlungsmöglichkeiten und die Handlungsverpflichtungen des Menschen ansiedelt. Aus diesem Grunde war der Begriff der Kultur auch eins der ersten generativen Themen, die in den so genannten *Kulturzirkeln* bearbeitet wurden. Lesen und Schreiben werden nicht umsonst als Kulturtechniken bezeichnet, das heißt als Techniken, Kultur zu schaffen, weiterzugeben und zu verstehen. Auf diesem Wege sollen die Teilnehmenden der Kulturzirkel das Interesse, Lesen und Schreiben zu erlernen, entwickeln, und „Kultur als systematische Gewinnung von menschlicher Erfahrungen zu diskutieren, und zu entdecken, daß in einer alphabetisierten Kultur diese Gewinnung nicht auf die mündliche Überlieferung beschränkt ist" (Freire 1982, 53).

Freire definiert den Menschen in diesem Zusammenhang als Wesen der Praxis, das heißt als Wesen, welches in der Praxis, durch Aktion (und Reflexion) vorhandene *Grenzsituationen* – also Situationen, die von ihm als veränderswert angesehen werden – überwinden und verändern kann (vgl. Freire 1981a, 52; vgl. dazu auch ausführlich Mayo 2004, 47 f.). Diese *Grenzsituation* nennt Freire eine „unerprobte Möglichkeit" (Freire 1998, 85).[145] Um in der Praxis tätig zu werden, also als Subjekt handelnd in die Wirklichkeit einzugreifen, muss der Mensch sich in der Theorie als Subjekt begreifen, welches die Möglichkeit zum Eingreifen hat, wobei diese Theorie an das praktische Erleben gebunden ist und dabei durch dieses angeregt wird (vgl. Freire 1981a, 54). Die Vorstellung des Menschen als Subjekt der Geschichte ist ein zentrales Motiv Freires, das sich bis in seine späten Arbeiten hin durchzieht (vgl. Freire 2000, 79). Auf diese Weise müssen Theorie und Praxis in wechselseitigem Verhältnis zueinander stehen, so dass sie sich gegenseitig um Erfahrung beziehungsweise Erkenntnis erweitern können und so in polititisch-partizipative Aktion münden. In dem Maße, in dem Menschen sich an der Gestaltung der gesellschaftlichen Wirklichkeit beteiligen, sind sie mit sich und der Welt im Dialog und partizipieren an ihr. Da Freire es als Aufgabe des Menschen sieht, die Wirklichkeit kulturschaffend zu transformieren, ist Partizipation ein wichtiger Indikator für den Grad der Humanisierung beziehungsweise Humanität der Gesellschaft (vgl. Freire 1982, 11). Freire spricht in diesem Zusammenhang insbesondere von epochalen Themen (vergleichbar mit den generativen Themen in seiner Bildungsarbeit), die die menschliche Gesellschaft in einer bestimmten Zeit besonders beeinflussen und beschäftigen (sollten): „... nur insofern Menschen diese Themen erfassen, können sie in die Realität eingreifen und den Zustand bloßer Beobachter überwinden." (Freire 1981, 11)

Die Herausforderung in diesem Zusammenhang sieht Freire besonders für Brasilien in der Schaffung von neuen, eigenen Lösungswegen für gesellschaftliche Fragen. Partizipation ist hier im Sinne von Mitbestimmung und -gestaltung als Gegensatz zur unreflektierten und unerprobten Übernahme von Ideen und Lösungen (aus anderen Gesellschaften

---

145 Auf Portugiesisch „inédito viável" (Freire 2003, 138). Dies ist eine der nicht seltenen Wortschöpfungen Freires, die schwierig zu übersetzen sind. Freire verwendet das Adjektiv *inédito* (wörtlich: noch nicht publiziert, noch nicht dagewesen) als Substantiv und kombiniert es mit dem Adjektiv *viável* (wörtlich: gültig, realisierbar). Man könnte den Ausdruck mit „das realisierbare noch nicht Eingetretene" oder „das noch nicht hervorgebrachte Gültige" übersetzen.

beziehungsweise Ländern) der so genannten entwickelten Gesellschaften zu sehen: „In entfremdeten Gesellschaften schwanken die Menschen zwischen naivem Optimismus und Hoffnungslosigkeit. Da sie zu autonomen Entwürfen unfähig sind, versuchen sie Lösungen aus anderen Kulturen für die eigenen Probleme zu übernehmen. Da aber diese geborgten Lösungen weder von einer kritischen Analyse des eigenen Kontextes ausgehen noch in adäquater Weise diesem Kontext angepaßt sind, erweisen sie sich als unbrauchbar und fruchtlos." (Freire 1982, 19) Von dieser Annahme ausgehend versteht Freire seine Bildungsarbeit als Beitrag zu Befähigung zur Partizipation und Konstruktion von eigenen Lösungsansätzen, die die eigene Wirklichkeit berücksichtigen. Weiter führt er aus: „Assistenzialismus ist eine besonders verhängnisvolle Methode, die Partizipation des Volkes am historischen Prozeß zu vereiteln. Erstens widerspricht er der natürlichen Berufung des Menschen als einem Subjekt dadurch, dass er den Hilfeempfänger wie ein passives Objekt behandelt, das zur Teilnahme am Prozeß der eigenen Gesundung unfähig ist. Und zweitens widerspricht er dem Vorgang der ‚fundamentalen Demokratisierung'." (Freire 1982, 21) Partizipation ist für ihn also auch Teil einer demokratischen Praxis. Kritisch ist in dieser Hinsicht anzumerken, dass Freire sich beispielsweise ideengeschichtlich so gut wie ausschließlich auf europäische Denker bezieht, also ebenso einen „Import von Ideen" betreibt, den er selbst kritisiert. In seinen späteren Arbeiten zeigt er überraschenderweise ebenfalls Tendenzen, Brasilien, entgegen seiner sonstigen früheren Bezugnahme auf die Dependenztheorien, als „rückständig" gegenüber der „Ersten Welt" zu betrachten, das heißt eher eine modernisierungstheoretische Position einzunehmen (vgl. Freire 1991, 98).

In Bezug auf die angestrebten gesellschaftlichen Veränderungen verwendet Freire in seinen frühen Werken den Begriff der Integration. Für Freire bedeutet Integration eine Aktivität, die sowohl Verhaltensweisen umfasst, welche sich der Wirklichkeit anpassen, als auch Verhaltensweisen, welche Wirklichkeit transformieren, sowie bewusste Entscheidungen bezüglich beider Verhaltensarten trifft. Das menschliche Verhalten steht damit in Abgrenzung zum Verhalten der Tiere, die sich nur assimilieren, also anpassen, und nicht integrieren. Je weniger ein Mensch dazu in der Lage ist, beziehungsweise in die Lage versetzt wird, eine Auswahl seiner Handlungen zu treffen und je mehr er stattdessen durch äußere Vorgaben und Bedingungen in seinem Verhalten bestimmt wird, desto weniger ist er integriert, sondern bloß assimiliert (vgl. Freire 1982, 10). Das bedeutet also, dass Integration in dem Maße stattfindet, in dem der Mensch Kultur schafft und er durch Kultur als etwas, was er der Wirklichkeit hinzufügt und sie verändert, sein Dasein in der Wirklichkeit integrativ verankert. In Freires späten Werken spielt der Begriff „Integration" jedoch keine Rolle mehr.

Kritische Anmerkungen
Freires Abgrenzung des Menschen vom Tier erscheint aus heutiger Sicht wenig hilfreich und weist naturalistische Züge auf. Die Natur des Menschen in Abgrenzung vom Tier begründen zu wollen, suggeriert eine Homogenität innerhalb der Spezies Mensch, die letztlich für kulturelle und soziale Fragen, für die Freire sich interessiert, wenig Aufschluss geben kann. Obwohl Freire sich in späteren Arbeiten selten explizit des Vergleiches zwischen Mensch und Tier bedient (dies jedoch auch nicht ganz unterlässt, vgl. Freire 2003, 97 f. und 2008, 48), verzichtet er darauf, seine Analysen einer neueren Betrachtung zu unterziehen. Es liegt der Schluss nahe, dass Freire in seinen frühen Arbeiten diese Begründung vor dem Hintergrund benötigte, um seiner Forderung nach Transformation der Gesellschaft ein in der Natur des Menschen verankertes Fundament zu verleihen. Indem

die Gesellschaft als vom Menschen gemacht erscheint, wird sie so zum Gegenstand potentieller Veränderung. Die Weigerung Freires, die Wirklichkeit als gesetzt hinzunehmen, rührt jedoch nicht nur aus seiner erkenntniskritischen Haltung heraus, welche jegliche Wirklichkeit als vom Menschen konstruiert betrachtet, sondern vor allem aus einem politischen Anspruch, *unterdrückende*, also anti-demokratische Gesellschaftsstrukturen nicht hinnehmen zu wollen und die Bedingungen zu deren Veränderung zu schaffen – und hier wird die Prämisse einer durch den Menschen veränderbaren Wirklichkeit relevant: „Wenn es möglich ist, die Welt zu verändern, die wir nicht gemacht haben, wieso sollte es dann nicht möglich sein, die Welt zu verändern, die wir gemacht haben?" (Freire 2000, 98) Hauptsächlich erst nachträglich bemüht sich Freire seine Annahmen theoretisch zu untermauern. Auch die Annahme des Menschen als gestaltendes *Subjekt* in der Geschichte weist, ähnlich wie es anhand der Bewusstseinsentwicklung dieses Subjektes gezeigt wurde (vgl. Kapitel 3.1.1), Auslassungen auf. Nicht nur erscheint das Subjekt als zu sehr einheitlich und universell definiert, es ist mit seiner Aufgabe der Transformation von Welt auch überfordert. Selbst wenn Freire einräumt, dass dieses Veränderungspotenzial des Subjektes sich immer innerhalb des „historisch Möglichen" (Freire 1981a, 96) bewegt, bleibt er in der letzten Konsequenz eine genauere Definition dieses Möglichen schuldig und liefert dem motivierten freireschen Subjekt wenig Handlungsanleitung, wie es diese Spielräume ausnutzen kann. Freire ist sich dieser Auslassung durchaus bewusst und betont in seinen Werken vielfach, dass er keine Handlungsanleitung (ebenso wie auf der pädagogischen Ebene keine Methoden) weitergeben möchte. Dennoch sei an dieser Stelle die Frage erlaubt, aus welchem Motiv heraus Freire an dieser Sichtweise festhält, da er für diese offene Stelle in seinen Arbeiten keine zufriedenstellende Begründung gibt. Zwar erklärt Freire zu Recht, dass er keine Methoden vorgeben könne, die auf Kontexte übertragbar seien, welche er nicht kenne (vgl. dazu beispielhaft Freire 2007b, 122 ff., 130), jedoch wäre es durchaus denkbar und sinnvoll, dass Freire Methoden vorstellt, welche als Anregungen dienen könnten und die in Bezug auf den jeweiligen Lehr-Lernkontext angepasst und ergänzt beziehungsweise weiterentwickelt werden könnten.

Diese Auslassung liegt vor allem auch in einer eingeschränkten Analyse der Gesellschaft zugrunde, in der der Mensch diese Spielräume auffinden soll. Während Freire seine Grundannahmen auf der Basis der Kritik der brasilianischen Gesellschaft der 1960er Jahre erarbeitet (vgl. Kapitel 1.2), bezieht er sich in seinen späteren Arbeiten ebenfalls in erster Linie auf Brasilien (vgl. Freire 2000, 49, 54, 61) und fordert die Veränderung der Wirklichkeit „dieses Landes" (Freire 2000, 67). Trotz der Argumentation im Hinblick auf den konkreten Kontext der Nation Brasilien, hat Freire aber dennoch einen universalen, globalen Anspruch, der sich nicht zuletzt in seiner Kritik des „neoliberalen Pragmatismus" (Freire 2000, 95), den er mit Globalisierung gleichsetzt, äußert. Dieser Schritt ist problematisch, da sich zum einen in Brasilien andere soziale, ökonomische und kulturelle Fragen stellen als in anderen Ländern (und diese auch innerhalb des jeweiligen Landes regional deutlich variieren) und zum anderen auch in Bezug auf die globalen Zusammenhänge eine deutlich vielschichtigere Analyse vonnöten ist als eine reine Ablehnung des neoliberalen Wirtschaftssystems.

Eine weitere Schwierigkeit liegt in Freires Konzept von Kultur. Zunächst ist Freires enge Definition des Begriffs problematisch. Da Freire Kultur alleinig im oben genannten Sinne definiert, versäumt er es, einen Kulturbegriff zu entwickeln, welcher ihm für eine differenzierte Analyse des von ihm geforderten Respekts für Vielfalt (vgl. beispielhaft Freire 2003, 39) dienlich sein könnte. Zeitgenössische Arbeiten beispielsweise im Bereich der *Cultural Studies* hätten ihm hier nützlich sein können. Dennoch, das muss Freire zu Gute gehalten werden, hat er in den späteren Arbeiten versucht, sich mehr mit dem Thema kulturelle Vielfalt auseinanderzusetzen. Multikulturalismus versteht er nicht als die Herrschaft einer Kultur über die andere, sondern als die Freiheit der Kulturen, sich in Bezug aufeinander zu bewegen (vgl. Freire 2003, 156 f.). Kulturen stehen in einer Spannung zueinander, Multikulturalität ist deswegen nie abgeschlossen: „Es ist notwendig, noch einmal zu betonen, dass die Multikulturalität als ein Phänomen, das das Zusammenleben unterschiedlicher Kulturen an einem Ort impliziert, nichts natürliches und spontanes ist. Es ist eine historische Kreation, die Entscheidungskraft, politischen Willen, Mobilisierung und Organisiertheit jeder Gruppe mit Blick auf gemeinsame Ziele, einschließt." (Freire 2003, 157)

Da jedoch seine Argumentation in erster Linie moralischen Ansprüchen folgt, hat sie, auch wenn diese Ansprüche nachvollziehbar sind, in den meisten Fällen theoretisch wenig Tiefe. Auch Freires strikte Trennung zwischen *unterdrückte* und *unterdrückende* Kultur wirkt vor diesem Hintergrund zu einseitig beziehungsweise als binäre Konstruktion, die ausgehend von einem Konzept sich vermischender, wandelnder und neu entwickelnder Kulturen und kultureller Ausdrucksformen wenig Aufschluss über eine Bildungsarbeit gibt, die die Idee der Kultur mit zu berücksichtigen beabsichtigt und Gefahr läuft, zu stark zu vereinfachen und autoritär interpretiert werden zu können. Von der Vorstellung hybrider, sich ständig verändernder und erweiternder Kulturen in heutigen Gesellschaften ausgehend, muss der Stellenwert der Annahmen Freires neu überdacht werden. Auch heute gibt es hegemoniale Ansprüche, welche Kultur(en) prägen und Diskurse beherrschen. Es kann also von komplexeren und differenzierteren kulturellen Hegemonien gesprochen werden, als dies Freire tat. Nicht außer Acht gelassen werden darf hier auch eine Veränderung über die Zeit, das heißt eine Transformation kultureller Codes, welche zum Teil auch regional stattfindet und nicht nur von äußeren Einflüssen, sondern auch von einer veränderten Gewichtung durch ihre Verwenderinnen selbst herrührt. Eine globalisierte Vermischung und Neuerfindung von Kultur(en) schafft auf diese Art und Weise auch neue kreative Ausdrucksformen und vereinheitlicht diese nicht nur (vgl. dazu beispielhaft Beck 2007a, 85 ff. und Bocock 2000, 150 ff.). Der Kapitalismus als System tendiert dazu, sich auf viel kulturelle und subkulturellen Gruppen zu beziehen, insoweit diese etwas bieten, das sich vermarkten lässt. Von Punkmusik bis zu Osama bin Laden T-Shirts kann er potentiell alles absorbieren und zur Profitmaximierung verwenden. So werden kulturelle und subkulturelle Gruppen potentielle Lieferanten von Ideen für zu vermarktende Produkte und sind ebenso potentielle Konsumenten. Insofern kann der heutige globale Kapitalismus als in dieser Hinsicht enorm tolerant bezeichnet werden. Dies bedeutet natürlich nicht, dass diesem System auch kulturelle Ausdrucksformen zum Opfer fallen, da sie so weit verändert und einverleibt werden, dass sie ihren eigenlichen Gehalt verlieren und zur bloßen Folklore werden.

An diesem Punkt setzt auch eine Kritik an, mit der Freire sich im Buch *Pedagogia da Esperança* auseinandersetzt: Freires Analyse sollte insofern mit Vorsicht betrachtet werden, als er voraussetzt, dass er darüber befinden kann, was als „echte" Kultur verstanden werden kann und was lediglich verinnerlichte fremde Kultur ist, die die Menschen entfremdet. Jedoch eine derartig deutliche und wertende Trennung zwischen richtig und falsch, zwischen echt und fremd, ist problematisch. Freire lehnt diese Kritik ab und schreibt sie einem „gestörten Verständnis von *conscientização*" (Freire 2003, 78), einer naiven Sicht der erzieherischen Praxis, als neutrale Praxis, zu. Freires Umgang mit der

Kritik bleibt unbefriedigend, da er abwehrend ist und wenig differenziert, so dass Roberts (2000, 28) konstatiert: „Few of his detractors are mentioned by name [in *Pedagogia da Esperança*, K.F.]. (…) Freire does not quite succeed in providing an extended, robust defense of his views against his harshest critics."[146] Dies ist bedauerlich, denn an anderen Stellen beweist Freire, dass er differenzierter denkt, als es dieser Umgang vermuten lässt, da er sich durchaus darüber bewusst ist, dass eine auf dieser Basis durchgeführte Bildungsarbeit eine Gratwanderung zwischen Offenheit und Direktivität bedeutet – und dass sie so letztlich ambivalent bleiben muss: „Eine der Schönheiten dieser Praxis ist nämlich genau die, dass es nicht möglich ist, sie zu leben, ohne Risiken einzugehen." (Freire 2003, 78, vgl. dazu auch Freire 2008, 27, 35)

2.1.3 Der Mensch als dialogisches Wesen

Die Idee des Dialogs ist eine zentrale Kategorie Freires. Ohne Dialog kann der Mensch sich nicht entwickeln und seine wirklichkeits- und kulturschaffende Aufgabe der Praxis nicht wahrnehmen. Freire definiert den Dialog wie folgt: „Dialog ist die Begegnung zwischen Menschen, vermittelt durch die Welt, um die Welt zu benennen." (Freire 1998, 72) Die Welt zu benennen, impliziert für Freire, deren Zusammenhänge zu erkennen und sie so für eine Veränderung zur Disposition zu stellen. Ein Dialog kann aber bereits immer nur über die Welt vermittelt stattfinden, das heißt der Wirklichkeit als Instanz, die zwischen den Menschen steht und diese gleichzeitig miteinander verbindet, kommt eine zentrale Bedeutung zu.[147] Der gleichberechtigte Dialog ist eine Voraussetzung für dieses Benennen, denn das kann immer nur demokratisch und in Gemeinschaft passieren: „Nun heißt zwar das wirkliche Wort sagen – was gleichbedeutend ist mit Arbeit, Praxis – die Welt verwandeln, aber dieses Wort sagen ist nicht Privileg einiger weniger Menschen, sondern das Recht eines jeden. Also kann keiner ein wirkliches Wort allein sagen, noch kann er es *für* andere sagen in einem präskriptiven Akt, der die anderen ihres Wortes beraubt." (Freire 1998, 72) Die Idee des Dialogs beschreibt Freire in Anlehnung an Buber, welcher die Beziehung zwischen *Ich* und *Du* im kommunikativen Akt des Dialogs beschreibt: „Das dialogische Ich jedoch weiß, daß es ... das Du (das ‚nicht-Ich') ist, das seine eigene Existenz ins Leben gerufen hat. Es weiß auch, daß das Du, das seine eigene Existenz ins Leben ruft, seinerseits ein Ich bildet, das in seinem Ich ein Du hat. Das Ich und das Du werden in der Dialektik dieser Beziehung zwei ‚Du', die zwei ‚Ich' werden." (Freire 1998, 143)[148] Die Kennzeichen eines solchen Dialogs sind für Freire „eine horizontale Beziehung zwischen Personen" (Freire 1982, 50), die „auf einer gemeinsamen Suche sind" (ebd.) und eine hoffnungsvolle, liebevolle, bescheidene, vertrauensvolle und kriti-

---

146 Diese Art von Reaktion auf Kritiken ist bei Freire kein Einzelfall. In nicht wenigen Fällen macht es den Eindruck, dass Freires Reaktionen durch eine gewisse Abwehr geprägt sind und auch nicht frei sind von gekränktem Stolz. Selbst Mayo (2004, 65), welcher weitestgehend mit Freire übereinstimmt und in seinen Arbeiten eine stark mit Freire sympathisierende Haltung einnimmt, weist drauf hin, dass Freire sich in seinen Reaktionen zum Teil als „highly sensitive to criticism" gezeigt habe und „prompt and emotional" reagiert habe (ebd.). (Vgl. dazu beispielhaft Freire 1987, 105 und 114). An einigen Stellen reagiert Freire auf Kritiken an ihm überaus empfindlich und bezeichnet implizit seine Kritiker als Lügner: „Das ... Recht zu kritisieren erfordert von demjenigen, der es ausübt, die Pflicht, nicht zu lügen." (Freire 2001b, 64)

147 In diesem Zusammenhang ist Freire von Husserls Konzept des *intentionalen Bewusstseins* als ein Bewusstsein, das sich immer schon auf etwas bezieht, inspiriert.

148 Vgl. dazu Buber (1979); Buber (2000, besonders 38 ff.); ferner Rosenow (2003, 120); Friedrich (2005, 119 ff.); Jacobi (2005).

sche Haltung einnehmen (vgl. ebd. und Freire 1998, 72 ff.). Der Dialog wird so zu einem wesentlichen Mittel der *Humanisierung* des Menschen und zu einem Teil der Erfüllung seiner ontologischen Bestimmung (vgl. Roberts 2000, 43 f.).

Auch in seinen späteren Arbeiten ist Freires Vorstellung vom Dialog weitestgehend gleich geblieben: „Als demokratische Beziehung ist der Dialog die Möglichkeit, die mir zur Verfügung steht, mich den Gedanken der anderen zu öffnen." (Freire 2003, 117 f., 120; vgl. auch Freire 2008, 79) Zugleich betont Freire die Fähigkeit des Zuhörens als Voraussetzung für Dialog (vgl. Freire 2008, 103 f.), und dieses Zuhören soll möglichst „ohne Vorurteile" (Freire 2008, 109) stattfinden. De Lima (1996; vgl. dazu auch derselbe 1981) nimmt eine sehr nützliche Unterscheidung von drei Ebenen der Kommunikation bei Freire vor: a) Die anthropologische Komponente: Die Kommunikation ist ein konstitutives Element der menschlichen Natur. b) Die epistemologische Komponente: Neue Erkenntnis kann nur durch Kommunikation generiert werden. Wissen und Erkenntnis sind die Ergebnisse von sozialer Interaktion, vermittelt durch eine Sache, über die kommuniziert wird. c) Die politische Komponente: Kommunikation kann nur dann erfolgreich sein, wenn ihre Teilnehmer gleichberechtigt sind und einen Dialog führen, in dem nicht einer wissend ist und der andere unwissend. Macht- und Herrschaftsverhältnisse müssen gleich verteilt sein.

Kritische Anmerkungen
Auf der einen Seite ergeben sich Schwachstellen im Denken Freires hinsichtlich der Merkmale und Bedingungen des Dialogs: Er definiert den Dialog nicht genau und läuft aufgrund einer fehlenden Kommunikationstheorie Gefahr, dass ein vermeintlicher Dialog doch bestehende Wissensbestände und Machtverhältnisse reproduziert. Freire hat zweifelsohne ein echtes Anliegen hinsichtlich der Entwicklung eines demokratischen Dialogs gehabt und war ebenso sicher ein großer Kommunikator. Insofern ist es ohne Probleme möglich, nicht nur sein Anliegen zu unterstützen, sondern auch davon auszugehen, dass er stets versuchte, es umzusetzen. Dennoch sind Zweifel begründet, inwiefern Freire dies immer gelungen ist. Freire selbst beschreibt in seinem späten Buch *Pedagogia da Esperança* (vgl. Freire 2003, 48 ff.), wie er mit Bauern einen Dialog geführt habe. Dieser Dialog jedoch stellt sich eher als ein von Freire geleitetes Frage-Antwort-Spiel dar, mit dessen Hilfe Freire die Bauern darauf aufmerksam machen möchte, dass sie nicht unwissend sind, sondern durchaus Wissen haben (und deswegen die von Freire gestellten Fragen, die sich auf den Bereich der Landwirtschaft beziehen, beantworten können). Dadurch, dass Freire keine Kommunikationstheorie und auch keine Beobachtertheorie entwickelt oder aus anderen Ansätzen entliehen hat, fehlt ihm das Instrumentarium, um den Dialog auf seine umfassenden Merkmale hin zu überprüfen. Freire geht nicht auf die Komplexität von Kommunikation ein, zum Beispiel untersucht er deren Reziprozität nicht unter dem Machtaspekt und blendet auch mögliche Paradoxien von Kommunikation aus.[149] Vieles, was nicht gesagt wird (oder nicht gesagt werden *kann*), hat eine Wirkung auf den Dialog – der untrennbar in eine soziale Interaktion eingebettet ist, die immer schon mehr ist als ein Austausch von Wissen.

Zusätzlich bleibt Freire auch eine Analyse der Voraussetzungen, unter denen Dialoge möglichst gleichberechtigt, demokratisch und herrschaftsfrei stattfinden können, so wie er

---

149 In der Kommunikationspsychologie und den Interaktionstheorien sind viele unterschiedliche Ansätze zu finden, die diese Aspekte von Kommunikation untersuchen. Nicht alle standen zum Zeitpunkt, als Freire sein Denken entwickelte, zur Verfügung. Insbesondere aber in den späteren Jahren seines Wirkens hätte Freire die Möglichkeit gehabt, sein Denken in dieser Hinsicht im Rekurs auf andere Autorinnen und Ansätze zu erweitern. Vgl. dazu beispielhaft Reich (1996) und Reich (1998a).

es fordert, schuldig (vgl. dazu Reich 1998b, 254 ff.). In diesem Sinne sind Zweifel daran angebracht, inwiefern ein solcher Dialog, wie Freire ihn definiert, überhaupt gelingen *kann*. Anstatt den idealen Dialog zu fordern, der in der Praxis doch in vielem hinter diesen Forderungen zurückstehen muss, ist es für die pädagogische Arbeit – und auch für die politische Praxis – sinnvoller, die *Grenzen* und *Parameter* des Dialogs zu untersuchen und zu benennen, um dann einen *möglichst* gleichberechtigten, offenen und konstruktiven Dialog zu führen, der auch versucht, ihn beeinflussende Machtverhältnisse, das Begehren der am Dialog Teilnehmenden und notwendige Auslassungen als für ihn konstitutiv mitzubedenken.

Eine weitere Schwierigkeit liegt auf der anderen Seite im Inhalt des Dialogs selbst. Freire hat den Anspruch, dass jeder Mensch das Recht hat, *die Welt zu benennen*. Jedoch geht er so weit, dass er das „wirkliche Wort" (Freire 1998, 72) bereits als solches definiert. Die Definitionsmacht darüber, was als „echter Dialog" (Freire 1998, 75) gilt und was in diesem Dialog gesagt werden darf und soll, liegt also bei demjenigen, der die An- und Einsichten Freires teilt – also für Freire beim „echt humanistischen Erzieher" (Freire 1998, 77) oder beim „progressiven Erzieher" (Freire 2003, 112), so dass Roberts (2000, 104) zu Recht kritisiert: „It is difficult to see how Freire could have avoided some nondialogical moments in his literacy work."[150]

Diese Kritiken jedoch stellen nicht in Frage, dass Freires Grundidee eines gleichberechtigten, offenen Dialogs, der prozesshaft Erkenntnis erzeugt, von zentraler und aktueller Bedeutung ist. Dieser Dialog findet unter der Bedingung statt, dass es „andere Arten gibt, die Welt zu ‚lesen', die verschieden von seiner [des Erziehers, K.F.] sein können oder ihr sogar entgegengesetzt sein können" (Freire 2003, 113). Auch ist es Freires Verdienst, dass er den Mut hat, Vertrauen und menschliche Zuneigung für diesen Dialog zu fordern. Er wagt es, die Relevanz der Beziehungsebene zu betonen, auch wenn er sie nicht systematisch analysiert. Dieses Dialogverständnis Freires ist fundamental für eine Erziehung und Bildung, die demokratisch sein und Raum für eine kreative Konstruktion von Wissen bereit stellen möchte, aber auch fundamental für eine demokratische Praxis. Freires wichtiges Hauptanliegen mit seiner Vorstellung von Dialog ist es, *allen eine Stimme zu geben* (vgl. Freire 2005d, 38). Diese Forderungen haben nach wie vor ihre Berechtigung und Bedeutung.

2.1.4 Der Mensch als ethisches Wesen – mit voller Kraft in Richtung Utopia?

„Alle meine Argumente im Interesse der Legitimität meines Kampfes für eine *menschlichere*[151] Gesellschaft haben ihre tiefgehende Basis in meinem Glauben."[152] (Freire 2005c, 85, Hervorhebung im Original)

---

150 Eine ähnliche, durchaus scharfe Kritik an Freires Vorstellung von Dialog äußert Walker (1981). Anhand einer Analyse der Arbeit Freires in Guinea-Bissau stellt er fest, dass „Freires's praxis does not have the liberating potential it aspires to; rather there are dangers that its potential might be the reverse." (Ebd., 150)

151 Auf Portugiesisch *uma sociedade mas genteficada*. Bei *genteficada* handelt es sich um eine Wortschöpfung Freires, was bei ihm nicht selten ist. Er bildet ein Partizip Perfekt des von ihm erfundenen Verbs *genteficar*, was er vom Substantiv *gente* ableitet. *Gente* bedeutet *Menschen* oder *Leute*. Freire könnte auch das Wort *humana* verwenden, um *menschlich* auszudrücken, jedoch bevorzugt er in seinen Büchern zum Teil seine eigene Wortschöpfung, um auszudrücken, dass er nicht nur eine Gesellschaft meint, die *menschliche* Werte berücksichtigt, sondern die nah an den Menschen ist und von ihnen gestaltet wird.

Die Frage der Ethik ist eine Kernfrage in Freires Denken, die letztlich allen seinen Haupt-
aussagen zugrunde liegt. Freire argumentiert durch und durch ethisch motiviert, und zwar
in erster Linie auf Basis einer christlich inspirierten Ethik. Im Verlaufe seines Wirkens
wird die ethische Motivierung Freires anhand seiner Werke deutlicher ablesbar. Der Begriff *Ethik*[153] kommt noch in seinen frühen Werken kaum vor. In *Cultural Action for Freedom* taucht der Begriff nicht auf. In *Pädagogik der Unterdrückten* verwendet er das Wort
einmal (vgl. Freire 2005d, 46). In *Pädagogik der Hoffnung (Pedagogia da Esperança)*,
erschienen 1992, benutzt Freire den Begriff vierzehn Mal. In *Pädagogik der Autonomie*,
seinem letzten Buch, verwendet er es dreiundachzig Mal. In seinen frühen Werken argumentiert Freire stärker auf der Basis einer ontologischen Bestimmung des Menschen, sich
zu humanisieren; er begründet seine Annahmen also auf der Grundlage seiner Anthropologie und seiner politischen Forderung der Revolution, auch wenn diese letztlich ethisch
und christlich verwurzelt sind. Seine späten Arbeiten weisen mehr und mehr religiöses
Vokabular wie beispielsweise *Reinheit, Zeugnis ablegen, Verheißung, prophetisches Denken* und *Ver-* beziehungsweise *Ankündigung* (vgl. beispielhaft Freire 2003, 83; Freire
2008, 43, 88, 116, 124; Freire 2000, 40, 118 f.) auf, was ein deutliches Indiz für seine
christliche Motivation ist. Schon in seinen frühen Arbeiten verwendet Freire Begriffe wie
„neues Ostern", „historisches Ostern" (Freire 1981a, 119; vgl. auch Freire 1982, 114 ff.),
„Wanderprediger" (ebd., 85, vgl. ebd., 94 f.), in seinen späteren Arbeiten nimmt die Verwendung dieser Begriffe jedoch zu. Dies bedeutet nicht, dass Freire politisch weniger radikal (und weniger sozialistisch) ist, jedoch, dass er stärker versucht, die politische Alternative, die er sucht, ethisch zu begründen, da es mit dem Lauf realer politischer Ereignisse
schwieriger wurde, sie sozialistisch zu begründen, was er in seinen früheren Werken noch
überwiegend tut. Der Sprachduktus Freires hat sich also sehr stark gewandelt, auch wenn
die Inhalte und Kernaussagen seiner Arbeiten sich weniger verändert haben. Hier sind die
Ähnlichkeiten des Denkens Freires zur Befreiungstheologie offensichtlich (vgl. dazu auch
Elias 1994, 135 ff.), die das Erreichen der göttlichen Erlösung (und Befreiung) im Dies-
seits verortet.[154] Voraussetzung für diese Befreiung ist das praktische tugendhafte Tun, so
dass Freires Ethikbegriff eng mit dem Begriff der Praxis verbunden ist: Moralisches Verhalten zeigt sich in der Praxis beziehungsweise deren moralischer Wert lässt sich an seinen praktischen Auswirkungen ablesen. Gleichzeitig ist Moral etwas, was sich als Teil des
handelnden Menschen manifestiert, das heißt, Teil einer Praxis des Zusammenspiels von
Aktion und Reflexion ist. „Demokratie und demokratische Erziehung basieren auf dem
Glauben an den Menschen, auf der Überzeugung, daß die Menschen nicht nur die Fähigkeit besitzen, die Probleme ihres Landes, ihres Kontinents, ihrer Welt, ihrer Arbeit und die
Probleme der Demokratie selbst zu diskutieren, sondern auch die Verpflichtung dazu."
(Freire 1982, 43; vgl. dazu auch Figueroa 1989a, 88 f.)

In seinen späteren Arbeiten formuliert Freire ein konkretes Postulat einer universellen
Ethik. Er fordert eine „universelle Ethik des menschlichen Wesens, für das wir tatkräftig
kämpfen müssen, wenn wir uns in Wahrheit für eine Welt der Menschen entschieden haben." (Freire 2004, 127; vgl. dazu auch Freire 2008, 18, 20, 56, 117) Diese Ethik stellt
Freire der Ethik des Marktes (vgl. ebd. f.; vgl. dazu auch Freire 2000, 129 f.) gegenüber,
die er als Grundlage des Neoliberalismus ansieht, welchen er scharf kritisiert, da „[w]ir [in

---

152 Auf Portugiesisch verwendet Freire das Wort *fé*, was *Glaube* im religiösen Sinn bedeuten kann, ebenso
      aber auch *Vertrauen* im allgemeinen Sinn. Vgl. dazu Freire/Horton (1990, 246): „If you ask me, if I'm
      a religious man, I say no, I'm not a religious man. (…) I would say that I am a man of faith."
153 Ähnliches gilt für den Begriff *Moral*, den Freire synonym zum Terminus *Ethik* verwendet.
154 Vgl. dazu auch Kapitel 1.3.2.1 dieser Arbeit.

diesem System, K.F.] so viel wert sind, wie unsere Kaufkraft ist oder sein kann." (Freire 2000, 129) Die Unkontrollierbarkeit dieses Marktes lehnt Freire ebenfalls ab: „Die einzige Bremse des Gewinns ist der Gewinn selbst oder die Angst, ihn zu verlieren." Der Mensch sei als ethisches Wesen zwar in der Lage, die ethischen Regeln zu überschreiten, jedoch ist das für Freire ein Verstoß gegen den Anstand: „Es ist notwenig, klarzustellen, dass die Überschreitung der Ethik niemals als eine Tugend gesehen oder verstanden werden kann, sondern als ein Bruch mit dem Anstand." (Freire 2004, 60) Für Freire ist also das menschliche Dasein untrennbar verbunden mit einem Ethisch-Sein: „Wir können uns nicht als Subjekte der Suche, der Entscheidung, des Bruchs, der Wahl, als historische Subjekte verstehen, die [die Welt, K.F.] verändern, wenn wir uns nicht als ethische Subjekte verstehen. In diesem Sinne ist die Überschreitung der ethischen Prinzipien eine Möglichkeit, aber keine Tugend." (Freire 2004, 17)

Wer unethisch handelt, der handelt gegen die menschliche Natur. Freire weigert sich, sich dem System des Marktes unterzuordnen – und um neue Regularien zu finden, rekurriert er auf seine Vorstellung von universeller Ethik, nämlich der „Ethik der menschlichen Solidarität". (Freire 2004, 129) In seinen frühen Werken war für Freire die Solidarität noch eine sehr radikale Forderung, die er selbst auch nicht konsequent erfüllte: „Solidarität verlangt, dass man in die Situation derer eintritt, mit denen man solidarisch ist. Es geht dabei um eine radikale Haltung." (Freire 1998, 36 f.) Eine solidarische Verbündung mit den *Unterdrückten* schildert er später gemäßigter, indem er betont: „Es geht nicht darum, in eine Favela[155] umzuziehen, um ihnen meine wirkliche politische Solidarität zu zeigen, und dabei so gut wie sicher an Effizienz in meinem Kampf für Veränderung im eigentlichen Sinne zu verlieren." (Freire 2008, 124) Dies zeigt, dass Freire später durchaus bereit ist, Konzessionen im Hinblick auf Fragen der Wirkung gewisser pädagogischer und politischer Handlungen zu machen. Er nimmt nun nicht nur die notwendige Solidarität mit den benachteiligten Gruppen in den Blick, sondern denkt darüber nach, welche Voraussetzungen gegeben sein müssen, um ihnen eine praktische Durchsetzungskraft zu verleihen. Gleichzeitig könnte diese Aussage jedoch auch als impliziter Versuch Freires gewertet werden, seinen eigenen bürgerlichen Lebensstil zu rechtfertigen. Freire (2005e, 289) beschreibt beispielsweise, dass er immer gemeinsam mit seiner Frau Elza gereist sei: „[I]ch habe es immer verteidigt, nicht alleine zu reisen. Ich schlafe nicht gerne alleine. Sie war die ganze Zeit bei mir, und wenn ich reise, bestand ich darauf, dass derjenige, der mich eingeladen hatte, auch ihre Reisekosten bezahlte."

Freires Begründung der Notwendigkeit ethisch motivierten Handelns speist sich auch wieder auf der Grundlage konkreter Beispiele aus der brasilianischen Realität: „Es ist wahr, dass der ethische Verfall in der brasilianischen Gesellschaft ein unerträgliches Niveau erreicht hat." (Freire 2005c, 87) Doch wie sieht diese Ethik im Einzelnen aus? Zum einen gründet sie sich auf der Vernunft: Freire unterscheidet zwischen einem vernünftigen und einem nicht-vernünftigen Standpunkt. (Vgl. Freire 2008, 18) Somit bezieht sich Freire hier auf sein bewährtes Primat der kritischen Urteilskraft – und zeigt sich als christlich motivierter Aufklärer. Die Vernunft, nötigenfalls auch der „gesunde Menschenverstand" (Freire 2007b, 76) hilft dem Menschen dabei, die für ein ethisch korrektes Verhalten nötigen Tugenden an den Tag zu legen, die da zum Beispiel wären: *Bescheidenheit, liebevoller Einsatz, Demut, Mut, Toleranz, Entscheidungsfreude, Sicherheit im menschlichen Um-*

---

155 „Favela" ist der portugiesische Ausdruck für die Wohnviertel der ärmsten Bevölkerungsgruppen, also Armenviertel oder Slums.

gang und *Lebensfreude* (vgl. beispielhaft Freire 2007b 74 ff. beziehungsweise Freire 1997, 37 ff.).

Freire weist jedoch auch in seinen späten Arbeiten verstärkt darauf hin, dass es ihm nicht darum geht, bestimmte Verhaltensweisen oder Haltungen zu verordnen. Eine Offenheit für Pluralität und Differenz (vgl. beispielhaft Freire 2008, 41, 57, 63) ist ihm wichtig: „Moral, ja, Moralismus, nein." (Freire 2000, 38) Beispielsweise betont Freire, dass es ihm nicht zustehe, die Zusammenarbeit mit denjenigen zu negieren, welche sich ähnlichen Zielen verpflichtet fühlen wie er, die dies aus einer anderen Motivation heraus tun: „Wenn ich von der Einheit in der Vielfalt spreche, denke ich an die Einheit zwischen denen, die ihren befreienden Glauben leben und denjenigen, die diesen Glauben nicht haben, egal aus welchem Grunde sie ihn nicht haben." (Freire 2005c, 84) Dennoch löst er in diesem Zusammenhang die Spannung zwischen Universalität und Relativismus nicht auf, so dass seine Vorstellung von Ethik permanent zwischen den Polen Freiheit (und Offenheit für Differenz) und Verantwortung (als mögliche Einschränkung dieser Offenheit) schwankt (vgl. Freire 2008, 86 f. und 98 f.; ebenso Freire/Horton 1990, 190 f.). Freire verbleibt bei der Hoffnung, dass die Einsicht schließlich bei allen Menschen dazu führt, sich für den Weg der Tugend zu entscheiden, um diese *Einheit in der Vielfalt* herzustellen.

> „Wer beobachtet, tut dies von einem bestimmten Standpunkt aus, was den Beobachter nicht per se in eine fehlerhafte Position bringt. Der Fehler ist in Wahrheit nicht, von einem bestimmten Standpunkt aus zu sprechen, sondern diesen zu verabsolutieren und zu verkennen, dass es, selbst wenn etwas aus seiner Perspektive heraus richtig ist, möglich ist, dass die ethische Vernunft nicht immer auf seiner Seite ist." (Freire 2004, 14)

Die Differenz und Perspektivenvielfalt hat also da ihre Grenzen, wo ethische Bewertungskriterien einsetzen. Seine ethischen Forderungen wendet Freire dann auf verschiedene Lebensbereiche an, wie zum Beispiel auch auf die Wissenschaft: „Für mich sind diejenigen Wissenschaftler, die sich nicht darum kümmern, was mit den Resultaten ihrer Arbeit gemacht werden kann, unmoralisch." (Freire 1981a, 71) „Eine Universität, die in ihrer Stadt *fremd* ist, die ihr *übergeordnet* ist, ist eine entfremdete und entfremdende Fiktion." (Freire 2002, 175, Hervorhebung im Original) Ein weiterer Bereich ist die Stadtplanung; kein Tunnel, keine Straße, kein Viadukt erkläre sich aus sich selbst heraus, sondern nur dadurch, wem sie *nützten* (vgl. Freire 2000, 128f.). Seine Hauptkritik ist dabei natürlich auch die Existenz von Hunger und Armut (vgl. Freire 2003, 157).

Zum anderen jedoch hat Freires Ethik auch ihr Fundament im Bereich der Gefühle, ebenso wie seine Ethik umgekehrt der Schlüssel zu den Emotionen ist, denn das richtige menschliche Verhalten findet seine volle Gestalt und Ganzheit im Gefühl und in der hoffnungs- und gefühlvollen Vorstellungskraft eines gewünschten Zukünftigen – letztlich in der Utopie (vgl. dazu beispielhaft Freire 2000, 76, 94; Freire 2003, 91 f.). „Die Utopie ist die dialektische Verbindung zwischen dem Akt der Anklage der Welt, die entmenschlicht, und der Verheißung der Welt, die menschlich macht." (Freire 1981a, 82)

Der Begriff der *Utopie* hat bei Freire in seinen Arbeiten durchweg eine wichtige Bedeutung. Er bezeichnet diejenige Gesellschaftsform und dasjenige Leben, das Freire anstrebt und fordert, das aber noch nicht realisiert ist. Utopie bei Freire hat also bewusst keinen konkreten Inhalt und keine konkrete Gestalt, sondern gilt als Sinnbild für die ideale zukünftige Gesellschaft, die geschaffen werden soll. Die Utopie fungiert so als permanenter Denk- und Handlungsanreiz.[156] Glaube, Liebe, Hoffnung und Traum unterstützen dieses utopische Streben und sind für Freire ontologische Bedingungen des menschlichen Seins (vgl. Freire 2008, 110; 2003, 10, 91). Er sei nicht hoffnungsvoll aus Eigensinn, sondern aus menschlicher Notwendigkeit heraus (vgl. Freire 2005c, 30).[157] Er sieht also das Hoffen und Wünschen als unveräußerliche menschliche Eigenschaft, die nicht nur den Menschen in seiner Natur kennzeichnet, sondern ihn auch in seinem Handeln leitet und diesem Handeln stets neu eine Richtung weist. Ohne Hoffnung könne der Mensch nicht handeln (vgl. Gadotti 1996b, 114 f.; Freire 2003, 10).

Auch der Wut als Antrieb zu transformativem Handeln kommt bei Freire in den späten Arbeiten Bedeutung zu, da Freire selbst in Anbetracht der gesellschaftlichen Verhältnisse eine große Wut verspürte (vgl. Freire 2000, 81; Freire 2004, 75 f.). Einen weiteren Hinweis auf den Stellenwert der Gefühle gibt Freire mit dem Begriff der *Freude*. Politisch sein und ethisch korrekt handeln heißt für ihn auch, Hindernisse aus dem Weg zu räumen, die der Freude im Weg stehen (vgl. Freire 2008, 67). Dennoch aber haben sich die Gefühle für Freire stets dem Verstand unterzuordnen, der diese legitimieren muss (vgl. Freire 2008, 40, 44, 65, 70). Es scheint an manchen Stellen, als habe Freire geradezu Bedenken, ein gefühlsmäßig geleitetes Handeln könne in ein nicht-akzeptables, nicht-ethisches, unkontrollierbares Handeln entgleiten (vgl. dazu auch Freires Bewusstseinsstufe des *fanatischen Bewusstseins*, vgl. Kapitel 2.1.1).

Kritische Anmerkungen
Der Universalismus und Essentialismus in Freires Vorstellung von Ethik ist offensichtlich. Obwohl Freire in all seinen Büchern darauf hinweist, dass Wahrheit vorläufig und veränderlich ist und dass diese Wahrheit stets vom Standpunkt der Beobachtung und vom Beobachter selbst abhängt, besteht er letztlich in Form seiner Ethik auf einer universellen Wahrheit. Besonders in seinen späten Büchern weist Freire auf die Möglichkeit der Existenz vielfältiger Perspektiven und Wahrheiten hin, entwickelt aber dennoch keine systematischen Vorschläge, wie diese in Bezug auf seinen Universalismus miteinander in Einklang zu bringen sind.

> „That Freire remained essentially modernist is perhaps most vividly highlighted in *Pedagogy of Freedom* where he argues for a ‚universal human ethic‘ (…). This is, in essence, a reinterpretation of the notion of humanization in response to both new forms of global capitalism and the increasing fragmentation of oppositional movements." (Roberts 2000, 117)

Dies birgt Schwierigkeiten im Umgang mit Vielfalt und Differenz mit sich, welche nicht zufriedenstellend durch Freires Lösungsangebot der kritischen Urteilskraft gelöst werden können, da diese, und das räumt Freire selbst an vielen Stellen ein, nicht zu einheitlichen Ergebnissen führt und zudem bei weitem nicht die einzige Konstituente menschlichen

---

156 Zum Thema Utopie bei Freire vgl. Ferreira Mafra (2007, 74 ff.). Der Begriff geht zurück auf das Buch „Utopia" von Thomas Morus. Der Begriff erlangte beispielsweise in sozialistisch und marxistisch orientierten Revolutionstheorien eine Bedeutung. *Utopia* ist griechisch und bedeutet so viel wie „nicht vorhandener Ort". Vgl. dazu auch insbesondere Gutiérrez (1992, 296 ff.), der die Bedeutung des Begriffs Utopie für die Befreiungsbewegung einleuchtend beschreibt. Zum Thema vgl. auch beispielhaft Giroux (2001, 109 ff.).

157 Freires Konzept der Hoffnung weist große Ähnlichkeiten mit dem Konzept von Ernst Bloch auf; Freire hat dessen Vorstellung in weiten Teilen übernommen. Blochs Hauptwerk lautet *Das Prinzip Hoffnung*. Vgl. Bloch (1954, hier vor allem 128 ff., 270 ff., 312 ff., 471 ff.); Bloch (1955, 32 ff.) und Bloch (1969, 1090 ff.).

Verhaltens ist. Des Weiteren gelingt es Freire nicht, zu erklären, aus welchem Grunde der Mensch überhaupt in der Lage ist, unethisch zu handeln, wenn dies doch gegen die menschliche Natur ist (vgl. dazu auch Elias 1994, 56). Er stellt sich hier nicht ausreichend der Aufgabe, seine Ethik zu konkretisieren – auch die Möglichkeit, dass Menschen nach seiner Definition „unethisches" Verhalten zeigen können, mit in Betracht zu ziehen, versäumt er. Das Problem von Freires universeller Ethik ist damit nicht nur, dass Freire diese nicht über die von ihm genannten Tugenden hinaus definiert, sondern dass sie so universell ist, dass fraglich ist, inwieweit oder auf welche Art und Weise sie überhaupt wirksam sein kann:

> „Freire comes through as the religious preacher, urging people to live better lives without showing them how to cope with the personal and societal obstacles that make the living of this life very difficult, if not impossible." (Elias 1994, 53)

Freire formuliert seine Ethik, da sie sich auf der Natur des Menschen gründet, als eine Grundvoraussetzung seines gesamten Denkens, in einer Art und Weise, dass es schwierig ist, mit ihm zu diskutieren: „It is difficult to argue against the utopian view of human nature espoused by Freire because one is dealing here with a matter of almost religious faith." (Elias 1994, 58) Dennoch ist es ein Verdienst Freires, dass er konstant ethische Regeln fordert. Er wirft so die ebenso aktuelle wie zentrale Frage der Suche nach und Bedingungen von Möglichkeiten des gesellschaftlichen und globalen Zusammenlebens auf. Mit der Aufforderung den Wert beispielsweise eines Gesetzes, einer politischen Entscheidung oder globaler wirtschaftlicher Zusammenhänge an ihren konkreten Auswirkungen für alle sie direkt oder indirekt betreffenden Gruppen abzulesen, gibt er einen Hinweis, wie eine (post-)moderne Ethik aussehen könnte, wenn er auch deren komplexe Grundlagen nicht erläutert. In diesem Sinne muss Freire auch zu Gute gehalten werden, dass er seine Ethik aufgrund einer wahrgenommenen pragmatischen Notwendigkeit heraus konstruiert: In einer Welt, in der die Menschen zu Millionen verhungern, kann etwas „nicht stimmen" und brauchen wir verbindliche Verhaltensregeln.

2.2   Gesellschaftliche Grundlagen – Freire als linker Modernisierer

2.2.1   Unterdrückung, Revolution und Demokratie

> „Bevor Demokratie eine politische Form wird, ist sie eine Form des Lebens."
> (Freire 1982, 35)

Alle pädagogisch-politischen Überlegungen Freires gehen von seinem Verständnis von *Unterdrückung* aus. Aus der Tatsache, dass in einer Gesellschaft bestimmte Gruppen von Menschen *unterdrückt* sind, leitet Freire seine Forderung nach einer pädagogischen und politischen Bildungsarbeit ab, die *befreit* und damit die Voraussetzungen bildet, diese *Unterdrückung* zu beenden, indem die Gesellschaft transformiert wird. Freires Vorschlag zur politischen Umsetzung dieser gesellschaftlichen Veränderungen benennt er im Laufe seines Schreibens unterschiedlich. In seinem frühen Werk *Erziehung als Praxis der Freiheit* beispielsweise, das aus den späten 1960er Jahren stammt, strebt er eine *offene Gesell-*

schaft[158] als ideale Gesellschaftsform an. In diesem Werk sind noch keine marxistisch beeinflussten Terminologien und Überlegungen zu finden.

> „The democratic society that Freire mapped out in *Education for Critical Consciousness* is clearly to be founded on Christian principles of freedom, justice, equality, and charity. (…) The kind of education that Freire proposes for bringing about this democratic society is described in religious terms borrowed from Karl Jaspers and Martin Buber, two religious existentialists" (Elias 1994, 80, Hervorhebung im Original).

Im folgenden Hauptwerk *Pädagogik der Unterdrückten*, das erstmals 1970 erschien, ist Freires klare Hinwendung zum (nach wie vor christlich interpretierten) Marxismus deutlich erkennbar.

> „What is new about *Pedagogy* [of the Oppressed, K.F., Hervorhebung im Original], however, is that some elements of a Marxist critique have been introduced into Freire's social analysis, reflecting the radicalization that he underwent in the early years of his exile in Brasil. Freire now includes within his social theory an analysis of the class struggles that exist in developing countries." (ebd., 81)

Ähnliches gilt für das folgende Werk *Cultural Action for Freedom*: „In this work his description of conscientization and levels of consciousness receives a strong Marxist interpretation in terms of the effect of infrastructures on suprastructures. The roles of cultural action and cultural revolution are outlined." (Elias 1994, 11; vgl. dazu Freire 1975, 57 ff.) Auch das Buch *Dialog als Prinzip*, das die Erfahrungen Freires in Afrika beschreibt, (vgl. Freire 1980) ist deutlich marxistisch (und leninistisch) orientiert. Roberts (2000, 12) fasst die Entwicklung von Freires politischer Haltung zusammen, indem er feststellt: „The first shift in his [Freire's, K.F.] political position is highlighted by the contrast between the liberalism of *Education: The Practice of Freedom* and the revolutionary ethics of *Pedagogy of the Oppressed*." Diese marxistische Grundhaltung und damit die Idee des *Klassenkampfes* (vgl. beispielhaft Freire/Horton 1990, 206; Freire 1981a, 62 ff.) zieht sich durch die folgenden Publikationen Freires, auch wenn sie weniger deutlich und ausführlich zur Sprache kommen als in *Pädagogik der Unterdrückten* und in den späteren Arbeiten eher in eine allgemeine Befürwortung eines sozialistisch inspirierten freiheitlich-demokratischen Gesellschaftsmodell übergeht. In seinen späteren Büchern, wie den so genannten „gesprochenen Büchern", die Dialoge mit Freunden und Kollegen beinhalten, und ebenso beispielsweise den Veröffentlichungen *Pedagogia da Esperança* (1992) und *Pädagogik der Autonomie* (1996), geht Freire nach wie vor vom Ideal einer sozialistischen Gesellschaftsordnung aus, expliziert diese jedoch nicht genauer, sondern konzentriert sich in politischer Hinsicht auf Überlegungen zu Prozessen radikaler Demokratisierung (sein thematischer Fokus jedoch liegt in diesen Arbeiten deshalb stärker auf pädagogischen Themen, wenn auch diese immer eine politische Komponente beinhalten). Dies hängt maßgeblich mit der Erfahrung Freires in seinem Heimatland Brasilien zusammen, wo die Militärdiktatur ohne eine Revolution beendet wurde und sich vor allem in Form der Gründung der PT (Partido dos Trabalhadores – Arbeiterpartei), an der Freire beteiligt war, politische Veränderungsmöglichkeiten auftaten, die jenseits einer marxistischen Revolution lagen. Dementsprechend spricht Freire in seinen neueren Büchern beispielsweise sowohl

---

158 Wie erwähnt, kontrastiert Freire diese im Rekurs auf Karl Popper gegenüber der *geschlossenen (abhängigen) Gesellschaft.*

von revolutionären Regierungen sowie von fortschrittlichen Regierungen (vgl. Freire/Horton 1990, 220) und macht damit deutlich, dass er klar auch über Kontexte ohne Revolution nachdenkt und die Revolution nicht mehr als unverzichtbar ansieht. Dennoch spricht er nach wie vor vom „revolutionary process" (Freire/Horton 1990, 226), der für die gewünschte Gesellschaftsveränderung nötig sei. Sein Ziel ist es im späten Werk in erster Linie, Demokratie herzustellen: „Was wir zu tun haben, ich wiederhole es, ist, die Demokratie zu vertiefen." (Freire 2002, 20) Dennoch aber wehrt er sich dagegen, dass Sozialismus und Demokratie als unvereinbar gesehen werden: „[W]er sagt, dass unser Kampf *heute* für die *Demokratie* ist, der fährt damit fort, *Sozialismus* und *Demokratie* als Antagonismus zu sehen und damit jedoch einen alten Fehler zu reproduzieren. (…) Indem ich radikal und substanziell demokratisch bin, bin ich sozialistisch." (Freire 2002, 153 f., Hervorhebung im Original) Dementsprechend liefert Freire auch in seinen späten Schriften keine alternative Gesellschaftsanalyse, die seine frühe marxistisch inspirierte Analyse ergänzen oder ersetzen könnte, sondern behält die Grundideen seiner ursprünglichen Analyse bei, indem er sich aber vor allem auf den Bereich der Erziehung und Bildung konzentriert: Die der Gesellschaftsveränderung zugrundeliegenden Prozesse, nämlich die Erziehung und Bildung, beschreibt Freire in seinen Werken mehr oder minder unverändert, wenn er auch unterschiedliche Schwerpunktsetzungen vornimmt, einige Aspekte im Laufe seines Schaffens ergänzt und ausdifferenziert sowie die Begrifflichkeiten austauscht. Statt *revolutionäre Führer* oder *Avantgarde* interessieren ihn später in erster Linie die fortschrittlichen Erzieher. Er wechselt also den Blickwinkel von den politischen Aktivisten, die pädagogische und bildnerische Aufgaben übernehmen, zu den Pädagogen und Erziehern, die immer auch schon politische Pflichten haben und erfüllen.

Da Freires marxistisch orientierte Gesellschaftsanalyse fundamental ist, um Freires Gesamtwerk zu verstehen, seien ihre Haupteckpunkte hier in aller Kürze vorgestellt. In seinem Buch *Pädagogik der Unterdrückten* favorisiert Freire die Revolution als den Weg, welcher, durch die pädagogische Arbeit vorbereitet und von ihr durchdrungen, die notwendige Veränderung der Gesellschaft herbeiführen soll, und zwar als eine gemeinschaftliche Praxis von revolutionären *Führern* und dem *Volk*: „Dialog mit dem Volk ist für jede echte Revolution radikal notwendig." (Freire 1998, 107) Das *Volk* muss von Beginn an in die revolutionären Aktivitäten mit eingebunden werden und durch die *Conscientização* (Bewusstseinsbildung) dazu befähigt werden, sich an diesem aktiv zu beteiligen und die eigene Sicht von Welt in sie einfließen zu lassen. Freire grenzt sich hier klar ab gegen autoritär-marxistische Vorstellungen „wohlmeinende[r], aber fehlgeleitete[r] Menschen, die meinen (…) [s]ei die Revolution einmal gewonnen, dann würden sie schon gründliche pädagogische Anstrengungen unternehmen. Sie wollen dieses Vorgehen mit der Behauptung rechtfertigen, Erziehung – befreiende Erziehung – sei nicht möglich, ehe man die Macht in Händen habe." (Freire 1998, 114) Vielmehr liege „die pädagogische Qualität der Revolution als kulturelle Aktion, die in die kulturelle Revolution übergeht" (Freire 1998, 115) in der gemeinsamen dialogischen Aktion und Reflexion von *Unterdrückten* und *revolutionären Führer*, die intersubjektiv als Subjekt-Akteure und Akteur-Subjekte miteinander verbunden sind (vgl. ebd., 114; vgl. dazu auch Freire/Horton 1990, 118 ff.). Auf diese Art und Weise wird der revolutionäre Kampf zur *kulturellen Aktion*: „[C]ultural action for freedom is carried out in opposition to the dominating power elite, while cultural revolution takes place in harmony with the revolutionary regime". (Freire 1975, 82) Hier wird auch deutlich erkennbar, dass Freire den Machtbegriff vertikal definiert, Macht wird repressiv von oben nach unten als Repression ausgeübt und ihr muss ebenso vertikal von unten nach oben Widerstand entgegengesetzt werden.[159]

Die Revolution ist dabei für den frühen Freire durchaus ein nicht nur gewaltfreier Prozess. Die Revolution sei ein Recht derer, die *Unterdrückung*, also ihrerseits Gewalt, zu erleiden hätten. Er räumt die Anwendung von Gewalt an der Stelle ein, an der Veränderung beziehungsweise Beendigung extremer Machtverhältnisse ohne Gewalt nicht möglich ist. Als Beispiel nennt er hier den Kampf der Alliierten im Zweiten Weltkrieg zur Entmachtung Hitlers und die Beendigung seiner Terrorherrschaft (vgl. Freire 1981a, 92 f.; vgl. dazu auch Freire 1980, 39; vgl. ebenso kritisch dazu Elias 1994, 10, 44). Freire macht aber auch deutlich, dass er Gewalt nur dort akzeptiert, wo sie unbedingt nötig erscheint, denn: „Ich wünschte sehr, daß die Menschheit so weit entwickelt wäre, daß sie auftretende Widersprüche am Tisch miteinander regeln könnte. Aber soweit sind wir leider noch nicht." (Freire 1981a, 93) In seinen späteren Arbeiten jedoch lehnt Freire den Einsatz von Gewalt, insbesondere im Zusammenhang mit Terrorismus, ab, da „Unschuldige sterben und Menschen bedroht werden." (Freire 2008, 18) Dies gelte auch dann, wenn er die Motive derjenigen, die Gewalt ausübten, nachvollziehen könne.

Freire strebt insbesondere an, die von den benachteiligten Gruppen verinnerlichte Sichtweise der herrschenden Gruppen, sie seien von einer „natürlichen Unfähigkeit" (Freire 1981a, 61) bestimmt, nicht leistungsfähig und zu politischer und gesellschaftlicher Teilhabe unfähig, als soziale Konstruktion und übernommenes Fremdbild zu entlarven und abzulegen, um sie durch ein neues Selbstbild zu ersetzen. Freire betont, dass diese Befreiung und die „revolutionäre Praxis" (Freire 1981a, 60) nicht von den „herrschenden Klassen" (Freire 1981a, 58) ausgehen könnten, sondern nur von der „revolutionären Avantgarde" (ebd.). Die leninistisch geprägte Idee der revolutionären Avantgarde hat Freire jedoch in seinen späteren Büchern aufgegeben.

Weder der Begriff *Führer* noch der Begriff *Volk* (oder der Begriff *Massen*, den Freire häufig zu letzterem synonym verwendet, vgl. beispielhaft Freire/Horton 1990, 117, 181) sind bei Freire genauer definiert. Das gleiche gilt für die *Unterdrückten*.[160] Dies ist jedoch für Freire auch nur von untergeordnetem Interesse; er möchte keine politische Philosophie entwickeln. Vielmehr geht es ihm darum, mit Hilfe relativ allgemein gehaltenen Kategorien, die im jeweiligen spezifischen Kontext auf ihren konkreten möglichen Inhalt hin geprüft werden müssen, auf gesellschaftliche Zusammenhänge aufmerksam zu machen, welche aus seiner Sicht verändert werden sollten. In diesem Sinne stellt er fest, dass in erster Linie die intellektuelle Elite als „revolutionäre Führer, die einen echten Humanismus verkörpern" (Freire 1998, 107) sich mit den *Unterdrückten* verbünden, „dem Volk eine fundamentale Rolle beim Veränderungsprozeß" (Freire 1998, 105) zugestehen und so für gesellschaftliche Transformation kämpfen müssen. An seinem Hauptwerk *Pädagogik der Unterdrückten* lässt sich ablesen, dass Freire unter den *Unterdrückten* die ländliche und städtische arme Bevölkerung, die *Arbeiterklasse* und die *Bauern* versteht. Diese sind „ihres Wortes, ihres Ausdrucks, ihrer Kultur enteignet" (Freire 1998, 117, vgl. dazu Freire/Horton 1990, 212) also marginalisiert (vgl. Freire 1975, 26 f.) oder im marxistischen Sinn *entfremdet* (vgl. Freire 1975, 14). Freire erweitert den Begriff selbst im Laufe seines

---

159 In seinen späteren Schriften relativiert Freire diese Vorstellung von Macht. Ich werde im Verlauf dieses Kapitels auf diesen Aspekt zurückkommen.

160 Dies ist eine Tatsache, die ihm in Bezug auf seine frühen Arbeiten Kritiken eingebracht hat. Vgl. dazu auch Freire (1981a, 46), wo er in einem Interview über die soziologische Undeutlichkeit der Begriffe *Unterdrückte*, *Klassenkampf* und des Verhältnisses zwischen der *Masse* und der *Avantgarde* spricht, ohne jedoch diese Undeutlichkeit aufzuheben.

Schaffens, da er erkannt hatte, dass er zu einseitig definiert ist (nämlich im Sinne des *Un-terdrückten* als männlichen weißen Arbeiter oder Bauern) und auch eine nicht haltbare binäre Gegensätzlichkeit *Unterdrücker – Unterdrückte* konstruiert. Der Begriff an sich aber wird von Freire selbst in seinen Werken fortlaufend immer wieder aufgegriffen (vgl. Freire/Horton 1990, 103 f.), so dass er auch in seinem letzten Buch *Pädagogik der Auto-nomie* wiederzufinden ist (vgl. Freire 2004, 84). Freire differenziert jedoch nun die Grup-pe der *Unterdrückten* anhand der Trias *„Rasse"-Klasse-Geschlecht* (vgl. Freire 2008, 19) und geht damit einen Schritt in Richtung der Betrachtung und Berücksichtigung von Dif-ferenz sowie Benachteiligungen, die jenseits von und quer zur Unterscheidung anhand von Tätigkeit oder sozialer Schichtung liegen (vgl. dazu beispielhaft Freire 2003, 155 ff.).[161] Er tut dies jedoch, ohne eine konkrete Analyse der Lebenslagen und daraus hervorgehen-den sozialen und ökonomischen Notwendigkeiten für die einzelnen Gruppen vorzulegen (vgl. dazu auch McLaren 2000, 166 f.).

Ein Merkmal der *Unterdrückten* ist es, dass sie den *Unterdrücker* internalisiert haben und damit von einer *Furcht vor der Freiheit* (eine Anleihe Freires von Erich Fromm) ge-prägt sind:

> „The dominated persons would perhaps [in the process of alphabetization, K.F.], in self-defense, deny the truth of the codification. As they deepened their analysis, however, they would begin to perceive that their apparent imitation of the dominators' models is a result of their interiorization of these models and … of the myths about the ‚superiority' of the domi-nant classes which cause the dominated to feel inferior. (…) [W]hen the dominated classes reproduce the dominators' style of life, it is because the dominators live ‚within' the domi-nated." (Freire 1975, 35)[162]

Da das Problem der Internalisierung des *Unterdrückers* kein individuelles, sondern ein kollektives und kulturelles ist, soll es durch *kulturelle Aktion* beendet werden (vgl. dazu auch Mayo 2004, 41 ff. und Freire 1998, 33 ff.). Freire wendet hier eine systemische Sichtweise an, indem er sagt, dass durch diese Tatsache nicht nur die *Unterdrückten* ent-menschlicht würden, sondern auch die *Unterdrücker* selbst werden so in ihrer Mensch-werdung behindert: „Die Situation der Unterdrückung ist … eine enthumanisierte und enthumanisierende Totalität, die auf die Unterdrücker ebenso wirkt wie auf die von ihnen Unterdrückten" (Freire 1998, 34 f.). Die *Unterdrücker* sind also Menschen, die ihre eigene Humanisierung verhindern. In gewisser Weise ist Freires Argumentation hier paradox, da er den *Unterdrückern* als menschliche Wesen die nach Freire menschliche Fähigkeit sich zu entwickeln abspricht. Wäre er in seiner naturalistischen Argumentation stringent, müss-te er auch diese in sein Konzept des *werdenden Menschen* einbeziehen.[163] In seinen späte-ren Arbeiten ist Freire auch in diesem Punkt weniger radikal, er vermeidet es, solche binä-ren, ausschließenden Urteile zu fällen, auch wenn er nach wie vor davon ausgeht, dass den *Unterdrückten* in Bezug auf gesellschaftliche Veränderungen die zentrale Rolle zufällt.

Durch die Internalisierung des *Unterdrückers* sind die *Unterdrückten* in eine *Kultur des Schweigens* (vgl. Freire 1975, 30) gehüllt. Sie haben die *Mythen* des *Unterdrückers*

---

161 Interessant wäre an dieser Stelle ein Bezug auf neuere Ansätze der Forschung zu sozialer Ungleichheit. Vgl. dazu beispielhaft Castel (2008).

162 In dieser Hinsicht ist Freire von frühen postkolonialen Denkern wie Frantz Fanon und Albert Memmi beeinflusst. Vgl. Freire (1975, 34 f.); Freire (1998, 48 f. und 118 f.).

163 Zu einer differenzierten Untersuchung der Frage nach der gesellschaftlichen und sozialen Formung und Funktion von, wenn wir so wollen, *Unterdrückern* vgl. zum Beispiel Bourdieu (1983, 1982 und 1985) sowie Foucault (1978 und 1994).

über ihre eigene Unfähigkeit und die Gesellschaft (die der *Unterdrücker* laut Freire als gerecht darstellt, obwohl sie dies in keiner Weise ist) angenommen und verharren so in einer gewissen Apathie (vgl. dazu Freire 1998, 117 f.). Das Thema der *Furcht vor der Freiheit* und der *Kultur des Schweigens* spielt nicht nur in Freires frühen Werken eine Rolle, sondern auch in den späteren Werken wie *Pedagogia da Esperança* (vgl. Freire 2003, 57, 134 ff.) und *Cartas a Cristina* (vgl. Freire 2002, 46). In den beiden letztgenannten Werken geht Freire in seiner Begrifflichkeit noch weiter und spricht von „existenzieller Müdigkeit" und „historischer Anästhesie" (Freire 2003, 138), um das Phänomen des Schweigens gegenüber sozialen, ökonomischen und politischen Ungerechtigkeiten zu benennen.

Besonders in *Pedagogia da Esperança* ist jedoch anhand der Beispiele, die Freire nennt, erkennbar, dass Freire das Konzept des Schweigens zum Teil verallgemeinernd und vereinfachend auf Personen anwendet, die den Ansatz als nicht in allen Fällen hilfreich oder ausreichend halten oder diese kritisieren. Er berichtet hier über Erzählungen, die er aus zweiter Hand erfahren hat, welche besagen, dass politisch engagierte Pädagogen „in einem gewissen afrikanischen Land" (Freire 2003, 133) erklärt hätten, sie benötigten nicht eine Erziehung zu kritischem Bewusstsein, sondern insbesondere eine Ausbildung, die technische und berufsqualifizierende Kenntnisse vermittle. Freire bezichtigt diese Menschen schlichtweg des Irrtums, findet aber dann eine entschuldigende Erklärung für diesen: „Ich glaube wirklich nicht daran [was die militanten Afrikaner sagen, K.F.], aber ich verstehe, auch wenn ich es bedauere, den Irrtum, dem die genannten Afrikaner aufgesessen sind." (Freire 2003, 134) Dieser Irrtum sei „der langen und tragischen Erfahrung" (ebd. 134) zuzuschreiben, die die Afrikaner durch ihre Kolonialgeschichte gemacht hätten und die sie in eine „existenzielle Müdigkeit" (ebd.) versetzt habe (vgl. dazu auch ebd., 125 f.). Obwohl Freire sich im selben Buch mit der Kritik auseinandersetzt, er sei in seinen frühen Werken elitär gewesen und habe die *Unterdrückten* unterschätzt (vgl. ebd. 77 ff.) und entgegnet „[e]s gibt keinen Grund, sie [die *Unterdrückten*, K.F.] paternalistisch zu behandeln" (ebd., 153), reproduziert er in seinem späten Buch Tendenzen, besser zu wissen, was für die Menschen gut sei, als diese es selbst wissen: Er kann also beurteilen, was die genannten Afrikaner brauchen, und zwar besser, als diese es selbst können. Auffällig ist auch, dass Freire es offenbar nicht für nötig hält, sich genauer zu informieren, um welches afrikanische Land es sich handelt und wie dort konkret die Situation der Bildung aussieht. Er kommt hier seiner eigenen Forderung, dass immer der Kontext mitbedacht werden müsse, da die Menschen kontextuell und historisch eingebettet sind, nicht hinreichend nach. Seine Vorstellung von Erziehung und der Notwendigkeit der Bildung für kritisches Bewusstsein hält Freire aber offenbar für unhintergehbar, denn er schlussfolgert: „Die Wahrheit jedoch ist eine andere." Die Wahrheit ist aus seiner Sicht beispielsweise die, dass Erziehung nie ohne eine politische Komponente funktionieren könne. Alles andere zeuge von einem „gestörten Verständnis der *conscientização*" (ebd. 77) und einer naiven Sicht der erzieherischen Praxis. Die konkreten Notwendigkeiten der Bevölkerung des betreffenden Landes und auch die Vereinbarkeit seiner Ideen mit der Äußerung der genannten Personen – möglicherweise schließt das eine das andere nicht aus und war auch ursprünglich nicht so intendiert – bedenkt Freire hier nicht. Dies ist bemerkenswert, denn an anderen Stellen in Freires neueren Werken, aber auch schon in Schriften aus den 1980er Jahren, gibt es Hinweise darauf, dass er eben nicht Rezepte verordnen und Wahrheiten aufdrängen möchte, so „dass wir uns nicht allzu sehr sicher sein dürfen." (Freire 2008, 29; vgl. dazu Freire/Macedo 1987, 57)

Kritische Anmerkungen

Wie bereits andeutungsweise gezeigt wurde, liegen in Freires politischen Analysen einige Schwierigkeiten, die im Folgenden zusammengefasst werden sollen:

(1) Der Begriff der Macht und politischer Widerstand

Freire denkt Macht zunächst in erster Linie vertikal, das heißt die „Oberen" üben im negativen Sinne Macht auf die „Unteren" aus. Freire sieht in seinen früheren Arbeiten die Macht ausschließlich in bestimmten Institutionen und Personen angesiedelt. Freire argumentiert hier – wie in vielen anderen Punkten auch – mit binären Schemata: *Freiheit – Unterdrückung, Unterdrückter – Unterdrücker.* Zwar sieht Freire seine Ziele durch die Wirklichkeit beschränkt und erklärt „daß die Bewusstseinsbildung nicht den Grenzen entkommen kann, die ihr die historische Realität auferlegt" (Freire 1981a, 58), jedoch leitet Freire aus dieser Feststellung keine weiteren konkreten Schlüsse ab. Doch kann Macht im Foucaultschen Sinne auch als ein Kräftefeld gedacht werden, das alle Ebenen der Gesellschaft und Diskursformen durchdringt und auch vieles produziert und ermöglicht. *Unterdrückende* Systeme beenden für Foucault nicht die Freiheit, sondern zeigen deren Spiel- und Handlungsräume auf (vgl. beispielhaft Foucault 1978, 109 ff.). In seinen späteren Arbeiten reflektiert Freire den Machtbegriff stärker in diesem Sinne:

> „Aber die sklavenhalterische Vergangenheit erschöpft sich nicht in der Erfahrung des allmächtigen Herren, der befiehlt und bedroht und des demütigen Sklaven, der ‚gehorcht', um nicht zu sterben, sondern in der Beziehung zwischen ihnen. Und es ist so, dass genau indem er gehorcht, um nicht zu sterben, der Sklave entdeckt, dass in seinem Fall ‚gehorchen' eine Art des Kampfes ist. Indem er eine solche Art des Verhaltens zeigt, überlebt der Sklave. (…) [E]s entwickelt sich eine Kultur des Widerstandes, (…) [d]er Widerspenstigkeit in der scheinbaren Anpassung." (Freire 2003, 108)

Freire betont, dass es heute nicht mehr darum gehe, die Macht zu erhalten oder zu erlangen, sondern sie zu gestalten: „Einer der fundamentalen Aspekte der linken Postmoderne ist das Thema der Macht, das Thema seiner Neuerfindung, welches das der Moderne überwindet, das von einer reinen Eroberung der Macht ausging." (Freire 2003, 198)[164] Trotz dieses Wandels in Freires Machtkonzept führt er dessen Implikationen nicht näher aus. Er gibt zwar auf der gesellschaftlichen Ebene Anregungen für diese Neuerfindung von Macht (beispielsweise durch die Betonung der Wichtigkeit des Engagements in Nichtregierungsorganisationen und Gewerkschaften, vgl. dazu Freire 2008, 92) berücksichtigt dabei aber nicht die mögliche Widersprüchlichkeit zwischen Interessensgruppen, die alle ihre berechtigten Machtinteressen sowie Konstruktionen von Wirklichkeit haben mögen, indem er letztlich doch wieder an der einzigen, eindeutigen und universellen Lösung angelangt: beim „richtigen Denken" (Freire 2008, 28), und: „Richtiges Denken heißt, richtig zu handeln." (Freire 2008, 34) Dies löst dann auch nicht den Konflikt des revolutionären oder, später, des progressiven Pädagogen auf, der den Menschen, mit denen er arbeitet, zur strukturellen und gedanklichen Befreiung verhelfen soll, ohne sie seinerseits wieder zu unterdrücken und ihnen seine eigene Sichtweise und Zielsetzung aufzuoktroyieren. Freire selbst ist sich dieses Problems in seinen späteren Arbeiten jedoch bewusst geworden und sagt dazu:

---

164 Vgl. dazu auch Freire/Horton (1990, 97) und Freire/Gadotti/Guimarães (1995, 49 ff.). Zum Konzept der Macht und des Widerstandes bei Foucault vgl. auch Dahlmanns (2008, 71 ff.). Freire führt also seine Überlegungen nicht so weit wie beispielsweise Laclau und Mouffe mit ihrer Dekonstruktion des Marxismus und ihren hegemonietheoretischen Überlegungen zur Begrenzung von Macht (vgl. beispielhaft Laclau/Mouffe 1991; ferner Mouffe 1993; Mouffe 2000; Laclau 2002).

„In meinen Augen ist ein Pädagoge dann ein guter Pädagoge, wenn er begriffen hat, daß sein Handeln immer politisches Handeln ist und er Schritt für Schritt bewusster seine Aufgaben in engagierter Weise wahrnimmt. Das bedeutet aber nicht, daß er als politisch bewußter und engagierter Mensch das Recht hätte, seinen Schülern seine politische Position, seine Meinungen und Einsichten aufzuzwingen." (Freire 1981a, 98)

Wer ist also dieser kritische Erzieher oder die revolutionäre *Avantgarde*? Diese Frage bleibt bei Freire offen beziehungsweise wird nur insofern beantwortet, als er hierzu sich selbst und diejenigen, die mit seinen Methoden arbeiten und die gleichen Ziele verfolgen wie er selbst, zählt. Damit bleibt nach wie vor beispielsweise der Begriff des *revolutionären Führers* hochproblematisch. Insbesondere die Tatsache, dass ein solcher *Führer* autoritär und direktiv sein und seine Macht missbrauchen kann, wird von Freire nicht in letzter Konsequenz gelöst. Freire (vgl. beispielhaft Freire/Horton 1990, 182 f. und 217) weist darauf hin, dass der *revolutionäre Führer* oder schlicht der *Revolutionär* nicht autoritär sein dürfe, was aber leider häufiger vorkomme. Bis in seine späten Bücher hinein ist beispielsweise Che Guevara für Freire ein positives Beispiel eines *Führers*, der der Versuchung, autoritär zu werden, widerstanden hat (vgl. beispielhaft Freire 2000, 76). Seine Bezüge in frühen Werken zu Mao, wo Freire sich noch einen „Sympathisant[en] der Kulturrevolution in China" (Freire 1981a, 94) nennt, hat Freire zwar in den späteren Arbeiten nicht wiederholt. Es macht den Anschein, als sei Freire in seinen frühen Arbeiten gegenüber den *revolutionären Führern* vor allem auch insofern grundlegend positiv eingestellt, als er lieber das Risiko eingeht, diese könnten zu direktiv sein, anstatt dass überhaupt keine Revolution stattfände. Mit Bezug auf Amilcar Cabral in Guinea-Bissau erklärt Freire: „Es kann oft der Eindruck entstehen, dass die Führer manipulieren. Jedoch sie manipulieren nicht. Ich glaube, dass eure Befangenheit in gewisser Weise moralischer Natur ist. (…) Aber ich sage euch, wenn ihr weiterhin in dieser Befangenheit verharrt, werden die Dinge so bleiben, wie sie sind." (Freire 1981a, 112)[165]

Hier deutet sich ein problematischer Punkt an, der bis in die letzten Veröffentlichungen Freires in den späten 1990er Jahren in ähnlicher Form nachvollziehbar ist: Die *Avantgarde*, der progressive Lehrer und Erzieher, sie alle befinden sich permanent im Spannungsfeld eines Pädagogik- und Befreiungsverständnis, das die *Unterdrückten* und Lerner auf der einen Seite als eigenständige Subjekte konstruiert, welche sich selbst befreien, aber auch auf der anderen Seite sie selbst als diejenige Gruppe mitdenkt, die diese Subjekte – sofern sie dann noch welche sind – zu dieser Befreiung führen und begleiten.

„Aber den Prozeß zu führen darf nicht bedeuten, die Volksmassen quasi als Eigentum (der Avantgarde) zu begreifen und sie zu dirigieren. (…) Die Erkenntnis ist ein Prozeß, der aus der kontinuierlichen Praxis der Menschen mit der Wirklichkeit erwächst. (…) Darum ist revolutionäres Wissen nicht Eigentum der Avantgarde. Diese revolutionären Kenntnisse müssen mit den Massen ausgesprochen, ausprobiert, diskutiert, verworfen, aber ihnen nicht aufgezwängt werden" (Freire 1981a, 67 f.; vgl. auch Freire 1998, 105 ff.).

Inwiefern er seine Macht, die er zweifelsohne hat, im positiven Sinne nutzen kann, ohne autoritär zu werden, erläutert dieses richtige Denken (oder das revolutionäre Wissen) nicht.[166] Dies ist der Hintergrund, vor dem Freire an der Idee des Sozialismus festhält. Für ihn ist, wie bereits erläutert wurde, der Sozialismus die anzustrebende Gesellschaftsform.

---

165 Zur Befreiungsbewegung in Guinea-Bissau vgl. auch Cabral (1974).
166 Zu einer deutlichen Kritik an diesem ungelösten Dilemma in Freires Denken vgl. vor allem auch Walker (1981).

In dieser Hinsicht hält Freire am Projekt der Moderne als etwas, das „*errichtet werden*"
(Bauman 2005b, 415) soll, fest. Er stellt nicht die Grundideen der modernen Wirtschaft
und die Arten und Weisen, wie diese umzusetzen seien – nämlich durch Unterwerfung der
Natur und deren produktiver Bearbeitung mit dem Ziel eines Wohlstands für alle – in Frage, sondern die Organisation und Strukturierung dieser Vorgehensweisen. Diese sollen
nicht kapitalistisch sein, sondern sozialistisch. Bauman (1991, 417) stellt dazu fest: „Seine
ganze Geschichte über war der Sozialismus der kräftigste und tapferste Fürsprecher der
Moderne. Er beanspruchte, ihr *wahrer* Fürsprecher zu sein." Doch, so kritisiert Bauman,
fehlte es auch im Sozialismus an Strategien, die negativen Auswirkungen der Moderne,
allen voran die katastrophale Verschmutzung und Verwandlung der Natur (und unter dem
Opfer persönlicher Freiheit), zu begrenzen oder zu verhindern (vgl. ebd. 427 f.). Freire
macht für die Lösung dieser Schwierigkeit wenig Vorschläge. Somit befindet sich Freire
in einem Dilemma, das Bauman wie folgt beschreibt: „Durch die Logik der historischen
Erinnerung fuhr der Sozialismus … fort, seine traditionellen Dienste als Gegenkultur der
Moderne zu einem Zeitpunkt anzubieten, als die Welt um ihn herum immer lauter die
Werte und Strategien in Frage stellte, die als Markenzeichen der Moderne dienten."
(Bauman 2005b, 419) Auch die Frage nach dem Umgang mit den „Eliten" bleibt in Freires
Arbeiten ungeklärt. Seine Forderung, sie vom Dialog auszuschließen, ist Freires eigenem
Ansatz folgend nicht haltbar, so dass er in seinem letzten Buch *Pädagogik der Autonomie*
schreibt: „Meine Antwort auf die Angriffe auf die Erziehung ist der bewusste politische
Kampf und die kritische Auseinandersetzung mit den Angreifern. (…) Das kann offenkundig nicht bedeuten, aufhören zu kämpfen [sic] sondern angesichts der Erkenntnis, dass
der Kampf eine historische Kategorie ist, auch eine historische Kampfform neu zu erfinden" (Freire 2008, 63 f.). Jedoch durch seine Polarisierung und sein angriffslustiges Vokabular läuft Freire auch Gefahr, von eben diesen entscheidenden Eliten nicht gehört, ernst
genommen und schon gar nicht in seinen Ideen verwirklicht zu werden. Darüber hinaus
erscheint es kurzsichtig, diese als homogen zu konstruieren, denn auch die Eliten sind, wie
die *Unterdrückten*, heterogen und plural. Wir sollten optimistischerweise davon ausgehen,
dass sie lernfähig sind – die Frage, die hier viel zentraler erscheint, ist die danach, unter
welchen Umständen sie *lernen wollen* (vgl. dazu beispielsweise Bauman 2005a und 1999).
(2) Der Unterdrücker und der Unterdrückte, die großen Unbekannten?
Wie bereits angedeutet, konstruiert Freire die Kategorie der *Unterdrückten* zunächst als
eine homogene Gruppe, welche den *Unterdrückern* als Antithese entgegengesetzt ist. In
späteren Arbeiten differenziert er diese Gruppe anhand der Parameter „*Rasse*"-*Klasse*-
Geschlecht und macht so implizit Zugeständnisse an die Tatsache der Vielfalt. Freire
räumt ein, dass ein und derselbe Mensch in unterschiedlichen Situationen und Systemen
gleichzeitig *Unterdrücker* und *Unterdrückter* sein kann (vgl. Freire 2007b 132 f.), so dass
er zu dem Schluss kommt:

> „Oppression must always be understood in its multiple and contradictory instances, just as
> liberation must be grounded in the particularity of suffering and struggle in concrete, his-
> torical experiences, without resorting to transcendental guarantees. This is why (…) it is al-
> ways important to foreground the particularity of oppression against a background of multi-
> ple possibilities." (Freire 1993, x)

Dennoch stellt Freire sein universalistisches Denken nur zum Teil in Frage, denn nach wie
vor fordert er durch den Ausdruck „Einheit in der Vielfalt" (Freire 2003, 154), dass die
unterdrückten Gruppen sich als *eine* Gruppe verstehen sollten. Die einzelnen Minderhei-

ten sollen sich miteinander solidarisieren, um im politischen Kampf etwas ausrichten zu können (vgl. ebd. 153 f.). Diese Position ist nicht untypisch für linke Argumentationen und findet sich zum Beispiel analog bei Hardt/Negri im Konzept der Multitude (vgl. Hardt/Negri 2004). Eine sprachliche Nennung der verschiedenen möglichen *unterdrückten* Gruppen reicht jedoch nicht aus, um ein differenziertes Verständnis des dahinter stehenden sozialen Phänomens zu erreichen (vgl. dazu auch McLaren 2000, 165 f.) Eine genauere Analyse der einzelnen Merkmale und Entstehung der einzelnen *Unterdrückungssituationen* wäre hier hilfreich.[167] Dies fordert Freire selbst in seinen späteren Arbeiten im Ansatz auch: „Es geht nicht nur darum, eine Theorie über die Unterdrückten in ihren vielfältigen Identitäten zu kennen; es geht auch darum zu wissen, wie man sich – ethisch gesehen – angesichts der geschichteten und vielfältigen Identitäten (…) selbst versteht." (Freire 2007b, 133)[168] Unter anderem müsste Freire dann möglicherweise auch den, wenn auch wenig zufriedenstellenden und möglicherweise verstörenden Schluss zulassen, dass nicht aus jeder Vielfalt eine Einheit herstellbar ist – es sei denn es ist eine Einheit, die sich über Widersprüche und Ambivalenzen definiert (vgl. dazu McLennan 2000, 652). Nicht zuletzt ist es dennoch Freires Verdienst, dass er anstrebt, alle denkbaren Gruppen und Minderheiten in diese Einheit miteinzubeziehen und ihnen eine Position im diskursiven und politischen Raum zu verschaffen – sein Konzept der *Unterdrückten* passt auf alle, die sich selbst als *unterdrückt* definieren, oder auf die, die von außen als *unterdrückt* oder *nicht unterdrückt* definiert werden. Die Offenheit dieses Konzept kann dann wiederum problematisch sein, denn „his description of oppression becomes not only abstract but dangerous. Unless one sets down objective criteria for exploitation, determining what is oppressive becomes the judgement of each individual group." (Elias 1994, 102) Auch wenn keine allgemein gültigen, objektiven Kriterien für das, was *Unterdrückung* ist, gefunden werden können, müssen doch ihre möglichen Kennzeichen politisch formuliert und kontrolliert werden. Eine Aushandlung der unterschiedlichen Interessen und Bedürfnislagen dieser heterogenen Gruppe(n) muss somit schließlich auf einem politischen Parkett stattfinden, für das die Regeln „in einem permanenten sozialen Prozess der Suche" (Freire 2004, 55) erst noch gefunden werden müssen.

2.2.2 Freiheit und Befreiung

„Seit Beginn, auch in noch unentschlosseneren, quasi nebulösen Momenten, in denen ich anfing, den Prozess der Befreiung darzustellen, habe ich ihn noch nie als Ausdruck eines individuellen Kampfes der Männer und Frauen verstanden. Aber, auf der anderen Seite, habe ich immer ein Verständnis von ihm als rein soziales Phänomen und reine Manifestation einer Klasse, indem sich das *Individuum* auflöst, abgelehnt. Im Gegenteil, komplex und plu-

---

167 Zur Diskussion des Begriffs der *Unterdrückten* vgl. auch Roberts (2000, 106 ff.).

168 Es ist auffällig, dass diese Zitate (Freire 1993 und Freire 2007b) aus in englischer Sprache erschienenen Texten Freires stammen (2007b wurde ins Deutsche übersetzt). Es macht den Anschein, dass Freire insbesondere in seinen in englische Sprache publizierten Texten, die in der Mehrzahl im Zusammenhang der nordamerikanischen Debatte der *Critical Pedagogy* veröffentlicht wurden, verstärkt den Anschluss an eine postmodern geprägte Debatte sucht, während dieser Zusammenhang in seinen auf Portugiesisch erschienenen Büchern weniger deutlich ist. Möglicherweise möchte er auf diese Art und Weise für den englischsprachigen Kontext seine Offenheit für postmoderne Denkweisen signalisieren, auf der anderen Seite aber insbesondere für den brasilianischen Kontext klarstellen, dass es ihm auf eine eindeutige Haltung und ein entschiedenes politisches Handeln ankommt, welches sich auf eine Verurteilung einer klar auszumachenden *Unterdrückung* in Brasilien, als den Kontext, den Freire selbst am besten kennt, beruft.

ral, entwickelt sich der Prozess der Befreiung in den Dimensionen, die das menschliche Wesen fundamental bestimmen: die Klasse, das Geschlecht, die Rasse, die Kultur. (...) Der
Kampf des Menschen *mehr zu sein.* [Der Kampf, K.F.] [z]ur Überwindung der Hindernisse
zur tatsächlichen Humanisierung aller." (Freire 2002, 208, Hervorhebung im Original)

In seinen frühen Werken, insbesondere in *Dialog als Prinzip*, ist Freires Vorstellung von
Freiheit – anders als es das obige, ursprünglich aus dem Jahr 1994 stammende Zitat vermuten lässt – marxistisch geprägt. Demzufolge muss das Individuum große Zugeständnisse an das Kollektiv machen, denn es ist dem „Befreiungsprozeß eines Volkes" (Freire
1980, 133) untergeordnet. Aus dieser Vorstellung heraus sollte jeder Mensch seinen „Beitrag zum nationalen Befreiungskampf leisten." (Freire 1980, 153) Diejenigen jungen Menschen, welche an diesem Befreiungskampf nicht teilgenommen haben, haben „die Möglichkeit, am nationalen Wiederaufbau zu partizipieren. Zwei Jahre produktiver Arbeit und
politisch-pädagogischer Praxis Seite an Seite mit ihren bäuerlichen Genossen werden
ihnen das geben, was das Gymnasium, ungeachtet der guten Absichten ihrer Lehrer, ihnen
niemals geben kann." (Freire 1980, 153) Freiheit erscheint in diesem Zusammenhang er-
reichbar durch Arbeit und revolutionären Kampf. Da die individuelle Freiheit der kollektiven Freiheit untergeordnet ist, kann erstere auch deutlich eingeschränkt werden, denn Lernen und Kämpfen wird hier „eine revolutionäre Verpflichtung" (Freire 1981a, 186), die in
ihren Inhalten und Zielen fest definiert ist und verordnet wird (vgl. dazu insbesondere
Freire 1981a, 184 ff.).[169]

Gleichzeitig weist Freires Konzept von *Freiheit* und *Befreiung* eine große Übereinstimmung mit dem der Befreiungstheologie auf:

> „Ein tief verwurzeltes und weitreichendes Verlangen nach Befreiung beseelt heute die
> menschliche Geschichte – nach Befreiung von all dem, was den Menschen einengt oder ihn
> hindert an der Verwirklichung seiner selbst, an all dem, was ihm den Weg zur Freiheit ver-
> sperrt oder den Gebrauch der Freiheit verwehrt. (...) In der Tat, worum es (...) geht, ist die
> Möglichkeit ein authentisches menschliches Leben führen zu können: ein freies Leben, wo-
> bei Freiheit zugleich Prozeß und geschichtliche Eroberung ist." (Gutiérrez 1992; 92 f.; vgl.
> dazu auch Gutiérrez 1992, 92 ff.)

Dieses Verständnis von *Befreiung* ist – wie der Begriff bereits nahelegt – also eher eine
negative Abgrenzung von etwas, das die *Freiheit* einschränkt als eine positive Beschreibung dessen, was *Freiheit*, als den Zustand nach der *Befreiung*, ausmacht.

Die Befreiung der *Unterdrückten* vollzieht sich für Freire auf zwei Ebenen, die dialektisch miteinander verknüpft sind, nämlich einerseits auf der Ebene der Strukturen, also
der Veränderung des gesellschaftlichen Systems, und auf der Ebene des Bewusstseins, als
kritisches Bewusstsein. Er wendet diese Gedanken in den Arbeiten, die sich vor allem mit
den Alphabetisierungskampagnen in den ehemaligen portugiesischen Kolonien Afrikas
beschäftigen, an, indem er betont, dass auch der Verstand dekolonisiert werden müsse.

> „Colonialism, for instance, does not disappear with the attainment of independence. It is
> firmly entrenched in the minds of (...) people as a form of ideology, therefore heavily influ-
> encing certain social constructions of reality. (...) Freire went on to say that, unless the mind
> is decolonized, the people's thinking would be in conflict with the new context that would

---

169 Nicht zuletzt aufgrund dieses Konzeptes von Freiheit übt Taylor (1993, 65 ff.) scharfe Kritik an Freire.
     Er stellt in Bezug auf Freires Tätigkeiten in Afrika fest: „Nothing here distinguishes Freire from an
     educator in the Banking System, which, equally is centred on social development."

be evolving as a result of the struggle for freedom." (Mayo 2004, 64; vgl. dazu auch Freire 1985, 187)

In seinen späteren Werken siedelt Freire die Bedeutung des Begriffs der *Freiheit* auf einem Kontinuum von individueller Freiheit und kollektiver Freiheit, die die individuelle Freiheit nach wie vor einschränken kann, an. In diesem Sinne ähnelt sein Konzept der Freiheit seinem Verständnis von Dialog, politischer Führung und pädagogischer Handlung und Haltung: Auf der einen Seite muss stets die Perspektive, die Wirklichkeit und das Ziel einer Handlung oder Kommunikation des einzelnen Subjekts in die Interaktion mit einfließen und respektiert werden. Auf der anderen Seite wird diese dort relativiert und möglicherweise eingeschränkt, wo sie auf die Perspektive des Anderen trifft (vgl. dazu auch beispielhaft Freire/Horton 1990, 141 f. und 220), so dass dann nach Freire die „Männer und ... Frauen in Gemeinschaftlichkeit die befreiende Praxis machen." (Araújo Freire 2003, 240). Für Freire ist fundamental, dass „keine Ethik ohne Freiheit lebbar ist und keine Freiheit ohne Risiko." (Freire 2008, 86)

Um dieses Risiko der Freiheit ethisch zu begrenzen, aber auch damit die Ethik nicht zu begrenzend wirkt, ist Freires Vorstellung von Freiheit und Befreiung eng mit dem Begriff der Verantwortung verknüpft. Nicht mehr der politische revolutionäre Kampf gibt, wie in Freires frühen Schriften, den Rahmen vor, in dem die individuelle Freiheit sich bewegt, sondern das ethisch vernünftige, verantwortliche Handeln. Diejenige, die von „ihrer Freiheit Gebrauch macht, wird umso freier agieren können, je stärker sie die Verantwortung für ihr Handeln ethisch begründet." (Freire 2008, 86) Freiheit und Verantwortung sind also untrennbar miteinander verknüpft: „Die Verantwortung ist zu einer unverzichtbaren Anforderung an die Freiheit geworden." (Freire 2000, 121) Freires Freiheitsbegriff ist darüberhinaus von Hegel inspiriert. Er übernimmt von ihm die Annahme, dass die Entwicklung des Menschen mit einer Zunahme des Freiheitsbewusstseins einhergeht. Wie in Kapitel 2.1.1 gezeigt wurde, ist der Mensch für Freire ein werdendes Wesen. Dieses Wesen entwickelt sich nicht nur in Bezug auf das ihm eigene Bewusstsein permanent weiter, sondern befindet sich dadurch auch in einem nicht abgeschlossenen „Prozess der permanenten Befreiung." (Freire 2003, 44) Dieser Prozess ist für Freire ein Teil der menschlichen Berufung (vgl. Freire 2003, 99). Durch reflektiertes Tun ist der Mensch nach Freire in der Lage, seine Zukunft zu steuern und somit ist er von Natur aus frei. Durch sein freies Handeln beeinflusst der Mensch die Natur, schafft Kultur und beeinflusst sich dadurch wieder selbst (vgl. Figueroa 1989a, 79 f.).

Diese ontologische Freiheit unterscheidet Freire von der wirklichen, konkreten Freiheit des Menschen, die sich in seinem täglichen Leben manifestiert. Für eine radikale Demokratie reiche es nicht aus, anzuerkennen, „dass in dieser oder jener Gesellschaft Männer und Frauen auf eine Weise frei sind, dass sie sogar das Recht haben, zu verhungern, oder keine Schule für ihre Söhne und Töchter zu haben, oder kein Haus zum Wohnen zu haben." (Freire 2003, 157) In Bezug auf das kapitalistische Gesellschaftssystem stellt er deswegen fest: „Die Freiheit des Handels darf nicht über der Freiheit des Menschen stehen." (Freire 2008, 117) Unter Freiheit versteht Freire demnach nicht einen allgemein gültigen, absoluten Zustand, sondern ein Konzept einer sich wandelnden und entwickelnden Seinsweise, die sich an die jeweiligen Bedingungen anpassen, beziehungsweise sich in ihnen jeweils neuen Raum erkämpfen muss:

„Wenn man in einem bestimmten Moment der Befreiung die Freiheit erreicht hat, kann es sein, daß genau diese errungene Freiheit schon kurze Zeit danach von einer neuen Situation der Unfreiheit herausgefordert wird. Deswegen weigere ich mich, über die Freiheit als eine metaphysische Kategorie zu sprechen. Ich kann sie nur als historische Kategorie verstehen. D.h. Befreiung ist die ständige Suche nach Freiheit." (Freire 1981a, 120)

Kritische Anmerkungen
So offen und wohlklingend Freires Konzept von Freiheit und Befreiung ist, so undeutlich ist es auch. Hierin liegt seine Schwäche, aber auch seine Stärke. Freire denkt in seinen späten Arbeiten, wie wir gesehen haben, Freiheit als prozesshaft und risikobehaftet. Diese Prozesshaftigkeit bedeutet eine Offenheit, die da sinnvoll ist, wo sie inklusiv gedacht ist, wo also auch unterschiedliche, sich ändernde Freiheitskonzepte und Vorstellungen von einem freien Leben des jeweiligen Individuums in ihm zur Geltung kommen können. Da Freiheit unabgeschlossen gedacht wird, bedeutet dies auch, dass sie nicht exklusiv be- stimmten Personen oder Personengruppen vorbehalten ist. Die Risikobehaftetheit der Freiheit erlaubt es dem Menschen zudem, die Freiheit herauszufordern, sie zu testen und neu zu erfinden. Dies ist ebenso eine Voraussetzung dafür, dass Freiheit nicht nur für ei- nen Teil der Menschen gilt, die es sich in ihrer Freiheit so einrichten, dass sie in letzter Konsequenz nur für sie selbst gilt. Freires Freiheitsbegriff wird so zu einem Plädoyer für die „Widerspenstigkeit der Freiheit" (Freire 2008, 86).

Schwierig wird es jedoch an der Stelle, wo wir mit Freire über die Begrenzungen von Freiheit nachdenken. Seine universelle Ethik als kategorischen Imperativ anzuwenden, ist, wie deutlich gemacht wurde, problematisch, nicht nur, da diese deutlich universalistisch und präskriptiv ist, sondern auch weil sie damit zu wenig konkret ist.

Zudem bedenkt Freire auch nicht genug die realen Begrenzungen von Freiheit. Die Menschen entscheiden sich nicht nur aufgrund der *Furcht vor der Freiheit* (vgl. Freire 1998, 132 f. und Freire 2003, 125 f.) gegen politischen Widerstand oder pädagogisch- politische Arbeit. Es könnte sein, dass sie eine andere Weltsicht, ein anderes Begehren haben. Es könnte sein, dass sie nicht Angst vor der Freiheit, sondern Angst vor Sanktionen und noch mehr *Unterdrückung* haben und den Status quo als bekanntes Übel im Sinne von Homöostase bevorzugen (vgl. hierzu Gespräch mit Zwicker-Pelzer 08.04.2008, Archiv Funke). Oder sie sind schlichtweg materiell nicht in der Lage, für ihre vermeintliche Frei- heit zu kämpfen. Knauth/Schroeder (1998b, 16) fassen die Schwierigkeiten des Begriffs der *Befreiung* einleuchtend zusammen:

> „Zur Deskription sozialer Prozesse taugt er nicht, denn er ist stark normativ und wertend. Er ist nicht binär codierbar [sic]: Befreiung und Nicht-Befreiung (also Abhängigkeit, Unterdrü- ckung) sind nicht trennscharf unterscheidbar, sondern stehen in einem komplexen Verwei- sungszusammenhang. Die Dialektik von Herrschaft und Befreiung des Einen kann zur Un- terdrückung des Anderen führen (…); Befreiungsprozesse erfordern nicht selten die An- wendung physischer oder symbolischer Gewalt. Befreiung hat keinen Anfang und kein Ende (…); läßt sich nur schwer beobachten, kaum beschreiben, schon gar nicht messen."

Dennoch aber kommen die Autoren zu Recht zu dem Schluss, dass das Anliegen der Be- freiungstheorie – und damit auch Freires Anliegen –, nämlich die „zentralen Schlüssel- probleme der Menschheit nicht nur zu beschreiben und zu analysieren, sondern auch durch die kritische Reflexion sozialer Praxis zur Entwicklung von Lösungsszenarien und zu de- ren Realisierung beizutragen" (ebd., 17) eines ist, das es bis heute verdient, beachtet und berücksichtigt zu werden.

Eine weitere zentrale Frage, die wir Freire (oder uns) in diesem Zusammenhang heute stellen sollten, ist: *Wovon* befreien *welche* Menschen sich (und andere)? Und diese Frage kann nicht, wie Freire es versucht, allgemein gültig beantwortet werden. Die Folgen beispielsweise des neoliberalen Wirtschaftssystems und des Klimawandels sind nicht für alle Menschen gleich, sondern es gibt große regionale Unterschiede: Es gibt Menschen, die davon (wenn möglicherweise auch nur kurzfristig) profitieren und Menschen, die darunter leiden (vgl. dazu zum Beispiel Beck 2007a, 105). In Brasilien kann Freiheit beispielsweise noch immer bedeuten, von einem autoritären und ausbeuterischen Landbesitzer frei oder befreit zu werden, der Menschen unter sklavenhalterischen Verhältnissen als Tagelöhner beschäftigt. In anderen Fällen ist die Befreiung *von* etwas schwieriger zu definieren, denn die Verhältnisse und Verstrickungen der Menschen zu- und miteinander sind komplex und vielfältig: „Zentrum und Peripherie zerfallen nicht in getrennte Kontinente, sondern befinden und widersprechen sich daher konfliktvoll in verschiedenartigen Mischungsverhältnissen hier wie dort. Diese neue Unausgrenzbarkeit der Armen zeigt sich, wenn in Rio mit dem Kommen der Nacht die Obdachlosen von den Luxusstraßen ‚Besitz' ergreifen." (Beck 2007a, 106) Beispielsweise in urbanen Zentren – ob in Brasilien oder anderswo – kann somit Freiheit bedeuten Freiheit *zu* etwas anstatt Freiheit *von* etwas. Die Menschen beschäftigen sich heute oft nicht mit einem zuwenig an Freiheit, sondern mit einem zuviel an Freiheit: Sie sind permanenten Wahlmöglichkeiten ausgesetzt, sie sind *freigesetzt* (vgl. dazu auch Tremls Kritik an Freire in Treml 1987). Da aber die größere Freiheit nicht durch eine damit einhergehende Sicherheit kompensiert wird (vgl. dazu Beck 1997, 21 ff.), können die Vorteile der Freiheit oft nur wenig genutzt und genossen werden: „Wir ‚leiden' also an Freiheit ... Genauer: an den unbeabsichtigten Folgen und Ausdrucksformen eines alltäglich gewordenen Mehr an Freiheit (…). Auch das ‚Konkretisieren der Freiheit' ist eine Revolution, aber eine *leise* Revolution, weil die Grundlagen der bisherigen Gesellschaftsordnung neu verhandelt werden müssen." (Beck 1997, 12)

Auch die Setzung Freires, dass der Mensch zur Freiheit *berufen* sei, ist eine Vorstellung, die heutzutage schwer aufrecht zu erhalten ist, da sie eine Norm für alle menschlichen Wesen festzulegen versucht. Wer sich also nicht im rechten Maße an dem Freiheitskampf beteiligt oder Freiheit nicht im Einklang mit der freireschen Ethik formuliert und lebt, läuft Gefahr, dieser *Berufung* nicht nachzukommen. Dies ist eine freiresche Argumentationsweise, die streng genommen Diskussionen beenden könnte, die Freire dringend braucht, um aktuell mit seinen Ideen rezipiert und praktiziert zu werden. Glücklicherweise macht Freire selbst einen Vorschlag, wie wir mit dem Thema Freiheit umgehen können: Wir müssen verhandeln und den Dialog suchen. Freire stellt dadurch auch klar, dass er die endgültige Antwort auf diese schwierige Frage nicht nur nicht gefunden habe, sondern auch nicht beansprucht, dass es möglich sei, diese zu finden:

> „In Folge unserer autoritären Vergangenheit sowie unserer Ablehnung dieser Vergangenheit schwanken wir – im Hinblick auf eine ambivalente Moderne nicht immer mit Sicherheit – zwischen autoritären und zügellosen [Lebens-, K.F.] Formen, zwischen einer gewissen Tyrannei der Freiheit und einer verschärften Autorität, oder tendieren wir sogar zu einer Kombination der beiden Hypothesen. Es wäre gut, wenn wir mit der wirklich angespannten Konfrontation zwischen der Autorität auf der einen Seite und der Freiheit auf der anderen Seite experimentierten, damit sie sich aneinander messen, sich auswerten, damit sie in der Herstellung von dialogischen Situationen lernen, sie selbst zu sein." (Freire 2004, 89)

2.2.3 Mensch, Natur und Technik

Das Thema Natur ist in erster Linie bei Freire in seinem ontologischen Sinne interessant, das bedeutet, an den Stellen, an denen er naturalistisch argumentiert: in Bezug auf die Natur des Menschen, die Natur des erzieherischen Prozesses und anderes mehr. Zugleich fungiert die Natur als Gegensatz zur Kultur (vgl. dazu auch Freire 2000, 96). Insbesondere vor dem Hintergrund Freires christlicher Gesinnung ist es immerhin bemerkenswert, dass er der Natur, also aus christlicher Perspektive gesehen der Schöpfung Gottes, einen solchen untergeordneten Stellenwert einräumt. Damit steht er aber natürlich in der Tradition der Moderne, die durch ihr Vertrauen „in the powers of technology, science and reason" (Thompson 2000, 569) zu der Gefährdung und Zerstörung der Natur geführt hat, die heute in der Welt vorzufinden ist, denn „[a]s modern industrial society has developed, nature has been progressively marginalized." (Yearley 2000, 506)

In seinen späteren Schriften versucht Freire, die Natur im Sinne von Ökologie und Naturschutz wieder in sein Denken einzubinden, indem er die Natur in seiner Ethik mit berücksichtigt. So spricht er von der

> „Pflicht, für grundlegende ethische Prinzipien wie den Respekt für das menschliche Leben, das Leben der anderen Tiere, das Leben der Vögel, das Leben der Flüsse und Wälder zu kämpfen. (…) Die Ökologie erlangt zum Ende dieses Jahrhunderts eine fundamentale Bedeutung. Sie muss in jeder erzieherischen Praxis, die einen radikalen, kritischen oder befreienden Charakter hat, eine Rolle spielen." (Freire 2000, 66 f.)

Wird die Natur nicht in den Prozess der Befreiung miteinbezogen, handelt es sich um eine „Praxis, die das Leben negiert. Eine Praxis, die die Luft, die Gewässer, das Land verschmutzt und die Wälder verwüstet. Eine Praxis, die die Bäume zerstört, die Tiere und Vögel bedroht." (Freire 2000, 132)[170] Freire verordnet damit geradezu das Thema Natur und Naturschutz als ein Bestandteil seiner Pädagogik (vgl. dazu auch Freire 2005a, 90 f.). Gadotti als Kollege, Freund, Wegbegleiter und Zögling Freires denkt dessen späte Gedanken in Bezug auf Natur weiter und setzt damit einen Schwerpunkt, den Freire selbst nur randständig berücksichtigt hat (vgl. beispielhaft Gadotti 2001; 2007c; Gadottis Manuskript *Education for sustainable development* ohne Datumsangabe, sowie Gadotti 2008).[171]

Die Technik als Teil der Kultur ist für Freire ein Thema, mit dem er sich ebenfalls in seinen späten Schriften beschäftigt. Freire ist kein Technikfeind, sondern möchte die Technik in den Dienst seiner Pädagogik stellen. „Mir erscheint es grundlegend, dass wir heute (…) eine kritische Haltung (…) gegenüber der Technik einnehmen. Wir sollten sie auf der einen Seite nicht verteufeln und sie auf der anderen Seite auch nicht vergöttern." (Freire 2003, 133) Schon früh hat er in seinen Alphabetisierungskursen mit technischen Hilfsmitteln gearbeitet, was durchaus in den 1960er Jahren nicht selbstverständlich war. Er strebt auf der einen Seite an, die Errungenschaften der Technik für seine Ziele und Arbeit nutzbar zu machen, aber auch auf der anderen Seite die Medien wie Fernsehen und Radio als Teil dieser Errungenschaften daraufhin zu überprüfen, inwiefern sie eher der *Befreiung* des Menschen oder seiner *Domestizierung* dienen. Bereits in *Pädagogik der Unterdrückten* nimmt Freire zum Phänomen der Massenmedien Stellung, indem er sie als Transporteure der Mythen kritisiert, welche das *Volk* unkritisch machen sollen: „All diese

---

170 Die beiden zitierten Textstellen aus Freire (2000) stammen aus Texten, die in den Jahren 1996 und 1997 verfasst wurden. Sie stammen also aus den Monaten vor Freires Tod.

171 Quelle: http://jsd.sagepub.com/cgi/reprint/2/1/21, Zugriff 12.11.2008.

Mythen (...), deren Internalisierung für die Unterwerfung der Unterdrückten entscheidend ist, werden ihnen durch eine wohlorganisierte Propaganda von Slogans mit Hilfe der Massen,kommunikations'mittel dargeboten – als ob eine derartige Entfremdung wirkliche Kommunikation herstellen würde." (Freire 1998, 119) In einer Fußnote fügt er hinzu: „Es sind nicht die Medien an sich, die ich hier kritisiere, sondern die Art und Weise, in der sie benützt werden." (Ebd.) Freire sieht in den Medien ein „Kommunikationsproblem, eine[n] Prozess, der unmöglich neutral sein kann. Jeder Kommunikationsprozess teilt etwas mit." (Freire 2008, 126) Freire fordert also einen kritischen Umgang mit diesen Medien (vgl. Freire 2008, 126 f.; Freire 2003, 101 f., 107 ff.; Freire 2005e, 174 f.; Freire 2000, 109 f.).[172]

Trotz aller Skepsis zeigt Freire sich auch in den späten Arbeiten erstaunlich fortschrittsfreundlich. Der Einsatz von Technik im Unterricht könne eine Möglichkeit sein, „kritische und kreative Kapazität auszuweiten" (Freire 1991, 98). Im Hinblick auf das Benutzen von Computern in der Schule schreibt er: „Letztlich müssen wir die kulturelle Rückständigkeit Brasiliens im Verhältnis zur Ersten Welt überwinden." (Freire 1991, 98) In dieser Aussage argumentiert Freire modernisierungs- anstatt dependenztheoretisch, wie er es sonst in der Regel bevorzugt. Dies ist insofern interessant, als Freire hier seiner sonst von postkolonialem Denken beeinflusste Sichtweise widerspricht.[173]

Kritische Anmerkungen

Indem Freire Natur als Gegensatz von Kultur konstruiert, und Kultur der Bereich ist, in dem sich die Schaffenskraft des Menschen manifestiert, hat Freire Schwierigkeiten, Flora und Fauna positiv in sein Weltbild zu integrieren. Das ist insbesondere deswegen der Fall, da die Natur nicht nur als Gegensatz zur Kultur gezeichnet wird, sondern weil sie sozusagen das Rohmaterial, die Wirklichkeit darstellt, die der Mensch kulturschaffend bearbeiten soll. Die Natur erhält also ihren Wert insbesondere durch dieses Zur-Verfügung-Stehen für die Praxis des Menschen, und mehr noch, der Mensch soll sich „von der Herrschaft der Natur über ihn" befreien (Freire 1979a, 40).[174] Auch wenn Freire diese Aussage in der Form in den späten Arbeiten nicht wiederholt, bleibt er nach wie vor bei der Annahme, dass die Natur die Grundlage für die Gestaltung durch den Menschen bietet, denn „indem wir die Welt der Natur bearbeiten und in sie eingreifen, erschaffen wir die Welt der Kultur. Die Kultur ist so in letzter Analyse ein Ausdruck der kreativen Kraft des menschlichen Wesens." (Freire 2000, 96 f.) Kultur, die in einem integrierendem Prozess mit der Natur umgeht und versucht, diese zu bewahren, wie die Kultur der auf die Natur bezogenen Religionen (wie zum Beispiel auch der indigenen Völker Brasiliens) oder zeitgenössische

---

172 Im Hinblick beispielsweise auf die Monopolstellung des brasilianischen Senders „Rede Globo" sind Freires Mahnungen durchaus nachvollziehbar.

173 Vgl. dazu auch Beck/Bonß/Lau (2001, 18), die feststellen: „Das Fortschrittsversprechen der Moderne wurde in den postkolonialen Ländern daher immer schon gebrochen und diskreditiert wahrgenommen als Versprechen der *Fremden*, der Eroberer und Imperialisten; in diesen Ländern, in ihrem Ringen um nationale Unabhängigkeit, wurde Moderne bestenfalls als eine *Europäisierung ohne Kolonialismus* verinnerlicht – und oft enttäuscht." Vgl. hier ebenfalls Giroux (1993), der den Ansatz Freires als „postcolonial text" (ebd. 178) nachzeichnet.

174 Ich beziehe mich in der gesamten Arbeit auf die in der *Digitalen Bibliothek Paulo Freire* (*Biblioteca Digital Paulo Freire*) an der *Universidade Federal da Paraíba* im Internet verfügbare Version des Buches, die unter http://www.paulofreire.ufpb.br/paulofreire/Controle?op=detalhe&tipo=Livro&id=1370 (Zugriff 12.11.2008) abrufbar ist. Da das Dokument selbst keine Seitenzahlen hat, gebe ich jeweils die Seitenzahl der pdf-Datei an.

Land-Art finden in diesem Weltbild Freires keinen Platz.[175] Gerade aus der freireschen Sichtweise heraus, dass jegliche Erziehung und Bildung auf den Kontext der Lernenden bezogen sein soll, wäre es für Freire eine Chance gewesen, diesen Kontext auch im Sinne von Natur zu denken. Da er sich beispielsweise Schule so vorstellt, dass sie nicht an den Grenzen des Schulgebäudes Halt macht, wäre es hier auch eine Möglichkeit, darauf einzugehen, inwiefern der Lehr-Lernprozess an die Natur angebunden sein, in der Natur stattfinden könnte. Pädagogische Ansätze der Natur- und Erlebnispädagogik haben hier bereits wertvolle Erkenntnisse und praktische Ansätze geliefert. Es ist erstaunlich, dass Freire sein Denken in diese Richtung so wenig weiterentwickelt hat. In seinen späteren Arbeiten weist Freire zwar darauf hin, dass die Natur geschützt werden solle, jedoch bleibt er eine genauere Begründung und Eingliederung der Natur in seine Vorstellung von Welt und auch eine Kritik seines anthropozentrischen Weltbildes schuldig. Sehr treffend fasst diesen Kritikpunkt Mayo (2004, 99) zusammen, der sich von Freire eine Arbeit wünscht, die „beyond the anthropocentric framework that characterizes much of his output" geht. Er stellt „Freire's very debatable distinctions between animals and humans" in Frage, denn: "In confronting neoliberalism by positing life-centered values in contrast to market-driven ones, we require a radicalism that extends beyond the realm of social relations [between human beings, K.F.], to embrace the larger domain of human-earth relationships." (Mayo 2004, 99)

Elias (1994, 52 f.) kritisiert ebenfalls die strikte Trennung, die Freire zwischen Mensch und Tier vornimmt, da er vorhandene Ähnlichkeiten zwischen Mensch und Tier, vernachlässige:

> „He ignores the attempts of behaviorists and other psychologists to show the extend to which many human actions are determined or at least influenced by external factors and unconscious factors. Though a recognition of these aspects of human nature might have tempered the optimistic spirit of Freire's vision of persons in the world, it would have offered a more realistic appraisal of the possibilities for personal and social transformation."

Auch ohne einen behavioristischen Ansatz zu bevorzugen, kann ich Elias' Kritik mittragen, da er auf einen wichtigen Punkt hinweist, welcher bereits im Laufe dieses Kapitels angerissen wurde. In seiner klaren Abgrenzung des Menschen vom Tier und der Konstruktion des Menschen als rational geleitetes, handelndes Wesen übersieht Freire Einflussfaktoren menschlichen Handelns, die nicht rational, sondern beispielsweise emotional und bedürfnisgesteuert sind und versäumt es, eine umfassendere Analyse menschlichen Handelns und Bedingungen wie Möglichkeiten gesellschaftlicher Transformation sowie erzieherischer und bildnerischer Arbeit vorzunehmen. In seinem späten Buch *Professora Sim, Tia Não* deutet Freire an, dass er sein Menschenbild erweitert hat:

> „Es ist eine wichtige Tatsache, (…) dass wir (…) offen dafür sind, mit der Beziehung zwischen dem, was wir geerbt haben und dem, was wir erworben haben, zu experimentieren. Wir sind genetisch-kulturelle Wesen. Wir sind nicht nur *Natur*, und genauso wenig sind wir nur Kultur, Erziehung, Urteilsvermögen. Deswegen (…) ist es eine Erfahrung, die durchzogen ist von der Biologie, der Psychologie, der Kultur, der Geschichte, der Erziehung, der Politik, der Ästhetik und der Ethik." (Freire 1997, 84, Hervorhebung im Original)[176]

---

175 Zu dieser Auslassung Freires vgl. beispielsweise Bowers (2005), Rengifo Vasquez (2005) und Siddhartha (2005).

176 Ich beziehe mich in der gesamten Arbeit auf die in der *Digitalen Bibliothek Paulo Freire* (*Biblioteca Digital Paulo Freire*) an der *Universidade Federal da Paraíba* im Internet verfügbare Version des Bu-

Jedoch führt Freire dies in seinen Schriften nicht weiter aus. In Bezug auf Freires Haltung zur Technik erscheint es nur selbstverständlich, dass auch diese in seine Vorstellung von fortschrittlicher Erziehung als ihr Instrument, aber auch als ihr kritisch zu untersuchender Gegenstand eingeht. Wie dieser kritische Umgang mit der Technik (und den Medien als ihr Bestandteil) im Einzelnen aussehen und gestaltet werden kann, das bleibt, wie so oft, der erfinderischen Pädagogin überlassen. Da hilft auch Freires eindeutige – und in seiner Eindeutigkeit umso zweifelhaftere – Stellungnahme nicht weiter: „Die Technologie oder die Wissenschaft zu verherrlichen oder zu verteufeln ist eine höchst negative und gefährliche Form des falschen Denkens." (Freire 2004, 33) Zu Recht reklamiert Mayo (2006, 123) deshalb „Freires fehlende Analyse moderner Formen der Informationstechnologie als Begrenzung" seines Ansatzes.

2.2.4 Progressive versus pragmatische Postmoderne, Neoliberalismus und Globalisierung

> „Es gibt eine reaktionäre Art, postmodern zu sein und eine fortschrittliche Art, es zu sein."
> (Freire 2001a, 159)

Insbesondere in seinen späten Schriften setzt Freire sich mit den Themen Neoliberalismus, Globalisierung und Postmoderne auseinander. Er verwendet die Begriffe auf eine Art und Weise, wie er es in Bezug auf die Verwendung anderer Termini in seinen Werken auch macht: in der Regel wenig trennscharf und nur ungenau definiert. Vielmehr stehen sie für ihn als Symbole zur Beschreibung oder Benennung bestimmter gesellschaftlicher Prozesse und Zustände, die er in seine politische Pädagogik integrieren möchte. Freire unterscheidet zwischen einerseits progressiver und andererseits pragmatischer oder reaktionärer Postmoderne (und rechnet sich selbst der ersten Kategorie zu). Letztere Begriffe verwendet er häufig synonym mit den Begriffen Neoliberalismus und Globalisierung, zum Teil auch mit dem Begriff des neoliberalen Pragmatismus. Daran lässt sich bereits erkennen, dass Freire nicht nur, aber in erster Linie, die wirtschaftliche Seite des Globalisierungsprozesses problematisiert (und weniger beispielsweise die kulturelle Seite).

Schon in seinem frühen Buch *Pädagogik der Unterdrückten* kritisiert Freire die Gier derjenigen, die vom wirtschaftlichen Wachstum profitieren:

> „Bei ihrer hemmungslosen Leidenschaft zu besitzen entwickeln die Unterdrücker die Überzeugung, daß es ihnen möglich ist, alles in Objekte ihrer Erwerbsmacht zu verwandeln. (...) Geld ist das Maß aller Dinge und Profit das primäre Ziel. Für die Unterdrücker ist das einzig Wertvolle, mehr zu haben – immer mehr, selbst um den Preis, daß die Unterdrückten wenig oder gar nichts haben. (...) Für sie ist Mehrhaben ein unveräußerliches Recht, ein Recht, das sie sich durch ihre ,Anstrengung' erworben haben, durch ihren ,Mut, Risiken einzugehen'. Wenn andere nicht mehr haben, dann kommt es daher, weil sie inkompetent und faul sind." (Freire 1998, 45)

Vor diesem Hintergrund wundert es nicht, dass Freire seine frühe Kritik an der Marktwirtschaft in seinen späten Büchern als eine Kritik am Neoliberalismus weiterführt, und, wie in Kapitel 2.1.4 gezeigt wurde, sie in seine Vorstellung von Ethik, die einer „Ethik des Marktes" diametral entgegengesetzt ist, einfließen lässt. Seine oben zitierte frühe Stel-

---

ches, welche unter http://www.paulofreire.ufpb.br/paulofreire/Controle?op=detalhe&tipo=Livro&id=1
356 (Zugriff 12.11.2008) abrufbar ist.

lungnahme scheint geradezu unter den aktuellen Entwicklungen des globalen Kapitalismus und der Finanzmärkte eine neue Aktualität zu erhalten, da es durch sie erneut gesellschaftsfähig geworden ist, öffentlich über (die Begrenzung von) Gier und die Ungleichverteilung der Erträge der globalen Wirtschaft zu diskutieren. Dementsprechend schreibt Freire noch wenige Monate vor seinem Tod über die „Bösartigkeit, Gefräßigkeit [und, K.F.] Unvernunft der Mächtigen" (Freire 2000, 130), den „Gewinn ohne Grenzen, die individualistische Weltsicht und das Rette-sich-wer-kann" (ebd.). Freire ist es insbesondere ein Anliegen, nicht denjenigen, die in prekären Lebensverhältnissen leben, die Verantwortung für dieselben zu geben, sondern darauf hinzuweisen, dass die Verantwortung bei denjenigen liegt, die im freireschen Sinne die Welt steuern. Einen Arbeiter zitierend beschreibt er: „Es ist nicht der Bewohner der Favela, der sich seiner Situation als Favela-Bewohner schämen muss, sondern derjenige, der gut und bequem lebt und nichts für eine Veränderung der Realität, die die Favela verursacht, tut." (Freire 2004, 82) In allererster Linie ist Freires Neoliberalismuskritik also eine Kritik an der Tatsache, dass Menschen in Armut leben, ohne Arbeit sind und Hunger haben:

> „Der Hunger im Angesicht des Wohlstands und die Arbeitslosigkeit in der Welt sind unmoralisch, und nicht lediglich ein fataler Umstand, wie es reaktionäre Kräfte gerne darstellen, als litten sie darunter, dagegen nichts tun zu können. (…) Kein Fortschritt in Wissenschaft und/oder Technik kann eine Unruhe stiftende ‚Ordnung' legitimieren, bei der eine bloße Minderheit von Machthabern das Geld vergeudet und das Leben genießt, während der Mehrheit, die unter Schwierigkeiten versucht zu überleben, gesagt wird, dass man an der Lage nichts verändern könne und dass ihr Hunger ein unausweichliches Übel des ausgehenden 20. Jahrhunderts sei." (Freire 2008, 93)

Für Freire ist es vielmehr wichtig, auch in Bezug auf die derzeitige Situation der Welt (in der die Erträge des wirtschaftlichen Wachstums ungleich verteilt sind und Millionen Menschen hungern), zu betonen, dass diese Zustände verändert werden können:

> „Das, was heute auftritt, produziert nicht unweigerlich das Morgen. Die Globalisierung der Wirtschaft oder des technischen Fortschritts, beispielsweise, sind nicht in sich Gestalter von Morgen als ein starres Vorgegebenes, eine Art vollkommene Verlängerung eines gewissen Ausdrucks des Heute. Die Globalisierung beendet nicht die Politik, sondern schafft die Notwendigkeit, sie auf andere Art und Weise zu betreiben." (Freire 2000, 92 f.)

Diese Textstelle ist insofern interessant, als Freire durch sie in gewisser Weise versucht, sich von seinen bisherigen Schwerpunktsetzungen zu emanzipieren. Er räumt ein, dass die Kämpfe der *Arbeiterklasse* an ihre Grenzen gekommen seien und dass „die Art zu kämpfen neu erfunden" (Freire 2000, 93) werden müsse. Freire deutet an, dass er Möglichkeiten dieses Kampfes in der Arbeit der Nichtregierungsorganisationen, (nach wie vor) der Gewerkschaften (vgl. Freire 2008, 92), in einer aktiven Bürgergesellschaft (vgl. ebd., 94) und in den „fortschrittlichen Parteien", die die Pflicht haben „ein utopisches Wort zu sagen, ein Wort, das anklagt und verheißt" (Freire 2000, 126), sieht. Wie diese Kämpfe im Einzelnen geführt werden sollten und wo Freire konkret deren Einflussmöglichkeiten sieht, erläutert er nicht. Dennoch aber besteht Freire nach wie vor auf der Notwendigkeit von *Kampf* und *Utopie*, in Bezug auf Fukuyama kritisiert er den „ausgerufenen Tod der Geschichte" (Freire 2004, 115), welcher auch die Freiheit einschränke (vgl. ebd.).

In diesem Zusammenhang kritisiert Freire, dass auch die Erziehungs- und Bildungssysteme verstärkt im Hinblick auf die Verwertbarkeit dessen, was sie vermitteln, neu definiert würden und so auf ein „technisch-wissenschaftliches Training" (Freire 2000, 43) reduziert würden:

> „Aus pragmatisch-technizistischer Sicht, die in reaktionären postmodernen Diskursen enthalten ist, hat nur die Vermittlung von technisch-instrumentellem Wissen, mit dem man eine hohe Produktivität im produktiven Prozess erreicht, Wert. Dieser neoliberale Pragmatismus, dem sich mit Enthusiasmus Frauen und Männer angeschlossen haben, die gestern noch zur Linken gehörten, basiert auf der folgenden, nicht immer expliziten Argumentation: Wenn es soziale Klassen und vor allem ihre Konflikte nicht mehr gibt, wenn die Globalisierung der Wirtschaft die Welt nicht nur kleiner gemacht hat, sondern sie auch quasi gleich gemacht hat, dann hat die Erziehung, die wir heute brauchen, nichts mehr mit Träumen, Utopien und Bewusstseinsbildung zu tun. Sie hat nichts mehr mit *Ideologien,*[177] sondern mit technischem Wissen zu tun." (Freire 2000, 94, Hervorhebung im Original)

Auch die Erziehung und Bildung ist laut Freire also durch den von ihm kritisierten Neoliberalismus, der „voll von ‚Modernität'" (Freire 2003, 93) ist, nicht nur beeinflusst, sondern geradezu bedroht: Freire fürchtet um den Platz, den eine sich als kritisch verstehende Erziehung und Bildung in der globalisierten Welt haben kann – und besteht in der Folge umso mehr auf deren Notwendigkeit.

Lesen wir Freires Werke in dieser Hinsicht genauer, so lässt sich feststellen, dass er sich quasi in einem Zustand des Ringens befindet: Er ringt mit der Wirklichkeit des globalen Kapitalismus, mit dem Anliegen, dessen Nachteile, die dieser für viele Menschen hat, zu benennen und als veränderungswürdig zu entlarven, und vor allem ringt er mit der Schwierigkeit diese neuen *Unterdrückungsszenarien* im Einzelnen auszumachen und zu analysieren:

> „Es handelt sich selbstverständlich nicht mehr um die grausam durchgeführte Einengung von Untertanen durch den Despoten, von Vasallen durch deren Großgrundbesitzer, von Kolonialvölkern durch deren Kolonialherren, von Arbeitnehmern durch den Fabrikbesitzer, vom Bürger durch den autoritären Staat, sondern um eine unsichtbare Macht einer entfremdenden Domestizierung, die eine unglaubliche Effektivität erreicht hat und die ich ‚Bürokratisierung des Denkens' nenne. Es handelt sich dabei um einen raffinierten Zustand der Befremdung, der ‚Selbstkapitulation' des Gehirns und des bewussten Körpers, ein Zustand des Konformismus des Einzelnen, der Anpassung an Zustände, die fatalistisch als unumstößlich angesehen werden." (Freire 2008, 104)

Da die *Unterdrückung* heute nicht mehr nur von Diktatoren ausgehe, von Großgrundbesitzern oder autoritären Staaten (obwohl das zum Teil auch noch so ist), sondern durch nicht sichtbare, entfremdende Machtverstrickungen, welche Anpassung und Selbstaufgabe verursachen, bleibt Freire nichts anderes, als eindringlich vor diesen zu warnen und weiterhin an der Idee der möglichen Veränderung dieser Tatsachen festzuhalten. Im Grunde versucht Freire hier die Hegemonien im globalen Zeitalter und dessen Auswirkungen auf das Bewusstsein des Menschen, zu benennen, jedoch, da dies ihm schwerfällt, spricht er von einem „raffinierten Zustand" – so raffiniert, dass dessen Überwindung ebenso schwierig bleibt wie dessen Identifikation.

---

177 Der Begriff der *Ideologie* ist für Freire positiv besetzt. Er meint damit eine klare, politische Meinung, die auch deutlich gemacht wird und nicht versteckt bleibt oder nur unterschwellig vermittelt werden soll. Letzteres wäre für ihn *Manipulation,* was er ablehnt und seinen politischen Gegnern vorwirft. *Ideologie* ist für Freire das Gegenteil einer Pädagogik, die vorgibt, neutral zu sein (und es deswegen mit Freire eben gerade nicht ist).

Kritische Anmerkungen

Was kann aus Freires Haltung gegenüber dem Neoliberalismus und der, wie er sie nennt, reaktionären Postmoderne gelernt werden? Freires Haltung gegenüber diesen Themen überrascht nicht, sondern fügt sich in den Rahmen dessen, was er bereits seit seinen frühen Werken gefordert hat. Seine Stellungnahmen zeigen, dass er seine Grundhaltung nicht verändert hat, sondern versucht, sie auf die jeweiligen gesellschaftlichen wie globalen Verhältnisse zu beziehen.

Kritisch ist in dieser Hinsicht zu bemerken, dass Freire keine umfassende Analyse der Gesellschaft liefert, die aufzeigen würde, an welcher Stelle Veränderung nötig und möglich ist und wie aktuelle Benachteiligungsszenarien entstanden sind und aufrechterhalten werden. Freires Analyse der wirtschaftlichen Globalisierungsprozesse ist in einigen Aspekten stark vereinfachend. Wie in vielen anderen Punkten ist es nicht sein Ziel, diese im Einzelnen zu untersuchen, sondern sie für eine Pädagogik in seinem Sinne kritisch zur Disposition zu stellen – eine *Kodierung* und *Dekodierung* im freireschen Sinne (vgl. dazu Kapitel 3 dieser Arbeit) der konkreten Wirklichkeiten dieser Welt müsste also im politisch-pädagogischen Prozess erst noch erarbeitet werden. Freire ist zwar sehr aufmerksam für *Unterdrückungsszenarien*, die auf lokaler Ebene stattfinden. Die Bedingungen der Möglichkeit zur Veränderung einer (nicht zuletzt globalen) Gesellschaft bezieht Freire jedoch nur wenig in seine Überlegungen mit ein und schließt sich auch keiner Theorie einer anderen Autorin an. Aus diesem Grunde wird es für die Leserin erschwert, zu erkennen, wie Freires Anliegen in die Praxis umgesetzt werden kann.[178] Politische Einflussnahme ist in parlamentarischen Demokratien national und in globalisierten vernetzten dezentralisierten und deregulierten internationalen Zusammenhängen schwierig. Das heißt, es stellt sich die Frage: Welche Wege zur Teilhabe und Einflussnahme gibt es heute? Was sind Re/De/Konstruktionsspielräume, die in der heutigen (Welt-)Gesellschaft von wem wahrnehm- und nutzbar sind? Zwar wehrt sich Freire gegen „die Zukunft als ein unausweichliches Faktum" (Freire 2000, 125), bietet jedoch kaum eine differenzierte Analyse gangbarer Wege zur Gestaltung dieser Zukunft „als Möglichkeit" (ebd.), die über die Anwendung seiner Erziehungsmethode oder die Betonung der Aufgaben der Gewerkschaften, Bürgerbewegungen oder fortschrittlichen Parteien hinausgeht. Und: Wenn die politischen Parteien anklagen und verheißen, wie Freire es verlangt, dann scheinen die Übergänge zwischen einer politischen Partei und einer Religionsgemeinschaft fließend zu sein. Nicht zuletzt ist aber auch die (politische) Pädagogik Freires mit dieser Aufgabe maßlos überfordert. Ihre Aufgabe kann sich letztlich nur in einem Bereich entfalten, welcher Räume und Gelegenheiten zum Erfahren und Erlernen der Fähigkeiten zur aktiven Teilhabe und Transformation von Gesellschaft bereitstellt und begleitet.

Ein weiterer Punkt ist in diesem Zusammenhang bedenkenswert: Freires Weltuntergangsstimmung ist kulturpessimistisch und möchte sich nicht so recht in sein hoffnungsvolles Weltbild einfügen: Er kann sich weder für das eine noch für das andere wirklich entscheiden. Freire ordnet sich selbst zwar der *fortschrittlichen Postmoderne*, wie er es nennt, zu. Jedoch strebt er gleichzeitig nach den Errungenschaften der Moderne – und zwar in erster Linie an dem Punkt, wo noch vormoderne Kennzeichen in der (brasilianischen) Gesellschaft, wie die extrem ungerechte Landverteilung, erkennbar sind: „In die-

---

178 Neuere Darstellungen und Analysen der Entwicklung der Gesellschaft und Zivilgesellschaft in der Moderne wären in diesem Zusammenhang für einen bereichernden Vergleich interessant. Vgl. dazu beispielsweise Alexander (2006). Zudem wäre ein genauerer Anschluss Freires an Überlegungen zur Globalisierung interessant. Vgl. dazu zum Beispiel Giddens (2001) und Giddens (2003).

sem Sinne sind auf widersprüchliche Art und Weise in unserer Gegenwart deutliche Kennzeichen unserer kolonialen, sklavenhalterischen Vergangenheit vorhanden, die die Fortschritte der Moderne behindern." (Freire 2000, 54)[179] Auf der einen Seite kritisiert er also beispielsweise den Neoliberalismus als Produkt der Moderne, auf der anderen Seite jedoch fordert er eine Modernisierung Brasiliens, ohne hier die Vielschichtigkeit und Zusammenhänge dieser Prozesse weiter zu differenzieren.

Gleichzeitig hält Freire an der Idee der universellen Ethik und den Kennzeichen der wahren menschlichen Natur fest, die, auch im Hinblick auf postmoderne Vielfalt, für Freire in letzter Konsequenz vorhanden und definierbar sind. Vor diesem Hintergrund kann versucht werden aufzuspüren, aus welchen Motiven heraus Freire zwischen einer modernen und einer postmodernen Position schwankt und weder die eine noch die andere tatsächlich für sich favorisiert: Auf der einen Seite versucht er, seine eigene moderne Grundhaltung, wie wir gesehen haben, in Teilen zu überwinden, auf der anderen Seite hält er die positiven Auswirkungen des Projekts der Moderne als für diejenigen Menschen und Teile der Welt für an- und erstrebenswert, die sich teilweise in prämodern gekennzeichneten Situationen befinden. Und genau diese Menschen möchte er von den Errungenschaften der Moderne nicht ausschließen. Gesellschaftspolitisch ist Freire nach wie vor ein Modernisierer. Jedes politische Projekt, jede kommunalpolitische Entscheidung muss daraufhin überprüft werden, ob „dieses modernisierende Projekt mehr schutzlose Teile der Bevölkerung ausschließt als es einschließt" (Freire 2000, 126). Freires politisches Anliegen ist nachvollziehbar. Das Vorhandensein von fließendem und sauberem Wasser beispielsweise als Fortschritt der Moderne ist eine Voraussetzung, die Freire zu Recht für die Lebensbedingungen *aller* Menschen fordert. Andere Forderung Freires jedoch, zum Beispiel dass die Männer die Frauen bei der Hausarbeit unterstützen sollten, scheint eine Sichtweise zu sein, die westliche Werte absolut setzt und diese zu wenig reflektiert, da er sie für universelle menschliche Werte hält (vgl. dazu Freire/Horton 1990, 132). Es bleibt also hier die Frage, wie Modernisierung definiert wird und wer diese aus welcher Position heraus definiert.

Dieses Schwanken zwischen dem Wunsch, einerseits postmoderne Denkweisen einzubeziehen, aber dennoch andererseits auf die Notwendigkeit von Modernisierungsprozessen hinzuweisen und gleichzeitig nicht auf die universelle, aufgeklärte letztbegründete Wahrheit zu verzichten, macht Freire in seinen späten Schriften so uneindeutig und letztlich auch widersprüchlich – zu einem modernen Postmodernen? Freire konstruiert in diesem Zusammenhang Moderne und Postmoderne als Gegensätze und versucht, sich aus beiden Konzepten das herauszunehmen, was zu seinem (idealen) Weltbild passt. Dass das Konzept der Postmoderne jedoch auch als ein Versuch gelten kann, die Werte der Moderne, welche diese letztlich nicht ausreichend umgesetzt hat (wie Freiheit, selbstbestimmtes Leben und Wohlstand für alle), erneut aufzugreifen, erläutert Engelmann (1991b, 12):

> „Postmoderne bedeutet nicht Inhaltslosigkeit oder Beliebigkeit (…). Postmoderne, so könnte die paradoxe Formulierung lauten, bedeutet inhaltlich die Wiederaufnahme der Grundideen der Moderne. Postmoderne wäre dann ein erneuter Anlauf zur Durchsetzung und Weiterführung des politisch-gesellschaftlichen Kerngedankens der Moderne, des Prinzips der Freiheit des Individuums, und das Bemühen um eine gesellschaftliche Ordnung auf dieser Basis."

---

179 Vgl. dazu auch Almeida (2007, 25 ff.), der beschreibt, Brasilien sei nur in Teilen in der Moderne angekommen, in anderen Teilen sei es „archaisch" (ebd., 23).

Mit Lyotard weist Engelmann darauf hin, dass eine Strategie nötig sei, „die von der Anerkennung der Individualität und Heterogenität auszugehen versucht" (ebd. 13) welche jedoch nicht „der Wirklichkeit Werte vor [-gibt, K.F.], die für alle gelten sollen" (ebd. 12). Würde Freire die Herausforderung, „daß wir es versuchen müssen, diese Strategie umzusetzen" (ebd.) annehmen, so könnte der sich selbst ohne Schwierigkeiten als postmodern bezeichnen und könnte auf das moderne, fortschrittliche Hintertürchen verzichten. Das würde aber auch bedeuten, dass er ohne seine Utopie als Metaerzählung auskommen müsste, die „als einzulösende Zukunft" (Lyotard 1991b, 49) oder als „Vorstellung eines einheitlichen Ziels der Geschichte und eines Subjekts" (Lyotard 1991a, 35) Gefahr laufen kann, die individuelle Freiheit einem scheinbar befreienden, möglicherweise aber autoritären Projekt zu opfern.

2.3   Fazit: Freire, ein moderner Postmoderner?

„Der Traum von einer besseren Welt entsteht im Innersten seines Gegenteils." (Freire 2000, 133)

Im Verlaufe dieses Kapitels wurden die Kernaspekte des Menschen- und Gesellschaftsbilds Freires dargestellt. Hierbei haben sich zentrale Punkte in der freireschen Weltsicht herauskristallisiert, die eine hohe aktuelle Relevanz aufweisen und wichtige Schlüsselhinweise für ein Menschen- und Gesellschaftsverständnis geben können, das die Basis einer zeitgenössischen Pädagogik darstellen kann. In Kürze zusammengefasst lauten diese:

➢ Wirklichkeit, Erkenntnis und Bewusstsein sind nicht abgeschlossen, sondern entwickeln und verändern sich fortwährend in einem wechselseitigen, aufeinander bezogenen Prozess. Sie sind beobachterabhängig.
➢ *Alle* Menschen haben die Fähigkeiten, Erkenntnis zu produzieren und Wirklichkeit zu gestalten. Sie sollten die Möglichkeiten erhalten, an dem Prozess der Schaffung von Erkenntnis und Wirklichkeit aktiv teilzunehmen.
➢ Diese Konstruktion von Wissen und Wirklichkeit ist damit immer ein politisches Projekt.
➢ Der Dialog ist die wichtigste Fähigkeit und Möglichkeit der Menschen, miteinander zu kommunizieren und gleichberechtigt an diesem Prozess teilzuhaben, der Wirklichkeit und Erkenntnis produziert. Auf ihn kann in keinem Fall verzichtet werden; er dient dazu, *allen eine Stimme zu geben*.
➢ Für gesellschaftliches und pädagogisches Handeln sind ethische Richtlinien notwendig, die dieses Handeln gestalten.
➢ Der Respekt und die Aufmerksamkeit für Vielfalt und entsprechend vielfältige *Unterdrückungsszenarien* sind fundamental für eine Politik und Pädagogik, die dieser Vielfalt Rechnung tragen möchte.
➢ Mit der Spannung zwischen Autorität und Freiheit, zwischen notwendiger verbindlicher Regeln im Zusammenleben der Menschen und dem unveräußerlichen Recht auf individuelle und kollektive Freiheit hat Freire ein zentrales Grundproblem unserer Zeit benannt.
➢ Eine deutliche politische Stellungnahme zugunsten von Freiheit und Befreiung hat eine hohe aktuelle Relevanz, um nicht diejenigen Menschen aus dem Blick geraten

zu lassen, die von den Errungenschaften der Moderne nicht profitieren und stattdessen lediglich *frei sind, zu verhungern.*

➢ Ein kritischer Umgang mit Technik und Medien sind Bestandteil eines bewussten Umgangs mit Wissen und Erkenntnis.

Parallel dazu wurden ebenfalls kritische Punkte in Freires Werken, die weiteres Nachdenken und Weiterentwicklung erfordern, herausgearbeitet. Diese lauten in der Hauptsache wie folgt:

➢ Es ist wenig sinnvoll, von einem linearen, aufeinander aufbauenden Prozess der Entwicklung von Bewusstsein auszugehen, der für alle Menschen gleichermaßen gilt und erstrebenswert ist. Dieses Konzept ist normativ und birgt die Gefahr, autoritärer Praxis und westlich orientiertem ethnozentrischem Denken Vorschub zu leisten: Wer kritisch und bewusst denkt, weiß (besser), was zu tun ist, als wer dies vermeintlich (noch) nicht tut (vgl. dazu auch Roberts 2000, 98 ff.).

➢ Die Bedeutung der kritischen Urteilskraft für menschliches Verhalten wird in Freires Weltsicht überschätzt, und andere Bestandteile menschlichen Handelns und Erlebens werden ihr funktional untergeordnet. Damit werden auch Anteile eines Lehr-Lernprozesses und des menschlichen Lebens instrumentalisiert und damit geringgeschätzt.

➢ Andere Einflussfaktoren menschlichen Verhaltens wie imaginäres Begehren, Gefühle und Unbewusstes sowie reale Handlungsmöglichkeiten und strukturell begrenzte Handlungsspielräume geraten hier aus dem Blick.

➢ Bedingungen und Begrenzungen von herrschaftsfreiem Dialog erfordern eine genaue Analyse und Gestaltung. Auch die Bestandteile eines Dialogs, die über die reine Inhaltsseite hinausgehen, sowie interaktionistische Begrenzungen der Möglichkeit von Verständigung wollen mitbedacht werden.

➢ Eine universelle Ethik des menschlichen Wesens zu fordern, ist problematisch, da sie Gefahr läuft, exklusiv, autoritär und ausgrenzend zu sein. Freires universeller Anspruch ist nachvollziehbar, jedoch wäre zum Beispiel eine pragmatistische Begründung, die eine stärkere Offenheit für Vielfalt impliziert, der freireschen naturalistischen Begründung vorzuziehen.

➢ Allein die Benennung der unbedingten Notwendigkeit des Respekts für Vielfalt und der Ablehnung von Diskriminierung macht noch keine entsprechende Gesellschaftstheorie und pädagogische Praxis aus. Vor allem auch die Bedeutung des Konzeptes der Kultur(en) spielt bei Freire in diesem Zusammenhang eine zu marginale Rolle.

➢ Ein neues, differenziertes Konzept von Freiheit und Befreiung wäre hilfreich, um verständlich zu machen, was diese konkret bedeuten (können). Eine abstrakte Freiheit, die für alle Menschen gleich aussieht, gibt es nicht. Dies hat Freire zwar erkannt, jedoch bleibt er Vorschläge schuldig, wie dieser Erkenntnis in Gesellschaft und vor allem Pädagogik Rechnung getragen werden könnte.

➢ Um die Natur und deren Schutz mit in die Erziehung und Bildung einzubeziehen (und auch in die politische Praxis) ist ein ganzheitliches Weltbild dem anthropozentrischen Weltbild Freires vorzuziehen.

Auf der Basis dieser zentralen Thesen Freires und ihrer Kritik, kann schlussfolgernd abgelesen werden, dass, wie bereits in Kapitel 2.2.4 angerissen wurde, Freire in seinen Hauptanliegen zweifelsohne der modernen Denktradition zuzuordnen ist: „[T]he ontological, epistemological and ethical principles which underpin Freire's pedagogy work are essentially modernist." (Roberts 2000, 147 f.) Auf der einen Seite weist Freire (wie in den vorangegangenen Kapiteln erläutert wurde) also zahlreiche Merkmale modernen Denkens auf. Auf der anderen Seite lassen sich deutliche Versuche erkennen, dieses Denken zu erweitern und an eine postmodern geprägte Sichtweise anzuschließen sowie Anliegen und Grundsätze eines postmodernen Denkens in seinen Ansatz integrieren. Das führt bei Freire zu einer Gegenüberstellung der zwei Arten der Postmoderne. Daran wird ein zentraler Gesichtspunkt eines möglichen aktuellen Verständnisses von Freire deutlich. Freires Versuch, sowohl zu einer postmodernen wie zu einer modernen Sichtweise Stellung zu beziehen, sieht bei ihm folgendermaßen aus:

> „[W]ir haben radikale Positionen (…) noch nie so sehr gebraucht wie heute. Damit wir auf der einen Seite das Sektierertum, das sich auf universellen und einzigen Wahrheiten gründet, überwinden, sowie, auf der anderen Seite, die ‚pragmatischen' Anpassungen an die Fakten, als seien diese unveränderlich geworden, da erstere modernen Positionen nahe steht und letztere modernistischen. Wir müssen auf postmoderne Art und Weise radikal und utopisch sein. Wir müssen progressiv sein." (Freire 2003, 51; vgl. dazu auch Freire 2002, 118 ff.)

Oder, anders gesagt:

> „Was nötig ist, (…) ist, dass man die übertriebene Gewissheit der Gewissheiten überwindet, mit der viele Marxisten sich als *modern* bezeichneten und, dass wir uns, Demut gegenüber den einfachen Klassen[180] annehmend, auf postmoderne Weise weniger gewiss der Gewissheiten sind. Auf fortschrittliche Art und Weise postmodern." (Freire 2003, 96 f.)

Freires Kritik an einer modernen Position also ist in erster Linie gemeint als eine Kritik an der dogmatischen Linken, die Freire des Sektierertums bezichtigt. Aus seiner Sicht ist die Mehrheit der linken Gruppierungen autoritär (vgl. Freire 2003, 39). Auf diese Art und Weise versucht Freire sich von einer solchen Linken abzugrenzen. Er bedient sich zu diesem Zweck des Begriffs der Postmoderne.

Nun kann Freire auf zweierlei Arten zur Postmoderne in Bezug gesetzt werden: Auf der einen Seite könnten wir eine postmoderne Kritik Freires anstreben, oder postmoderne Anteile in Freires Ansatz herausarbeiten (zu dieser Unterscheidung vgl. Peters 1999, 113). Im Folgenden versuche ich beide Herangehensweisen zu kombinieren.

Wie sieht also Freires Versuch eines „Sprungs in die Postmoderne" aus? Er spricht davon, dass die Gewissheiten der Moderne nicht mehr allzu gewiss seien. Damit weist er auf die Vorläufigkeit, Ambivalenz, Prozesshaftigkeit und Unabgeschlossenheit von Wissen und Wahrheit hin: „Eine der Forderungen der progressiven Postmoderne ist, im Gegensatz zur Übertreibung der Gewissheiten der Moderne, dass wir uns unserer Gewissheiten nicht zu gewiss sein dürfen." (Freire 2002, 21; vgl. dazu auch Freire 2008, 27, 35) Freire verweist damit auf die Schwierigkeit der Feststellung von Wahrheit(en). Freire ist in seiner (wenn man so will konstruktivistischen) Denkweise jedoch nicht konsequent. Auf der einen Seite zieht er das Argument heran, dass Wirklichkeit beobachtet und Erkenntnis konstruiert sei, um seiner Forderung, dass auch wenig gebildete Menschen wertschätzend und aktiv in den Prozess der Wissensbildung einbezogen werden müssen, eine Basis zu verleihen. Auf der anderen Seite jedoch dient die kollektive Konstruktion und

---

180 Auf Portugiesisch „classes populares".

Erkenntnisproduktion, während der der Mensch „radikal *offen ... sein*" (Freire 2008, 47) soll, dazu, zu einer universellen Wahrheit, dem „richtigen Denken" (Freire 2008, 47) zu gelangen, die der Mensch auf der Basis seiner „ontologischen Berufung" (ebd., 51) in die Praxis umzusetzen hat. Diesen Widerspruch, der nicht nur erkenntnistheoretisch, sondern auch sozialtheoretisch und bildungspraktisch zweifelhaft ist, löst Freire bis zum Ende seines Wirkens nicht zufriedenstellend auf. Vor allem muss hier auch kritisiert werden, dass Freire die Ambivalenz zwischen der Annahme, dass die *Unterdrückten* bereits Wissen haben, aber andererseits die revolutionären *Führer* (oder die Lehrer) mehr Wissen haben und die *Unterdrückten* führen und leiten müssen, nicht ausreichend (er-)klärt. Auch wenn er in seinen späteren Arbeiten mit anderem Vokabular argumentiert, und so möglicherweise der unwillkürliche Widerwillen des Lesers geringer ist, da er nicht mehr über den *Führer*, sondern über den Lehrer liest, so bleibt das Grundproblem bestehen. Freires Antwort, dass die Lehrer Autorität haben müssen, aber nicht dem Autoritarismus verfallen dürfen, ist wohlklingend, aber ebenso wenig konkretisiert wie in dieser Einfachheit glaubhaft.[181]

Wir erkennen weitere Aspekte postmodern geprägten Denkens bei Freire in der Andeutung der vielfältigen Identitäten und der Möglichkeit einer Gleichzeitigkeit von *Unterdrücken* und *Unterdrückt-Sein* bei ein und derselben Person (vgl. Freire 2007b, 132 f.). Des Weiteren sind in Freires späten Arbeiten Hinweise auf die Themen kulturelle Vielfalt, Differenz(en) und Multikulturalismus zu finden (vgl. Freire 2003, 155 ff.) sowie darauf aufbauend in der Erweiterung seines Konzepts der *Unterdrückten* entlang der Kategorien „Rasse", Klasse, Geschlecht. Freire favorisiert das Verhandeln und Experimentieren (vgl. Freire 1997, 84) und erläutert eine vorsichtige Neudefinition von Macht (vgl. beispielhaft Freire 2003, 108 f. sowie Freire/Guimaraes 1995, 49 ff.) und sein Verständnis von Text und dem *Lesen der Welt* („Schließlich ist der pädagogische Raum ein *Text*". Freire 2008, 90, Hervorhebung im Original; vgl. dazu Peters 1999, 117). So formuliert Freire selbst sehr deutlich, dass er sich in dieser Hinsicht auch von seinen eigenen frühen Grundannahmen und Begründungszusammenhängen emanzipieren möchte. Er plädiert für

> „a way to avoid both the totalizing Eurocentric and androcentric logic with its Hegelian roots, and the pessimism that comes from a critical theory solely trapped within a philosophy of non-identity. (...) To invent new identities as active, cultural agents for social change means to refuse to allow our personal and collective narratives of identity to be depoliticized at the level of every day life. Postmodern theorists have begun to make it clear in their writings that what must contingently ground identity in a postmodern world in which subjectivity has become unmoored from its former narratives of social justice is a postcolonial politics of ethics and compassion." (Freire 1993, xii)

Diese postmodernen Spuren im Denken Freires sind nicht zuletzt durch den Einfluss der nordamerikanischen Debatte der *Critical Pedagogy*, mit deren Protagonisten Freire einen regen Austausch pflegte (vgl. dazu Kapitel 6 dieser Arbeit) zustande gekommen. Mayo (2004, 95) stellt dazu fest: „Freire's contact with the North American critical pedagogical milieu strikes me as having been instrumental."

Es scheint jedoch, als wage Freire nicht den vollständigen Sprung in ein derartiges Denken – sei es nun postmodern genannt, reflexiv modern oder anders. Er möchte seine Idee der Universalität nicht aufgeben, da er zu große Angst vor Unsicherheit und Relativismus hat. Offenbar fehlt ihm an dieser Stelle das Vertrauen, dass auch aus einem sol-

---

181 Vgl. dazu insbesondere die Kritik von Rothe (1975, 26 ff.), die sich zwar ausschließlich auf das Buch *Pädagogik der Unterdrückten* bezieht, jedoch in einigen Aspekten nach wie vor aktuell ist.

chen Denken eine konstruktive Lösung gesellschaftlicher Probleme und Herausforderungen hervorgehen kann. Dies erscheint als Paradox, da Freire, der große Anhänger der kritischen Urteilskraft eben dieser offenbar in Situationen von Vielfalt und Widersprüchlichkeit nicht „über den Weg traut" und bevorzugt, auf allgemein gültige ethische Kriterien
und die Natur des Menschen zu rekurrieren, auch wenn ihm bewusst ist, dass diese einen
Bezugsrahmen darstellen, welcher im jeweiligen Kontext erst konkret ausbuchstabiert
werden muss. Es macht den Anschein, als wolle Freire mit seiner postmodern geprägten
Sichtweise zeigen, dass er auf dem Stand der Diskussion ist – jedoch erreicht er sein Ziel
nur unvollständig; er verbleibt mit einem Bein (oder sagen wir mit seinen Hauptannahmen) in problematischen Prämissen des modernen Denkens verhaftet. Freire hat also diese
Chance (und diese Herausforderung) nur in Teilen angenommen, so dass er in vielen Fällen *mehr dessen*, was er seit seinen frühen Schriften fordert, verteidigt. Freire bekennt sich
zu etwas, was er in vielen Punkten nicht ausreichend diskutiert – und versucht sich dennoch in den postmodernen Diskurs einzuschreiben, indem er sich schlichtweg als „progressiven", also fortschrittlichen „Postmodernisten" bezeichnet. Möglicherweise müssen
wir ihn doch dem Vorwurf aussetzen, dass er an einer Idee der Emanzipation festhält, die
ihre Glaubwürdigkeit zu einem gewissen Grade eingebüßt hat, da sie zu einseitig von einer
Vorstellung eines „Kontinuum[s] zunehmender Entfremdung, fortschreitender Abwertung
von Humanität und abnehmenden politisch-emanzipatorischen Engagement" (Engelmann
1991b, 11) ausgeht?
    Freires Ideen und Forderungen sind jedoch allesamt nachvollziehbar und verdienen in
ihren Absichten sicherlich Zustimmung. Insbesondere vor dem Hintergrund des brasilianischen Kontextes, auf den Freire sich wiederholt bezieht, erhalten seine Wut und seine
Forderungen ein besonderes Gewicht. Auch seine Idee von Ethik ist bis zu dem Punkt
mitzutragen, solange diese Ethik inklusiv ist und viele Spielarten von Wirklichkeitskon-
struktion zulässt. Die Schwierigkeit liegt bei Freire also weniger in seinen Absichten, sondern in erster Linie in seinem Begründungsmodus, denn „[m]any of his fundamental
assumptions are included under the rubric of human nature. His radicalism consists in call-
ing all institutions in society and all human activities into question on the basis of whether
or not they foster, in his language, true humanization." (Elias 1994, 53) Um dieser *echten
Humanisierung* ein stabiles Fundament zu geben, besteht Paulo Freire darauf, dass es vernünftige und unvernünftige Entscheidungen gibt. Er sieht im Postmodernismus und im
Neoliberalismus sein Anliegen gefährdet, da diese aus seiner Sicht die Rechtfertigungs-
grundlage für jegliche parteiliche Stellungnahme in Frage stellen – und so könnte Freire
nicht mehr für die Marginalisierten kämpfen (vgl. Freire 2008, 69, 92). Deswegen ergibt
es sich, dass Freire auf seinem Standpunkt beharrt. Und es ist tatsächlich, wie er auch
selbst sagt, ein Beharren und Bestehen auf etwas (vgl. Freire 2008 51, 118) – eine Tatsache, die der Leserin nicht nur inhaltlich, sondern teilweise auch im Sprachduktus einiges
an Geduld abverlangt. Freire argumentiert nach wie vor mit der Dualität von Gut und Böse
(vgl. Freire 2008, 17, 49) und mit „dem Verstoß gegen die menschliche Natur" (ebd., 57).
Nicht selten bedient er sich eines religiösen Begriffsinstrumentariums (vgl. ebd., 43, 88,
116, 124). Gleichzeitig weist er jedoch darauf hin, dass ein Mensch andere nicht bekehren
solle (vgl. ebd., 122). *Unterdrückung* nicht als solche zu erkennen, sie aufrecht zu erhalten
oder nicht aktiv gegen sie zu kämpfen und sich Herrschaftsstrukturen anzupassen ist also
für Freire auf Basis dieser Argumentation schlussendlich

> ➤ unvernünftig
> ➤ unnatürlich und
> ➤ unethisch beziehungsweise unchristlich.[182]

Wer vernünftig, seiner natürlichen Bestimmung folgend, und ethisch korrekt handelt, der handelt für und im Sinne einer „wahrhaften Utopie" (Freire 2003, 91). Obwohl Freire die universelle Wahrheit ablehnt, hat er sie letztendlich doch gefunden.

Wir sollten Freire jedoch zu Gute halten, dass er versucht hat, sich neuen Sichtweisen und Perspektiven zu stellen und diese in seinen Ansatz mit einzubeziehen. Wie er richtig feststellt, besteht „[d]ie Herausforderung ... nun darin, nicht paternalistisch in die Welt der Unterdrückten einzutreten, als ob man sie vor sich selbst retten wolle." (Freire 2007b, 127) Die Herausforderung hat Freire erkannt und benannt. Seine Arbeiten in Theorie und Praxis sollten wir als Anregung und Motivation verstehen, diese Herausforderung anzunehmen – wissend, dass Freire selbst nicht immer perfekt darin war, sie zu bestehen, und dass wir es selbst auch nicht sein müssen: Wir dürfen mit dem Risiko des Bildens und Erziehens umgehen. Wie wir gesehen haben, liefert Freires Menschen- und Gesellschaftsbild einige Grundannahmen, die zu seiner Bewältigung hilfreich sein können – und die als Bindeglied zwischen unterschiedlichen Herangehensweisen und Sichtweisen dienen können. Roberts (2000, 109) stellt hierzu fest:

„[I]n the postmodern educational world, it is Freire who reminds us that this question [What ought I (or we) to do?, K.F.] can still be answered, even if only in provisional and contingent ways. On the Freirean view, taking a risk-laden, potentially contradictory, always constrained stand against oppression is almost invariably preferable to taking no stand at all."

Denn ein Ansatz, der Ambivalenzen, Risiken und Ungewissheiten zulässt, und dennoch den Mut aufbringt, mit aller Deutlichkeit, so wie Freire es gemacht hat, einen politischen Anspruch einzufordern, welcher seine Verdichtung in einem freiheitlichen Leben aller in einer demokratischen Gesellschaft und sozialer Gerechtigkeit sucht, und dies für eine Erziehung und Bildung von heute durchbuchstabiert, der hat die Chance, mit seinen Implikationen weiter zu bestehen und neue Wirkungskraft zu entfalten. In diesem Zusammenhang könnte Freires Ansatz „be appropriated into and extended by critical postmodern educational practice, without sacrificing some of modernity's most laudable goals." (Freire 1993, x) Dazu gehört dann auch „die ständige Wahrnehmung und Politisierung der in ... [Freires, K.F.] Schriften abwesenden Diskurse." (Mayo 2006, 124)

---

182 Freire selbst benennt es nicht mit diesem Wort. Es ist jedoch offensichtlich, dass seine Ethik eine christlich motivierte Ethik ist. Im Buch *Pädagogik der Autonomie* schreibt er zum Beispiel über die „Evangelisation" als einen Bereich der pädagogisch-politischen Arbeit (vgl. Freire 2004, 79).

3.   Freires Pädagogikverständnis in kritischer Betrachtung

„The task of explaining Freire's educational theory is not an easy one. Like most utopian thinkers, he is much clearer in his criticism and in what he rejects than in the constructive educational theory which he proposes. Vagueness sets in when he makes positive proposals and attempts to describe what education or learning should be in utopian societies." (Elias 1994, 121)

Wie Elias beschreibt, ist es kein leichtes Unterfangen, Freires Pädagogikverständnis zu beschreiben. Freires Pädagogik fußt in erster Linie auf einer politischen (und religiösen beziehungsweise gläubigen) Haltung, die seine Vorstellung von Pädagogik vollständig durchdringt. In vielen seiner Schriften legt Freire deswegen auch den Schwerpunkt auf die Darstellung dieser Haltung und weniger auf die Schilderung von Vorschlägen für die konkrete Methodik und Didaktik einer daraus hervorgehenden Pädagogik. Es existieren bereits zahlreiche Texte, die insbesondere Freires frühes Denken beschreiben und die darin enthaltene Vorstellung von Pädagogik, insbesondere Freires Alphabetisierungsmethode vorstellen. Dies jedoch geschieht in der Regel aus einer wenig kritischen Perspektive heraus, welche nur selten über Freires eigene Perspektiven hinausweisen. (Beispiele einer kritischen Betrachtung in deutscher Sprache sind vor allem Pereira Paiva (1980), die in erster Linie die politischen und ideologischen Prämissen des frühen Denkens Freires untersucht, sowie Knopf/Möller/Schmidt (1978), die das Konzept der *Conscientização* Freires kritisch beleuchten). In deutscher Sprache sind zudem kaum Arbeiten vorhanden, welche auf die späten Schriften Freires eingehen und die darin enthaltene Sichtweise von Pädagogik beschreiben, die Freires frühe Schriften erweitert. Es gibt einige Arbeiten in englischer Sprache, welche eine umfassende Darstellung von Freires Pädagogikverständnis im Laufe seines Schaffens beinhalten (einige von ihnen werden für die Analyse herangezogen), jedoch auch sie beziehen sich nur auf die Schriften Freires, welche bis dato in englischer Sprache erhältlich waren oder sind.

Freires Pädagogikverständnis sowie dessen einzelne theoretische und praktische Implikationen vom Beginn bis zum Ende seines Schaffens werden in diesem Kapitel überblicksartig und auf bestimmte Schlüsselinhalte fokussiert dargestellt. Auf der einen Seite soll so der Leserin ermöglicht werden, sich einen umfassenden Überblick über und Einblick in Freires Pädagogik zu verschaffen. In diesem Sinne kann dieses Kapitel, wie auch das vorangegangene, als eine Einführung in Freire gelesen werden. Gleichzeitig werde ich in diesem Kapitel eine kritische Reflexion der Punkte an Freires Pädagogik vorlegen, welche aus meiner Sicht problematisch und widersprüchlich sind, aber auch Aspekte hervorheben, die für Freires aktuelle Relevanz besonders interessant zu sein scheinen, auch wenn sie für eine praktische Umsetzung weiterer Ausdifferenzierung, Analyse und genauer Operationalisierung bedürfen. Dadurch, dass Freires Pädagogikverständnis auf seinem Gesellschafts- und Menschenbild, das in Kapitel 2 dieser Arbeit nachgezeichnet wurde, basiert, lassen sich an einigen Stellen gewisse Wiederholungen zum vorangegangenen Kapitel nicht vermeiden. Diese werden möglichst knapp gehalten und sie nur dort angewendet, wo sie für das Verständnis des jeweiligen Aspekts der Pädagogik Freires relevant sind. Wie im vorherigen Kapitel, sind in diesem die jeweiligen Unterkapitel in einen rekonstruktiven Teil, welcher in erster Linie die Ideen Freires darstellt, und einen kritischen Teil – die *kritischen Anmerkungen* – gegliedert, um so weit wie möglich eine deutliche Unterscheidung zwischen den Gedanken Freires und dem, was ich ihnen re/de/konstruktiv hinzugefügt habe, zu ermöglichen.

In den folgenden Ausführungen sind die verwendeten Begrifflichkeiten wie folgt einzuordnen: Freire spricht in seinen frühen Büchern in der Regel von *educador* (wörtlich übersetzt „Erzieher") und meint damit den Lehrer oder Dozenten in den freireschen *Kulturzirkeln* wie auch in den Alphabetisierungsprogrammen. „Erzieher" wird hier also nicht im engen Sinne der Berufsbeschreibung verwendet, sondern meint alle im weitesten Sinne im Bildungs- und Erziehungsbereich Tätigen. Parallel dazu verwendet Freire auch den Begriff *coordenador* („Koordinator"). Analog dazu verwendet Freire die Begriffe *educando* (wörtlich übersetzt „zu Erziehender") oder *alfabetizando* (wörtlich übersetzt „zu Alphabetisierender") für die Teilnehmenden des *Kulturzirkels* oder des Alphabetisierungskurses. In den deutschen Übersetzungen wird zum Teil mit dem Begriffspaar „Lehrer – Schüler" gearbeitet (vgl. dazu Freire 1998, 7, 104), aber auch mit den Begriffen „Erzieher" oder „Koordinator" (vgl. ebd. 104). In seinen späteren Arbeiten verwendet Freire mehr und mehr auch die Begriffe *professor/a* (Lehrer/in) neben dem Begriff *educador/a*, den er nach wie vor benutzt (vgl. dazu beispielhaft Freire 1997 und 2004). Dies hängt nicht zuletzt damit zusammen, dass er sich in seinen Ausführungen verstärkt auf Kontexte formaler Bildung und in erster Linie schulischen Lernens bezieht. Insofern ist es nur schlüssig, wenn Freire schreibt: „I don't want to separate teaching from education." (Freire/Horton 1990, 62; vgl. dazu auch ebd. 188) Für Freire gehören also Bildungs- und Erziehungsprozesse untrennbar zusammen. Dies hängt nicht zuletzt damit zusammen, dass die Begriffe im Portugiesischen wenig trennscharf benutzt werden, oder, anders gesagt, die Sprache keine trennscharfen Begriffe zu Verfügung stellt.[183] In diesem Zusammenhang verwendet Freire auch ein weites Konzept des Unterrichtens. Für ihn findet dort Unterricht statt, wo Lernprozesse stattfinden (vgl. Freire/Horton 1990, 193). Auf diese Art und Weise fasst Freire formales, non-formales und informelles Lernen unter „Unterrichten" (Teaching) zusammen. Später, in seinen Büchern *Pedagogia da Esperança* (vgl. Freire 2003, 85) und *Pedagogia da Autonomia* (Freire 2004) weist er auch auf die „informellen Erfahrungen" (Freire 2004, 44) im Sinne informellen Lernens hin.

Ich werde in diesem Kapitel in der Regel die Begriffe „Lehrer" und „Lerner" verwenden. Gemeint sind mit dem Begriff „Lehrer" diejenigen Personen, welche den Erziehungs- und Bildungsprozess im weitesten Sinne leiten, anleiten und moderieren. Im deutschen Sprachgebrauch könnten sie also je nach Setting und Auftrag auch Dozentinnen, Referenten, Moderatorinnen oder Erzieher sein. Sie sind gemeinsam mit den „Lernern" am Prozess der Konstruktion von Erkenntnis beteiligt und lernen im freireschen Sinne auch von ihnen. Die „Lernerinnen" sind die Personen, welche am Erziehungs- und Bildungsprozess aktiv teilnehmen und voneinander und der „Lehrerin" lernen, gleichzeitig aber auch für letztere zu „Lehrern" werden. Sie könnten im deutschen Sprachgebrauch je nach Kontext auch Teilnehmende im Allgemeinen oder Schülerinnen oder Multiplikatoren im Speziellen sein. Eine ähnliche Problematik hinsichtlich der Trennschärfe und Bedeutung der Begriffe besteht auch in Bezug auf die übrige freiresche Terminologie. Freire verwendet viele Begriffe synonym und definiert sie wenig genau. So kann *kritisches Be-*

---

183 *Educação* bedeutet übersetzt *Erziehung*, bezieht sich aber auf Bildungs- und Erziehungsprozesse im Allgemeinen und wird sowohl für den schulischen, wie für den außerschulischen Bereich wie auch zum Beispiel für den familiären Bereich verwendet. *Formação* bedeutet *Ausbildung* und wird im Sinne klassischer Aus- oder Weiterbildung verwendet, nicht aber im Sinne eines allgemeinen übergeordneten Bildungsbegriffs. Vgl. dazu auch Freire/Horton (1990, 220). Hier erläutert Freire, dass er dennoch den portugiesischen Begriff der *formação* gegenüber dem englischen Begriff *Training* bevorzuge.

wusstsein bei ihm das gleiche meinen wie *richtiges Denken*. Lernvorgänge bezeichnet Freire als *epistemologische Neugierde* oder als *gnosiologischen Kreislauf*, sowie als *gnosiologischen Prozess* oder als *epistemologischen Kreislauf*. Politisches Engagement wird zur *kulturellen Aktion* oder zum *Widerstand*. *Naives Bewusstsein* geht für Freire in der *Kultur des Schweigens* auf. Diese Liste wäre um einiges verlängerbar. Es wäre ein nicht zu erfüllendes Unterfangen, die genauen Bedeutungsnuancen und -unterschiede dieser Begriffe herausarbeiten zu wollen. Zwar wäre dies hilfreich für ein Verständnis von Freire, jedoch stellt Freire anhand seiner Texte dafür schlichtweg nicht die Voraussetzungen zur Verfügung. Das bedeutet, dass wir uns mit einer gewissen Offenheit und dadurch auch Ungenauigkeit, die in Freires Texten selbst angelegt ist, zufrieden geben müssen beziehungsweise, dass wir versuchen müssen, Freires Intentionen nachzuspüren in der Hoffnung, uns möglichst nahe an die Bedeutung anzunähern, die Freire zu transportieren suchte. Insofern erfordert eine Nachzeichnung des Denkens Freires eine Herangehensweise, die er selbst in einer seiner Wortschöpfungen die *epistemologische Neugierde* nannte. Aufgrund der Tatsache, dass insbesondere die Beschreibungen Freires hinsichtlich seiner Vorstellungen von Pädagogik sehr subjektiv sind und zum Teil als ein Ringen darum erscheinen, den persönlichen Erlebenscharakter des Lehr-Lernprozesses herauszustreichen, ist es teilweise schwer möglich, Freires Gedanken zu paraphrasieren, sondern ist es nötig, ihn zu zitieren. Ohne einen direkten Einblick in Freires Formulierungen und Denkstrukturen, bliebe sein Denken wenig nachvollziehbar – und es wäre damit kaum möglich einen Eindruck von Freire als Pädagogen und als Menschen zu vermitteln. Aus diesem Grunde finden sich im folgenden Kapitel verhältnismäßig viele Zitate aus den Werken Freires.

3.1 Theoretische Grundbegriffe der Pädagogik Freires – Freire als liebevoller Befreier

3.1.1 Der Lernende als Subjekt – Bankiers-Methode versus problemformulierende Methode

> „Der unvollendete Charakter des Menschen und der Übergangscharakter der Wirklichkeit nötigen dazu, daß Erziehung und Bildung ein fortlaufender Vorgang ist." (Freire 1998, 68)

Der wichtigste Baustein in der Erziehungskonzeption Freires ist die Unterscheidung zwischen der „Bankiers-Methode" der Erziehung (*educação bancária*), welche Freire auch domestizierend nennt, und der problemformulierenden Erziehung (*educação problematizadora*, eigentlich „problematisierende Erziehung"), die Freire auch befreiende oder dialogische Erziehung nennt. Letztere wird von humanistischen oder revolutionären (vgl. Freire 1998, 60) beziehungsweise progressiven (vgl. Freire 2004) Lehrern praktiziert. Nicht zuletzt, weil Freire diese beiden Formen von Erziehung oder Bildung in seinem Buch *Pädagogik der Unterdrückten* vorstellt und die daraus folgenden Thesen bis zu seinen letzten Veröffentlichungen die Basis seines Denkens blieben, gilt das Buch bis heute als sein Hauptwerk:

> „There can be little doubt that Freire's account of banking education and problem-posing education in (…) *Pedagogy of the Oppressed* represents one of the best, and certainly one of the most influential, concise statements of liberating education (…). Freire did not subse-

quently contradict or renounce any of the major principles (…), but he did *extend* and clarify many points from his classic early piece in later publications." (Roberts 2000, 73)

Die Unterscheidung der beiden genannten Erziehungskonzeptionen basiert auf Freires Grundannahme, dass Erziehung und Bildung nicht neutral sein können, so dass sie entweder die bestehende Ordnung und Herrschaft fortschreiben, oder aber sie in Frage stellen. Eine Erziehung, die von sich selbst sagt, neutral zu sein, fördert nach Freire zwingend die vorhandenen Herrschaftsverhältnisse.[184] So findet die „Bildung als Praxis der Herrschaft" (Freire 1998, 63), welche die *Kultur des Schweigens* mit verursacht und aufrechterhält, ihren Gegenpol in einer „Bildung als Praxis der Freiheit" (ebd. 66).

In der *Bankiers-Erziehung* wird der Lerner, so erläutert Freire, als Behälter gesehen, welcher vom Lehrer mit vorgefertigten Inhalten gefüttert wird. Wie in einer Bank fungiert der Lehrer als Anleger und der Lerner als Objekt der Anlage. Das vermittelte Wissen sind gewissermaßen die Spareinlagen, die im Lerner deponiert werden. Diese Erziehung nennt Freire auch anti-dialogisch (vgl. Freire 1998, 116 f.), da ihr Ziel aus seiner Sicht ist, den Menschen an die existierenden Bedingungen anzupassen, um, die Kreativität und Kritikfähigkeit der Lerner ausschaltend, den Fortbestand der vorhandenen Gesellschaftsordnung und deren unterdrückenden Herrschaftsverhältnisse sicherzustellen (vgl. Freire 1998, 57 ff.). In der Lernerin werden durch die *Bankiers-Erziehung* zu diesem Zweck Mythen wie zum Beispiel folgende eingelagert:[185] Die Gesellschaft sei nicht unterdrückend, sondern frei. Jeder in ihr lebende Mensch könne über sein Schicksal selbst entscheiden. Wer fleißig genug sei, dem gelänge es, zu Wohlstand zu kommen. Die *Unterdrückten* seien faul, unehrlich und unfähig, und aus diesem Grunde befänden sie sich in der prekären Situation, in der sie leben (vgl. Freire 1998, 118 f.). All dies führt für Freire bei der Bevölkerung zur *Kultur des Schweigens*. Sie akzeptiert nach Freire passiv ihre Situation, da sie im Glauben an die genannten Mythen zu der Überzeugung gelangt ist, dass sie an den bestehenden Verhältnissen nichts ändern kann (vgl. Freire 1998, 57 ff.) und, darüber hinaus, dass sie es verdient hat, unter diesen schwierigen Bedingungen zu leben. Für Freire ist die *Bankiers-Erziehung,* die aus Sicht Freires das Bildungs- und Erziehungssystem in Brasilien ausmacht, durch folgende Merkmale gekennzeichnet:

„a) Der Lehrer lehrt,[186] die Lerner werden belehrt. b) Der Lehrer weiß, die Lerner wissen nicht. c) Der Lehrer denkt, die Lerner werden gedacht. d) Der Lehrer spricht, die Lerner hören folgsam zu. e) Der Lehrer diszipliniert, die Lerner werden diszipliniert. (…) h) Der Lehrer wählt den Lehrplan aus und die Lerner, die in diese Wahl nicht einbezogen werden, passen sich ihm an. i) Der Lehrer setzt die Autorität des Wissens mit seiner funktionalen Autorität gleich und setzt sie der Freiheit der Lerner entgegen (…)." (Freire 2005d, 68)

---

184 Bourdieus Theorie der Kapitalformen könnte in gewisser Hinsicht als eine differenzierte Weiterentwicklung der freireschen Kritik an der *Bankiers-Erziehung* betrachtet werden. Vgl. dazu Bourdieu (1983). Auch das Konzept des Habitus von Bourdieu bietet Anknüpfungspunkte hinsichtlich Freires Vorstellung von *Unterdrückung* und *Herrschaft*. Vgl. dazu Bourdieu (1970, 125 ff.); vgl. ferner auch Bourdieu (1990).

185 Mit seinem Konzept der *Bankiers-Erziehung* bezieht Freire sich auf Sartres Ernährungskonzept (philosophie alimentaire) von Bildung. Vgl. dazu Freire (1998, 61 und 1975, 23).

186 Im portugiesischen Original verwendet Freire das Verb „educar". In der deutschen Übersetzung von *Pädagogik der Unterdrückten* (Freire 1998) wird „educar" in der Regel mit „lehren" übersetzt, dieser Wortwahl schließe ich mich überwiegend an. Dennoch schließt in diesem Zusammenhang das Wort sowohl die Bildungs- als auch die Erziehungsprozesse ein.

Daraus folgt, dass der Lerner kein Subjekt des Lehr-Lernprozesses ist, sondern ein unfreies Objekt. Diese Verobjektivierung aber widerspricht, wie gezeigt wurde, nach Freire der Natur und Bestimmung des Menschen, sich zu entwickeln und zu *humanisieren*, also ein Subjekt seiner selbst, seiner Geschichte und seines Handelns zu sein (vgl. beispielhaft Freire 2004, 99).

Freire wendet sich, konstruktivistisch gesprochen, demnach gegen ein Erziehungs- und Bildungssystem (und nicht gegen einzelne Lehrpersonen), welches auf bloße Rekonstruktion vorhandener und vorgefertigter Inhalte abzielt und weder eine Infragestellung beziehungsweise Dekonstruktion der Wirklichkeit oder dieser Inhalte zulässt noch eigene Konstruktionen von Wirklichkeit fördert. Somit werden durch dieses System auch imaginäre Welten und reale (Lebens-)Bedingungen, welche den Lerner beschäftigen, bewegen und seine Wahrnehmung der Wirklichkeit bestimmen, von vornherein aus dem Erziehungs- und Bildungsprozess ausgeschlossen. Aus diesem Grund setzt Freire der *Bankierserziehung* seine dialogische, *problemformulierende Erziehung* entgegen. Diese basiert auf folgendem Grundsatz: „Niemand erzieht niemanden. Niemand erzieht sich selbst. Die Menschen erziehen sich, vermittelt durch die Welt, gegenseitig." (Freire 2005d, 78) Dem Lehrer wird also ein Teil seiner Autorität entzogen, indem er nicht mehr die Lerner belehrt oder erzieht, sondern er wird, zusammen mit den Lernern zu einem Akteur eines gemeinschaftlichen Bildungsprozesses:

> „[D]ie Praxis der problemformulierenden Methode [bringt, K.F.] es von Anfang an mit sich, daß der Lehrer-Schüler-Widerspruch aufgelöst wird. Dialogische Beziehungen (…) sind sonst ausgeschlossen. (…) Durch Dialog hört der Lehrer der Schüler und hören die Schüler des Lehrers auf zu existieren, und es taucht ein neuer Begriff auf: der Lehrer-Schüler und der Schüler-Lehrer. Der Lehrer ist nicht länger bloß der, der lehrt, sondern einer, der selbst im Dialog mit den Schülern belehrt wird, die ihrerseits, während sie belehrt werden, auch lehren." (Freire 1998, 64 f.)

Im Gegensatz zur Bankiers-Methode werden die Lerner nicht mit Wissen gefüllt, sondern sind gleichberechtigt und dialogisch gemeinsam mit dem Lehrenden in einem konstruktiven wissensbildenden Prozess begriffen.

> „‚Problemformulierende Bildungsarbeit', die dem Wesen des Bewusstseins entspricht – nämlich seiner Intentionalität –, verwirft Kommuniqués und verwirklicht Kommunikation. (…) Befreiende Erziehungsarbeit besteht in Aktionen der Erkenntnis, nicht in der Übermittlung von Informationen." (Freire 1998, 64)

Ein Kommuniqué ist für Paulo Freire – mit Bezug auf Karl Jaspers – etwas oder jemand, über den gesprochen wird. In der Bankiers-Erziehung ist der Lernende für Freire das Kommuniqué, denn er nimmt nicht am Dialog Teil, sondern ist lediglich Objekt des Anti-Dialogs. Im Dialog hingegen befinden sich zwei Subjekte miteinander in Kommunikation (vgl. Freire 1982, 50 f.). In seinen späteren Büchern relativiert Freire seine Haltung in Bezug der Rollen des Lehrers und des Lerners und reagiert damit auf Kritik an seiner Annahme, dass diese am erzieherischen oder bildnerischen Prozess quasi ohne Unterschied bezüglich Einfluss und Rolle beteiligt sein könnten (vgl. dazu beispielhaft die frühe Kritik in deutscher Sprache durch Rothe 1975, 23 ff. oder Treml 1987 sowie in englischer Sprache durch Elias 1994, 116).

Im engen Sinne jedoch hat Freire diese Sichtweise schon in seinen frühen Schriften nicht konsequent vertreten, da er immer darauf bestanden hat, dass der Lehrer, oder, in seinen frühen Schriften, der *revolutionäre Führer*, die Lerner leiten und anregen müsse, denn „[f]reilich kann der humanistische und revolutionäre Erzieher nicht warten, bis diese Möglichkeit [dass die *Unterdrückten* sich aus freien Stücken befreien, K.F.] Wirklichkeit wird." (Freire 1998, 60) Vielmehr muss der Lehrer oder *Führer* diese dazu bringen, dass sie sich im „Kampf um ihre Befreiung engagieren" (Freire 1998, 60). Wie bereits in Kapitel 2 dargestellt wurde, bestand seit Freires frühen Schriften stets diese Spannung, die einerseits daran deutlich wird, dass Freire aus dem Schüler auch einen Lehrer, also einen „Schüler-Lehrer" machen möchte, aber dass letztlich doch der Lehrer den Bildungsprozess steuern muss.

Dennoch weist Freire in seinen späten Arbeiten verstärkt darauf hin, dass der Lehrer eine direktive Rolle habe und nicht mit dem Lerner gleichgesetzt werden könne: „Obviously, we also have to underscore that while we recognize that we have to learn from our students (…), this does not mean that teachers and students are the same. (…) That is, there is a difference between the educator and the student." (Freire 1985, 177) Der Lehrer muss für Freire eine Autorität darstellen. Jedoch müsse Autorität von Autoritarismus unterschieden werden:

> „Authority is necessary to the educational process as well as necessary to the freedom of the students and my own. The teacher is absolutely necessary. What is bad, what is not necessary, is authoritarianism, but not authority. If I (…) instead of generating freedom I generate license, … then I don't accomplish my responsibility of teaching. The other mistake is to crush freedom and to exacerbate the authority of the teacher." (Freire/Horton 1990, 181; vgl. dazu auch Mayo 2004, 22)

In diesem Zusammenhang besteht Freire auch auf der Verwendung des Begriffes Lehrer. Der Lehrer „cannot be a mere facilitator." (Freire/Horton 1990, 180; vgl. dazu auch Roberts 2000, 59 ff.) Freire unterscheidet also zwischen Autorität und Autoritarismus, zwischen Freiheit und Zügellosigkeit oder Laisser-faire.

Autorität und Freiheit sieht er in seiner *problemformulierenden Erziehung* verwirklicht, während Autoritarismus und Laisser-faire deren unerwünschte Übertreibungen sind. In diesem Sinne geht Freire in seinen späteren Büchern nicht von zwei Arten der Erziehung aus, sondern von drei (vgl. Roberts 2000, 59). Die Unterscheidung zwischen Freiheit und Zügellosigkeit „is not a conceptual distinction, but a substantive (normative) one. The key to understand Freire's position lies in the *purpose* of exercising authority; namely, to promote the appropriate conditions for allowing others to liberate themselves." (Roberts 2000, 61, Hervorhebung im Original) In diesem Zusammenhang definiert Freire weitere Anforderungen an die Lehrer. Der Lehrer müsse zum einen ausreichend Wissen haben, um den Bildungsprozess anzuleiten. Zum anderen müsse der Lehrer darüber entscheiden, was Gegenstand des Unterrichts sein soll. Hier schwächt Freire seine frühe Stellungnahme, der Schüler solle in den Entscheidungsprozess die Inhalte des Unterrichts betreffend miteinbezogen werden, ab: „The teacher must command the contents of the program." (Freire/Horton 1990, 107; vgl. auch ebd., 180) Diesen Unterrichtsgegenstand müsse die Lehrerin immer kontextuell verorten, ohne den Schwerpunkt zu sehr auf diese (politische) Verortung zu legen (vgl. Freire/Horton 1990, 107 f.). In seinen späten Schriften radikalisiert Freire sich jedoch erneut und betont, dass die Lerner an der Auswahl des Unterrichtsstoffs partizipieren können sollten (vgl. Freire 2003, 110 f.). Die Anforderungen an die Lehrer führt Freire vor allem in seinen Büchern *Teachers als Cultural Workers* (Freire 2005b, ursprünglich 1993) und *Pedagogia da Autonomia* (Freire 2004, ursprünglich 1996) weiter aus.[187] Freire erläutert, wie bereits in Kapitel 2 erläutert wurde, die von ihm in diesem Zusammenhang verwendeten Begriffe nicht näher. Wie Roberts feststellt, ist es nicht Freires Anliegen, eine genaue Definition von Freiheit, die im Erziehungs- und Bildungskontext vorhanden sein und gelebt werden soll, zu geben. Gleichsam liefert Freire keine Analyse, wie und anhand welcher Kriterien innerhalb dieses Kontextes zwischen legitimer Autorität und nicht akzeptablem Autoritarismus seitens des Lehrers unterschieden werden kann. Vielmehr geht es Freire darum, für diese Problematik überhaupt erst einmal zu sensibilisieren und vor allem die Lehrerin aufzufordern, diese Aspekte in der Bildungspraxis zu reflektieren.[188]

Kernstück der *problemformulierenden Erziehung* Freires ist die *Conscientização*, also die Bewusstseinsbildung. Sie stellt das Hauptmerkmal der Auffassung Freires von Pädagogik dar.[189] Die Idee der *Conscientização* stammt ursprünglich aber nicht von Freire selbst, sondern entstand im Kreise der am *Instituto Superior de Estudos Brasileiros* (ISEB) aktiven brasilianischen Intellektuellen (vgl. Taylor 1993, 52). Über die Analyse ihrer Wirklichkeit und unmittelbaren Lebenssituation und deren sprachlichen Bezeichnungen sollen die Menschen dazu befähigt werden, die Welt kritisch zu sehen und sie vor allem als eine Wirklichkeit zu begreifen, die nicht statisch ist, sondern gestalt- und veränderbar (vgl. Freire 1998, 64 ff.). Der Mensch als bewusstes Wesen und Wesen der Praxis (vgl. dazu die Kapitel 2.1.1 und 2.1.2) erkennt so auf der einen Seite kritisch seine Lebenssituation und die sie bedingenden Zusammenhänge und leitet daraus auf der anderen Seite eine verändernde Haltung ab. Die „conscientização ist eine Anstrengung durch die wir, unsere eigene Praxis analysierend, in kritischen Begriffen unsere eigene Konditionierung, der wir unterworfen sind, erkennen." (Freire 1981b, 69)[190] Die *Conscientização* wird zu einem Merkmal der freireschen *kulturellen Aktion* (vgl. ebd., 67) und der „Überwindung der semi-Transitivität und der Naivität durch das kritische Bewusstsein der dominierten Klassen" (ebd.). Durch die *Conscientização* „löst die problemformulierende Bildungsarbeit eine fortwährende Enthüllung der Wirklichkeit aus." (Freire 1998, 65) Oder konstruktivistisch gesprochen könnte man sagen: „Wir sind die Enttarner unserer Wirklichkeit" (Reich 1996, 121). Indem wir enthüllen, dass es auch noch anders sein könnte –

---

187 Die einzelnen Aspekte dieser Anforderungen werden im weiteren Verlauf dieses Kapitels zur Sprache kommen, denn sie sind Bestandteil der einzelnen Facetten von Freires Pädagogikverständnis.

188 Vgl. dazu auch beispielhaft Gadotti (1996b, 106) Mit Bezug auf Freires Buch *Professora sim, tia não* (auf Englisch *Teachers as Cultural Workers*) beschreibt Gadotti die schwierige Aufgabe der Lehrerin und kritisiert, dass die Arbeit der Lehrerin als die einer „Tante" (auf Portugiesisch *Tia* – eine bis heute im Primar- und Vorschulbereich zu findende Bezeichnung der Erzieherin oder Lehrerin seitens der Kinder) beschönigt und verniedlicht werde, als wäre diese „nur" dafür zuständig, die Kinder oder Schüler zu beschäftigen und mit Wissen zu versorgen. Freire betone, dass die Lehrerinnen überaus anspruchsvolle und schwierige Aufgaben zu erfüllen hätten, wie zum Beispiel die Schüler schon im frühen Alter mit Hilfe von Spielen, Geschichten und Lektionen dahin zu führen, die Notwendigkeit der Übereinstimmung zwischen Diskurs und praktischem Tun zu erkennen. Problematisch ist in diesem Zusammenhang – neben der Frage, inwiefern und auf welche Art und Weise hier überhaupt bei Kindern von politischem oder kritischem Bewusstsein gesprochen werden kann und sollte – dass der portugiesische Buchtitel ausschließlich die weibliche Berufsbezeichnung verwendet und somit bestehende Klischees verfestigt.

189 In Kapitel 3.2 wird dargestellt, wie nach Freire die Bildungsarbeit auf Basis der *Conscientização* in der Praxis aussehen kann.

190 Ich beziehe mich auf die in der *Digitalen Bibliothek Paulo Freire* (*Biblioteca Digital Paulo Freire*) an der *Universidade Federal da Paraíba* im Internet verfügbare digitale Fassung des Buches, die unter http://www.paulofreire.ufpb.br/paulofreire/Controle?op=detalhe&tipo=Livro&id=1370 im Internet zu finden ist (Zugriff 12.11.2008). Da diese Fassung des Buches keine Seitenzahlen hat, gebe ich die Seitenzahl des pdf-Dokuments an.

und nach Freire auch sollte – steht diese Wirklichkeit zur Disposition einer verändernden Praxis. In seinen frühen Arbeiten, in denen sich Freire hauptsächlich auf den Bereich der Alphabetisierung bezieht, ist die *Conscientização* Hauptmerkmal der freireschen Alphabetisierungsarbeit. Durch Erziehung zur Befreiung sollen die Menschen erkennen, wo ihre Unfreiheit bedingt liegt und wie sie sich manifestiert, um sie dann überwinden zu können: „Der Analphabet nimmt kritisch wahr, dass es notwendig ist, lesen und schreiben zu lernen" (Freire 1982, 53), so dass „er sich selbst als Gestalter der kulturellen Welt entdeckte" (ebd., 52). Freire geht davon aus, dass die Lerner sich zwar möglicherweise ihrer Situation bewusst sind, das heißt, diese in Form der ihr innewohnenden Nachteile beziehungsweise Benachteiligungen (wie zum Beispiel Hunger) wahrnehmen, jedoch, dass sie sich häufig nicht darüber bewusst sind, aus welchem Grunde diese benachteiligende Wirklichkeit besteht und sich dadurch letztlich *ihrer selbst* nicht bewusst sind. „Um zu erkennen muß ich fühlen, aber wenn meine Kenntnis auf einer Ebene vorrangig auf einer Erfahrbarkeit des Bekannten stehen bleibt, erfaßt sie nicht das Gesamte, das, was Marx die Vernunft der Dinge nannte." (Freire 1981a, 80)

Der freiresche Begriff der *Conscientização* war und ist nicht unumstritten. Freires frühe Arbeiten wurden zum Teil deswegen kritisiert, weil sie die Bedeutung des kritischen Bewusstseins – das in Freires Idealfall durch die *Conscientização* gefördert oder geweckt worden war – für die transformatorische Praxis sehr hoch einschätzten und im Gegensatz dazu die diese Praxis begrenzenden kontextuellen Bedingungen wenig in den Blick nahm (vgl. dazu zum Beispiel Freire 2001b, 64). Freire selbst wies im Gegenzug darauf hin, dass alleine die *Conscientização* noch keine Transformation der gesellschaftlichen Verhältnisse ausmache (vgl. dazu beispielhaft Freire 2003, 100 ff.). Freire hat sich selbst bereits früh mit den Arten und Weisen, wie der Begriff aufgefasst und verwendet wurde, auseinander gesetzt, da er eine „Mythologisierung der Bewusstseinsbildung" (Freire 1981a, 73) bei unterschiedlichen Gruppen beobachtet hatte, die er in erster Linie darin sah, dass die Wirkungskraft der *Conscientização* in ihrer transformatorischen Kraft oder auch zur Lösung persönlicher Probleme überschätzt werde (vgl. auch Freire 1981a, 73 ff.). Aus diesem Grunde erklärt Freire:

> „Ich fing ... an, mir über die Verwendung des Begriffs ‚Bewußtseinsbildung' Sorgen zu machen. Das Wort ‚Bewußtseinsbildung' wurde durch seine Verwendung in Lateinamerika und später in Europa so verschlissen, daß ich es seit 5 Jahren nicht mehr verwende." (Freire 1981a, 45. Das zitierte Interview stammt aus dem Jahr 1978)

Gleichzeitig weist Freires Konzept der *Conscientização* die Schwierigkeit auf, dass die Balance zwischen Bildung zu kritischem Bewusstsein und ideologisch gefärbter Beeinflussung auf einem schmalen und kaum definierbaren Grat wandelt (vgl. dazu beispielhaft Freire 2003, 77 f.). Zudem fürchtete Freire selbst, dass der Begriff sozusagen zweckentfremdet im Dienste anderer, autoritärer politischer Sichtweisen angewendet werden könnte (so wie er es der Alphabetisierungsarbeit der brasilianischen Militärdiktatur vorwarf, vgl. dazu beispielhaft Freire 2001b, 47 f.; Freire 1981, 45 f., 62 ff.), so dass Freire selbst den Begriff in den folgenden Arbeiten nicht mehr aktiv verwendete, aber dennoch versuchte, ihn in seiner Bedeutung weiter zu erklären:[191]

---

191 Der Begriff ist vor allem in Freires frühen Arbeiten *Pädagogik der Unterdrückten, Cultural Action for Freedom, Pädagogik der Solidarität* (auf Portugiesisch *Extensão ou comunicação?*) und *Erziehung als Praxis der Freiheit* zu finden. In *Dialog als Prinzip* (auf Portugiesisch *Cartas à Guiné-Bissau*) wird er von Freire nicht mehr verwendet. In Freire/Gadotti/Guimarães (1995, ursprünglich 1985) wird der

„Aus einer Haltung der *Conscientização* heraus zu arbeiten (…) bedeutet, mit Genauigkeit und Demut, ohne die Arroganz der Sektierer, die sich ihrer universellen Gewissheiten allzu gewiss sind, die Wahrheiten zu enthüllen, die von den Ideologien, die umso lebendiger sind, je mehr sie tot genannt werden, versteckt werden. Die bewusstseinsbildende Anstrengung lehnt auf der einen Seite die elitäre Vernachlässigung ab, mit der bestimmte fortschrittliche Intellektuelle (…) das Wissen des Volkes behandeln. Auf der anderen Seite akzeptiert sie es jedoch nicht, dass sie, dieses Wissen respektierend, durch dieses lahmgelegt wird. (…) Natürlich habe ich jedoch, indem ich das Wort [*Conscientização*, K.F.] nicht mehr benutzt habe, nicht seine Bedeutung abgelehnt. Mir schien es zu jener Zeit (…), dass ich auf der einen Seite das Wort nicht mehr benutzen sollte und auf der anderen Seite versuchen sollte, in Interviews, Seminaren und Vorträgen (…) besser klarzustellen, was ich mit dem bewusstseinsbildenden Prozess meinte." (Freire 2005a, 113 f.; der Text stammt ursprünglich aus dem Jahr 1991)

Mit diesem Anliegen kam Freire in seinen späten Arbeiten auf den Begriff zurück und versuchte ihn für sein Verständnis von Pädagogik zu aktualisieren: „[D]ie erzieherische Praxis ist genauso an der Ermöglichung von Wissensvermittlung an die Menschen interessiert wie sie an deren *Conscientização* interessiert ist." (Freire 2001b, 28; der Text stammt ursprünglich aus dem Jahr 1993) In seinem letzten Buch *Pedagogia da Autonomia* schreibt Freire:

„In den 60er Jahren, als ich mich bereits mit den Hindernissen [der Transformation der Welt, K.F.] beschäftigte, rief ich nicht nach der *Conscientização* als Allheilmittel, sondern als Anstrengung eines kritischen Bewusstseins dieser Hindernisse, das bedeutet, ihrer Ursachen. Entgegen der Kraft des fatalistischen neoliberalen, pragmatischen und reaktionären Diskurses bestehe ich heute, ohne idealistische Abweichungen, auf der Notwendigkeit der Conscientização. Ich bestehe auf ihrer Aktualisierung. In Wahrheit, als Vertiefung der ‚prise de conscience' der Welt (…) ist die Conscientização eine menschliche Notwendigkeit." (Freire 2004, 54)

In der *problemformulierenden Erziehung* wird Lernen im freireschen Sinne durch Bewusstseinsbildung, die die Wirklichkeit untersucht und enthüllt, zur Befreiung. Und diese Befreiung ist für Freire immer untrennbar verknüpft mit politischem Handeln und Widerstand. Da Bildung nicht neutral sein kann, impliziert sie stets eine politische Stellungnahme, wird sie selbst zu einem Akt mit politischer Bedeutung. Bildung hat also nicht nur in sich eine politische Konnotation, sondern tritt als aktives politisches Handeln, „dialektisch und demokratisch" (Freire 2003, 107) aus sich selbst heraus und entwickelt ihre Relevanz auch jenseits der Mauern der Schule, der Universität oder der Bildungsinstitution, und umgekehrt, der politische Charakter, der das gesellschaftliche Leben durchzieht, spiegelt sich in der erzieherischen und bildnerischen Praxis wider. Erziehung und Bildung sind somit eine *kulturelle Aktion* im freireschen Sinne. Für Freire ist das Kernstück von Erziehung und Bildung demnach immer schon eine politische Parteinahme: „Das fundamentale Problem politischer Natur (…) ist, zu wissen, wer die Inhalte auswählt, zu wessen Gunsten und im Sinne von was ihre Vermittlung fungieren wird, gegen wen, wofür und wogegen." (Freire 2003, 110) In dieser Hinsicht ist Freires Ansatz pragmatisch, denn die Lösung dieses Problems liegt nicht in einer allgemein gültigen Antwort, sondern in den di-

---

Begriff intensiv von den Autoren diskutiert (vgl. ebd.); das gleiche gilt für *A Educação na Cidade* (vgl. Freire 2005a, 111 ff.). In diesen Arbeiten wird der Terminus jedoch nicht zur Erläuterung des inhaltlichen Anliegens des jeweiligen Texts benutzt. In Freire/Faundez (1989) kommt der Begriff ebenso wenig vor wie in *A Importância do Ato de Ler* (Freire 1989). Zur Erläuterung des Begriffs und dessen Verwendung bei Freire vgl. auch Scocuglia (2006b).

rekten und konkreten Zusammenhängen, in denen die im Unterricht gewonnene Erkenntnis in der Lebenswelt des einzelnen Lernenden und der Verständigungsgemeinschaft hat: „The educator must know in favor of whom and in favor of what he or she wants. [sic] That means to know against whom and against what we are working as educators. I don't believe in the kind of education that works in favour of humanity. That is, it does not exist in ‚humanity‘. [sic] It is an abstraction. Humanity for me is (…) very concrete." (Freire/Horton 1990, 100 f.) Auch der Lehrer, der sich selbst für neutral oder unpolitisch hält, kann aus der Perspektive Freires nicht der Tatsache entkommen, dass er sich selbst in einem Netz und Prozess permanenter Bedeutungs(re/de)konstruktion befindet und bewegt, die konkrete politische Implikationen haben (vgl. dazu auch Roberts 2000, 57 f.). Der politische Anspruch der freireschen Bildungsarbeit verdichtet sich letztlich in dem Begriffspaar *denúncia* (Anklage) und *anúncio* (Ankündigung), welches Freire vom Beginn bis zum Ende seines Wirkens verwendet (vgl. beispielhaft Freire 1975, 40 und Freire 2004, 79). Die dialogische und befreiende Praxis verwirklicht sich für Freire folglich „in the act of analysing a dehumanizing reality, denounce it while announcing its transformation" (Freire 1975, 40).

Kritische Anmerkungen

Freires Unterscheidung zwischen der *Bankiers-Erziehung* und *problemformulierender Erziehung* muss zunächst als große Leistung betrachtet werden. Ende der 1960er beziehungsweise Anfang der 1970er Jahre war diese deutliche Unterscheidung und damit auch die Kritik der bestehenden gesellschaftlichen Verhältnisse und des Bildungssystems in Brasilien (auf das Freire sich in seinen ersten Arbeiten bezog) eine radikale politische Stellungnahme, die nicht ohne Grund große Beachtung fand. Erstmals wurde in dieser komprimierten Form (auch wenn die Ideen, wie gezeigt wurde, in großen Teilen nicht von Freire selbst stammen, sondern von ihm zusammengefügt wurden) radikal und mutig nicht nur ein gesamtes System in Frage gestellt, sondern auch die ihm zugrunde liegenden Mechanismen und derer, die von diesen profitieren, kritisiert. Freires Forderung, dass Erziehung und Bildung in erster Linie die Mündigkeit und Kritikfähigkeit der Lernenden fördern sollten und dass Erziehungs- und Bildungsprozesse stets von deren Wirklichkeit und Lebenssituation ausgehen sollten, sind Grundprämissen, die bis heute weltweit eine große Wirkung zeigen und längst allgemeine Grundlagen der Erziehungs- und Bildungstheorie darstellen, auch wenn sie nicht immer vollständig oder im Sinne Freires Einzug in die Praxis finden oder durch andere Annahmen und Erfordernisse relativiert werden (und auch von anderen Theoretikern in ähnlicher Form formuliert wurden).[192]

Jedoch stellt uns die freiresche Erziehungskonzeption auch vor einige Schwierigkeiten: Freires Schlüsselkonzept der *Conscientização* ist undeutlich sowie wertend und damit

---

192 Neben den bereits genannten ideengeschichtlichen Bezügen ist die Ähnlichkeit zu den Grundannahmen der *Kritischen Theorie* besonders deutlich. Inwiefern Freire (möglicherweise vermittelt über die Schriften anderer Personen) die Arbeiten beziehungsweise deren Inhalte, welche in der *Frankfurter Schule* seit Ende der 1960er Jahren entstanden, bekannt waren, ist nicht eindeutig zu beantworten. Einige Arbeiten beschäftigen sich mit einem Vergleich der Ideen von Freire und Habermas. Siehe dazu Gusmao de Goes Brennand (1999), Zitkowski (2000) und Morrow/Torres (2002). Zur *Kritischen Theorie* und *Kritischer Pädagogik* vgl. auch Hoffmann (2007) – die Beschreibung Hoffmanns der Kernpunkte der *Kritischen Theorie* und der sich auf sie beziehenden *Kritischen Pädagogik* im deutschsprachigen Raum (nicht zu verwechseln mit der *Critical Pedagogy* in Nordamerika) liest sich teilweise wie eine Darstellung einiger der Hauptideen und Anliegen Paulo Freires (vgl. ebd., vor allem 34 ff. und 57 ff.). Zur *Kritischen Pädagogik, Kritischen Theorie* und Bezug zu Paulo Freire vgl. auch Moser (1972).

fraglich. Es ist nicht nur unbefriedigend, dass Freire kaum methodische Anhaltspunkte vorstellt, wie diese *Conscientização* in der Praxis umgesetzt werden kann. (Zu den Methoden, die Freire vorschlägt, vgl. Kapitel 3.2 dieser Arbeit.) Darüber hinaus stellt Freire kein Instrumentarium zur Verfügung, anhand dessen die gesellschaftlichen Verhältnisse und Zusammenhänge, die Freire kritisiert, durch die *Conscientização* untersucht werden könnten. Die Rolle der Erziehung und Bildung innerhalb dieser Zusammenhänge wird bei Freire nur vage durchdacht: „[H]e fails to undertake any serious analysis of the questions which underpin the debate about power and knowledge, teaching and learning, schooling and society." (Taylor 1993, 53) Die binäre Gegenüberstellung herrschaftsunterstützender sowie herrschaftskritischer Bildung und Erziehung kann in ihrer vereinfachenden Eigenschaft zunächst hilfreiche Qualitäten zur Wahrnehmung und Interpretation von Wirklichkeit haben. Für Schlussfolgerungen aus dieser Interpretation, die die Gestaltung dieser Wirklichkeit nach sich ziehen soll, stellt sich jedoch die Situation wesentlich komplizierter dar (vgl. Taylor 1993, 54 f.). Freires dualistische Sichtweise verführt nicht nur dazu, Aspekte von Wirklichkeit auszublenden, die sich nicht in dieses Schema einordnen und kognitiv erfassen lassen, sondern auch Einfachheiten und Eindeutigkeiten zu suggerieren, die nicht nur so nicht vorhanden sind, sondern die im Spiel von Bedeutungen, nichtkognitiven Handlungsmotiven und vielfältigen gesellschaftlich-politischen Verstrickungen fortlaufend unterminiert werden. Taylor hat nicht ganz Unrecht, wenn er konstatiert „it is here that Freire is at his most mystical and abstruse." (Taylor 1993, 55) Zumal schließt die *Conscientização* an eine Schwachstelle in Freires Denken an, die bereits in Kapitel zwei erläutert wurde: Die (Über-)Bewertung der (kritischen) Urteilskraft und der Übertragung seiner Erkenntnistheorie, die für ein gewisses Lehr-Lernsetting hilfreich sein mag, auf das Thema Wissen(-serwerb) allgemein (vgl. dazu Freire/Horton 1990, 158 und Elias 1994, 74). Freires Argumentation auch in Bezug auf die Pädagogik setzt nach wie vor den Schwerpunkt auf die kognitive Ebene und damit auch auf die Ebene der Inhalte. Das jedoch ist nur ein Bestandteil des Erziehungs- und Bildungsprozesses. Es ist also hier, Freire erweiternd, nötig, die gesamte Interaktion (zum Beispiel auch die Methodik und Didaktik, aber auch die nicht-kognitiven Komponenten des Lehr-Lernprozesses) im Unterricht zu beobachten.

In einem weiteren Schritt löst die freiresche Dualität von *befreiender* und *domestizierender* Erziehung und Bildung ein gewisses Unbehagen aus. Erziehungs- und Bildungsprozesse können nicht in ein Richtig-Falsch-Schema eingeordnet werden, sondern es sollte davon ausgegangen werden, dass sich dort stets direktive und freiheitliche, auf Selbstbestimmung und Selbsttätigkeit angelegte Vorgänge mischen und miteinander interagieren. Das bedeutet natürlich nicht, dass es nicht grundsätzliche Unterschiede je nach pädagogischem Konzept, Schülerschaft und Lehrperson gibt. Es ist jedoch hilfreich, hier eher von einem Kontinuum auszugehen, auf dem sich diese Prozesse abbilden, als von zwei sich gegenüber liegenden Polen. Erziehungs- und Bildungsprozesse verlangen auf der einen Seite Anpassung und Einpassung, auf der anderen Seite können sie Voraussetzungen und Prozesse kritischen Denkens (das als Konzept noch zu definieren wäre) und Verhaltens anregen und fördern (vgl. dazu beispielhaft Taylor 1993, 54). Es ist kaum möglich, nur das eine oder nur das andere zu sein, vor allem, wenn davon ausgegangen wird, dass Machtbeziehungen und Unterdrückungssituationen sowie *Befreiungs*tendenzen vielfältig sind. Wenn Freire vor allem die Frage der Machtbeziehungen genauer analysiert hätte, wäre es ihm möglicherweise gelungen, auch eine differenziertere Analyse vorzulegen, inwiefern, in welchem Ausmaß und auf welche Art und Weise Erziehung und Bildung möglichst große Spielräume für *freies* oder *befreiendes* Lernen bereitstellen können. Elias analysiert dazu:

> „Freire's dichotomous analysis of education into either education for freedom or for domestication does blur many important distinctions. This analysis exaggerates both the weakness of education for cultural transmission and the strengths of education by problem posing. All education to some degree entails a transmission of a culture, a tradition, and a history. There is a way to do this that is oppressive and there is a way to do this that is liberating." (Elias 1994, 114)

Die Schule vermittelt Kulturtechniken, die man zum Leben in der Verständigungsgemeinschaft braucht, vermittelt automatisiert kulturelle Codes und Verhaltensweisen. Freires Aussage „Der erzogene Mensch ist der angepaßte Mensch, denn er paßt besser in die Welt" (Freire 1998, 61) kann vor diesem Hintergrund also durchaus positiv *und* negativ interpretiert werden: Anpassung macht flexibel und überlebensfähig – aber auch wenig widerständig und kreativ. Auf der anderen Seite ist aber das Dilemma der Erziehung und Bildung heute noch ein ganz anderes: Sie passt den Menschen nicht mehr an die Welt an. Oder anders gesagt, der Mensch passt durch Erziehung und Bildung eben *nicht* zwangsläufig besser in die Welt. Vielmehr produzieren die Bildungsinstitutionen, vor allem in Deutschland die Förderschulen und die Hauptschulen, zum Teil auch die Realschulen, aber auch die Universitäten, massenweise „überflüssige" Menschen, die von vornherein für das berufliche Nichts ausgebildet werden (vgl. dazu beispielhaft Beck 2007b; Overwien/Prengel 2007). Sie werden durch die Erziehung nicht angepasst und in ein System eingepasst, sondern ausgesondert.

Zum anderen bleibt die Frage offen, wie der Lehrer auf der einen Seite den Anspruch Freires, eine politische Haltung einzunehmen, erfüllen kann und auf der anderen Seite dennoch eine Offenheit für die Erkenntnisse und Wirklichkeitskonstruktionen der Lernerinnen, die von seinen abweichen können, aufrechterhalten kann. Die Ideen Freires laufen, auch auf den pädagogischen Kontext angewendet, Gefahr, *befreiend* genannt, aber autoritär umgesetzt zu werden. Diese Zweifel nähren sich unter anderem auch aus der Prämisse des berechtigten Anspruchs der Lerner, Inhalte vermittelt zu bekommen und selbst darüber zu befinden, was sie kritisieren möchten und ob sie dazu eine politische Haltung im engeren Sinne einnehmen möchten. In diesem Sinne bleibt die provokative Frage „Wer befreit hier wen? (Und von was?)" unbeantwortet. In diesem Zusammenhang erscheint auch die Beschreibung des Lehrer-Lerner-Verhältnisses bei Freire wenig klar und ebenso wenig alltagstauglich. Ähnlich wie der Dialog (vgl. Kapitel 2.1.3 dieser Arbeit) ist das Lehrer-Lerner-Verhältnis, dessen Hauptkonstituente der Dialog sein soll (vgl. dazu auch Kapitel 3.1.3 dieser Arbeit), jedoch durch viele Komponenten bestimmt. Freire reflektiert weder unbewusste noch machtbedingte Einflussfaktoren der Interaktion im pädagogischen Setting. Der Zusammenhang von Wissen und Macht sowie die Bedeutung der Beziehungsebene bleiben ebenfalls unbeachtet.[193] Erziehung und Bildung schaffen darüber hinaus keine *freien* Subjekte. Es ist nicht nur so, dass der Einfluss der Erziehung und Bildung von Freire gegenüber anderen Einflüssen (zum Beispiel der der familiären Sozialisation, der Peer-Group, der Kultur im weiten Sinne und vieles mehr) überschätzt wird, sondern dass das Konzept des kritischen und eigenständig handelnden Subjekts an sich hinterfragt werden muss. Dennoch stellt Freire mit seiner *problemformulierenden Erziehung* in erster Linie zwei aufschlussreiche und bedenkenswerte Gedankengänge zur Verfügung:

---

193 Vgl. dazu beispielhaft Reich (1998b, 288 ff.).

Wird die freiresche *Conscientização* interpretiert als ein Bestreben, das nicht Gesagte, das nicht Bewusste, das Gefühlte und Imaginierte mit in den Bildungs- und Erziehungsprozess einzubeziehen (ohne dabei therapeutisch zu werden!), so könnte gerade sie die Chance sein, sich von der freireschen Überbetonung der Kognition und der Inhaltsebene zu verabschieden. Konstruktivistisch gesprochen: Solange das Imaginäre nicht symbolisch ausgedrückt werden kann, wird es stets im Gefühlten, nicht Sichtbaren verbleiben und keine zielgerichtete praktische Relevanz in der interaktiv geteilten Wirklichkeit entwickeln können. (Eine immanente Relevanz hat sie jedoch immer.) Anders herum sind aber symbolische Repräsentationen ohne imaginäre, gefühlte Wirklichkeiten und Begehren leere Begriffe und Inhalte, die ebenso wenig beispielsweise zu einer Verminderung der Benachteiligung und der Förderung einer menschlichen, solidarischen Gesellschaft beitragen können. Durch die Annahme, dass Erziehung nicht neutral ist, liefert Freire uns einen wichtigen Hinweis (vgl. dazu auch beispielhaft Freire 2008, 102). Genauso wie der Bildungsprozess nicht nur aus Inhalt besteht, geht auch die Lehrerin nicht in ihrer wissensvermittelnden oder -ermöglichenden Funktion auf. Sie bringt ihre Erfahrungen, Wünsche, Vorannahmen und Überzeugungen (bewusst oder unbewusst) genauso in den Bildungsprozess mit ein wie auch die Lerner. Insofern kann Freires Pädagogikverständnis nicht nur als ein Plädoyer für eine Parteinahme für die *Unterdrückten* interpretiert werden, sondern in allererster Linie erstmal als eine Aufforderung an die Lehrer und Lerner zu einer umfassenden (Selbst-)Reflexion – ein Aspekt, den Freire selbst allerdings wenig erläutert. Hierfür benötigen wir eine Beobachtertheorie, die es erlaubt, auch die Lehrperson selbst in die Metareflexion mit einzubeziehen (vgl. dazu Reich 1998a, 11 ff.). Die Institutionen von Bildung und Erziehung befinden sich zudem, wie Freire richtig betont, nicht im „luftleeren Raum", sondern sind Teil und Komponenten eines gesellschaftlichen Gesamtsystems, in dem sie eine bestimmte Funktion übernehmen. Und diese näher zu untersuchen, könnte ein gewinnbringender Aspekt in einem Lehr-Lernkontext sein, der die allgemein anerkannte Forderung einer „Erziehung zur Mündigkeit" ernst nimmt.

3.1.2 Lernen als kollektive und dialektische Konstruktion von Wissen

„We recognize the indisputable unity between subjectivity and objectivity in the act of knowing. Reality is never just simply the objective datum, the concrete fact, but is also men's perception of it." (Freire 1975, 31)

„[I]f the act of knowing has historicity, then today's knowledge about something is not necessarily the same tomorrow. Knowledge is changed to the extent that reality also moves and changes." (Freire/Horton 1990, 101)

„Unterrichten bedeutet nicht, Wissen weiterzugeben, sondern die Voraussetzungen für seine eigene Produktion oder Konstruktion zu schaffen." (Freire 2004, 47)

Aus der Annahme, dass Lehrer und Lerner voneinander lernen, und dass alle an diesem Lehr-Lernprozess Teilnehmende Subjekte sind, ergibt sich Freires Annahme der kollektiven Konstruktion von Wissen, das auf die Wirklichkeit bezogen ist. Erkenntnis entsteht durch die Interaktion des Menschen mit der Welt, nämlich „weder Objektivismus noch Subjektivismus oder Psychologismus, sondern Subjektivität und Objektivität in permanenter Dialektik" (Freire 2005d, 41) führen zu Erkenntnis. Wissen und Bewusstsein sind für Freire eng miteinander verwoben, wenn nicht sogar fast das Gleiche: „There may (…) be no real distinction between the two in Freire's usage." (Elias 1994, 61) Freire verwendet für seine Erkenntnistheorie unterschiedliche Begrifflichkeiten. In seinen frühen Arbeiten sind noch die Begriffe *doxa* und *logos* zu finden (vgl. Freire 1975, 37). In seinen späten Büchern bezeichnet er den gemeinsamen Prozess, mit einer seiner Wortschöpfungen (die leider nicht selten mehr verwirren und verklären als aufklären) als „gnosiologischen Prozess" (Freire 2000, 100). In diesem Prozess wird Wirklichkeit und über sie vorhandenes Wissen rekonstruiert sowie beobachtet und angezweifelt und damit neukonstruiert – und somit Erkenntnis geschaffen: „Wissen existiert nur durch Erfindung, Neuerfindung, durch ruhelose, ungeduldige und fortwährende Suche, welche die Menschen in der Welt, mit der Welt und miteinander unternehmen. Das ist auch eine hoffnungsvolle Suche." (Freire 2005d, 67; vgl. Freire 1981a, 51; vgl. dazu auch Roberts 2000, 49) Das (Vor-)Wissen der Lerner hat in diesem Prozess einen besonderen Stellenwert und soll nicht nur in ihn mit einfließen, sondern dessen Ausgangspunkt bilden. „In diesem Prozess schätzt man das Wissen aller wert. Das Wissen der Schüler wird nicht verneint." (Gadotti 1996b, 81) Doch was macht nun genau diesen Lernprozess aus? Freire beschreibt ihn in seinen späteren Werken mit den Bestandteilen des *Lesens der Welt* und des *Lesens des Wortes*, diese Bestandteile machen den Lernprozess zu einem dialektischen Vorgang (vgl. beispielhaft Freire 2004, 81, 84, 122 f.). Das *Lesen der Welt* beinhaltet für Freire die direkte Bezugnahme auf die Lebenswelt der Lerner, welche dann die Basis des *Lesens des Wortes* darstellt, also letztendlich des Alphabetisierungsprozesses oder aber auch des Unterrichts im formalen Bildungssystem oder in Kontexten non-formalen Lernens im Allgemeinen. Für Freire ist die Beachtung dieser beiden Bestandteile fundamental für den Unterricht:

> „Als Lehrer muss ich immer besser ‚lesen‘, auf welche Art und Weise die einfachen Klassen[194] die Welt als ihren unmittelbaren Kontext und das übergeordnete Ganze, von dem dieser ein Teil ist, lesen. Was ich sagen möchte ist folgendes: Ich darf auf gar keinen Fall in meinen pädagogisch-politischen Beziehungen mit den einfachen Klassen ihr Erfahrungswissen, ihre Erklärung von Welt, wovon ihr Verständnis der eigenen Anwesenheit in der Welt Teil ist, geringschätzen. All dies ist erklärt oder vorgeschlagen oder versteckt in dem, was ich das ‚Lesen der Welt‘ nenne, das immer dem ‚Lesen des Wortes‘ vorhergeht." (Freire 2004, 81)

Die Lernerinnen werden so für Freire nicht nur aktiv und dialogisch in den Unterricht mit einbezogen, sondern ihre Gedanken- sowie sozioökonomische und kulturelle Lebenswelt bilden die direkte Basis und Ausgangspunkt des Lernens (vgl. dazu auch Freire/Horton 1990, 150, 156 ff.). Freires Unterscheidung zwischen dem Lesen der Welt und dem Lesen des Wortes geht auf seine Bezugnahme zu Chomsky zurück. Da Chomsky zwischen Oberflächenstruktur und Tiefenstruktur von Sprache differenziert, lehnt Freire sich an diese Aufgliederung an und unterscheidet zwischen dem eigentlichen Text (dem Wort und dessen Oberflächenstruktur oder dem theoretischen Kontext) und dem Kontext (der Welt als Tiefenstruktur des Wortes oder dem konkreten Kontext; vgl. Freire 1975, 31 ff.; Freire 1980, 99 ff.).[195] Unter Bewusstseinsbildung, die immer Teil des freireschen Lernprozesses ist, versteht Freire nicht nur die Kenntnis der Wirklichkeit, sondern das Eintauchen in eine Wirklichkeit –diese zu erkunden und zu erleben –, um sich … wieder von ihr zu distanzie-

---

194 Auf Portugiesisch „grupos populares".
195 Chomsky meinte natürlich mit seiner Idee der Tiefenstruktur von Sprache etwas anderes. Das ist jedoch für Freire wenig relevant. Wie auch durch andere Autoren und Denktraditionen lässt er sich vielmehr durch die generative Transformationsgrammatik Chomskys inspirieren und inkorporiert deren Grundannahmen in seiner ganz eigenen (Um-)Deutung zu seinem Gedankengebäude.

ren: „Seine erkenntnistheoretische ‚Distanzierung' [des theoretischen Diskurses, K.F.] von der Praxis als seinem Untersuchungsgegenstand, muss sich gleichzeitig maximal an ihn ‚annähern'. (Freire 2004, 39). Dieser Prozess der Annäherung an die Wirklichkeit und deren Untersuchung ist für Freire ein Akt der Neugierde:

> „Richtig, also kritisch zu denken, ist eine Anforderung, die die Phasen des gnosiologischen Kreislaufs fortlaufend an die Neugierde stellen, die dabei methodisch immer genauer wird und so von der Naivität zu dem übergeht, was ich die ‚epistemologische Neugierde' nenne." (Freire 2004, 29; vgl. auch ebd., ff. und Freire 2000, 106 f.)

Auch diese Neugierde hat für Freire letztlich eine politische Konnotation: „Meine Neugier auf die richtige Art und Weise auszuüben ist ein Recht, das ich als Mensch habe und das mit der Pflicht einhergeht, für dieses Recht auf Neugier zu kämpfen." (Freire 2004, 85) Wissen wird also demnach in einem gemeinsamen, dialogischen und dialektischen Prozess, der vom bereits vorhandenen Wissen der Lernerinnen ausgeht, durch Neugierde konstruiert (vgl. dazu auch Freire 2000, 57). Für Freire ist der Schritt von der *epistemologischen Neugier* zum „prophetischen Denken" (Freire 2000, 118) nicht mehr weit. Das bedeutet, für Freire ist die kritische Untersuchung der Wirklichkeit gleichzeitig der Weg dahin, eine andere Wirklichkeit anzukündigen. Auf diese Art und Weise schließt er seine Pädagogik wieder an seine Idee der Utopie als zu verfolgendes politisches Projekt an, das nicht zuletzt christlich-ethisch motiviert ist und dem Lehrer eine „bezeugende Rolle" (Freire 2003, 83) zuweist.

Kritische Anmerkungen
In den zum Eingang dieses Unterkapitels zitierten Textstellen hinsichtlich Freires Verhältnis zur Wirklichkeit verdichten sich Freires zentrale Grundannahmen, die erkennen lassen, dass Freire implizit deutlich konstruktivistische Anteile in seinem Denken aufweist:

> ➢ Wirklichkeit ist keine bestehende rein objektive Realität, sondern ist immer schon strukturiert und interpretiert durch den Menschen als ihren Beobachter. Wirklichkeit befindet sich in Interaktion mit dem Menschen und ändert sich stets.
> ➢ Wissen und Erkenntnis des Menschen sind auf diese (beobachtete) Wirklichkeit bezogen. Damit sind sie nicht abgeschlossen, sondern, ebenso wie die Wirklichkeit, in konstantem Wandel begriffen und fortwährend erweiterbar.
> ➢ Lernen und Unterrichten unter diesen Prämissen bedeutet, einen Raum zur Re/De/Konstruktion dieses wirklichkeitsbezogenen Wissens bereitzustellen.

Allerdings, wie aufgezeigt wurde, endet diese Konstruktion trotz allem an dem Punkt, an dem Freire selbst die Wahrheit gefunden hat: „Freire has been criticized for his total openness he maintains with regard to human knowing. This total openness (…) leaves one with no criteria for making any judgements, including precisely the kinds of judgements Freire makes." (Elias 1994, 69) Nichtsdestotrotz stellt die freiresche Wirklichkeitsauffassung und die Konzeptionierung der Wissensproduktion als interaktiven konstruktiven Prozess eine Erkenntnis dar, die für eine Erziehung und Bildung von heute nach wie vor von großer Bedeutung sein kann und sollte.[196]

---

196 Interaktionistisch-konstruktive Ansätze beschäftigen sich mit dieser Idee und entwickeln sie für den konkreten Bildungskontext weiter. Vgl. dazu Reich (1996) und (2004).

Der Lehrer, welcher gemeinsam mit dem Lerner Wissen generiert, „is a knowing subject, face to face with other knowing subjects. He (...) calls forth knowledge from his students. For him, education is a pedagogy of knowing." (Freire 1975, 36 f.) An dieser Stelle wird noch einmal eine Schwachstelle Freires offensichtlich: Er blendet das aus, was wir *nicht wissen können*. Dies hängt unter anderem damit zusammen, dass der Lerngegenstand bei Freire immer ein Objekt ist und kein Prozess. Der Erkenntnisgewinn selbst wird bei Freire zwar als Prozess konstruiert, jedoch das Objekt, als „Erkenntnisgegenstand" (Freire 2004, 31, vgl. dazu auch beispielhaft ebd. 26 f.), dem das Erkenntnisinteresse gilt, erscheint stets als statisch und suggeriert damit eine Ganzheit, die keine Unsichtbarkeiten in sich birgt. Zudem versäumt Freire es hier, zu beachten, dass Wissen auch *über* und *in* Systeme(n), Zusammenhänge(n) und Kontexte(n) erworben wird – und widerspricht so seiner eigenen Annahme des unhintergehbaren Verortet-Seins eines jedes Menschen als Beobachter von Wirklichkeit. Stattdessen konstruiert er den Lehr-Lernprozess und seine Teilnehmerinnen als außerhalb des Erkenntnisobjektes. Zwar räumt Freire ein, dass Wissen immer vorläufig ist und durch weiteres Wissen ergänzt und überholt werden muss, jedoch bezweifelt er nicht – auch nicht in einem Anflug postmoderner Ungewissheit – dass in letzter Konsequenz *ohne Einschränkung gültiges Wissen* möglich ist (vgl. Elias 1994, 62). Diese Haltung ist nicht nur erkenntnistheoretisch kaum haltbar, sondern auch für die Praxis wenig brauchbar. Vor allem für die gesellschaftliche Praxis, die durchzogen ist von Risiken und globalen Unwägbarkeiten, ist es heute nicht mehr die Hauptfrage, wie wir zu möglichst sicherem Wissen gelangen können, sondern vielmehr, wie wir mit dem umgehen können, was wir *nicht* wissen und nicht *(vorher)sehen* können.[197]

Der schwierige Punkt, an den die freiresche Lehrerin gelangt, ist also der, an dem sie selbst beim „richtigen Denken" angelangt ist und ihr bei Freire keine Beobachtertheorie aber auch keine Erkenntnistheorie zur Verfügung steht, mit deren Hilfe sie nicht nur die eigene Beobachtung der Lerner und deren Wirklichkeit kritisch re/de/konstruieren kann, sondern auch die eigene Wirklichkeit und Wahrheit einer Metareflexion unterziehen könnte. Freire schildert eine Situation, in der er selbst in diesem Dilemma war: Er beschreibt ein einschneidendes Erlebnis, durch das er begriffen habe, dass er die Art und Weise, von sich selbst auszugehen, von seiner eigenen Welt zu sprechen, nicht weiterführen könne, da die Realität der Armen eine andere sei. Nach einem seiner Vorträge zum Thema Erziehung in der Familie und Verhaltensregeln für die Eltern in seiner Bildungsarbeit im Brasilien der frühen 1960er Jahre sagte einer der Teilnehmenden zu ihm: „Dr. Paulo, wissen Sie eigentlich, wo wir wohnen?" (Freire 2003, 26) Hier war es Freire selbst nicht gelungen, von der Lebenswelt der Lerner auszugehen, so dass der Inhalt seines Vortrags an ihr vorbeiging – und er reflektiert darüber: „Dieses Gespräch (...) habe ich niemals vergessen." (Ebd. 27)[198] Dennoch sind die freireschen Ableitungen aus dieser Erkenntnis insofern wenig schlüssig, als sie ebenso wenig systematisch sind, wie sie wichtig sind: Eine Empfehlung, dass die Lebenswelt der Lerner und die Bedingungen der Möglichkeit ihres Lernens

---

197 Nichts anderes fragt sich Beck (2007c) im Sinne der *Weltrisikogesellschaft* ebenso wie die *Cultural Studies* in ihren Überlegungen zur kulturellen Vielfalt (vgl. dazu beispielhaft Hall 2000c; Bhabha 1996, 1997a und 1997b) oder Derrida (1990) mit dem Begriff der *différance*. Ein differenzierter Vergleich und eine umfassende Ausarbeitung wäre hier interessant.

198 Interessanterweise weist ihn seine Frau Elza darauf hin, dass es nicht darum gehe, dass die Arbeiter ihn besser verstehen müssten – sie hätten ihn sehr wohl verstanden –, sondern dass es vor allem darauf ankomme, dass Freire *sie* verstehe. Elza zitierend schreibt Freire: „Sie haben dich verstanden, aber für sie war es wichtig, dass du sie verstehst. Das ist hier die Frage." (Freire 2003, 28)

und Handelns berücksichtigt werden sollen, erklärt den Lehrern noch nicht, auf welche Art und Weise und in welchem Ausmaß sie dies tun können.

Jedoch, was aus diesem Erlebnis Freires durchaus gelernt werden kann, ist das Folgende: Es kommt heute darauf an, nicht eine Bildung, Politik, eine Wirtschaft, letztlich die Organisation der Weltgesellschaft zu entwerfen und umzusetzen, die sich an der konkreten Realität der Menschen – und der Natur – messen lassen muss. Freire folgert, dass „das Verständnis von Welt … in dem Moment beginnen kann, sich zu ändern, in dem eine Enthüllung der konkreten Realität" (Freire 2003, 27) stattfindet. Wenn eine Ordnung auf dem Papier funktioniert, aber in der Praxis Menschen verhungern, an heilbaren Krankheiten sterben oder die Natur weiter verwüstet wird, dann hat diese Ordnung keine Existenzberechtigung – und kann den Menschen auch keine Lebensweise, sei sie auch noch so vernünftig, vorschreiben. Auf diese Art und Weise schließt sich der Kreis: Das freiresche Primat der Praxis (wenn auch fortwährend theoretisch reflektiert), nicht zu verwechseln mit einem Primat der Verwertbarkeit, hat an der Stelle Sinn, wo es um die Menschen geht – und das ist in der Erziehung und Bildung immer der Fall.

Freires These, dass die Menschen sich ausschließlich im Kollektiv erziehen, ist ebenso gewagt. Meint er mit diesem Kollektiv die stetige Rückgebundenheit des Menschen an eine historisch-soziale-kulturelle Situation, dann ist dieses Argument nachvollziehbar. Es liegt nahe, dass Freire Erziehung demnach auch im Sinne von Sozialisation versteht, welche ein kollektiver Prozess ist. Unklarheit herrscht auch hinsichtlich der Richtung des Zusammenhangs: Erziehen die Menschen sich selbst, indem sie die Welt verändern, oder verändern sie die Welt, indem sie sich erziehen? Da Freire von einem dialektischen, fortwährenden Prozess ausgeht, sieht er eher eine Wechselwirkung anstatt eines eindeutigen Effektes in eine Richtung. Jedoch bleibt er der Leserin eine genaue Analyse schuldig. Wird in einem weiteren Schritt der freiresche Erziehungsbegriff im Sinne von Lernen verstanden, so sehen die Schlussfolgerungen anders aus. Lernprozesse können in den unterschiedlichsten Settings, auch alleine oder zu zweit, unbewusst oder bewusst, stattfinden. Auch das Verhältnis zwischen Kollektiv und Individuum wird, wie in Kapitel 2 gezeigt wurde, durch Freire nicht eingehender untersucht. Freire hat den Anspruch, dass sowohl das Individuum mit seinen Interessen und Fähigkeiten im Bildungs- und Erziehungsprozess berücksichtigt wird, aber dies stets im Rahmen des lernenden und regulierenden Kollektivs. In dieser Hinsicht weist Freires Argumentation Ähnlichkeiten zum Konzept der *Multitude* von Hardt/Negri auf: Die *Multitude* besteht aus der Gesamtheit der vielfältigen Singularitäten, die, geeint durch ein geteiltes gedankliches Ziel, die Unterdrückung durch die kapitalistische Weltordnung und deren Steuerungsinstrumente und -personen zu beenden, gemeinsam dieses Ziel in die Tat umsetzt (vgl. dazu Hardt/Negri, 2004). Dieser Anspruch ist nachvollziehbar, aber in seinen theoretischen Voraussetzungen problematisch.[199] Er ist allein auf der Basis der verkürzten Analyse Freires theoretisch nicht hinreichend begründbar sowie praktisch kaum zu erfüllen.

Nachdem diese Vorstellungen Freires von Pädagogik nachvollzogen wurden, stellt sich die Frage, wie, auf welche Art und Weise, eine solche Pädagogik umgesetzt werden

---

199 Weder die Differenz und Widersprüchlichkeit innerhalb dieser *Multitude* noch deren daraus hervorgehenden möglichen widersprüchlichen Interessen von Einzelnen und Gruppen sowie deren Teilnahme an machtgeprägten hegemonialen Verstrickungen wird in diesem Konzept reflektiert. In einem weiteren Schritt bietet dieser Ansatz, ähnlich wie der von Freire, wenig plausible Vorschläge, auf welche Art und Weise die zu konstruierende neue Gesellschaftsordnung im Einzelnen aufgebaut werden soll und wie diese aussehen würde. Vgl. hierzu vor allem auch die kritische Auseinandersetzung mit dem Konzept der *Multitude* von Reich (2006).

kann. Angenommen, es gelingt, als Lehrer die freiresche kritische, gleichzeitig offene und ethisch korrekte Haltung einzunehmen. Mit welcher Methodik und Didaktik kann dann die freiresche Pädagogik in die Praxis überführt werden? Gehen wir dieser Frage nach, so offenbart sich Freires methodologische Schwäche. Auf der einen Seite hat Freire Recht, wenn er sagt, dass nicht alle Methoden für jeden Kontext geeignet sind: „Es wäre unredlich von mir, dies [Unterrichtsmethoden bereitzustellen, K.F.], ohne den Kontext zu kennen, tun zu wollen. Deshalb muss ich stets neu gefunden und geschaffen werden, entsprechend den Erfordernissen – den pädagogischen und politischen Erfordernissen – der jeweils spezifischen Situation." (Freire 2007b, 130) Jedoch ist dies noch keine Erklärung dafür, fast gänzlich auf methodische und didaktische Vorschläge zu verzichten. Freire lehnt das Erlernen von Methoden ab, da dies aus seiner Sicht die politische Dimension von Erziehung und Bildung in den Hintergrund treten lässt:

> „Aber was wird … in den Seminaren zur Lehrerausbildung getan und besprochen?? [sic] Man legt die Betonung auf Methoden und Techniken. Je mehr jedoch Methoden und Techniken hervorgehoben werden, desto mehr wird die politische Dimension von Erziehung und Bildung in den Hintergrund gedrängt. (…) Sie möchten immer von mir Methoden und Techniken wissen, und ich sage ihnen stets (…) ich sei zu ihnen gekommen, um über das Verhältnis von Erziehung und Politik zu sprechen, über die politische Dimension von Erziehung. Ich sei überzeugt, daß, wenn man durch die Praxis zu einem klaren politischen Standpunkt käme, sich die Methoden, Techniken und Werkzeuge von allein entwickeln." (Freire 1981a, 111 f.)

Diese Haltung überfordert nicht nur die Lehrerin und den Erzieher, alle Methoden stets neu entwickeln zu müssen, sondern sie stellt auch die mehr als fragliche These auf, dass gewissermaßen die Methoden vom freireschen Himmel fallen, solange der Lehrer nur eine deutliche politische Haltung einnimmt. Andersherum gesagt: Wer eine deutliche (und nach Freire richtige) politische Position vertritt, der hat das Recht mit allen möglichen methodischen und didaktischen Mitteln zu arbeiten. Konsequent in die Praxis überführt, kann diese Annahme leicht zu frustrierten Lehrern als auch Lernern führen. Darauf aufbauend besteht zudem die Möglichkeit, Schule beispielsweise als eine politische Erziehungseinrichtung zu definieren, was die gesamte freiresche Idee ad absurdum führen würde. Obwohl Freire betont, dass Unterricht nicht zu einer „Kundgebung der Befreiungsbewegung" (Freire 2008, 78) werden dürfe, er sich folglich dieser Schwierigkeit bewusst ist, liegt seine Antwort auf diese Schwierigkeit einzig in dem Gefühl des Lehrers, den *richtigen* Weg des Unterrichtens gefunden zu haben. In seinen späteren Arbeiten macht Freire Zugeständnisse an die Notwendigkeit von Methoden, denn „Lehren erfordert methodische Genauigkeit" (Freire 2004, 26). Er schlägt jedoch keine Instrumente dafür vor. Aufschlussreich ist zudem auch, was diese Haltung Freires über ihn selbst aussagt: Er behält sich dadurch vor, nicht die an ihn gerichtete Frage zu beantworten, sondern die Fragenden darauf hinzuweisen, dass sie die falschen Fragen stellen. Freire hat also bis zum Ende seines Lebens, als überzeugter Praktiker, keine Sammlung von konkreten möglichen Methoden und Techniken (außer die Beschreibung der Arbeitsschritte Kodierung, Dekodierung und Wiederkodierung in seinen Alphabetisierungsgruppen) vorgelegt. Möglicherweise hat Freire die Konkretisierung seiner Ideen ausgelassen, um sich nicht angreifbar zu machen? Das würde zumindest seine Feststellung erklären, dass seine Leserinnen aufgrund dieser Auslassung immerhin „nicht sagen [können, K.F.], dass Freire falsch liege" (Freire 2007b, 128).

3.1.3   Lernen als Dialog und die Rolle der Sprache

„Wir erfuhren von einer Beobachtung eines Teilnehmers dieser Zirkel [der Kulturzirkel, K.F.]. Von der Koordinatorin gefragt, was auf der zur Diskussion stehenden Abbildung ‚Welt' und was ‚Kultur' sei, sagte ein Bauer voller Überzeugung, was auf der Abbildung die Unterschiede der Darstellung dieser zwei Kategorien ausmachte. ‚Und wenn der Mensch nicht existierte?' forschte die Koordinatorin nach. ‚Dann würde die Welt auch nicht existieren', denn es würde jemand fehlen, der sagen würde ‚das ist die Welt', sagte der Bauer." (De Tarso Santos 1996, 178)

Wie in Kapitel 2.1.3 dargestellt wurde, ist der Mensch im freireschen Menschenbild ein dialogisches Wesen, das in intersubjektiven Beziehungen durch den Dialog Erkenntnis gewinnt und Einfluss auf die Welt nimmt. Ausgehend von diesem Menschenbild wird analog dazu bei Freire der Dialog zum konstitutiven Element des Lehr-Lernprozesses. Für Freire muss sich der Dialog fortwährend in diesem realisieren. Das bedeutet, dass die Lehrerin *mit* den Lernern spricht und nicht *zu* ihnen. Jedoch, durch die Annahme, dass Bildungsprozesse immer direktiv sind, kommt der Lehrer nicht umhin, an einigen Punkten *zu* den Lernenden zu sprechen: „Im am convinced that a progressive educator cannot speak exclusively *with* the people. He or she has also to speak, from time to time, *to* the people." (Freire/Horton 1990, 64, Hervorhebung im Original) Dies führt dazu, dass Freire von den Lehrenden die Fähigkeit des Zuhörens einfordert, denn sie soll dazu verhelfen, dass der Lehrer nicht monologisiert:

„Wenn nun der Traum, der uns bewegt, wirklich demokratisch und solidarisch ist, so können wir nicht durch Reden von oben herab, als wären wir die Übermittler der Wahrheit, die es den anderen mitzuteilen gäbe, lernen, *zuzuhören*, sondern, *indem wir zuhören*, lernen wir *mit ihnen zu reden*. Nur wer dem anderen geduldig und kritisch zuhört, spricht *mit ihm*, selbst wenn es manchmal notwendig wird, *zu* ihm zu sprechen." (Freire 2008, 104, Hervorhebung im Original, vgl. dazu auch ebd., 103 f. und 106)

Des Weiteren fordert Freire, dass der Lehrer nicht nur zuhören sollte, sondern dies darüber hinaus auch ohne Vorbehalte tun sollte: „Als Subjekt, das dem Diskurs des anderen ohne Vorurteile gegenüber steht, entwickelt der gute Zuhörer seine Position. Eben weil er *zuhört* ist seine widersprechende Stellungnahme (…) niemals autoritär." (Freire 2004, 120, Hervorhebung im Original) Es wird bereits an dieser Stelle klar, dass die Anforderungen, die Freire an die Lehrperson stellt, sehr hoch sind. In den *kritischen Anmerkungen* wird auf diesen Aspekt eingegangen. Die Erläuterung des Verständnisses Freires von Kommunikation findet sich in erster Linie in Freires frühen Büchern, vor allem in *Erziehung als Praxis der Freiheit*. Freire fokussiert hierbei im Wesentlichen auf den Inhaltsaspekt von Sprache und geht davon aus, dass zwei Subjekte miteinander über ein vermitteltes und vermittelndes Objekt in Kommunikation treten (vgl. Freire 1982, 50 f.). Der Dialog ist für Freire das Mittel, um Lehrer und Lerner miteinander in eine gleichberechtigte, erkenntnisgewinnende Interaktion zu bringen: „Der Dialog zwischen Lehrerinnen oder Lehrern und Schülern oder Schülerinnen macht sie nicht gleich, sondern markiert eine demokratische Position zwischen ihnen." (Freire 2003, 117)

Durch die Favorisierung des Dialogs als Hauptbestandteil von Erziehung und Bildung sowie als politisches Mittel ergibt sich Freires Betonung des Stellenwerts der Sprache. Freire selbst hat sich bereits früh mit Sprachwissenschaft beschäftigt. Sein Interesse für die Linguistik spiegelt sich von Beginn bis zuletzt in seinen Werken wider und ist einer der Gründe für die Betonung der Rolle der Sprache. Für Freire ist die Sprache das Instrument, um die Welt zu benennen. Er geht davon aus, dass erst durch die sprachliche Symbolisierung Wirklichkeit erfassbar, verstehbar und veränderbar wird.

Die Welt zu benennen ist damit für Freire eine Art und Weise, die Welt neu zu erfinden (vgl. Freire 2003, 40). Durch die bewusste Benennung der Welt entwickelt sich der Mensch, mit Freire gesprochen, aus dem Zustand magischen oder naiven Bewusstseins, in der die Welt vom Menschen mehr gefühlt als verstanden wird, in Richtung des kritischen Bewusstseins: Von der benannten Welt kann er sich bewusstseinsmäßig distanzieren und sich ihr wieder neu annähern. Das bedeutet, er kann die Welt neu erfinden.

> „Insofar as language is impossible without thought, and language and thought are impossible without the world to which they refer, the human word is more than mere vocabulary – it is word-and-action. The cognitive dimensions of the literacy process must include the relationships of men with their world." (Freire 1975, 29)

Die Sprache als Symbolsystem ermöglicht es dem Menschen, die Welt zu verstehen, indem er (anders) über sie nachdenkt. Die Sprache ist für Freire zugleich Instrument, Resultat und Motor der kritischen Urteilskraft, welche nach Freire in politischem Handeln münden soll. Aus diesem Grunde fordert Freire die Kohärenz zwischen Sprechen und Handeln: Der Mensch soll kritisch denken und sich dementsprechend verhalten, Einstellung und Verhalten sollen übereinstimmen (vgl. dazu Freire 2003, 84). Die Benennung der Welt hat für Freire einen utopischen, hoffnungsvollen Charakter, denn sie ermöglicht es, mit Freire gesprochen, eine neue Wirklichkeit anzukündigen und nach diesem Angekündigten zu streben. Die Vorstellung, sprachliche Benennung und Ankündigung einer anderen Welt ist für Freire also notwendig, um überhaupt nach ihr streben zu können (vgl. dazu Freire 2003, 40 f.). Auf diese Art und Weise dient „die Sprache[200] als Weg der Erfindung der aktiven Bürgerschaft" (ebd., 41) oder als Mittel zu deren „Eroberung" (ebd., 44). In diesem Zusammenhang setzt Freire sich auch mit seinem eigenen Sprachgebrauch auseinander. Aus seiner Sicht war sein eigener Sprachgebrauch in seinen frühen Werken, aber auch in seiner mündlichen Kommunikation in der Bildungsarbeit, elitär. Er habe sich sprachlich nicht der Weltsicht und dem Denken der weniger gebildeten Menschen (also der eigentlichen Zielgruppe seiner Aktivitäten) angepasst, so dass diese Schwierigkeiten gehabt hätten, ihn zu verstehen und sich zu seinen Anliegen in Beziehung zu setzen. Später habe er seinen Sprachgebrauch der Semantik und Syntax der Menschen angepasst (vgl. dazu Freire 2003, 24 ff. und 66 ff.).

Kritische Anmerkungen
Die Einschätzung der Rolle der Sprache in Bezug auf Sprache als Symbolsystem zur Bezeichnung von Wirklichkeit stimmt im weitesten Sinne mit der Forschung zum Zusammenhang von Sprache und Denken überein. Allerdings bedenkt Freire nicht den „Rand" der Sprache; das, was nicht gesagt werden kann, das, was als offene Stelle, Unsicherheit,

---

200 Freire verwendet das portugiesische Wort *linguagem*. Im eigentlichen Sinne bedeutet es übersetzt *Sprachgebrauch* und bezieht sich auf die spezielle Semantik, Phonetik (zum Beispiel dialektale Färbung), Prosodie und Syntax des sprachlichen Ausdrucks des Sprechers innerhalb einer Sprache. (Das Wort Sprache im eigentlichen Sinn bedeutet hingegen *língua* oder *idioma*). Ich wähle hier dennoch die Übersetzung mit dem Wort *Sprache*, da Freire sich in diesem Kontext in erster Linie auf die Sprache als solche bezieht. Er verwendet das Wort *linguagem*, um auf die *bewusste* Wahl und Verwendung des sprachlichen Ausdrucks hinzuweisen.

Phantasie und nicht intendierte Bedeutung bei jeder sprachlichen Äußerung mitschwingt. Sprachliche Äußerungen

> „transportieren von ihnen ausgelöste Echos anderer Bedeutungen (…). Unsere Aussagen werden von Behauptungen und Prämissen untermauert, die wir nicht wahrnehmen, die aber im ‚Blutkreislauf' der Sprache mittransportiert werden. Alles, was wir sagen, hat ein ‚Vorher' und ein ‚Nachher' – einen ‚Rand', auf den andere schreiben können. Der Bedeutung ist es inhärent, dass die instabil ist: Sie strebt nach einer Schließung (nach Identität), aber sie wird andauernd unterbrochen (durch die Differenz)." (Hall 2000c, 197)[201]

Freire deutet diese Ebene an, indem er sagt, es stelle eine Schwierigkeit dar, „wie man mit der gesprochenen oder Schriftsprache arbeitet, die mehr oder weniger an die Kraft von Bildern gebunden ist (…). Die Kommunizierbarkeit des Begriffenen bedeutet zunächst nur die Möglichkeit, kommuniziert zu werden, das heißt aber nicht, dass wirklich kommuniziert wird." (Freire 2008, 108) Die genannte Schwierigkeit hat Freire also richtig erkannt. Dennoch, sein Lösungsvorschlag erscheint mir wenig plausibel zu sein: Freire schlägt vor: „Ich bin … ein besserer Lehrer, um so erfolgreicher ich den Schüler so provozieren kann, dass ich durch meine Hilfe seine Neugier so wecke oder verfeinere, dass er selbst das Objekt oder den Inhalt, von dem ich gerade spreche, aktiv begreift." (Ebd.) Es liegt also allein im Geschick der Lehrerin die Imaginationen der Schüler so zu steuern, dass sie mit ihren eigenen Vorstellungen kongruent werden. Dies ist jedoch nicht nur nicht möglich, sondern auch nicht erstrebenswert, da es im Extremfall eine Gleichschaltung der Schülerinnen bedeuten würde und damit das Gegenteil dessen, was Freire mit seiner Pädagogik eigentlich intendiert.

Freires Sicht der Bedeutung der Sprache ist jedoch in der Hinsicht anschlussfähig an eine konstruktivistische Sichtweise, dass er mit ihr die Ansicht teilt, dass Sprache nicht das einzige, aber eins der zentralen Symbolsysteme ist, die Wirklichkeit bezeichnen und strukturieren – und damit auch konstruieren. Freires Betonung der kritischen Urteilskraft findet also ihr Äquivalent im freireschen Primat der Sprache. Denn Sprache ist der Schlüssel dazu, Inhalte, die gefühlt, geahnt, die imaginär sind, (bis zu einem gewissen Grad) in Wirklichkeit zu überführen. Das gilt auch für Beziehungen, die nicht nur, aber auch mit Hilfe von Sprache geführt werden. Die Grenze findet jedoch dieses Symbolsystem an der Sprachmauer: Das Gemeinte stimmt nie ganz mit dem Benannten überein, Sprecher und Zuhörer können keinen unmittelbaren Kontakt miteinander aufnehmen und haben es zudem immer mit unterschiedlichen Seiten einer Nachricht (nach Schulz von Thun) zu tun, so dass „[d]ie Sprache, die im symbolischen System sehr hilfreich ist, (..) im imaginären aber hinderlich [ist, K.F.]. Sie hindert die direkte und unverfälschte Begegnung und Kommunikation darüber, was wir unmittelbar vorstellen und empfinden." (Reich 1996, 87; vgl. dazu auch Reich 1996, 33 ff.; 54 ff., 71 ff. und Reich 1998a, 256 ff.) Konstruktivistisch gedacht, zeigt sich in Freires Einschätzung der Rolle der Sprache eine Vernachlässigung des Imaginären, also des gefühlten, gewünschten und damit wenig fassbaren Aspekts menschlicher Interaktion. Das Imaginäre in diesem Sinne ist ein „inneres Verhalten, zu dem wir zwar keinen direkten Zugang haben, über das jedoch durch Körpersprache

---

201 Das Thema *Sprache* ist ein überaus komplexes und weitreichendes Thema, wenn nicht *das* Thema in den Kulturwissenschaften. Es ist unmöglich an dieser Stelle einen Einblick in die verschiedenen Ansätze innerhalb der Sprachphilosophie und Sprachpsychologie, deren Entwicklungen und deren mögliche Konsequenzen für den freireschen Ansatz zu geben. Umfassende weitere Überlegungen wären hierfür nötig. Vgl. dazu beispielhaft Reich (1998a, 71 ff.).

und Aktionen Vermutungen entstehen und über die wir intuitiv urteilen" (Reich 1996, 74).[202]

Vor allem für seinen politischen Anspruch birgt auch Freires Vernachlässigung des Unbewussten und der Beziehungsebene, auf die bereits mehrfach eingegangen wurde, Schwierigkeiten, denn nicht nur das kritische Denken (das, wie gezeigt wurde, bereits als Konzept ebenfalls problematisch ist), ist handlungsleitend, sondern auch (möglicherweise unbewusste) Gefühle und Begehren sowie hierarchisch strukturierte Beziehungen und Interaktionen, die bei weitem nicht nur auf Sprache beruhen – wenn sie auch durch sie reproduziert und aufrechterhalten werden.[203]

Grundsätzlich wird hier deutlich, dass Freire keine ausgereifte Kommunikations- und Interaktionstheorie entwickelt oder aus anderen Ansätzen übernimmt. Figueroa (1989a, 77) kritisiert an Freire, er habe die Vorstellung von Sprache als Zeichensystem, über das Sender und Empfänger gleichermaßen verfügen und über das sie unmittelbar miteinander in Kommunikation treten können, aus der Informationstheorie übernommen. Dieses Verständnis von Sprache sei insofern zu kurz gegriffen, als er damit davon ausginge, dass der Sender zunächst sprachunabhängig das zu Kommunizierende vorkonstruiere, um es anschließend in Worte zu fassen und auf diese Art und Weise zwischen Sender und Empfänger klar zu trennen sei. Figueroa (vgl. ebd., 78) erläutert jedoch, dass diese Trennung nicht zulässig sei, da sich vielmehr die Subjektivität der Individuen erst im Prozess des Kommunikationsaktes bilde, so dass Sinn erst in diesem Akt konstruiert werde.[204] Konstruktivistisch gesehen können wir insofern mit Figueroa übereinstimmen, als das Subjekt nicht als abgeschlossene, unveränderliche Einheit gesehen werden kann, sondern als sich in der Interaktion mit dem *Anderen* konstruierendes Subjekt, das in der Interaktion, und somit auch in der Kommunikation, seine Subjektivität erlangt und sich stets im *Anderen* spiegelt und durch diese Spiegelung neu konstruiert (vgl. dazu ausführlich Reich 1996, 76 ff. und Reich 1998a, 219 ff. sowie 1998b, 1 ff.).

In der freireschen Erziehungs- und Bildungsarbeit geht Freire zwar, wie dargestellt wurde, von einem nie abgeschlossenen Prozess der Konstruktion von Erkenntnis aus. In der Alphabetisierungsarbeit findet sowohl die konstruktive Auswahl der generativen Wörter und deren Kodierungen als auch der dekonstruktive Prozess der Dekodierung und Analyse deren Bedeutungsebenen in einem permanenten Diskussionsprozess mit den Teilnehmenden statt. Obwohl Freire andeutet, dass die Menschen sich in der Interaktion mit-

---

202 Die Darstellungen sind an dieser Stelle notwendigerweise verkürzt. Ich beziehe mich hier auf das Begriffsinstrumentarium des *Interaktionistischen Konstruktivismus*. Dieser Ansatz unterscheidet drei Elemente von Wirklichkeit: a) Symbolische Wirklichkeit als all das, was ausgesprochen wird, was einer vereinbarten Ordnung unterliegt, was in einer geteilten Regel strukturiert ist. b) Imaginierte Wirklichkeit, die sich sprachlichem Ausdruck entzieht, die durch Intuition, Wünsche, Bedürfnisse und Begehren beeinflusst wird und in a) nicht vollständig erfasst werden kann. c) Reale Ereignisse, die von außen auf den Menschen einwirken, von diesem nicht beeinflussbar sind und a) und b) in Frage stellen und relativieren können. Zu einer ausführlichen Darstellung des *Interaktionistischen Konstruktivismus* vgl. Reich (1996) und (1998a) sowie (1998b).

203 Für den Kontext Brasilien ist das insofern interessant, als dort häufig Beziehung vor Inhalt steht, wie bereits dargestellt wurde. Indem Freire die brasilianische Haltung „Weißt Du eigentlich, mit wem Du sprichst? '" (Freire 2004, 91) kritisiert, weist er deutlich auf das Problem der (oft nicht rechtlich legitimierten, aber faktisch vorhandenen) Hierarchisierung der Gesellschaft hin, jedoch ohne dies für die Ebene der verbalen Kommunikation zu thematisieren: Indem der zitierte Sprecher sich auf seine Position in der Hierarchie beruft, stellt er klar, dass er eben *nicht* zu einer sprachlichen Kommunikation auf der Basis geteilter und vereinbarter Regeln bereit ist. Vgl. dazu auch Almeida (2007).

204 Interessant wäre an dieser Stelle auch, an Überlegungen von Foucault anzuschließen, der davon ausgeht, dass das Subjekt erst durch die Diskurse konstruiert wird. Vgl. dazu beispielhaft Foucault (1978).

einander entwickeln und „humanisieren", reflektiert er nur randständig die Entwicklung des Subjekts im Prozess der sprachlichen Kommunikation als durch Sprache ebenso determiniert (und ebenso unzureichend bezeichnet) wie die Erkenntnis von Welt selbst. Anders gesagt, Freire thematisiert zwar das Verhältnis Sprache – Wirklichkeit, aber er untersucht nicht das Verhältnis Sprache – Identität. Hier bildet sich erneut ab, was bereits in Bezug auf die Ideen Freires im Vergleich zum Ansatz von Hardt/Negri erläutert wurde: Freire betont die Ebene des Gemeinsamen, der geteilten Erkenntnis, der kollektiven Konstruktion von Wirklichkeit und verliert so das Differente, Singuläre, die Identität der einzelnen Person, die zwar nicht unabhängig von der geteilten Wirklichkeit existiert, mit ihr aber keinesfalls *identisch* ist, aus dem Blick. Diese Auslassung ist bemerkenswert, denn mit seinem Fokus auf Sprache hätte Freire besonders in seinen späten Arbeiten die Möglichkeit gehabt, differenziert über das Thema kulturelle Vielfalt und kulturelle Identität zu reflektieren (vgl. dazu beispielhaft Hall 2000c). Ein weiterer Aspekt, der insbesondere für den Kontext der Erziehung und Bildung wichtig ist, ist der der Metakommunikation. Erziehung und Bildung finden vermittelt durch Kommunikationsprozesse statt, die das Beziehungsgeflecht, in dem Lernen stattfindet, abbilden. Durch ein Bewusstsein für diese Beziehungen, die Anerkennung der Tatsache, dass sie den Lehr-Lernprozess mitbestimmen und bedingen und durch die Kommunikation über in diesen Beziehungen stattfindende Kommunikation, die Metakommunikation, können Lehr-Lernprozesse umfassender verstanden, versprachlicht und damit erfolgreicher und für alle passender (viabler) gestaltet werden (vgl. dazu beispielhaft Reich 1996, 51 ff.). Freire deutet diese Ebene als in seiner Vorstellung vom Lehr-Lernprozess mitgedacht an: „Der kritische, kohärente und anspruchsvolle Lehrer oder Lehrerin, indem er über seine erzieherische Praxis nachdenkt oder während er sie ausübt, versteht diese immer in ihrer Ganzheit." (Freire 2003, 110; vgl. dazu auch Freire 2008, 60, 88 und vor allem 129) Lerner, Lehrer, Inhalt, Methoden, Materialien und Techniken sollen in ihren „Beziehungen" (Freire 2003, 110) ausgewogen aufeinander abgestimmt werden, indem der Lehrer kritisch über seine eigene Praxis reflektiert. Jedoch haben eben diese Beziehungen in Freires Sicht auf den Lehr-Lernprozess dennoch wenig Platz: Der Lehrer steuert sie, jedoch spricht er nicht mit den Lernern über sie und gestaltet sie nicht zusammen mit den Lernern. Er ist mit der freireschen Forderung der *Ganzheit* zweifach überfordert: Erstens muss er in einer imaginierten homogenen Ganzheit des idealen kritischen Lehrers aufgehen und zweitens muss er aus dieser Position und Eigenschaft heraus den Lehr-Lernprozess vollständig verstehen, deuten und lenken.[205] Jedoch nicht nur der Lehrer hat eine Vorstellung vom Lehr-Lernprozess, sondern auch die Lernerinnen. Die Perspektive des Lehrers ist eben nicht *ganz*, sondern ein Teil eines möglichen Perspektivenspektrums – und diese Perspektive kennenzulernen und mit einzubeziehen, kann für den Lehrer hilfreich und nützlich sein sowie das Lernen zu dem werden lassen, was Freire so vehement fordert: eine *gemeinsame* Konstruktion von Wissen. Reich (2004, 301 ff.) schlägt aus diesem Grunde unter anderem anstelle der klassischen Benotung eine systemische Bewertung vor, in der die Lernerinnen auch die Lehrer bewerten

---

205 Aus der freireschen Betonung der kritischen Urteilskraft leitet Freire seine Idee der *Kohärenz* ab: Denken und Handeln sollen übereinstimmen, die Verhaltensregeln werden vom Verstand präskriptiv vorgegeben. Aus der psychologischen Forschung wissen wir, dass Einstellung und Verhalten oft nicht übereinstimmen. Das liegt nicht nur daran, dass Verhalten nicht nur vom Verstand beeinflusst ist, sondern auch daran, dass der Mensch auch verstandesmäßig sich widersprechende Interessen (und Identitäten) haben kann: Der umweltbewusste Mensch, der dennoch auf das Auto angewiesen ist, um täglich den Weg zur Arbeit zurückzulegen, wird wenig mit dem Ratschlag anfangen können, sich gemäß seiner Einstellung zu verhalten. Freires Konstruktion des mit sich selbst eins seienden, guten Menschen erweist sich hier als normativ und verkürzend.

und ihnen Rückmeldung über den Lehr-Lernprozess geben. Andeutungsweise, jedoch nicht konsequent und nur wenig ausgeführt, ist diese Idee auch bei Freire zu finden (vgl. Freire 2008, 96, 106).[206]

Eine weitere Überforderung des Lehrers liegt in der Forderung des Zuhörens ohne Vorurteile. Freires Anspruch an die Lehrerin ist nachvollziehbar und erwächst, wie so vieles im freireschen Denken, den besten Absichten. Jedoch ist es die Eigenschaft von Vorurteilen, dass sie eben keine bewussten Urteile sind, sondern sich vor dem Bewusstsein, also unbewusst konstituieren – und sich dementsprechend einer bewussten Reflexion, und so auch der verstandesmäßigen Kontrolle des freireschen Lehrers nur zu leicht entziehen. Freire könnte seine *Bewusstseinsbildung* ohne weiteres selbstreflexiv auf die Idee der Vorurteile beziehen. Es wird hier einmal mehr deutlich, worauf Freire mit seiner *Conscientização* fokussiert: Die den Menschen umgebene Welt soll in ihren unterdrückenden Eigenschaften dem enthüllenden Blick des kritischen Bewusstseins unterzogen werden. Der kritische Beobachter erscheint hier als losgelöst von dieser Welt: Wie die *Multitude* von Hardt und Negri hat er zwar unter der gesellschaftlichen Organisation von Wirklichkeit zu leiden, wird aber nicht als Teilnehmer und Akteur innerhalb dieser Wirklichkeit mit in den Blick genommen. Auch der Lehrer kann sich jedoch nicht aus dem Lehr-Lernprozess herauslösen – er ist immer Teil von ihm, auch mit seinen nicht bewussten Wünschen, Anliegen, Vorurteilen und hegemonialen Ansprüchen.

Wann soll nun, in einem weiteren Schritt, dieser ideale Lehrer nun *mit* den Lernern und wann *zu* den Lernern sprechen? Freire gibt a) keine Unterscheidungskriterien der beiden an und b) keine Vorgaben wann, in welcher Phase des Unterrichts, mit welchem Ziel die beiden Vorgehensweisen angewendet werden sollen. Freire konstruiert hier nicht nur die Lehrer, sondern auch die Lerner als homogene Gruppe. Trotz seines Hinweises, dass Respekt für kulturelle Vielfalt im pädagogischen Setting stets vorhanden sein muss, unterscheidet er nicht zwischen unterschiedlichen Lernern, Lerntypen, deren Bedürfnissen und Vorerfahrungen. Als Gruppe kommen sie aus einer Lebenswelt, die berücksichtigt werden muss. Jedoch als Individuen bringen sie ebenfalls unterschiedliche Bedürfnisse, Fähigkeiten, Interessen, Erfahrungen und Anliegen mit in den Lehr-Lernprozess. Was der eine als direktiv und seitens des Lehrers als monologisierend erlebt, kann die andere als kooperativ und dialogisch empfinden. Der Lehrer ist also in einer Situation, in der er auf der einen Seite versuchen muss alle Lernerinnen mit ihren individuellen Ausgangslagen in den Unterricht mit einzubeziehen. Auf der anderen Seite weiß er, dass es unmöglich ist, allen Lernern fortwährend gerecht zu werden. Jedoch nur, wenn er das weiß und berücksichtigt, kann er einen differenzierten Blick entwickeln, auf dessen Basis er versuchen kann, so weit wie möglich alle Lernerinnen aktiv in den Prozess mit einzubeziehen und zu diesem Zweck die Art der Ansprache, der Methodik und Didaktik variieren. Der freiresche Optimismus, mit den Lernern einen Dialog zu führen, kann dazu führen, eben genau die Vielfalt, die in der Lehr-Lernsituation vorhanden ist, zu verkennen und den Dialog mit einigen Lernern zu verhindern.

Darüber hinaus stellt sich die Frage, wie aus der Sicht Freires mit Lernprozessen, in denen der freiresche Dialog nicht durch Sprache geführt werden kann, umgegangen werden kann. Denkbar sind hier Praxen mit Zielgruppen, die die betreffende Sprache (noch) nicht (oder nur wenig ausdifferenziert) erlernt haben, wie zum Beispiel Menschen mit Behinderung, Kinder oder Einwanderer. Freire konzentriert sein Konzept von Erziehung und Bildung so sehr auf die Sprache, dass non-verbale Kommunikation (bewusste wie

---

206 Zum Thema Metakommunikation vgl. auch Reich (1996, 60 ff.).

unbewusste) vollständig ausgeklammert wird, ebenso wie non-verbales Lernen und tätiges
Lernen. Nicht alles lässt sich durch Dialog erforschen und nicht alles lässt sich durch
Sprache benennen. Freire betont, dass die *epistemologische Neugierde* methodisch genau
kanalisiert werden muss. Möglicherweise meint er mit dieser Kanalisierung implizit auch
tätiges und interaktives Lernen, konstruktives und lebensweltbezogenes Lernen, denn immerhin ist der Mensch für Freire ein historisch und kontextuell verortetes Wesen. Jedoch
führt Freire diese Überlegungen nicht weiter aus. So erweckt er doch immer wieder den
Eindruck, als bestehe seine *demokratische erzieherische Praxis* so gut wie nur aus sprachlichem Dialog – und er klammert hier marginalisierte Zielgruppen aus, die er eigentlich
besonders in sein Konzept eingeschlossen wissen möchte.[207] Zusammenfassend halte ich
fest: Da der Dialog das Kernelement der Vorstellung Freires von Bildung und Erziehung
ist, übertragen sich die Schwierigkeiten, die in Bezug auf das freiresche Konzept von Dialog aufgezeigt wurden, auch auf dessen Verständnis des Lehr-Lernprozesses. Dies betrifft
insbesondere die unterschiedlichen Ebenen und Facetten von Kommunikation und die
Unterschätzung der Bedeutung der Beziehungsebene.

3.1.4   Lernen als liebe- und gefühlvolle Beziehungsarbeit und Psychoanalyse, oder: Die Rolle der Emotionen und des Unbewussten

„Die Tätigkeit des Lehrens, die von der des Lernens nicht zu trennen ist, ist eine von Natur
aus freudige Erfahrung." (Freire 2004, 142)

„Loving people. It's very dialectical." (Freire/Horton 1990, 247)

„Die Philosophien, die uns am besten weiterhelfen werden, sind die, die, ohne das Gewicht
der Materialität geringzuschätzen, in Anbetracht der Rolle des Spirituellen – nicht notwendigerweise im religiösen Sinne des Begriffs –, der Gefühle, der Träume und der Utopien,
nicht schüchtern bei der Analyse der Geschichte und dem Verständnis der Veränderung der
Wirklichkeit stehen bleiben." (Freire 2000, 94)

„[It] is good to underline, ... how *difficult* ... the task of an educator [is, K.F.]. No matter
where this kind of educator works, the great difficulty – or the great adventure! – is how to
make education something which, in being serious, rigorous, methodical, and having a process, also creates happiness and joy." (Freire/Horton 1990, 170, Hervorhebung im Original;
vgl. auch ebd. 170 ff.)

Insbesondere aus seiner ethischen Gesinnung heraus weist Freire neben seiner Fokussierung auf den kognitiven Aspekt des Lernens auf die Bedeutung der emotionalen, gefühlten
Seite im Lehr-Lernprozess, und das ist für Freire eine *liebevolle* Seite, hin. Wie der ersten
oben zitierten Aussage entnommen werden kann, argumentiert Freire hier, wie in anderen
Punkten auch, naturalistisch. Gleichzeitig operiert Freire mit dem Begriff der Psychoanalyse (den er von Fromm übernimmt), um die Prozesse der Bewusstseinsbildung (*Conscientização*) abseits des Begriffs des *kritischen Bewusstseins* gleichzeitig als einen quasi
therapeutischen Vorgang zu beschreiben, der nicht nur auf der kognitiven Ebene, sondern
auch auf gefühlten Ebenen des Erlebens stattfindet. Anders ausgedrückt, vor-kognitive,

---

207   In dieser Hinsicht ist die von Freire inspirierte Praxis bereits teilweise über Freire selbst hinausgegan-
      gen. Vgl. dazu die *Dialogische Heilpädagogik* (vgl. Iben 1996a). Die Idee des Dialogischen wird hier
      auf die Arbeit mit weiteren Zielgruppen übertragen. Das Gleiche gilt für die Alphabetisierungs- und
      Spracharbeit mit Migranten (vgl. dazu beispielhaft Lindig, 2008).

erlebte, aber nicht bewusste Haltungen werden in das *kritische Bewusstsein* gerückt. Dennoch bleibt eine so verstandene freiresche *Psychoanalyse* ebenso wie die Emotionen als solche stets in den Dienst des kritischen und so politisierten Bewusstseins und Handelns gestellt.

Im Zentrum dieses Anspruches steht für Freire die Annahme, dass das Lernen und Lehren ein *Akt der Liebe* ist (vgl. Kapitel 3.1.4 dieser Arbeit). Im freireschen Menschenbild, das den Menschen als ethisches Wesen sieht, ist diese Liebe und Liebesfähigkeit fest verankert. Auf Basis dieser Fähigkeit gestaltet sich die Beziehung zwischen Lehrer und Lerner als eine liebevolle. Als *Akt der Liebe* ist für Freire der Lehr-Lernprozess von Reinheit geprägt: „Wir müssen demütig und arbeitsam die Reinheit suchen und uns nie in eine Praxis verwickeln lassen, die auf puritanische Ansichten zurück geht. Moral ja, Moralismus, nein." (Freire 2000, 38; vgl. dazu auch Freire 2004, 95) Es wird deutlich erkennbar, wie Freire darum ringt, das in Worte zu fassen, was er sagen möchte. Da er sich jedoch auf gefühlte, erlebte und imaginierte Aspekte bezieht, die im Lehr-Lernprozess wirksam werden (sollen), spricht er von einer *Suche* und grenzt diese *Suche* negativ ab von dem, was sie nicht sein soll, nämlich Puritanismus. Freire verwendet damit Begriffe, die normativ und wertend sind und deshalb stark beobachterabhängig.

Was aber bedeutet nun diese freiresche *Reinheit* im Unterrichts-, Erziehungs- und Bildungswesen im Einzelnen? Neben Liebe sind Lebensfreude, Intuition, Respekt, Sensibilität, Authentizität, Ästhetik und ethisch korrektes Verhalten hier die Schlagwörter, mit denen Freire seine Vorstellung des menschlichen Lernens und Lehrens zu umschreiben versucht: „Wenn wir die Authentizität leben, die in der Praxis des Lernens und Lehrens erforderlich ist, nehmen wir an einer … Erfahrung teil, in der die Schönheit mit Aufrichtigkeit und Verbindlichkeit einhergehen muss." (Freire 2004, 24; vgl. dazu auch ebd. 120; Freire/Horton 1990, 124, 158, 247; Freire 2000, 89)

Zu dem Thema Gefühle weist Freire gewissermaßen ein gespaltenes Verhältnis auf. Er unterteilt in berechtigte Gefühle und nicht berechtigte Gefühle, in Gefühle, die im Dienste des Transformationsprozesses stehen und jenen, die diesen im Wege stehen. Als Beispiel führt er eine persönliche Erfahrung an: Freire als Raucher hatte Zeit seines Lebens Schwierigkeiten zu akzeptieren, dass er Raucher war und damit seiner Gesundheit schadete.[208] Er empfand „einen legitimen Zorn auf den Rauch" (Freire 2008, 40). Ausgehend von diesem Beispiel kommt er zu dem Schluss, dass eine

> „Erziehung, die diesen berechtigten Zorn anerkennt, den Zorn der gegen Ungerechtigkeiten protestiert, gegen Treulosigkeit, fehlende Liebe, Ausbeutung und Gewalt, … im Transformationsprozess eine wichtige Rolle [spielt, K.F.]. Allerdings sollte der Zorn nicht seine Grenzen überschreiten, sich in einem übersteigerten Zorn … verlieren, der Gefahr läuft, sich zu Hass hochzuschaukeln." (ebd.)

Die Gefühle beziehen also ihre Existenzberechtigung daraus, inwiefern sie mit der politischen Zielsetzung des Erziehungs- und Bildungsprozesses einhergehen.[209] (Vgl. dazu auch Freire 2008, 70) Dennoch nehmen die Gefühle im freireschen Konzept von Erziehung und Bildung eine zentrale Rolle ein, da sie gewissermaßen den Lehr-Lernprozess erst lebendig machen: „Zuallererst ist es notwendig, dass dieses Wissen konstant mit feuriger Leiden-

---

208 Ana Maria Araújo schreibt in einer Anmerkung zu einem Text Freires, das Rauchen sei das Einzige gewesen, das Freire in seinem Leben bereut habe (vgl. Freire 2000, 52).
209 Freires Rauchen hat natürlich wenig mit einer politischen Frage zu tun. Das Beispiel dient bei Freire dennoch dazu, zu verdeutlichen, was er mit Legitimität einer Empfindung meint.

schaft angesprochen und angestoßen wird, so dass daraus ein begeisterndes Wissen wird."
(Freire 2008, 125) In einem solchen Lehr-Lernprozess kommt dann für Freire die „rechte
Lebensfreude" (Freire 2004, 141) auf. Die „liebevolle Zuneigung zu den Schülern" (Freire
2004, 67) wird für den Lehrer zu einer unverzichtbaren Voraussetzung und zu einem
Merkmal seiner Tätigkeit.

Der Lehrer hat aus dieser Haltung heraus auch den Anspruch, von den Lernern ebenfalls mit Wohlwollen behandelt zu werden. Der liebevolle Umgang miteinander wird so zu
einem ethischen Imperativ – dessen Kriterien und Erfüllung letztlich die Lehrerin beurteilt. Von der Lehrerin könne nicht verlangt werden, dass sie sich „der Arroganz und dem
ungehörigen Verhalten von jemanden unterwirft, der mich [gemeint ist sie, die Lehrerin,
K.F.] nicht respektiert." (Freire 2004, 121) Die Reaktion des Lehrers gegenüber einem
Lerner, der sich aus Sicht des Lehrers unangemessen verhält, sollte nach Freire darin liegen, dem Lerner zu verdeutlichen, dass „sein Mangel an ethischen Werten ihn [den Lerner, K.F.] erniedrigt." (Ebd.) Freire untersucht hier also nicht die Akzeptabilität eines bestimmten Verhaltens innerhalb einer von bestimmten Teilnehmern geteilten Situation, er
untersucht auch nicht die Frage, inwiefern der betreffende Lerner sich in der Situation
gegenüber der Lehrerin nicht akzeptabel verhalten hat, sondern er beurteilt hier vielmehr
die Ursache des Verhaltens (fehlende ethische Werte) und die Auswirkung auf den Lerner
selbst (dessen Erniedrigung). Freire zieht sich demnach hier auf einen scheinbar unabhän-
gigen Beobachterstandpunkt zurück, der nicht nur nicht angreifbar ist, sondern auch den
Lerner in seinen vermeintlich grundlegenden menschlichen Eigenschaften beurteilen kann.
Genauso wie Freire einem solchen Lerner das Mensch-Sein abspricht, ist jedoch auch der
Lehrer selbst einer überaus kritischen und anspruchsvollen Sichtweise Freires ausgesetzt,
denn „[E]in Lehrer, der seine erzieherische Praxis nicht ernst nimmt (…), [a]nnulliert sich
selbst als Lehrer." (Freire 2003, 83)

Um diese Reinheit und liebevolle Zuneigung, die Voraussetzung für das freiresche
richtige Denken und damit auch politisches Handeln ist, zu erreichen, schlägt Freire die
genannte Idee der Psychoanalyse vor. Diese ist aus seiner Sicht dazu geeignet, negative
Gefühle wie Schuld zu beenden und vor-bewusste Haltungen in das kritische Bewusstsein
zu überführen. Schon in seinem frühen Buch *Pädagogik der Unterdrückten* verwendet
Freire diesen Begriff (vgl. Freire 2005d, 166). In *Pedagogia da Esperança* beschreibt
Freire rückblickend seine Begegnung mit Erich Fromm in Cuernavaca, der ihn auf den
psychoanalytischen Charakter seiner Bildungsarbeit aufmerksam gemacht habe (vgl. Freire 2003, 56 und 106). Die Alphabetisierung beispielsweise ist aus Sicht Freires nur dann
sinnvoll, wenn sie gemeinsam mit „einer Art historisch-politisch-sozialer Psychoanalyse"
(Freire 2004, 83) praktiziert wird, die die „Externalisierung der Schuldzuweisung" (ebd.)
zur Folge hat, die gewissermaßen der Vertreibung des *Unterdrückers* aus dem eigenen
Inneren gleich kommt (vgl. ebd., f.; vgl. dazu auch Freire 2000, 122; Freire/Faundez 1989,
92 ff.). Freire geht also auf der einen Seite davon aus, dass sich unbewusste Haltungen in
den Lernern ausmachen lassen, die durch die Bewusstseinsbildung ans Licht gebracht
werden sollen. Jedoch bezieht Freire diese Annahme nicht auf den Menschen insgesamt,
er bedenkt also nicht, dass es *grundsätzlich* unbewusste Prozesse gibt, die in das Denken
und Handeln des Menschen hineinwirken. Die Idee einer wie beschrieben verstandenen
Psychoanalyse ist für Freire nur da interessant, wo er meint, politisch relevante Meinungen
und Glaubenssätze ausspüren zu können. Ihre mögliche Relevanz für den Lehr-Lernprozess insgesamt wird von Freire nicht reflektiert.

Kritische Anmerkungen

Die Verheißung einer Einheit und die Hoffnung einer Überwindung der binären Trennungen, wie sie mehrfach in Freires Denken vorzufinden ist, ist die hauptsächliche Motivation Freires für die Betonung der Ebene der Emotionen: Wer in Liebe miteinander verbunden ist und sich dabei auch unbewusste Hindernisse politischer Aktivität ins Bewusstsein ruft, der kann gemeinsam kämpfen. Aus dieser Zielsetzung heraus wird nachvollziehbar, dass Freire die Affekte in den Dienst der politischen Aktion stellt. Freire übersieht hier jedoch zweierlei Zusammenhänge. Zum einen hat die affektive Seite des menschlichen Erlebens eine vielfältige Wertigkeit, die nicht für politische Willensbildung instrumentalisiert werden kann und sollte. Zum anderen ist es ein Attribut emotionalen und gefühlten menschlichen Erlebens, dass dieses sich verstandesmäßig nicht vollständig erfassen und beeinflussen lässt. Freire müsste also hier vielmehr das Nicht-Fassbare als Leerstelle im Lehr-Lerngeschehen mitdenken, als einseitig darauf zu bauen, dass gefühltes Erleben durch Benennung vollständig abgebildet werden und in praktisches Handeln überführt werden kann. Dieses Nicht-Fassbare möchte ich unter dem Begriff des *Imaginären* zusammenfassen.[210] Im positiven Sinne könnte aber auch mit dem Wissen, dass der Lehrer nicht alles *wissen kann*, das Konzept des *Imaginären* eine Erleichterung für die Lehrerin darstellen: „Wir entlasten uns aus dem pädagogischen Zwang, immer wissen zu müssen, wie die Lerner am besten funktionieren, was sie angeblich sind, wie sie sein müßten." (Reich 1996, 91)

Der Begriff der Psychoanalyse erscheint in diesem Zusammenhang als überfrachtet, umgedeutet und normativ verwendet. Es kann weder Freires Ziel sein, *unterdrückte* oder marginalisierte, benachteiligte Menschen einer Art Gruppentherapie zu unterziehen, noch die Lehrperson als den entscheidenden und wissenden Therapeuten zu konstruieren. Obwohl Freire dies in weiten Teilen so nicht intendiert hat, sind doch seine Formulierungen und Folgerungen in dieser Hinsicht zumindest missverständlich.

Freire hat sich selbst offenbar nicht vertieft mit den Ideen der Psychoanalyse beschäftigt, sonst hätte er möglicherweise sein Denken um einen interessanten Aspekt erweitert. Ein psychoanalytisches orientiertes Gespräch kann – wie Freires Ansatz auch – als eine Handlung mit befreiender Absicht verstanden werden, indem verborgene Inhalte, insbesondere emotionale und affektive Inhalte, ans Licht gebracht und in kreative Energie umgewandelt werden sollen. Eine positive, auch affektive Beziehung, wie Freire sie fordert, ist hierfür eine Voraussetzung (vgl. Montag Hirchzon/Copit, 1996). Freire vernachlässigt dabei, dass Beziehungen, in denen Liebe und Emotion eine Rolle spielen, nicht eindimensional sind. Dort, wo beispielsweise Zuneigung vorhanden ist, können auch Neid oder Hass eine Rolle spielen. Freire hat also die Vielschichtigkeit menschlicher Beziehungen und vor allem menschlicher Gefühle und Imaginationen nicht genügend berücksichtigt. Sowohl die intra- als auch interpersonale Dynamik müsste stärker unter diesem Gesichtspunkt betrachtet werden.[211] Paulo Freire thematisiert die Gefühle auf zweierlei Art und Weise in seiner Arbeit: Auf der einen Seite sind Gefühle etwas Irrationales, die im Zuge

---

210 Wie in den vorangegangenen Ausführungen auch beziehe ich mich hiermit auf den Ansatz des *Interaktionistischen Konstruktivismus*. Zum *Imaginären* und dessen Bedeutung für den Lehr-Lernprozess vgl. beispielhaft Reich (1996, 71 ff.).

211 Montag Hirchzon/Copit (1996) weisen darauf hin, dass die Berücksichtigung dieser Erkenntnisse in einem weiteren Schritt eine genauere Sicht auf das Thema *Unterdrückung* ermögliche: „Dementsprechend existiert die Notwendigkeit, auch andere Formen der Unterdrückung zu berücksichtigen. Unzählige Male verstecken sich ihre Windungen hinter emotionalen, wenig expliziten Prozessen. Eine gefühlsmäßige Bindung konstituiert implizit eine Attribuierung von Macht an das Objekt des Affekts." (Ebd., 630)

der Bewusstseinsentwicklung vom naiven hin zum kritischen Bewusstsein überwunden werden müssen. Anstelle von gefühlsmäßigem Verstehen soll der Mensch zu rationalem Verstehen gelangen. Das würde aber bedeuten, dass Gefühle in keiner Weise kritisch sein können. Auf der anderen Seite betont Freire Gefühle wie Liebe und gegenseitiges Vertrauen für die Möglichkeit des Dialogs und der Entwicklung des kritischen Bewusstseins (vgl. Sherman 1996). Anstatt die Emotionen als Gegenspieler des Verstandes zu konstruieren, ist es sinnvoll, die Gefühle und emotionalen Anteile der menschlichen Persönlichkeit und Lebensweise als einen konstruktiven und fruchtbaren *Beitrag* für das Prinzip des Dialogs zu verstehen (vgl. dazu auch Freire 1982, 50 f.).

Die Unterteilung in berechtigte und nicht berechtigte Gefühle geht aus der freireschen Konstruktion der Gegensätzlichkeit von Gefühl und Verstand hervor. Sie ist jedoch für Freires Anliegen wenig hilfreich. Freires Sichtweise der Gefühle ist normativ. Anstatt darüber zu befinden, welche Gefühle berechtigt und dienlich sind und welche nicht, ist es vielmehr sinnvoll, überhaupt erstmal deren Existenz und Wirksamkeit im Lehr-Lernprozess anzuerkennen und konstruktiv-reflektierend mit ihnen umzugehen. Freire läuft hier nicht nur Gefahr, autoritär und besserwisserisch zu sein, sondern auch den Lehrern und Lernern buchstäblich mit seiner verordneten Lebensfreude den Spaß am Lernen und Lehren zu verderben. Sein Beispiel des Rauchens ist zusätzlich insofern bemerkenswert, als seine eigene Sucht Freire die beste Gelegenheit geboten hätte, zu erkennen, dass Einstellung und Verhalten eben *nicht* immer übereinstimmen (können). Freire selbst entscheidet sich nicht aus Vernunftgründen dafür, zu rauchen, sondern sein Körper signalisiert ihm schlichtweg, dass er ein suchtbegründetes Verlangen nach dem Rauchen hat. Zwar räumt Freire ein, es sei eine Übertreibung, davon auszugehen, dass die Erkenntnis „dass das Rauchen mein Leben gefährdet, … bedeuten muss, dass ich mit dem Rauchen aufhöre." (Freire 2008, 39) Jedoch geht Freire dennoch davon aus, dass es Vernunftgründe sind, die letztlich über die Fortführung dieser Sucht entscheiden (vgl. ebd.). Letztlich konstruiert Freire den Lehr-Lernprozess nicht nur als kognitiv gesteuert, sondern darüber hinaus in seiner Gesamtheit als quasi-religiöses Erlebnis. Aus diesem Grunde kommt er zu folgendem Schluss: „[J]e genauer ich in methodischer Hinsicht in meiner Suche und in meiner Lehre werde, desto freudiger und hoffnungsvoller fühle ich mich." (Freire 2004, 142) Die Entscheidung der Lehrerinnen, zu lehren, nährt sich aus einer „geheimnisvollen Kraft, die manchmal Berufung genannt wird". (ebd.)

Insbesondere das Konzept der *Reinheit* lässt in diesem Zusammenhang aufmerken. Was meint Freire mit Reinheit? Der Begriff ist als Beurteilungskategorie im Lehr-Lernprozess ungeeignet und lässt die Frage entstehen, was Freire dann als *unrein* definieren würde. Die Abgrenzung zur anderen Seite hin, zwischen *Reinheit* und Puritanismus wird von Freire ebenfalls nicht näher definiert. Für Freire ist der Begriff zwar nicht vorrangig als Beurteilungskriterium, sondern in erster Linie als Erlebenskriterium gemeint, da er aber den Lehr-Lernprozess auch nach seinem Erlebenscharakter beurteilt, ist dieser Begriff hochproblematisch: Lernen soll freudvoll, liebevoll und *rein* sein. Ähnliche Schwierigkeiten gelten jedoch auch für einen Großteil der anderen Begriffe, die Freire verwendet. Liebe, Lebensfreude, Intuition, Sensibilität, Authentizität und Ästhetik sind schwer definierbar und eng an subjektives Erleben gekoppelt. Freire läuft mit der Verwendung dieser Begriffe Gefahr, vereinnahmend zu werden. Insbesondere Liebe kann vereinnahmend sein – und kann sich in dieser Eigenschaft als Feindin der Differenz herausstellen. Intuitionen, Gefühle und Erleben von Ästhetik sind vielfältig und verschieden und durch gemeinsame Konstruktion von Erkenntnis nicht in einen imaginierten (wenn

auch für Freire noch so wünschenswerten) Gleichklang zu bringen. Die Freiheit der Lernerinnen besteht auch darin, sich vom Begehren des Lehrers zu befreien, seine Vorstellung
vom Lehr-Lernprozess und der Beziehung ihrer Teilnehmenden zueinander in Frage zu
stellen und zu verstören.[212] Das Konzept der Liebe wird so gesehen nicht nur für den Kontext des Lernens und Lehrens, sondern auch für die politische Aktivität zweifelhaft.[213]

Es stellt sich hier vor allem auch die Frage, was mit den Gefühlen und affektiven
Ausdrücken geschieht, die Freire als nicht wünschenswert einstufen würde. Neid, Trauer,
Angst und Wut sind ebenso menschliche Empfindungen wie Zuneigung und Freude. Es
scheint, als finde Freire keinen angemessenen Platz dafür in seinem Welt- und Menschenbild, so dass er sie aus seinem Konzept des Lehrens und Lernens ausklammert – oder sie
abwertet. Diese Haltung führt dazu, dass die Lehrerin den Lerner beurteilen kann und bei
ihm gewissermaßen eine *Selbsterniedrigung* diagnostizieren kann. Der Lehrer weiß aus
dieser Haltung heraus nun besser über den Lerner Bescheid als dieser selbst. Durch dieses
Urteil entzieht Freire dem Lerner (und dem Lehrer) die wichtigste Grundlage, die beide im
freireschen Weltbild haben können: die Eigenschaft, menschlich zu sein. Wer sich selbst
erniedrigt und sich selbst als Lehrer annulliert, auf welcher Basis soll mit einem so verur-
teilten Menschen noch konstruktiv weiter zusammengearbeitet und zusammen gelernt
werden? Vielleicht möchten die Lerner selbst entscheiden, was sie als erniedrigend empfinden? Der Lehrer ist immer nicht nur Beobachter, sondern auch Teilnehmer und Akteur,
kann sich aus dem Prozess nicht als unabhängig in seiner Beobachtung herausziehen – und
so auch keine absoluten Urteile über die Lerner fällen.[214] Wie soll ein Lehrer sich selbst
definieren, der das Lehren nicht als *von Natur aus freudige Erfahrung*, sondern als harte
Arbeit, schwankend im Erfolg mal freudig und mal frustrierend erlebt? Mit Freire müsste
man dieser Lehrperson sagen, sie habe die Natur des Lehrens (noch) nicht erkannt und sei
in ihrer Bildungspraxis weder fortschrittlich noch befreiend. Insgesamt ist die naturalistische und präskriptive Argumentation Freires in diesen Aspekten hochproblematisch.

Trotz aller Zweifel und Kritik kann etwas aus Freires Vorstellung in Bezug auf die
Rolle von Zuneigung geprägter Beziehung im Lehr-Lernprozess gelernt werden: Freire
wagt es, sich über die Bedeutung der Beziehungsarbeit und des Imaginären für den Lehr-

---

212   Ich stelle hier selbstverständlich nicht in Frage, dass für den Lehr-Lernprozess verbindliche Regeln im
      Umgang miteinander gelten sollten, um diesen nicht in seinem Sinn und seiner Praktikabilität selbst zu
      konterkarieren. Jedoch ist es wichtig, innerhalb dieser Regeln eine größtmögliche Selbstbestimmung
      der Lernerinnen nicht nur zuzulassen, sondern auch zu fördern. Dazu gehört auch die Freiheit, das frei-
      resche liebevolle Beziehungsangebot anhand der eigenen Vorstellungen und Wünsche mitzugestalten
      und den Lehrer auf die Bereiche hinzuweisen, an denen diese Beziehung und auch das Verständnis
      seine Grenzen findet.
213   Über den Zusammenhang von politischer Aktion und Liebe denken Tödt/Tödt (1991) kritisch nach. Sie
      stellen fest: „Was wird durch conscientização bewirkt? Streckenweise glaubt Freire dem Marxismus:
      Klassenkampf. Aber beim düsteren Ausmalen der ‚Unterdrücker‘ hält er doch fest, daß Humanisierung
      nicht durch die Beseitigung von Feinden, sondern nur durch ein Mehr an der Liebe geschehen kann,
      die Guevara und ihm aufgegangen ist." (Tödt/Tödt 1991, 40) Liebe und Kampf zusammen zu denken
      läuft jedoch Gefahr, diesen Kampf und ebenso *unterdrückendes* Verhalten im Namen der (revolutionä-
      ren, politisierten) Liebe legitimieren zu wollen. „Es ist eine Argumentation, die man im Munde eines
      machtbewußten Aggressors vermuten würde. (…) Offenbar führt eine Kampf- oder Kriegssituation, in
      der man andere als Feinde betrachtet, nur allzu leicht zu der Blindheit gegenüber dem Defizit an Hu-
      manität im eigenen Verhalten." (Ebd.) Freires Idee von Kampf und gesellschaftlicher Transformation
      ist in der Tat wenig integrierend – und steht so teilweise im Widerspruch zu seiner Idee des Dialogs.
214   Freire reflektiert insgesamt über die Beziehung zwischen Lehrer und Lerner, jedoch nicht über die der
      Lernerinnen untereinander – deren Interaktion miteinander ist jedoch von der zwischen Lehrerin und
      Lerner nicht zu trennen und für den Lehr-Lernprozess ebenso bestimmend wie die Interaktion zwi-
      schen Lehrer und Lernerinnen.

Lernkontext zu äußern – und das ist von fundamentaler Wichtigkeit. Es ist nötig, diesen Anspruch deutlich für die Erziehungs- und Bildungspraxis zu formulieren und systematisch in den Möglichkeiten seiner Umsetzung zu untersuchen. Die Beziehungsseite (und diese ist immer, genauso wie das inhaltliche Lernen, von Gefühlen durchdrungen) bestimmt den Lehr-Lernprozess maßgeblich mit. Sie wird jedoch in der Theorie wie in der Praxis der Erziehung und Bildung weitestgehend unterschätzt. Das liegt unter anderem auch daran, dass das *Führen von Beziehungen* schwer erlernbar, schwer beschreibbar und wenig vorhersehbar ist. Sie sind stark von der imaginären Wirklichkeit geleitet. Dies jedoch macht auch das Lehren und Lernen zu einer Herausforderung, die Freude machen *kann*. Von Respekt und dem Wunsch nach Verständigung geprägte Beziehungen bilden eine besonders gute Basis für erfolgreiches Lernen (vgl. dazu Reich 2004, 52 ff.). Lernen, unter dem nicht nur Aneignung von Information, sondern kritischer, selbstbestimmter Umgang mit Wissen verstanden wird – so wie Freires Anspruch lautet – braucht vor allem die Fähigkeit, dieses Wissen in Beziehungen zu verorten und auf Beziehungen anzuwenden. Und diese Fähigkeit wird am besten in gelingenden Beziehungen selbst erlernt. Nicht zuletzt kann dadurch überhaupt auch erst ein politischer Anspruch eingelöst werden. Eine so verstandene Erziehung und Bildung stellt für die Lehrenden und Lernenden letztlich ein Wagnis dar, Beziehungen *einzugehen*. Damit wird auch deutlich, dass die Pädagogen äußerst schwierige Beziehungsarbeit leisten, die differenziertere Überlegungen benötigt, als Freires Arbeiten allein es uns erlauben:

> „Bei näherem Hinsehen wird es sich uns erweisen, daß die Pädagogik ... ein besonders schwieriges, höchst komplexes und auf eine Einheit von Theorie, Praxis und Methoden drängendes Fach ist. (…) Inhalte und Beziehungen in den gegenwärtigen Lebensformen sind komplex bis an die Grenze unseres Verständnisses, sie sind durchgängig an singuläre und lokale Ereignisse gebunden, ihre Wahrheit ist stets relativ und durch interaktionellen Bezug konstruiert, sie sind mit einem Wort *schwierig*." (Reich 1996, 16, Hervorhebung im Original)

In diesem Sinne kann die folgende freiresche Stellungnahme (die Freire jedoch in ihren Bedeutungsimplikationen nicht weiter verfolgt hat) zusammenfassend eine Anregung geben:

> „Was in der Lehrerausbildung wichtig ist, ist nicht die mechanische Wiederholung von diesen oder jenen Gesten, sondern ein Verständnis für den Wert der Gefühle, der Emotionen, der Wünsche und der Unsicherheit, die von der Sicherheit überwunden werden kann, sowie der Angst, die im Erziehungsprozess Mut hervorbringt." (Freire 2004, 45)

Ebenso sehr hat Freire Recht, wenn er feststellt, dass es nicht hilfreich ist „ernsthaftes Lehren und Freude als miteinander unvereinbar anzusehen, so als wäre die Freude die Feindin der Genauigkeit." (Freire 2004, 142) Lernen und Lehren, die Freude machen, haben nicht nur die besten Chancen gewinnbringendes und nachhaltiges Lernen zu ermöglichen, sondern auch Lernen im Sinne von persönlichem Wachstum und Persönlichkeitsentwicklung umzusetzen.

3.2   Beispiele der pädagogischen Praxis Freires

Wie bereits erwähnt, hat Freire verhältnismäßig wenig praktische Methoden oder Konzepte für die konkrete pädagogisch-politische Arbeit entwickelt. Diese Tatsache ist in erster Linie darauf zurückzuführen, dass es Freires Ziel war, den politischen und befreienden Charakter von Erziehung und Bildung zu erläutern und davon ausgehend die in der Praxis Tätigen aufzufordern und zu motivieren, *selbst* eine auf diesen Prämissen aufbauende Bildungsarbeit zu erfinden und umzusetzen. Das einzige konkrete Konzept für die Praxis ist Freires Alphabetisierungsmethode. Mit ihrer praktischen Anwendung beschäftigte sich Freire in erster Linie in den frühen Jahren seiner Tätigkeit in Brasilien, später in Chile und während der 1980er Jahre, als er beim Ökumenischen Rat der Kirchen in Genf tätig war. Im Rahmen des von ihm mitgegründeten IDAC (Institut d'Action Culturelle) setzte er während dieser Zeit seine Methode vor allem in afrikanischen (vgl. dazu beispielhaft Gadotti 1994, 43) und mittelamerikanischen Ländern um. Nach der Rückkehr nach Brasilien erweiterte Freire seinen Fokus als Dezernent für Erziehung der Stadt São Paulo auch auf das formale Bildungssystem. Hier ging es ihm weniger um die Entwicklung didaktischer Methoden, sondern vor allem um die strukturelle Erneuerung des Systems an sich und einer Neudefinition der Aufgaben und Rollen des Bildungssystems und der in ihm Lehrenden. Darüberhinaus war Freire an einem großen Alphabetisierungsprojekt in São Paulo, MOVA-SP beteiligt, das als eine Zusammenarbeit der Kommunalverwaltung und Nichtregierungsorganisationen stattfand (vgl. Freire 2005a, 68 ff.). Während dieser Zeit wurden von Freire auch die Themen Zivilgesellschaft und politische Partizipation über das Bildungs- und Erziehungssystem hinaus in den Blick genommen. Vor allem aber war Freires Hauptanliegen durchgehend, seine Überlegungen und Überzeugungen an eine möglichst große Anzahl von Menschen weiterzugeben. Aus diesem Grunde hat Freire den Fokus seiner Tätigkeiten auch auf die universitäre Lehre, auf Vortragsreisen und Seminartätigkeiten für Multiplikatoren gelegt. Im Folgenden werden Freires Überlegungen, und, wo vorhanden, praktische Methoden, zu den Themen Alphabetisierung,[215] formale Bildung und non-formale Bildung beziehungsweise zivilgesellschaftliche Aktivitäten vorgestellt. In diesem Kapitel stelle ich die *Kritischen Anmerkungen* zusammenfassend an den Schluss der Ausführungen und beziehe sie auf die Beispiele pädagogischer Praxis Freires insgesamt.

3.2.1   Alphabetisierung

„Warum alphabetisieren? (...) Damit die Menschen, die in einer Kultur leben, die eine Schriftsprache verwendet, nicht weiterhin eines ihrer Rechte beraubt werden." (Freire in Barreto 1998, 77)

„The adult literacy process as an act of knowing implies the existence of two interrelated contexts. One is the context of authentic dialogue between learners and educators as equally knowing subjects. This is what schools should be – the theoretical context of dialogue. The second is the real, concrete context of facts, the social reality in which men exist." (Freire 1975, 31 f.)

---

215   Zu den konkreten Beispielen freirescher Alphabetisierungsarbeit vgl. vor allem Gerhardt (1978), Freire (1981a, 151 ff.; 1980 sowie 1979). Es gibt darüber hinaus so gut wie keine Literatur, die die Bildungsarbeit Freires detailliert beschreibt, dokumentiert und fachlich untersucht. Das gilt auch für die Tätigkeit Freires als Dezernent für Erziehung in São Paulo.

Freires Grundidee ist, wie bereits erläutert, die Idee der Befreiung der *unterdrückten* beziehungsweise marginalisierten oder benachteiligten Personen. Schlüssel zu dieser Befreiung, welche das aktive Gestalten, das konstruktive Aneignen und Transformieren von Welt mit einschließt, ist unter anderem die Bewusstseinsbildung und mit ihr einhergehend die Alphabetisierung, also der Zugang zum kulturellen Kapital (vgl. Bourdieu 1983) der Verständigungsgemeinschaft. Parallel dazu ist jedoch das Erlernen von Lesen und Schreiben nicht nur als Erwerb der Kulturpraktiken und somit als ein Weg zur aktiven gestalterischen Teilnahme an der Gesellschaft zu verstehen, sondern auch als Methode, die Wahrnehmung, das Erleben und Strukturieren der Welt eines jeden Alphabetisanden als Tiefenstruktur der Sprache frei zu legen und kennenzulernen und zu repräsentieren (vgl. Freire 1980, 99 ff.).[216]

Freires Ansatz der Alphabetisierung unterschied sich von der gängigen Methode der Alphabetisierung in der Zeit, als er seinen Ansatz entwickelte, vor allem in folgender Hinsicht: Einsatz von visuellen, audiovisuellen und auditiven Medien (in erster Linie Dias und projizierte Bilder, Zeichnungen und geschriebene Wörter, Radio),[217] aktive dialogische Beteiligung der Alphabetisanden, veränderte Rolle des Lehrers im Sinne eines Impulsgebers und Moderators, Einbezug der sozioökonomischen und kulturellen Lebenswelt der Alphabetisanden (vgl. Barreto 1998, 86 ff.; Gerhardt 1978, 111).[218] Erste Erfahrungen in der Alphabetisierungsarbeit sammelte Freire im Nordosten Brasiliens durch seine Tätigkeiten im Rahmen der MCP *(Movimento de Cultura Popular)* und des SEC *(Serviço de Extensão Cultural)* der Universität Recife (vgl. Kapitel 1.1 dieser Arbeit; Gerhardt 1978, 93 ff.; Gadotti 1994, 17; Araújo Freire 2006, 334, 336 ff.), von denen ausgehend er einen 30- bis 40-stündigen Alphabetisierungskurs entwickelte (vgl. Gerhardt 1978, 103 ff.). Als erste systematisierte Alphabetisierungskampagne gilt die Arbeit in Angicos, einer Stadt im Landesinneren des Bundesstaates Rio Grande do Norte. In einem Zeitraum von zwei Monaten nahmen ungefähr 300 Personen am Alphabetisierungskurs teil (vgl. Barreto 1998, 91 f.; Gadotti 1994, 15; Gerhardt 1978, 113 ff.). Es folgten Kampagnen in Osasco (Bundesstaat São Paulo), Natal (Rio Grande do Norte) und Brasília (vgl. Barreto 1998, 93 ff. und Gerhardt 1978, 151 ff.). Gerhardt (1978) weist kritisch darauf hin, dass die Erfolge der freireschen Alphabetisierungsmethode zwar nicht von der Hand zu weisen waren, jedoch bei weitem nicht so überragend waren, wie dies allgemein angenommen wird. Er geht davon aus, dass die rasche positive Aufnahme und Verbreitung des freireschen Ansatzes im Brasilien der frühen 1960er Jahre auch auf der Basis von „wissenschaftlichen Aufwertungsbemühungen" (Gerhardt 1978, 103) und „geschickter publizistischer Auswertung" (ebd.) zustande kam.

Freire beschreibt die Alphabetisierung, ähnlich wie die Entwicklung des Bewusstseins hin zum kritischen Bewusstsein, in einem Phasenmodell (vgl. dazu beispielhaft auch

---

216 Um diesem Bestreben nach Repräsentation und Teilhabe Ausdruck zu verleihen, sprach Freire, wo immer es möglich war, auch während seiner Zeit in Genf, Portugiesisch. Befand er sich zum Beispiel in einer Gruppe von Personen, in der eine Person nur Portugiesisch sprach, so solidarisierte er sich mit dieser und verstand es als einen politischen Akt, ebenfalls Portugiesisch zu sprechen, so dass eine Übersetzung für die anderen Anwesenden nötig wurde (vgl. Gadotti 1996b, 69 f.). Ob dies jedoch auch schlicht damit zu tun hatte, dass Freire lieber oder besser Portugiesisch als Englisch sprach, darüber ließe sich spekulieren.

217 Freire weist darauf hin, dass auch taktil dargebotene Kodierungen denkbar sind, ebenso die Verwendung visueller Kodierungen anhand von mimischen und gestischen Darstellungen (vgl. Freire 1980, 98 f.). Beides bildete jedoch nicht den Schwerpunkt der freireschen Alphabetisierungs- und Bildungsarbeit.

218 Zur Entwicklung der Alphabetisierung in den Entwicklungsländern allgemein vgl. Lenhart (1993).

Gerhardt 1978, 96 f.; Freire 1979a, 23 ff.; Gadotti 1994, 18 ff.). Zwecks Akquise und Vorbereitung seiner Zielgruppe gründete Freire in einer „propädeutischen Etappe" (Figueroa 1989a, 56) mit seinen Mitarbeitern zunächst so genannte *Kulturzirkel*. In diesen Zirkeln sollte eine Atmosphäre des Vertrauens geschaffen werden, welche die gemeinsame Arbeit ermöglichen sollte, indem sie zunächst eine Akzeptanz Freires, seiner Mitarbeiterinnen und deren Vorhaben der Dorfgemeinschaft schuf. Durch diese Kulturzirkel gewann Freire Personen aus der Bevölkerung, welche nicht alphabetisiert waren und die im Sinne der Selbsttätigkeit und Partizipation als zentrales Merkmal der dialogischen Methode direkt in die Durchführung und Planung der Arbeit miteinbezogen wurden, als Mitarbeiter. Durch Gespräche und Interviews in den Kulturzirkeln über das Leben und die Lebensbedingungen wurde der Wortschatz, das *universo vocabular* der Teilnehmer bezüglich ihrer Sehnsüchte, Frustrationen, Hoffnungen, Bedürfnisse nach Veränderung und Teilhabe untersucht und besonderes Augenmerk auf bedeutsame Wörter, Redewendungen und Ausdrücke gelegt (vgl. Freire 1982, 46 ff.; Freire 1979a, 23; Gerhardt 1978, 96; Barreto 1998, 99 ff.; Freire 1979, 23).[219] Im Anschluss an die Arbeit im Kulturzirkel begann die konkrete Spracharbeit beziehungsweise die Arbeit mit dem Wortschatz. Freire fügte in seinem Konzept der Spracharbeit verschiedene – analytische wie synthetische – Methoden zusammen. Er selbst bezeichnete deshalb seine Erziehungs- und Alphabetisierungsmethode als „eklektisch" und „praktisch" (Figueroa 1989a, 54). Die Beschreibung der freireschen Alphabetisierungsmethode variiert teilweise in seinen Schriften. Auch hat er sie im Verlaufe der Zeit, vor allem was die inhaltliche Schwerpunktsetzung betrifft, verändert. In der frühen Phase seiner Tätigkeit in Brasilien legte Freire vor allem den inhaltlichen Fokus auf Themen, die die direkte Lebenswelt der Alphabetisanden betrafen, wie zum Beispiel der Zusammenhang zwischen Natur und Kultur, das Prinzip des Dialogs und die Bedeutung der Volkskultur (vgl. Freire 1982, 66 ff.; Gerhardt 1978, 113 ff.). Während seines Aufenthalts in Chile war die Alphabetisierungsarbeit in die dortige Agrarreform eingebettet, so dass Freire seine Anliegen vor allem für diesen Kontext neu beschrieb, jedoch keine detaillierte Beschreibung der konkreten Praxis verfasst (vgl. Freire 1974, dort insbesondere 95 ff.). In seiner Praxis in den afrikanischen Ländern ist die freiresche Alphabetisierungs- und Bildungsarbeit deutlich marxistisch geprägt, so dass die Auswahl der generativen Themen in erster Linie auf die aktive Teilnahme am revolutionären Kampf abzielt und in gewisser Hinsicht deutliche Tendenzen politischer Indoktrination aufweist (vgl. dazu vor allem Freire 1981a, 151 ff. und Freire 1980).[220] Im Folgenden stelle ich die mehr oder weniger unveränderten Prinzipien der Alphabetisierungsmethode vor.

Kodierung
Der erste Schritt ist die *Kodierung*. In dieser Phase ist es das Ziel, durch Gespräche die Themen der Anwesenden aufzudecken, die für sie im alltäglichen Leben besonders relevant sind und welche als zentrale Punkte in ihrem Leben gesehen werden können (vgl. Freire 1982, 55 f.; Freire/Horton 1990, 87 f.; Figueroa 1989a, 56). In dieser Phase sollen

---

219 Barreto (1998, 119 ff.) beschreibt, dass es in der Folge in verschiedenen Ländern Varianten einer durch Freire inspirierten Alphabetisierungsarbeit gegeben hat. Freire selbst habe berichtet, dass er wisse, dass in einem Alphabetisierungsprojekt in Mexiko die generativen Wörter nicht in einer Vorbereitungsphase des eigentlichen Alphabetisierungskurses erhoben wurden, sondern als Teil des Kurses selbst mit den Alphabetisanden durch Diskussionen gefunden wurden, was er für noch besser als seine eigene ursprüngliche Vorgehensweise befinde (vgl. ebd.).

220 Ein oft diskutierter und kritisierter Aspekt der Alphabetisierungs- und Bildungsarbeit in den afrikanischen Ländern war auch die Frage nach der Verwendung der portugiesischen Sprache als Sprache der Kolonialmacht (vgl. dazu beispielhaft Freire/Faundez 1989, 107 ff.).

persönlich und/oder gemeinschaftlich relevante Aspekte ihrer sozialen, wirtschaftlichen, politischen und kulturellen Lebenssituation diskutiert, entdeckt, nachvollzogen und dadurch bewusst gemacht werden. Diese Gespräche orientieren sich an den bereits in der propädeutischen Etappe durchgeführten Interviews und greifen deren Inhalte auf. Aus diesen Gesprächen werden einige Wörter, die *generativen Wörter* oder *generativen Themen* anhand der Kriterien Phonemreichtum, phonetische Schwierigkeit (von leicht zu schwer) und Pragmatik des Wortes (größtmögliche Einbettung in soziale, kulturelle, politische Wirklichkeit) ausgewählt (vgl. beispielhaft Barreto 1998, 102; zur Verwendung der Begriffe *generative Wörter* und *generative Themen* vgl. auch ebd. 121).[221] Schließlich werden diese *generativen Wörter* oder *generativen Themen* durch Fotos, Dias, Zeichnungen, Bilder und ähnliches dargestellt. Wiederum im Gespräch mit den Teilnehmerinnen wird hierbei Art und Inhalt der Darstellung ausgewählt. Ein generatives Wort kann die ganze dargestellte Szene umfassen, oder aber sich in ihr befinden, das heißt, einen Teil der Szene ausmachen (vgl. Freire 1982, 54 ff.). Freire sieht hier die Aufmerksamkeit der Teilnehmenden auf der *ersten Metaebene*, das bedeutet, es findet neben der Repräsentation der relevanten Inhalte durch deren distanzierte Betrachtung eine erste Abstraktion und Reflexion über die eigene Situation statt.

Die Sprache und die bildliche Darstellung dienen als Instrumente, um Inhalte, welche vorher möglicherweise unbewusst oder auf einer imaginären Ebene in der Gefühlswelt der Alphabetisanden vorhanden waren – zumindest jedoch nicht symbolisch fixiert und benannt waren – in ein symbolisches Dasein zu überführen und sie so nicht nur bewusst zu machen, sondern sie auch einer symbolischen Verarbeitung, Veränderung und Entzauberung zur Disposition zu stellen und sie auf diese Weise dem magischen oder naiven Bewusstsein zu entziehen und einem kritischen Bewusstsein zuzuführen. Durch diese Vorgehensweise wird „alle[m]", was das Bewußtsein wahrgenommen hat und in sich auf implizi-

---

221 Figueroa kritisiert an Freire, dass er in seiner Spracharbeit hauptsächlich eine synchrone und nicht eine diachrone Betrachtungsweise wählt. Das heißt, dass er von der Gegenwart der Alphabetisanden und damit verknüpft der Begriffe und ihrer Bedeutung ausgeht und die diachronische Perspektive der Entwicklung der Gesellschaft im Verlaufe der Geschichte vernachlässigt: „Wie die strukturalistische Sprachforschung in der Theorie, so ist auch Freires Theorie und Praxis der Erziehung durch ein vorwiegend synchronisches [sic] Verfahren eingeschränkt, das bei der Explizierung der impliziten Strukturen und bei der Bestimmung der subtilen Kombination ihrer internen Elemente stehenbleibt. Weil es sich auf die passive Betrachtung des Bewußtseinslebens konzentriert, verhindert das synchronische methodische Verfahren eine mögliche Praxis- beziehungsweise Situationsanalyse, durch welche Freire erst die objektiven Herrschaftsmechanismen und das Subjekt, das sie produziert und reproduziert, hätte identifizieren können." (Figueroa 1989a, 76) Zu Recht gibt Figueroa hier zu bedenken, dass eine diachrone Betrachtungsweise der Bedeutung und Verwendung der Wörter und damit auch der geschichtlichen Entwicklung des Landes und der Machtverhältnisse innerhalb dessen Gesellschaft der Arbeit von Freire mehr Tiefe und möglicherweise auch mehr Durchsetzungskraft hätte verleihen können. Auf der anderen Seite scheint es verständlich, dass Freire in der Arbeit mit den Alphabetisanden zunächst bei deren konkreter Lebensrealität ansetzt und von dieser Perspektive aus die Lebens- und Gesellschaftsverhältnisse zu dekonstruieren sucht. Zwar erläutert Freire in seinem Buch *Erziehung als Praxis der Freiheit* (vgl. Freire 1982, 9 ff.) seine Sichtweise der brasilianischen Gesellschaft und deren geschichtlich bedingten Mangel an demokratischer Erfahrung, doch muss davon ausgegangen werden, dass diese Überlegungen nur am Rande in die Bildungsarbeit mit eingeflossen sind, sondern vielmehr als deren gedachte Basis fungierten. Insbesondere zu Beginn seiner Arbeit wäre es möglicherweise zu viel erwartet, dass Freire in seinen Alphabetisierungskursen eine umfassende geschichtliche Betrachtung der Entwicklung der Herrschaftsverhältnisse vornimmt. Die Kurse durchliefen hier eine erste Erprobung und wurden dann auch vom Militärputsch beendet. Sicherlich aber zu späteren Zeiten, bei der Arbeit in anderen Ländern, kann von Freire erwartet werden, dass er sich der geschichtlichen Dimension der Konstruktion von Wirklichkeit und Sinn stärker bewusst macht und dies auch in seiner Bildungsarbeit berücksichtigt.

te Weise leben lässt", was also auf imaginärer Ebene vorhanden ist und gefühlt, erlebt, gewünscht und erlitten wird, ermöglicht „wieder zu explizieren" (Figueroa 1989a, 59). Durch gesprochene Sprache, Bilder (in den weiteren Arbeitsschritten auch durch Schrift) werden diese Inhalte außerhalb des eigenen Bewusstseins symbolisch dargestellt, um somit durch dieses selbst neu betrachtet und bewertet werden zu können.[222]

Dekodierung

Der zweite Schritt der Alphabetisierungsarbeit ist die *Dekodierung*. Die verwendeten Wörter und Begriffe, welche sich aus den generativen Themen herleiten, werden in dieser Phase in einzelne Silben zerlegt.[223] Diese Silben bilden wiederum die Grundlage für die Alphabetisierungsarbeit, denn in einem weiteren Schritt werden sie von Lehrenden und Lernenden gemeinsam zu neuen Wörtern zusammengesetzt, um auf diese Art und Weise einen stets anwachsenden Wortschatz zu produzieren.[224] Die Phase der *Dekodierung* läuft wie folgt ab: Ein Bild mit einem generativen Wort wird gezeigt. Zunächst wird nur über das Bild oder Foto diskutiert und darüber gesprochen, was dort dargestellt ist und was dies mit dem täglichen Leben der Anwesenden zu tun hat und für sie bedeutet. Anschließend erfolgt die Analyse des geschriebenen Wortes: Zunächst wird das Wort als Ganzes betrachtet. Dann wird das Wort in Silben zerlegt und seine Bestandteile analysiert, die von den Teilnehmerinnen laut gelesen werden (vgl. Freire 1982, 54 f.).

Beispiel: Das portugiesische Wort *Favela*[225]

Auf einer Leinwand wird ein Foto einer Favela gezeigt. Dieses Bild wird nun in der Phase der Dekodierung thematisch interpretiert, das heißt Lebensgegebenheiten und Probleme des Lebens in einer Favela werden diskutiert. Anschließend folgt auf der Leinwand die Präsentation des Wortes FAVELA zunächst als Ganzes.[226] Die Abwesenden betrachten dieses Wort und prägen sich sein Erscheinungsbild ein. Weiter wird das Wort in seine Silben zerlegt: FA-VE-LA und dargeboten. In weiteren Schritten werden dann die einzelnen phonemischen Gruppen, zunächst je eine Gruppe, dann alle gemeinsam auf der so genannten „Entdeckungskarte" (Freire 1982, 59; Barreto 1998, 105), gezeigt:

---

222 Aus der Sichtweise des *Interaktionistischen Konstruktivismus* finden in diesen Abläufen Prozesse der Rekonstruktion statt, welche aber auch schon konstruktive Elemente enthalten. Die Teilnehmenden rekonstruieren ihre Lebens- und Erfahrungswelt, untersuchen diese auf Brüche und Schwierigkeiten und konstruieren so erste Fragestellungen und Problemlagen, welche es in den folgenden Phasen sozusagen als Unterrichtsstoff näher zu untersuchen gilt.

223 Die Idee der Zerlegung der Wörter in Silben stammt, anders als häufig angenommen, nicht von Freire. Sie war in Brasilien in den 1960er Jahren die gängige Methode in der Erwachsenenalphabetisierung und stammt aus der Grundschulpädagogik jener Zeit. Die Neuerung Freires war also nicht die Vorgehensweise der Silbenzerlegung, sondern die Verwendung von Wörtern als Basis, die aus dem *thematischen Universum* der Alphabetisanden stammen.

224 Eine solche Vorgehensweise ist bei silbenzählenden Sprachen praktikabel, jedoch bei akzentzählenden Sprachen (wie zum Beispiel der deutschen Sprache) ist dies nicht möglich (vgl. dazu Freire/Horton 1990, 81, 89). In den Übertragungsversuchen der Alphabetisierungsmethode Freires in Deutschland wurde auch die Zerteilung in Silben nicht übernommen, sondern lediglich die Arbeit mit *generativen Themen*. Insgesamt gilt diese Vorgehensweise heute in Lateinamerika als veraltet und wird nicht mehr praktiziert.

225 Stadtviertel, in dem die Bevölkerung in ökonomisch und sozial prekärer Situation lebt, in dem also in der Regel die ärmsten Bevölkerungsgruppen leben.

226 Teilweile wird das Wort *FAVELA* auch bereits zeitgleich mit dem Bild gezeigt, in diesem Falle wird jedoch der grafischen Darstellung des Wortes erst in einem zweiten Schritt Aufmerksamkeit geschenkt, so dass die Konzentration der Teilnehmenden zunächst auf die bildliche Darstellung fokussiert.

FA-FE-FI-FO-FU
VA-VE-VI-VO-VU
LA-LE-LI-LO-LU

Anschließend werden die in den Silben enthaltenen Vokale wiederum gezeigt: A-E-I-O-U
(vgl. Araújo Freire 1996a, 39 f.)[227] Die Teilnehmer lesen die Silben laut vor, um den
Klang und die grafische Darstellung miteinander zu verknüpfen. Gemeinsam und alleine
zuhause werden anschließend aus den Silben weitere Wörter gebildet. Mit den auf diese
Art und Weise entstandenen Bausteinen werden neue, komplexere Wörter und schließlich
Sätze gebildet. Diese neu gebildeten Wörter und Sätze beinhalten weitere Themen, welche
für das Leben der Alphabetisanden bedeutsam sind und die eine Analyse ihrer Lebenssituation ermöglichen. Durch diese Analyse erfolgt aus Sicht Freires das Betreten einer höheren, zweiten Metaperspektive, da die in der Kodierung aufgeworfenen Fragestellungen
und Problemlagen nun im Detail diskutiert und erkundet werden, und aus ihnen weitere
Wörter und Fragestellungen erarbeitet werden. Es findet eine Objektivierung der Themen
und Wörter statt und so auch eine Veränderung der Position der Lernenden in die Position
eines Subjektes. Auf diese Art und Weise nehmen die Lernenden eine kritische Position
ein, durch die eine Betrachtung so weit wie möglich verobjektivierter Sachverhalte stattfindet und die eigene Position, Aufgabe und Rolle nicht mehr einen von außen fest deter-
minierten Platz in der Wirklichkeit einnimmt, die nur von den Anderen, nicht aber von der
sie innehabenden Person selbst betrachtet und diskutiert werden kann. In diesem Schritt
werden also die gesellschaftlichen Bedingungen des eigenen Lebens mit einem *neuen
Blick* versehen, aus einer neuen Perspektive betrachtet: „Reading the codification leads
people to have a perception of the former perception of the realitiy. That is, in some moment I perceive as I was perceiving before, the same reality that is now represented in the
codification. In doing that, maybe I change my perception." (Freire/Horton 1990, 88; vgl.
auch Freire 1982, 59 ff.) Nachdem ausgewählte Aspekte des eigenen Lebens in der Gesellschaft rekonstruiert und auch neue Fragen und Diskussionspunkte konstruiert worden
sind, werden diese in der weiterführenden Arbeit der fortlaufenden Alphabetisierung de-
konstruiert und als veränderlich und gesellschaftlich geschaffen entlarvt. Neue Ideen und
Möglichkeiten, die Gesellschaft zu organisieren (und hiermit sind auch kleine und kleinste
Einheiten von Gesellschaft gemeint, zum Beispiel die tägliche Interaktion innerhalb der
Familie, mit den Nachbarinnen, den Kollegen, Vorgesetzten, oder besser gesagt Landbe-
sitzern) werden entwickelt und so eigene Vorstellungen erstmals symbolisch in Wörter
gegossen.[228] Durch diese Arbeit

---

227 Araújo Freire (2006, 345) weist darauf hin, dass keine Informationen darüber vorliegen, ob dieser
     Schritt immer durchgeführt wurde oder nicht (vgl. ebd.).

228 An dieser Stelle ist kritisch zu bemerken, dass Freire jedoch darüber hinaus die erkenntnistheoretische
     Einsicht fehlt, dass auch dieser neue Blick, der Perspektivenwechsel der AlphabetisandInnen und die
     Verobjektivierung der Wirklichkeit bereits eine eigene neue Konstruktion ist und ebenso wenig als all-
     gemein gültige Konstruktion von Wirklichkeit gelten kann. Obwohl Freire stets darauf hinweist, dass
     zur Sprache gebrachte Konzepte von Welt selber wieder Gegenstand weiterer De/Kodierungen werden
     sollen und können und somit impliziert, dass diese unabgeschlossen und nicht perfekt sind, so führt er
     doch nicht explizit aus, dass diese als relative Konstruktionen von Wirklichkeit zu gelten haben, die
     sich durchaus nicht mit den Perspektiven anderer Personengruppen decken müssen und auf diese Wei-
     se nicht per se Anspruch auf Gültigkeit haben. Dennoch ist natürlich zu bedenken, dass Freire ausge-
     hend von einer Realität argumentiert, die einige Bevölkerungsgruppen auf eine Art und Weise aus-
     grenzt und benachteiligt – zum Beispiel Bewohnerinnen von Armenviertel, die sich von dem ernähren,
     was sie auf den Müllkippen der Städte finden – dass eine falsch verstandene Offenheit gegenüber jeg-
     licher Konstruktion erlebter und erwünschter Wirklichkeit unterschiedlicher Personen – oder besser

„entdecken die Unterdrückten die Herrschaftsmechanismen ihrer Unterdrücker, die sie zwingen, die Verhältnisse zu produzieren und reproduzieren, deren Opfer sie selbst sind. Da sie durch die dekodierende Reflexion ein erstes Mal in ihrem Leben entdecken, daß diese Unterdrückungsverhältnisse, weil sie die Produkte ihrer eigenen Handlungen und der ihrer Unterdrücker sind, verändert werden können" (Figueroa 1989a, 62 f.)

eröffnet sich ihnen die Möglichkeit, diesen Prozess der Veränderung zu beginnen und fortzuführen.[229]

Wieder-Kodierung

In der nun folgenden Phase der Wieder-Kodierung wird laut Freire die höchste Abstraktionsstufe vollzogen und umfassende Konstruktionsleistung erbracht, in dem durch synthetisierende Reflexion alle erarbeiteten Einzelheiten zu einem Ganzen zusammengefügt werden. Diese Phase wird in den Schriften Freires nur selten und wenig genau beschrieben, so dass über sie nur wenige Aussagen getroffen werden können. Freire ordnet sie bereits dem „Nach-Alphabetisierungs-" beziehungsweise „Politisierungsprogramm" zu, da nun die Alphabetisierung weitestgehend abgeschlossen sein sollte und sich die Arbeit schwerpunktmäßig in Auswertungstreffen und weiteren *Kulturzirkeln* vollzieht (vgl. Freire 1982, 61; Freire 1981a, 183 ff.). In diesen findet weitere Arbeit an ausgewählten *generativen Themen* statt. Hier können wiederum die Arbeitsschritte der De-/Kodierung eingesetzt werden, um sich den Themen zu nähern. Freire nennt diese Phase auch einen „nachkonstruktiven sprachlichen" verbunden mit einem „tiefenhermeneutischen" und „praktischen Diskurs" (vgl. Figueroa 1989a, 53 f.), der für ihn aber auch einen „gruppendynamisch-psychotherapeutischen Diskurs" (ebd.) beinhaltet.[230]

Das Postalphabetisierungsprogramm hatte vor allem bei Freires Tätigkeit in den afrikanischen Ländern als Politisierungsprogramm eine Bedeutung. Für Freire wird „[i]n der Postalphabetisierung ... die Analyse der Wirklichkeit allmählich schärfer, methodischer und weniger oberflächlich. (...) Man überwindet das magische Bewusstsein und gelangt zu einer immer kritischeren Weltsicht." (Freire 1981a, 183; vgl. auch Freire 1975, 40 ff.) Der Vorgang der Bewusstseinsbildung ist also nie abgeschlossen, sondern ist als fortlaufender Prozess zu verstehen: „[B]ei Freires Bewusstseinspraxis ist der Bewusstmachungsprozess ein permanenter, weil dieser nicht mit der Wiederkodierung von der kodierten und

---

gesagt Interessengruppen dieser grausamen Realität auf fatale Weise den Weg weiter ebnen würde. An dieser Stelle wird das Konzept des Realen wirksam: Die Bewohnerinnen der Armenviertel haben real zunächst keine andere Möglichkeit als diese, sich am Leben zu halten und erleben die Armut als ihr Leben bestimmendes Reales, welches über sie hereinbricht und außerhalb ihrer Einflussnahme zu liegen scheint. In diesem Sinne könnte man Paulo Freires Arbeit auch als einen Versuch werten, die Kategorie des Realen, also der von außen über die Menschen hereinbrechenden Ereignisse so zu verändern beziehungsweise zu verringern, dass gesellschaftliche Prozesse, die real erscheinen, als veränderlich entlarvt werden und somit erneut Gegenstand gesellschaftlicher Diskussionen und Gestaltung werden. Vgl. dazu beispielsweise Reich (1996, 103 ff.).

229 In dieser Hinsicht können wir in den Methoden Freires zur Erziehungsarbeit sowohl die interaktionistisch-konstruktivistische Perspektive der Rekonstruktion finden, indem wir insbesondere in der Phase der Kodierung sagen können „Wir sind die Entdecker unserer Wirklichkeit!" (Reich 1996, 119) als auch in der Phase der Dekodierung schwerpunktmäßig die Perspektive der Dekonstruktion einnehmen und sagen „Wir sind die Enttarner unserer Wirklichkeit!" (Reich 1996, 121). Schließlich kommen wir in der Wieder-Kodierung hauptsächlich zur Perspektive der Konstruktion mit der Aussage „Wir sind die Erfinder unserer Wirklichkeit!" (Ebd.)

230 Schwierig ist an dieser Stelle auch die Bezeichnung „gruppendynamisch-psychotherapeutisch" (vgl. dazu Kapitel 3.1.4 dieser Arbeit).

dekodierten Totalität abgeschlossen werden kann, sondern ‚eine neue Analyse der Forscher' fordert" (vgl. Figueroa 1989a, 69 f.).[231]

3.2.2 Formale Bildung

Das Thema formale Bildung nahm, wie erwähnt, Freire insbesondere während der Zeit, als
er Dezernent für Erziehung in São Paulo war (1989–1991), in den Blick. Nach einer langen Zeit des Exils versuchte Freire nun, sein Denken und seine Ideen seinem Land Brasilien zu Gute kommen zu lassen: „What emerges clearly from these writings [Freire
(2005a) *A Educação na Cidade* und del Pilar O'Cadiz et al. (1998) *Education and
Democracy*, K.F.] on Freire's work as Education Secretary is the image of a person striv-
ing to make up for lost time, caused by his period of exile, by attempting to stamp his
mark on his homeland." (Mayo 2004, 92) Dadurch, dass die Arbeiterpartei (PT – *Partido
dos Trabalhadores*), dessen Mitglied Paulo Freire war, die Wahlen gewonnen hatte, konnte Freire das erste Mal in seinem Leben ein politisches Amt bekleiden. Die Situation des
Erziehungs- und Bildungswesens in São Paulo war zum Zeitpunkt des Amtsantritts Freires
in einer mangelhaften Situation:

> „In 1989 it was estimated that over one million pre-school and primary-school age children
> in São Paulo were not enrolled in schools, due to limited capacities. A junior teacher earned
> slightly more than a domestic servant. Grade retention and drop out rates were disturbingly
> high. (…) [T]housands of teachers were working under temporary contracts, resulting in
> significant understaffing at many schools and unnecessary staff turnover. Sixty percent of
> all school facilities required major structural and cosmetic repairs due to collapsed ceilings,
> exposed electric wiring, and faulty plumbing. The district owned two trucks which serviced
> the distribution needs of a system that covered 1,500 square kilometres." (O'Cadiz et al.
> 1998, 73)

Zentrale Aspekte seiner Tätigkeit als Dezernent für Erziehung waren folglich (vgl. dazu
auch Gadotti/Torres 2005, 14 f.; Araújo Freire 2006, 303 ff.; O'Cadiz et al. 1998, 44,
72 ff.; Freire 2001b, 96 ff.):

> ➢ Dauerhafte Lehrerfortbildung: „Es ist unvorstellbar, das Gesicht der Schule zu ver-
>   ändern (…), ohne an die fortwährende Weiterbildung der Lehrerin [sic] zu denken.
>   Für uns wird die permanente Weiterbildung der Lehrerinnen [sic] in erster Linie so-
>   weit wie möglich durch die Reflexion der Praxis stattfinden." (Freire 2005a, 38 f.;
>   vgl. ebd. 80 f. und Freire/Horton 1990, 189; Freire 2002, 167; vgl. O'Cadiz et al.
>   1998, 94 ff.)
> ➢ Bessere Bezahlung der Lehrerinnen (vgl. Freire/Horton, 1990, 60; Freire 2004, 142;
>   Freire 2005a, 85 f.; Freire 2002, 167)
> ➢ Renovierung, Instandhaltung und bessere Ausstattung der Schulgebäude. Ein Groß-
>   teil der Schulgebäude der öffentlichen Schulen in der Stadt befand sich in einem de-
>   solaten Zustand (vgl. O'Cadiz et al. 1998, 48). „Wenn wir nicht nur mehr Klassen-

---

231 Im Sinne des *Interaktionistischen Konstruktivismus* kann gesagt werden, dass jede eigene (oder frem-
     de) Erkenntnis als Konstruktion erkannt und somit Ziel möglicher Dekonstruktionen werden kann und
     soll, um neue, viablere Konstruktionen zu ermöglichen, die sich dennoch immer schon auf vorange-
     gangene Konstruktionen rekonstruktiv beziehen. Der Erkenntnisprozess wird auch hier als nicht abge-
     schlossen gesehen.

räume bauen, sondern diese auch gepflegt, gewartet, sauber, fröhlich [und, K.F.] schön halten, verlangt früher oder später die dem Raum eigene Schönheit eine andere Schönheit: Die des kompetenten Unterrichtens, die der Freude am Lernen, die der erschaffenden Imagination, die in Freiheit ausgeübt werden kann, die des Abenteuers, etwas zu hervor zu bringen." (Freire 2005a, 22; vgl. ebd. 131)

➢ Demokratisierung des Schulgeschehens und der Schulverwaltung unter Einbezug von Lehrerinnen, Lernern, Eltern, Schulleitungen, Schulangestellten und kommunaler Verwaltung, zum Beispiel durch Umgestaltung des Verwaltungsapparates Schulparlamente. (*Conselhos Escolares*, vgl. Gadotti/Torres 2005, 15; O'Cadiz et al. 1998, 53 f., 76 ff., 81 ff.) Die Schule soll „in Zentren der Kreativität umgewandelt werden, in denen man mit Freude lehrt und lernt." (Freire 2005a, 33; vgl. auch ebd., 42)

➢ Anbindung der Schule an das politische und öffentliche Geschehen der Kommune und des Stadtteils, als „Eintritt der Eltern und der Gemeinschaft in die Schule" (Freire 2005a, 96) und durch Kooperationen mit Universitäten (vgl. Freire 2005a, 81 f.; Freire in Gadotti/Torres 2005, 16; Escobar et al. 1994, 131 ff.; vgl. auch Freire 2001b, 16 ff.) Orte formalen und non-formalen Lernens sollen miteinander verknüpft werden und Erziehung soll Kritikfähigkeit und Demokratie fördern.

➢ Erneuerung und Verbesserung der Schulcurricula und der Unterrichtsmethoden in Form einer Bewegung, so dass eine „kritisch-dialogische, eine Pädagogik des Fragens" (Freire 2005a, 83) prozesshaft und demokratisch umgesetzt werden kann (vgl. auch O'Cadiz et al. 1998, 52, 75, 107 ff.).[232] Ein Ausgangspunkt zur Neugestaltung der Curricula war die Arbeit mit generativen Themen (vgl. O'Cadiz et al. 1998, 85 ff.). Das Curriculum sollte interdisziplinär gestaltet werden und Erkenntnisse aus konstruktivistischer Sicht zur Kognitionsentwicklung und Spracherwerbsforschung (E. Ferreiro, Vygotsky) berücksichtigen (vgl. ebd. 87 ff.).

➢ Verbesserung der Zugänglichkeit der Schulbildung für die armen Bevölkerungsgruppen. Freire geht davon aus, dass die Schule vielmehr die Lernerinnen ausgrenzt, anstatt dass diese als Schulverweigerer bezeichnet werden können und somit der Grund ihres Ausbleibens an der Schule den Lernern zugeschrieben wird (vgl. Freire 2005a, 96; O'Cadiz et al. 1998, 49).

➢ Verringerung des Analphabetismus unter Jugendlichen und Erwachsenen in São Paulo (vgl. Gadotti/Torres 2005, 15; siehe Kapitel 3.2.3 dieser Arbeit).

Freire beendete seine Tätigkeit als Dezernent für Erziehung in São Paulo bereits nach zweieinhalb Jahren, anstatt nach vier Jahren (vgl. Araújo Freire 2006, 306 ff.). Die Gründe hierfür sind nicht eindeutig zu benennen. Möglicherweise sah sich Freire den Anforderungen des relativ starren politischen und bürokratischen Systems nicht gewachsen und hat es bevorzugt, sich wieder auf den universitären Bereich zurückzuziehen. Araújo Freire beschreibt, Freire wollte seine politisch-pädagogische Arbeit auf andere Art und Weise, vor allem durch das Schreiben von Büchern, fortsetzen (vgl. Araújo Freire 2006, 306). Die Tatsache, dass es von Freire selbst keine Publikation gibt, die die Konzepte und deren

---

232 Wie bereits gezeigt wurde, macht Freire selbst wenig konkrete Vorschläge für eine mögliche Methodik und Didaktik, sondern gibt allenfalls relativ vage Hinweise: „Es gibt eine … Position die ich … für gültig halte, nämlich dass der Lehrer oder die Lehrerin eine kleine Vorstellung des Themas gibt und dann in der Folge die Gruppe von Schülern gemeinsam mit dem Lehrer an der Analyse dieser Vorstellung teilnimmt. (…) Eine solche Art von Arbeit kann auf gar keinen Fall als negativ oder als traditionelle Schule in ihrem schlechten Sinne betrachtet werden." (Freire 2003, 119)

praktische Umsetzung während der Zeit als Erziehungsdezernent dokumentiert, könnte darauf hinweisen, dass Freire eine gewisse Frustration hinsichtlich der Hindernisse, mit denen sich in dieser Tätigkeit konfrontiert sah, empfand. Auf der anderen Seite ist es für Freire nicht außergewöhnlich, dass Freire keine Dokumentationen seiner praktischen Arbeit, veröffentlichte; diese sind auch für seine anderen Tätigkeiten nicht zugänglich oder nur in Teilen.[233]

3.2.3 Non-formale (und informelle) Bildung, politische Parteien und soziale Bewegungen

> „Meine Antwort auf den Angriff auf die Erziehung ist der bewusste politische, kritische und organisierte Kampf gegen die Angreifer." (Freire 2004, 67)

Nach seiner Rückkehr nach Brasilien beschäftigte Freire sich mit der Bedeutung non-formaler Bildung und der Aufgabe der Parteien sowie sozialer Bewegungen. Wie bereits im vorangegangenen Kapitel erwähnt, betrachtete Freire das Schulsystem als Teil des gesellschaftlichen Gesamtsystems und versuchte deren stärkere Verknüpfung mit außerschulischen Orten des Lernens und gesellschaftlicher Gestaltung zu erreichen (vgl. dazu auch Freire/Horton 1990, 202 f.; Mayo 2004, 79 ff.; Freire 2001b, 65 ff.). Freires zentrales Anliegen ist es, die Anzahl der Menschen, die an der Gestaltung der erzieherischen und gesellschaftlichen Praxis beteiligt sind, zu erhöhen und ihren Einfluss auf diese Gestaltung zu verstärken. Seine Überlegungen zielen also mehr und mehr auf eine umfassende zivilgesellschaftliche Beteiligung an den politischen Entscheidungs- und Gestaltungsprozessen ab (vgl. Freire/Horton 1990, 122,145). Freire hoffte und setzte auf die Beteiligung und den politischen Widerstand und die Einmischung der Gruppen, deren Rechte insbesondere in der brasilianischen Wirklichkeit, auf die Freire sich konkret bezog, praktisch eingeschränkt waren und die teilweise in prekären Lebensverhältnissen lebten:

> „Denjenigen ohne Land, ihrem Non-Konformismus, ihrer Entschiedenheit zur Demokratisierung dieses Landes beizutragen, verdanken wir mehr, als wir es uns manchmal vorstellen können. Und es wäre gut für die Vertiefung und Verfestigung unserer Demokratie, vor allem für ihre Authentizität, wenn andere Märsche[234] ihren folgten. Der Marsch der Arbeitslosen, der Entrechteten, derer, die gegen die Straffreiheit[235] protestieren, derer, die sich gegen die Gewalt auflehnen, gegen die Lüge und gegen den fehlenden Respekt für öffentliches Gut. Der Marsch der Obdachlosen, derjenigen ohne Schule, ohne Gesundheitsversorgung, der Abtrünnigen." (Freire 2000, 61; vgl. ebd. 74 f.)

Besondere Aufmerksamkeit schenkte Freire in diesem Zusammenhang beispielsweise der Landlosenbewegung MST (*Movimento dos Trabalhadores Rurais sem Terra*) und dem

---

233 Neben den Umsetzungsversuchen des freireschen Ansatzes im formalen Schulsystem heute in Brasilien (vgl. dazu Kapitel 5 dieser Arbeit) gibt es beispielsweise auch in Nordamerika Ansätze, Freire auf das formale Schulsystem anzuwenden. Diese gehen in der Regel von Vertretern der *Critical Pedagogy* aus (vgl. dazu Kapitel 6 in dieser Arbeit), deren praktische Arbeiten jedoch in der Literatur leider wenig dokumentiert sind. Eine Ausnahme ist beispielsweise Rossatto (2005), der eine aus freirescher Perspektive durchgeführte Untersuchung mit Schülerinnen in Brasilien und den USA zu deren Optimismus und Fatalismus vorlegt. Zur Tätigkeit Freires als Erziehungsdezernent in São Paulo vgl. auch Rossatto (2002).

234 Gemeint sind hier die Protestmärsche der Landlosenbewegung.

235 Freire bezieht sich hier auf die Tatsache, dass es in Brasilien wohlhabenden Bürgern häufig möglich ist, geltendes Recht zu umgehen und so auch bei Vergehen gegen dieses Recht straffrei zu bleiben.

Thema der Agrarreform (vgl. Freire 2005e, 201 ff.; Freire 2000, 54, 60 f.). Den Gewerkschaften und verschiedenen zivilgesellschaftlichen Organisationen kam für Freire ebenso eine besondere Bedeutung zu (vgl. auch Freire/Horton 1990, 212 ff. und O'Cadiz 1998, 37 ff.):

> „I have insisted that a radical and critical education has to focus on what is taking place today inside various social movements and labor unions. Feminist movements, peace movements, and other movements that express resistance generate in their practices a pedagogy of resistance. They show that it is impossible to think of education as strictly reduced to school environment." (Freire/Macedo 1987, 61; vgl. dazu auch Freire 2008, 43)

Als Mitglied der Arbeiterpartei nahm er hier auch die Aufgaben der politischen Parteien in den Blick (vgl. Freire/Horton 1990, 216). Für Freire hatten die Parteien die Pflicht, sich den zivilgesellschaftlichen Bewegungen anzunähern, aber auch die Bewegungen selbst müssen sich der Frage der politischen Relevanz und Durchsetzungskraft ihrer Anliegen stellen: „Today, if the Worker's Party, approaches the popular movements from which it was born, without trying to take them over, the party will grow; if it turns away from the popular movements, in my opinion, the party will wear down. Besides, those movements need to make their struggle politically viable." (Freire in Escobar et al. 1994, 40; vgl. dazu auch Freire/Faundez 1989, 69 ff.) Freire unterstützte vor allem das Alphabetisierungsprojekt MOVA-SP als Kooperationsprojekt der Kommunalverwaltung sowie unterschiedlicher sozialer Bewegungen während seiner Tätigkeit als Dezernent für Erziehung in São Paulo, auch wenn diese Zusammenarbeit nicht immer ohne Schwierigkeiten und Spannungen verlief (vgl. dazu auch Gadotti 1996b, 99).

> „Unter den … Maßnahmen [Paulo Freires als Dezernent für Erziehung in São Paulo, K.F.] befand sich (…) die Gründung der Bewegung für Alphabetisierung Jugendlicher und Erwachsener in São Paulo[236] (Mova), eine Initiative der sozialen Bewegungen in São Paulo, als eine Art, eine Partnerschaft zwischen sozialen Bewegungen und dem öffentlichen Sektor herzustellen." (Gadotti/Torres 2005, 15; vgl. O'Cadiz 1998, 54 ff.)

Wie schon in den vorangegangenen Kapiteln erläutert, sind die Schriften Freires, welche auf die konkrete Realisierung dieser Zusammenarbeit und auch der Aufgaben der Parteien, Gewerkschaften und zivilgesellschaftlichen Institutionen eingehen, knapp. Vielmehr ist in seinen Arbeiten ein Perspektivenwechsel zu finden, der die *Betonung* der Aufgaben und der Zusammenarbeit dieser gesellschaftlichen Gruppen und Institutionen ins Zentrum rückt. Jedoch legt Freire keine Analyse vor, wie dies im Einzelnen zu realisieren ist oder wie Freire die Umsetzung seiner Forderungen selbst praktisch angegangen ist. In dieser Hinsicht bleiben die Schriften Freires vage.[237]

Kritische Anmerkungen
Die Wirksamkeit der freireschen Alphabetisierungsmethode ist möglicherweise weniger einschlägig gewesen als allgemein vermutet. Genaue Angaben zu diesem Thema sind schwierig, da es kaum genaue Dokumentationen der Praxis Freires gibt. Gerhardt

---

236 Auf Portugiesisch *Movimento de Alfabetização de Jovens e Adultos de São Paulo.*
237 Für den US-amerikanischen Kontext stellen beispielsweise Fraser Evans/Evans/Bean Kennedy (1990) Fallbeispiele von Freire inspirierter Arbeit im Bereich von zivilgesellschaftlichen Initiativen vor. Dieser Band enthält auch ein Interview mit Freire, das die Anwendungsmöglichkeiten des freireschen Ansatzes in Nordamerika reflektiert.

(1978, 144 ff.) beschreibt beispielsweise, dass bei der Alphabetisierungskampagne in Angicos in den Jahren 1962/1963 eine relativ hohe Zahl der Teilnehmenden während des Kurses aus diesem ausschieden – ungefähr zwei Drittel der ursprünglichen Teilnehmerzahl –, dass jedoch die verbleibenden Teilnehmenden 70% den Alphabetisierungstest und 87% den Politisierungstest[238] bestanden (vgl. ebd. 144 f.). Für die Kampagne in Quintas im Jahr 1963 bestanden „82% der Prüflinge … den Politisierungstest, 75% wurden als alphabetisiert eingestuft." (Ebd., 197) In Quintas hatten 25% der Teilnehmenden den Kurs abgebrochen. Beide Kurse dauerten 40 Unterrichtsstunden. Die Kampagne 1963 in Brasília bezeichnet der Autor insgesamt als nicht gelungen, auch wenn keine genauen Zahlen zu den Ergebnissen vorliegen (vgl. ebd., 222 ff.). Dies führt er darauf zurück, dass die Koordinatoren des Kurses nicht ausreichend ausgebildet waren und die Lebensrealität der Kursteilnehmenden in Brasília sich deutlich von der in den Kleinstädten im Nordosten Brasiliens unterschied, worauf im Kurs nicht hinreichend eingegangen worden war. Zudem sei der Kurs zu stark von der Politisierungsabsicht der Koordinatoren, Angestellten des Erziehungsministeriums, geprägt gewesen (vgl. ebd.). Insgesamt sei vor allem auch nicht nachgewiesen, dass durch die freiresche Alphabetisierungsarbeit ein fortschreitendes politisches Bewusstsein entstanden sei (vgl. ebd., 242).[239] Auch zu den Alphabetisierungserfolgen der Kampagnen in den afrikanischen Ländern liegen keine genauen Zahlen vor, so dass hierzu nur schwer numerische Aussagen getroffen werden können. Klar ist, dass es dort insbesondere Schwierigkeiten gab, wo im Portugiesischen als einer Fremdsprache alphabetisiert werden sollte.

Jedoch sind die Grundannahmen der freiresschen Alphabetisierungsarbeit bis heute wichtige Aspekte, die die Alphabetisierungsarbeit und Bildungsarbeit prägen und gestalten. Dies betrifft insbesondere die dialogische und demokratisch orientierte Vorgehensweise, den Einbezug des Erfahrungswissens und der Lebenswelt der Lerner und das Lernen unter Einsatz audiovisueller Medien. Statt mit einzelnen Wörtern wird heute in der Regel jedoch mit ganzen Texten gearbeitet (vgl. Barreto 1998, 125 f.). Es ist in allererster Linie das Verdienst Freires, die Alphabetisierung als ein politisch notwendiges und gerechtfertigtes Projekt zu verstehen, das für alle Menschen gleichermaßen zugänglich sein sollte. Das Menschenrecht (und Bürgerrecht) auf Bildung und das Recht, sich selbst auszudrücken und im gesellschaftlichen Diskurs mitzuwirken wird seit, durch und mit Freire deutlich(er) formuliert und realisiert. Insofern ist Freires Wert und Einfluss auf die Alphabetisierungs- und Bildungsarbeit in verschiedenen Systemen und Kontexten weltweit nicht zu unterschätzen.

Die frühe Aufgabe seines Postens als Erziehungsdezernent bei der Stadt São Paulo erweckt den Anschein, als ob Freire sein eigenes Primat der Praxis nicht einlösen konnte und die Schwierigkeiten, das System tatsächlich zu verändern nicht annahm, sondern sich auf seine Rolle als schreibender Ratgeber zurückzog. Vor allem wäre es an dieser Stelle interessant gewesen, von Freire detaillierte Reflexionen über die mögliche Zusammenarbeit zwischen staatlichen und zivilgesellschaftlichen Institutionen zu erhalten, sind doch diese Beziehungen häufig durch ein Machtgefälle geprägt, so dass sich die gesellschaftli-

---

238   In diesem wurde beispielsweise nach den Diskussionsinhalten der einzelnen Kodierungen gefragt oder nach den Unterschieden zwischen der Welt der Kultur und der Welt der Natur. Des Weiteren wurde nach nötigen politischen Reformen gefragt (vgl. Gerhardt 1978, 144).

239   Zu den Alphabetisierungskampagnen in Brasilien vgl. auch Beisiegel (2008) und Wener (1991). Zu einer sehr kritischen Einschätzung vgl. auch Stauffer 2007 (145 ff.). Bei der letztgenannten Arbeit scheinen einige Kritikpunkte durchaus nachvollziehbar, die Schlussfolgern jedoch, Freire sei insgesamt in der Praxis gescheitert, ist nur wenig schlüssig.

chen Verhältnisse nicht selten in diesen Kooperationen einschränkend abbilden. Häufig sind die Bürgerbewegungen, Institutionen und Vereine finanziell zumindest teilweise von den staatlichen Organen abhängig. O'Cadiz et al. (1998, 245) stellen dazu richtig fest:

> „[T]he state becomes an arena for struggle and competition between political-economic forces and educational projects. More investigation is needed, however, about the relationships among municipal educational reform, the role of social movements, and the conflicts and contradictions of Brazilian policy formation. Tensions exist that may limit the participatory character of new educational policies, highlighting the contradictions of such policies in situations of social transition."

Die Forderung Freires, beispielsweise völlig unbeeinflusst von den jeweiligen Geldgebern für ein bestimmtes politisches oder pädagogisches Projekt zu arbeiten, lässt sich schwerlich in die Tat umsetzen und erscheint für Praktikerinnen wenig hilfreich:

> „Aber wenn ihr Gelder akzeptiert ohne die totale Freiheit ihrer Verwendung, seid ihr meiner Ansicht nach wirklich naiv. Zum Beispiel geben sie euch Gelder und sagen, ihr könntet sie nach Gutdünken verwenden, sie wollten euch aber jemand schicken, um eure Arbeit zu überprüfen." (Freire 1981a, 117)

Einige Jahre später schien Freire seine Haltung in der Hinsicht geändert zu haben, dass er weniger kritisch auf die Quelle der Fördergelder blickt – aber nach wie vor davon ausgeht, dass er diese unabhängig von deren Herkunft in seinem Sinne verwenden könne: „Wo das Geld herkommt, interessiert mich nicht, solange ich unabhängig und im Interesse des politischen Traumes arbeiten kann, dem ich mich verschrieben habe und dem ich diene." (Freire 2002, 183) Anhand dieser Äußerungen wird erneut erkennbar, dass Freire insbesondere dem Aspekt der Hegemonie und gesellschaftlicher Durchdringung durch Macht wenig Aufmerksamkeit schenkte – und so eine Möglichkeit, seinem Denken noch mehr praktische Relevanz zu verleihen, verschenkte. Insbesondere die Hinweise zur Erneuerung des Schulsystems, dessen radikaler Demokratisierung unter Einbezug aller Beteiligten, dessen Anbindung an das öffentliche und zivilgesellschaftliche Leben sind nach wie vor dennoch wichtige Hinweise, die in die Praxis umzusetzen sich lohnen würde, nicht nur um die Nachhaltigkeit und die Effizienz des Lernens zu erhöhen, sondern um ein selbstbestimmtes, aktives und lebendiges Lernen, das von der Lebenswelt der Lerner nicht abgeschnitten ist, zu ermöglichen.

3.3 Fazit: Freire als Prophet der großen Freiheit?

> „Eine Pädagogik der Befreiung ist eine Pädagogik, die die Freiheit bejaht. Aber Freiheit nicht als Endpunkt, sondern als Ausgangspunkt, Freiheit als eine historische Kategorie. Dies bedeutet, dass Freiheit nicht an allen Orten der Welt zur gleichen Zeit gleich ist. Dies bedeutet, daß es Grenzen gibt. Eine Pädagogik der Freiheit ist eine Pädagogik, die das Risiko bejaht, das Abenteuer bejaht, das Morgen und deshalb das Heute bejaht, die sich mit dem Heute auseinandersetzt." (Freire in Schulze 1991, 32)

Im vorliegenden Kapitel wurde eine Analyse und kritische Rekonstruktion des freireschen Verständnisses von Erziehung und Bildung vorgelegt. Offene Stellen, Unklarheiten und Verkürzungen wurden benannt. Doch ist im Verlauf des Kapitels deutlich geworden, dass die Texte Freires kaum im Einzelnen zu erfassen und zu analysieren sind. Je genauer die Texte Freires betrachtet werden, desto mehr Fragen und Unklarheiten werden in einigen Punkten deutlich. Vielmehr müssen die Texte Paulo Freires als ein Gesamtwerk betrachtet werden, das mehr oder weniger unterschiedliche Annäherungen an eng verwandte Themen beinhalten, die von einer durchgehenden Haltung geprägt sind. Freires Werke sind repetitiv und bekennend, Begrifflichkeiten werden von Freire variiert, auch wenn das Gleiche gemeint ist. Sie sagen oft mehr über Freire selbst aus, als über das in den Schriften behandelte Thema. Es wird noch einmal eines deutlich: Freire versteht sich selbst als Aufklärer, als Ermahner und als Prophet. Die Umsetzung, das genaue Verständnis und die Operationalisierung dessen, was Freire fordert und ankündigt, ist jeder und jedem selbst überlassen.

Im Fortgang dieses Kapitels wurden die zentralen Punkte des freireschen Pädagogikverständnisses beleuchtet. Hierbei haben sich zentrale Punkte in der freireschen Vorstellung von Erziehung und Bildung gezeigt, die auch heute noch Aktualität und Relevanz haben können. Knapp zusammengefasst sind das die folgenden Gedanken:

> Der Lerner ist ein gleichwertiges Subjekt im Lehr-Lernprozess. Er gestaltet diesen Prozess weitgehend selbstbestimmt mit. Das bedeutet, dass sowohl die Rolle des Lerners als auch des Lehrers im Sinne des Lehr-Lernprozess als gemeinsames Handeln neu definiert werden muss.

> Erziehung und Bildung sollten nicht abgetrennt von der Lebenswelt und den Interessen der Lernerinnen stattfinden, sondern diese in den Erkenntnisprozess grundlegend mit einbinden.

> Erziehung und Bildung tragen durch dialogisch und demokratisch gestaltetes Lernen, das auch gesamtgesellschaftliche Zusammenhänge mit in den Blick nimmt, dazu bei, dass der Lerner eine selbstbestimmte, kritische und durch Vielfalt der Perspektiven geprägte Haltung zu diesen einnehmen kann.

> Lernen ist eine kollektive und dialektische Konstruktion von Wissen und keine Übertragung von Informationen vom Lehrer auf den Lerner.

> Wirklichkeit und Erkenntnis sind nicht objektiv, sondern immer beobachtet und wandelbar. Pädagogisches Handeln bedeutet, diese Annahmen zur Basis von Lernen und Lehren zu machen.

> Sinn und Unsinn politischen und pädagogischen Handelns lassen sich an deren *konkreten Konsequenzen* für einzelne Personen und Gruppen ablesen und nicht an scheinbar allgemein gültigen Grundsätzen. Viele dieser Konsequenzen bleiben jedoch auch nicht eindeutig benennbar, sichtbar oder messbar.

> Die Reflexion über Alphabetisierung als ein Recht auf Zugang zum kulturellen Kapital einer Verständigungsgemeinschaft ist bis heute notwendig und sinnvoll.

> Die radikale Einforderung und Umsetzung einer dialogischen, gleichberechtigten Grundhaltung in Erziehung, Bildung und Politik ist bis heute ein Postulat, das ebenso sinnvoll wie wenig eingelöst ist.

> Freire betont zu Recht die Rolle der Gefühle, der Beziehungen und der Visionen für ein gelingendes Lehren und Lernen. Diese Aspekte sollten wesentlich stärker und systematischer in den Blick genommen werden.

> Freire hebt hervor, dass die Tätigkeit von Pädagogen und Lehrerinnen eine überaus schwierige und komplexe ist, die Wertschätzung und Anerkennung verdient und deren Wert und Vielschichtigkeit häufig gesellschaftlich unterschätzt wird.

Gleichzeitig dazu wurden fragliche Punkte in Freires Werken, die überdacht und weiterentwickelt werden sollten, aufgezeigt. Diese sind in der Hauptsache die folgenden:

➢ Die dualistische und wertende Unterscheidung zwischen kritischer und nichtkritischer, oder, in Freires Worten, domestizierender und befreiender Erziehung ist wenig hilfreich. Zum einen müssten die Begriffe umfassender definiert werden und zum anderen ist es eher zielführend, anstatt von sich gegenüber stehenden Polen, von einem Kontinuum auszugehen.

➢ Analog dazu sollte die Rolle des Erziehungs- und Bildungssystems im gesellschaftlichen Gesamtsystem genauer untersucht werden.

➢ Der deutliche Fokus auf inhaltliche und kognitive Aspekte des Lehr-Lernprozesses sollte zugunsten einer stärkeren Berücksichtigung emotiver, affektiver, imaginierter und unbewusster Faktoren sowie tätigen Lernens modifiziert werden. Das bedeutet auch einen stärkeren Einbezug der Beziehungswirklichkeit als konstitutiv für den Lehr-Lernprozess. Eine umfassende Kommunikations- und Interaktionstheorie sollte den freireschen Ansatz hier ergänzen.

➢ Der politische Anspruch der freireschen Erziehung und Bildung sollte sich der Gratwanderung zwischen politischer Bildung und politischer Einflussnahme bewusst sein und diese deutlich thematisieren. Die (auch noch so berechtigt scheinende) politische Haltung des Lehrers darf die persönliche Freiheit des Lerners nicht einschränken.

➢ Die Lehrperson ist immer Teilnehmer der pädagogischen Situation und kann sich nicht vollständig und vorurteilsfrei zu einer Draufsicht auf diese aus ihr herauspositionieren. Diese Tatsache verlangt es einerseits von der Lehrperson, ihren eigenen Konstruktionsanteil an der Lehr-Lernsituation in der Interaktion mit den Lernern stets mitzubedenken, entlastet sie aber auch andererseits von dem freireschen überhöhten Anspruch, diesen in seiner Ganzheit und Vollständigkeit fortwährend im Blick haben zu müssen.

➢ Freires Annahme, dass Gewissheiten weniger gewiss sind als in moderner Tradition angenommen, gilt auch für Freire selbst und für die Lehrkraft im freireschen Sinne.

➢ Freires Werke weisen eine methodologische Schwäche auf, die er selbst nur wenig plausibel begründet. Praktische Anregungen und Hilfestellungen für motivierte und von Freire inspirierte Pädagogen wären hilfreich.

➢ Gesellschaftliche, kulturelle Vielfalt und Vielfalt im Lehr-Lernprozess sind alleine kein Garant für demokratische politische Positionen und friedliches Zusammenleben und Lernen aller. Freires Konzept sollte hier um soziologische, interaktionistische und konstruktivistische Überlegungen erweitert werden (vgl. dazu beispielhaft Neubert/Roth/Yildiz, 2002).

➢ Durch die starke Fokussierung auf die Rolle der Sprache geraten bei Freire tendenziell diejenigen Inhalte aus dem Blick, die nicht gesagt werden können oder wollen, oder die der Sprache als Imagination anhaften. Das trifft auch für nicht-sprachliche Kommunikation zu.

➢ Die Unterordnung der gefühlten und imaginierten Wirklichkeit unter einen sie prüfenden und bewertenden Verstand ist nicht nur nicht immer praktikabel, sondern ordnet den Gefühlen, Wünschen und Phantasien einen minderwertigen Stellenwert zu, welcher der freireschen Grundidee im Kern widerspricht. Vielmehr sollte die konstruktive und positive Kraft dieser Wirklichkeit stärker berücksichtigt und wertgeschätzt werden.

Ausgehend von diesen Aspekten des freireschen Ansatzes wird deutlich, dass Freire auf der einen Seite vielfache Wege und Ideen aufzeigt, wie Pädagogik gestaltet werden kann, die einen politischen Anspruch hat und auf der anderen Seite den Lehr-Lernprozess selbst als demokratischen Prozess der Konstruktion von Erkenntnis umsetzen möchte. Insgesamt zeigt sich, dass Freire seine Haltung, die den Schwerpunkt einerseits auf das Vertrauen auf die kritische Urteilskraft setzt, andererseits aber spirituell-religiös fundiert ist – wie sich in Kapitel 1.3 dieser Arbeit bereits zeigen ließ – als Basis aller seiner Überlegungen zur Pädagogik verwendet.

> „For Freire all education is religious since it deals with the immanent and transcendent dimensions of human life and acivity. His Catholicism provides Freire with many of his richest symbols: Easter experience, death and resurrection, love, trust, humility, vocation communion and prophesy. (…) Freire also incorporates into his Catholic spirit whatever he finds of value in the world of culture and history. He does not make a deep separation between the sacred and the secular." (Taylor 1994, 45)

Seine Werke sind in erster Linie stark präskriptiv und wenig instruktiv. Insbesondere seine dualistische Denkweise wird auch in seiner Vorstellung von Pädagogik deutlich. Anstelle von binären Schemata, wie Freire sie anwandte, werden heute jedoch Denk- und Handlungsansätze gebraucht, die die Vielschichtigkeit, Differenz und Pluralität unserer gesellschaftlichen Wirklichkeiten und die daraus erwachsenen Anforderungen berücksichtigt – und sich dennoch wagt, Gültigkeiten festzuschreiben, die einer vielgefürchteten Beliebigkeit, die letztlich doch nur eine Stärkung der bestehenden hegemonialen Verhältnisse und eine weitere Schwächung der Solidarität mit und Repräsentanz des Subalternen bedeuten kann. Aus dieser Sicht sollte Freire, wie gezeigt wurde, um einige Perspektiven erweitert werden.

Freire fordert insbesondere von den Lehrpersonen sehr viel, gibt ihnen jedoch methodisch und didaktisch wenig an die Hand. Ein Blick auf die praktischen Erfahrungen Freires als Dezernent für Erziehung und Bildung in São Paulo geben hier Anregungen und Ideen, die Freire in seinen Werken wenig expliziert hat. In allererster Linie kann die freiresche Vorstellung von Pädagogik ein Ansporn sein, sich als Lehrperson konstruktiv mit den freireschen Forderungen auseinanderzusetzen, und damit auf der einen Seite Bildung im Sinne einer Befähigung zum politischen Denken und demokratischen Handeln zu verstehen, aber auch auf der anderen Seite den erzieherischen Aspekt des Lehr-Lernprozesses, die Wichtigkeit von positiven Beziehungen und Visionen neu zu erfinden. Dazu gehört vor allem auch, mit Freire zu experimentieren und Freires Verheißungen in praktischem Tun zu testen, ohne diese in allen Aspekten zu ernst nehmen zu müssen. Freire selbst sagt dazu:

> „I would tell you that a good teacher is the teacher who, in being or becoming permanently competent, is permanently aware of surprise and never, never stops being surprised." (Freire/Horton 1990, 66)

Freire weist aber auch darauf hin, dass nicht nur Erziehung und Bildung einen politischen Charakter haben, sondern sie immer funktional in politische und gesellschaftliche Prozesse eingebunden sind, die es mitzubedenken und umzugestalten gilt. Eine Demokratisierung des Erziehungs- und Bildungswesens ist in allererster Linie eine politische Aufgabe, die politisch gewollt und umgesetzt werden muss und nicht nur in die Hände der notwendigerweise überforderten Lehrerinnen verwiesen werden kann. Wie erläutert wurde, tendiert Freire dazu, die Pädagogik zu überfordern und politische Fragen zu wenig als solche zu berücksichtigen. Diese sollten auf einer politischen Ebene derart gelöst werden, dass der freireschen Versuchung, die *Befreiung* bestimmter Personen(-gruppen) von außen pädagogisch zu verordnen, entgangen werden kann. Die täglichen konstruktiven und zugleich kreativen Leistungen, welche insbesondere Menschen, die in wirtschaftlich sehr bescheidenen Verhältnissen leben, erbringen, sollten nicht außer Acht gelassen werden. Eine Anpassung an bestehende, wenn auch benachteiligende und veränderungswürdige gesellschaftliche, wirtschaftliche und kulturelle Bedingungen ist häufig eine höchst konstruktive Leistung.[240] Sie darf den Menschen nicht aberkannt werden oder übersehen werden, aus der Motivation heraus, sie habe nicht die grundlegende Veränderung gesellschaftlicher Verhältnisse zum Ziel. Dies würde an der de/konstruktiven Kraft jeglicher Lebensentwürfe und an deren kreativen Leistung und Berechtigung völlig vorbei gehen. Vielmehr sollte davon ausgegangen werden, dass die Menschen *darüber hinaus* zu weiteren konstruktiven Leistungen in der Lage sind. Eine Anpassung an unterdrückende Verhältnisse stellt natürlich nicht die Notwendigkeit ihrer Veränderung in Frage.

Wie in vielen anderen Aspekten der freireschen Pädagogik und auch des freireschen Menschen- und Gesellschaftsbild, ist in allererster Linie die *Haltung*, die hinter einer Handlung steckt, für dessen Sinn, Verständnis und Legitimation wichtig. Auf der einen Seite liegt Freires Verdienst darin, auf die Wichtigkeit und Transparenz einer solchen Haltung hinzuweisen. Auf der anderen Seite ist dieser Zugang zu politischem und pädagogischem Handeln insofern problematisch, als Freire abgesehen von der Haltung nur wenige Beurteilungskriterien dieses Handelns zur Verfügung stellt, beziehungsweise, anders ausgedrückt, nur allzu leicht eine kritische Perspektive auf im freireschen Sinne progressives erzieherisches Verhalten mit dem Verweis auf eine einwandfreie Haltung abgewehrt werden kann.

Jedoch gibt uns Freire eine eindeutige und treffende Erkenntnis mit auf den Weg, die bis heute besondere Beachtung verdient: „Wenn die Erziehung alleine nicht die Gesellschaft verändert, ohne sie verändert sich die Gesellschaft auch nicht." (Freire 2000, 67)

---

240 Auf dieser Annahme beruht das Konzept der Resilienz von Kindern und Jugendlichen, die in schwierigen familiären und ökonomischen Lebensumständen aufwachsen und sich dennoch vergleichsweise unauffällig entwickeln. Häufig weisen diese Kinder und Jugendlichen eine erstaunliche Anpassungsleistung an ihre Umwelt auf, die es ihnen ermöglicht, ihren eigenen konstruktiven Weg zu finden, sich in dieser Situation, oder auch trotz dieser Situation, zu entwickeln.

4.   Zur Rezeption und Wirkung in der brasilianischen Theorie und Praxis

„Zwischen den Hochschulen und den Manifestationen des Volkes, den Medien und der Politik verkehrend, füllt die Figur Paulo Freires unterschiedliche Räume im kollektiven Gedächtnis Brasiliens. In Anbetracht des Vermächtnisses seines Werkes und seiner *Praxis* gibt es keinen Zweifel daran, dass er heutzutage ein ‚Nationalheld‘ ist." Bessa (2001, 369, Hervorhebung K.F.)

Das vorliegende Kapitel geht der Frage nach, welche Wirkung Freire in Brasilien erzeugt hat und bis heute erzeugt und wie mit seinen Ideen in Theorie und Praxis umgegangen wurde und wird. Aus den vor allem in den vorangegangenen Kapiteln angestellten Überlegungen ergeben sich für das vorliegende Kapitel folgende Fragen: Welche Bedeutung hat Freire als Person und sein Ansatz für sein Herkunftsland Brasilien? Wie wird und wurde er wahrgenommen? In welcher Hinsicht und auf welche Art und Weise wurden und werden seine Ideen in die Praxis überführt und welche Schwerpunkte werden dabei gesetzt?

Ich habe mich dafür entschieden, den Kontext Brasilien hinsichtlich dieser Fragen zu untersuchen. Paulo Freire hat zweifelsohne auch in anderen Ländern und Erdteilen eine starke Wirkung erzeugt, die näher zu betrachten ebenso interessant wäre. Jedoch erscheint mir eine Analyse der Rezeption und Wirkung in Brasilien deswegen besonders interessant, da Brasilien als Herkunftsland Freires seine persönliche Geschichte, sein Denken und seine Haltung stark geprägt haben. Die Analyse des brasilianischen Kontextes als Lebens- und Schaffensmittelpunkt Paulo Freires – der er trotz seiner langjährigen Exilzeit geblieben ist – kann also Rückschlüsse auf Paulo Freire selbst und dessen Denken geben und somit nicht zuletzt auch zum Verständnis seiner Werke beitragen. Auf der anderen Seite scheint es zudem von besonderem Interesse zu sein, ob und inwiefern die praktische Umsetzung der Ideen Freires in Brasilien Inspirationen und Ideen für die Anwendung des Ansatzes von Freire auch in anderen Kontexten geben kann.

Interessant ist, dass Paulo Freire in den 1960ern und 1970ern bis in die frühen 1980er Jahre hinein in Europa (und den USA) weitaus größere Resonanz erlebt hat als in Brasilien selbst. Der Diktatur in Brasilien war es offenbar gelungen, Freires Ideen und Werke beziehungsweise deren Inhalt einer ganzen Generation mehr oder minder vorzuenthalten, oder zumindest offene, aktive Reaktionen auf diese weitgehend zu unterbinden. Auch in den 1980er Jahren scheint der Einfluss Freires auf Pädagoginnen, Sozialarbeiter und Sozialwissenschaftlerinnen in den USA und Europa – besonders Italien, Frankreich und Deutschland – stärker zu sein als in Brasilien, auch wenn in dieser Zeit das Interesse an Paulo Freire in Brasilien und in Lateinamerika zunahm. Möglicherweise wurde dies, so vermutet Gerhardt (2002), auch mit verursacht durch die in Teilen noch immer verbreitete Haltung in Brasilien, dass das, was von außen kommt, besser und wertvoller sei als eine eigene brasilianische „Produktion" (vgl. Gerhardt 2000, 29). Natürlich wurde aber auch die große Resonanz auf Paulo Freire in Europa dadurch begünstigt, dass Freire sich zu dieser Zeit im europäischen Exil aufhielt. Für die Zeit seit den 1990er Jahren aber kann von einem Aufschwung der Rezeption von Freires Theorie und Praxis in Brasilien und Lateinamerika insgesamt gesprochen werden (vgl. ebd., 3). Andere Forscher sehen dies jedoch aus lateinamerikanischer Perspektive diametral entgegengesetzt:

„With respect to education in general, a glance at the intellectual production linked to Latin American education over the last three decades shows that the mention of Freire, abundant in the 70s until the mid 80s, has noticeably diminuished and even disappeared. This decline coincides with that of the ideas that oriented Latin America's education at that time, namely around objectives of development, democratization and social transformation. In this context not only Freire has disappeared but many other thinkers of education – from fields as varied as Philosophy, Sociology, History, Political Science, Anthropology, or Linguistics – who have been gradually substituted by the thinking of economists, administrators and policy-makers, multinational literature reviews, macrostudies focused on quantitative research and information, and new actors at the educational international scenario such as the World Bank." (Torres, R.-M. 1999, 245)

Offensichtlich gibt es hier in unterschiedlichen gesellschaftlichen Bereichen verschiedene Entwicklungen hinsichtlich der Wirkung und Rezeption des Ansatzes Freires. Die Wirkungsgeschichte des Denkens Freires in Brasilien ist vor allem auch deshalb nicht ganz eindeutig nachzuvollziehen, da die Wirkung Freires häufig in einer Grauzone von Praxis und inoffiziell gedruckten und weitergegebenen Dokumenten stattfand, welche oft unsichtbar und wenig dokumentiert blieb (vgl. dazu beispielhaft Gadotti 2007, 22). Noch dazu rief Paulo Freire sehr widersprüchliche Reaktionen hervor: „[I]t is probably in Latin America, and particularly in Brazil, his own country, where Freire has been the object both the warmest reception and the hardest criticism." (Torres, R.-M. 1999, 241) In diesem Sinne können die folgenden Ausführungen als eine Art Spurensuche verstanden werden.

Ich zeichne im Folgenden in einem ersten Schritt die Wirkung und Rezeption des Ansatzes Freires in verschiedenen Bevölkerungsgruppen und in der Literatur seit dem Beginn des Schaffens von Paulo Freire bis heute nach. Diese Erläuterungen müssen notwendigerweise auch deshalb unvollständig und verkürzend sein, da es in Brasilien bisher keine Literatur gibt, welche die Wirkungsgeschichte Freires in Brasilien nachzeichnet und vor allem auch die Zeit der Militärdiktatur bisher in dieser Hinsicht wenig untersucht wurde. Die vorliegenden Ausführungen verstehe ich damit als einen ersten Schritt in die Richtung, dem weitere Forschung folgen sollte.[241] Im Anschluss an diesen Teil gebe ich einige Erkenntnisse aus Interviews wieder, die ich mit Familienangehörigen Freires, Freunden und Kolleginnen geführt habe. Diese ergänzen zum einen die Informationen über die Wirkungsgeschichte Freires in Brasilien, geben zum anderen jedoch auch einen Eindruck davon, wie die aktuelle Bedeutung Freires für Brasilien einzuschätzen ist und in welcher Hinsicht auch die persönliche Beziehung zu Paulo Freire eine Rolle spielt. Darauf aufbauend stelle ich anschließend einige pädagogische Projekte vor, die sich auf die Ideen Paulo Freires berufen und diese auf unterschiedliche Art und Weise umsetzen.

---

241 Aus diesem Grunde wird hier die Wirkungsgeschichte in den Institutionen und in der Literatur in einem Kapitel behandelt. Häufig ist dies auch nicht voneinander zu trennen, da vor allem während der Militärdiktatur die Veröffentlichungen von Arbeiten, die sich auf Freire bezogen, in der Regel in Zusammenhang standen mit Institutionen – vor allem Universitäten –, die eine der politischen Führung gegenüber kritische Position einnahmen.

4.1 Wirkung von und Reaktion auf Paulo Freire in den Institutionen, Bewegungen und der Literatur von den 1960er Jahren bis heute

Der Militärputsch im Jahre 1964 beendete die Aktivitäten Freires hinsichtlich der großen Alphabetisierungskampagnen. Freire musste das Land verlassen und die breiten Bewegungen für Alphabetisierung und politische Partizipation wurden nach und nach beendet beziehungsweise durch Repressionen unterbunden.[242] Zu Zeiten der nun folgenden Militärdiktatur in Brasilien waren Freires Schriften, die seit den 1960er Jahren entstanden, zwar in Brasilien mit Einschränkungen erhältlich. Jedoch durch den Druck des Militärregimes war es nur bis ca. 1968 möglich, im Bereich der *Educação Popular*, also der *Volkserziehung* im freireschen Sinne, praktisch zu arbeiten. Wichtige Akteurinnen in diesem Bereich waren die *Comunidades Eclesiais de Base (CEB)*, die kirchlichen Basisgemeinschaften. „Sowohl die Kirche als auch die christlichen Basisgemeinden stellten einen wichtigen Raum für den Kampf und Widerstand während der brasilianischen Diktatur dar (…), sie übernahmen unverhohlen politische Aufgaben." (Mayo 2006, 158) Nach 1968 radikalisierte sich das Regime und ließ solche und ähnliche Aktivitäten nicht mehr oder kaum zu, wobei es sehr starke regionale Unterschiede bezüglich der Repressionen gegen politische Bewegungen gab.[243] Es ist also davon auszugehen, dass Freires Werke zwar zugänglich waren, es aber nicht oder nur in sehr begrenztem Umfang möglich war, diese in ihren Forderungen und Implikationen einer praktischen Umsetzung zuzuführen.[244]

---

242 Es gibt Quellen, die darauf verweisen, dass Freires Idee der Bewusstseinsbildung und Methode der Alphabetisierung nach dem Putsch von 1964 in Brasilien auf eine Art und Weise angewandt wurden, die Freires Intention und Konzeption entgegenstanden. Als Beispiel gilt das 1967 von den damaligen Militärmachthabern gestartete Alphabetisierungsprogramm MOBRAL (*Movimento Brasileiro de Alfabetização*), welches sich die Methode für Zwecke der nationalistischen Propaganda zunutze machte und an die Stelle der von Freire konzipierten kritischen Bewusstseinsbildung (*Conscientização*) eine Vermittlung festgelegter Lerninhalte (Freire würde dies als Bankiers-Methode bezeichnen) setzte, welche die Herrschaftsverhältnisse legitimieren und zementieren sollten (vgl. Wagner 2001, 19; Freire 1981a, 45 ff. und 63 ff.; Bessa, 2001). Über das Programm gibt es jedoch wenige Informationen, so dass eine genaue Untersuchung und Beurteilung schwierig ist. Freire selbst räumt ein, dass er es selbst „nicht gut genug kenne" (Freire 1981a, 211), um es zu beurteilen. Insofern können keine eindeutigen Aussagen darüber getroffen werden, ob dies zutrifft oder nicht. Weitere genaue Untersuchungen wären in dieser Frage nötig.

243 Vgl. Auskunft von Celso de Rui Beisiegel 27.03.2007, Archiv Funke.

244 Eine umfassende und detaillierte Darstellung und Analyse der Rezeption und Umsetzung der Ideen Paulo Freires im Brasilien zur Zeit der Militärdiktatur würden ein eigenes Thema für eine Forschungsarbeit darstellen. In diesem Rahmen soll nur ein knapper Überblick über die Hauptentwicklungen gegeben werden. Ein Beispiel von Freire inspirierter Praxis, die sich allerdings durch die Militärregierung gezwungenermaßen auch außerhalb Brasilien abspielte, sind die Aktivitäten des Begründers des *Theaters der Unterdrückten*, des Brasilianers Augusto Boal. Mit Bezug auf Freires *Pädagogik der Unterdrückten* entwickelte er eine Art von Theaterarbeit, an der jeder und jede teilnehmen kann. Durch unterschiedliche Methoden wird die gesellschaftliche und soziale Wirklichkeit der Teilnehmerinnen untersucht und Handlungsalternativen werden erarbeitet. Er musste im Jahr 1971 das Land verlassen, lebte in der Folge in Argentinien, Lissabon und Paris, bevor er 1986 nach Brasilien zurückkehrte. Ähnlich wie Paulo Freire war er nach seiner Rückkehr nach Brasilien ebenfalls für die Arbeiterpartei *Partido dos Trabalhadores* im Stadtrat von Rio de Janeiro tätig. 2008 wurde er für den Friedensnobelpreis vorgeschlagen. Augusto Boal starb im Mai 2009. Sein *Legislatives Theater* beispielsweise erarbeitet bis heute mit der Stadtbevölkerung Gesetzesinitiativen. Vgl. dazu http://www.ctorio.org.br/ (*Centro de Teatro do Oprimido* in Rio de Janeiro), www.theatreoftheoppressed.org (auf Englisch) oder http://www.boal.de/. Vgl. dazu ebenfalls Boal (1989). Das *Theater der Unterdrückten* erfreut sich bis heute in der Pädagogik beispielsweise in Deutschland großer Beliebtheit und Boals Methoden werden in verschiedenen Kontexten verwendet. Es ist erstaunlich, dass Freire selbst so wenig den Anschluss an die Arbeit Boals suchte, stellt sie doch eine gelungene Möglichkeit dar, die Ideen Freires in die Praxis

„Während der sechzehn Jahre, die Paulo Freire im Exil verbrachte, bemühten sich die Militärs darum, jedwede Initiative der *educação popular*, die außerhalb ihrer Kontrolle war, zu minimieren. Die Regierung plante neue Auswege aus dem Problem des Analphabetismus, alle zum Scheitern verurteilt aufgrund ihrer Schwäche, die sie dem inneren Widerspruch des Programms der Militärs schuldeten: den ‚Patriotismus'[245] der Brasilianer anzuregen, ohne eine wirkliche Bürgerbeteiligung zu erlauben." (Bessa 2001, 377)

Araújo Freire (2006) und auch Freire selbst beschreiben beispielsweise, dass das Buch *Pädagogik der Unterdrückten*, das bereits auf Englisch, Deutsch, Spanisch, Italienisch und Französisch in Europa und den USA erschienen war, nur aus dem Grund in Brasilien erscheinen konnte, da ein Freund Paulo Freires, Jean Ziegler, als schweizerischer Universitätsprofessor und Diplomat ohne Gepäckkontrolle zu Beginn der 1970er Jahre nach Brasilien einreisen und das Manuskript an den Verlag Paz e Terra weitergeben konnte. Der Verleger Fernando Gasparian habe es dann gewagt, das Buch trotz der Herrschaft des Militärregimes zu veröffentlichen. Jedoch musste er mit der Veröffentlichung mehrere Jahre warten, denn in Brasilien erschien es erst im Jahre 1974. Auch das Buch *Ação cultural para a liberdade (Kulturelle Aktion für Freiheit* beziehungsweise *Cultural Action for Freedom)* das ursprünglich *Ação cultural para a libertação (Kulturelle Aktion für Befreiung)* betitelt war, wurde auf Rat des Verlegers Gasparian umbenannt, um dessen Titel in seiner Bedeutung ein wenig abzuschwächen (vgl. Araújo Freire 2006, 381 ff. und Freire 2003, 62 f.). Dennoch war es Freires Hauptwerk *Pädagogik der Unterdrückten* schon vor dessen Erscheinen in portugiesischer Sprache gelungen, Einzug in Brasilien zu halten, da Brasilianer und Personen anderer Nationalitäten – Freire nennt beispielsweise eine nordamerikanische Ordensschwester – dieses in anderen Sprachen gelesen hatten und es nach Brasilien schmuggelten, so dass auch dort in einigen Kreisen, vor allem in sozialen Bewegungen im Nordosten des Landes, aber auch unter Arbeitern in São Paulo, gelesen und diskutiert werden konnte (vgl. Freire 2003, 63; vgl. dazu auch Mayo 2006, 158). Bessa (2001) weist darauf hin, dass zu diesem Zeitpunkt die „Methode Paulo Freire" praktisch in ganz Lateinamerika bekannt war und, mit Einschränkungen Brasilien betreffend, praktiziert wurde (vgl. ebd., 375).

Immerhin hatte Freire durch seine politisch-pädagogischen Aktivitäten, die auf nationaler Ebene gefördert und umgesetzt werden sollten, Mitte der 1960er Jahre, also kurz vor seinem unfreiwilligen Verlassen des Landes aufgrund des Militärputsches, einen hohen Bekanntheitsgrad erreicht, so dass davon ausgegangen werden kann, dass Freire nicht nur den Bevölkerungsgruppen, die sich vor dem Putsch wie Freire für gesellschaftliche Veränderungen eingesetzt hatten – wie zum Beispiel die studentische, kommunistische und Arbeiterbewegung – ein Begriff war, sondern er auch verbreitet in der Bevölkerung bekannt war. Es gibt bis dato keine Forschung darüber, wie in Brasilien während der Zeit der Militärdiktatur mit Freires Werken umgegangen wurde und wie das Interesse an der Tätigkeit Freires während seiner Zeit im Exil in der Praxis gelebt werden konnte.[246] Es sind

---

umzusetzen. Vor allem stellt sie Methoden zur Verfügung, die die Arbeiten Freires bereichern und ergänzen.

245 Im portugiesischen Text wird das Wort *civismo* verwendet, welches aus dem Sprachgebrauch der brasilianischen Militärs während der Zeit der Diktatur stammt; so dass es in der Quelle in Anführungszeichen steht. *Civismo* bedeutet im vorliegenden Kontext soviel wie Patriotismus oder Nationalbewusstsein, in dem Sinne, dass die Bürger „zivile" Pflichten dem Staat gegenüber haben und dass sie nicht gegen den Staat oder die „Nation" handeln sollen.

246 Riemann Costa e Silva (1990) beschreibt zwar Merkmale der *educação popular*, die von Freire mitgeprägt worden war und erläutert, diese sei auch nach 1964 in erster Linie von kirchlichen oder kirchen-

einige Indizien dafür vorhanden, ein Bild über diese Zeit entstehen zu lassen. Freire selbst schildert, dass er während der Zeit der Militärdiktatur Briefe an seine Freunde mit äußerster Vorsicht schreiben musste, da diese vom Staatsapparat in Brasilien geöffnet wurden und deren Empfänger aufgrund eines „falschen" Wortes oder einer „falsch" gestellten Frage Repressionen und staatliche Schikanen bis hin zu Folter zu befürchten hatten. Freire beschreibt ebenso, wie Briefe zum Beispiel an seine Mutter unterschlagen wurden und es ihm nur über den Umweg von in anderen Ländern lebenden Freunden, welche die Briefe von dort aus für ihn absendeten, gelang, weiter mit seiner Mutter zu korrespondieren.

Ebenfalls berichtet er, dass Freunde und Bekannte sowie politisch Gleichgesinnte, die zu Besuch in Genf waren, auf ein Treffen mit Paulo Freire verzichten mussten, um nach ihrer Rückkehr nach Brasilien nicht mit Repressalien und Verhören rechnen zu müssen (vgl. Freire 2002, 25 ff.). Dennoch hatte sich eine Gruppe von Menschen brasilienweit auch während der Zeit der Militärdiktatur mit den Ideen Freires beschäftigt; insbesondere während deren Lockerung ab Ende der 1970er und Anfang der 1980er Jahren war es mit abnehmender Gefahr verbunden, sich mit den Ideen Paulo Freires auseinander zu setzen:

> „[T]he educational debate in Brazil during the fifteen years or so that followed the coup was polarized between those who planned and conducted the educational policy and those who opposed it. The opposition came from many directions and also took many forms. Protests (…) came primarily from social movements within the university – students and some professors. (…) Of course, Freire's thinking was very much present during these years. (…) However, the vast majority of this opposition occurred within the limits of a very restricted political climate. Book publishing was permitted, but collective political activities were prohibited. It was only with the so-called *abertura* (…) that opposition to the educational policy of the military government achieved full expression." (Da Silva/Mc Laren 1993, 37 f.)

Im Zuge der Bewegungen gegen die Militärdiktatur erlangte auch das Denken Paulo Freires neue Relevanz und Resonanz, denn er stellte einen Bezugspunkt für diese Bewegungen dar. Aus diesem Grunde erhielt Freire einen begeisterten Empfang in São Paulo bei seiner Rückkehr nach Brasilien im Jahre 1980; er war also nach wie vor bekannt (vgl. zum Beispiel da Silva 1996, 22 f.; Santos Graciani 1996, 229).

So erschien zum Beispiel im Jahr 1978 an der Katholischen Universität von São Paulo, der PUC-SP (*Pontifícia Universidade Católica de São Paulo*), im Fachbereich Erziehungswissenschaften die Magisterarbeit von Benedito Eliseu Leite Cintra *Die Bedeutung des Anderen bei Paulo Freire,* was als eine der ersten frühen schriftlichen Beschäftigungen mit Paulo Freire gelten kann.[247] Überhaupt war die PUC-SP während der Zeit der Militärdikatur „eine der zentralen Bastionen des Widerstandes gegen das autoritäre Regime." (Saúl 1996, 227) Gomes Garcia (2008) berichtet, dass das Interesse für die Ideen Paulo Freires in erster Linie bei den Personen bestand, die sich für die Themen *educação popular*, Erwachsenenbildung und soziale Bewegungen interessierten. Diejenigen, die sich mit seinen Ideen an der Universität beschäftigten und beschäftigen, konzentrierten sich weniger auf die Vertiefung seiner Erziehungs- und Gesellschaftstheorie, sondern auf die sozialen und erzieherischen Praxen (vgl. E-Mail von Gomes Garcia 04.08.2008, Archiv Funke). Als frühe Veröffentlichungen in Bezug auf Paulo Freire sind zudem besonders die Schriften des Soziologen Celso De Rui Beisiegel zu erwähnen, der sich bereits seit Mitte der 1960er Jahre mit Theorie und Praxis der *Volksbildung* beschäftigte und 1972 an der Uni-

---

nahen Gruppen „fortgesetzt" worden (ebd. 49), jedoch wird der Zeitraum 1964–1980 in der detaillierteren Beschreibung der Aktivitäten der *educação popular* von ihr ausgespart (vgl. ebd., 58).

247 Leite Cintra, Benedito Eliseu (1978): *O sentido do Outro em Paulo Freire.*

versität São Paulo (USP) seine Doktorarbeit mit dem Titel *Erwachsenenbildung im Staate São Paulo* verfasste, in der er die von Freire entwickelten Methoden analysierte und teilweise auch in der Praxis anwendete. Die Dissertation wurde 1974 in Buchform veröffentlicht und gilt bis heute als Standardwerk.[248] Es folgte im Jahr 1981 *Politik und Volkserziehung. Eine Studie zur Methode Paulo Freire in der Erwachsenenalphabetisierung,*[249] welche er als Bewerbungsschrift für eine Dozententätigkeit an der USP *(Universidade de São Paulo)* verfasst hatte und die 1982 veröffentlicht wurde. Hierbei handelt es sich um eine Schrift, die die Methode Paulo Freires in der Erwachsenenalphabetisierung für den aktuellen brasilianischen Kontext untersucht. Auch diese Schrift gilt bis heute als eine der fundiertesten Arbeiten zur frühen Theorie und Praxis Freires in Brasilien, so dass sie noch im Jahr 2008 eine Neuauflage erfuhr. Die Arbeit zeichnet sich durch Genauigkeit und Fachwissen aus. Der Autor steht dem Denken Freires wohlwollend gegenüber, benennt aber auch kritische Punkte (vgl. dazu besonders De Rui Beisiegel 2008, 215 ff.). De Rui Beisiegel schilderte im Interview 2007, dass er während der praktischen Arbeit in der *Volkserziehung* in der Stadt Ubatuba im Staate São Paulo, die seiner Doktorarbeit zugrunde liegt, zwar aufgrund einer Denunziation durch die Militärs beobachtet und während der Arbeit aufgesucht wurde, aber dennoch keinerlei Repressalien ausgesetzt war. Dies habe aber möglicherweise auch an den guten Kontakten, die die Leiterin des am Projekt beteiligten Instituts zu den politischen Funktionären gehabt habe, gelegen. Zudem habe die Diktatur erst im Verlauf ihrer ersten Jahre ihre ganze Härte erreicht.[250] Hinzu kommt, dass De Rui Beisiegel in seiner Arbeit weniger radikal als Paulo Freire beziehungsweise diejenigen, die dessen Ideen in den politischen Bewegungen folgten, war – möglicherweise da er sich selbst auch nicht als *Volkserzieher* verstand, sondern als politischen Soziologen, der die Prozesse der *Volkserziehung* untersuchte –, oder aber die Regierung des Staates São Paulo sahen seine Untersuchungen im Kontext der geplanten nationalen Programme zur Alphabetisierung von Jugendlichen und Erwachsenen als hilfreich an (vgl. De Rui Beisiegel 2004, 8).

Ein weiteres erwähnenswertes in dieser Zeit in Brasilien erschienenes Buch ist *Kommunikation und Kultur: Die Ideen von Paulo Freire* von Venício Artur de Lima (vgl. De Lima, 1981).

Darüber hinaus sind in den 1970er Jahren bis zu Beginn der 1980er Jahre im Gegensatz zu Europa und den USA vergleichsweise wenige Veröffentlichungen zu Paulo Freire erstellt worden, wovon die meisten an Katholischen Fachhochschulen verfasst wurden (vgl. Gadotti 1996a, 327 ff., 371 ff.). Hervorzuheben ist jedoch die Arbeit von Vanilda Pereira Paiva (1980) *Nationalismus und Bewusstseinsbildung in Brasilien, insbesondere bei Paulo Freire*, die 1980 in Deutschland als Überarbeitung einer 1978 in Frankfurt in portugiesischer Sprache *(Paulo Freire e o nacionalismo desenvolvimentista)* erstellter Dissertation erschien und im selben Jahr auch in Brasilien publiziert wurde.[251] In ihrer Arbeit verortet die Autorin Paulo Freire im entwicklungsnationalistischen Denken im Brasilien

---

248 De Rui Beisiegel, Celso (2004): *A Educação de Adultos no Estado de São Paulo*. Veröffentlicht unter dem Titel *Estado e Educação Popular. Um estudo sobre a educação de adultos. (Staat und Volkserziehung. Eine Studie über Erwachsenenbildung).*

249 Veröffentlicht als: De Rui Beisiegel, Celso (2008): *Política e educação popular. A teoria e a prática de Paulo Freire no Brasil (Politik und Volkserziehung. Theorie und Praxis Paulo Freires in Brasilien).*

250 Gespräch mit Celso De Rui Beisiegel 01.11.2007, Archiv Funke.

251 Die Arbeit wird bis heute in der brasilianischen Diskussion stark rezipiert, stellt sie doch eine Rarität bezüglich der Tiefe der Argumentation und vor allem auch der Kritik an Paulo Freire und den ideengeschichtlichen Wurzeln seines Denkens dar. Noch im Jahr 2001 erfuhr die Arbeit eine Neuauflage im Verlag Paz e Terra (vgl. http://www.pazeterra.com.br/livro.asp?pp=115, Zugriff 25.08.2008).

der 1950er und 1960er Jahre, das in erster Linie vom ISEB vertreten wurde[252] und übt darauf aufbauend Kritik an seinem Ansatz.

Nachdem Paulo Freire im Jahre 1980 endgültig nach Brasilien zurückgekehrt war, wuchs das Interesse an ihm und seinem Denken landesweit, auch wenn die Militärdiktatur sich nur allmählich zurückzog und noch bis Mitte der 1980er Jahre an der Macht war. 1985 wurde José Sarney Präsident – er war noch bis kurz vorher Vorsitzender der PSD, der Regierungspartei des Militärregimes, gewesen. Das bedeutet, dass der Übergang vom Militärregime in Richtung eines demokratischen Systems als schleichend angesehen werden muss (vgl. Kapitel 1.2 dieser Arbeit). Paulo Freire hatte nach seiner Rückkehr nach Brasilien Lehraufträge an den Universitäten Campinas und an der PUC-SP (vgl. Bessa 2001, 378 f.) und hatte so seinerseits die Möglichkeit, Kontakt zu den Studierenden und Intellektuellen aufzubauen. Er unternahm Reisen und zeigte sich

> „interessiert, Brasilien ‚wieder zu erlernen', und nicht denjenigen, die als ‚interne Exilierte' hier [in Brasilien, K.F.] geblieben waren, darüber zu belehren, was er in sechzehn Jahren Exil erlebt hatte. Aus diesem Grunde reiste er in die verschiedenen Regionen des Landes, um Vorträge zu halten, Arbeiten zu veröffentlichen und offenen Dialog und Interaktion mit Studenten und *educadores* in ganz Brasilien, und auch im Ausland, zu etablieren." (Bessa 2001, 379)

Unter anderem entstanden in dieser Zeit die so genannten *Livros falados*, die „gesprochenen Bücher", die diesen Dialog wiedergeben, wie zum Beispiel mit Frei Betto, Sérgio Guimarães, Adriana Nogueira, Débora Mazza, Antônio Faundez, Myles Horton und Donaldo Macedo. Es gibt wenig Belege darüber, wie die Reaktion in Brasilien auf diese Aktivitäten Paulo Freires war. Hierüber müsste eine differenzierte Forschung angestellt werden.[253] Laut Bessa (2001) „war das Brasilien, das Paulo Freire 1980 vorfand, sehr unterschiedlich zu dem von 1964. Es war ein Land, das auf Veränderungen drängte." (Ebd., 379) Insofern fand Paulo Freire für sein Anliegen zumindest bei einigen Personengruppen einen fruchtbaren Boden in Brasilien vor:

> „Zu Beginn der 80er Jahre fanden die Sozialarbeiter wenige Gelegenheiten vor, in denen sie ihre Praxis reflektieren und einen pädagogischen Ansatz entwickeln konnten, der von den Bedürfnissen der *educandos* und *educandas* ausging. Es war um 1983 herum, dass Paulo Freire sich mit Sozialarbeitern und Sozialarbeiterinnen traf, die im Bereich der Arbeit mit Kindern und Jugendlichen in Armutssituationen tätig waren; es war die Zeit gekommen mit den *educadores* nachzudenken und neue Möglichkeiten zu konstruieren, um mit den marginalisierenden Umständen umzugehen, in denen sich die Kinder und Jugendlichen befanden. (...) Von diesem Moment an machten sich die *educadores* und *educadoras* auf, ihr Leben und ihre Praxis einem ständigen Prozess der Ausarbeitung und Konstruktion zu unterziehen". (Tavares da Silva 2007, 199)

Die kirchlichen Basisgruppen *(Comunidades Eclesiais de Base,* CEB*)* boten zusätzlich einen Ort für radikale Linke und die Bewegung für *Volkserziehung (Movimento de Educação de Base, MEB)*, um ihre Arbeit, die sie vor dem Militärputsch 1964 begonnen hatten, fortzusetzen (vgl. Tavares da Silva 2007, 199). Betrachtet man vor diesem Hintergrund die aktuelle Relevanz Paulo Freires in Brasilien heute, liegt die Schlussfolgerung

---

252 Vgl. dazu auch Kapitel 1 dieser Arbeit.

253 Gomes Garcia (2008) berichtet, dass sich nach Paulo Freires Rückkehr nach Brasilien eine Gruppe von Professoren an der PUC-SP, also an der Universität, an der Paulo Freire lehrte, zusammenfand und gegen ihn mit dem Argument protestierte, er schaffe die Wissensvermittlung ab (vgl. E-Mail von Gomes Garcia 04.08.2008, Archiv Funke).

nahe, dass die Entwicklung seit Paulo Freires Rückkehr dorthin einen Verlauf von stetig wachsender Popularität und Relevanz nahm, die darin eine besonders Bestärkung erhielt, dass seit dem Jahr 2003 die Arbeiterpartei den Präsidenten Brasiliens stellt, der, obwohl mit einer Minderheitsregierung an der Macht, die aktive Rezeption und Umsetzung der Ideen Paulo Freires begünstigt. Gadotti (1996b, 112 f.) weist darauf hin, dass Freires Werk jedoch auch auf unterschiedliche Art und Weise kritisiert wurde. Er unterteilt die Kritiken in Kategorien: Auf der einen Seite gebe es Personen, die seine Ideen ganz ablehnten und ihn als idealistisch, liberal, induktivistisch, über spontaneistisch, nicht-direktiv, neo-anarchistisch katholisch bis hin zu autoritär bezeichneten. Auf der anderen Seite stehe die Gruppe derjenigen, die sich Freires Ideen prinzipiell verbunden und verpflichtet fühlten, jedoch innerhalb seines Denkens zentrale Kritikpunkte haben. Diese nennt er die „heterodoxen Freireaner"[254] (Gadotti 1996b, 112), die dem Denken Freires weitere Ideen der Pädagogik hinzufügten und sein Denken weiterentwickelten. Er grenzt sie ab von den „orthodoxen Freireanern" (ebd.), die die Arbeiten Freires für erschöpfend und vollständig hielten und die diesen keine zusätzlichen Gedanken und Weiterentwicklungen von außen hinzufügen möchten. Sie mystifizierten Freire und sein Denken und Leben (vgl. ebd. 112 f.).[255]

In den vergangenen fünfzehn bis zwanzig Jahren hat die Anzahl der Publikationen zu Paulo Freire deutlich zugenommen.[256] Die Publikationen sind zahlreich und von unterschiedlicher thematischer Schwerpunktsetzung. Insbesondere in den 1990er und 2000er Jahren gab es eine deutliche Zunahme von Veröffentlichungen zu Paulo Freire in Brasilien, aber auch in anderen Ländern Südamerikas. Umfangreiche Bibliografien lassen sich beispielsweise in den neueren Büchern von Moacir Gadotti finden.[257] In der folgenden Beschreibung können folglich nur einige ausgewählte Publikationen kurz vorgestellt werden und auf dieser Basis ein Eindruck formuliert werden, wie sich die Literaturlage in Brasilien darstellt und durch welche inhaltlichen Schwerpunktsetzungen sie gekennzeichnet ist. Schon jetzt lässt sich jedoch festhalten, dass die Fülle und inhaltliche Breite der in Brasilien erhältlichen Literatur diejenige im deutschsprachigen Raum bei weitem übertrifft. Um Aussagen über die in Brasilien erhältliche Literatur zu treffen, muss vor allem die folgende Frage mit berücksichtigt werden: Für welche Leserinnenschaft sind diese Texte verfasst? Viele Publikationen, die in verhältnismäßig einfacher Sprache abgefasst sind, wenige Bezüge zu wissenschaftlichen Texten aufweisen, und die in eher erzählen-

---

254 Der Begriff „Freireaner" ist in Brasilien wie auch in Deutschland, aber auch im englischen Sprachgebrauch durchaus gängig, um Personen zu bezeichnen, die sich für die Ideen Freires interessieren und sich in ihrem Denken und praktischen beruflichen Handeln auf diese beziehen. Dementsprechend ist auch das Adjektiv „freireanisch" gebräuchlich. Ich schließe mich der Einfachheit halber in dieser Arbeit diesem Gebrauch an.

255 Auch Freire hat sich selbst kritisiert, zum Beispiel für den Gebrauch sexistischer Sprache in seinen frühen Werken, das heißt auch für das Nicht-Unterscheiden verschiedener Gruppen von *Unterdrückten* – wie zum Beispiel die Frauen – und deren besonderen Lebenslagen (vgl. Gadotti 1996b, 107 f.). Auch hat er selbst seine frühen Werke wegen ihrer Naivität, Subjektivität, Ambiguität und Mangel an politisch-ideologischer Klarheit und seinem Schreibstil kritisiert. Zur Selbstkritik Freires vgl. *Pedagogia da Esperança* (Freire 2003, zum Beispiel 25, 66 f., 77, 89).

256 Es wäre ein Vorhaben für eine eigene Arbeit, einen vollständigen Überblick über die Vielfalt und besonders die Inhalte der in Brasilien erschienenen und erhältlichen Literatur, die sich auf Paulo Freire beziehen, seine Ideen weiter entwickeln, kritisieren oder auf den aktuellen Kontext beziehen, zu geben. Es werden in dieser Arbeit einige ausgewählte Arbeiten vorgestellt, die interessant und in gewisser Hinsicht repräsentativ für die Art der Literatur sind, die in diesem Zeitraum publiziert wurde.

257 Vgl. zum Beispiel die Bibliografie in Gadotti, M. (2007b): *A Escola e o Professor. Paulo Freire e a paixão de ensinar*, 94–99.

dem Stil verfasst sind, haben als Adressaten weniger das wissenschaftliche Fachpublikum als die Praktiker in Schule und sozialer Arbeit. Es liegt im Kern des freireschen Gedankens selbst, dass das gesamte *Volk* Zugang zu Bildung haben, sich selbst als Akteure erfahren und sich an gesellschaftlicher Transformation beteiligen soll. Insofern spielt dieser Aspekt eine Rolle bei der Gestaltung der Veröffentlichungen – eine möglichst breite Leserschaft soll mit ihnen erreicht werden können; es soll der Boden für eine freiresche Denk- und Handlungsweise bereitet werden. Insbesondere trifft dies für die Werke von Moacir Gadotti zu, aber auch für die späteren Bücher von Paulo Freire selbst. In diesem Sinne verhalten sich Gadotti und Freire als eine Art „Übersetzer": Sie selbst rezipieren auch internationale Literatur zu einschlägigen Themen, gehen aber auf diese in ihren Büchern nur selten direkt ein, sondern leiten aus diesen Schlussfolgerungen ab, die sie als Empfehlungen für die brasilianische Realität formulieren. Hinzu kommt, dass auch der erziehungswissenschaftliche Diskurs an den brasilianischen Universitäten selbst in weiten Teilen anders geführt wird als wir es aus der deutsch- und englischsprachigen Literatur kennen und auch hier eine Haltung und Handlungsorientierung häufig einen besonderen Stellenwert einnimmt, so dass eine tiefer gehende Analyse und Ausarbeitung sowie Vernetzung einzelner Ideen zu anderen Ansätzen erst, wenn überhaupt, in einem zweiten Schritt eine Rolle spielen. Hinzu kommt, dass Paulo Freire stets darauf bestanden hat, dass man ihn nicht imitieren, ihm nicht „folgen" solle. Es war also nicht sein Ziel, konkrete Handlungsvorschläge, die auf einer breiten Theorierezeption gründen – wie zum Beispiel eine differenzierte Didaktik – zu geben oder eine perspektivenreiche Begründung seiner Thesen. Vielmehr wolle und müsse er „neu erfunden" werden, da jede historische Situation und jedes Land verschieden sei und unterschiedliche Maßnahmen zur Transformation benötigten (vgl. dazu insbesondere Gadotti, 2007b, 90 f. und Freire/Faundez 1989, 70 f.).[258] Auf eine gewisse Art und Weise eröffnet Freire damit einen Raum für neue Konstruktionen im Sinne seiner Pädagogik, lässt aber auch diejenigen, die diese umsetzen möchten, ab einem gewissen Punkt alleine, denn den Prozess des Erfindens und Umsetzens einer konkreten Freire-Praxis müssen sie in weiten Teilen alleine gehen.[259]

Insbesondere das *Instituto Paulo Freire* (IPF) veröffentlicht zahlreiche Bücher, die sich direkt und indirekt auf Paulo Freire beziehen.[260] An erster Stelle sind als Autoren Moacir Gadotti und Paulo Roberto Padilha sowie Carlos Alberto Torres zu nennen. Das Buch *Uma Biobibliografia* von Gadotti (vgl. Gadotti 1996a) umfasst eine umfangreiche Aufsatzsammlung zur Biografie, zum Denken und zur Umsetzung der Ideen Paulo Freires sowie eine umfangreiche Bibliografie der von ihm verfassten Bücher und Artikel und kann als interessantes Nachschlagewerk dienen, auch wenn die Bibliografie nicht in allen Punkten korrekt recherchiert ist. Das Buch *A Escola e o Professor. Paulo Freire e a paixão de ensinar* (*Die Schule und der Lehrer. Paulo Freire und die Leidenschaft des Lehrens*) ist die aktuellste Veröffentlichung von Gadotti (2007). Das Buch ist in einem persönlichen, erzählenden Stil geschrieben und lässt nicht nur Einblicke in das Denken und Handeln Freires zu, sondern auch in das Leben und Denken von Gadotti als Schüler, Freund und geistigem Erbe von Paulo Freire. Gadotti ist ohne Zweifel ein großer Kenner der Ideen und Schriften Paulo Freires und war ihm über zwanzig Jahre lang freundschaftlich wie kollegial verbunden und arbeitete fortwährend mit ihm zusammen. Insofern ermöglichen

---

258 Hier sprechen die Autoren noch von Revolution anstelle von Transformation.

259 Zahlreiche Schritte in unterschiedlichsten pädagogischen Bereichen unternimmt in diesem Zusammenhang das *Instituto Paulo Freire* in São Paulo.

260 Unter http://www.paulofreire.org/Publicacoes/WebHome kann die Publikationsliste des IPF eingesehen werden.

die persönlichen Beschreibungen Gadottis einen ebensolchen Blick auf Freire selbst, der – mit Anekdoten angereichert – sich nicht nur auf die Ideen von Freire konzentriert, sondern versucht, ein ganzheitliches Bild seiner Person zu zeichnen und anhand dessen den Inhalt und das Gewicht seiner Ideen zu untermauern. Freire als Mensch, der seine Überzeugung lebt, nimmt auch hier neben dem Autor Freire eine wichtige Position ein. Das Buch Gadottis, welches die Rolle und die Aufgaben des Lehrers sowie das Schulsystem als Ganzes zum Thema hat, ist als eine Art einführendes Werk in vergleichsweise einfacher Sprache geschrieben, um es auch Personen und vor allem Lehrerinnen als primärer Zielgruppe, die sich bisher nicht oder wenig mit den Ideen Freires auseinandergesetzt haben, zugänglich zu machen. Neben den Ideen von Freire werden in diesem Band implizit im Textfluss auch verwandte Ideen anderer Autorinnen vorgestellt, dich sich direkt oder indirekt auf Paulo Freire beziehen.

Das theoretische Reflexionsniveau einiger anderer durch das IPF veröffentlichten Sekundärliteratur ist vergleichsweise gering. Bereits existierende vor allem englischsprachige Literatur, aber beispielsweise auch Literatur von brasilianischen Soziologen (vgl. dazu Kühn/Souza 2006) zu verwandten Themenkreisen, auf die sich eine Bezugnahme anböte, wird wenig rezipiert. Beispielsweise würde es sich beim Band von Paulo Roberto Padilha (Padilha 2007) *Educar em todos os cantos. Reflexões e Canções por uma Educação Intertranscultural* (Im weitesten Sinne: *Mit Musik erziehen. Reflexionen und Lieder für eine intertranskulturelle Erziehung*) anbieten, sich auf die englischsprachige Multikulturalismusdebatte und Arbeiten der *Cultural Studies* zu beziehen sowie auf Arbeiten innerhalb der US-amerikanischen Diskussion der *Critical Pedagogy*, um das Konzept der *Inter-Transculturalidade* zu untermauern. In diesem Buch stellt Padilha seine Vorstellung einer interkulturellen Erziehung vor und gibt praktische Vorschläge zur Gestaltung von Unterricht und Bildungsarbeit in Situationen non-formalen und informellen Lernens, die mit Hilfe einer von ihm selbst eingespielten Musik-CD umgesetzt werden können. Ähnliches gilt für die Bereiche der Ökologie und Umweltbildung, zu denen Gadotti unter anderem mit seinem Buch *Pedagogia da Terra* (Gadotti 2001) einen Beitrag leistet. Der Band *Pedagogia da Luta* von Carlos Alberto Torres (Torres 1997), herausgegeben in der Reihe *Educação International* des IPF beim Verlag Papirus ist ein empfehlenswertes Buch, welches das Denken Paulo Freires in einen ideengeschichtlichen, historischen und sozialpolitischen (bezogen auf den lateinamerikanischen Kontext) zu setzen sucht und somit einen anderen Ansatz verfolgt. Insgesamt ist Carlos Alberto Torres neben Moacir Gadotti und anderen einer der Hauptvertreter der lateinamerikanischen Freireaner. Zusätzlich publiziert das IPF auch zahlreiche Bücher, welche ihre konkrete Praxis in verschiedenen Projekten dokumentieren und so Anhaltspunkte von möglicher Umsetzung einer von Freire inspirierten Pädagogik gibt. Ein Beispiel hierfür ist das Buch *Conselhos da Escola. Formação para e pela participação* (*Schulparlamente. Bildung für und durch Partizipation*), herausgegeben von Ângela Antunes (2005). Neben einem einführenden Kapitel zum Thema Demokratie in der Schule enthält es einen Teil, welcher die Prinzipien der Bildung zu Partizipation beschreibt (das Lesen der Welt, Prinzipien des Zusammenlebens, virtuelle Kulturzirkel und lokale, nationale und globale Ebenen der Vernetzung und Aktion) sowie einen Praxisteil, in dem die Teilnehmenden der Fortbildung zum Thema Schulparlamente ihre Erfahrungen beschreiben und dokumentieren sowie Schlussfolgerungen ziehen.

Darüber hinaus veröffentlicht die Witwe von Paulo Freire, Ana Maria Araújo Freire, weiterhin in verschiedenen Bänden posthum bisher unveröffentlichte Arbeiten von Paulo Freire selbst, die teilweise auch Transkripte mündlicher Vorträge und Vorlesungen sind, wie zum Beispiel *Pedagogia dos Sonhos Possíveis* (2001) und *Pedagogia da Tolerância* (2005), und die in der zweiten beziehungsweise dritten Auflage vorliegen. Es gibt also sowohl Verleger, die Interesse an der Publikation von Freires Werken haben, als auch eine Leserschaft für diese Publikationen. Im Großen und Ganzen enthalten diese Bände wenig neue Erkenntnisse, sondern ergänzen vielmehr die erhältliche Textsammlung Paulo Freires und zeigt Aspekte seines Denkens in neuen Kontexten und in Gesprächen mit neuen Gesprächspartnern. Darüber hinaus gab Araújo Freire den Band *A Pedagogia da Libertação em Paulo Freire* (1999) (*Die Pädagogik der Befreiung bei Paulo Freire*) heraus; eine recht interessante Aufsatzsammlung internationaler Autorinnen, die verschiedene Facetten von durch Freire inspirierter Theorie und Praxis aufzeigt sowie Überlegungen verschiedener Disziplinen zu Freires Theorie und Praxis anstellt.[261] Sie selbst veröffentlichte als Autorin im Jahr 2006 den Band *Paulo Freire, Uma História de Vida*, eine ausführliche Biografie, für die sie 2007 den zweiten Platz des wichtigsten brasilianischen Literaturpreises, Prêmio Jabutí, in der Sparte Biografien gewann.[262] Diese Tatsache kann als Hinweis gelten, dass das Interesse an Paulo Freire in Brasilien sehr lebendig ist.

Im Jahr 1999 erschien der Sammelband *Paulo Freire. Ética, Utopia e Educação* (*Paulo Freire. Ethik, Utopie und Erziehung*), herausgegeben von Danilo Streck und anderen. Dieser Band enthält Aufsätze in erster Linie lateinamerikanischer, aber auch europäischer (deutschsprachiger und englischer) Autoren. Es handelt sich hierbei um einen insgesamt sehr differenzierten und hilfreichen Band, dessen Artikel größtenteils ein hohes Analyse- und Reflexionsniveau aufweisen und interessante Hinweise zu Freires Aktualität und Anschlussfähigkeit geben. (Hervorzuheben sind hier insbesondere die Beiträge von Marco Raúl Mejía und Afonso Celso Scocuglia). Mejía selbst kritisiert die Rezeption der Ideen Paulo Freires in Lateinamerika, indem er ihr die Konstruktion einer Kontinuität in Freires Werken vorwirft, die er so nicht sieht, denn aus seiner Sicht gibt es „eine Reihe von Problemen in unserer lateinamerikanischen Tradition, die versuchen ein *Kontinuum* in Paulo Freires Werk herzustellen, so als ob diese eine Einheit und bestimmte Essenzen, die sich im Laufe der Zeit bewegen, ausmachen würde." (Mejia 1999, 54, Hervorhebung im Original) Diese Tradition verursache die Gefahr, „dass das Werk von Paulo Freire einen Moment nicht als einen aktuellen erhelle." (Ebd.) Auf diese Art und Weise ließe sich „nicht der Freire sehen, der in der zweiten Hälfte der 80er Jahre und in den 90er Jahren versucht, eine Rekonstruktion seines Denkens zu gründen, indem er sich von seinem bisherigen Denken loslöst. Diese Veränderung seines Denkens ist nur innerhalb des historischen Prozesses erklärbar, in den es im Zuge der Transformationen (…) einer modernen Welt hin zu einer postmodernen Welt eingebettet ist". (Ebd., 56) Eine weitere Veröffentlichung, die Beachtung verdient, ist der Sammelband *Brasil, País do Passado?* (*Brasilien, Land der Vergangenheit?*), herausgegeben von Ligia Chiappini et al. (2000). Er beinhaltet eine Gegenüberstellung des Denkens sechs brasilianischer Denker, unter ihnen Paulo Freire. Entstanden im Zuge der Partnerschaft der Freien Universität Berlin mit der Universität São Paulo enthält es darüber hinaus einen Text zu Stefan Zweig und dessen Perspektive auf Brasilien sowie über die Bedeutung brasilianischer Literatur und Kultur in Deutschland. Der sich auf Paulo Freire beziehende Teil besteht aus vier Artikeln brasilianischer wie deutscher Autorinnen. Das Buch ist insofern interessant, als es die Beobachterperspektiven

---

261 An der Publikation dieses Sammelbandes war die Universität Oldenburg finanziell beteiligt. Neben brasilianischen und US-amerikanischen Autorinnen sind auch mehrere deutsche Autorinnen mit einem Artikel vertreten.

262 Vgl. folgende Seite (Zugriff 08.08.2008):
     http://www.premiojabuti.com.br/BR/notas/2fase/relatorio_MELHOR_LIVRO_DE_BIOGRAFIA.html

kritisch thematisiert, die bei der Entstehung der Werke durch europäische und brasilianische Autoren zum Tragen kommen: Stefan Zweig betrachtet zum Beispiel Brasilien aus der Sicht eines Europäers, der auf der Suche nach der idealen Gesellschaft ist, während Paulo Freire als Brasilianer, der unter Ungerechtigkeiten brasilianischer Politik zu leiden hatte, eine gänzlich andere Perspektive auf das Land hat (und natürlich betrachten sie beide Brasilien zu unterschiedlichen Zeiten). Darüber hinaus geben die Artikel neben einer knappen Rekonstruktion der Hauptideen Freires einige Denkanstöße zur Bedeutung Freires heute und auch leichte Kritiken an seinem Ansatz; dies geschieht aus einer deutlich linkspolitisch orientierten Perspektive. Positiv hervorzuheben sind darüber hinaus die Arbeiten von Afonso Celso Scocuglia, zum Beispiel der Band *A História das Idéias de Paulo Freire e a Atual Crise de Paradigmas* (*Die Geschichte der Ideen Paulo Freires und die aktuelle Paradigmenkrise*) (Scocuglia 1999b), das eine stärker multiperspektivische Herangehensweise auszeichnet. In dem Band werden auf der einen Seite die Hauptideen Paulo Freires und ihre Entwicklung im Verlaufe der Zeit dargestellt sowie pädagogische und politische Aspekte seines Denkens herausgearbeitet. In einem zweiten Schritt beschreibt der Autor einige Facetten der derzeitigen Krise der Paradigmen, um dann darauffolgend einen – wenn auch sehr knappen – Entwurf einer postmodernen Deutung Freires vorzunehmen. In dieser Hinsicht stellt die Arbeit von Scocuglia eine Ausnahme dar. Die Ausgabe von 1997 enthält zusätzlich ein Kapitel zu Foucault und Castoriadis, um die Ausführungen zur Paradigmenkrise und Postmoderne zu untermauern – es ist unverständlich, warum in der Ausgabe von 1999 auf dieses Kapitel verzichtet wird.[263] Des Weiteren werden insbesondere an der PUC in São Paulo, an der ein *Lehrstuhl Paulo Freire* besteht,[264] Master- und Doktorarbeiten zum Thema Paulo Freire verfasst. Diese Master- und Doktorarbeiten haben, soweit sie von mir gesichtet werden konnten, ein vergleichsweise niedriges theoretisches Niveau; es wird in der Regel wenig Literatur, vor allem nichtportugiesischsprachige Literatur rezipiert. Die genannten Arbeiten weisen einen schwerpunktmäßig eher deskriptiven Charakter auf, der sich häufig auf die eigene Freire-Praxis bezieht (vgl. beispielhaft Gomes Garcia, 2004). Im Zusammenhang mit der PUC, der Katholischen Universität in São Paulo, ist die Zeitschrift *Revista de Educação AEC* zu nennen, die Zeitschrift für Erziehungswissenschaft der *Associação de Educação Católica do Brasil*, welche immer wieder Themen in Bezug auf Paulo Freire aufgreift. Die Ausgabe April/Juni 2007 widmet sich ganz dem Denken Paulo Freires.[265]

Wie Moacir Gadotti sagte, dass Paulo Freire es „nicht nötig" hatte, zu zitieren (vgl. Gespräch mit Gadotti 05.11.2007, Archiv Funke), scheint es auch im Bereich der aktuellen brasilianischen Publikationen nicht immer als unbedingt notwendig erachtet zu werden, auf dem Stand der aktuellen theoretischen Diskussion, die auch international geführt wird, zu sein und eine Analyse des zeitgenössischen Diskurses zum jeweiligen Thema, zumin-

---

263 Für ein weiteres interessantes Buch, das allerdings in Portugal, nicht in Brasilien, erschienen ist, fungiert Scocuglia (2006a) als Herausgeber: *Paulo Freire na História da Educação do Tempo Presente* (*Paulo Freire in der Geschichte der zeitgenössischen Erziehung*). Die Mehrzahl der in ihm enthaltenen Aufsätze sind wiederum von Brasilianern, unter anderem von M. Gadotti und J. Eustáquio Romão, beide vom IPF in São Paulo, verfasst. Scocuglia selbst ist in dem Band mit einem Aufsatz zum Begriff der *conscientização* im Übergang zur Postmoderne vertreten (vgl. Scocuglia 2006b).

264 Der Link zum Lehrstuhl ist http://www.pucsp.br/paulofreire/, Zugriff 08.08.2008.

265 Vgl. Associação de Educação Católica do Brasil (2007b): *A práxis de uma educação inédita viável: referenciando Paulo Freire.* (*Die Praxis einer Erziehung des noch nicht erfüllten Möglichen: Bezug nehmen auf Paulo Freire*).

dest in Ansätzen vorzunehmen.[266] Hingegen stehen das persönliche Anliegen und die eigene Praxiserfahrung stärker im Vordergrund. Das Ziel der Arbeiten scheint in vielen Fällen in erster Linie zu sein, den Leser in seinen Gefühlen und Wünschen anzusprechen, für das Thema zu sensibilisieren und so insgesamt für eine von Freire inspirierte pädagogisch-politische Praxis den Weg zu bereiten. Eine besondere Rolle spielen auch hier die Begriffe Leidenschaft, Liebe, Solidarität, Hoffnung und soziales Engagement, wie das Vorwort von Gadotti und Antunes zu Padilha (2007, 15) deutlich macht: „(…) Für Paulo Freire gibt es eine Verbindung zwischen der notwendigen Freude und der erzieherischen Aktivität sowie der Hoffnung. Paulo Roberto Padilha ruft uns alle zur Hoffnung auf. (…) Das lässt nicht nur Freude entstehen, sondern erlaubt uns, das zu erleben, was Paulo Freire uns so sehr gelehrt hat: Dass wir mit dem ganzen Körper lernen, dass Wissenschaft und Kunst zusammen gehen, dass Gefühlsbetontheit, Liebenswürdigkeit und Sensibilität (…) unverzichtbar für das Lernen sind." Diese Feststellung soll jedoch nicht den Wert und die Berechtigung solcher Arbeiten in Frage stellen. Im Gegenteil, anhand dieser Arbeiten lässt sich zum Teil eindrucksvoll die Freire-Praxis in Brasilien nachvollziehen (vgl. beispielhaft Gomes Garcia, 2004) und verstehen, welche Herangehensweise in Brasilien an das Thema Freire-Pädagogik vorherrscht. In dem Moment, wo in erster Linie gesellschaftliche und pädagogische Notwendigkeiten als verstörende marginalisierende Wirklichkeiten im Vordergrund stehen (müssen) und eine Pädagogik der *Anerkennung* zunächst die nötige Aufmerksamkeit benötigt, um überhaupt realisiert werden zu können, erscheint es nachvollziehbar, dass die Orientierung in erster Linie an der eigenen und direkt erlebten Wirklichkeit erfolgt. Diese Marginalisierung spiegelt sich nicht nur, wie erwähnt im brasilianischen öffentlichen Schulsystem, sondern auch im Hochschulsystem, dessen Ausstattung und Aufbau Schwierigkeiten offenbart: Ein Fernleihsystem ist in Brasilien nicht oder nur kaum vorhanden, und selbst unter Professoren ist es nicht unbedingt üblich, beispielsweise englischsprachige Literatur zu lesen. Für eine derartige Entwicklung benötigt Brasilien Zeit und vor allem finanzielle und personelle Ressourcen im Bildungs- und Hochschulsystem. So schließt sich hier der Kreis – Paulo Freire als Gegenstand und Inhalt von Wissenschaft und Forschung befindet sich in der Abhängigkeit eines Systems, das er selbst nur zu oft kritisierte und zu verändern suchte.

---

266 Auch konstruktivistische Ansätze spielen in diesem Zusammenhang eine Nebenrolle; die Idee des Konstruktivismus ist in seiner lateinamerikanischen Form nur für den Schriftspracherwerb interessant. Hier wird in der Regel auf Arbeiten von Jean Piaget, Lew Vygostky und, wie erwähnt, Emília Ferreiro und Ana Teberosky rekurriert. Ein Beispiel hierfür ist der Band von Goulart, Iris B. (2001) *A Educação na Perspective Construtivista*. Die letzteren Autorinnen haben Arbeiten zur Psychogenese im Schriftspracherwerb vorgelegt und werden insbesondere auch in Bezug auf die Alphabetisierungsarbeit in Brasilien rezipiert (vgl. Barreto 1998, 125 f.).

4.2 Erkenntnisse aus den Gesprächen mit Freire-Praktikern und Familienangehörigen[267]

Zunächst ergaben sich Beobachtungen bezüglich der Dynamik in den Interviews mit den Gesprächspartnerinnen: Es war verhältnismäßig leicht, die Gesprächsbereitschaft der Personen zu wecken und im Vergleich zu den im deutschsprachigen Raum geführten Gesprächen war es unkomplizierter einen Gesprächstermin zu vereinbaren und Informationen zu erhalten. Die Interviewpartnerinnen waren von Beginn an offen und freundlich. Jedoch musste, um den fachlich-inhaltlichen Austausch zu ermöglichen und ein Gespräch über die zentralen Fragestellungen anzuregen, zunächst die Beziehungsebene geklärt und gestärkt werden. Das bedeutete, mit Hilfe eines informellen Austauschs zum Beispiel über die allgemeine Befindlichkeit, die Reise nach Brasilien, Familie und Wohnort wurde eine Atmosphäre geschaffen, die Aufschluss über den Charakter und die Lebensweise des jeweils anderen gab und die eine Entscheidung darüber zuließ, ob der oder die andere in den Kreis der Personen aufgenommen werden konnte, denen Vertrauen, Unterstützung und freundlicher bis freundschaftlicher Umgang entgegengebracht wurde. Anders als in Deutschland geschah dies nicht auf der Sachebene, auf deren Basis hierzulande in der Regel davon ausgegangen wird, dass die Gesprächspartnerinnen ähnliche Interessen haben und verwandte Ziele verfolgen und deswegen relativ ohne Umschweife in medias res gegangen werden kann. Wichtig in Brasilien war dann in einem zweiten Schritt, gewissermaßen als Übergang zur Sachebene, das gemeinsame Interesse an und den Respekt für Paulo Freire und dem Streben nach einer Veränderung der derzeitigen sozialen und wirtschaftlichen Verhältnisse in der Welt zu betonen. Ohne dieses Bekenntnis erschien die geteilte Konstruktion von und vor allem Bewertung der Wirklichkeit als zu instabil und die genannte auf Vertrauen basierende Beziehung gefährdend. Die Beziehungsebene war also, insbesondere zu Beginn des Kontaktes, aber auch im Verlauf desselben weitaus wichtiger als die Inhaltsebene. Darauf aufbauend konnten konstruktiv-kritische Nachfragen nicht klar und direkt, sondern sehr vorsichtig formuliert und zum Beispiel in Frageform geäußert werden, um das hergestellte Vertrauen nicht zu verstören. Inhaltliche Differenzen bedeuteten allem Anschein nach ebenso ein In-Frage-Stellen der Beziehung.[268] Es soll hier kein Exkurs in die Anforderungen und Merkmale des so genannten „interkulturellen" Dialogs unternommen werden.[269] Vielmehr interessieren die Fragen: Was sagen diese Beobach-

---

267 Es versteht sich von selbst, dass hier nicht eine repräsentative Erhebung von Daten vorliegt, sondern dass aufgrund von qualitativen Interviews vielmehr Tendenzen herausgearbeitet werden. Alle Gespräche fanden während meines Aufenthaltes in Brasilien im Zeitraum vom 23.10.2007 bis 23.11.2007 statt. Sie sind in Form von digitalen Tonaufzeichnungen in meinem Archiv vorhanden. In wenigen Ausnahmefällen war eine digitale Aufzeichnung nicht möglich; in diesen Fällen habe ich ein Gedächtnisprotokoll angefertigt, das ebenfalls in meinem Archiv hinterlegt ist. Meine Gesprächspartnerinnen waren Ana Maria Araújo Freire, Lutgardes Costa Freire, Ana Maria Saúl, Olgair Gomes Garcia, Roberta Stangherlim, Celso De Rui Beisiegel, Moacir Gadotti, Jason Ferreira Mafra, Sônia Couto, Anderson Fernandes de Alencar, Paulo Roberto Padilha, Michelangelo Torres, Maria Aparecida Diorio, Ângela Antunes, Daniel Augusto de Figueiredo, Marcos Aurélio und Solange Aparecida de Lima Oliveira.

268 Zudem existieren Konkurrenzen bis hin zu Anfeindungen innerhalb der Freire-Community. So wurde es notwenig, mit diesen diskret umzugehen, um nicht ungewollt und unbewusst in diesem Beziehungsgeflecht Position zu beziehen und möglicherweise die dem jeweiligen Gesprächspartner entgegenstehende Partei zu vertreten.

269 Zu diesem Thema vgl. beispielhaft Sorge (2002 und 2007) und Gregori (2001). In der Belletristik verarbeitet Ribeiro (1994) dieses Thema. Almeida (2007) legt eine interessante Arbeit vor, die nicht nur die brasilianische Art und Weise zu interagieren und zu kommunizieren untersucht, sondern vor allem

tungen über Paulo Freire und wie er heute verstanden werden kann, aus? Wie beeinflusste die in Brasilien vorherrschende Betonung der Beziehungsebene die Theorie und Praxis Paulo Freires, und umgekehrt, wie sind wiederum heute die brasilianischen Freireaner unter anderem auch durch den Bezug auf Freire davon besonders beeinflusst? Paulo Freire prägten als Mensch und als Pädagogen – in seiner praktischen Arbeit wie in seinen Texten – kulturell vermittelte Konstruktionen von Wirklichkeit und dadurch in diese Wirklichkeit eingebettete Interaktions- und Kommunikationsmuster und -stile. Paulo Freire maß der Beziehungsebene ebenfalls sehr hohe Bedeutung bei. In vielen Texten sind Schilderungen von Menschen zu finden, die ihm begegneten, mit ihm arbeiteten, mit ihm befreundet waren, welche beschreiben, dass Paulo Freire ein sehr herzlicher Mensch gewesen sei, der eine liebenswürdige Art gehabt habe und der stets einen freundlichen, fast freundschaftlichen Umgang pflegte (vgl. zum Beispiel Gadotti 2007, 22). Auch Paulo Freire selbst bezieht sich in seinen Büchern immer wieder auf konkrete Erlebnisse im Kontakt mit Menschen, die sein Denken und Handeln nachhaltig geprägt, zum Teil sogar hervorgerufen haben (vgl. dazu beispielhaft Freire 2004, 73 ff.). Die Faszination, die Paulo Freire bis heute, insbesondere in Europa, aber auch in den USA und Brasilien selbst ausübt, ist maßgeblich mit dieser Charaktereigenschaft Freires verknüpft.[270] Ebenso produziert oder provoziert diese Tatsache teilweise auch eine gewisse Ablehnung durch diejenigen, die seine Arbeiten – die ebenfalls durch diese Art von Beziehungskonstruktion beeinflusst sind – für unwissenschaftlich und träumerisch oder (im negativen Sinne) utopisch halten, da sie die Bedeutung der Beziehung und Begegnung als immanenten Bestandteil einer befreienden Pädagogik formulieren.

Paulo Freires Pädagogik kann damit als Beziehungspädagogik bezeichnet werden. Er beschreibt, wie der Lehrende zum Beispiel den Lernern in liebevoller Zuneigung verbunden sein sollte und welchen Stellenwert die Liebe und Zuneigung insgesamt für seine politisch-pädagogische Praxis hat (vgl. beispielsweise Freire 2004, 67, 120; 2000, 67, 78; 2003, 153; 1998, 72 f. beziehungsweise 2005d, 91 f.). Für europäische Leserinnen mag dies zunächst fremd klingen. Besonders im wissenschaftlichen Diskurs – ausgenommen in der theologischen Diskussion – spielt der Begriff der Liebe eine untergeordnete Rolle, es sei denn, er wird als philosophische Größe untersucht. Liebe ist Privatsache, schwer in Worte zu fassen und scheint der „neutralen" Wissenschaft entgegenzustehen – sie gehört, wie Glaube und Hoffnung auch, als symbolisch schwer fassbare Wirklichkeit zum *Imaginären*. Für Freire ist dies jedoch nicht der Fall; Liebe und liebevolle Beziehungen sind für ihn integrale Bestandteile seiner Pädagogik. Vor dem Hintergrund brasilianischer Kommunikations- und Beziehungskultur wird dies einerseits verständlich, andererseits erklärt sich hierdurch zusätzlich das Verhalten der Interviewpartnerinnen. Das Gespräch, geprägt durch den brasilianischen Kommunikationsstil, wird zusätzlich zu einem Exempel freirescher Praxis.[271] Auch in Brasilien führte jedoch unter anderem diese Haltung Freires – wenn auch wesentlich weniger als in Deutschland – zu einer zum Teil ablehnenden Position der (Erziehungs-)Wissenschaft an den Universitäten, die in der Mehrzahl den Ideen

---

auch die sozialen Strukturen in einer demokratisch organisierten Gesellschaft, die in ihren speziellen Ausprägungen einer demokratischen Praxis entgegenstehen (vgl., ebd. 17 ff.). Das Buch hat bereits im Jahr seiner Erscheinung die vierte Auflage erreicht.

270 Vgl. dazu auch Kapitel 1.1 und Kapitel 5 und 6 dieser Arbeit.

271 Eine Interviewpartnerin äußerte dies auch explizit, als ich mich für ihre Unterstützung bedankte: Sie betrachte dies als ihren Beitrag zur Verbreitung des „freireschen Gedankens". (Gespräch mit Gomes Garcia 23.11.2007, Archiv Funke)

und Schriften Freires nur randständige Beachtung schenken.[272] Doch macht dieser Verständigungsrahmen besser verständlich, warum Paulo Freire wie beschrieben (inter-) agierte, und vor allem auch, aus welchen Gründen er schrieb, wie er schrieb. Sein erzählender, zum Teil repetitiver, predigender Schreibstil rührt daher, dass er den Leser besonders auf der emotionalen Ebene ansprechen möchte, das bedeutet, dass er eine (moralische) *Beziehung* zum Leser aufbauen möchte und die Inhalte zu diesem Zweck in Teilen in den Hintergrund treten. Er schreibt in diesem Sinne auch als Mensch und nicht als Wissenschaftler oder sachlich argumentierender Autor, möchte auch so wahrgenommen werden und strebt an, dass seine Leserinnen sich in ihrer Praxis ebenso verstehen.[273]

Freire betont, dass er die von ihm gelebten Beziehungen (zu Menschen und Systemen) als integrativ zu seinem schriftlichen und praktischen Tun gehörend definiert, denn für ihn gibt es keine Trennung zwischen Theorie und Praxis. In *Pedagogia do Oprimido* (Freire 2005d) negiert Freire die Dichotomie von Theorie und Praxis, denn er versteht unter Praxis hier revolutionäre Praxis im marxistischen Sinn (vgl. ebd., 40 ff., 58 ff., 89 f. und insbesondere 141 ff.). Das ändert sich im Verlauf seines Schreibens. In *Pedagogia da Autonomia* (Freire 2004) kommt das Wort Praxis in diesem Sinne nicht mehr vor. In diesem Buch negiert er vielmehr Dichotomie zwischen *prática* und *teoria* als Praxis und Theorie im eigentlichen Sinne (vgl. ebd., 125).

Vor dem geschilderten Erlebens- und Beobachtungshintergrund gelangte ich[274] zusammenfassend durch den Interviewverlauf nach den ersten Gesprächen beziehungsweise Vorgesprächen zu folgenden Schlüssen und Dekonstruktionen:

- ➢ Es erwies sich als schwierig, klar auf die Fragen zugeschnittene Antworten zu erhalten.
- ➢ Stattdessen sprachen die Interviewpartner tendenziell allgemeiner über Paulo Freire, was sie über ihn und seinen Ansatz denken und wie sie seine Ideen in der Praxis umsetzen. Es war ihnen besonders wichtig, persönliche Erfahrungen und Anliegen, die im Zusammenhang mit Paulo Freire stehen, mitzuteilen.
- ➢ Mein Erkenntnisinteresse erschien damit als Konstruktion, die nicht uneingeschränkt auf die Interaktion im Interview übertragbar war.
- ➢ Ich musste die Fragen anders stellen, andere Fragen stellen und die Wirklichkeit des Interviewpartners stärker re-konstruieren und als für die Kommunikation mitbestimmend berücksichtigen.

Mein Erkenntnisinteresse konzentrierte sich in erster Linie auf drei Hauptthemenkreise:

---

272 Vgl. Gespräche mit De Rui Beisiegel 01.11.2007; Couto 14.11.2007; Padilha 08.11.2007; Gadotti 05.11.2007, Archiv Funke.

273 Vor diesem Hintergrund wird auch verständlich, warum ein so großes Interesse für Freires Biografie vorhanden ist. Dies ist, stellt man Vergleiche mit anderen Pädagogen unserer Zeit oder allgemein mit anderen Autoren unserer Zeit, die viel gelesen werden, einzigartig. Freire ist nicht ein Mensch, der als Autor seine Ideen aufschreibt, sondern (unter anderem) ein Autor, der als Mensch seine Ideen lebt. Zumindest erscheint dies in weiten Teilen so. Dass es auch hier Brüche und Widersprüchlichkeiten gibt, hat Kapitel 1.1 gezeigt.

274 Ich verwende in den folgenden Ausführungen, die die Untersuchungen in Brasilien wiedergeben, die Ich-Form an den Stellen, wo ein persönlicher Erkenntnisprozess im Verlauf der Forschung eine besondere Rolle spielt. Gleichzeitig soll das Personalpronomen verdeutlichen, dass immer schon aus einer Beobachterperspektive gesprochen wird, die notwendigerweise einen Einfluss auf die gewonnenen Erkenntnisse hat.

> Welchen Stellenwert hat Paulo Freires Denken und Handeln für die pädagogische Theorie und Praxis in Brasilien heute? (Zustimmung/Weiterentwicklung/Kritik)
> Was sind aus brasilianischer Sicht die Kernpunkte von Paulo Freires Werk, angefangen von den frühen, sehr bekannten Büchern, bis hin zu den späten Veröffentlichungen, die zumindest in Europa weniger bekannt sind?
> Welchen Stellenwert und Einfluss haben aus brasilianischer Sicht die Ideen Paulo Freires international und in Verbindung zu anderen Ansätzen, zum Beispiel dem Konstruktivismus oder der *Critical Pedagogy*?

Auf dieser Basis wurden, die obigen Dekonstruktionen berücksichtigend, folgende Fragestellungen an die Gesprächspartnerinnen gerichtet:

> Zum Werk von Paulo Freire: Welche Hauptpunkte oder Schwerpunktthemen lassen sich im Werk von Paulo Freire finden? Gibt es in bestimmten Lebensphasen Entsprechungen in den Werken?
> Zur Rezeption des Werkes in Brasilien: Welche Kritiken an Freire werden geäußert? Welchen Einfluss hat er aus brasilianischer Sicht auf die theoretische Diskussion und Praxis in anderen Ländern und auf welche Ansätze besteht dieser Einfluss?
> Zu den politischen Hintergründen und Zielen Freires: Vor welchem politischen Hintergrund ist Paulo Freire zu verstehen? Welchen Bezug weist er zum zeitgenössischen Sozialismus und Marxismus der lateinamerikanischen Linken auf? Wie ist vor diesem Hintergrund seine Neoliberalismuskritik zu verstehen?
> Zum Konstruktivismus und Paulo Freire: Welche Bedeutung hat der Konstruktivismus in Brasilien? Weist dieser Verbindungen zu den Ideen von Paulo Freire auf?
> Zur aktuellen Relevanz des Denkens von Paulo Freire: Was sind die Herausforderungen für eine befreiende Pädagogik in einer globalisierten Welt? Wie können die Ideen Paulo Freires heute in die Praxis umgesetzt beziehungsweise neu erfunden werden? Was sind in der aktuellen Praxis die Unterschiede zwischen Projekten, die sich explizit auf Paulo Freire berufen, und anderen?

Ausgehend von diesen Fragestellungen lassen sich die Ergebnisse wie folgt zusammenfassen:[275]

(1) Hauptthemen in Freires Werken
Die Kernpunkte und Schwerpunktthemen von Paulo Freires Werk aus brasilianischer Sicht, angefangen von den frühen, sehr bekannten Büchern, bis hin zu den späten Veröffentlichungen, die – zumindest in Europa – weniger bekannt sind, sahen die Gesprächspartnerinnen in folgenden Aspekten:

> Dialog, Dialogizität
> Dialektik von Theorie und Praxis
> Erziehung als politischer Akt, Befreiungsakt, Partei ergreifen
> Lesen der Welt

---

275 Es werden in der Folge die Ergebnisse der Gespräche zusammengefasst. Die Namen der Interviewpartnerinnen werden an den Stellen explizit angegeben, wo es für das Verständnis der Ergebnisse relevant ist oder wo die Äußerungen der Interviewpartner deutlich differieren.

- ➢ Humanismus, sich humanisieren, Mensch werden, als Mensch noch nicht vollendet sein
- ➢ Liebe, Liebenswürdigkeit
- ➢ Verbundenheit, die Fähigkeit, Menschen und Gesellschaftsbereiche miteinander zu verbinden, Kollektiv
- ➢ Der Lernende als Subjekt, „Es gibt kein Lehren ohne Lernen."
- ➢ Hoffnung und Utopie als ontologische Bedingungen des menschlichen Daseins

Die Begriffe Revolution, Bewusstseinsbildung *(Conscientização)*,[276] Moral, Macht, Identität und Kultur werden nicht genannt.[277] An die Stelle der Revolution, von der Freire in seinen frühen Werken spricht, tritt nun implizit die Idee der Transformation. Das Konzept der Bewusstseinsbildung scheint keine große Bedeutung mehr einzunehmen, möglicherweise, da der Begriff teilweise als autoritär und mechanistisch umstritten war und Freire für ihn kritisiert wurde und ihn selbst zeitweilig kaum verwendete.[278] Dennoch benutzte Freire ihn in seinen späteren Büchern wieder und forderte dazu auf, ihn zu überdenken und neu zu definieren: „Entgegen der Macht des fatalistischen neoliberalen, pragmatischen und reaktionären Diskurses bestehe ich heute ohne idealistisches Abweichen auf der Notwendigkeit der *Conscientização*. Ich bestehe auf seiner Aktualisierung. In Wahrheit (…) ist die *Conscientização* eine menschliche Notwendigkeit (…)" (Freire 2004, 54).[279] Ebenso wenig werden die späteren Themen Paulo Freires genannt, wie seine Neoliberalismuskritik oder seine Hinwendung zum Thema Naturschutz, worüber er zum Ende seines Lebens hin ein Buch schreiben wollte, welches aber aufgrund seines Todes nicht mehr realisiert werden konnte.[280] Die genannten Themen in Paulo Freires Schriften, die von den Interviewpartnern als wichtig angesehen werden, sind alle bereits in seinen frühen Veröffentlichungen zu finden, mit Ausnahme des Konzepts des *Lesens der Welt*, das zum ersten Mal in seinem Buch *Cartas a Guinea-Bissau* von 1977 erwähnt wird und dann jedoch bis zu seiner letzten zu Lebzeiten veröffentlichten Schrift *Pedagogia da Autonomia* mehr oder weniger konstant verwendet wird. Auch die Idee des Kollektivs und des Verbundenseins wird eher implizit als explizit in den Werken Freires angesprochen. Sie scheint aber aus brasilianischer Sicht eine besondere Bedeutung zu haben, da ihr auf der einen Seite durch die Betonung der Beziehungsebene ein größeres Gewicht zukommt und des Weiteren durch die stärker als in Europa gängige oder gangbare Beschäftigung mit sozialistischen Gesellschaftsentwürfen eine größere aktuelle Relevanz beizumessen ist.[281] Die Themen Macht, Moral, Identität und Kultur, welche teils explizit, teils implizit in den Werken von Freire zu finden sind und aus heutiger Sicht sehr aktuelle und viel diskutierte Themen sind, die sich in ihrem Diskurs durch die Arbeiten von Freire inspirieren lassen könnten, sind offensichtlich derzeit für die Diskussion in Brasilien mit Bezug auf Paulo Freire eher sekundär.

---

276 In diesem Fall gab es eine Nennung von De Rui Beisiegel.

277 Vgl. Gespräche mit Couto, Padilha, Araújo Freire, Mafra, Gomez Garcia, L. Costa Freire und De Rui Beisiegel November 2007, Archiv Funke.

278 Vgl. dazu Kapitel 3.1.2 dieser Arbeit.

279 Zum Gebrauch, Kritik und der Wiederverwendung des Begriffes vgl. auch (Freire 2005a, 111).

280 Sein Freund, Kollege und Schüler, Moacir Gadotti, führt nun dieses Bestreben in Form der „Eco-Pegagogia" und zum Beispiel durch das Buch *Pedagogia da Terra* (2001) fort.

281 Auf diesen Aspekt werde ich im Verlauf dieses Kapitels noch einmal zu sprechen kommen. Zum Spektrum der lateinamerikanischen Linken und deren gegenwärtigen Strömungen vgl. beispielhaft Revista CULT 118, Ano 10, 2007, 8 ff. und 40 ff.

(2) Lebensphasen und Parallelen zum Werk

Araújo Freire erklärte auf die Frage, ob es entsprechend der Lebensphasen Paulo Freires und thematisch Schwerpunkte in seinen Werken gebe, dass Paulo Freire in den 1980er Jahren ein Schaffenstief gehabt habe. Nach der Rückkehr nach Brasilien habe er sich zunächst wieder dort einleben müssen. Zusätzlich sei er durch die Tätigkeit als Bildungssenator von São Paulo sehr stark eingebunden gewesen. Zudem starb im Jahr 1986 seine Frau Elza, was zunächst seine Schaffens- beziehungsweise Tatkraft lahmlegte. Aus diesem Grunde seien in den 1980er Jahren auch in erster Linie die „gesprochenen Bücher", also transkribierte Dialoge mit anderen Personen erschienen und keine systematisch von Freire verfassten Texte.[282] Erst durch die Hochzeit mit Ana Maria 1988 habe er zu seinem Gleichgewicht wiedergefunden, so dass er in den 1990er Jahren auch wieder zahlreiche Bücher in alleiniger Autorschaft veröffentlichte.[283]

(3) Kritiken an Paulo Freire[284]

Kritiken an Paulo Freires Werken wurden folgende genannt: An vielen Universitäten würden seine Ideen wenig gelehrt, da er dort als ein Träumer und Utopist gelte, der keinen durch eine akademische Laufbahn erworbenen Doktortitel habe und der wenig akademische Leistungen erbracht habe, sondern nur allgemein bekanntes Wissen formuliere.[285] De Rui Beisiegel stimmte dem in gewisser Weise zu; er räumt ein, dass nicht alle Ideen Freires wirklich umzusetzen seien beziehungsweise dass es dazu einer detaillierten Didaktik ermangele.[286] Die Freireaner jedoch weisen diese Kritik zurück: Sie werde deswegen geübt, da die entsprechenden Personen die herrschende Ordnung nicht in Frage stellen möchten und den von Freire geforderten Werten keinen Platz an der Universität geben möchten.[287] Der erzählende, insbesondere für europäische Leserinnen teilweise nicht leicht nachvollziehbare beziehungsweise zu analysierende Schreibstil Freires, der ihm unter anderem die genannte Kritik, nicht ausreichend akademisch zu sein, eingebracht hat, gehört aus Sicht der Freireaner jedoch bereits zur Botschaft Freires: Sie stehe für eine Betonung der Träume und Wünsche und reflektiere zudem die starke Verbindung zur oralen Tradition in Brasilien.[288] Es besteht offenbar ein Bedürfnis, Freire gegen diese Kritiken zu verteidigen und damit auch Freires systemkritische Haltung stärker in den Blick zu nehmen und zu bestärken. Die genannte Kritik deckt sich in weiten Teilen mit der Kritik, die

---

282   Eine Ausnahme bildet hier das Buch *A Importância do Ato de Ler (Die Wichtigkeit des Lesens),* das 1987 in Brasilien publiziert wurde, sowie im gleichen Jahr in einer um Gespräche mit Donaldo Macedo erweiterten Auflage unter dem englischen Titel *Literacy. Reading the Word and the World* in den USA erschien.

283   Bei diesen Aussagen sollte mit in Betracht gezogen werden, dass diese von Freires Witwe gemacht wurden, welche aus einer besonderen Beobachterposition heraus argumentiert. Aber zum Beispiel auch Schimpf-Herken berichtet, dass Paulo Freire nach dem Tod seiner ersten Frau Elza „eine neue Frau brauchte". Vgl. Gespräch mit Schimpf-Herken 17.04.2008, Archiv Funke.

284   Insbesondere was diese Fragestellung anbetrifft, ist es offensichtlich, dass eine Befragung von Freire-Kritikern aus deren Beobachterperspektive heraus eine völlig andere Sichtweise auf Kritiken an Freire und deren Berechtigung aufzeigen könnten. Da jedoch nur sehr wenige Autorinnen sich kritisch mit Freire auseinandersetzen, sondern es scheint, als sei die kritische Reaktion auf Freire eher die, seinem Denken kaum Beachtung zu schenken, fand ich für diese Frage keine weiteren Gesprächspartner, die möglicherweise andere Perspektiven hätten aufzeigen können.

285   Vgl. Gespräche mit Araújo Freire; Couto; Gomes Garcia 30.10.2007, 01.11.2007, 14.11.2007 und 20.11.2007, Archiv Funke.

286   Vgl. Gespräch mit De Rui Beisiegel 01.11.2007, Archiv Funke.

287   Vgl. Gespräch mit Padilha 08.11.2007, Archiv Funke.

288   Vgl. Gespräch mit Gadotti 05.11.2007 und Padilha 08.11.2007, Archiv Funke.

auch in Europa an Paulo Freire geäußert wird. Zum Einfluss Freires auf die theoretische Diskussion und Praxis in anderen Ländern erhielt ich keine nennenswerten Auskünfte.

(4) Politische Hintergründe und Ziele Freires
In Bezug auf die politischen Hintergründe Freires gaben die Interviewpartnerinnen variierende Auskünfte. Paulo Freire war nicht von Beginn seiner praktischen Tätigkeit an politisch, sondern radikalisierte sich im Verlauf seines Lebens, wobei er in den letzten zehn bis fünfzehn Jahren seines Lebens nicht mehr als radikal marxistisch, wenn auch sozialistisch, eingestuft werden kann – im Gegensatz zu der Zeit, die er beim Weltkirchenrat verbrachte (vgl. Kapitel 1.1 dieser Arbeit). Dennoch ist es aufschlussreich, Paulo Freire im Diskurs der lateinamerikanischen Linken zu verorten, um dadurch auch ihn und seine Werke besser zu verstehen beziehungsweise nachzuvollziehen, inwiefern er aus brasilianischer Sicht von dieser aufgenommen worden ist. Insbesondere ist dies aus europäischer Perspektive interessant, da das Ende des Kalten Krieges einen starken Einfluss auf den Diskurs der lateinamerikanischen Linken hatte, der sich vom Diskurs in Europa stark unterscheidet, denn für die traditionellen Marxisten in Lateinamerika war der Fall der Mauer eine Enttäuschung.[289] Laut Bessa (2001)

> „war der Beginn der 90er Jahre gekennzeichnet durch eine intensive Entkräftung der Linken in Brasilien und weltweit, nicht nur aufgrund der Fragmentierung der Ex-UdSSR und des Falls der Berliner Mauer, Aushängeschild der Krise des realen Sozialismus, sondern auch als Ergebnis der Idee, dass der Kapitalismus triumphiert hatte, indem er den stillen Krieg[290] zwischen den Blocks gewonnen hatte. Nachdem sich die Barriere, die den Osten vom Okzident getrennt hatte, verschoben hatte, wandelte sich die Welt in den Augen vieler in ein ‚globales Dorf‘, ohne Konflikte, und, nach der These von (…) Francis Fukuyama, ohne Geschichte." (Ebd. 381)

An dieser Stelle ist eine gewisse unkritische Positionierung der Linken Lateinamerikas festzustellen; wie dies zum Beispiel auch in den 1960er und 1970er Jahren in Bezug auf die Reaktion auf Mao Tse-Tung war.[291] Sozialistische Gesellschaftskonzepte schienen mit dem Ende des Kalten Krieges endgültig ausgedient zu haben, beziehungsweise es schien nicht gelungen, diese dauerhaft in der Praxis umzusetzen und als stabile Alternative zu marktwirtschaftlich orientierten Systemen und namentlich als Gegengewicht zu den USA zu etablieren. Gadotti und Araújo Freire beschreiben, dass Paulo Freire jedoch erleichtert und erfreut darüber gewesen sei, dass diese autoritären Gesellschaftssysteme ihr Ende gefunden hatten.[292] Dies ist auch in Bezug auf die Werke Freires nachvollziehbar, da er sich stets gegen Autoritarismus gewendet hat (vgl. Freire 2003, 94 ff.). Dennoch wehrte sich Paulo Freire (implizit) gegen die Haltung von Francis Fukuyama, es sei das „Ende der Geschichte" – also das Ende aller antikapitalistischen Utopien – erreicht (vgl. dazu insbesondere Freire 2000, 99 ff. und 105).[293] Für die brasilianischen Freireaner scheint, ebenso wie für Freire, der Antikapitalismus als Suche nach alternativen Wirtschafts- und Gesellschaftsformen vor einem eng definierten Sozialismus oder Marxismus zu stehen. In die-

---

289 Vgl. Gespräch mit Couto 14.11.2007, Archiv Funke.
290 Der Wortlaut der Quelle ist „a silenciosa guerra", wörtlich übersetzt „der stille Krieg". Gemeint ist an dieser Stelle der Kalte Krieg, was im Portugiesischen eigentlich „guerra fria" heißt.
291 Dies traf jedoch natürlich nicht nur für die lateinamerikanische Linke zu, sondern teilweise auch für andere linke Bewegungen der 1960er und 1970er Jahre weltweit.
292 Vgl. Gespräch mit Gadotti 05.11.2007 und Gespräch mit Araújo Freire 20.11.2007, Archiv Funke.
293 Es ist bemerkenswert, dass die Arbeit von Fukuyama eine derart große Resonanz in Lateinamerika erzeugt hat.

sem Sinne teilen sie Freires Haltung. Die Idee eines im weitesten Sinne sozialistischen Systems ist in Brasilien jedoch immer eine bedenkenswerte Alternative geblieben – möglicherweise auch, da Brasilien in der Vergangenheit nicht die Gelegenheit hatte, dieses in der Praxis auszuprobieren. Diese Haltung muss vor dem Hintergrund der extremen sozialen Ungleichheit – des *Klassenkampfes* – verstanden werden und hat in dieser Wirklichkeit eine größere Viabilität. Für Freire ist der „Klassenkampf nicht der Motor der Geschichte, aber sicherlich *einer* von ihnen." (Freire 2003, 91, Hervorhebung im Original)[294] Dennoch ist es unter den brasilianischen Freireanern stärker als in Deutschland und Europa üblich und gangbar, sich direkt auf sozialistische und marxistische Ideen zu beziehen.[295]

(5) Internationaler Einfluss Freires und Anschlussfähigkeit an andere Ansätze
Die Reaktionen auf die Frage nach möglichen Anknüpfungspunkten zwischen Paulo Freire und anderen Ansätzen, zum Beispiel dem Konstruktivismus oder der *Critical Pedagogy*, machte deutlich, dass die Beschäftigung mit Paulo Freire in Brasilien in erster Linie in Bezug auf den Kontext Lateinamerika geschieht und bisher wenig systematische Vergleiche mit anderen Ansätzen oder Debatten stattgefunden haben, was aufgrund der Herkunft Freires auch zunächst naheliegend erscheint. Gadotti erläuterte, Freire habe den Konstruktivismus in der Hinsicht weiterentwickelt, weil er dessen Sicht der (konstruierten und) problematischen – in Bezug auf den jeweiligen Kontext zu deutenden – Wirklichkeit (*leitura e problematização do mundo*) teile, aber einen moralischen (Handlungs-)Imperativ mit dem Ziel der Veränderung dieser Wirklichkeit hinzufüge. Gadotti bezieht sich in dieser Aussage – wie andere Interviewpartnerinnen ebenfalls – auf das von Jean Piaget entworfene konstruktivistische Modell der Erkenntnisgewinnung.[296] Freire selbst habe sich jedoch nie als Konstruktivisten bezeichnet (vgl. Gespräch mit Gadotti 05.11.2007, Archiv Funke). Araújo Freire berichtete, Paulo Freire habe im Gespräch mit ihr gesagt, dass er sich als Konstruktivist betrachte und sich wundere, dass er von anderen nicht als Konstruktivist bezeichnet werde (vgl. Gespräch mit Araújo Freire 20.11.2007, Archiv Funke). In Bezug auf den Konstruktivismus werden in erster Linie die Namen J. Piaget, L. Vygotsky, Emília Ferreiro, eine argentinische Psychologin und Piaget-Schülerin mit dem Forschungsschwerpunkt Schriftspracherwerb von Kindern,[297] und Ana Teberosky,[298] eine Kollegin von Ferreiro, genannt. Andere Autoren beziehungsweise Richtungen des Konstruktivismus (und Pragmatismus) scheinen eine unbedeutende bis keine Rolle zu spielen.

---

294 Zur Haltung Freires in Bezug auf Armut und Verelendung vgl. besonders auch Freire (2000, 53 ff., 65 ff. und 77 ff.).

295 Insgesamt trifft diese Aussage besonders für bestimmte Kreise der brasilianischen Gesellschaft zu. Im Bereich der Geisteswissenschaften ist eine eher linkspolitische Orientierung, besonders im Nordosten Brasiliens vorherrschend, während das klassische Bürgertum oder andere Berufsgruppen wie Ärzte, Juristen und Unternehmer eher rechtskonservativ eingestellt sind. Dies betrifft natürlich Tendenzen politischer Orientierung und stellt keine verallgemeinerbare Aussage dar.

296 Vgl. hierzu erläuternd Reich (1998a, 138 ff.).

297 Die brasilianische Autorin De Césaris beschreibt eine der zentralen Erkenntnisse E. Ferreiros wie folgt: „E. Ferreiro zeigt in (…) Forschungen auf, wie Kinder aus marginalen großstädtischen oder ländlichen Gebieten durch ihre täglichen Erfahrungen viele Dinge lernen, die sie nicht sofort in der Schule symbolisieren oder abstrahieren können, da die Schule sich nicht auf diese Erfahrungen bezieht, um die Konstruktion von Wissen, das sie zu vermitteln versucht, zu vereinfachen." (Delia Maria De Césaris, vgl. http://www.psicopedagogia.com.br /opiniao/opiniao.asp?entrID=11, Zugriff 29.03.2008)

298 Zur Schreibweise dieser Autorin sind in der Literatur und im Internet die Varianten Teberosky, Teberowsky und Teberovsky zu finden. Auf der Internetseite der Universität Barcelona, wo sie lehrt, wird die erste Schreibweise angewendet, der ich mich in dieser Arbeit anschließe (vgl. http://www.ub.es/ dppsed/personas_ct/ateberosky.htm, Zugriff 25.08.2008).

Die in den USA entwickelte *Critical Pedagogy*, die bis heute sehr aktiv von einigen Autoren weiterentwickelt wird, die sich auf Freire beziehen, ist bekannt, spielt inhaltlich aber nur für Gadotti und Araújo Freire aufgrund persönlicher Kontakte eine Rolle, die diese noch zu Lebzeiten Paulo Freires durch die Zusammenarbeit mit ihm geknüpft haben.[299]

(6) Aktuelle Relevanz und Bedeutung (des Denkens) von Paulo Freire, Konzept des „Unterdrückten" heute

In Bezug auf die aktuelle Relevanz des Denkens und Handelns Paulo Freires, vor allem in Anbetracht der Herausforderungen des Einflusses der Globalisierung, welche Machtverhältnisse und Regulationsbereiche neu strukturiert und definiert, sollte sich vor allem das Konzept des/der *Unterdrückten* einer Neudefinition unterziehen. Auch die Pluralität und verstärkte Vermischung von Kulturen erfordert ein Überdenken. Dadurch, dass die Pädagogik Freires zum Ziel hat, transformierend auf unterdrückende Strukturen, Beziehungen und gesellschaftliche Ordnungen einzuwirken, welche *Unterdrückte* hervorbringen, speist sich deren Existenzberechtigung und Anwendungsnotwendigkeit unter anderem aus dem Vorhandensein solcher Strukturen heraus. Die Frage nach den *Unterdrückten* der heutigen Zeit kann demnach Aufschluss darüber geben, wie im Einzelnen die Aktualität des Denkens Freires aussehen könnte.[300] Die *Unterdrückten* von heute sind aus Sicht der Interviewpartner Frauen (Couto), Migranten (De Rui Beisiegel), Farbige (Couto, Gadotti, Gomes Garcia), die, deren primäre Bedürfnisse nicht gestillt werden – unter Armut Leidende, Marginalisierte (Couto, Gadotti, Gomes Garcia, De Rui Beisiegel) – Menschen mit Behinderungen (Couto), Homosexuelle (Gadotti), Kinder (Gadotti), Indigene (Gadotti), die Natur (L. Costa Freire, Gadotti) und nach wie vor auch die Arbeiter (Gadotti).[301] Gadotti erläuterte, dass es heute mehr die Beziehungen seien, die interessieren, weniger die Kategorisierung in *Unterdrücker – Unterdrückte*.[302] Betrachtet man die Mannigfaltigkeit dieser Antworten und die Verschiedenheit dieser Personengruppen im Hinblick auf die den Benachteiligungen zugrunde liegenden kulturellen, sozialen und ökonomischen Strukturen und Vorannahmen, so lässt sich zusammenfassend sagen, *dass Paulo Freire aus Sicht der Gesprächspartnerinnen schlichtweg überall da Relevanz hat, wo er gebraucht wird.*[303]

---

299 Die Autorengruppe Henry Giroux, Donaldo Macedo, Joe Kincheloe und Peter McLaren, um nur einige zu nennen, pflegten einen regen Austausch mit Paulo Freire, was sich auch in gemeinsamen Veröffentlichungen widerspiegelt. Im März 2008 wurde *The Paulo and Nita Freire international Project for Critical Pedagogy* an der McGill University im kanadischen Montreal gegründet, das die *Critical Pedagogy* mit dem Denken Freires nun auch institutionell verknüpft und das *International Journal of Critical Pedagogy* herausgibt (vgl. http://freire.education.mcgill.ca/). Vgl. dazu Kapitel 6 dieser Arbeit.

300 Auch die Befreiungstheologie versucht ihre Sicht auf die Gruppen, die *unterdrückt* werden und denen Befreiung zuteil werden soll, zu erweitern und nennt in diesem Zusammenhang die Frage der Minderheiten und Marginalisierten nicht nur in lateinamerikanischen, sondern auch in afrikanischen und asiatischen Ländern. Besondere Aufmerksamkeit kommt hier den ethnischen Minderheiten und der Frau zu, denn: „So steht die Theologie der Befreiung in enger Verbindung mit der neuen Gegenwart all derer, die in unserer Geschichte bisher immer fehlten." (ebd. Gutiérrez 1992, 22; vgl. dazu auch ebd. 23 ff.) Davon ausgehend, dass gesellschaftliche Wirklichkeiten immer im Sinne Bourdieus von symbolischer Gewalt durchdrungen ist, so kann natürlich eine freiresche Pädagogik in diesem Sinne immer die Aufgabe und das Ziel haben, diese Strukturen zu untersuchen und soweit wie möglich transparent zu machen, um den Lernern zu ermöglichen, sich zu diesen aktiv in Beziehung zu setzen.

301 Der Einfachheit halber gebe ich hier und in der Folge teilweise nur noch die Namen an. Ich beziehe mich weiterhin auf die genannten Interviews. Vgl. Interviews mit Gadotti, Couto, Gomes Garcia, L. Costa Freire und De Rui Beisiegel, 23.10.–23.11.2007, Archiv Funke.

302 Vgl. Gespräch mit Gadotti 05.11.2007, Archiv Funke.

303 In São Paulo ist er beispielsweise eine zentrale Figur der Studentenorganisation der USP (*Universidade de São Paulo*), welche nach ihm benannt ist (*Centro Acadêmico Prof. Paulo Freire*). Mehr Informationen dazu unter http://www.cappf.org.br/tiki-index.php?page=homepage (Zugriff 11.08.2008).

Gadotti formuliert dies, indem er konstatiert, Paulo Freire habe „(…) uns ein Vermächtnis von Kampf und Hoffnung hinterlassen, dass nicht einer Person oder einer Institution gehört. Sie gehört dem, der sie braucht." (Gadotti 2007a, D 6)

(7) Neuerfindung und Umsetzung von Paulo Freires Denken
Zum Stellenwert des Denkens und Handelns Paulo Freires für die pädagogische Theorie und Praxis in Brasilien heute äußern sich die befragten Personen wie folgt: De Rui Beisiegel betrachtet Freire als Symbol und Referenzpunkt für die Ablehnung von *Unterdrückung* und von Autoritarismus.[304] Es geht hier im Wesentlichen um eine Haltung und einer dieser Haltung folgender Handlung, welche sich an den Ideen Freires orientiert. Auf diese Art und Weise wird Freire für Gomes Garcia zu einer Bezugsgröße für Bewegungen und pädagogische Projekte unterschiedlichster Art, welche sich eine gewisse gesellschaftliche Veränderung zum Ziel gesetzt haben. Interessant ist aus ihrer Sicht auch die Übertragung der Ideen Freires, die ursprünglich für die Zielgruppen der Erwachsenen entwickelt worden sind, auf die Zielgruppen Kinder und Jugendliche.[305] Gadotti erläuterte, die Ideen Paulo Freires dienten als Unterstützung für konstruktivistische Tendenzen in Schule und Universität und damit der Überwindung des „neutralen" Konstruktivismus Piagets durch Hinzufügen eines politischen Anspruchs (vgl. Gespräch mit Gadotti 05.11.2007, Archiv Funke). Darüber hinaus lieferten die Ideen Freires Motivation zum Umdenken und Neuorientierung auch im allgemeinen gesellschaftlichen Handeln, berichtet ein Mitarbeiter der *Instituto Paulo Freire* und nennt hier beispielhaft die Umstellung auf Open-Source-Software (vgl. Gespräch mit Anderson Alencar 01.11.2007, Archiv Funke). Für Saúl bedeutet der Bezug auf Freires Ideen heute eine Legitimation des Arbeitens hin auf Solidarität sowie die Legitimation von Aspekten des *Imaginären* – Leidenschaft, Liebe, Hoffnung, Begehren, Glück – in pädagogischer wie politischer Theorie und darauf aufbauender Praxis (vgl. Gespräch mit A. Saúl 13.11.2007, Archiv Funke). Insgesamt erscheint es, als dienten Paulo Freire und seine Ideen mehr als Bezugsfolie im Allgemeinen, als dass seine Ideen und Werke im Einzelnen analysiert, kritisiert und weiterentwickelt würden. Gadotti ergänzt diesen Eindruck indem er beschreibt:

> „Im Gegenteil, seine [Paulo Freires, K.F.] Pädagogik ist nicht nur weiterhin gültig, weil es noch Unterdrückung auf der Welt gibt, sondern weil sie auf fundamentale Notwendigkeiten der heutigen Erziehung reagiert. (…) Die Schule und die erzieherischen Systeme sehen sich heute angesichts der Verbreitung der Information in einer Gesellschaft, die von vielen ‚Wissensgesellschaft' genannt wird, mit neuen und großen Herausforderungen konfrontiert. Die Schule (…) kann nicht mehr ein Ort der Bildung unter vielen sein. Sie muss ein organisierender Ort der multiplen Orte von Bildung sein, indem sie eine stärker bildende Funktion übernimmt und weniger eine informierende. Sie muss zu einem ‚Kulturzirkel' werden." (Gadotti 2007a, D 6)

---

304   Vgl. Gespräch mit De Rui Beisiegel 01.11.2007, Archiv Funke.
305   Vgl. Gespräche mit Gomes Garcia 30.10.2007 und 01.11.2007, Archiv Funke. Mit der Übertragung der Ideen Freires auf die Zielgruppe der Kinder hat sich vor allem Freires Tochter, Madalena Freire Weffort befasst. Ihr bekanntestes Praxisbuch zu diesem Thema ist Madalena Weffort Freire (1983): *A paixão de conhecer o mundo: relatos de uma professora.* Rio de Janeiro (Paz e Terra). (*Die Leidenschaft die Welt kennenzulernen. Berichte einer Lehrerin.*) Im vom *Instituto Paulo Freire* herausgegebenen Bildungsmaterial für die außerschulische Jugend- und Erwachsenenbildung (EJA) sind ebenfalls zahlreiche Themen und methodische Vorgehensweisen in der Bildungsarbeit in Anlehnung an das Denken Freires konzipiert. Auf letzteres werde ich im Verlauf dieses Kapitels zurückkommen.

In diesem Sinne ergibt sich Freires Relevanz heute nicht nur aus der Mannigfaltigkeit der *unterdrückten* Gruppen und den *unterdrückenden* Beziehungen, sondern auch aus den grundsätzlichen Anforderungen der heutigen Welt, für die das Vorhandensein dieser Gruppen und Beziehungen symptomatisch ist.

(8) Unterschiede zwischen Projekten, die sich explizit auf Paulo Freire berufen, und anderen
Von den Interviewpartnern werden Unterschiede zwischen praktischer Arbeit, die sich explizit auf Freire bezieht und Projekten, die dies nicht tun, in erster Linie in den folgenden Punkten gesehen: Projekte, die sich explizit auf Paulo Freire beziehen, hätten sich ausdrücklich der gesellschaftlichen *Transformation* verschrieben, während andere Projekte möglicherweise mit den gleichen freireschen Begriffen arbeiteten, aber letztendlich einen Erhalt der derzeitigen gesellschaftlichen Verhältnisse unterstützten. Aus Sicht einiger Interviewpartnerinnen haben viele Akteure im pädagogisch-politischen Feld die Ideen Freires inkorporiert, ohne sich über deren Ursprung bewusst zu sein (vgl. zum Beispiel Gespräche mit Anderson Alencar 01.11.2007; Gomes Garcia 30.10.2007 und 01.11.2007, Archiv Funke). Hierzu muss angemerkt werden, dass auch das *Instituto Paulo Freire* in São Paulo sich längst in einer *double-bind* Situation befindet, da es von staatlichen Organen gefördert wird, sowie teilweise in direktem staatlichen Auftrag handelt und deshalb bestehende staatlich geregelte Strukturen nur eingeschränkt in Frage stellen kann. Ein Beispiel hierfür ist das *Projeto Orçamento Participativo* in Guarulhos, bei dem das IPF im Auftrag der Stadtverwaltung von Guarulhos *Volksbildungskurse* zur Beteiligung am Bürgerhaushalt für die lokale Bevölkerung durchführt.[306] Die Frage nach Unterschieden zwischen „Freire-Projekten" und anderen wirkt teilweise verstörend auf die Interviewpartner und wird nicht immer gern beantwortet. Offenbar birgt auch sie die wenig angenehme Perspektive in sich, dass die Freire-Idee an sich in Frage gestellt oder kritisiert werden könne. Eine Reflexion über diese Frage scheint nur bei Teilen der Freire-Community in Brasilien stattzufinden.

Zusammenfassend lassen sich die Ergebnisse der Gespräche zu folgenden Thesen verdichten:

➢ Für bestimmte Personengruppen ist Paulo Freire ein Symbol brasilianischer Identität; eine Art Volks- und Nationalheld.
➢ Davon ausgehend ist er Symbol, Bezugspunkt, Vorbild und Inspirationsquelle für pädagogisch-politische Projekte, soziale (Befreiungs)Kämpfe und Bewegungen, die eine „andere Welt" wollen.
➢ In diesem Zusammenhang ist er auch ein Referenzpunkt für die linkspolitische Orientierung seiner Leserinnen.
➢ Posthum verhilft Paulo Freire vielen sozialen und pädagogisch-politischen Projekten zu Anerkennung und Mitteln.
➢ Es sind Konkurrenzen und Ressentiments in der Freire-Community vorhanden – man bezichtigt sich teilweise gegenseitig, keine „echten Freireaner" zu sein.

---

306 Dieses Projekt wird im Verlauf dieses Kapitels vorgestellt werden.

> Die mit Freire geforderte Toleranz und Offenheit scheint Grenzen zu haben – insbesondere an den Stellen, an denen Freire kritisiert wird, oder wenn kulturelle Ausdrucksformen als nicht „freireanisch" angesehen werden.[307]
> Für andere Kreise, wie dem wissenschaftlichen Mainstream, hat Paulo Freire geringere Bedeutung. (Aus der Sicht der Freireaner aus dem Grund, da er die herrschende Ordnung in Frage stelle und zu utopisch denke.)
> Das Konzept der *Unterdrückten* befindet sich im Prozess einer Neudefinition.
> Die zentralen Botschaften Freires, die im Brasilien von heute Relevanz zeigen, beziehen sich auf die Begriffe, die in dessen Arbeiten zentral sind, wie zum Beispiel: Dialog, Befreiung, Transformation, Zuneigung, Subjekt-sein, Mensch-sein, die Welt lesen.

Gadotti beschreibt mit seiner Aussage, es seien aktuell mehr die Beziehungen, die ausschlaggebend seien, weniger die Kategorisierung in *Unterdrücker – Unterdrückte*, ein wesentliches Merkmal der heutigen Welt, in der komplexe Beziehungen und Beobachterperspektiven im re/de/konstruktiven Prozesses des Erschaffens und Gestaltens von Wirklichkeit miteinander verwoben sind. Dies vermag Hinweise darauf zu geben, auf welche Art Paulo Freires Denken auch aktuell angewendet und praktischer Relevanz zugeführt werden kann beziehungsweise welche Prämissen hierbei berücksichtigt werden müssen. *Letztlich ist die Feststellung Gadottis als eine konsequente Weiterführung des im Kern systemischen und konstruktivistischen Denkens Paulo Freires zu verstehen.* Dies versucht Freire selbst in erster Linie durch sein Konzept des *progressiven Postmodernismus* weiterzuentwickeln. Diese Überlegungen wurden im Verlauf der Arbeit bereits ausgeführt.[308]

4.3   Wirkung Paulo Freires in der Praxis heute – eine brasilianische Momentaufnahme

Die folgenden Beschreibungen hinsichtlich der derzeitigen praktischen Bedeutung Freires stützen sich auf Beobachtungen von durch Freire inspirierter beziehungsweise an ihm orientierter Praxis. In diesem Falle beschränkt sich der Ausschnitt der Beobachtungen auf São Paulo und dort ansässige Projekte, Institutionen und Personen, wobei davon auszugehen ist, dass in anderen Landesteilen (zum Beispiel in Recife, der Geburtsstadt Paulo Freires, wo das *Centro Paulo Freire* angesiedelt ist), ähnliche Beobachtungen zu machen sind.

Heute ist Paulo Freire in Brasilien sehr bekannt und nimmt – zumindest in gewissen Kreisen – die Funktion eines nationalen Symbols ein. Dennoch ist die Kenntnis seiner Werke und Ideen nicht unbedingt überall profund, sondern insbesondere in Politik oder staatlich gelenkter Öffentlichkeitsarbeit, die den Namen Paulo Freire verwendet, ist es auch Ziel, eine Symbolfigur zu etablieren, die brasilianische Identität stiftet und festigt sowie deren Grundideen sich für zahlreiche praktische Anwendung beziehungsweise auch Vereinnahmung eignet. Dieses Phänomen beschrieb ein brasilianischer Freire-Forscher und Praktiker mit folgendem Satz: „Paulo Freire ist anerkannt, aber nicht bekannt in Brasi-

---

307   Vgl. Gespräch mit Araújo Freire 20.11.2007, Archiv Funke. In diesem Gespräch kritisiert sie die gesellschaftliche Stellung der Frau im Islam.
308   Vgl. zum Beispiel Freire 2003, 12 und 198 ff. Vgl. dazu vor allem auch Kapitel 2.2.4 und 2.3 dieser Arbeit.

lien."[309] Die Personen, die sich in Brasilien in Theorie und Praxis mit Paulo Freire beschäftigen, wünschen sich eine durchaus tiefer gehende Kenntnis und Beschäftigung mit den Ideen Paulo Freires, die über die Erwähnung seines Namens hinausgeht. Laut Celso De Rui Beisiegel lässt sich die Erziehung in Brasilien in „Erziehung vor Paulo Freire und Erziehung nach Paulo Freire" unterteilen; er ist aus seiner Sicht also ein fester Referenzpunkt in der Erziehung(-swissenschaft) in Brasilien.[310]

4.3.1   Voraussetzungen freireanischer Praxis in Brasilien heute

Um eine Vorstellung davon zu erhalten, welche Bedeutung Freire ausgehend von der geschilderten Entwicklung in den vergangenen Jahrzehnten aktuell für Brasilien haben kann, wird an dieser Stelle erneut auf die politischen und historischen Gegebenheiten Brasiliens eingegangen. Brasilien hat erst seit 20 Jahren wieder ein demokratisches System. Während der Kolonialzeit, aber auch noch nach der Unabhängigkeit Brasiliens während der Zeit des Kaiserreichs, der Ersten Republik, des *Estado Novo* und der Zeit der Militärdiktatur war das politische System – unterbrochen von einer Phase demokratischer Prägung von 1945 bis 1964, die jedoch ebenfalls von wirtschaftlichem Chaos, Korruption und großen sozialen Problemen sowie politischer Instabilität gekennzeichnet war – in allererster Linie autoritär. Das bedeutet, dass Demokratie und politische Beteiligung daher bis heute nur wenig gelernt und erfahren wurden – sowohl von der Zivilbevölkerung, als auch den politischen Entscheidungsträgern und staatlichen Beamten.[311] Der Staatsapparat selbst hatte sich nicht ausreichend reformiert. „Der Übergang zur Demokratie fand in Brasilien statt, ohne daß es zu Reformen, d.h. strukturellen und personellen Veränderungen in Polizei und Militär gekommen wäre. Besonders in der Polizei lebten Einstellungen und Praktiken, die in der Guerillabekämpfung gelernt wurden, auch in der Demokratie fort." (Heinz 1996, 79) Es fehlt an politischer Transparenz und aktiver Aufarbeitung der eigenen Geschichte, auch wenn beispielsweise die Archive und Akten aus der Zeit der Militärdiktatur nach und nach öffentlich zugänglich gemacht werden und ein öffentlicher Diskurs über diese Zeit zunimmt.[312] „1994 erschienen die ersten Bücher, in denen einige hochrangige Militärs über ihre Erfahrungen während der Militärdiktatur sprachen. Aus ihren Stellungnahmen wird deutlich, dass sie sich zu ihrer Arbeit während der Diktatur bekennen." (Heinz 1996, 80)

---

309 Gespräch mit Jason Mafra, *Instituto Paulo Freire*, São Paulo, 30.10.2007, Archiv Funke.

310 Gespräch mit Celso De Rui Beisiegel 01.11.2007, Archiv Funke.

311 An dieser Stelle ist es wichtig, darauf hinzuweisen, dass es hier nicht um eine Verordnung von außen gehen soll, *was* genau die Bevölkerung und die politischen Entscheidungsträger im Detail (hätten) lernen sollen. Jedes Land hat seine Geschichte, seine multiplen Wirklichkeiten und kulturellen Codes, die unterschiedliche Prägungen im demokratisch organisierten Zusammenleben verursachen und erfordern können. Dennoch gehe ich davon aus, dass eine demokratisch organisierte Gesellschaftsform gewisse Voraussetzungen an Bildung und demokratischer Erfahrung der Bevölkerung, wie auch immer diese im Detail aussehen mag, benötigt.

312 Vgl. beispielsweise die Zeitschriftenreihe Vespucci, Ricardo (ed.) (2001): *Coleção Rebeldes Brasileiros: homens e mulheres que desafiaram o poder*. São Paulo: Casa Amarela; die Homepage http://www.dhnet.org.br/dados/projetos/dh/br/tnmais/index.html, Zugriff 10.08.2008; das Buch *Brasil Nunca Mais*, welches von Dom Paulo Evaristo Arns verfasst wurde und 1985 erschien. In ihm wird über die Folter durch die Militärs während der Militärdiktatur berichtet, was in Brasilien große Aufmerksamkeit erhielt. Es gibt auch einiges an Fachliteratur zum Thema. Dennoch ist die offene und öffentliche Beschäftigung mit dem Thema, beispielsweise auch innerhalb des Bildungs- und Erziehungssystems, nach wie vor eher randständig. Der Geschichtsunterricht in den Schulen ist in der Regel chronologisch aufgebaut, so dass zum Beispiel nicht selten die jüngere Geschichte, so auch die Zeit der Militärdiktatur, aufgrund von Zeitmangel am Ende des Schuljahres nicht mehr zur Sprache kommt.

Korruption in großem Stile, Arbeitsverhältnisse, die als Sklaverei bezeichnet werden müssen und extreme Armut in einigen Landesteilen gekoppelt mit Gewalt, unzureichender Gesundheitsversorgung und einem vernachlässigten Bildungssystem sind bis heute vorhanden und erschweren Demokratisierungs- und Beteiligungsprozesse (vgl. Fausto 1997, 554 ff. und Heinz 1996, 80 ff.).[313] Die Bevölkerung Brasiliens musste sich aus diesen historischen Gründen und aktuell bestehenden Problemen des Landes daran gewöhnen, sich mehr oder weniger ihrem „Schicksal" zu fügen beziehungsweise gesellschaftliche Verhältnisse und Ungerechtigkeiten als schwer veränderbar, wenn nicht als gegeben, hinzunehmen und sich über diese nicht zu beklagen.[314] Heinz (1996) erläutert hierzu beispielhaft:

> „In einer Umfrage von 1990 bekannten sechs von zehn Brasilianern, daß sie sich bei einem Überfall nicht an Polizei und Justiz wenden, weil dies zu nichts führt. (…) Justiz bedeutet für die unterschiedlichen sozialen Klassen unterschiedliche Dinge: Für die einen vor allem Repression, für die anderen Durchsetzung von Eigentumsrechten. Die Wohlhabenden können sich der Justiz oft entziehen, die Armen, also die Mehrheit der Bevölkerung nicht. (…) Auch bekannten 82% der Befragten 1995, daß sie nicht an die Gleichheit des Brasilianers vor dem Gesetz glaubten." (Ebd., 87 f.)

Laut Heinz (ebd. 85 f.) gibt es drei Hauptschwachpunkte im politischen System Brasiliens, die eine Konsolidierung der Demokratie erschweren: 1) Das präsidentielle System führt dazu, dass der amtierende Präsident in der Regel keine parlamentarische Mehrheit hat, also eine Minderheitsregierung führt. Er ist auf die Gewinnung von Koalitionspartner angewiesen, die sich ihre Kooperation häufig durch Zugeständnisse an ihre speziellen Interessen belohnen lassen. 2) Die politischen Parteien sind programmatisch wenig gebunden, vielmehr arbeiten sie auf der Basis von Einzelinteressen oder klientelistischen Verstrickungen. Zusätzlich hat die Mediengruppe *O Globo* eine eindeutige Vormachtstellung in der Medienlandschaft, so dass diese die öffentliche Meinung maßgeblich gleichschaltet.

---

313 Im Weltentwicklungsbericht der Vereinten Nationen von 2007/2008 wird Brasilien zwar das erste Mal in der Gruppe der entwickelten Länder gelistet – hier jedoch auf dem letzten (70.) Platz – allerdings sind genannte Probleme nicht von der Hand zu weisen. Beispielsweise liegt die Kindersterblichkeitsrate immer noch bei 31 von 1000 Neugeborenen (zum Vergleich: in Deutschland 4 von 1000); und die reichsten 10% der Bevölkerung haben 44,8% Anteil am Konsum und an den Einkünften, die reichsten 20% der Bevölkerung 61,1%, während auf die Ärmsten 10% der Bevölkerung nur 0,9% (und auf die ärmsten 20% lediglich 2,8%) des Konsums und der Einnahmen entfällt. Gleichzeitig jedoch interessanterweise investiert Brasilien 10,9% seiner gesamten öffentlichen Ausgaben in das Bildungssystem – in Deutschland sind es 9,8%. Vgl. Programa das Nações Unidas (2007, 232 ff.). (Auf Portugiesisch zu finden unter: http://www.pnud.org.br/arquivos/rdh/rdh20072008/hdr_20072008_pt_complete.pdf; Zugriff 10.08.2008). Laut *Transparency International* ist Brasilien im globalen Korruptionsvergleich 2007 auf Platz 72 von 179 Rängen mit einem Punktestand von 3,5 von maximal erreichbaren 10 Punkten (zum Vergleich: Deutschland liegt auf Platz 16 mit 7,8 Punkten). (Vgl. http://www.transparency.org/policy_research/surveys_indices/cpi/2007, Zugriff 10.08.2008).

314 Auch die religiöse Haltung von weiten Teilen der Bevölkerung hat mit dieser Einstellung etwas zu tun. Paulo Freire kritisierte in seinen Werken eine religiös motivierte Grundhaltung, welche die Akzeptanz von gesellschaftlichen Bedingungen zu Folge hat, ohne diese in Frage zu stellen (vgl. hierzu beispielhaft Freire 1978, 27 f.). Zu einer neueren Analyse der Bedeutung von Religion, insbesondere des Katholizismus in Brasilien und der historischen Genese seiner sozialen, domestizierenden Funktion vgl. beispielhaft Gonzales Cursino dos Santos (2006). Auch wenn, wie in Kapitel 1.2 ausgeführt, im Brasilien der 1950er und frühen 1960er Jahre starke gesellschaftliche Veränderungen und Artikulation vieler Gruppen im Sinne des *Auftauchen des Volkes* stattfanden, die bis heute nachwirken, kann dennoch bis heute von einer grundlegenden Tendenz der genannten, wenn man es so nennen möchte, Politikverdrossenheit gesprochen werden. Vgl. dazu auch Almeida (2007), der für Brasilien einen „religiösen Fatalismus katholischen Ursprungs" (ebd., 114) diagnostiziert.

3) Der große Teil der Bevölkerung lebt in Armut, so dass ihre Möglichkeiten politischer Beteiligung zusätzlich stark eingeschränkt sind. Analphabetismus und unzureichende (politische) Bildung machen große Gruppen der Bevölkerung beispielsweise in ihrem Wahlverhalten von Begünstigungen abhängig – der „Stimmenkauf" besonders auf dem Land ist in Brasilien nach wie vor politischer Alltag. Auf der Basis dieser Überlegungen kommt Heinz (ebd.) zu folgendem Schluss: „Politik wird in Brasilien auch weiterhin vor allem in den traditionellen politischen Kreisen formuliert und entschieden. Zivilgesellschaftlichen Akteuren gelingt es nur selten, ein eigenes politisches Gewicht in den Entscheidungsprozess einzubringen." (Heinz 1996, 87)[315]

Viele Brasilianer scheinen daraufhin ein gewissermaßen gespaltenes Verhältnis zu ihrem Land zu haben: Auf der einen Seite sind Stolz auf bis hin zu Liebe zum eigenen Land sehr verbreitet. Auf der anderen Seite äußern Brasilianer und Brasilianerinnen teilweise eine Geringschätzung in Bezug auf Brasilien und damit einhergehend teilweise auch auf sich selbst als Brasilianer und Brasilianerinnen, da sie der Auffassung sind, dass zum Beispiel in Europa und den USA – das Verhältnis zu letzteren könnte man bei manchen Bevölkerungsgruppen als Hassliebe bezeichnen – vieles „besser" sei. Auf der Basis von Ohnmachtserfahrungen gegenüber den staatlichen Institutionen, politischer Willkür, Korruption und Armut entsteht ein tief zwiegespaltenes Verhältnis zum eigenen Land, dass, geprägt durch niedrige Kontrollüberzeugung entweder in Resignation oder Opportunismus endet, oder aber, wie bei den Freireanern zu dem tiefen Wunsch führt, die gesellschaftlichen Verhältnisse zu verändern.[316] Hierzu gibt Cavalcantí (2006) treffend zu bedenken:

„Hinsichtlich der (…) Diskussion über unsere brasilianische Nationalidentität, gilt es hervorzuheben, dass diese ausgehend von einer kritischen Aneignung unserer Vergangenheit erfolgen muss, (…) ohne Fahnen prahlerischen Nationalstolzes zu schwingen. Sie muss sich indessen auch radikal von gewissen Diskursen absetzen, die von einem fatalistischen Miserabilismus durchdrungen sind." (Ebd., 58)

Als *fatalistischen Miserabilismus* bezeichnet Cavalcantí mit Bezug auf Lucas, Fábio (2002) folgendes Phänomen, das meine Eindrücke aus brasilianischer Perspektive nachzeichnet:

„In Brasilien durchleben wir eine schwerwiegende Krise der Selbstachtung. Dies spiegelt sich in verschiedenen Arten öffentlichen Verhaltens wider, bei denen der Brasilianer sich unschlüssig hinsichtlich seiner eigenen Identität zeigt und in absurder Weise sarkastisch hinsichtlich seiner Zukunft. Die Sammlung abschätziger Bemerkungen über seine Fähigkeiten bildet einen überaus deutlichen Indikator für die Geringschätzung, die unser Bürger in Bezug auf sich selbst und die Möglichkeiten unseres Landes nährt." (Lucas 2002, 185; vgl. auch Cavalcantí 2006, 58)

---

315 Zu Postulaten nötiger Veränderungsprozesse, um die beschriebenen Schwierigkeiten aufzubrechen, vgl. Heinz (1996, 88 f.).

316 Diese Schlüsse wurden unter anderem in Gesprächen mit brasilianischen Freireanern erarbeitet beziehungsweise verstärkt (vgl. beispielhaft Gespräche mit Couto 14.11.2007; Gomes Garcia 30.10.2007 und 01.11.2007; Araújo Freire 20.11.2007, Archiv Funke). Selbstverständlich kann in diesem Zusammenhang nur von Tendenzen gesprochen werden. Gleichzeitig liegt auf der Hand, dass die gemachten Beobachtungen beziehungsweise die Deutung derselben in Bezug auf die brasilianische Geschichte und deren Konsequenzen auf die gesellschaftliche Gegenwart stets gefärbt sind durch die Erfahrungen und Deutungsmuster der Beobachterin und letztlich auf dieser Basis von ihr konstruiert werden (und werden müssen). Es ist demnach durchaus denkbar, dass andere Beobachter zu anderen Schlüssen kämen, oder zum Beispiel andere brasilianische Beobachter zu differierenden Konstruktionen gelängen.

Mit Bezug auf Souza (2000) betont Cavalcantí (2006), das Selbstbild der Brasilianer sei von einer Inauthentizität durchdrungen, da diese sich fortwährend in Bezug auf, aber auch in Abgrenzung von den USA definierten und damit die USA als das *Andere* schlechthin dienten (vgl. Cavalcantí 2006, 61 f.).

Die Einstellung, dass die gegebene Wirklichkeit akzeptiert werden sollte, da ihre Veränderung nicht oder nur sehr schwer möglich ist oder die Aufgabe der Gestaltung dieser Wirklichkeit anderen Menschen, die in den gesellschaftlichen Systemen mehr Macht und Entscheidungsgewalt innehaben, zukommt, erschwert zunächst die von Freire gewollte politisch-pädagogische Bewusstseins- oder Bildungsarbeit und macht sie gleichzeitig potentiell umso fruchtbarer. Es scheint jedoch trotz der geschilderten Situation so zu sein, dass nicht nur unter den Intellektuellen, sondern auch in den bildungsferneren, marginalisierten Bevölkerungsgruppen das Bewusstsein und der Wille wächst, etwas an den politischen, sozialen und ökonomischen Verhältnissen in Brasilien – zum Beispiel durch Bewegungen, derer es zahlreiche gibt[317] – zu verändern. Dies ist natürlich nicht zuletzt dem größeren Leidensdruck, unter dem diese Gruppen in ihrem täglichen Leben stehen, zuzuschreiben. Diese Tatsache bietet so gesehen einen fruchtbaren Boden für politisch-pädagogische Arbeit, die sich an Freires Ideen orientiert und auch für die Rezeption seiner Werke. Das Thema *Volkserziehung* erlangt dadurch eine hohe Aktualität. Projekte zur *Volkserziehung* werden im heutigen Brasilien nicht nur von Nichtregierungsorganisationen, sondern auch von den staatlichen Institutionen selbst, wie zum Beispiel vom Bildungsministerium, gefördert. Das bedeutet, dass in den vergangenen Jahren, insbesondere unter der Regierung „Lula" der politische Wille verstärkt auf die Bildung und Partizipation der Bevölkerung abzielt, so dass viele Demokratisierungsprozesse in Gang gesetzt worden sind. In diesem Sinne könnte Freire möglicherweise Kräfte mobilisieren und Interessensgruppen zusammenführen:

> „Man muss darauf hinarbeiten, Elemente zu artikulieren, die als eine Art Motivationsvektor zu fungieren vermögen, mit der Fähigkeit, die brasilianischen Bürger dafür zu mobilisieren, sich in einem kollektiven Projekt zu engagieren. Die möglichen Loyalitäten, die ein Diskurs erweckt, der unseren Zusammenhalt zu stärken vermag, können auf diese Weise dann bei zahllosen Aufgaben verwendet werden, die für die Schaffung eines weniger ungerechten Landes notwendig sind." (Cavalcantí 2006, 58)

4.3.2 Die Praxis des *Instituto Paulo Freire* in São Paulo

Ein zentrales Institut, das, neben anderen, in Brasilien Projekte nach den Ideen Paulo Freires konzipiert und durchführt ist das *Instituto Paulo Freire* (IPF)[318] in São Paulo. Beispielhaft sollen im Folgenden Ausschnitte der Tätigkeiten des IPF dargestellt werden, um einen Einblick in die freireanische Praxis in Brasilien zu erlauben. Neben dem IPF gibt es andere staatliche und nicht-staatliche Institutionen und Initiativen, die sich in ihrer Arbeit auf Paulo Freire beziehen, wie zum Beispiel das *Centro Paulo Freire* in Recife, das alle zwei Jahre das *Colóquio Internacional de Paulo Freire* ausrichtet, oder die Schule *Zaca-*

---

317 Sehr bekannt ist zum Beispiel die MST, die Landlosenbewegung, die national organisiert ist, und natürlich das Weltsozialforum, das im Süden Brasiliens, in Porto Alegre, seine Wurzeln hat.

318 Der Einfachheit halber verwende ich in den folgenden Ausführungen zur Bezeichnung des *Instituto Paulo Freire* in der Regel die Abkürzung IPF.

ria in São Paulo, auf die ich im Verlauf des Kapitels ebenfalls zu sprechen kommen werde.

Die ausgewählten Beispiele erheben also weder Anspruch auf Vollständigkeit noch auf Repräsentativität in Bezug auf die „Freire-Praxis" in Brasilien, sondern dienen viel mehr als eine nicht systematische Auswahl von Projekten, die Indizien für Rückschlüsse auf die Freire-Praxis in Brasilien geben können und diese veranschaulichen sollen.

Das IPF ist in der Hauptsache in drei Schwerpunktbereichen tätig:[319]

> ➢ Educação Popular (*Volkserziehung*): Erwachsenenalphabetisierung, Allgemeinbildung, Bildung zu politischer Beteiligung. Beispiel: Bürgerhaushalt der Stadt Guarulhos *(Orçamento Participativo Guarulhos)*
> ➢ Educação Cidadã (*„Bürgererziehung"*):[320] Umgestaltung des Schulsystems (Demokratisierung der Schulen zum Beispiel durch Einrichtung von Schulparlamenten, veränderte Unterrichtsmethoden, neue Inhalte wie Ökologieerziehung oder inter(trans-)kulturelle Erziehung), Lehrerfortbildungen, Vernetzung der Schulen untereinander, ökologisch-politisch-pädagogische Projekte *(PEPP: Projeto eco-político-pedagógico)*. Beispiel: Schule des Bürgers *(Escola cidadã)* in Osasco, São Paulo
> ➢ Educação de Jovens e Adultos (*außerschulische Jugend- und Erwachsenenbildung im Sinne von nachholender Bildung/zweiter Bildungsweg*): Fortbildung der Lehrkräfte, Entwicklung von Lehrwerken insbesondere für Alphabetisierungskurse.[321]

Zusätzlich unterhält das IPF internationale Kontakte zu anderen Institutionen weltweit, die mit den Ideen Paulo Freires arbeiten, sowie kooperiert in Brasilien mit zahlreichen Nichtregierungsorganisationen und Bewegungen, die im Bereich der „sozialen Transformation" tätig sind. Auftraggeber und gleichzeitig Geldgeber des IPF sind schwerpunktmäßig Kommunen und die föderalen Ministerien (insbesondere das Ministerium für Erziehung), aber auch Unternehmen wie zum Beispiel PETROBRAS, das größte brasilianische Mineralölunternehmen, eine der fünf größten Ölfirmen weltweit.[322] Auch die Praxis des IPF, bezieht sich, wie bereits die Gespräche mit einigen seiner Mitarbeiter zeigten, eher allgemein auf soziales Engagement, interkulturelle und ökologische Bildung, nachhaltige Entwicklung und andere Bereiche von Erziehung, Bildung zu beziehen als auf eine detaillierte Rezeption, Deutung und praktische Anwendung der Werke von Freire. Freire ist in diesem Sinne viel mehr eine Leitfigur, ein Vorbild und auch Motivator für die praktische Arbeit. Auch in dieser Hinsicht sind hier Indizien für das zu finden, was im Verlaufe dieses Kapitels bereits konstatiert wurde: Freire passt zu (fast) allem und dies kann sowohl Vorteile als auch Nachteile bedeuten.

---

319 Vgl. http://www.paulofreire.org/Programas/WebHome, Zugriff 14.06.2008.
320 Der portugiesische Begriff *cidadão* kann nur unzureichend mit dem Begriff *Bürger* ins Deutsche übertragen werden. Der portugiesische Terminus bezeichnet eine Person nicht nur als Staatsangehörigen eines Landes, sondern darüber hinaus impliziert er auch eine zivilgesellschaftliche Teilhabe und Mitbestimmung sowie aktive Ausübung der Bürgerrechte durch die betreffende Person.
321 Beispiele hierfür sind die Lehrwerke *Alfabetização Multimeios* (in Zusammenarbeit mit dem Verlag Escola Multimeios, 2005) und *Tecendo o Saber* (in Zusammenarbeit mit den Stiftungen Vale do Rio Doce und Roberto Marinho, 2005).
322 Mehr Informationen unter http://www.petrobras.com.

4.3.2.1 Volkserziehung: *Educação Popular* – Guarulhos[323]

In diesem Projekt nahmen von der Bevölkerung ausgewählte Stadtteilvertreterinnen (so genannte Delegierte) an Bildungsseminaren, organisiert durch das IPF, teil, um in der Folge an den Entscheidungsprozessen den Haushalt der Kommune betreffend mitzuwirken. Auftraggeberin ist die Kommunalverwaltung der Stadt Guarulhos. Ziel ist es, zur Vorbereitung auf die Entscheidungsprozesse im Bürgerhaushalt Kenntnisse zur kommunalen Haushaltsplanung und Mittelverwendung zu vermitteln. Das IPF hat aber auch darüber hinaus das Ziel, kritisches Bewusstsein gegenüber der gesellschaftlichen und persönlichen Wirklichkeit der Teilnehmenden und deren Interdependenz zu wecken. In gewisser Weise erweitert das IPF so den Auftrag der Kommune. Beobachtungen, die sich während der Teilnahme an einer Seminareinheit der Stadtteilvertreter mit dem zuständigen Mitarbeiter des IPF machen ließen, können wie folgt zusammengefasst werden:

Das Seminar fand in einem Viertel der Großstadt Guarulhos, die sich in direkter Nachbarschaft zu São Paulo befindet, statt. Dieses Viertel, Tupinambá, liegt weit vom Stadtzentrum entfernt und ist mit öffentlichen Verkehrsmitteln nur schwer zu erreichen, so dass der Mitarbeiter des IPF sowie zur Unterstützung eine Mitarbeiterin der Kommune durch einen Fahrer der Kommune zum Veranstaltungsort gebracht wurden. Die ökonomische und soziale Situation der Einwohner von Tupinambá ist prekär, der Stadtteil gehört zu den ärmsten der Stadt Guarulhos. Die Schule, in der das Seminar stattfand, war in einem nicht guten bautechnischen Zustand und machte auf die Beobachterin den Eindruck, nicht mehr benutzt zu werden (obwohl sie durchaus in Betrieb war). Aufgrund eines nachmittäglichen Regengusses standen einige Räume unter Wasser, so dass zunächst ein Ersatzraum gefunden werden musste; die Wahl fiel auf die Bibliothek. Leiter und Teilnehmende[324] räumten in dieser die neu gelieferten, noch verpackten Bücher beiseite, um Platz zum Sitzen und Arbeiten zu schaffen. Es nahmen rund 20 Personen, Männer wie Frauen, im Alter zwischen Ende 20 und circa 60 Jahren an dem Treffen teil. Die Seminareinheit hatte das *Lesen der Welt* zum Thema.

---

323 Zu den folgenden Schilderungen vgl. schriftliche wie digitale Ton- und Bildaufzeichnungen 08.11.2007, Archiv Funke.

324 Im IPF werden unterschiedliche Begrifflichkeiten für die Akteure in den verschiedenen Kontexten der Institutsaktivitäten verwendet. In der Regel wird der Leiter eines Projektes *educador* genannt, was soviel wie „Erzieher" bedeutet. Dieser Begriff bezeichnet, anders als in der deutschen Sprache, nicht einen Erzieher im engen Sinn, sondern eine Person, die im weiteren Sinn Erziehungs- und Bildungsprozesse anregt, moderiert und begleitet. Der Begriff ist also keine Berufsbezeichnung wie im Deutschen. Ähnliches wurde in Kapitel 3 dieser Arbeit bereits für die Begriffe *Erziehung* und *Bildung* erläutert. Die an einem Seminar teilnehmenden Personen werden dementsprechend als *educandos* bezeichnet, als „zu Erziehende". Analog zur Begriffbedeutung des „Erziehers" sind die „zu Erziehenden" nicht Personen, die an einem fest strukturierten, zielgerichteten Erziehungsprozess teilnehmen, sondern Personen, die als Lernende die Bildungs- und Erziehungsprozesse mit gestalten (vgl. E-Mail von Michelangelo Marques Torres 20.06.2008, Archiv Funke). Darüberhinaus wird im IPF für die *educadores* zum Teil auch der Begriff *facilitador*, also „Anleiter" oder „Moderator", verwendet. Die Teilnehmenden jedoch nennen den *facilitador*, häufig *professor*, analog dazu wie in den brasilianischen Schulen die Schüler gängigerweise den Lehrer ansprechen. Das trifft zum Beispiel nicht nur auf das Bildungsseminar im Rahmen des *Orçamento Participativo* in Guarulhos zu, sondern auch auf die Lehrerinnenschulung in Osasco, die im Verlauf dieses Kapitels noch skizziert werden wird. Hierdurch spiegelt sich eine Hierarchie beziehungsweise Hierarchisierung wider, die dem Ziel, und in der Regel auch der Arbeitsweise, in den beschriebenen Projekten des IPF entgegensteht. Da die Begriffsdefinitionen, wie sie die portugiesische Sprache beinhaltet, im Deutschen wenig treffend auf den Punkt gebracht werden können, verwende ich in den folgenden Ausführungen die Begriffe „Leiter" und „Teilnehmende".

Abbildung 1: Moderator und Teilnehmer des Seminars in Guarulhos[325]

Zunächst wurde durch den Leiter mit einigen Fotos der Stadt Guarulhos, die die Stadtentwicklung der vergangenen ca. 50 Jahre nachzeichneten, in Diaform in das Thema eingeführt; begleitend dazu diskutierten die Anwesenden über die Bilder und ihre Erinnerungen an die Veränderungen in der Stadt. Es waren öffentliche Plätze, Straßen und Gebäude zu sehen, aber auch selbstkonstruierte Notunterkünfte, aus Holzteilen und Folie, von Einwohnern von Guarulhos ohne feste Behausung errichtet. Der große Teil der Anwesenden wohnte selbst in solchen und ähnlichen Notunterkünften oder hatte eine Zeit in solchen Unterkünften verbracht und sich dann nach und nach eine befestigte Unterkunft gebaut, die aber nicht selten ohne – oder zumindest ohne legalen, geregelten – Anschluss an fließend Wasser und Elektrizität auskommen muss. Zudem befinden sich diese Hütten in den allermeisten Fällen auf Boden, dessen Besitzverhältnisse ungeklärt sind, so dass die Bewohnerinnen jederzeit befürchten müssen, von diesem Land verwiesen zu werden, da sie nicht Eigentümerinnen des Bodens sind. In dieser Situation sind sie nicht die einzigen, denn 80% der Einwohner der Stadt Guarulhos leben laut Angaben des Leiters auf diesen so genannten *terrenos irregulares*, also den „irregulären Gebieten" – und das, obwohl Guarulhos das siebtgrößte Wirtschaftszentrum Brasiliens ist.[326] Betrachtet man jedoch den IDH (*Índice de Desenvolvimento Humano*), den Auswertungsindex, der die Lebensqualität an einem bestimmten Ort der Erde anhand von verschiedenen Parametern wie Zugang zu Wasser, Armutsrate, Zugang zu Erziehung und Bildung und weiteren zu messen versucht, so ergibt sich, dass Guarulhos im Vergleich zu den anderen acht brasilianischen Städten mit über einer Million Einwohnern den letzten Platz belegt.[327] Anhand der Fotos wurde

---

325 Tupinambá, Guarulhos, 08.11.2007, Archiv Funke.

326 Zur Überprüfung dieser Zahl fanden sich weder auf der Internetseite der Kommune Guarulhos noch des Statistischen Bundesamtes von Brasilien die entsprechenden Datensätze. Insofern kann leider nicht nachvollzogen werden, aus welcher Quelle der Leiter seine Information bezog.

327 Vgl. IPF (2007, 2 f.): Caderno do Curso de Leitura do Mundo para delegados do OP (unveröffentlichtes Material, Archiv Funke) Bei der Volkszählung 2007 wird die Population der Stadt Guarulhos durch

über Guarulhos und die Stadtentwicklung diskutiert. Die Beteiligung war rege, die Stimmung war entspannt und es machte den Eindruck, dass Vertrauen zwischen Leiter und Teilnehmenden bestand und auch letztere sich untereinander vertrauten. Viele Anwesende hatten persönliche Erinnerungen, die mit den auf den Bildern dargestellten Dingen verknüpft waren und berichteten von diesen. Es wurde deutlich, dass die Stadtentwicklung insgesamt als für die Bürger nicht besonders positiv bewertet wird. Anschließend wurde an einem Flipchartpapier im Gespräch festgehalten, welche Merkmale aus Sicht der Anwesenden Brasilien kennzeichnen und welche Guarulhos kennzeichnen. Die Fragestellung wurde sehr offen formuliert. Die Teilnehmenden sollten dadurch auf die Aspekte zu sprechen kommen, die sie selbst für wichtig hielten und sollten sich so über deren Bedeutung für ihr Erleben und Wahrnehmen des eigenen Landes bewusst werden. Es wurden von den Anwesenden Parallelen zwischen Guarulhos und Brasilien festgestellt, wie zum Beispiel das Fehlen an medizinischer Versorgung, öffentlichem Transport und Erziehung; das Vorhandensein von Elend, Kriminalität und Korruption, aber auch von Kultur, Industrie und großen Unternehmen. Sie betonten, dass, obwohl Kultur, Industrie und erfolgreiche Unternehmen vorhanden sind, sich weder der kulturelle noch der ökonomische Reichtum in ihrem Leben niederschlagen. Ziel dieses Gespräches war es, herauszuarbeiten, inwiefern die Geschichte und die Situation und die Lebensbedingungen in der Stadt Guarulhos nicht unabhängig von der Geschichte und der wirtschaftlichen und sozialen Situation in Brasilien zu sehen ist; und dass ebenso die persönlichen Lebensgeschichten und Erfahrungen der Anwesenden darin eingebettet sind. Dieses Anliegen des Leiters schien durch die angeregte Diskussion reibungslos erfüllt zu werden. Auf diese Art und Weise wurde Freires Beschreibung des Eingebettet-Seins in die Welt, aber auch des Erkennens, dass das eigene Leben nicht ist, wie es ist, da es so sein muss, sondern dass historische und gesellschaftliche Entwicklungen und Bedingungen dafür mitverantwortlich sind, in die pädagogische Praxis überführt. Mit dem Hinweis auf die Anwesenheit meiner Person fügte der Leiter hinzu, dass man neben der gezeigten Ebenen Guarulhos und Brasilien ebenso die Ebene der Welt als Gesamtes hinzufügen könne, in die Guarulhos und Brasilien in gleicher Interdependenz – ebenso wie Deutschland und ich – eingebettet seien.

> „… es ist wichtig, dass wir gemeinsam ein Lesen der Welt vornehmen, indem wir die Verknüpfung der Stadt Guarulhos mit dem Kontext, in dem sie eingelassen ist, verstehen und die persönlichen Erlebnisse der Delegierten und übrigen Berater in den historischen Phasen, in denen wir leben, kontextualisieren, um so die Einsicht zu ermöglichen, dass jeder einzelne von uns ein historisches Subjekt ist, das in einem bestimmten Kontext verortet ist. (…) Die Geschichte zu verstehen bedeutet, unsere Gegenwart zu verstehen (…).“[328]

In einem weiteren Schritt stellte der Leiter anhand von Moderationskarten, die aus seiner Sicht wesentlichen Ereignisse in der Geschichte Brasiliens und parallel dazu in der Geschichte der Stadt Guarulhos seit dem Jahr 1500 anhand einer Zeitlinie dar. Durch Fachwissen und empathisches Einbeziehen der Teilnehmenden stellte er immer wieder Bezüge zum Leben der Anwesenden her beziehungsweise forderte diese auf, selbst diese Bezüge herzustellen. Zum Beispiel ist die Binnenmigration vom Nordosten Brasiliens in den Süden des Landes ein Teil der persönlichen Erfahrungen vieler der Anwesenden, da sie selbst auf der Suche nach Arbeit ihre Heimatorte in den nordöstlichen Landesteilen verlas-

---

das brasilianische Statistische Bundesamt auf 1 236 192 Personen geschätzt. Zugriff 11.08.2008: http://www.ibge.gov.br/home/estatistica/populacao/contagem2007/contagem_final/tabela1_1_20.pdf.

328   IPF (2007, 2): Caderno do Curso de Leitura do Mundo para delegados do OP, 2 (unveröffentlichtes Material, Archiv Funke).

sen haben und in den Süden gegangen sind.[329] Anschließend schrieb jede Person drei für sie wichtige Ereignisse aus ihrem Leben auf Moderationskarten und heftete sie, dem Zeitpunkt entsprechend, an die Zeitlinie.

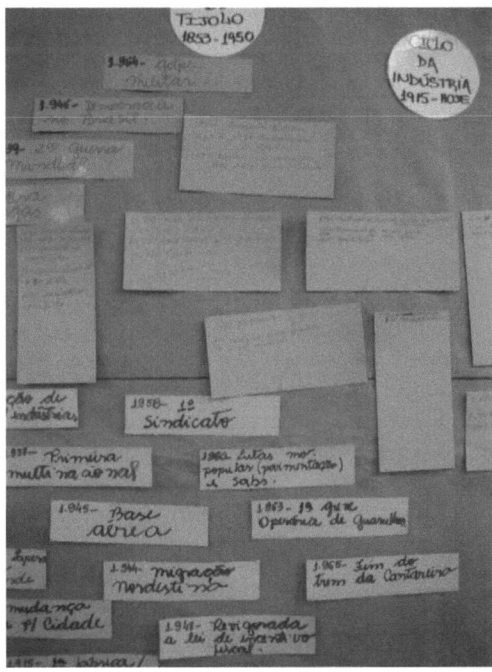

Abbildung 2: Geschichte Brasiliens, von Guarulhos und den Teilnehmenden[330]

Während einige Teilnehmende für sie signifikante Ereignisse notiert hatten, fiel es anderen schwer, ein Ereignis zu benennen. Die Ereignisse im eigenen Leben wurden entweder nicht als signifikant wahrgenommen oder aber dieses Seminar war subjektiv nicht die passende Gelegenheit, diese zu benennen.[331] „Ist mein Umzug vom Nordosten hier in den Süden ein wichtiges Ereignis…?" Mit Unterstützung des Leiters, der kurze Gespräche mit den einzelnen Anwesenden führte, entschieden sich nach und nach alle Anwesenden für zumindest ein Ereignis in ihrem Leben, das sie als relevant erachteten. Einige Teilnehmende zeigten sich in der Folge überrascht, da sie das persönliche Erlebnis durch die Zuordnung zum Zahlenstrahl zur Geschichte des Landes in Bezug gesetzt sahen. Vermutlich zum ersten Mal stellten sie auf diese Art und Weise einen gedanklichen Zusammenhang mit den allgemeinen historischen Ereignissen des Landes her.

Aus meiner Sicht wurde hier eine praktikable und wirkungsvolle Umsetzung der Ideen von Freire in Bezug auf das Verortet-Sein in der Geschichte des Einzelnen in die pädagogische Praxis überführt. Auch die Zeit der brasilianischen Militärdiktatur wurde

---

329 „Da kamen unsere Freunde aus dem Nordosten, um hier zu arbeiten." (Leiter des Seminars Michelangelo Marques Torres 08.11.2007, Archiv Funke)

330 Tupinambá, Guarulhos, 08.11.2007, Archiv Funke.

331 Als Beobachterin gewann ich eher den Eindruck, dass ersteres zutraf. Die Arbeitsatmosphäre war offen und es bestand eine lebendige Beteiligung, so dass eher zu vermuten ist, dass es den Anwesenden schwer fiel, ein Erlebnis als signifikant zu deklarieren.

beispielsweise auf diese Art und Weise thematisiert. Einige Teilnehmende hatten persönlich Erfahrungen ausgewählt, die in diese Zeit fielen und die zum Gegenstand der gemeinsamen Reflexion gemacht wurden. Sie berichteten, dass sie zu Hause von Militärs aufgesucht und zum Verhör mitgenommen wurden. Es sei ihnen nur erlaubt worden, diese Vernehmungen als freie Menschen und ohne Folter zu verlassen, da sie offenbar glaubhaft ihre „Unschuld" und vor allem Unbedarftheit als wenig gebildete Analphabeten beteuert hatten. Unter Gelächter, aber auch mit Nachdenklichkeit beschrieben die Teilnehmenden, dass dies in dieser Zeit die allgemeine Überlebensstrategie in solchen Fällen gewesen sei – in ihrem Fall traf die Begründung, nicht alphabetisiert zu sein, zudem weitestgehend zu. Darüber hinaus berichteten die Anwesenden, dass während der Zeit der Diktatur beispielsweise Treffen wie dieses, an dem sie in jenem Moment teilnahmen, nicht möglich gewesen seien. Aus ihrer Sicht hat während der Zeit der Militärdiktatur das Motto *„Je dümmer das Volk, desto besser!"*, wie einer der Anwesenden äußerte, geherrscht. Einige Teilnehmende gaben zu bedenken, dies sei noch bis dato so. Das Treffen wurde anschließend beendet. Die Anwesenden verabschiedeten sich ausgiebig und in guter Stimmung und entspannter Atmosphäre. Es wurde auf den Termin für das nächste Treffen hingewiesen und betont, dass man weiterhin in dieser Zusammensetzung zusammenarbeiten möchte. Auch ich wurde, obwohl ich am Treffen ausschließlich als Beobachterin teilgenommen hatte, in diese Verabschiedung miteinbezogen. Einige Teilnehmende wollten Näheres über mein Forschungsinteresse erfahren und zeigten Freude und Stolz, dass sie durch ihr Engagement nicht nur einen Beitrag zum *Orçamento Participativo* in Guarulhos leisteten, sondern auch zu einer in Europa verfassten Forschungsarbeit. Insgesamt gewann ich den Eindruck, dass durch diese Art von Bildungsarbeit Bewusstseinsbildung stattfindet, durch die die Teilnehmenden nicht nur ein Verständnis davon entwickeln, dass und auf welche Art und Weise ihre persönlichen Erfahrungen im Gesamtkontext der allgemeinen Lebensbedingungen in einem Land sowie der geschichtlichen Entwicklungen dieses Landes zu verstehen sind, sondern auch dass gesellschaftliche Entwicklungs- und Transformationsprozesse ausgehend von diesen persönlichen Erfahrungen mitgestaltet werden können und sollten. Darüber hinaus stellte ich fest, dass die im Rahmen des *Orçamento Participativo* stattfindenden Seminareinheiten einen wesentlichen Stellenwert für die *Anerkennung* und das *Selbstwertgefühl* der Teilnehmenden hatten. In anderen Kontexten wenig wahrgenommen und befragt, wurden sie hier als Mit-Entscheiderinnen ausgebildet und ernst genommen.[332]

4.3.2.2 „Bürgerschule": *Escola cidadã*, Osasco[333]

Das Programm *Escola cidadã* ist ein umfangreiches Programm mit unterschiedlichen Tätigkeitsbereichen und Einzelprojekten im Gebiet Erziehung und Bildung. Auftraggeberin ist die Kommunalverwaltung der unmittelbar an São Paulo anschließenden Großstadt Osasco, welche auch bei der Konzipierung des Projektes mit dem IPF zusammengearbeitet hat. Das Projekt umfasst unter anderem folgende Bereiche: Fortbildung der Verantwor-

---

332 Ausgehend von diesen Beobachtungen lassen sich selbstverständlich dennoch keine Rückschlüsse darauf ziehen, inwieweit und mit welchem Gewicht letztendlich die Anliegen und Einschätzungen der Delegierten in die Haushaltsentscheidungen der Stadt Guarulhos einbezogen werden. Hierfür müssten weitere Nachforschungen angestellt werden.

333 Zu den folgenden Schilderungen vgl. schriftliche wie digitale Ton- und Bildaufzeichnungen 06.11.2007, Archiv Funke.

tungsträger im kommunalen Verwaltungsbereich für Erziehung, Durchführung von ökologisch-politisch-pädagogischen Projekten in Schulen und Kindergärten, Ausrichtung von kommunalen Konferenzen zu den Themen Erziehung und Bildung, Erstellung von Fortbildungsmaterialien, Erarbeitung eines kommunalen Erziehungsplans, Stärkung der demokratischen Kultur der erzieherischen und bildenden Institutionen unter Einbezug der Elternschaft, der Angestellten sowie der Verantwortlichen in der Kommunalverwaltung, Einrichtung von Alphabetisierungskursen für Erwachsene und Fortbildung der Lehrkräfte dieser Kurse. Darüber hinaus ist ein Schwerpunkt dieses Projektes die Lehrerinnenfortbildung.[334] Im Folgenden berichte ich von einer Veranstaltung im Rahmen der Lehrerfortbildungsreihe. Die teilnehmenden Lehrerinnen und Lehrer – bei der von mir besuchten Veranstaltung sind alle 25 bis auf zwei Teilnehmende weiblich – sollten eine Einführung in die Ideen Paulo Freires und Einblick in eine von diesen Ideen inspirierte Didaktik erhalten. Ziel der Fortbildungen ist darüber hinaus auch eine Wertschätzung der beruflichen Tätigkeit der Lehrer. Das bedeutet, dass die Fortbildungen, die in regelmäßigen Abständen an Abenden stattfinden, ein doppeltes Anliegen verfolgten. Die teilnehmenden Lehrerinnen sind an öffentlichen Schulen, überwiegend Grundschulen und Schulen der Mittelstufe, die teils durch die Kommune, teils durch die Verwaltung des Bundesstaates São Paulo finanziert werden, tätig. Aufgrund dieser Tatsache arbeiten sie in der Mehrzahl mit einer Schülerschaft, die den ärmeren bis ärmsten Bevölkerungsgruppen entstammt und sowohl mit Diskriminierungen als auch mit Marginalisierungen zu leben und zu kämpfen hat. Diese Schulen sind häufig nicht sehr gut ausgestattet und der Unterricht findet unter erschwerenden logistischen wie räumlichen Bedingungen statt. Faundez (2000) konstatiert schlicht, dass „das brasilianische Bildungssystem, selbst für die, die Zugang zu ihm haben, nicht den Notwendigkeiten von Bildung in einer modernen, demokratischen und gerechten Gesellschaft entspricht." (Faundez 2000, 292) Darüber hinaus sind die Gehälter der Lehrerinnen gering. Das bedeutet, dass sich diese selbst häufig auch in prekären Lebenslagen befinden. Nicht wenige Lehrer sind an mehreren öffentlichen Schulen gleichzeitig tätig und unterrichten bis zu 40 Stunden pro Woche, um ihren Lebensunterhalt zu sichern. Oft müssen sie weite Fahrtwege zwischen den Schulen in Kauf nehmen und unterrichten vom frühen Vormittag bis zum späteren Abend an unterschiedlichen Schulen. Der Beruf des Lehrers an den staatlichen oder kommunalen Schulen genießt zudem wenig öffentliche Anerkennung. Sowohl die Qualität der Ausbildung der Lehrerinnen an den Universitäten als auch die der Schülerinnen an den entsprechenden Schulen wird zum Teil stark von dieser Situation beeinträchtigt. Zudem haben nicht alle Lehrer überhaupt eine akademische Ausbildung, sondern zum Teil selbst nur eine mehr oder weniger umfassende schulische Ausbildung. Die Lehrer selbst stellen somit ebenfalls eine marginalisierte Bevölkerungsgruppe dar.[335] Bessa (2001) beschreibt die Situation wie folgt:

---

334 Vgl. Broschüren *Programa da Escola Cidadã Osasco* und Projeto *Sementes de Primavera – Exercendo a Cidadania desde a Infância*, herausgegeben vom IPF und der Stadtverwaltung Osasco, ohne Angabe der Jahreszahl, Archiv Funke.

335 Es wäre vor diesem Hintergrund interessant, weitergehend darüber nachzudenken, aus welchen Gründen die Frauen in diesem Berufszweig so stark überrepräsentiert beziehungsweise die Männer unterrepräsentiert sind. Es liegt der Schluss nahe, dass dies mit dem niedrigen sozialen Status des Berufs zusammenhängt. Möglicherweise liegen hierfür ähnliche Gründe vor wie in Deutschland. Das Erziehungsministerium hat jedoch einen Wettbewerb für Schülerinnen der Mittel- und Oberstufe sowie für Universitätsstudenten zum Thema Geschlechtergleichheit ausgerufen, widmet diesem Thema also eine gewisse Aufmerksamkeit.
(vgl. http://portal.mec.gov.br/index2.php?option=com_content&do_pdf=1&id=11009, Zugriff 11.08.2008) Aufschlussreich zu diesem Thema sind auch die Aufsätze von Stucke (2006) und Weller (2006). Weller arbeitet heraus, dass im Rahmen der akademischen Ausbildung der Frauenanteil in den

„In diesem Kontext, im ‚neoliberalen' und globalisierten Brasilien entstand die Bewegung der ‚escola cidadã' oder der ‚escola pública popular' geleitet … durch das Instituto Paulo Freire. Die Bewegung entstand auf der einen Seite als Antwort auf die Mängel des offiziellen öffentlichen Schulsystems – das, obwohl demokratisiert, nicht von Qualität ist – und auf der anderen Seite auf die privaten Schulen, die bis heute fortdauernd elitär geblieben sind." (Ebd. 382)[336]

Diese Tatsache ließe den Schluss zu, dass die Lehrerinnen auf der einen Seite möglicherweise aufgrund ihrer eigenen Lebenssituation die der Schülerinnen kennen und nachvollziehen und sich so zu ihnen in Beziehung setzen können. Auf der anderen Seite bedeutet es jedoch, dass die Lehrer – privat sowie im Rahmen ihrer beruflichen Tätigkeit – genauso wie die Schüler verhältnismäßig geringe ökonomische und bildungsmäßige Ressourcen besitzen und gleichermaßen marginalisiert werden. Die materiell und strukturell benachteiligende Situation führt dazu, dass sie wenig Erfahrung damit haben, erzieherische und bildnerische Prozesse als Wege von Persönlichkeitsbildung und politischer Bildung zu verstehen und umzusetzen, um somit in einem weiteren Schritt einen Beitrag zu einer aktiven Zivilgesellschaft und politischer Transformation zu leisten.[337] Aufgrund von diesen Tatsachen besteht zudem eine Kluft zwischen der Fortbildungsleiterin des IPF und den teilnehmenden Lehrerinnen, denn das Gehalt der ersteren beträgt das sechs- bis zehnfache des Gehalts der Lehrer. Die von Paulo Freire und auch dem IPF kritisierte Ungleichverteilung der ökonomischen Ressourcen zieht sich also, mit allen ihren Konsequenzen, bis in die freireanische Praxis hinein.

Das Thema der von mir beobachteten Seminareinheit – der vierten Einheit von sieben – war das Curriculum. Die anwesenden Lehrerinnen nahmen freiwillig an der Fortbildungsreihe teil. In zwei parallel stattfindenden Gruppen à jeweils zwischen 25 und 30 Lehrerinnen wurde diese Seminareinheit durchgeführt.[338] Die Atmosphäre im Verlauf der gesamten Seminareinheit lässt sich als gelöst-kollegial beschreiben. Es machte den Anschein als seien die meisten Anwesenden ein wenig schüchtern und zurückhaltend, was das Sprechen vor der Gruppe anbetrifft, wenig in das betreffende Thema eingearbeitet oder aber als seien sie müde, denn die Diskussionen kamen nur recht schleppend in Gang.[339] Möglicherweise war auch eine Kombination dieser drei Faktoren zutreffend. Die anwesenden Lehrerinnen zeigten großen Respekt vor der Fortbildungsleiterin vom IPF, welche sie, ähnlich wie für das Projekt in Guarulhos beschrieben, *professora* nannten. Die Leiterin schlug zunächst, nach der Begrüßung, eine Bewegungsübung ähnlich wie das Kinderspiel „Die Reise nach Jerusalem" vor: Die Anwesenden bewegten sich zu Musik im

---

Erziehungs- und Kunstwissenschaften bei fast 85% liegt; in der Postgraduiertenstufe immer noch bei ca. 70%, so dass sie feststellt: „Frauen befinden sich überwiegend in Studiengängen, die in Brasilien als typische Frauenberufe angesehen werden, wie zum Beispiel in Psychologie und Erziehungswissenschaften." (Weller 2006, 372)

336 Vgl. dazu auch Gadotti, M. (2007b, 40 f.).

337 Paulo Freire selbst hat sich mit eben diesem Komplex von Problemen während seiner Zeit als Bildungssenator der Stadt São Paulo (1989–1991) beschäftigt. In diesem Zusammenhang thematisierte er auch die Notwendigkeit, beispielsweise die Ausstattung der öffentlichen Schulen sowie den Zustand ihrer Gebäude zu verbessern sowie die Gehälter der Lehrer zu erhöhen (vgl. Paulo Freire 2005a; Weller 2000).

338 Im Folgenden wird der Verlauf der Arbeit in einer der beiden Gruppen beschrieben.

339 Vor dem Hintergrund der beschriebenen Arbeitsbedingungen der Lehrerinnen ist letzteres aus meiner Sicht ein durchaus plausibler Erklärungsversuch. Ich gehe davon aus, dass die Anwesenden am betreffenden Tag bereits um die acht Stunden unterrichtet hatten sowie weite Strecken durch die Großstadt Osasco zurückgelegt hatten, um die Schule(n) und das Fortbildungszentrum zu erreichen. In brasilianischen Großstädten kann dies unter Umständen auch längere Zeiträume des Wartens im Verkehrsstau bedeuten.

Raum. In der Mitte standen, kreisförmig angeordnet, Stühle, deren Anzahl einer weniger betrug als Teilnehmende vorhanden waren. Sobald die Musik von der Leiterin gestoppt wurde, mussten die Teilnehmenden versuchen, sich auf einen Stuhl zu setzen. Da ein Stuhl zu wenig zur Verfügung stand, wurde es notwendig, dass mehrere Personen auf einem Stuhl saßen. Nach und nach wurde jeweils ein weiterer Stuhl entfernt, so dass die Teilnehmerinnen immer enger zusammenrücken mussten und sich gegenseitig unterstützen mussten, sich teilweise mit mehreren Personen auf einem Stuhl auf den verbleibenden Stühlen zu halten. Im Anschluss an das Spiel wurde der Spielverlauf reflektiert. Es wurde deutlich, dass nur durch enge Kooperation der Beteiligten das Spiel überhaupt funktionieren konnte. Die Begriffe Solidarität und Inklusion wurden thematisiert und so eine Überleitung zur Pädagogik Paulo Freires hergestellt. Die Leiterin beschrieb, dass dies zentrale Schlüsselthemen einer von Freire inspirierten pädagogischen Arbeit seien. In der Folge sollte über einen Text diskutiert werden, den die Teilnehmenden in der vergangenen Sitzung ausgeteilt bekommen hatten und der das Thema Paulo Freire und Curriculum behandelte.[340] Da der große Teil der teilnehmenden Lehrerinnen den Text nicht gelesen hatte, fiel der Hauptredeanteil, wie in anderen Teilen der Fortbildungseinheit auch, der Leiterin zu. Ihr Verhalten war geprägt von einer wohlwollenden, empathischen und unterstützenden Art. Sie entschied sich dafür, nicht eine systematische Darstellung der Inhalte des betreffenden Textes zu präsentieren, sondern sprach allgemein davon, dass Paulo Freire Anregungen für das Schulcurriculum geben könne. Sie betonte, dass die Ideen Paulo Freires „uns für die Reflexion anregen, selbst wenn er selbst nicht über Curriculum geschrieben hat."[341] Den Erkenntnisgewinn der Zuhörenden vermag ich nicht einzuschätzen. Es wurde jedoch deutlich, dass die Erläuterungen der Leiterin eher als eine Art Hinführung zum Thema darstellten als eine tiefer gehende und konkrete Einführung in deren zentrale Aspekte. Im Anschluss daran folgte eine Kleingruppenarbeit, in denen sich die Anwesenden auf der Basis ihrer persönlichen Erfahrungen und des genannten Textes – unklar blieb wie das geschehen sollte, da der Inhalt des Textes ihnen wie erwähnt weitgehend unbekannt war – anhand von einigen Fragen zum Thema Curriculum Gedanken machen sollten und die Ergebnisse gestalterisch auf vier Papierkarten von ungefähr zehn mal zwölf Zentimeter Größe festhalten sollten. Dies schien jedoch den teilnehmenden Lehrerinnen nicht so zu gehen, oder aber, sie nicht weiter zu irritieren. Es bildeten sich rasch Kleingruppen und die Arbeit begann. Die Kleingruppenarbeit sollte zu Fragestellungen der folgenden Themenkomplexe erfolgen: Reflexion über die Urheberschaft der Curricula der Schulen, Reflexion über eigene Erfahrungen des Gestaltens von Curricula, Reflexion über ein Zitat von Paulo Freire, Reflexion über Lerner als Konstrukteure von Wissen und nicht Empfänger von Wissen, Reflexion über Lesen der Welt als Impuls für Curriculumsgestaltung, Reflexion über Vorteile und Verbesserungspotentiale des Curriculums.[342] Ob für die Anwesenden die Aufgabenstellung deutlich zu erschließen war, konnte von mir nicht festgestellt werden, auch wenn ich vermute, dass diese in Teilen unklar blieb. Jedoch wurde deutlich, dass dies, wenn es der Fall war, von den Anwesenden ohne weitere Verwirrung akzeptiert wurde. Ich gewann den Eindruck, dass die anwesenden Lehrerinnen den Schwerpunkt der Gruppenarbeit auf die gestalterische Umsetzung im Sinne einer Präsentation der Ergebnisse setzten. Diskussionen über die Fragestellungen fanden nur in geringem Umfang statt,

---

340 Vgl. Santiago (2007).
341 Roberta Stangherlim 06.11.2007, vgl. Protokoll Archiv Funke.
342 Vgl. Arbeitsblatt IPF *Questões para reflexão sobre Currículo*, unveröffentlichtes Material, Archiv Funke.

vielmehr wurden prozessorientiert nach und nach die vier Papierkarten gestaltet. Nach meinem Eindruck waren hier die subjektiven Emotionen und Imaginationen im Hinblick auf ein ideales Curriculum und dessen Umsetzung im Unterricht von besonderer Bedeutung. Im Anschluss wurden die sehr farbenfrohen Ergebnisse im Plenum vorgestellt. Die Lehrerinnen zeigten Stolz auf ihre Werke und zeichneten ein buntes, harmonisches Bild von Schule und Curriculum.

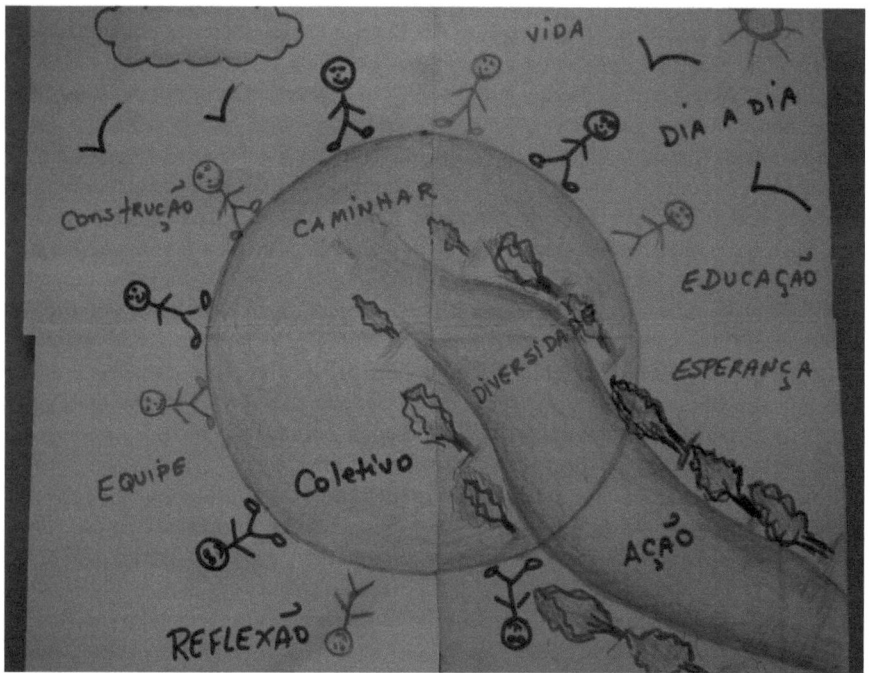

Abbildung 3: Gruppenarbeit zum Thema Curriculum[343]

Zusammenfassend wurden in der Folge durch die Leiterin Schlüsselbegriffe, die für die Freire-Pädagogik zentral sind, gesammelt und auf eine Wandzeitung angeschrieben. Sie forderte die Lehrerinnen dazu auf, ihrerseits Begriffe vorzuschlagen, die aus ihrer Sicht wichtig sind. So wurde zunächst zu den präsentierten Werken assoziiert und dann weitere Begriffe ergänzt. Auf diese Art und Weise ergab sich eine Sammlung folgender Termini und Ausdrücke: Weg, Traum, Verpflichtung, Kontinuität, Veränderung, Vielfalt, Zusammenhalt, Haltung, Hoffnung, Transformation, Lehrzeit, Kollektiv, Dialog, Freude, Konstruktion von Wissen, Lesen der Welt, allen eine Stimme geben, Liebe, Schule, Multikulturalität, Gemeinschaft, zusammen gehen, die Welt mit dem Subjekt – das Subjekt mit der Welt und Utopie. Konkrete Handlungsschritte zu deren Umsetzung in der Schule, also zum Thema Curriculum, wurden nicht thematisiert.

Insgesamt gewann ich den Eindruck, dass solche konkreten Handlungsvorschläge weder im Zentrum des Interesses der Leiterin noch der Lehrerinnen standen. Offenbar ergab sich hier aus meiner europäisch geprägten Sichtweise eine empfundene Leerstelle,

---

343 Osasco 06.11.2007, Archiv Funke.

ein Wunsch, die genannten und gemalten Ergebnisse stärker in symbolisch fassbare Formen zu überführen und sie so praktikabel zu machen, als dies für die übrigen Anwesenden
der Fall war. Vielmehr schien es in diesem Treffen aus deren Sicht wichtig zu sein, a) ein
gemeinsames Bekenntnis zu einer von Freire inspirierten Pädagogik zu formulieren und
b) für die Lehrerinnen einen Raum zur Verfügung zu stellen, in dem sie sich schrittweise
der Reflexion über die eigene Tätigkeit nähern können und in dem zunächst die Anerkennung und wertschätzende Aufmerksamkeit für ihre Tätigkeit und vor allem auch für sie als
Personen im Mittelpunkt stehen. Die Entwicklung eines Bewusstseins von sich selbst als
lehrende und erziehende Person, die über diese Tätigkeit Wertschätzung geben und erhalten kann und einen wichtigen Beitrag zur persönlichen Entwicklung ihrer Lerner leisten
kann, scheint hier zentral und einer der ersten Schritte zu sein. Und dieses Bewusstsein
entwickelte sich im geschilderten Beispiel zunächst auf der Ebene des Fühlens und Imagi-
nierens. Konkrete, fassbare, praktische Ergebnisse einer Fortbildung können aus diesem
Grund möglicherweise zunächst in einem zweiten, dritten und vierten Schritt erarbeitet
und in weiteren Schritten umgesetzt werden. In diesem Sinn könnte hier freiresche Bewusstseinsbildung, wie Freire sie beschreibt, die Voraussetzung für kritisches Denken und
Handeln sein, welches erst nach und nach wachsen kann. Dennoch drängte sich mir in
einigen Punkten der Eindruck auf, dass die im Seminar genannten Schlüsselbegriffe nicht
in die Praxis umgesetzt wurden, wie zum Beispiel der Begriff des Dialogs. Über die
Gründe dafür kann hier nur spekuliert werden. Es wäre nicht seriös, dem IPF in Bezug auf
das beschriebene Projekt mangelnde Umsetzung ihrer eigenen Ideale vorzuwerfen. Vielmehr lässt sich festhalten, dass unterschiedliche Faktoren dazu führen können, dass wohl-
klingende Begriffe wie Dialog nicht immer leicht umzusetzen sind.[344] Möglicherweise
waren die Lehrerinnen zu ermüdet, oder aber zu unerfahren darin, sich an Prozessen der
Konstruktion von Wissen zu beteiligen – ein Faktor, der nicht unterschätzt werden sollte,
denn dies will gelernt sein und ergibt sich nicht automatisch – oder aber die Leiterin war
zu unerfahren darin, Konstruktion von Wissen dialogisch anzuregen und zu gestalten und
es fehlte ihr an den nötigen didaktischen Kompetenzen.

4.3.2.3 Außerschulische Jugend- und Erwachsenenbildung: *Educação de Jovens e Adultos* (EJA)

Im Rahmen der staatlichen außerschulischen Jugend- und Erwachsenenbildung entwickelt
das IPF zahlreiche Lehrmaterialien insbesondere für Alphabetisierungskurse. Beispiele
sind die Lehrwerke *Alfabetização Multimeios* (in Zusammenarbeit mit dem Verlag Escola
Multimeios, 2005), zu welchen es ergänzend auch Alphabetisierungskurse im Schulfern-
sehen gibt und *Tecendo o Saber* (in Zusammenarbeit mit den Stiftungen Vale do Rio Doce
und Roberto Marinho, 2005). Die Reihe *Alfabetização Multimeios*[345] besteht aus vier Ar-
beitsheften, die jeweils in thematische Einzelhefte untergliedert sind und einem Almanach,
der weiterführende Lern- und Arbeitsanlässe und Aufgaben enthält. Darüber hinaus enthält es ein Lern-/Reflexionsheft für die Lehrkräfte (*Caderno de Formação*), mit dessen
Hilfe sie die eigene Unterrichtspraxis reflektieren können und das Artikel zu den folgenden Themen enthält: allgemeine Einführung in den Kontext der Bildungs- und Erziehungsarbeit in Brasilien, das *Lesen der Welt* nach Paulo Freire, generative Themen, Prin-

---

344 Zusätzlich könnte hier zunächst eine genaue Begriffdefinition im jeweiligen Kontext vonnöten sein.
345 Vgl. hierzu die Broschüren des IPF/Escola Multimeios *Lançamento Alfabetização de Jovens e Adultos*
und *Síntese do Projeto Pedagógico*, ohne Jahresangabe, Archiv Funke.

zipien des Zusammenlebens, dialogisches Evaluieren, die Methode Paulo Freire, dialogisches Planen, politisch-pädagogische Projekte, Kulturzirkel und die Konstruktion des Lesens und Schreibens. Hinzu kommen noch eine CD, welche zum Almanach gehört, eine Videokassette mit 17 Lektionen des Schulfernsehens und 21 CDs mit jeweils zwei Radioprogrammen. Die Verfasser der Bücherreihe betrachten „den Alphabetisanden als wahrhaftes Subjekt der Medien und des Lernprozesses, als einen Konstrukteur von Wissen" (Gadotti in *Síntese do Projeto Pedagógico*, 1). Im Sinne des Zieles, nicht nur Alphabetisierungsarbeit, sondern auch Bewusstseins- und Politisierungsarbeit zu leisten, sind die Arbeitshefte für den Unterricht von Freire inspiriert und an ihm orientiert. Ihre Themen sind a) *Ich in der Welt des Lesens und Schreibens* b) *Ich und die Welt der Arbeit und des Wissens* c) *Das Lesen der Welt, um sie zu verändern* und d) *Die zwischenmenschlichen Beziehungen und die Kommunikationsmedien*. Dementsprechend lauten die Unterthemen beispielsweise: *Die Wichtigkeit des Lernens, Lebenslanges Lernen, die Wichtigkeit des Besitzes von Ausweispapieren, die Welt der Arbeit – Rechte der Arbeitnehmer, Karten- und Bilderlesen, Technologie und Entwicklung auf dem Land, das Recht auf Landbesitz, das Recht auf festen Wohnsitz, Kontraste in der Großstadt, Freundschaft und Solidarität, Glück, Kommunikation, Umgang mit Fernsehen*. Der Aufbau und die Inhalte dieser Lehrwerke legt den Schluss nahe, dass die brasilianische Regierung beziehungsweise das Erziehungsministerium das Thema Alphabetisierung und Erziehung zur aktiven, politischen Bürgerschaft ernst nimmt. Im Verlauf der Arbeitshefte werden die Alphabetisanden umfassend über ihre Rechte aufgeklärt – eine Tatsache, die besondere Beachtung verdient. Die Auswahl der Themen zeigt auch, welcher Lernbedarf in der Bevölkerung offenbar vorhanden ist.[346] Die Reihe *Tecendo o Saber* (wörtlich übersetzt „Wissen ersinnend") besteht aus Lehrbüchern, die für bereits alphabetisierte Lernerinnen entwickelt wurden. Es enthält den Lernstoff der ersten vier Grundschulklassen und besteht aus vier Modulen, die jeweils 16 Schulfernsehprogramme beinhalten sowie zwei Lern- und Arbeitsbücher. Die Reihe hat zum Ziel „zusammen mit Dir [dem Lernenden, K.F.], … ein besseres, gerechteres und glücklicheres Brasilien zu erdenken". (*Tecendo o Saber*, Modul 1, Lese- und Reflexionsbuch, 9) Themen der Reihe sind unter anderem Gesundheit, Ernährung, Ungleichheit und Konsum, Wasser und Leben, Umweltschutz, Wiederverwertung, Volkssagen und Volksfeste, Körper und Umgang mit dem eigenen Körper, kulturelle Vielfalt in Brasilien, Arbeit und Geschlechterbeziehungen, afrikanische Präsenz in Brasilien, indigene Bevölkerung und Kolonisatoren, Kinderrechte, Kontraste in der Stadt, Kontraste auf dem Land, brasilianische Volkskunst sowie Werbung und kritischer Konsum. Sie ähnelt damit in Inhalten und Zielsetzungen den Lehrwerken von *Alfabetização Multimeios*. Darüber hinaus entwickelte das IPF ebenfalls das Programm MOVA-Brasil *Alfabetização e Cidadania: Promovendo Dignidade Humana*[347] (Alphabetisierung und Staatsbürgerschaft: Im Sinne der Menschenwürde), ein vom föderalen Erziehungsministerium, PETROBRAS und FUP (*Federação Única dos Petroleiros* – Gewerkschaft des Mineralölsektors)[348] finanziertes landesweites Alphabetisierungsprogramm, für das das IPF auch die Lehrkräfte ausbildet und das nicht nur die Alphabetisierung der teilnehmenden Bürgerinnen zum Ziel hat, sondern deren aktive Staatsbürgerschaft und politische Beteiligung. Auch die enge Zusam-

---

346 Es wäre weiterführend interessant, die Praxis dieser Erziehungs- und Alphabetisierungskurse zu erforschen, um weitere Erkenntnisse darüber zu erhalten, wie sich der Lehr-Lernprozess in den einzelnen Arbeitsgruppen gestaltet und welche Konsequenzen dies für das Leben der Teilnehmenden hat.

347 Vgl. hierzu die Broschüre IPF/FUP/Petrobras/Ministério da Educação: *Projeto MOVA-Brasil* ohne Jahresangabe, Archiv Funke.

348 Mehr Informationen unter http://www.fup.org.br/.

menarbeit mit weiterer staatlichen Institutionen, Nichtregierungsorganisationen und Bewegungen wie zum Beispiel der Nationalen Bewegung der Abfallsammler, der Frauenbewegung, der Jugendbewegung, den kommunalen und bundesstaatlichen Ministerien für Erziehung und Gesundheit, den kirchlichen Einrichtungen der sozialen Arbeit, den Bürgerradiosendern, den Stadtteilorganisationen, Gewerkschaften und Banken sowie weiterer Institutionen ist Bestandteil dieses Programms.

4.3.2.4 Andere Aktivitäten

Das IPF ist noch in anderen Bereichen und Projekten sowie Kooperationen mit Nichtregierungsorganisationen tätig und führt regelmäßig Fortbildungen der eigenen Mitarbeiterschaft zu unterschiedlichen Themen durch, von denen ich im Folgenden zwei nennen und kurz beschreiben werde.

(1) Coopamare[349]
In Zusammenarbeit mit der Kooperative der Abfallsammlerinnen in São Paulo *Cooperativa de Catadores Autônomos de Papel, Aparas e Materiais Reaproveitáveis* (Kooperative unabhängiger Sammler von Papier, Abfällen und wieder verwertbaren Materialien, *Coopamare)* unterstützt das IPF die Arbeit dieser Berufsgruppe und setzt sich dafür ein, die Themen „Wiederverwertung" und „Mülltrennung" gekoppelt mit dem Thema „Beruf des Abfallsammlers" bekannter zu machen. Gleichzeitig startete es mit *Coopamare* im Oktober 2007 eine Zusammenarbeit, indem es die Mülltrennung im eigenen Hause einführte und die Materialien von den in der Kooperative organisierten Abfallsammlern abholen ließ und gleichzeitig Projekte zur Wiederverwertung der Materialien – zum Beispiel im Bereich der Anfertigung von Kunsthandwerk aus wiederverwertetem Metall und Plastik – initiierte, durch die die Sammlerinnen ihren Lebensunterhalt bestreiten können. Da das IPF vielfache Kontakte zu Politik und Wissenschaft besitzt, sowie auf kommunaler, bundesstaatlicher wie nationaler Ebene bekannt ist, stellt es für die Kooperative der Abfallsammlerinnen einen potentiell äußerst hilfreichen Partner dar. Um die Zusammenarbeit zu stärken beziehungsweise offiziell zu beginnen, lud das IPF einige Vertreterinnen der Kooperative sowie die Sammlerinnen selbst zu einem Treffen, das gleichzeitig als Fortbildung für die Mitarbeiter des IPF fungierte, in dasselbe ein. Das IPF war während des Treffens hochrangig besetzt; die pädagogische Direktorin Ângela Antunes war anwesend und sprach die Begrüßung. Sie betonte die Wichtigkeit der gleichberechtigten Zusammenarbeit und ihre Bedeutung für das IPF beziehungsweise deren Mitarbeiterinnen, um sich – in Anlehnung an Freire – „zu humanisieren". Im Laufe des Treffens berichteten die Gäste über ihre Tätigkeit als Abfallsammler und die Aufgaben der Kooperative. Sie schilderten ebenfalls, aus welchen Gründen sie den Beruf des Müllsammlers ergriffen: In der Regel hatten sie aufgrund von wirtschaftlicher wie sozialer Not keine andere Wahl. Die Kooperative bedeutet in dieser häufig vielfach nicht leicht zu bewältigenden Situation eine Möglichkeit für die Müllsammlerinnen, sich zu organisieren, gegenseitig zu unterstützen und eine gewisse berufliche und wirtschaftliche Sicherheit zu erringen. Es wurde im Verlauf des Treffens wahrnehmbar, dass die Anerkennung des *Anderen*, das Wahrnehmen der Wirklichkeit des *Anderen*, in diesem Falle des Müllsammlers, durch die Mitarbeiter des

---

349 Zu den folgenden Ausführungen vgl. Faltblatt, Materialien und Aufzeichnungen *Formação Interna. Coleta Seletiva e Cidadania*, IPF 26.10.2007, Archiv Funke.

IPF für die Müllsammlerinnen – vielmehr die Sammlerinnen von wiederverwertbarem Material – von großer Bedeutung war. Während die Mitarbeiter des IPF alle den wirtschaftlich gesehen mittleren und oberen gesellschaftlichen Schichten angehörten, gehörten die Müllsammlerinnen zu den armen bis ärmsten Bevölkerungsgruppen. Indem die in der gesellschaftlichen Hierarchie oben stehenden sich für die *Anderen* interessierten, und für eine Begegnung und Kooperation zur Verfügung standen, öffneten sie den Weg für den Dialog oder zumindest für den Versuch eines Dialogs. Es wurde aber auch deutlich, dass die marginalisierten Gruppen immer auf die Bereitschaft der wirtschaftlich überlegenen Gruppen, die häufig auch sozial und bildungsbedingt im Vorteil sind, angewiesen waren, um Gehör zu finden und Repräsentanz im öffentlichen Raum und im politischen Diskurs zu erlangen.

(2) Dia da Consciênca negra[350]

Zum „Tag des schwarzen Bewusstseins"[351] fand im IPF ebenfalls eine Mitarbeiterinnenfortbildung statt. Das IPF hatte eine schwarze Aktivistin und Mitarbeiterin des Dezernats für Erziehung der Stadt Osasco eingeladen, um Details über die Grundsätze und Implikationen des nationalen Gesetzes 10.639/2003 zu erfahren, welches den Wert des kulturellen und historischen Vermächtnisses der Schwarzen in Brasilien hervorhebt und als Unterrichtsgegenstand für die Grund- und Mittelstufe verpflichtend macht, sowie den „Tag des schwarzen Bewusstseins" auf den 20. November festlegt. Die Referentin, Marilândia Frazão, selbst eine Schwarze, bezeichnete sich selbst als militant[352] und dementsprechend setzte sie die Schwerpunkte in ihrem Vortrag. Sie betonte die Bedeutung der Kultur und Geschichte der Schwarzen und plädierte für eine umfassende Bildung und Erziehung zu einem „schwarzen Bewusstsein". Als Beispiel zeigte sie ein Foto eines zweijährigen schwarzen Jungen, der auf eine afrikanische Trommel schlägt, als Zeichen seiner Leidenschaft für sein afrikanisches Erbe. Dies bezeichnete sie als symptomatisch für die schwarze Bevölkerung Brasiliens. Trotz einiger Zustimmung regte sich in der Zuhörerschaft in Zwiegesprächen ein gewisser Widerspruch – es schien, als lasse die Referentin keine andere Wirklichkeit neben der schwarzen Realität zu und vereinnahme die Schwarzen Brasiliens für eine starr konstruierte Definition ihrer kulturellen Identität. Auffällig war jedoch, dass niemand der Anwesenden die Kritik im Plenum offen äußerte. Erst in den informellen Gesprächen im Anschluss an die Veranstaltung stellte sich heraus, dass bei den Anwesenden eine gewisse Verstörung eingetreten war. Ein weiterer Faktor ist wohl darin zu suchen, dass möglicherweise niemand der anwesenden Weißen eine Kritik äußern wollte, um sich nicht des Rassismus verdächtig zu machen. In dieser Konstellation wurde es dann für die weißen Beobachter ebenso schwierig, sich von ihrer (ebenso konstruierten) weißen Identität zu distanzieren: Die Weißen sind seit jeher die überwiegend herrschende und in

---

350 Zu den folgenden Ausführungen vgl. Faltblatt und Aufzeichnungen *Encontro de Formação Interna. Desafios e Possibilidades de Efetivação da Lei 10.639/03.* IPF 14.11.2007, Archiv Funke.

351 Das Wort *negro* bedeutet ins Deutsche übersetzt weder schwarz noch farbig, obwohl es die Bevölkerungsanteile Brasiliens bezeichnet, die eine dunkle Hauptfarbe haben, da sie afrikanische Wurzeln haben. Das Wort wird sowohl von den entsprechenden Personen selbst als auch im offiziellen Sprachgebrauch verwendet. Da im Deutschen am ehesten das Wort „schwarz" benutzt wird, verwende ich es im Folgenden ebenfalls, obwohl die brasilianischen *negros* mit Recht konstatieren, dass ihre Hautfarbe nicht schwarz, sondern allenfalls braun sei. Das Wort *negro* hingegen bezeichnet weniger eine Hautfarbe als eine Ethnizität oder kulturelle Identität; es impliziert eine Identifikation mit einer geteilten Geschichte und nicht selten einen gewissen Stolz darauf.

352 Hierzu muss angemerkt werden, dass der Begriff im brasilianischen Portugiesisch durchaus üblich und akzeptiert ist. Er bezeichnet eine eindeutige, radikale Haltung und ist nicht negativ konnotiert.

jeglicher Hinsicht privilegierte Gruppe in Brasilien, und schon allein aufgrund ihrer Hautfarbe tragen die anwesenden Weißen eine imaginierte Last und Form von Schuld und Verantwortung, die solange bestehen bleibt, wie die Machtkonstellationen nicht zum Gegenstand des Diskurses selbst gemacht werden.[353] Aus meiner Sicht konstruierte die Referentin in ihrem Vortrag Ethnizität und kulturelle Identität nach einem imaginierten und verbindlichen gemeinsamen Narrativ sowie festgelegten Eigenschaften.[354] Vielfalt und Pluralität fanden in dieser Argumentationslinie wenig Raum. Für eine multikulturelle Gesellschaft wie die Brasiliens wäre aber genau das von größter Bedeutung. Das Beispiel des
kleinen Jungen stellt eher eine autoritäre und essentialistische Vereinnahmung hinsichtlich
seines vermeintlich ethnisch motivierten Handelns als eine Veranschaulichung schwarzen
Bewusstseins in Brasilien dar. Anstatt dass über das sich befreiende Subjekt und dessen
Eigenschaften an sich nachgedacht wird, erscheint es hilfreicher und zeitgemäßer, die Hierarchien und Beziehungsgeflechte in den Blick zu nehmen, die das und in denen sich das
Subjekt in seiner Identität, seiner Aktivität und seinem Selbstausdruck fortwährend neu
konstituiert. Dennoch gibt jedoch Cavalcantí (2006) mit Recht zu bedenken:

> „Wenige Ideen haben in den letzten Jahrzehnten eine annähernd einmütige Akzeptanz er-
> langt wie diejenige der Wertschätzung der Diversität. (…) In einem Horizont, der, mit der
> Hegemonie des neoliberalen Denkens, von der Einengung der Möglichkeiten politischen
> Wandels geprägt war, sind wenige Bereiche des politisch-sozialen Feldes übrig geblieben,
> wo sich Vitalität und Vorschläge für Transformation offenbaren. (…) Eine exzessive Auf-
> wertung der kulturellen Subidentitäten, die in einer bestimmten Gesellschaftsformation vor-
> handen sind, kann allerdings die provisorische Stabilität der facettenreichen nationalen Iden-
> titäten der komplexen Gesellschaften des Spätkapitalismus in Gefahr bringen. Dieses Phä-
> nomen gibt Grund zur Besorgnis in einer Gesellschaft wie der unsrigen [der brasilianischen,
> K.F.], mit ihrem Erbe eines Kolonisationsprozesses und einem Nationalstaat, der das Ergeb-
> nis einer jungen historisch-kulturellen Entwicklung ist und mit einem Sozialgefüge, das von
> erschreckenden Niveaus sozialer Exklusion geprägt ist." (Cavalcantí 2006, 49)

Er weist also darauf hin, dass ein Land wie Brasilien, in dem große soziale Ungleichheit
herrscht, auf der einen Seite Diversität anerkennen muss, auf der anderen Seite jedoch in
besonderem Maße darauf angewiesen ist, eine nationale Identität zu stärken, die einen
„symbolischen und politischen Zusammenhalt" (ebd., 49) gewährleistet – um nicht letztendlich weiter in unterschiedliche soziale Gruppen zu zerfallen. Mit Recht weist er zudem
darauf hin, dass der Diskurs des Multikulturalismus nicht unverändert von Nordamerika
nach Brasilien übertragen werden kann, denn „das Spezifische unserer kulturellen Erfahrung [ist, K.F.] offenkundig und verlangt nach der Konstruktion eines eigenen Interpreta-
tionsrahmens." (Cavalcantí 2006, 58) Natürlich aber ist das Anliegen der Schwarzen Brasiliens mehr als berechtigt. Neben der Gruppe der indigenen Bevölkerung sind sie diejenigen, die im Verlauf der Geschichte Brasiliens die stärkste wirtschaftliche wie kulturelle
Unterdrückung und Ausbeutung hinnehmen mussten und es in vielerlei Hinsicht bis heute
müssen. So sind die „Forderungen … afrikastämmiger Brasilianer (…) legitimer Ausdruck
der Unzufriedenheit über die Situation sozialer Exklusion, in der sich ein bedeutender Teil

---

353 Auch ich als Weiße und noch dazu Europäerin konnte sich von diesem Geschehen nicht ausschließen.
354 Zum Thema Ethnizität und kulturelle Identität und deren Konstruktion auf der Basis „schwarzer Erfah-
    rung" vgl. insbesondere Hall (2000c, 15 ff. und 26 ff.). Obwohl er kulturelle Identitäten als hybrid und
    vielfach verortet konstruiert beschreibt, bezweifelt er jedoch, „daß die Marginalisierten sich bemerkbar
    machen könnten, ohne sich zunächst auf etwas zu gründen." (Ebd. 62) Mit der Betonung auf *zunächst*
    jedoch deutet er an, dass dies nicht dauerhafter Ausgangspunkt von kulturell-ethnischer Argumentation
    und Kampf um Repräsentation sein sollte.

dieser Gruppe befindet." (Cavalcantí 2006, 56) Auch sollte es dieser Gruppe nicht ange-
tragen werden, es sei ihre Verpflichtung, sich ebenfalls für die Anliegen anderer benachteiligter Gruppen einzusetzen. Sobald sich aber die Parteilichkeit für die Benachteiligten in
der Gesetzgebung und im allgemeinen politischen Diskurs niederschlägt oder ihre Aktivisten gleichzeitig auch politische Posten innehaben, so sollte eine vielschichtigere Betrachtungsweise Anwendung finden und auch andere Minderheiten zumindest mit in den Blick
genommen werden, anstelle Ethnizitäten entlang der – noch so berechtigten Begehrlichkeiten – einzelner Gruppen zu konstruieren.[355] Der Umgang mit ethnischen Minderheiten
ist in diesem Sinne auch ein Ausdruck der Suche nach einer brasilianischen Identität, welche die unterschiedlichen ethnischen Gruppen auf der einen Seite einzuschließen, auf der
anderen Seite dennoch als different zu kennzeichnen in der Lage sein muss, denn

> „[d]er Mythos der drei Rassen [Weiße, Indianer und Schwarze, K.F.], welche sich in der
> Gesellschaft auflösen, erlaubt es den Individuen unterschiedlicher sozialer Klassen und un-
> terschiedlicher Hautfarbe, innerhalb eines vorgegebenen Musters die Beziehungen zwischen
> den Rassen, die sie selbst erleben, zu definieren. Dies stellt die Bewegungen der Schwarzen
> vor ein interessantes Problem. In dem Maße, wie die Gesellschaft sich die Ausdrucksformen
> schwarzer Kultur aneignet und sie in einen einstimmigen Nationaldiskurs integriert, fürchtet
> man, dass sie ihre Besonderheit verlieren. (…) Die Konstruktion einer gemischten National-
> kultur macht das Erkennen der Grenzen zwischen den Hautfarben noch schwieriger. Indem
> man den Samba zum nationalen Kulturgut erklärt hat, was er de facto heute ist, hat man die
> Besonderheit seines Ursprungs, nämlich dass er eine Musik der Schwarzen war, ausge-
> löscht." (Ortiz 1994, 43)[356]

Auch bei dieser Gelegenheit wird erneut die Stärke und gleichzeitig die Schwäche des
Denkens von Paulo Freire deutlich: Sein Denken passt zu den Anliegen aller Gruppen, die
mit Benachteiligungen und Diskriminierungen konfrontiert werden. Freire liefert jedoch
kein Analysemodell, wie vielfältige Beziehungsgeflechte und hegemoniale Verstrickungen
sowie hybride Identitäten und Identifizierungen reflektiert und gedeutet werden können.
Deswegen bleibt es dementsprechend schwierig, ausschließlich unter Berufung auf Paulo
Feire Handlungsansätze zu entwickeln, die diesen Mehrdeutigkeiten Rechungen tragen.[357]

(3) Projeto Memória[358]
Im Jahre 2005 publizierte das IPF in Zusammenarbeit mit der *Fundação Banco do Brasil*
(Stiftung der Brasilianischen Bank) und des Programms der PETROBRAS *Fome Zero*
(„Null Hunger") sowie in Kooperation mit dem nationalen Kulturministerium im Rahmen
des *Projeto Memória* („Projekt Erinnerung") ein Paulo-Freire-Lehrbuch (beziehungsweise
Almanach) inklusive Lehrerhandbuch, einen Dokumentarfilm und einen Bildband zum
Leben und Wirken Paulo Freires. Des Weiteren gehören zum Projekt eine Wanderausstel-

---

355 Zum Thema brasilianische Kultur und kulturelle Identität vgl. zum Beispiel auch Nitschak (1996,
     248 ff.).
356 Vgl. dazu auch erläuternd Ortiz (1994, 127 ff., insbesondere 141).
357 Andere Theorierichtungen, wie zum Beispiel die *Cultural Studies*, postmoderne Theorieansätze oder
     der *Interaktionistische Konstruktivismus* liefern hier plausiblere Ansätze, die das Denken Paulo Freires
     ergänzen können. Eine ähnliche Schwierigkeit wie der Ansatz Freires weißt zum Beispiel die Vorstel-
     lung der *Multitude* von Hardt/Negri (2004), die davon ausgehen, Vielfalt an sich bewirke bereits eine
     Demokratisierung.
358 Zu den folgenden Ausführungen vgl. IPF/PETROBRAS/Fundação Banco do Brasil (2005): *Paulo
     Freire, Educar para transformar: almanaque histórico* und Anschreiben sowie Auswertungsbogen,
     Archiv Funke.

lung, die in 800 Kommunen brasilienweit gezeigt wurde, und eine Internet-Homepage.[359] Der Almanach und das Lehrerhandbuch wurden als „Pädagogisches Kit" in die 18 000 öffentlichen Grundschulen ganz Brasiliens versandt sowie der Bildband und die Videodokumentation in 5 000 öffentliche Bibliotheken. Parallel dazu schrieb die Stiftung *Assis Chateaubriand* einen nationalen Preis zum *Projeto Memória* mit dem Aufruf um Zusendungen zum Thema *Paulo Freire – Educação para a Transformação* (Paulo Freire – Erziehung für Transformation) aus. Teilnehmen konnten Schüler und Schülerinnen der Grund- und Mittelstufe, aber auch Studenten der Hochschulen. Die Stiftung erhielt im Rahmen dieses Wettbewerbs 7 535 Zusendungen. Der historische Almanach, der anhand der Biografie Paulo Freires nicht nur Wissen über sein Leben und Werk vermitteln möchte, sondern ausgehend vom Leben und Schaffen Paulo Freires zahlreiche Querverweise, Assoziationen und Lernanlässe gibt, die weit über das eigentliche Thema hinausgehen, ist ein umfangreiches und sehr anschaulich gestaltetes Lehrwerk, das Themeneinheiten zu Geschichte, Erdkunde, Kunst, Kultur, Wirtschaft und Landeskunde Brasiliens und darüber hinaus auch Informationen zu Natur und Umweltschutz, Kindheit und Jugend in Brasilien und anderem mehr gibt. Nach einem jeweils in das Kapitel einführenden Text sind weiterführende Informationen, Fragen und Gesprächsanlässe in die Kategorien *Leitura do mundo* (Lesen der Welt), *Você sabia?* (Wusstest Du schon?), *Saber Cuidar* (Sich kümmern um – Texte zum Naturschutz), *Conhecendo mais* (Mehr erfahren), *palavra geradora* (Generatives Wort) und *Que lugar é este?* (Was für ein Ort ist das?) untergliedert. Es ist bemerkenswert, dass dieses Material brasilienweit – und für die Nutzerinnen kostenfrei – versandt wurde. Diese Tatsache deutet darauf hin, dass Paulo Freire einen verhältnismäßig großen Einfluss auf die Gestaltung der Erziehung, insbesondere der Primarschulerziehung hat oder vielmehr haben kann. Der Almanach ist ansprechend und didaktisch versiert gestaltet, so dass es vorstellbar ist, dass die Lehrerinnen und Lehrer mit ihm arbeiten. Allerdings ist seine Einsetzbarkeit im Grundschulbereich insofern eingeschränkt, als die Schülerinnen bereits lesen und schreiben können müssen, um ihn zu benutzen; zudem ist die Schrift teilweise sehr klein und die Formulierungen nicht einfach, so dass eine Verwendung frühenstens ab der vierten Klasse realistisch zu sein scheint.[360] Zudem ist kritisch anzumerken, dass ein Foto eines Denkmales in Stockholm abgebildet ist, das Paulo Freire in einer Reihe mit Mao Tse-Tung darstellt. Obwohl auf dem Foto nur Paulo Freire zu sehen ist, ist das Foto untertitelt mit den Worten, das Denkmal sei eine Ehrung derjenigen, die gegen Unterdrückung gekämpft hätten, unter ihnen Mao.[361]

---

359 www.fundacaobancodobrasil.org.br
360 Das brasilianische Schulsystem gliedert sich in zwei Teile: *Ensino fundamental* (Grundschule oder Basisausbildung), welche die Stufen eins bis acht umfasst, sowie *Ensino médio,* (Mittelstufe), die drei weitere Jahre, also die Stufen 9–11 beinhaltet. Um den Zugang zur Universität zu erhalten, muss nach Abschluss der Mittelstufe außerhalb der Schule eine umfangreiche Prüfung abgelegt werden, das so genannte *Vestibular.* Das Abschlusszeugnis des *Ensino médio,* das so genannte *segundo grau,* entspricht nicht dem Abitur des deutschen Schulsystems. Lehrbücher, die für den Grundschulbereich konzipiert sind, umfassen demnach die Altersgruppen von 7 bis ungefähr 15 Jahren.
361 Vgl. IPF/PETROBRAS/Fundação Banco do Brasil 2005, 61. Zur unkritischen Rezeption autoritärer Richtungen des Sozialismus und Marxismus durch Freire selbst vgl. auch Kapitel 1 dieser Arbeit.

4.3.3   Von Freire inspirierte Praxis anderer Träger: *Projekt zur Wertschätzung des Lehrers und der Verbesserung des Unterrichts*

Nicht nur das IPF, sondern auch andere Träger und Institutionen realisieren Projekte, die von Freires Ideen durchzogen sind. Beispielhaft stelle ich im Folgenden das *Projeto Valorização do Educador e Melhoria da Qualidade do Ensino – PROVE*[362] (Projekt zur Wertschätzung des Lehrers und zur Verbesserung des Unterrichts) vor. Dieses Projekt wurde von anfänglich fünf, im Jahr 2007 von acht Schulen der südlichen Zone der Stadt São Paulo mit Unterstützung des Dezernats für Erziehung von São Paulo durchgeführt. Das Projekt hat schon seit über zehn Jahren Bestand; es wurde 1997 initiiert. Es wurde als ein „Wagnis [begonnen, K.F.] und verirrte sich in uns allen als ein Hilfeschrei in Anbetracht der Schwierigkeiten die wir (…) im Prozess des Lehren und Lernens (…) fühlten und lebten". (Revista PROVE 10 anos, Editorial) Bestandteile des Projektes sind unter anderem Lehrerfortbildungen, Kongresse zu schulischen Themen, Projekte zur Verbesserung des Unterrichts durch veränderte Unterrichtsmethoden, Demokratisierung der Schulen, Einbindung der Schulen in die Stadtteile, Verbesserung der Ausstattung und des Zustands der Schulgebäude ebenso wie die Wertschätzung der Lerner und Lehrer. Das gesamte Projekt PROVE ist von der Pädagogik Freires inspiriert und wird fortwährend durch diese motiviert. Eine an dem Projekt teilnehmende Schule ist die Grundschule *Mauro Faccio Gonçalves – Zacaria* im Stadtteil Jardim Guarujá, einem der armen Teile São Paulos.[363] Die Schule als Ganzes funktioniert neben ihren originären Aufgaben als eine Art Stadtteilzentrum. Das Schulgelände ist am Wochenende für die Bewohnerinnen des Viertels zugänglich, die den Sportplatz und den Grillplatz der Schule nutzen. Das große Foyer der Schule ist mit Ton- und Lichtanlage ausgestattet, so dass hier Discoabende mit den Schülern veranstaltet werden. Es gibt ein Schulparlament, das sich aus Lehrkräften, Schulangestellten, Schülern, Lehrerinnen und Eltern zusammensetzt und dass alle Themen die Schule betreffend reflektiert und entscheidet. Das tägliche Leben der Schülerinnen ist Gegenstand im Unterricht. Die Schülerinnen sollen sicht- und wahrnehmbar gemacht werden, um ihr Selbst-Bewusstsein zu stärken. Zum Beispiel werden jeden Monat im Foyer Fotos von all den Kindern aufgehängt, die in jenem Monat Geburtstag haben, und es findet ein gemeinsames Geburtstagsfest für diese Kinder statt. Bei diesen und anderen Festen backen und kochen die Schülerinnen selbst; in der Schule gibt es eine große Küche mit Bäckereiofen. Eine weitere Aktivität der Schule war die gemeinsame Renovierung der Schultoiletten durch Schüler und Lehrer. Der Zustand und die Ausstattung der sanitären Anlagen war von ihnen als „unwürdig" (Gomes Garcia, 09.11.2007) angesehen worden, so dass sie beschlossen, diese aus eigener Initiative heraus zu sanieren und für die Sauberhaltung zu sorgen. Die Schule koordiniert und leitet außerdem im Rahmen von PROVE ein umfang-

---

362   Zu den folgenden Ausführungen vgl. die Materialien: *Prove Livros 4 – Prove 10 anos 1997–2007*, ohne Angabe von Hg. und Jahr, *Revista Prove 10 anos, Ano 6, n° 6, Nov. 2007*, Gomes Garcia, Lacerda de Lacerda (Hg.) *Tecendo Histórias de Gente… 2007, O Zacaria no Projeto „Caravanas Do Conhecimento" São Paulo/Monte Azul Paulista 2007*, sowie Interviews mit Gomes Garcia am 30.10., 01.11. und 09.11.2007, Archiv Funke. Weiterführend informiert auch die Arbeit von Gomes Garcia (2004) *A Formação do Educador em Paulo Freire: A Constituição do Educador-Sujeito numa Prática em Processo*, die in diesem Kontext insbesondere auf das Selbstverständnis und Selbsterleben der am Projekt beteiligten Lehrerinnen fokussiert.

363   Ein Faktor unter vielen anderen, der dies deutlich macht, ist die Tatsache, dass in Sichtweite der Schule ein Friedhof liegt, auf dem auf ganz Lateinamerika bezogen die höchste Anzahl durch Gewalteinwirkung umgekommene Kinder und Jugendliche begraben sind (Auskunft von Gomes Garcia 09.11.2007, Archiv Funke).

reiches Lehrerfortbildungsprogramm, auch für andere Schulen und Universitäten. Ein anschauliches Beispiel der Aktivitäten der im Projekt PROVE engagierten Lehrerinnen und Lehrer ist die Publikation *Poetizando Paulo Freire* (*Gedichte über Paulo Freire schreibend*), die Olgair Gomes Garcia, die pädagogische Leiterin der Schule *Mauro Faccio Gonçalves – Zacaria* im Jahr 2002 herausgegeben hat. Sie beinhaltet eine Sammlung von Zeichnungen und Gedichten über Paulo Freire von Kindern öffentlicher Grundschulen in der Stadt São Paulo, die auf einen Aufruf des kommunalen Dezernats für Erziehung hin entstanden sind. Der Band ist ansprechend und anschaulich gestaltet. Es ergibt sich allerdings ein wenig der Eindruck, dass mit ihm eine gewissermaßen verklärte Sicht auf Paulo Freire geworfen wird, da Kinder über ihn schreiben, die ihn nicht gekannt haben und die ihr Wissen über und vor allem ihre Liebe zu und Leidenschaft für Paulo Freire von den Lehrkräften vermittelt bekommen haben.

4.4   Zusammenfassung und Schlussfolgerungen

Zur Rezeption und Wirkungsgeschichte der Arbeiten Freires während der Zeit der Militärdiktatur lassen sich Indizien finden, die die Vermutung nahe legen, dass zwar auf der einen Seite die Arbeiten Freires, wenn auch teilweise im Vergleich zur Publikation im Ausland zeitlich verzögert, erhältlich waren und in bestimmten Kreisen auch rezipiert wurden. Einige in dieser Zeit erschienene Publikationen zeigen dies. Da jedoch das staatliche System, insbesondere in den Jahren ab 1968 sehr autoritär strukturiert war und kein Interesse an gesellschaftlichen demokratisierenden Veränderungsprozessen hatte, blieb der Einfluss des Denkens Freires weitestgehend auf diesen Personenkreis, der sich schwerpunktmäßig aus studentischen, gewerkschaftlichen und marxistisch wie christlich orientierten Gruppen zusammensetzte, konzentriert. Erst mit der Lockerung des Militärregimes ab Mitte der 1970er Jahre gewannen die Ideen Freires erneut größeren Einfluss beziehungsweise waren Teil der für die Veränderungen fordernden Gruppen relevanten Literatur und in diesem Zusammenhang ein wichtiger Bezugspunkt. Mit der Rückkehr Paulo Freires nach Brasilien 1980 und seiner Tätigkeit an verschiedenen Universitäten sowie als Erziehungsdezernent der Stadt São Paulo nahm das Interesse an und der Bezug auf die Ideen Paulo Freires in Brasilien wieder zu beziehungsweise wurde wieder durch Publikationen und pädagogische Praxis nach und nach öffentlich sichtbarer. In der heutigen Politik Brasiliens lässt sich eine deutliche Hinwendung zu den Ideen Paulo Freires ausmachen, die sich in der kommunalen wie bundesstaatlichen und nationalen finanziellen Förderung von durch Freires Denken beeinflussten Publikationen im Bereich Schulbildung und außerschulische Bildung sowie von pädagogisch-politischen Projekten äußert. Diese Hinwendung lässt sich auch bei nicht-staatlichen Großunternehmen und Stiftungen beobachten.[364] Neben genuinem Interesse an *Volksbildung*, der Minimierung des Analphabetismus in Brasilien und der Stärkung des sozialen und politischen Engagements in der Bevölkerung spielen möglicherweise auch Gründe wie die Vereinnahmung Paulo Freires als „Nationalheld" für Zwecke der Imagepflege eine – vermutlich aber eher randständige – Rolle. Für große Teile der Bevölkerung – in erster Linie für die politische und intellektuelle Linke wie für diejenigen, welche nicht der wohlhabenden Elite Brasiliens angehören – und

---

364 Es wäre interessant, die Motivationslage für diese Entwicklung genauer zu untersuchen.

die politisch-pädagogischen Praktikerinnen selbst hat Paulo Freire jedoch zweifelsohne eine wichtige Bedeutung:

> „Im kollektiven Gedächtnis Brasiliens nimmt er den Platz ein, den er in der Tat verdient. Er war bei den markantesten unterschiedlichen Ereignissen unserer [der Brasilianer, K.F.] Geschichte in diesem Jahrhundert als Lehrer, als Brasilianer und als Radikaler anwesend. Sein größtes Vermächtnis jedoch sind nicht seine Werke, sondern seine Parteinahme für die Unterdrückten, die sich in die Erinnerung derjenigen eingeschrieben hat, die Geschichte machen." (Bessa 2001, 383)

Whitaker (2000) gibt jedoch entgegengesetzt dazu für den brasilianischen Kontext zu bedenken,

> „noch heute müssen wir Zweifel daran hegen, wenn jemand sagt, er wende sie [die Methode Paulo Freire, K.F.] an, sei es im Sinne der MOBRAL,[365] sei es im Sinne politischer Bildung. Was häufig heute in Brasilien gemacht wird, ist eine Karikatur, insbesondere da, in der aktuellen Situation des Landes, seine [Paulo Freires, K.F.] radikale revolutionäre Philosophie im Hintertreffen bleibt. (…) Natürlich muss eine solche Behauptung insofern relativiert werden, als es spezielle Situationen, ‚Mikrosituationen‘, die aus sozialen Bewegungen entstanden sind, gibt, die sich auf diese Methode stützen, oder besonders privilegierte Zeitpunkte, zu denen die Opposition regionale Regierungen übernommen hat." (Ebd., 307)

Konkret lassen sich für den aktuellen brasilianischen Kontext Beobachtungen festhalten, welche sich zum Teil mit den Hypothesen, die ich vor der Feldforschung hatte, decken: Die neueren Werke Paulo Freires sind offenbar in Kreisen der Freire-Community bekannter als in entsprechenden Kreisen in Deutschland oder im deutschsprachigen Raum.[366] Aber dennoch spielen diese Werke in der theoretischen Rezeption eine geringere Rolle als erwartet. Sie dienen in erster Linie als eine Inspiration für die eigene Praxis denn als ein Bezugspunkt für differenzierte theoretische Arbeiten. Eine Praxis der Beziehung und Anerkennung geht vor Theorie und Inhalt. Insgesamt ist Paulo Freire als Person im öffentlichen Leben bekannter als im deutschsprachigen Raum, da er eine zentrale Rolle als wichtige brasilianische Persönlichkeit spielt und für die brasilianische Gesellschaft einen besonderen (Stellen)wert besitzt.

Insgesamt lässt sich festhalten, dass, um die Qualität der von Freire inspirierten Praxis in Brasilien zu beurteilen, diese selbstverständlich genauer und systematischer untersucht werden müsste. An dieser Stelle war es das Ziel, Beispiele der Freire-Praxis vorzustellen, um einen Eindruck davon zu vermitteln, welchen Stellenwert Paulo Freires Ideen in der pädagogisch-politischen Praxis in Brasilien heute haben und in welchen Bereichen sie Anwendung finden. Dennoch lässt sich anhand der von mir beobachteten Projekte und Institutionen konstatieren, dass Paulo Freire nicht nur ein großes praktisches Echo in Brasilien findet, sondern dass eine an ihm orientierte Arbeit insbesondere dann Wirkung zeigt, wenn

> ➤ die grundlegende *Volksbildung* im Sinne von Bewusstseinsarbeit und politischer Bildung im Mittelpunkt steht,

---

365 Zum MOBRAL, dem staatlichen Alphabetisierungsprogramm während der Phase der Militärdiktatur und dessen Kritik siehe auch Riemann Costa e Silva (1990, 47) sowie Stückrath-Taubert (1975, 122 ff.).

366 Es lässt sich vermuten, dass sich dies nun in Teilen ändern wird, da im Jahr 2008 eine Übersetzung des letzten zu Paulo Freires Lebzeiten erschienenen Buches *Pedagogia da Autonomia* publiziert wurde. (*Pädagogik der Autonomie. Notwendiges Wissen für die Bildungspraxis.* 2008, Waxmann)

> ➢ die finanziellen und personellen Ressourcen gut sind, um eine intensive Arbeit zu ermöglichen und
> ➢ die Leiter dieser Bildungsarbeit selbst gut ausgebildet sind und ein authentisches Interesse an der Arbeit mit den Teilnehmenden haben.

Schwieriger gestaltet sich aus meiner Sicht die Arbeit unter finanziell und räumlich prekären Verhältnissen (wie in den öffentlichen Schulen), in verhältnismäßig starren Systemen (wie in Schulen und Universitäten) und wenn die Ausbildung der Leiterinnen selbst wenig profund ist. Als wichtiger Aspekt der Freire-Arbeit in Brasilien kristallisierten sich die Lern- und Erlebensprozesse auf der Ebene des Imaginären heraus. In vielen Fällen ist die Stärkung des Selbstbewusstseins, des Bewusstseins des eigenen Wertes und der eigenen Fähigkeiten, des Gefühls, wahrgenommen und ernst genommen zu werden, ein grundlegender Schritt, der sich jenseits von klar definierten pädagogischen und didaktischen Methoden und Zielsetzungen als fundamentale Voraussetzung für jede weitere pädagogische Arbeit konstituiert.[367] In der praktischen pädagogischen Arbeit dient Freire als Bezugspunkt, so dass demzufolge in mehr oder weniger engem Bezug zu seinen Ideen zahlreiche pädagogische Projekte stattfinden und umfangreiche Lehrmaterialien vorhanden sind. Insgesamt wird deutlich, dass das Schreiben und Handeln von Paulo Freire erst vor dem Hintergrund brasilianischer (Er)Lebens-, Denkens- und Wissenschaftswirklichkeit und -kultur verständlich wird. Das Reale als eine gesellschaftliche Wirklichkeit, die aus einer sozial orientierten, freiheitlich und demokratisch geprägten Sichtweise heraus in vielerlei Hinsicht Fragwürdigkeiten aufweist, ist die Basis, auf der Freire seine Forderungen begründet. Diese werden symbolisch auf andere Art und Weise formuliert als in der Regel in der Wissenschaft üblich. Denn sie sind motiviert aus einem Imaginären heraus, das seine Überzeugung aus Traum, Utopie und Hoffnung speist und so eine symbolische Fassbarkeit und Begründung scheut. Vor allem aber sind sie genährt aus direkten Notwendigkeiten, die durch die Struktur dieser Gesellschaft aufgeworfen werden, in der der Großteil der Bevölkerung in prekären Lebensverhältnissen lebt. Aus diesem Grunde kommen den Lern- und Erlebensprozessen auf der Ebene des Imaginären eine besondere Bedeutung zu. Bewusstseinsbildung im Sinne von Stärkung des Selbstbewusstseins, Bewusstsein und Wahrnehmung des eigenen Wertes und der eigenen Fähigkeiten sind die Grundlage von jeglicher Bildung und Erziehung. Dies gilt für alle am Lehr- Lernprozess Beteiligten. Jenseits von klar definierten pädagogischen und didaktischen Methoden und Zielsetzungen manifestiert sich eine so verstandene Bewusstseinsbildung als fundamentale Voraussetzung für jede weitere pädagogische Arbeit.

Damit ist die Pädagogik Paulo Freires nicht nur eine Pädagogik der Befreiung, sondern wird zu einer radikalen *Pädagogik der Anerkennung* und *Repräsentation*.[368]

---

367 Beim Besuch einer Veranstaltung an der PUC-SP, eines Doktoranden- und Mestrandenkolloquiums unter Leitung der Professorin Ana Maria Saúl, gewann ich einen ähnlichen Eindruck. Das heißt, es lässt sich vermuten, dass die Schwerpunktsetzung auch an der Hochschule eine ähnliche ist (vgl. Aufzeichnungen Doktorandenkolloquium der PUC-SP 13.11.2007, Archiv Funke).
368 Vgl. hierzu beispielhaft Broden/Mecheril (2007); darin zum Beispiel Do Mar Castro Varela/Dhawan (2007). Ein Anschluss des Ansatzes Freires an das Konzept der Repräsentation wäre interessant.

5. Zur Rezeption und Wirkung in der deutschsprachigen Theorie und Praxis

„Eine Kritik an Freire ist auch die, daß er kein eigenes umfassendes Theoriegebäude entwickelt hat. Uns sind Ansätze lieber, die in einem konkreten Kontext und in der Praxis entstehen, reflektiert werden und sich weiterentfalten, als Theoriegebäude, die im Elfenbeinturm entstehen." (Schulze/Schulze 1989, 27)

Freire hat seit dem Beginn seines Schreibens Ende der 1960er Jahre eine große Resonanz weltweit erzeugt. Eine Darstellung der Wirkungsgeschichte Freires im deutschsprachigen Raum[369] von Beginn seiner Tätigkeit an bis heute kann keine erschöpfende Analyse aller Veröffentlichungen und praktischen Projekte sein, die sich auf Freire beziehen. Vielmehr ist es das hier verfolgte Anliegen, einen Überblick der wichtigsten Strömungen seiner Rezeption und praktischen Anwendung darzustellen und somit eine Einschätzung seiner Bedeutung in der Vergangenheit wie heute zu erlauben.

Ich wähle hier beispielhaft den deutschsprachigen Kontext, da die Wirkungsgeschichte in Deutschland natürlich für die deutschsprachigen Leserinnen von besonderem Interesse ist, um daraus mögliche Schlussfolgerungen für eine potentielle aktuelle Relevanz Freires heute zu ziehen. Des Weiteren kann die Analyse der Rezeptionsgeschichte im deutschsprachigen Raum Anregungen und Orientierungspunkte für eine Betrachtung der Rezeptionsgeschichte in anderen Ländern liefern – zum Beispiel in Italien, wo Paulo Freire einen überaus großen Einfluss hatte –, um dann ebenso zu Rückschlüssen bezüglich seiner aktuellen Relevanz und Anwendungsmöglichkeiten in diesen Kontexten zu gelangen.

Die Wirkungs- und Rezeptionsgeschichte von Paulo Freires Schriften wie die Reaktionen auf seine Praxis in Deutschland stellt sich als eine Vielzahl von Veröffentlichungen in Form von Büchern, Heften und Artikeln in Zeitschriften dar, die sich explizit wie implizit auf die Ideen Freires beziehen. Dennoch findet kaum ein systematischer, (selbst)reflexiver sich wechselseitig aufeinander beziehender Diskurs zu den Arbeiten Paulo Freires statt. Ebenso gibt es ein unübersichtliches Spektrum von pädagogisch-politischer Arbeit in der Praxis, die gleichermaßen von den Ideen Freires geleitet oder beeinflusst war und (weniger) ist.

Es ist bemerkenswert, dass die wenige neuere Literatur, die die Wirkungsgeschichte Freires in Deutschland zumindest in Teilen darstellt, zusammenfasst oder Rückschlüsse auf diese zulässt, in der Mehrzahl in portugiesischer Sprache erschienen sind (obwohl durchgehend von deutschen Autoren verfasst). Das betrifft beispielsweise Schimpf-Herken (2000a),[370] Schroeder (2001), Dabisch (2001), Zwicker-Pelzer (2001), Große-Oetringhaus (2001), Gerhardt (2001) und Nestvogel (2001) in Araújo Freire (2001) sowie Schachtner (1999). In deutscher Sprache findet man kaum zusammenfassende Darstellungen der deutschsprachigen Wirkungsgeschichte,[371] sondern nur einzelne Dokumente der Wirkung selbst, wie Praxisberichte und Monografien zum Thema Paulo Freire und an-

---

369   Im Folgenden werde ich mich in erster Linie auf die Rezeption und Wirkung in Deutschland beziehen, sowie an einigen Stellen auf die Wirkung Freires in Österreich. Dies ist vor allem der Tatsache geschuldet, dass eine Zusammenarbeit zwischen Freireanern in Deutschland und Österreich existiert.

370   Dieser Artikel ist in ziemlich stark abgewandelter Form als Schimpf-Herken (2000b) in deutscher Sprache erschienen.

371   Eine Ausnahme stellt hier Rothermel (2003) dar. Ein kurzer, jedoch inhaltlich fragwürdiger Abschnitt zur Wirkung Freires im deutschsprachigen Raum findet sich auch bei Stauffer (2007).

grenzenden Themen. Insbesondere eine kritische Betrachtung der Rezeptionsgeschichte Freires ist so gut wie nicht erkennbar. Es gibt allerdings ältere Publikationen, die die praktischen Anwendungsversuche der Ideen Freires in Deutschland und Europa und so einen Teil der Wirkungsgeschichte Freires zusammenfassend darstellen, das sind in zum Beispiel erster Linie Bendit/Heimbucher (1977, 137 ff.), Persie (1984, 190 ff.) sowie Hernández (1977, 135 ff.). Im Folgenden wird die Wirkungsgeschichte Freires in Deutschland auf der Basis umfangreicher Literaturrecherche, Gesprächen mit Personen, die sich in Theorie und Praxis mit Paulo Freire beschäftig(t)en und der Beobachtung von Praxen, die sich auf Paulo Freire beziehen, beschrieben. Es gibt mehrere Ebenen, auf denen die Rezeption und Wirkung Freires in Deutschland stattgefunden hat: zum einen der *Dialog*, den er selbst mit den Freire-Praktikerinnen während seiner dortigen Besuche geführt hat. Zum anderen die Resonanz, die er in der praktischen Arbeit hauptsächlich der sozialen Bewegungen in Deutschland erzielt hat (vgl. Schimpf-Herken 2000a, 312),[372] sowie des Weiteren die Resonanz, die er in Form von Veröffentlichungen von sich auf ihn beziehender Literatur erhielt. In meiner Darstellung versuche ich, diese verschiedenen Ebenen so weit wie möglich zu berücksichtigen. Ausgehend von dieser Basis werde ich erste Schlüsse in Bezug auf die Frage ziehen, welchen Stellenwert Freire in der Vergangenheit in Deutschland hatte, aktuell hat und zukünftig haben könnte.

5.1 Rezeption von und Reaktion auf Paulo Freire in Institutionen und politisch engagierten Gruppen von den 1970er Jahren bis heute

Freires zweites Buch *Pädagogik der Unterdrückten* wurde im Jahr 1971 in deutscher Sprache veröffentlicht.[373] Die Publikation fiel in eine Zeit, in der durch die 68er-Generation ausgelösten Umwälzungen und Bewegungen ein fruchtbarer Boden für die Ideen Freires in Deutschland vorhanden war (vgl. Schimpf-Herken 2000a, 313; Schroeder 2001, 137; Gespräche mit Fritz Letsch 15.03.2008 und Heinz Schulze 20.03.2008, Archiv Funke sowie Freire 2003, 121).[374] Schulze und Letsch weisen jedoch darauf hin, dass die

---

372 Die Bewertung der Wichtigkeit der persönlichen Begegnung Freires mit den Interessierten in Deutschland hängt aus meiner Sicht stark davon ab, welche Begegnungen die jeweiligen Personen selbst mit Paulo Freire hatten. Obwohl auch Fritz Letsch betont, dass Freire aufgrund seiner klaren, einfachen und herzlichen Art begeisterte, stellt er fest, dass in den 1970er, also während Freires Zeit in Genf, und den 1980er Jahren die Begegnung mit Freire selbst eine untergeordnete Rolle spielte, sondern dass mehr seine Grundgedanken im Vordergrund der Rezeption standen (vgl. Gespräch mit Fritz Letsch 15.03. 2008, Archiv Funke).

373 Zunächst wurde es im Kreuz-Verlag 1971 publiziert, dann zwei Jahre später, also 1973 als Taschenbuch bei rororo-Verlag. Im ersten Jahr seiner Publikation wurden bereits 10 000 Exemplare verkauft (vgl. Schimpf-Herken 2000a, 313). Freires erstes Buch *Erziehung als Praxis der Freiheit* erschien ebenfalls bei rororo im Jahr 1977 (im Kreuz-Verlag 1974).

374 Freire (2003, 121 ff.) beschreibt, dass das Buch *Pädagogik der Unterdrückten* aufgrund der besonderen politischen und sozialen Situation in unterschiedlichen Gegenden der Welt – zum Beispiel die Studentenrevolten in Europa, die Staatsstreiche in Lateinamerika und deren Gegenbewegungen, die Befreiungsbewegungen afrikanischer kolonialisierter Länder, der Vietnamkrieg und in Verbindung damit die Proteste in den USA, die Kulturrevolution in China – mit Neugierde und einer von dieser Situation geprägten Lesart aufgenommen wurde. Er habe aus zahlreichen Ländern der Welt Briefe erhalten, welche sich mit diesem Buch beschäftigten. Auch habe er während seiner Zeit in Genf häufig Besuch von italienischen und spanischen Arbeitern, Einwanderern in der Schweiz, sowie deutschen Studenten erhalten, die Aspekte des Buches mit ihm diskutierten. Während er mit deutschen Studenten auch an den deutschen Universitäten diskutierte, mussten spanische und portugiesische Interessierte den Weg zu

Ideen Freires nur bei der „undogmatischen Linken" (Schulze, ebd.) Widerhall fand, denn die radikale Linke habe Freires engen Bezug zur christlichen Religion kritisiert, sie sei ihrerseits „autoritär" gewesen (Letsch ebd.) und konnte sich nur begrenzt zu den freiheitlichen Ideen Freires in Beziehung setzen. Das Buch *Pädagogik der Unterdrückten* wurde nach seinem Erscheinen in Deutschland rasch populär, „(...) in einer Zeit des Aufwachens, in der die Studentenbewegung die fast schon vergessenen Theorien des klassischen Marxismus wiederentdeckte." (Dabisch 2001, 127) Dies wurde durch die Tatsache gefördert, dass Texte Freires – auch solche, die in Europa noch nicht offiziell publiziert worden waren, als Kopien und Pamphlete in den Studentenbewegungen kursierten (vgl. Gespräche mit Fritz Letsch 15.03.2008; Heinz Schulze 20.03.2008, Archiv Funke), da sie von deutschen Lateinamerika-Aktivisten mit nach Deutschland gebracht worden waren.[375] Insbesondere in studentischen, politisch linksgerichteten und christlich orientierten Kreisen wurden in der Folge die Ideen Freires rezipiert, denn sie fanden in ihnen Ideen neu buchstabiert und radikalisiert, welchen sie sich sowieso bereits verbunden sahen. Durch Freires zehnjährige Tätigkeit beim Ökumenischen Rat der Kirchen in Genf ab dem Jahr 1970 lag natürlich insbesondere die Rezeption durch ökumenisch oder reformerisch ausgerichtete Kirchenkreise, kirchliche Institutionen und Gemeinden nahe.[376] Aber auch die katholi-

---

ihm nach Genf finden, denn während der Diktaturen in Spanien und Portugal war Freire die Einreise in diese Länder untersagt, sowie auch das Buch *Pädagogik der Unterdrückten* verboten war.

375 Andere Interessierte wiederum waren auf anderen Wegen zu Freire gelangt und brachten ihre Eindrücke und Erfahrungen aus Lateinamerika nach Deutschland mit. Schimpf-Herken zum Beispiel berichtet, dass sie im Jahr 1971 – gerade Abiturientin – in Cuernavaca, Mexico, war und dort beim Seminar *Alternativen in der Bildung*, das im CIDOC (*Centro Intercultural de Documentación)* auf Einladung Iván Illichs stattfand, Paulo Freire kennenlernte. Durch Zufall hatte sie von diesem Seminar erfahren, an dem in der Hauptsache Lateinamerikaner teilnahmen. Illich wollte Schimpf-Herken nicht unangemeldet an der Tagung teilnehmen lassen, doch Paulo Freire habe gesagt „Wir brauchen auch europäisches Denken" und habe dafür gesorgt, dass Schimpf-Herken teilnehmen konnte (vgl. Gespräch mit Schimpf-Herken 17.04.2008, Archiv Funke). Hartmut von Hentig (1971 und 1973) bezieht sich in seinen Büchern auf besagtes Seminar in Cuernavaca und auf die Entwicklungen im Bildungszentrum CIDOC in der folgenden Zeit.

376 Zu einer Beschreibung der Wirkung der Ideen Freires insbesondere auf kirchliche Erwachsenen- und Jugendarbeit sowie kirchliche entwicklungspolitische Arbeit siehe Persie (1984). Er verweist hier besonders auf die Bedeutung des evangelischen Theologen Ernst Lange, der zur deutschen Ausgabe von *Pädagogik der Unterdrückten* die Einführung schrieb (vgl. Persie 1984, 201 ff.). Lange, der seit 1968 stellvertretender Generalsekretär des Ökumenischen Rates der Kirchen war, hatte Freire dorthin berufen und ihn dort näher kennengelernt und war von seinen Ideen stark beeinflusst. Ähnliches gilt für den ebenfalls evangelischen Theologen Werner Simpfendörfer, der auf Einladung Langes seit 1969 beim Ökumenischen Rat der Kirchen Referent für „Theologische Ausbildung" wurde und sich „[e]nthusiastisch (...) der ‚verschworenen Truppe' im Büro für Bildungsfragen ... mit dem amerikanischen Professor Will Kennedy, dem Brasilianischen [sic] Befreiungspädagogen Paulo Freire, Katholik und Marxist zugleich und Ernst Lange, dem übergeordneten Direktor der Abteilung für Ökumenische Aktion" (Dejung/Klatt 2007, 17) anschloss. „Vor allem die Begegnung mit Paulo Freire, (...) wurde für Werner zu den [sic] ‚wichtigsten Erfahrungen, nicht nur der Genfer Zeit, sondern überhaupt'. In ihm begegnete ihm die ‚ökumenische Pädagogik in Person'. Sein Konzept der ‚conscientization' traf auch die Bildungsarbeit von ‚selbstherrlichen Kirchen'. (...) In Paulo Freire begegnete ihm ein pädagogischer Philosoph, ‚von dem ich mehr Theologie gelernt habe als von vielen Theologen.' [sic]" (Ebd., 19) Simpfendörfer war einer der frühen Übersetzer der Schriften Freires; er übersetzte die *Pädagogik der Unterdrückten*. Dennoch weist Letsch darauf hin, dass die kirchlichen Institutionen in der Hauptsache rückwärtsgewandt blieben und die befreiungstheologischen Bestrebungen in Deutschland eine Ausnahme darstellten. Viele Missionare, die nach einer Zeit der Tätigkeit im Ausland nach Deutschland zurückkamen, sahen sich hier reaktionären Institutionen gegenüber, in denen sie sich mit ihren befreiungstheologischen Ideen und in den Entwicklungsländern gemachten Erfahrungen nicht wiedergefunden hätten, was auch zu Frustration geführt habe (vgl. Gespräch mit Fritz Letsch 15.03.2008, Archiv Funke). Aber, so beschreibt Fritsch-Oppermann (1998b), war es dennoch „in den 70er Jahren in Deutschland undenkbar, Theologie zu studieren, ohne die ‚Pädagogik der Befreiung' gelesen zu haben

schen und evangelischen Studierendengemeinden waren politisch engagiert und von Freire inspiriert (vgl. Gespräch mit Fritz Letsch 15.03.2008, Archiv Funke und Schulze 1991, 129).

Die Offenheit für eine Lösung der Probleme der Welt, die aus der (damals noch so genannten) „Dritten Welt" stammte, war insbesondere aus dem Grunde groß, da das Bedürfnis nach einer grundlegenden Umgestaltung der Gesellschaft vorhanden war und damit auch die Sehnsucht nach neuen, zunächst gänzlich fremd erscheinenden Gesellschaftsentwürfen, die, von so weit her stammend, eine echte Erneuerung versprachen. Dennoch blieb der Einfluss der Ideen Freires in anderen Bereichen (bis heute) gering, die Wirkung seiner Arbeiten war weniger von dessen Innovationspotenzial und inhaltlichen Erkenntnissen abhängig als vom Vorhandensein oder Nicht-Vorhandensein des Bedürfnisses bestimmter Gruppen nach Veränderung, das heißt nach der Übertragung der Ideen Paulo Freires auf den pädagogischen und politischen Kontext in Deutschland. So erläutert Mädche (1995):

> „Zur deutschsprachigen Literatur über Freire ist zu sagen, daß seine Rezeption seit Anfang der 70er Jahre nur sehr schleppend in Gang kam und sich eigentlich – abgesehen von einigen städtischen Projekten, die seine Ideen auf die Arbeit mit Ausländern anwendeten – weitgehend auf kirchliche Kreise beschränkte, die seine Gedanken für theologische Neuansätze fruchtbar zu machen suchten. Bei Vertretern allgemeiner schulischer Erziehungs- und Bildungskonzepte findet man seine pädagogischen Ansätze nach wie vor kaum diskutiert, man hält sie für nicht auf deutsche bzw. europäische Verhältnisse übertragbar." (Mädche 1995, 15; vgl. dazu auch Gespräch mit Heinz Schulze 20.03.2008, Archiv Funke).

Bei denjenigen jedoch, welche Interesse hatten, sich mit den Ideen Freires zu beschäftigen, hatten sie einen umso größeren Einfluss, war Freire doch nahezu der „Heilsbringer" aus Lateinamerika, auf den man geradezu gewartet hatte (vgl. Rothermel 2003, 84). Parallel zur Veröffentlichung von *Pädagogik der Unterdrückten* in deutscher Sprache war Paulo Freires erster Besuch in Deutschland ausschlaggebend für die sich immer mehr verstärkende positive Resonanz auf seine Ideen: Im Jahr 1972 besuchte Paulo Freire auf Einladung von Gottfried Hausmann (Lehrstuhl Vergleichende Erziehungswissenschaft) die Universität Hamburg. Die Resonanz unter den Studierenden war sehr groß; es kamen weitaus mehr Personen als erwartet und die Räumlichkeiten platzen aus allen Nähten, so dass ein Umzug in den Audimax nötig wurde (vgl. Schimpf-Herken 2000a, 313 und Gespräch mit Schimpf-Herken 17.04.2008, Archiv Funke sowie Rothermel 2003, 87 f.). Auf Basis dieser Begegnung mit Freire, der zum Thema *Dialog in der interkulturellen Erziehung* sprechen sollte, (vgl. Schimpf-Herken 2000a, 312) gründete ein Kreis von Studierenden in Hamburg, die an einem Oberseminar bei Gottfried Hausmann teilnahmen, eine *Paulo-Freire-Gruppe*.[377] Im Juli 1973 veröffentlichte diese *Paulo-Freire-Gruppe*[378] im

---

und ohne den Namen Paulo Freire gehört zu haben. Auch in ganz konservativen theologischen Brutstätten im [sic] diesem Land sind die Ausbildenden um dieses Buch und diesen Namen nicht herumgekommen." (Ebd., 11) Vgl. dazu auch Rothermel (2003, 84) und Dauber/Simpfendörfer (1981).

377   Schimpf-Herken berichtete im Interview (17.04.2008, Archiv Funke), die Gruppe habe sich wöchentlich getroffen, Texte von Marx gelesen, über die Revolution diskutiert, getanzt und auch Dozenten aus Lateinamerika eingeladen. Knauth/Schroeder (1998b) beschreiben, dass sie im Jahr 1997 an der Universität Hamburg ein „Forschungs- und Seminarprojekt (..)" (ebd., 2) durchgeführt haben, welches „acht Teilnehmerinnen und Teilnehmer des ‚historischen' Freire-Seminars vom Wintersemester 1970/71 aufspürte." (Ebd., 4)

378   Dieser Gruppe gehörten bei ihrer Gründung Ute Desenies, Ilse Schimpf-Herken, Erika Fischer-Lichte, Helge Löw, Nabil Kassem und Heiner Zillmer an (vgl. Schimpf-Herken 2000a, 313). Im Heft *betrifft:*

Heft *betrifft: erziehung*, Texte über die Pädagogik Freires.[379] Auch Freire steuerte zu diesem Heft einen Aufsatz bei (vgl. Freire 1973). Diese Zeitschrift stellt eine der ersten umfangreicheren schriftlichen Veröffentlichungen zur Pädagogik Freires in deutscher Sprache dar,[380] und wurde ihnen förmlich „aus den Händen gerissen", so dass es siebenmal neu aufgelegt wurde, was bei Zeitschriften äußerst selten ist (vgl. Interview mit Schimpf-Herken 17.04.2008, Archiv Funke; vgl. auch Interview mit Heinz Schulze 20.03.2008, Archiv Funke und Schimpf-Herken 2000a, 313; Hausmann 1991, 26 f.). Auch in den Folgejahren wurde in der Zeitschrift zu verwandten Themen berichtet (vgl. Schroeder 2001, 133). Bereits in den Jahren zuvor hatten die Ideen Freires nach und nach begonnen, in Deutschland bekannt zu werden: Im Jahr 1970 berichtete *Der Spiegel* (vgl. Heft 9 1970, 104–116) über Iván Illich,[381] welcher wiederum im Interview einen Bezug zu Freire herstellte und seine Methode lobte. Der deutsche Pädagoge Hartmut von Hentig thematisierte zu Beginn der 1970er Jahre neben anderen die Thesen Freires und Illichs in seinen Büchern.[382] Dennoch entwickelte sich die Rezeption Freires in Bezug auf das formale Bildungssystem nur nach und nach und kam insgesamt nur eingeschränkt zur Entfaltung, denn sein hauptsächlicher Einfluss lag in den Bereichen der gemeinwesenorientierten Arbeit sowie in der außerschulischen Jugend- und Erwachsenenbildung. Zimmer (1977) schildert dazu:

„Als 1970/71 wesentliche Kennzeichen der pädagogischen Konzeption Paulo Freires und erste Artikel zu Fragen der Entschulung von Ivan [sic] Illich in deutscher Übersetzung vorgelegt wurden und man als Reaktion entweder scharfen Widerspruch, die Erörterung des Zwar und Aber oder vielleicht auch spontane Zustimmung hätte erwarten können, geschah gar nichts. Illich und Freire fielen durch. (...) Drei, vier Jahre später (...) hatte sich das Bild teilweise gewandelt, wenngleich es zwiespältig blieb. (...) Ein Wandel der Schule war ohne die Demokratisierung von Schulverwaltung und -trägerschaft schlecht denkbar. Die Beobachtung internationaler Reformbewegungen ergab, daß sich die von Postulaten bestimmte erste Phase der Entschulungsdiskussion differenziert hatte in vielfältige Konzepte und erziehungspraktische Versuche. (...) Diesen Versuchen liegen Prinzipien zugrunde (...) die sich zumindest mittelbar und in Ansätzen auch in der ... zweiten Phase der Reformdiskussion und -bewegung in der Bundesrepublik aufspüren lassen. (...) Sie können zugleich Hinweise auf eine zunehmende, wenngleich eben verzögerte ‚Entdeckung' Freirescher Aussagen sein; denn Freire hat ... die Entschulungsbewegung wesentlich beeinflußt." (Zimmer 1977, 9 f.)

---

erziehung Nr. 7, 1973 werden darüber hinaus noch Margarete Krüger und Gerlinde Supplitt als AG-Mitglieder genannt (vgl. Baumgartner et al. 1973, 22).

379 Vgl. Baumgartner et al. (1973).

380 Bereits im Jahr 1972 erschien ein Artikel in der *Zeitschrift für Erziehungswissenschaft*, der sich auf Freire bezieht (vgl. Moser 1972) und auch Freire selbst hatte schon im Jahr 1970 einen Beitrag in den *Lutherischen Monatsheften* veröffentlicht (vgl. Freire 2007a, 27–43). Letzterer ist identisch zum Beitrag Freires im Heft *betrifft: erziehung* im Jahr 1973.

381 Iván Illich war ein US-amerikanischer Theologe und Kulturkritiker, beispielsweise sein Buch *Entschulung der Gesellschaft*, das 1972 (vgl. Illich 1981; vgl. dazu auch *Schulen helfen nicht,* Illich 1980) erschien, sorgte ebenso wie die Werke Freires für große Resonanz (vgl. dazu auch Dauber, 1975). Freire und Illich kannten sich seit Ende der 1960er Jahre und standen im Austausch. Auch wenn sie in einigen zentralen Punkten nicht übereinstimmten, teilten sie doch die grundsätzliche Kritik am Erziehungs- und Bildungssystem. Aus ihrem Austausch gingen Veröffentlichungen hervor; vgl. beispielhaft Freire/Illich 1975. Illich verstarb im Jahr 2002, worüber *Der Spiegel* ebenfalls berichtete (vgl. http://wissen.spiegel.de/wissen/resultset.html?cllabel=Illich,%20Ivan&quellen=%2BBX%2CWIKI%2C%2BSP%2C%2BMM%2CALME%2CSTAT%2C%2BMEDIA&clsuchbegriff=%23person_id%3D113625&clfilter=&titel=Dossier+Illich%2C+Ivan&fo=SPIEGEL, Zugriff 30.08.2008).

382 Vgl. von Hentig (1971): *Cuernavaca oder: Alternativen zur Schule* sowie *Die Wiederherstellung der Politik. Cuernavaca revisited* (1973).

Auch an anderen Orten in Deutschland, nicht nur in Hamburg, fanden Aktivitäten statt, die sich in enger Beziehung zum Denken Freires sahen: „Parallel zu den Aktivitäten in Hamburg hatten sich Basisgruppen in ganz Deutschland gebildet, die aus der Perspektive der Emanzipation des Subjekts die Erziehung neu formulieren wollten." (Schimpf-Herken 2000a, 314; zu einer Auflistung dieser Aktivitäten an Hochschulen und in Basisgruppen verschiedener thematischer Schwerpunktsetzung vgl. auch beispielhaft Wilhelm/Futterlieb 1975, 34 ff.; Schroeder 2001, 144 und Dabisch 2001, 129).[383]

Durch Freire angeregte Praxis fand in unterschiedlichen Bereichen statt:[384] In der gemeinwesenorientierten Arbeit,[385] in der sozialen Arbeit mit Obdachlosen und mit jungen drogenabhängigen Menschen[386] „in den Handlungsfeldern der Heil- und Sonderpädagogik (Thema „Behinderung" und „Lernbehinderung"),[387] in Sprachkursen für Migranten,[388] in der Erwachsenenalphabetisierung,[389] in der Arbeit mit Menschen, die von Bildungsbenachteiligungen betroffen waren, in (politischer) Alphabetisierungsarbeit und Arbeiterbildung, in der Frauenarbeit und mit weiblichen Opfern häuslicher Gewalt[390] sowie in kirchlicher Basisarbeit. Die Orientierung an den Ideen Freires spielte beispielsweise im Bereich

---

383 Schroeder (2001, 145) weist darauf hin, dass einige dieser Gruppen in ihrer Arbeit kritisiert wurden, da sie das Prinzip des Dialogs und der gleichberechtigten Zusammenarbeit mit Partnern aus den Entwicklungsländern in ihrer eigenen Praxis nicht ausreichend umsetzten (vgl. ebd.).

384 Vgl. zu den folgenden Ausführungen beispielhaft Schroeder (2001, 134 ff.); Schroeder/Knauth (1998a, 17 ff.) und Schachtner (1999, 126 ff.).

385 Zu Anwendungsversuchen in diesem Bereich in Deutschland und anderen europäischen Ländern vgl. beispielhaft Bendit/Heimbucher 1977, 174 ff. und Bahr/Gronemeyer (1974).

386 Vgl. dazu Persie (1991, 151 ff.).

387 Vgl. dazu Iben (1996b): „Die von FREIRE [sic] geschilderte ‚Kultur des Schweigens' läßt den Dialog mit jedem unteren Drittel der Zweidrittelgesellschaft verstummen. Die Förderung des Dialogs ist mit dem politischen Kampf um die Überwindung sozialer Benachteiligungen untrennbar verbunden. Das Dialogische in der Heilpädagogik kann sich darum nicht auf die sonderschulischen Schonräume zurückziehen, sondern muß in alle Lebensbereiche hineingetragen werden." (Ebd., 250)

388 Vgl. dazu auch Datta (1991, 156 ff.) sowie Mädche (1995, 136); Rothermel (2003, 91); besonders auch Freire (2003, 123 ff.).

389 Vgl. dazu beispielhaft Witkofski (1991, 124 ff.).

390 Vgl. zu diesem Thema Hagleitner (1996). In dieser Arbeit untersucht die Autorin den Ansatz Paulo Freires im Hinblick auf dessen Anwendbarkeit für eine feministisch-politische Bildungsarbeit. Die Arbeit ist insgesamt theoretisch wenig ausgefeilt, sondern konzentriert sich auf die praktische Anwendung und den Vergleich zum Ansatz von Ruth C. Cohn. Vgl. zusätzlich auch Baquero (1998). Die feministisch orientierte Literatur zu Freire ist in englischer Sprache weitaus umfassender und differenzierter als in deutscher Sprache. Vgl. dazu beispielhaft Boler (1999). Die Autorin kritisiert an Freire vor allem dessen fehlende Analyse der Geschlechterfrage, welche sich in der Verwendung des generischen Maskulinums (was allerdings für die späten Arbeiten Freires nicht mehr zutrifft) und in dem universalistischen Verständnis von Machtverhältnissen und Bewusstsein widerspiegele (vgl. ebd., 61). Insbesondere der letzte Punkt ist für eine feministische Kritik Freires von zentraler Bedeutung. In Bezug auf die Rezeption Freires kritisiert sie dessen „heroisation" (ebd.), die zudem den Blick auf wichtige Ansätze innerhalb der Geschichte feministischer Pädagogik verstelle (vgl. ebd.). In der Tat wäre es beispielsweise auch interessant, die Bedeutung der ersten Frau Freires, Elza Freire, für dessen Arbeit und Erfolg genauer zu untersuchen. Freire weist zwar in vielen Arbeiten auf die Bedeutung seiner Frau für seine Entwicklung hin, (vgl. dazu beispielhaft Freire/Horton 1990, 62 ff.) doch eine Forschung dazu hat bisher nicht stattgefunden. In *Pedagogia da Esperança* schildert Freire an einem Beispiel eindrücklich, dass Elza Freire ihn auf blinde Flecke in seinem Denken und pädagogischen Handeln aufmerksam machte (vgl. Freire 2003, 23). Es ist davon auszugehen, dass der Einfluss Elza Freires auf und der Verdienst an Freires Werk und Praxis weitaus größer ist als allgemein an- und wahrgenommen. Zur feministischen Kritik an Freire vgl. vor allem auch Kapitel 6 dieser Arbeit.

der Bildungsarbeit der spanischen Elternvereine, die oft mit den Kirchen kooperierten, ab dem Jahr 1975 eine Rolle.[391]

Auch in der Kinderladenbewegung und der antiautoritären Kindergartenbewegung, die vom Situationsansatz in ihrer Arbeit ausgingen, hatten die Ideen Freires Einfluss (vgl. Dabisch 2001, 129; Rothermel 2003, 90 und Schachtner 1999, 124; Gespräch mit Heinz Schulze 20.03.2008; Schimpf-Herken 2000b, 335).

Einen weiteren Bereich des Einflusses Freires sieht Schroeder (2001, 137 f.) im In-Frage-Stellen des klassischen Schulsystems in Deutschland und damit einhergehend der Suche nach außerschulischen Lernorten und neuen Lernformen. Orte dieses Lernens waren die Projekte, Bewegungen und Bürgerinitiativen und Selbsthilfegruppen, die sich in der AGSPAK zusammenfanden, und die Jugendakademie Walberberg.[392]

Durch die *Pädagogik der Unterdrückten* wurde nach Schroeder (2001, 141 ff.) auch die Didaktik und Methodik der politischen Bildung im Allgemeinen bereichert.[393] Dies geschah in der Hinsicht, dass die Bewusstseinsbildung Bestandteil der Erkenntnisgewinnung und der Konstruktion von Erkenntnis wurde. Dies gilt insbesondere für den Bereich der Alphabetisierung Erwachsener[394] aber auch von Kindern von Einwanderern. Hier wurde auch die visuelle Didaktik eingesetzt und ein dialogisches Konzept des Lernens. Auch in der politischen Bildung in Bezug auf Themen wie das „Nord-Süd-Gefälle" war der Einfluss Freires im Sinne des *Globalen Lernens* zu verzeichnen.[395] Mit Bezug auf die Dependenztheorien fasste aus Sicht Schroeders der Ausspruch „Global denken, lokal Handeln" (Schroeder 2001, 144) eine neue Haltung zusammen.[396]

Für den Bereich der Alphabetisierung ist es schwierig, detaillierte Aussagen über die Rezeption und Anwendung Freires im deutschsprachigen Raum zu treffen, obwohl dies zum Zeitpunkt des Bekanntwerdens Freires in Europa das Kernstück der Praxis Freires war (und bis heute sind seine Aktivitäten im Rahmen des formalen Schulsystems hierzulande in Ermangelung einer deutschen Übersetzung der Texte weitgehend unbekannt). Die Ideen Freires haben auf die Arbeit mit Einwanderern Einfluss gehabt und in diesem Zu-

---

391 Vgl. dazu Hernández (1977, 135 ff.) und Bendit/Heimbucher (1977, 165 ff. und 225 ff.). Diese Berichte ähneln sich sehr und sind in Teilen im gleichen Wortlaut verfasst, da die Autoren gemeinsam an der Gestaltung der Bildungsseminare für die spanischen Eltern mitwirkten.

392 Auch einige Schulen selbst wandelten sich nach Schroeder in mehreren Punkten (vgl. Schroeder 2001, 138 ff.), was vor allem auf Hartmut von Hentigs Ideen zur Umstrukturierung der Schulen zurückging. Er wollte (und will) nicht, wie Illich, die Schule selbst abschaffen, sondern die Schule grundlegend reformieren (und stand mit dieser Meinung Freire nahe), die Schule selbst „entschulen". Das Schulsystem sollte auf dreierlei Arten und Weisen verändert werden: a) Das Lernen sollte an vielen Lernorten stattfinden b) Grundlage für das Curriculum sollte die persönliche Erfahrung der Schüler sein und c) Schüler sowie Personen von außen (Eltern, Nachbarn, Rentner, Künstler und andere) sollten selbst zu Lehrern werden und diese in gewissen Situationen ersetzen. Zu Versuchen der Übertragung der Ideen Freires auf den Bereich Schule vgl. beispielhaft Dabisch (1991) und Vensler (1991). Insgesamt jedoch blieb, wie bereits erläutert, der Einfluss Freires auf das formale Bildungswesen verhältnismäßig gering.

393 Vgl. dazu Seippel (1974).

394 Vgl. dazu beispielhaft Paucker (2006) und Witkowski (1991).

395 Zum Thema globales Lernen und befreiende Erziehung vgl. auch Gerhardt 2006, 5 ff. und Overwien 2000b.

396 Gerhardt (2006, 2), verweist auf Bezüge zur befreienden Pädagogik Paulo Freires in unterschiedlichen Ansätzen, nämlich in der „konstruktivistischen Pädagogik" (mit Bezug auf Arnold/Siebert „Konstruktivistische Erwachsenenbildung", und Siebert 1999), in der „neuen Erziehungssoziologie" (mit Bezug auf Sünker, Castells, Torres/Mitchell und Arnove/Torres) und im „Situationsansatz" (mit Bezug auf Zimmer, Stoll und Iben). (Vgl. ebd., 2) Eine genaue Ausführung und Begründung wäre an dieser Stelle hilfreich.

sammenhang auch auf die Alphabetisierungsarbeit.[397] Insbesondere seine Idee der *generativen Themen* hat hier breiten Anklang gefunden. Inwiefern Freire jedoch Einfluss auf die Alphabetisierungsarbeit in der BRD insgesamt gehabt hat, ist anhand der Literatur nur schwer nachvollziehbar. Eine ganz eigene Forschung wäre hierzu notwendig. Die Alphabetisierung setzte über Jahrzehnte lang den Schwerpunkt auf die praktische Arbeit, die Theoriebildung wird erst aktuell sehr allmählich nachgeholt. Wie in vielen anderen Bereichen pädagogischer und sozialer Arbeit ist Paulo Freire jedoch zu einem Referenzpunkt auch in der Alphabetisierungsarbeit geworden, der nicht nur wegen seiner konkreten Theorie und Praxis im Besonderen interessant ist, sondern als wichtige Symbolfigur im Allgemeinen, welche einen historischen Bezug liefert, fungiert: „In der Bildungspraktischen Arbeit, zum Beispiel in der deutschen Alphabetisierungsszene, die in den letzten 25 Jahren eine rasante Entwicklung vollzogen hat, sind viele seiner [Paulo Freires, K.F.] Konzepte und Ideen zum Allgemeingut geworden (…), deren Herkunft oftmals nicht mehr bekannt ist." (Korfkamp 2004, 57 f.) Das Denken Freires habe beispielsweise in Bezug auf Ideen wie die eines dialogisch-praktischen und lebensweltorientierten Ansatzes Einzug in die Praxis der Erwachsenenalphabetisierung in Deutschland gefunden (vgl. ebd.). Dies ließe sich anhand der Unterrichtsmaterialien nachvollziehen – zumeist jedoch, ohne dass dabei explizit auf Freire Bezug genommen werde.[398]

Bei vielen der genannten Zielgruppen dieser unterschiedlichen Handlungsfelder war mit Freire eine *Kultur des Schweigens* entdeckt worden (vgl. Schroeder 2001, 135 f.): Es war durch die Gedanken Freires zu einer Entdeckung der „dritten Welt" in der „ersten Welt" (vgl. Schroeder 2001, 136 f.) gekommen.

Während die zunächst fast zeitgleich mit dem Ansatz Freires in Deutschland bekannt gewordenen Ideen Illichs im Lauf der 1970er Jahre „zunehmend abgedrängt wurden" (Zimmer 1977, 12), weitete sich der Einflussbereich des Denkens Freire auf die genannten Bereiche aus, denn „[s]ein Konzept ist auf die entschiedene Wandlung von Bildungsinstitutionen nicht unbedingt angewiesen. Es kann sich außerhalb dieser Einrichtungen entfalten."[399] (Zimmer 1977, 12) Neben der Universität Hamburg entstand auch an der Hochschule Würzburg im Zusammenhang mit Lehrstuhl Professor Wilhelm Dreier für christliche Sozialwissenschaft ein Zentrum Freire-interessierter Wissenschaftler,[400] ebenso an der Universität Kassel, an der ab 1978 Heinrich Dauber Professor für Erziehungswissenschaft war, der seinerseits maßgeblich von den Ideen Freires (und Illichs) beeinflusst war.[401] Letsch (Gespräch 15.03.2008, Archiv Funke) weist jedoch darauf hin, dass die Universitä-

---

397 Paucker (2006) legt eine Arbeit vor, in der er sehr knapp die einzelnen Alphabetisierungsprojekte in Deutschland darstellt. Leider fehlt hier eine differenzierte und kritische Betrachtung.

398 Vgl. Gespräche mit Devers-Kanoglu 20.02.2008; Korfkamp 25.09.2008 und Hubertus 26.03.2009, Archiv Funke.

399 Dennoch sind im selben Band einige Beispiele zur Anwendung Freires im Bereich der formalen Bildung zu finden. Vgl. dazu Bendit/Heimbucher (1977, 169 ff., 180 ff. und 197 ff.).

400 Die Arbeit von Persie (1984) wurde als Dissertation bei Wilhelm Dreier in Würzburg verfasst. Vgl. dazu auch Gespräch mit Fritz Letsch 15.03.2008, Archiv Funke.

401 Zwicker-Pelzer (Interview 08.04.2008, Archiv Funke) beschreibt, Dauber sei „ein alter Freireaner" gewesen, in dessen Doktorandenkolloquium es „heiß zur Sache" gegangen sei. Von „Psychoanalyse bis zur Friedensbewegung, Briefe an Gorbatschow (…) und Freire" sei dort ein überaus breites Themenspektrum, eingebettet in das systemische Denken von Gregory Bateson diskutiert worden (vgl. dazu auch Gespräch mit Schimpf-Herken 17.04.2008, Archiv Funke). Baumgärtner (1991) schildert beispielhaft den Ablauf und Inhalt eines Seminars zur Pädagogik Paulo Freires an der Fachhochschule Düsseldorf im Jahr 1982 (ebd. 140 ff.), sowie Große-Oetringhaus (1991) an der Universität Münster (ebd. 145 ff.). In Kassel war ebenfalls Schmied-Kowarzik als Professor tätig, der Freire ebenso rezipierte (vgl. Schmied-Kowarzik 1974).

ten teilweise nur die Räumlichkeiten für eigentlich außeruniversitäre Aktivitäten zur Verfügung stellten, da Studierende und Professoren an ihnen aktiv beteiligt waren (vgl. auch Gespräche mit Heinz Schulze 20.03.2008; Renate Zwicker-Pelzer 08.04.2008). Ein weiteres Zentrum für an Freire interessierten Personen stellte die Universität Frankfurt dar, denn dort gab es am Institut für Pädagogik in der Dritten Welt mit Ernest Jouhy und Patrick V. Dias Wissenschaftler, die sich – oft implizit, teils explizit – mit Freire beschäftigten.

Die Vielfalt der Gruppen in Deutschland führte zu dem Wunsch, sich überregional zusammenzuschließen und zu organisieren. Die AGSPAK (*Arbeitgemeinschaft sozialpolitischer Arbeitskreise*)[402] wurde zur Vernetzungsinstanz und in ihrem Rahmen wurden im Jahrzehnt von ca. 1975 bis ca. 1985 zahlreiche Treffen und Seminare unter Beteiligung unterschiedlichster durch Freire inspirierter Gruppen und Einzelpersonen organisiert.[403] Innerhalb der AGSPAK war vor allem der *Arbeitskreis Pädagogik Paulo Freire*[404] die zentrale Arbeitsgruppe. So beschreibt Heinz Schulze (1991): „Der Schwerpunkt lag in der Zeit von 1975 bis ca. 1985 einmal in der Zusammenarbeit mit sozialpolitisch engagierten Gruppen, die durch ein praktisches Engagement gesellschaftsverändernd arbeiten wollten wie in der Obdachlosenarbeit, Stadtteilarbeit, selbstverwalteten Jugendzentren usw. Der *Freire-Ansatz* wurde als Anregung für eine solidarische, fortschrittliche Arbeit gesehen, die nicht manipulieren und nicht dogmatisch sein wollte." (Schulze 1991, 129) Schimpf-Herken beschreibt an anderer Stelle die Ereignisse wie folgt:

> „Waren in den 70er und 80er Jahren zahlreiche soziale Bewegungen entstanden, die sich gegen die Ungerechtigkeit bestehender Produktionsverhältnisse auflehnten und die offene Diskriminierung von Menschen (…) anklagten, so entwickelte sich parallel hierzu eine wachsende Kritik an den patriarchalen und hegemonialen Herrschaftsverhältnissen. Diese erste Generation von Freire Bewegungen [sic] in Europa war charakterisiert durch eine starke demokratische Motivation. Häufig waren die Gruppen aus der Solidarität mit antikolonialen Bewegungen in Vietnam, in Chile oder Portugal entstanden". (Schimpf-Herken 2001, 71)

Der *Arbeitskreis Pädagogik Paulo Freire* veröffentlichte regelmäßig den so genannten *Freire-(Rund)Brief* (vgl. Schulze 1991, 138 f. und Gespräch mit Fritz Letsch 15.03.2008, Archiv Funke). Im Verlag der AGSPAK erschienen zahlreiche Bücher zu von Freire beeinflussten Themen und politisch-pädagogischen Aktivitäten[405] (vgl. Schimpf-Herken 2000a, 314). Darüber hinaus gründete sich bereits im Jahr 1976 die *Europäische Arbeits-*

---

402 Persie (1984) beschreibt die Aktivitäten der AGSPAK wie folgt: „Die AG SPAK ist ein Zusammenschluß von sozialpolitisch tätigen Gruppen: Strafvollzugsarbeit, psychisch Kranke, Obdachlosen- und Stadtteilarbeit, Jugendzentren, Jugendwohnkollektive, Alternative Pädagogik, Alternative Ökonomie, Provinzarbeit. Sie veranstaltet Tagungen, veröffentlicht Information [sic] und koordiniert gemeinsame Aktionen der Gruppen. Solidarische Arbeit mit den Betroffenen soll für alle bewußtseinsbildend wirken. Eine Gruppe versucht, die Anliegen der Pädagogik Freires in Europa mit einzubringen." (Persie 1984, 191; vgl. auch ebd., 192 ff.) Mit letzterem ist die *Europäische Arbeitsgemeinschaft Bewusstseinsbildung* gemeint. Die AGSPAK selbst hatte sich aus christlichen – katholischen wie evangelischen Arbeitsgruppen und Kreisen entwickelt. Gleichzeitig weist Persie darauf hin, dass „bis heute die große Fluktuation und Instabilität der Gruppen, [die, K.F.] theoretische und organisatorische Zusammenarbeit" erschwert (vgl. Persie 1984, 192).

403 Vgl. dazu auch Schroeder (2001, 138) und Gespräch mit Fritz Letsch 15.03.2008, Archiv Funke.

404 In diesem Zusammenhang waren besonders Trudi und Heinz Schulze aktiv, letzterer zeitweise als Referent und Geschäftsführer der AGSPAK (vgl. Schulze 1991, 138).

405 Einige von ihnen werden im Verlauf dieses Textes kurz vorgestellt werden.

gemeinschaft Bewusstseinsbildung [406] (vgl. Groß 1991, 120), in der neben der AGSPAK Gruppen aus Frankreich, der Schweiz, den Niederlanden, Italien (beispielweise Mitglieder der sizilianischen kommunistischen Partei und Gewerkschaften) und die belgische Friedensuniversität in Namurs aktiv waren[407] (vgl. Schimpf-Herken 2000a, 314 f. und Gespräch mit Heinz Schulze 20.03.2008, Archiv Funke; Dabisch 2001, 129; Schachtner 1999, 124).[408]

Wichtigster Veranstaltungsort sowie „freireanische Bewusstseinsschmiede" für diese Treffen und Seminare wurde die katholische *Jugendakademie Walberberg* bei Bonn. Hier veranstaltete zum Beispiel mindestens einmal jährlich die *Europäische Arbeitsgemeinschaft Bewusstseinsbildung* eine Fachtagung (vgl. Peters 1991, 222). Unter der Leitung von Alexander Groß fielen auch hier die Ideen Freires auf fruchtbaren Boden und fanden Wege der Umsetzung in vielen Praxen. Eine wichtige Rolle spielte hier vor allem auch die katholische Befreiungstheologie (vgl. Gespräch mit Heinz Schulze 20.03.2008; Gespräch mit Renate Zwicker-Pelzer 08.04.2008, Archiv Funke).[409] Persie (1984, 193 f.) beschreibt beispielhaft ein Seminar, das im Jahr 1981 in der *Jugendakademie Walberberg* stattfand. Hier wurde beispielsweise zu den Themen *Grenzsituationen im eigenen Leben, Arbeit, Studium, Die Welt benennen, Subjekt/Objekt sein, politisches Analphabetentum, Freiräume nutzen, Kultur des Schweigens „bei uns"* Perspektiven mit dem Ziel entwickelt, eigene Handlungsspielräume zu erkennen und zu nutzen (vgl. ebd.).

„… 1985 verlor die Pädagogik Paulo Freires ihre große Anziehungskraft unter den sozialen Bewegungen." (Schimpf-Herken 2000a, 315)[410] Letsch (Gespräch 15.03.2008,

---

406 Schimpf-Herken (2000, 315) nennt sie *Europäische Vereinigung für Bewusstseinsbildung*, wobei jedoch die gleiche Gruppe gemeint ist.

407 Persie (1984, 190 f. und 1994 ff.) zählt neben Akteuren in Deutschland auf europäischer Ebene vier weitere Freire-inspirierte Institutionen auf, die dessen Ideen in den 1970er und 1980er Jahren aufgriffen, nämlich die *Université de Paix* in Namur, Belgien, (vgl. http://www.universitedepaix.org/ Zugriff 09.09.2008. Hintergründe und Praxis der Arbeit der Friedensuniversität beschreibt Peters (1991). Das *Institut Oecumenique au service du Developpement des Peuples (INODEP)* (zum INODEP sind aktuell im Internet zwar Informationen zu finden, jedoch keine eigene Homepage) in Paris, das *Mouvement d'Animation de Base (IOC-MAB)* in Hasselt (zum IOC-MAB sind aktuell im Internet ebefalls zwar Informationen zu finden, jedoch keine eigene Homepage, so dass leider auch die Schreibweise der flämischen Institutsbezeichnung, dessen Abkürzung IOC ist, nicht nachgeprüft werden konnte), Belgien und das *Centro di animazione per l'autogestione popolare* (c.a.a.p.) in Italien. (Diese Institution ist aktuell im Internet nicht zu finden). Die Aufzählung der Mitglieder dieser AG variiert in der Literatur und in den Interviews. Es ist auch naheliegend, dass diese nicht über den gesamten Zeitraum ihrer Tätigkeit identisch blieben. So nennt zum Beispiel Groß (1991, 120) die folgenden Institutionen als Gründungsmitglieder: das IOC-MAB und die Friedensuniversität aus Belgien sowie das INODEP aus Paris. Als Mitglieder im Jahr 1991 nennt er die AGSPAK, die Akademie Walberberg, die Friedensuniversität in Belgien und die *Scuola Professionale (degli) Emigrati* in der Schweiz (vgl. Leuschner 1991, 253 ff. und http://www.enaip.ch/, Zugriff 09.09.2008).

408 Schimpf-Herken (Gespräch 17.04.2008, Archiv Funke) beschreibt, dass der Wunsch der Freireaner, sich nicht nur zu vernetzen, sondern auch zu institutionalisieren während der 1970er und 1980er Jahre gering gewesen sei. Es sei ausreichend gewesen, sich gegenseitig zu kennen und auszutauschen. Erst Mitte der 1990er Jahre dann entstand die *Paulo Freire Gesellschaft* als eingetragener Verein.

409 Zwicker-Pelzer war von 1980 bis 1989 Referentin in der Jugendakademie Walberberg und hat die auf die Ideen Freires bezogenen Aktivitäten innerhalb der Akademie während dieser Zeit mitgestaltet. Vgl. dazu auch Zwicker-Pelzer (1991, 45) und Groß (1991, 120 ff.); Dabisch (2001, 129); Persie (1984, 191 und 193 f.); Gespräch mit Heinz Schulze 20.03.2008, Archiv Funke.

410 Schimpf-Herken führt diese Tatsache in erster Linie auf die vorherrschende politische Stimmung im Deutschland der 1980er Jahre zurück: Die Frustration über die christdemokratische Regierung und deren neoliberale Orientierung sei (bei der linkspolitisch orientierten Bevölkerung) groß gewesen und habe zusammen mit dem Kampf der Friedensbewegung gegen die Stationierung US-amerikanischer Nuklearwaffen auf bundesdeutschem Boden und vor allem der Wiedervereinigung Deutschlands im Jahr 1989 zu große gesellschaftliche Veränderungen mit sich gebracht (vgl. Schimpf-Herken 2000a,

Archiv Funke) beschreibt, dass die Institutionen in der 1980er Jahren wieder konservativer geworden seien. Die ohnehin quantitativ gesehen nicht sehr große Gruppe von Freire-Interessierten in Deutschland sei im Verlauf der Jahre zerfallen, da jeder und jede damit beschäftigt und auch darauf angewiesen gewesen sei, in erster Linie die eigene Existenz zu sichern und das eigene berufliche Fortkommen zu organisieren (vgl. Gespräch mit Fritz Letsch 15.03.2008, Archiv Funke).

An der Technischen Universität in Berlin entwickelten sich in den folgenden Jahren dennoch Aktivitäten zum Themenspektrum Freires, denn im Jahr 1990 erhielt Ilse Schimpf-Herken, in Vertretung für Manfred Liebel (bis 1996),[411] dort eine Gastprofessur. Ihre Schwerpunkte waren die Pädagogik Freires sowie feministische Theorien, Kolonialismuskritik und Biografiearbeit. Die Studierenden hatten an Freire ein sehr großes Interesse, so berichtete sie, was bei ihr schließlich zu dem Entschluss geführt habe, 1999 das *Paulo Freire Institut* (PFI) zu gründen, welches an die *Internationale Akademie für innovative Pädagogik, Psychologie und Ökonomie* der Freien Universität Berlin[412] angegliedert ist, um der Arbeit mit den Ideen Freires Kontinuität zu verleihen (vgl. Schimpf-Herken 17.04.2008, Archiv Funke).[413]

Hervorgehend aus der *Europäischen Arbeitsgemeinschaft Bewusstseinsbildung* und dem *Arbeitskreis Pädagogik Paulo Freire* gründete sich im Jahr 1994 in München die *Paulo Freire Gesellschaft e.V.* (PFG),[414] um der Weitertragung und praktischen Weiterentwicklung und Umsetzung des Denkens Freires Kontinuität zu verleihen und dem hohen Arbeits- und Organisationsaufwand einen festen Rahmen zu verleihen (vgl. Gespräch mit Heinz Schulze 20.03.2008). Offenbar sahen zunächst jedoch nicht alle Freire-Interessierten die Notwendigkeit, einen Freire-Verein zu gründen: Schimpf-Herken beschreibt,

---

315). Aus welchem Grunde dies zwangsweise zu einer abnehmenden Rezeption und Wirkung Freires in Deutschland geführt haben soll, bleibt an dieser Stelle offen. Die abnehmende Wirkung Freires in Deutschland ist unterschiedlichen Faktoren zuzuschreiben, die möglicherweise mit den von Schimpf-Herken genannten Aspekten verknüpft sind. Schimpf-Herken versteht die Gründung der *Paulo Freire Kooperation* als eine Art Gegenbewegung zu den Tendenzen der organisierten Freire-Interessierten, auseinanderzugehen.

411 Schimpf-Herken berichtet, dass die Studierenden großen Widerstand geleistet hatten, als ihre Professur endete, da sie nicht auf sie verzichten wollten. Ein Jahr lang habe sie dann noch weiterhin ohne Anstellung und Bezahlung mit den Studierenden Seminare durchgeführt: „Wir machen Freire auf der Straße." (Vgl. Gespräch mit Schimpf-Herken 17.04.2008, Archiv Funke) Ein großer Teil der Anziehungskraft, die Ilse Schimpf-Herken auf die Studierenden hatte und hat, scheint auf ihre Art und Weise, Beziehungen zu gestalten, zurückzuführen zu sein. Sie habe an der TU ein Zimmer mit Kissen und bezogenen Matratzen eingerichtet, das ihr und den Studierenden zum Austausch zur Verfügung gestanden habe. Es ist anzunehmen, dass dieser Ort und die dortige Atmosphäre eine Art „Oase" für die Studentinnen darstellte, in der sie etwas vorfanden, das ansonsten im Universitätsbetrieb unüblich und schwer zu finden war (vgl. ebd.). In dieser Hinsicht hat Schimpf-Herken im freireschen Sinne *Beziehungspädagogik* praktiziert. Nach dem Ende der Professur an der TU Berlin hatte Schimpf-Herken auch Lehraufträge an der FU Berlin.

412 Vgl. http://www.ina.fu-berlin.de/arbeitsbereiche/pfi/index.html, Zugriff 12.09.2008.

413 Zu den Aktivitäten des PFI vgl. INA-Journal Heft 2 2006/2007, 7 ff. In Zusammenarbeit mit *InWent* (ursprünglich DSE – *Deutsche Stiftung für Entwicklung*) führt das PFI Lehrerfortbildungskurse für und mit deutschen und chilenischen Lehrern in Deutschland und Chile durch. Vgl. dazu Schimpf-Herken/Jung (2003). Seit 2003 kamen dort im Auftrag der *InWent* ähnliche Projekte mit sechs weiteren lateinamerikanischen Ländern hinzu. Auf die Aktivitäten des PFI wird im Verlaufe dieses Kapitels noch knapp eingegangen werden.

414 www.paulo-freire-ges.de; http://paulo-freire.blog.de; http://paulo-freire-gesellschaft.blog.de. Da die *Paulo Freire Gesellschaft* im Jahr 2008 beschloss, ihre Vereinsstruktur aufzulösen – auch wenn die Mitglieder weiterhin Kontakt pflegen und zusammenarbeiten möchten – ist nicht vorhersehbar, wie lange diese Internetseiten noch aktiv sein werden. Geplant war eine Aktivhaltung auch über den Zeitpunkt der Vereinsauflösung hinaus.

dass sie zunächst die Initiatoren der Gründung (Heinz-Peter Gerhardt und Joachim Dabisch, neben ihnen weitere Interessierte, die erstere eingeladen hatten) als „Altherrenverein" angesehen habe. Erst im Jahr 1995 sei sie dann zur PFG gestoßen, um sich stärker zu vernetzen und Kontakte zu knüpfen. Dennoch sei die PFG für sie nie zu dem Ort der Weiterentwicklung von Freire geworden, da zu wenig an gemeinsamen Projekten gearbeitet wurde. Bis heute sei die PFG mehr ein Forum für Erfahrungsaustausch als eine differenzierte Struktur mit unterschiedlichen Teilbereichen, in denen an konkreten Projekten gearbeitet werde (vgl. Gespräch mit Schimpf-Herken 17.04.2008, Archiv Funke).[415] In München ansässig, vernetzte sich die PFG zudem auch mit freire-orientierten Reformpädagogen in Österreich. (vgl. Dabisch 2001, 129).[416] Letsch beschreibt, dass sich die Schwächung und das Zerfallen der Freire-Aktivitäten in den 1990er-Jahren jedoch insgesamt, trotz der Gründung der PFG, fortsetzte (vgl. Gespräch mit Letsch 15.03.2008, Archiv Funke). Diese Sichtweise bestätigt Schimpf-Herken (2001) an anderer Stelle:

> „In den 90er Jahren, mit dem Fall der Mauer in Berlin und dem verstärkten Wiederaufleben non nationalistischen Herrschaftsstrukturen in ganz Europa kommt es zu einer Schwächung von ‚Dritte Welt'- und sozialen Bewegungen, die sich auch in den Freire-Gruppen manifestiert. Die verschiedenen Initiativen, die noch in den Dekaden davor in der ‚Europäischen Vereinigung Bewußtseinsbildung' in Namurs (Belgien) ihren organisatorischen Rahmen und in der AG Spak in München ihr sozialpolitisches Pendant hatten, ‚verlieren' sich in lockeren Netzwerken autonomer Gruppen, von denen wenig politische oder theoretische Kraft ausgeht. Um dieser Entwicklung etwas entgegen zu setzen, wird in Deutschland 1994 die Paulo Freire Gesellschaft gegründet." (Ebd. 71)[417]

---

415 Dieser Tatsache ist in der letzten Konsequenz auch die Auflösung der Vereinsstruktur der PFG im Jahr 2008 geschuldet.

416 In Wien befindet das *Paulo Freire Zentrum für transdisziplinäre Entwicklungsforschung und -bildung*, das enge Beziehungen vor allem zur *Paulo Freire Gesellschaft* beziehungsweise deren Hauptakteuren, in erster Linie Fritz Letsch und Heinz Schulze, unterhält. Träger des 2004 gegründeten *Paulo Freire Zentrums* sind der *Mattersburger Kreis für Entwicklungspolitik an den österreichischen Hochschulen* und die *Österreichische Forschungsstiftung für Internationale Entwicklung* (ÖFSE). Es versteht sich als unabhängige Institution, die einen öffentlichen Raum des Denkens und Lernens zur Verfügung stellt und zum Ziel hat, zur Beendigung von Unterdrückung beizutragen. Die Homepage ist unter http://www.paulofreirezentrum.at/ zu finden.

417 Als weitere spezifische Motivation für die Arbeit der *Paulo Freire Gesellschaft* nannte Schimpf-Herken, einen Gegenpol zur Politik der Wiedervereinigung Deutschlands zu bilden, denn „in einer wahrhaft neokolonialen Welle verleibte sich die BRD die Wirtschaft, das soziale und kulturelle Leben der Ex-DDR ein. Das Erziehungssystem des Westens wurde den „neuen Bundesländern" auferlegt. (…) Die Stimme des Volkes verlor seine Kommunikationsmittel, die Zeitungen des vorherigen Systems wurden eingestellt, die Radiosender wurden nun von den Vertretern der neuen hegemonialen Macht verwaltet." (Schimpf-Herken 2000a, 315) Auch wenn es Not tut, den Prozess der Wiedervereinigung Deutschlands kritisch zu betrachten, und es berechtigt ist, darüber nachzudenken, inwiefern der Ablauf der Ereignisse nicht eine einseitige Überstülpung des politischen Systems der BRD auf die ehemalige DDR bedeutete – ohne dass die dortige Bevölkerung nach deren Vorstellungen befragt worden war – erscheint diese Darstellung als eine einseitige und stark verkürzte Sichtweise, die es versäumt das autoritäre System, das in der DDR herrschte, als das mitzubedenken, was es war: eine Diktatur, in der die öffentlichen Medien beispielsweise keineswegs als die „Stimme des Volkes" bezeichnet werden konnten. Selbstkritisch merkt Schimpf-Herken weiterhin an, dass das Ziel, einen Dialog zwischen beiden Teilen Deutschlands zu etablieren „uns bis heute nicht gelungen ist." (Schimpf-Herken 2000a, 316) Der entsprechende Artikel der gleichen Autorin in deutscher Sprache (Schimpf-Herken 2000b) stellt die Dinge ein wenig anders dar, jedoch ebenso mit dem Ergebnis, dass die ehemalige DDR aufgrund der Wiedervereinigung Deutschlands in „einem großen Schweigen im Lande" (ebd. 337) endete.

Die *Paulo Freire Gesellschaft* wurde zu einem eingetragenen Verein und gab die *Zeitschrift für befreiende Pädagogik* heraus (vgl. Schimpf-Herken 2000a, 315 und Gespräch mit Heinz Schulze 20.03.2008, Archiv Funke; Schroeder 2001, 145; Dabisch 2001, 129).[418] Die Zeitschrift hatte jeweils ein Schwerpunktthema, wie zum Beispiel befreiende Pädagogik aus feministischer Sicht (Nr. 13/14, April 1997), Konfliktbearbeitung und Friedenserziehung (Nr. 21/22, Oktober 1999) oder Agenda 21-Eine Welt (Nr. 23/24, Februar 2000).[419] Sie verstand sich nicht als eine wissenschaftliche Publikation, sondern als ein Forum für Erfahrungsaustausch, Reflexion und Erkundung neuer Umsetzungsmöglichkeiten einer von Freire inspirierten Pädagogik. Die Publikation der Zeitschrift wurde im Jahr 2001 eingestellt, da viele Universitäten und Fachhochschulen ihre Abonnements stornierten und die Zeitschrift so für die PFG nicht mehr finanzierbar war (vgl. Gespräch mit Schulze, 20.03.2008). Ein Schwerpunkt der *Paulo Freire Gesellschaft* war auch das von Augusto Boal in engem Bezug zu den Ideen Freires entwickelte *Theater der Unterdrückten*.[420] Die PFG lud Freire erneut nach Deutschland ein, so dass er Mitte der 1990er Jahre München besuchte und die PFK eine große Veranstaltung organisierte, bei der unterschiedliche Arbeitsgebiete der Freire-Arbeit vorgestellt wurden (vgl. Gespräche mit Letsch und Schulze 15. und 20.03.2008, Archiv Funke). Zu diesem Zeitpunkt war gerade die Publikation *Kann Lernen wirklich Freude machen* von Flávia Mädche erschienen, eine Dissertation zur Pädagogik Paulo Freires. Zur Dissertationsfeier an der Universität München wünschte sie, dass Paulo Freire, dessen Besuch zufällig in den Zeitraum des Festaktes fiel, eine Rede halte. Jedoch wurde daraus in der Umsetzung eine „Provinzposse" (Schulze 1997, 42), da die Institutsleitung Freire nicht kannte und auch nicht von dessen Bedeutung überzeugt werden konnte. Freire durfte daraufhin keine Rede halten (vgl. Schulze 1997, 42), worauf Freire angemerkt habe, die Universitäten in Deutschland seien „anscheinend noch rückständiger als die in Brasilien". (Gespräch mit Schulze 15.03.2008, Archiv Funke) Freire löste also in bestimmten Kreisen Unbehagen und Missbilligung aus.

Obwohl der Verein der *Paulo Freire Gesellschaft* sehr rasch einhundert Mitglieder hatte und in vielen Bereichen pädagogisch-politische Arbeit machte (vgl. Schimpf-Herken 2001, 71 f.), waren „die Verfassung theoretischer Publikationen sowie die Vermittlung von internationalen Freire-Debatten ... hochgesteckte Ziele, die kaum eingelöst werden können. Hinzu kommt, daß es ... zur Gründung einer zweiten Gesellschaft, der Paulo Freire Kooperation, kommt, weil Konflikte zwischen VertreterInnen, die eher aus sozialen Bewegungen der 70er Jahre stammen und solchen, die eher akademisch orientiert sind, eskalierten." (Ebd., 72) Bereits zwei Jahre später, 1996,[421] wurde dann die *Paulo Freire Kooperation e.V.* (PFK)[422] gegründet, die aufgrund von Meinungsverschiedenheiten und unterschiedlichen thematischen Schwerpunktsetzungen der Mitgliedern der *Paulo Freire*

---

418 Gleichzeitig stellten die Zeitschriften *Betrifft: Erziehung* (b:e) und *päd. extra* wichtige Sprachrohre an Freire interessierter Personen und Gruppen in Deutschland dar, auch wenn diese nicht freireanisch orientiert waren, aber immerhin doch von Freire inspirierte Denkweisen dort auch Platz fanden (vgl. Interview mit Heinz Schulze 2008, Archiv Funke).

419 Vgl. *Paulo Freire Gesellschaft* (1997b, 1999, 2000).

420 Vgl. hierzu beispielsweise Letsch (1991). Fritz Letsch ist bis heute als Theaterpädagoge tätig und hat zahlreiche Praxisbücher zum Thema publiziert.

421 Es gibt in der Literatur variierende Angaben zum Gründungsjahr der PFK; Schimpf-Herken (2001, 71) benennt das Gründungsjahr mit 1998. Auf der Internetseite der PFK sind keine Angaben hierzu zu finden. (Zugriff 19.09.2008) Laut schriftlicher Auskunft der PFK wurde diese im Jahr 1996 gegründet, sie spricht im Jahr 2008 vom zwölften Jahr ihres Bestehens (vgl. E-Mail der PFK, 12.11.2008, Archiv Funke).

422 Die Internetseite der *Paulo Freire Kooperation* ist www.freire.de.

Gesellschaft aus dieser hervorging und an der Universität Oldenburg verortet war und ist (vgl. Gespräche mit Gerhardt/Dabisch 21.09.2007, mit Schimpf-Herken 17.04.2008, mit Letsch 15.03.2008; Schroeder 2001, 145; Dabisch 2001, 130). Joachim Dabisch gibt für die *Paulo Freire Kooperation e.V.* die Zeitschrift *Dialogische Erziehung*[423] heraus und führt auch einen kleinen Verlag, der Bücher zu Freire-verwandten Themen nach dem Prinzip „Books-on-demand" drucken lässt.[424] Die Gründer der *Paulo Freire Kooperation* (Dabisch und Gerhardt) berichteten, dass sie im Gegensatz zur *Paulo Freire Gesellschaft* der Freire-Arbeit mehr einen theoretischen, wissenschaftlich ausgerichteten Schwerpunkt geben möchten, während die PFG eher praxisorientiert sei und eng an soziale Bewegungen angebunden sei (vgl. Gespräche mit Dabisch/Gerhardt 21.09.2007, Archiv Funke).[425]

Klar ist jedoch, dass die Abspaltung der PFK von der PGF aufgrund einer Verquickung von persönlichen Unstimmigkeiten und inhaltlichen Differenzen zustande kam. Dies ist eine bemerkenswerte Tatsache, betrachtet man auf der einen Seite den freireschen Anspruch des Dialogs und auf der anderen Seite die Tatsache, dass dieser Dialog offenbar in den Freire-Kreisen selbst seine funktionalen Grenzen fand. Bis heute ist die Freire-Community der ersten Generation in dieser Weise gespalten. Freire-Interessierte der jüngeren Generation, welche sich beispielsweise über die Freire-Aktivitäten und Zusammenschlüsse in Deutschland informieren möchten und zu dem Zweck im Internet recherchieren oder die Publikationslandschaft betrachten, stoßen auf ein zunächst undurchsichtig erscheinendes Netz unterschiedlicher „Freire-Lager". Diesen ist fast nur durch persönliche Gespräche und Nachfragen auf die Spur zu kommen.[426] Es ist interessant zu sehen, dass

---

423 Die Zeitschrift enthält in der Regel Berichte aus der Praxis schulischer und sozialer Arbeit sowie Betrachtungen zu einzelnen Aspekten der freireschen Gedankenwelt, wie zum Beispiel der Bezug Freires zur Befreiungstheologie (vgl. zum Beispiel Dabisch 2006a) und Buchrezensionen. In der Zeitschrift herrscht in der Regel – wie in Kapitel 5.2 erläutern werden wird gilt ähnliches für die mit Bezug auf Freire erschienenen Buchpublikationen – die Beschreibung konkreter Praxis oder Stellungsnahmen zu einigen Teilaspekten der Pädagogik Freires zuungunsten eines tiefergehenden, internationale Literatur rezipierenden Diskurses vor. Eine stärkere Kombination aus beiden wäre hier wünschenswert, um die von Freire geforderte Einheit von Theorie und Praxis neu zu buchstabieren. In Teilen werden in der Zeitschrift auch Klischees reproduziert, welche der Rezeption und heutigen Relevanz Freires in Deutschland, die die PFK eigentlich fördern möchte, nur abträglich sein können. Wenn Dabisch (2006b) von „mittellosen Migranten" spricht, die in das deutsche „soziale System" einwandern, „weil sich in ihrer Heimat die ökonomische und politische Situation zunehmend als hoffnungslos darstellt" (ebd., 19), so wirft dieser vereinfachende, stigmatisierende und wenig handlungsleitende Argumentationsstil die Frage auf, ob eine so verstandene Pädagogik Freires sich nicht nur fortwährend selbst reproduziert und längst den Anschluss die soziale Wirklichkeit in Deutschland verloren hat. Zugleich sagt sie mehr über den Autor und Beobachter aus als über die beobachtete Wirklichkeit: Sowohl der Begriff „Heimat" als auch der Begriff „Migrant" als einheitliche Kategorie sind Konstrukte, die in dieser verkürzten Gebrauchsweise wenig hilfreich sind, um soziale Realitäten aufzuschlüsseln.

424 Es ist bemerkenswert, dass Schimpf-Herken in ihrem Artikel, die *Paulo Freire Kooperation* nicht erwähnt.

425 Fritz Letsch, bis dato neben Heinz Schulze die tragende Figur der PFG, bestätigte dies und beschrieb, dass die PFK einen stärkeren Schwerpunkt auf das Thema Schulpädagogik, Reformpädagogik und Hochschulen setzen wollten und weniger auf die auch international orientierte praktische Arbeit (vgl. Gespräch mit Fritz Letsch 15.03.2008, Archiv Funke).

426 Dies ist im Übrigen ein Phänomen, das bei vielen linkspolitisch orientierten Gruppen und Initiativen zu beobachten ist. Viele dieser Gruppen spalten sich nach einer Zeit der Zusammenarbeit immer stärker in Untergruppen auf. Freires Denken wurde in dieser Hinsicht ernster betrachtet, als dieser möglicherweise intendiert hatte. Interessanterweise plädiert Gerhardt (2000, 34 f.) für das genaue Gegenteil: „Das Spiel mit Bildern und Realitäten, mit Selbst- und Fremdinszenierungen ist virtuoser geworden. Es ist dabei sich als Technik zu verselbstständigen, inhaltlich wird es beliebiger und verführerischer zugleich. In welchem Maße und wie diesem Bereich auch Emanzipationssubjekte erwachsen, denen der Zustand ihrer Selbst- und Weltentfremdung bewußt werden kann, ist bisher erst in Umrissen deutlich. In der befreienden Pädagogik werden in diesen unübersichtlichen Feldern zu viele Warnleuchten

sich durchaus Parallelen zur aktuellen Situation der Freire-Community in Brasilien feststellen lassen, da diese, wie in Kapitel 4 beschrieben, ebenfalls in unterschiedliche, sich
misstrauisch gegenüber stehende Gruppen gespalten ist. Zwicker-Pelzer (Gespräch
08.04.2008, Archiv Funke) beschreibt den Diskussions- und Trennungsprozess innerhalb
der PFG, die zur Gründung der PFK führte, als „Streit um des Kaisers Bart". Die Streitge-
spräche über „irgendwelche Präzisionen" der Prinzipien Freires und deren Umsetzung,
zum Beispiel darüber, ob Spiel und Theaterpädagogik nun noch freireanisch seien oder
nicht, waren aus ihrer Sicht überzogen und am Ziel vorbei gedacht: „Freire würde sich
heute noch im Grab umdrehen, wenn er so was hören würde." (Ebd.) Die Lösung, dann
die Freire-Community in zwei Lager – auf der einen Seite mehr praktisch orientiert, auf
der anderen Seite mehr theoretisch-wissenschaftsorientiert – aufzuspalten, sei die „denkbar ungünstigste" gewesen (ebd.).[427]

Anhand der von der PFK herausgegebenen Zeitschrift und auch der Publikationen
ihres Verlags lässt sich diese Ausrichtung der Arbeit der PFK nur bedingt nachvollziehen.
Die Zeitschrift wie die Monografien beinhalten in erster Linie Praxisberichte und persönliche Reflexionen zum Denken Freires. Die Vorsitzenden der PFK betrachten diese als
eine Organisation,

> „die als eine Vermittlerin zwischen den verschiedenen Forschungsgebieten, die unter dem
> Begriff ‚freireanische Pädagogik' zusammengefasst werden können, fungiert. In Zusam-
> menarbeit mit Pädagogen aus aller Welt werden die verschiedenen Aspekte der freireani-
> schen Pädagogik angewendet und ihre dialogischen Methoden und Ideen in Bezug auf so-
> ziale und individuelle Veränderungen vertieft." (Dabisch 2001, 130)

Über die Art und Weise und das Ausmaß der Umsetzung dieser gibt es keine genauen Angaben. Die *Paulo Freire Kooperation* realisierte in den vergangenen Jahren kaum Tagungen in ihrer Trägerschaft. Aufgrund von Kontakten mit der PFK habe ich vielmehr den
Eindruck gewonnen, dass diese um ihren Nachwuchs bangt und Schwierigkeiten hat, weitere Mitglieder zu werben.[428] Dies kann als Indiz dafür gewertet werden, dass die Pädagogik Paulo Freires sich nach wie vor den Schwierigkeiten zu stellen hat, wie sie Schimpf-
Herken sie kritisch für die PFG wie für die PFK beschreibt:

> „Angesichts großer finanzieller und institutioneller Probleme ist weder die eine, noch die
> andere Gesellschaft in der Lage, eine durch den gesellschaftspolitischen Wandel erforderli-
> che politische Positionierung zu leisten. Da helfen auch nicht Computer-gestützte Vernet-

---

aufgestellt. Meines Erachtens ist ein unbefangener, auch spielerischer Umgang mit diesen neu-alten
Welten wahrscheinlich wegweisender."

427 Dieser Konflikt habe auch dazu geführt, dass Zwicker-Pelzer von beiden Vereinen in der Folge ab
Mitte der 1990er Jahre Distanz gehalten habe. Beide Vereine hätten verbindliche Mitgliedschaften erfordert und Mitgliedbeiträge verlangt, so dass sie sich davon „zerissen" gefühlt habe und die Situation
als „nicht angenehm" empfunden habe. Sie selbst habe jedoch in ihrer wissenschaftlichen Laufbahn
(1994–2005 an der Katholischen Fachhochschule in Aachen, seit 2005 an der Katholischen Fachhochschule in Köln) stets Rückbezüge auf Freire genommen und auch Freire-Pädagogik gelehrt – Freire sei
ihr in all den Jahren „nicht abhanden gekommen." Im Jahr 2001 habe sie ein Seminar in Brasilien zusammen mit deutschen und paraguanischen Frauen und Ana Maria Freire durchgeführt, sowie Ana
Maria Freire und Olgair Gomes Garcia hätten sie im Jahr 2003 in Deutschland besucht. (Gespräch mit
Zwicker-Pelzer 08.04.2008, Archiv Funke)

428 Der Kontakt zu einigen zentralen Personen innerhalb der PFK gestaltete sich vor diesem Hintergrund
als schwierig; ein Gespräch über Paulo Freire beziehungsweise Austausch über dessen Relevanz und
Aktualität schien demzufolge auch an eine Mitgliedschaft in der PFK gekoppelt zu sein – eine Bedingung, welche jedoch nicht stringent transparent gemacht wurde und sich erst nach und nach heraus-
stellte.

zungsbemühungen oder die Herausgabe von zwei Zeitschriften. (...) Auch die Freire-PädagogInnen scheinen sich angesichts zunehmender Privatisierungstendenzen und immer aggressiveren Wettbewerbs im Bildungssektor auf ihre jeweiligen Projektvorhaben zu konzentrieren und dabei den Gesamtzusammenhang mehr und mehr aus den Augen zu verlieren. Man kann den Eindruck gewinnen, daß die vieldiskutierte Autonomie in der aktuellen Freire-Arbeit eher ein Produkt neoliberaler Konkurrenzpolitik ist, als daß sie Ausdruck einer neuen politischen Standortbestimmung wäre." (Schimpf-Herken 2001, 72)

Neben den Aktivitäten der Freire-Interessierten und deren Gründungen von Vereinen entwickelte sich auch die Freire-Rezeption in Deutschland in direktem Kontakt mit Paulo Freire weiter, denn nach seiner Rückkehr nach Brasilien im Jahr 1980 reiste Freire weiterhin häufig nach Deutschland. Im Jahr 1990 besuchte er beispielsweise auf Einladung der *Gewerkschaft für Erziehung und Bildung* (GEW) Köln; im Jahr 1991 reiste er auf Einladung des *UNESCO-Instituts für Pädagogik*[429] der deutschen UNESCO-Kommission erneut nach Hamburg. Während dieses Besuches traf er auch Gottfried Hausmann und Mitglieder der ersten *Paulo-Freire-Gruppe* aus Hamburg wieder, auf deren Einladung hin er Deutschland seinen ersten Besuch abstattete. Schimpf-Herken berichtet, dass ihre damaligen Studenten an der TU Berlin ihr erklärt hätten, „[n]ichts sei wichtiger als durch eine persönliche Begegnung eigene Fragen zu formulieren, den Menschen Freire einmal persönlich kennenzulernen", so dass diese sie davon überzeugten, mit der Gruppe Studierenden nach Hamburg zu fahren, um dort Freire und Hausmann zu treffen. Schimpf-Herken selbst hatte längst nicht mehr so stark das Bedürfnis nach inhaltlichem Austausch mit Freire, obwohl sie ihm Zeit seines Lebens freundschaftlich verbunden war (vgl. Schimpf-Herken 1991, 17 und Gespräch 17.04.2008, Archiv Funke).

Schimpf-Herken schildert mit Bezug auf das genannte Treffen, was bis heute als Denkanstoß in Bezug auf die Pädagogik Freires gelten kann, denn „[n]icht die einzelnen Sätze oder Inhalte für sich genommen, nicht das grundsätzlich Neue an den Gedanken, sondern das Vertrauen in den utopischen Charakter pädagogischen Wirkens hat uns im Laufe des gemeinsamen Nachmittags in Hamburg miteinander verstrickt, hat das Mit-Geteilte zu Teilen von uns werden lassen, weil jeder von uns im wahrsten Sinne des Wortes geteilt hat." (Schimpf-Herken 1991, 18) Offenbar lag (und möglicherweise liegt) der Reiz und die Anziehungskraft Paulo Freires und seiner Ideen (ähnlich wie in Brasilien) hier weniger in den Thesen eines zu diskutierenden und weiterentwickelnden pädagogischen Konzeptes, sondern in der Verheißung eines gefühlten und angestrebten gemeinschaftlichen Weges zum Wandel der Welt (vgl. dazu auch Schimpf-Herken 1991, 19 ff. und Hausmann 1991, 28 f.). Im Jahr 1994 folgte Paulo Freire dann einer Einladung der neugegründeten *Paulo Freire Gesellschaft*.[430]

Trotz allem konnten diese Besuche und Aktivitäten nicht darüber hinwegtäuschen oder der Tatsache Abhilfe leisten, dass die Rezeption Freires im Bereich der genannten

---

429 Seit 2006 lautet die Bezeichnung UNESCO-Institut für Lebenslanges Lernen. Vgl. http://www.unesco.de/uil.html?&L=0, Zugriff 08.09.2008.

430 Während dieses Besuches Freires ereigneten sich bereits erste tiefgreifende Konflikte innerhalb der PFG, die letztlich zur Abspaltung der PFK von der PFG beitrugen. Während beispielsweise einige Mitglieder der PFG Paulo Freire und seine Frau Ana Maria Freire auf einem Klappsofa in der Privatwohnung einiger PFK-Mitglieder unterbringen wollten, fanden andere dies unangemessen, zumal Ana Maria Freire „bürgerlich orientiert war und das niemals akzeptiert hätte" (Gespräch mit Dabisch/Gerhardt 21.09.2008, Archiv Funke), so dass letztere schließlich in Eigenregie ein Hotelzimmer für die Freires anmieteten, was später zu Unstimmigkeiten in der Vereinsführung sorgte (vgl. Gespräch mit Dabisch/Gerhardt 21.09.2008, Archiv Funke).

Tätigkeitsbereiche im Verlaufe der 1980er und 1990er Jahre insgesamt abnahm, wenig Neues schuf und in gewisser Weise in einigen Punkten in einem Stillstand verharrte.

Schachtner[431] schreibt dennoch zusammenfassend optimistisch im Hinblick auf eine mögliche aktuelle Relevanz Freires:

> „Es scheint mir, dass die aktuelle explizite Rezeption des Denkens von Paulo Freire in Theorie und Praxis der Selbstorganisation der Menschen größere Bedeutung beimisst, dass die Aufgabe der professionellen Helfer stärker auf das Entschlüsseln, die Koordination und die Moderation beschränkt ist, dass der Vielfalt der Situationen und Interessen größere Aufmerksamkeit entgegen gebracht wird, dass das Geschlecht als soziale Kategorie in den Fokus der befreienden Pädagogik gerückt wird, dass die Verwobenheit von globalen und lokalen Prozessen der Bewusstseinsbildung höheren Stellenwert einnimmt und dass der Dialog akzentuierter als interkultureller Dialog konzipiert wird." (Schachtner 1999, 128)

Implizite Bezüge sieht Schachtner im Feld der Aktivitäten von Agenda 21-Gruppen, die sich als Reaktion auf die Weltentwicklungskonferenz der Vereinten Nationen 1992 in Rio de Janeiro auf lokaler Ebene vor allem in Europa bildeten[432] und zwar hier vor allem in Bezug auf a) dialogische Ausrichtung, b) Solidarität – verstanden auch als Zusammenarbeit von Gruppen mit entgegenstehenden Interessen, mit dem Ziel, einen Konsens zu finden, c) ressourcenorientierte Arbeit/Empowerment, d) Berücksichtigung der Verknüpfung von lokaler und globaler Ebene sowie von ökologischen, ökonomischen und sozialen Perspektiven, e) Reflexion der Geschlechterperspektive und f) neue systemisch und situativ orientierte Denk- und Handlungsweisen (vgl. ebd. 126 ff.).[433] Es scheint, als sei Freire in vielen Praxisfeldern der Politik und Pädagogik implizit mitgedacht und fungiere für diese als (möglicher) Impulsgeber und Ermahner in einer Arbeit für eine „bessere" Welt.

5.2   Zur in deutscher Sprache erschienenen Sekundärliteratur

1973 wurde die *Methode Paulo Freire* von Schravesande, Mendes et al. publiziert. Hierbei handelt es sich um ein Heft, das die Methoden Paulo Freires mit Bildern und Beschreibungen, insgesamt recht plakativ darstellt. Es erschien ursprünglich in den Niederlanden und wurde ins Deutsche übersetzt. Es kann davon ausgegangen werden, dass es von dieser „grauen Literatur" weitere zahlreiche Beispiele gegeben hat. 1974 erschien von Schmied-Kowarzik der Band *Dialektische Erziehung*, der einen Aufsatz zu Paulo Freire enthält (ebd., 52–64). Dieser ist eine Rekonstruktion von dessen Grundideen. 1975 erschien die

---

431 Bedauerlicherweise fehlt bei Schachtners Artikel die Bibliografie, so dass die einzelnen bibliografischen Angaben nicht nachgeprüft werden können. Ich habe die Autorin angeschrieben, jedoch auch ihr liegt die Bibliografie nicht mehr vor.

432 Ein Beispiel hierfür sind auch die Agenda 21-Aktivitäten in München, die maßgeblich von Heinz Schulze koordiniert werden, welcher gleichzeitig die zentrale Figur der *Paulo Freire Gesellschaft* ist beziehungsweise war.

433 Ausblickend sieht Schachtner die Zukunftsrelevanz der Ideen Freires in den folgenden Punkten (vgl. Schachtner 1999, 136 f.): 1. Dialog, der „Grenzen überschreitet", 2. Thematisierung des Geschlechterverhältnisses, 3. Notwendigkeit der Kombination von „kleinen Schritten und großen Zielen" – mit Anspielung auf Freires *paciência impaciente* („ungeduldige Geduld"), 4. Reflexion, systemisches, vorausschauendes und multiperspektivisches Denken, Bezug zwischen Aktion und Reflexion und *inteligência operativa* („operative Intelligenz"), 5. Betonung der Wichtigkeit von Emotion (und Liebe) neben der Kognition. Letztenendes liegt aus ihrer Sicht Freires Potenzial bis heute darin, (unbequeme) Fragen zu stellen.

Broschüre *Erziehung zu Solidarität* von Wilhelm/Futterlieb, welche innerhalb der Aktivitäten eines „Dritte-Welt-Arbeitskreises" entstand. In der Einführung des Heftes beschreiben die Herausgeber, dass sie mit ihm „Impulse geben [wollen, K.F.] (…). Dafür scheint es wirklich an der Zeit zu sein, nachdem gerade in europäischen Ländern vielzulange [sic] mit großer Selbstverständlichkeit Bildungs- und Erziehungsgedanken ins Ausland exportiert wurden, ohne daran zu denken, was wir selbst von Menschen anderer Kulturen lernen könnten. (…) Darum ist es umso erfreulicher, daß in den verschiedenen Bereichen dieser neue Ansatz mehr an Boden gewinnt zum Beispiel in: Elternarbeit, Erwachsenenbildung, Kindergarten, Gewerkschaften, Schulen, Hochschulen, kirchlicher Bildungsarbeit u.a." (ebd., 4) Interessant sind auch ihre Vorschläge zur Umsetzung in Europa: 1. „eigene Erfahrungen in Unterdrückung und Unterdrückt-werden wahrzunehmen, zu verarbeiten und im gesellschaftlichen Kontext zu begreifen", 2. „die eigene Stellung in der Gesellschaftsstruktur zu überprüfen", 3. „eigene Möglichkeiten zu Veränderung zu überdenken" (ebd. 7) Bemerkenswert ist in diesem Zusammenhang auch die Reflexion über die nach Freire *domestizierende* Funktion der Sprache in den westlichen Ländern: Das Problem des Analphabetismus, von dem Freire ausging, sei in Deutschland weniger groß, wohl aber treffe die Tatsache zu, dass hier mit vielen Wörtern jongliert werde, welche inhaltsleer seien, da sie in ihrer praktischen Bedeutung für das eigene Leben unklar blieben. Das gelte für Begriffe wie Demokratie, Freiheit, Gleichheit und Mensch, die auf diese Art und Weise für eine *politische Analphabetisierung* dienen könnten (vgl. ebd. 16). Interessant ist, dass die in diesem Heft zur Reflexion vorgeschlagenen Themen, beispielsweise das Problem der „globale[n] Klassengesellschaft" (ebd. 23), in verschiedener Hinsicht bis heute relevant sind. In dieser Broschüre befindet sich auch eine Auflistung von bis dato erschienener Literatur von Freire, ihren Rezensionen und von Literatur, in erster Linie Artikeln in Zeitschriften aus kirchlichen und entwicklungspolitischen Kontexten und unveröffentlichte Manuskripte als Seminararbeiten an Universitäten (vgl. ebd. 38 ff.). Rothermel (2003) weist darauf hin, dass ab Mitte der 1970er Jahre Freire auch in der „erziehungs- und bildungswissenschaftlichen Theoriliteratur entdeckt" (ebd., 88) worden sei. Insbesondere nennt er hier die Hinweise auf Freire im „Wörterbuch der Erziehung", herausgegeben von C. Wulf, sowie den Artikel von Iben zum „Sozialen Lernen" in demselben Band. Zusammenfassend beschreibt Rothermel: „Insgesamt waren es ab Mitte der siebziger Jahre eher dezidiert marxistisch orientierte Erziehungs- und Bildungstheoretiker (…), die Freire als praxisphilosophischen Pädagogen rezipierten". (Ebd., 89, vgl. dazu auch ebd., 94)

1975 erschien das Buch von Rothe *Erziehung und Entfremdung*, das die Thesen von Paulo Freire und Iván Illich jeweils in Kürze darstellt und sie im Hinblick auf deren Kritik am formalen Bildungswesen, aber auch allgemein deren Anwendbarkeit in den „entwickelten Gesellschaften", untersucht. Rothe übt zum Beispiel an Freire berechtigte Kritik, in dem er in Frage stellt, „ob die Grundannahme jeder conscientizacao [sic] – es liege immer eine eindeutige, objektive Sachlage vor, die jederzeit auf eine ebenso eindeutige, objektive Weise von jedermann erschlossen werden könne – erkenntnistheoretisch haltbar ist. Es ist vielmehr wahrscheinlich, daß es nicht selten viele mögliche Weisen gibt, ein und dieselbe Sachlage aus unterschiedlichen Perspektiven und von unterschiedlichen Ausgangspunkten her, d.h. subjektiv und damit mehrdeutig zu sehen und sich ihrer auf ebenso subjektive und mehrdeutige Weise bewusst zu werden." (Rothe 1975, 27) Auch auf den folgenden Seiten kritisiert er Freire scharf und arbeitet vor allem seine autoritären Tendenzen und alleinigen Wahrheitsanspruch heraus – das kann den Freireanern von damals (und heute) nicht gefallen haben. In seinen späteren Werken hat Freire seine Argumentation

hinsichtlich der *revolutionären Führer*, wie gezeigt wurde, zwar abgeschwächt beziehungsweise aufgegeben. Jedoch hat er dennoch keine Lösung für das Problem gefunden,
dass es viele, möglicherweise widersprüchliche Wahrheiten geben kann, so dass Freire
nicht den Anspruch haben kann, dass er die einzig richtige herausgefiltert habe, um sie
nun den anderen im Prozess der pädagogischen Arbeit „beizubringen". Gleichzeitig kritisiert Rothe nachvollziehbar die Überbewertung des Verstandes bei Freire durch die *Conscientização*.[434] Noch im gleichen Jahr, also 1975, erschien ein erster Band, der unterschiedliche Projekte in der *Volkserziehung* in mehreren Ländern Lateinamerikas vorstellt,
um die Freire-Rezeption in Deutschland durch diese Beispiele zu erweitern und anzuregen: *Erziehung zur Befreiung. Volkspädagogik in Lateinamerika* von Erika Stückrath-
Taubert. Eine erkennbare Resonanz in der Literatur hat dieser Band, wie auch ähnliche
ihm folgende, nicht erzeugt. Insgesamt jedoch gab es einige Veröffentlichungen in deutscher Sprache, die Beispiele der *educación popular* (denn in der Regel wurde über die
Arbeit in spanischsprachigen Ländern Lateinamerikas berichtet) vorstellten, wie zum Beispiel Zimmer 1983 und Schulze 1989. Ebenfalls im Jahr 1975 wurde die Dissertation im
Fach Theologie von Almeida Cunha *Pädagogik als Theologie* publiziert, eine umfangreiche Arbeit, die den Ansatz Freires insbesondere aus theologischer Sicht betrachtet. Auf
der einen Seite stellt der Band die Bedeutung des Christentums beziehungsweise des
„christlichen Bewusstseins" (ebd., 8) in Lateinamerika im Allgemeinen und Brasilien im
Speziellen vor dem Hintergrund seiner Geschichte dar. Insbesondere die Rolle der katholischen Kirche im Rahmen der Befreiungsbewegung und von sozialem Engagement wird
vom Autor untersucht. Auf dieser Basis wird dann der Ansatz von Paulo Freire vorgestellt,
um anschließend die Theologie der Befreiung anhand Freires Konzepts der *Conscientização* aufzuschlüsseln.

Eine erste umfangreichere und thematisch breit gefächerte Buchveröffentlichung, die
eine Darstellung des Ansatzes Freires umfasst und Perspektiven der Übertragbarkeit auf
den europäischen Kontext entwickelt sowie Praxisbeispiele dieser Übertragung vorstellt,
ist der Band *Von Paulo Freire lernen* von Bendit und Heimbucher, der 1977 in einer Reihe des Deutschen Jugendinstituts beim Juventa-Verlag erschien. Insgesamt unverkennbar
marxistisch geprägt gibt das Buch einen sehr brauchbaren Einblick in das Denken Freires
und wurde von den deutschsprachigen Freire-Praktikern dankbar angenommen. Zum einen
wird in dem Band in das Denken Freires eingeführt. Zum anderen werden Möglichkeiten
der Übertragung auf die so genannte „erste Welt" aus theoretischer Sicht untersucht und
Beispiele praktischer Anwendung in Sprachkursen von Einwanderern, in Schule und Gemeinwesenarbeit vorgestellt (vgl. dazu auch Interview mit Heinz Schulze 2008, Archiv
Funke).[435]

---

434 Mit dieser Kritik spricht Roth in der Tat einen wichtigen Punkt an. Denn auf der einen Seite ist das
     pädagogische Konzept Freires, insbesondere in seinen frühen Schriften, rund um den Verstand, im
     Sinne einer kritischen Urteilskraft, die, wenn nötig mit Hilfe seiner Pädagogik ausgebildet werden soll,
     aufgeräumt. Auf der anderen Seite stellt Freire diesem mit der Trias Glaube – Liebe – Hoffnung ein
     bedeutungsschwangeres Gegengewicht gegenüber, dessen genaue Definition und Bedeutung er jedoch
     wenig expliziert. Ich möchte dies an dieser Stelle als einen Versuch werten, die Bedeutung der Bezie-
     hungsebene und der Ebene der Emotionen gegenüber dem rein Kognitiven zu betonen. Zudem hat ins-
     besondere der Begriff *Hoffnung*, ähnlich wie der der *Utopie* bei Freire eine politische Konnotation,
     denn Freires Hoffnung bezieht sich immer auf eine politische Utopie.

435 In der Folge erschienen weitere Bücher, die sich mit Möglichkeiten der Übertragung der Grundgedan-
     ken Freires auf die damals so genannte „Erste Welt" beziehungsweise den Zusammenhängen zwischen
     der „Ersten" und der „Dritten Welt" unter Einfluss von Freire beschäftigten, wie zum Beispiel Dau-
     ber/Simpfendörfer (1981), in dem auch ein Beitrag von Paulo Freire enthalten ist, oder Jouhy 1996
     (Original von 1985). Zum Band von Bendit/Heimbucher vgl. auch Rothermel (2003, 89 ff.).

1978 erschien *Zur Theorie und Praxis Paulo Freires in Brasilien* von Gerhardt (seine Dissertation). Es beinhaltet eine Darstellung der politischen Ereignisse in Brasilien während der 1950er und 1960er Jahre sowie eine Biografie Freires sowie eine Darstellung seiner Hauptideen. In einem zweiten Teil werden die ersten praktischen Alphabetisierungsprojekte, die Freire in Brasilien durchführte, beschrieben, und in zentralen Punkten auch kritisiert (vgl. vor allem auch 238 ff.).

1979 erschien (ebenfalls als Dissertationsschrift) *Erziehung zur Befreiung? Paulo Freire und die Erwachsenenbildung in Lateinamerika* von Schimpf-Herken. In der Arbeit wird auf der einen Seite die lateinamerikanische Realität als eine Geschichte der Abhängigkeit rekonstruiert. Hier bleibt die Argumentation eng an der von Freire. Auch die Theorie der offenen und geschlossenen Gesellschaften wird in Bezug auf Freire rekonstruiert. Beispielhaft wird dann die Rolle der Erwachsenenbildung in Lateinamerika im Allgemeinen erläutert, dann im Speziellen für Chile. Darauf aufbauend wird dann die Methode Paulo Freire als eine Form von Erwachsenenbildung beschrieben. Diese Arbeit bietet auf der einen Seite einen umfassenden Einblick in die erwachsenenbildnerische Praxis in Lateinamerika, vor allem Chile. Kritische Punkte zum Ansatz Freires sind hierin kaum zu finden.

Ebenfalls 1979 wurde die Diplomarbeit *Die pädagogisch-politischen Konzeptionen Mahatma Gandhis und Paulo Freires* von Mann publiziert, in der aufbauend auf einer Erläuterung der Begriffe „(Unter-)Entwicklung" und „Bildung" für den Kontext der damals so genannten „Dritten Welt" die politischen und pädagogischen Konzeptionen Gandhis und Freires dargestellt werden. Zusammenfassend werden dann, leider überaus knapp, Übereinstimmungen und Unterschiede zwischen den beiden Ansätzen herausgearbeitet.[436]

1984 erschien der bereits mehrfach erwähnte Band von Persie *Paulo Freire, Theologie der Befreiung und praxisverändernde Bildung*. Dies ist eine AG-SPAK-Publikation, die insgesamt interessant und gut recherchiert ist. Die Ideen der „Umkehr" und „praxisverändernde Bildung" werden zunächst als Herausforderungen und Aufgaben innerhalb der christlichen Sozialethik erläutert. Dann wird der Ansatz Paulo Freire, der Bezug zur Theologie der Befreiung und Beispiele praktischer „Befreiungsarbeit" in Afrika und Asien vorgestellt beziehungsweise kurz angerissen. In einem weiteren Teil der Arbeit werden Anwendungsbeispiele der Pädagogik Paulo Freires[437] in Deutschland und Europa vorgestellt. Der Teil, der Praxisprojekte in Deutschland beschreibt (vgl. ebd. 190 ff.), ist zum Teil tendenziell unreflektiert und plakativ geschrieben und ist zudem in Teilen nicht ganz einwandfrei recherchiert und gegliedert.

Ende der 1980er/Beginn der 1990er Jahre wurden einige Bücher veröffentlicht, die vor allem praktische Aspekte der Ideen Freires vorzustellen suchten, wie zum Beispiel *Zukunftswerkstatt Kontinent* (1989) von Trudi und Heinz Schulze, welches in erster Linie

---

436 Ähnlich aufgebaut ist die Arbeit von Munk (1988), die die Rolle des Lehrenden in der Erwachsenenbildung in den Ansätzen von Rogers und Freire untersucht.

437 Ich bin mir darüber im Klaren, dass diese Bezeichnung generell problematisch ist. Zunächst einmal existiert im engen Sinne keine *Pädagogik Paulo Freires*, sondern vielmehr ein von Freire vorgeschlagener pädagogisch-politischer Ansatz, der, wie bereits erläutert, eher Anregungs- und Inspirationscharakter hat, anstatt eine detaillierte Methodik oder Didaktik innerhalb eines festen Theorierahmens vorzugeben. Zweitens bleibt darüber hinaus, selbst wenn es im engeren Sinne eine *Pädagogik Paulo Freires* gäbe, selbstverständlich, dass diese in jeder Situation, in jeder Interaktion und jedem pädagogischen Setting unterschiedlich konstruiert und mit Bedeutung gefüllt würde. Insofern kann mit diesem Ausdruck im vorliegenden Zusammenhang immer nur eine pädagogische Praxis gemeint sein, die sich im weitesten Sinne auf Paulo Freire bezieht oder durch seine Ideen beeinflusst ist.

Projekte aus Lateinamerika beschreibt. *Mit Phantasie und Spaß* (1994) ist eine Veröffent-lichung der AGSPAK, die eine Sammlung von Übungen und Methoden der Bildungsar-beit enthält. Dies ist eine Übersetzung aus dem Spanischen, die Originalausgabe wurde in Costa Rica veröffentlicht.

1989 erschien von Figueroa (1989b) *Aufklärungsphilosophie als Utopie der Befrei-ung in Lateinamerika*, seine Dissertation, auf dessen Grundlage im selben Jahr der Band *Paulo Freire zur Einführung* (1989a) publiziert wurde. Letzteres ist alles andere als ein Einführungsbuch, sondern, ähnlich wie ersteres, eine komplexe Abhandlung der ideenge-schichtlichen Wurzeln und Verflechtungen des Denkens Freires aus philosophischer Sicht. Ersteres liefert darüber hinaus eine differenzierte Darstellung der lateinamerikanischen Befreiungsperspektive, deren Vorstellung von den Konzepten der Utopie und Abhängig-keit, sowie darauf aufbauend dann eine Darstellung und philosophische Analyse des Den-kens Freires als aufklärerische Perspektive der Utopie der Befreiung sowie eine Analyse der Utopie der Befreiung bei Gustavo Gutiérrez. Beide Bücher wurden in deutscher Spra-che so gut wie nicht rezipiert – darüber, ob sie gelesen wurden, kann an dieser Stelle na-türlich keine Aussage getroffen werden. Möglicherweise liegt dies an der theoretischen Komplexität dieser Arbeiten – bezieht sich doch das vorrangige Interesse der deutschspra-chigen Freireaner auf den praktischen Bereich. Diese Tatsache ist bedauerlich, da Figue-roa mit seinen Arbeiten eine beachtliche Leistung vorlegt, die jedoch dem Leser einiges abverlangt. Er überschätzt in seinen Arbeiten auch tendenziell die philosophische Leistung Freires selbst, indem er nicht darauf hinweist, dass hier in weiten Teilen implizite ideenge-schichtliche Bezüge Freires, zu denen er selbst keine differenzierte Analyse vorgelegt hat, explizit und nachvollziehbar gemacht werden.

Mit Riemann Costa e Silva (*Bilanz einer Konzeption*) (1990) und Pereira Paiva (*Nati-onalismus und Bewusstseinsbildung in Brasilien*) (1980) waren in den vergangenen Jahr-zehnten auch in Deutschland Schriften erhältlich, die Freires Denken auf der einen Seite verständlicher machen, es aber auch auf der anderen Seite dekonstruieren und in seiner praktischen Relevanz zwar nicht negieren, jedoch relativieren (zu letzterem vgl. insbeson-dere Riemann Costa e Silva). Auch Gerhardt (1978) schlägt einige kritische Sichtweisen auf Freire vor (vgl. ebd. 238 ff.). Ähnliches gilt für Knopf/Möller/Schmidt (1978), die Freire selbst, aber auch die Art und Weise seiner Rezeption im deutschsprachigen Raum deutlich kritisieren (vgl. ebd. 3 ff.). Es ist vor diesem Hintergrund bemerkenswert, dass die erwähnten Arbeiten im deutschsprachigen Raum kaum eine Resonanz gefunden haben. Dies offenbart in gewisser Weise den fehlenden Willen, sich in der Tiefe mit Freire aus-einander zu setzen und ihn kritisch zu beleuchten und weiter zu entwickeln. Gleichzeitig jedoch ist es ein Symptom der Schwäche des theoretischen Diskurses in deutscher Sprache über Paulo Freire insgesamt, welcher die Werke Freires selbst ebenso nur wenig oder un-zureichend in den Blick nimmt beziehungsweise welcher nur randständig überhaupt vor-handen ist, während in der Praxis die Haltung und Radikalität, die Freire vermittelte, im Vordergrund stand.

Einen ebenfalls kritischen Beitrag zu Freire hat Treml 1987 mit dem Aufsatz *Der Freire-Mythos. Zur Entmythologisierung der Freire-Pädagogik aus entwicklungspädago-gischer Sicht* vorgelegt. Zum einen wirft er Freire und seinen Rezipienten vor, das Prinzip des Dialogs nicht umzusetzen: Statt eines kritischen Dialogs nähmen die Freire-Leserinnen diesen vielmehr entsprechend der von ihm kritisierten *Bankiers-Methode* an und auf (vgl. ebd. 2). Freire habe in vielen Punkten für sich die Wahrheit beansprucht (vgl. ebd., 4) und lasse damit kaum Kritik zu. Treml jedoch zweifelt diesen Wahrheitsanspruch an, da Freire seine subjektive Praxis als Basis seiner Theorie verwende und seine Praxis weder mit anderen Praxen noch seine Theorie mit anderen Theorien abgleiche (vgl. ebd.). Gleichzeitig biete er keine Lösung für das Spannungsverhältnis zwischen *Befreiung* und *Manipulation,* der er letztlich durch seinen klaren politischen Anspruch Gefahr laufe, zu erliegen (vgl. ebd., 4 f.). Treml formuliert auch eine Kritik an den Übertragungsversuchen der Pädagogik Freires auf den deutschen Kontext: Nicht nur die Herangehensweise der Übertragung selbst leide an erkenntnistheoretischer und erkenntnispraktischer Unschärfe, sondern vernachlässige vor allem die Bedürfnislagen im jeweiligen Kontext. In Europa

> „leiden [wir, K.F.] nicht an einem Zuwenig an Modernisierung, sondern an einem Zuviel. Uns geht es nicht mehr darum, den Sieg zu erkämpfen, sondern mit den Folgen fertig zu werden. Wir leiden in der Regel nicht an Unterdrückung, sondern viel eher an der Austauschbarkeit in einer funktional-differenzierten Gesellschaft, die inzwischen nicht nur jeden einzelnen funktional äquivalent zu jedem anderen macht, sondern zum großen Teil gar nicht mehr braucht. Dort, wo alles anders sein kann (kontingent), ist es nur eine Frage der Zeit und der technologischen Mittel, bis nicht nur der einzelne Mensch, sondern die ganze Menschheit als Gattung kontingent wird." (Treml 1987, 6)

Auch wenn man diese kulturpessimistische Sichtweise anzweifeln mag, und auch unter der Annahme, dass selbst in diesem *Zuviel* an Modernisierung unterdrückende Strukturen und Situationen vorhanden sind, so liefert Treml in seinem Aufsatz doch plausible Argumente, Freires Ansatz kritisch zu untersuchen und möglicherweise neu zu durchdenken und zu ergänzen. Es ist verwunderlich, dass dieser Aufsatz wenig Resonanz erzeugt hat – und übrigens auch von Stauffer (2007) nicht rezipiert wird, obwohl die Kritik Freires gerade ihm ein Anliegen ist.

1991 erschien der Band *Befreiung und Menschlichkeit,* herausgegeben von Joachim Dabisch und Heinz Schulze. Dies ist ein überaus informativer Sammelband, der Praxisberichte aus Lateinamerika und Deutschland, Interviews mit Freire, Schilderungen von Begegnungen mit Freire und Reflexionen über einzelne Aspekte freireanischer Pädagogik beinhaltet. Obwohl er eher eine Rückschau als eine Weiterentwicklung der Gedanken Freires darstellt, so gibt er doch einen interessanten Einblick in die Wirkung der Ideen Freires seit deren Bekanntwerden in Deutschland zu Beginn der 1970er Jahre.

Aus dem gleichen Jahr (1991) stammt der Band *Alphabetisierung und Bewusstwerdung* von Wener. Im Rahmen einer etwas abenteuerlichen Gliederung mit vielen Sprüngen stellt die Autorin die Biografie Freires in Verknüpfung mit den historischen Hintergründen in Bezug auf die soziale und politische Situation Brasiliens und die Genese und Entwicklung des Denkens Freires vor. Insbesondere seine beiden frühen Werke werden auf inhaltliche Konvergenzen, Divergenzen und Entwicklungen hin untersucht. Diese Untersuchung bietet eine Tiefe, die in anderen bis zu jenem Zeitpunkt in deutscher Sprache erschienenen Arbeiten selten ist und ähnlich nur bei Pereira Paiva (1980) zu finden ist, wenn es auch wünschenswert gewesen wäre, dass die Autorin spätere Arbeiten Freires in ihre Analyse miteinbezogen hätte. Die inhaltliche Nähe zur Arbeit Pereira Paivas ist an einigen Stellen jedoch offensichtlich, streckenweise ist der Band eine Zusammenfassung der Arbeiten von Pereira Paiva (1980), De Rui Beisiegel (1982) und punktuell Gerhardt (1978) sowie Schimpf-Herken (1979). Erfreulich ist, dass die Autorin auch portugiesischsprachige Literatur rezipiert; die Sichtweise De Rui Beisiegels beispielsweise war bis dato in deutscher Sprache nicht zugänglich. Neben Beispielen der praktischen Umsetzung des Ansatzes von Freire in Chile, Afrika und Brasilien wird die Morphem-Methode der Alphabetisierung grob dargestellt. Völlig unklar bleiben jedoch die Schlussfolgerungen der Autorin aus ihrer Arbeit, da die knappe Schlussdiskussion sich lediglich auf die Morphemmethode bezieht. Ebenfalls im Jahr 1991 erschien der Band *Die Bedeutung der Bildungskonzeption Paulo Freires für eine „ética universal do ser humano"* von Dorothea Germann. Ein deutlicher Vorteil dieser Arbeit ist, dass die Autorin sich auch auf die späteren Arbeiten Freires bezieht und einige Aspekte seines späten Denkens darstellt (auch wenn sie andere auslässt). Die Arbeit lässt jedoch eine kritisch-reflektive Beleuchtung dieser Aspekte deutlich vermissen. Insgesamt liest sie sich als eine Zusammenstellung von Zitaten und Paraphrasen aus Freires Texten. Schlussfolgerungen aus diesen erscheinen in Teilen verkürzt gedacht und recht plakativ (vgl. zum Beispiel dazu ebd. 133 und 154 f.). Eine interessante Veröffentlichung stellt der Band *Kann Lernen wirklich Freude machen* von Flávia Mädche aus dem Jahr 1995 dar, da die Autorin Brasilianerin ist und somit eine der wenigen Autoren (neben Gerhardt, Pereira Paiva und Wener) ist, die auch Literatur in portugiesischer Sprache rezipiert. In dem Band wird zunächst ausführlich die (Sozial-)Geschichte Brasiliens seit Beginn der Kolonisierung beschrieben. In einem zweiten Schritt wird die Biografie, Theorie und Praxis Paulo Freires vorgestellt, um dann darauf aufbauend konkrete Praxiserfahrungen der eigenen Arbeit der Autoren auf Basis der Ideen Freires in Brasilien zu beschreiben. Insgesamt jedoch bezieht die Autorin relativ wenig kritisch Stellung, in weiten Strecken wird Freire verklärt, während Brasilien aufgrund seiner Geschichte als „abhängiges Land" (Mädche argumentiert im Sinne der Dependenztheorien) als ein Land dargestellt wird, in dem soziale und politische Veränderungen im Sinne Freires zum Positiven hin kaum eine Chance haben. Interessanterweise steht dies im Gegensatz zum eigenen Bestreben der Autorin, die mit ihrer konkreten Praxis Veränderungen in Brasilien anstrebt und aus ihrer Sicht auch Erfolge – zumindest aus pädagogischem Blickwinkel betrachtet – erzielt.

1998 erschien der Band *Paulo Freire in Memoriam: Lernen befreit* als Tagungsdokumentation einer in der evangelischen Akademie Loccum im Jahr 1997 (vgl. Fritsch-Oppermann 1998a) stattgefundenen Tagung. Die Dokumentation enthält eine Reihe interessanter, mitunter auch kritischer Reflexionen zu den Ideen Paulo Freires, deren Rezeption in deutscher Sprache sowie Überlegungen zu einer möglichen Aktualität seines Ansatzes im Kontext Deutschland. Insbesondere der Aufsatz von Knauth/Schoeder (1998a) in diesem Band ist überaus aufschlussreich und erfrischend undogmatisch, wenngleich tiefgehend analysierend formuliert. Es ist bedauerlich, dass beispielsweise diese Publikation keinen nennenswerten Einfluss auf folgende Publikationen beziehungsweise auf die Debatte der Freire-Praktiker, soweit sie überhaupt vorhanden ist, ausgeübt hat.

Positiv hervorzuheben ist auch die Publikation von Knauth/Schroeder (1998b). Die Autoren nähern sich überaus gut informiert und gründlich recherchierend den Themen Befreiungspädagogik, Befreiungsphilosophie und Befreiungstheologie. Ausgehend von einem Projekt, das 1997 an der Universität Hamburg zum Thema *Befreiung* durchgeführt wurde, werden unterschiedliche Aspekte des Themas in den verschiedenen Disziplinen und konkreter Praxis in Hamburg vorgestellt. Paulo Freire stellt für sie einen zentralen Referenzpunkt dar. Die Arbeit zeichnet sich durch eine multiperspektivische Sichtweise aus, die versucht, Vereinfachungen und vorschnelle Schlüsse sowie zu simplifizierende pädagogische Rezepte zu vermeiden. In dieser Hinsicht stellt sie eine Ausnahme dar. Es ist umso erstaunlicher und bedauerlicher, dass auch sie seit ihrem Erscheinen keine nennenswerte Rezeption unter den deutschsprachigen Freireanern gefunden hat.

Aktuell ist Paulo Freire auch eine Art Symbolfigur und Ideengeber für die *Kritische Erziehungswissenschaft* in Deutschland, so dass er für das *Handbuch Kritische Pädagogik*

(Hg. Bernhard/Rothermel) kurz vor seinem Tode im Jahr 1997 das Vorwort geschrieben hat.

Eine Rezeption einiger Aspekte des Denkens Freires findet in Deutschland in der Debatte um das *Globale Lernen* statt. Mit Rückgriff auf Arbeiten von Ernest Jouhy (vgl. beispielsweise Jouhy 1996) entwickelt vor allem Mergner (2000 und 2002 – beide Artikel wurden erstmals Ende der 1990er Jahre veröffentlicht) Thesen zu Freire, die auch Lohrenscheit (2002) wieder aufgreift. Auch Overwien (2003) betont die Wichtigkeit der Rezeption Freires innerhalb der Debatte um das *Globale Lernen*[438] und der *„Pädagogik: Dritte Welt"* innerhalb der *Kritischen Erziehungswissenschaft*[439] und verweist damit auch auf das oben erwähnte Vorwort Freires im *Handbuch Kritische Pädagogik* sowie auf den Beitrag von Dias (2001) im selben Band. Mergner kritisiert an Freire, dass er die Frage nach der Spannung und den gegensätzlichen Interessen von Subjekt und Kollektiv, nach Sinn und Notwendigkeit von Dissenz nicht zufriedenstellend löst (vgl. Mergner 2000, 47 und 2002, 102 ff.). Insgesamt hebt er jedoch die Hinterlassenschaft Freires würdigend hervor und unterstreicht dessen Leistungen in folgenden Punkten: a) Freire habe mit seiner Formulierung einer konsequenten Forderung nach Solidarität eine gemeinsame Gesprächsgrundlage und Sprache für Pädagoginnen des Nordens wie des Südens geschaffen, b) Freire habe Schlüsselbegriffe und -kategorien entwickelt, unter deren Zuhilfenahme pädagogisches Handeln kritisch betrachtet werden konnte und c) Freire habe einen Parteilichkeitsbegriff formuliert, der für die Erziehungswissenschaft wichtig wurde (vgl. Mergner 2002, 100). Es wäre interessant gewesen, zu welchen weiteren Schlüssen der Autor bei der Betrachtung der neueren Arbeiten Freires gekommen wäre, doch leider rezipiert auch er nur dessen frühe, in deutscher Sprache publizierten Arbeiten. Es bleibt abzuwarten, welchen Stellenwert Freire zukünftig in der Debatte des *Globalen Lernens* einnehmen wird.

Im Jahr 2002 erschien der Band *Bildung zur Eigenständigkeit* von Datta/Lang-Wojtasik als Herausgeber. In ihm werden „vergessene reformpädagogische Ansätze aus vier Kontinenten", so der Untertitel, und Praxisbeispiele zu diesen Ansätzen vorgestellt. Auch Paulo Freire spielt hier eine Rolle. Jedoch scheinen die Herausgeber Freire in gewisser Weise der Vollständigkeit halber als eine Art Platzhalter zu verwenden, was bedauerlich ist für eine Veröffentlichung, die, wie die Herausgeberin der Reihe C. Adick im Vorwort erläutert, zum Ziel hat, diese Ansätze „kritisch auf[zu]greifen" (ebd. 8) und „ihre historische, gesellschaftliche und kulturelle Kontextualisierung" (ebd. 8) voranzutreiben. So stellen die Herausgeber in der Einleitung fest, Paulo Freires Literatur sei „fast vollständig in deutscher Sprache erschienen" (ebd. 14), was nicht den Tatsachen entspricht. Der Artikel von Dabisch (2002) über Paulo Freire (ebd. 75 ff.) verliert sich letztlich in Allgemeinplätzen und stellt Paulo Freires Ideen simplifizierend und ungenau, vor allem aber ohne klare Schlussfolgerungen oder weiter zu verfolgende Fragen dar. Auf diese Art und Weise wird dem Vorschub geleistet, was der Band verhindern will: Paulo Freire der Vergangenheit und der Irrelevanz zuzuordnen. Erfreulich anders ist der Aufsatz von Siebert

---

438 Zur Rezeption Freires durch die Kommission *Bildungsforschung mit der Dritten Welt* in der *Deutschen Gesellschaft für Erziehungswissenschaft* vgl. auch Rothermel (2003, 94 f.).

439 Auch Bernhard (2006) veröffentlichte im von ihm herausgegebenen Band *Pädagogisches Denken. Einführung in allgemeine Grundlagen der Erziehungs- und Bildungswissenschaft* einen Aufsatz zu Paulo Freire. Unter Rückgriff auf die in deutscher Sprache erschienene Literatur Freires werden knapp Freires Biografie und seine Hauptideen vorgestellt, um dann ebenso kurz Vorschläge zu formulieren, welche von ihnen noch heute Relevanz haben könnten: Genannt werden das Prinzip des Dialogs und das Ausgehen von der Lebenswirklichkeit der Lernenden (vgl. ebd., 173–191).

(2002)[440] gestaltet, welcher die Ideen Freires und Illichs zum Konstruktivismus in Beziehung setzt und so, wenn auch sehr knapp, versucht, einen neuen Verständigungshorizont für diese Autoren zu eröffnen (vgl. ebd. 87 ff.).[441] Vier Jahre später, 2006 erschien als Übersetzung aus dem Englischen (die Originalausgabe stammt von 1999) das Buch *Politische Bildung bei Antonio Gramsci und Paulo Freire. Perspektiven einer verändernden Praxis* von Peter Mayo, einem Vertreter der *Critical Pedagogy*[442] und materialistischer Pädagogik. In dem Band werden die Konzepte politischer Bildung Gramscis und Freires zunächst unabhängig voneinander dargestellt. In einem weiteren Schritt werden Gemeinsamkeiten und Unterschiede herausgearbeitet. Darauf aufbauend kritisiert der Autor einzelne Aspekte im Denken Gramscis wie Freires, insbesondere in Bezug auf Fragestellungen, die in der postmodernen Debatte, auch innerhalb der *Critical Pedagogy* diskutiert werden. Hier verweist er – mit Recht – vor allem auf die Bereiche Feminismus, Antirassismus und *Cultural Studies* und fordert eine Weiterentwicklung und Nacharbeitung der Ansätze von Freire (und Gramsci) in Bezug auf Fragestellungen dieser Themenbereiche (vgl. Mayo 2006, 108 ff. und 124), für die er in der Folge auch schlüssige Vorschläge und Beispiele liefert. Es ist erfreulich, dass dieser Band in deutscher Sprache erschienen ist, stellt er doch a) eine der wenigen Veröffentlichungen aus dem Spektrum der hauptsächlich in den USA stattfindenden Debatte der *Critical Pedagogy* dar, welche Freire umfangreich rezipiert, und b) unternimmt er den Versuch, Freire nicht nur in einigen Aspekten seines Denkens zu rekonstruieren, sondern ihn auch systematisch in Bezug auf bestimmte Auslassungen in seinem Denken hin zu untersuchen, um dann Vorschläge zu unterbreiten, wie diese offenen Stellen aus seiner postmodern geprägten Sicht ergänzt und gefüllt werden könnten. Der im Jahr 2007 als Dissertation erschienene Band von M. Stauffer *Pädagogik zwischen Idealisierung und Ignoranz* ließ zunächst einmal erhoffen, dass durch ihn die Debatte um Freire im deutschsprachigen Raum bereichert und auch wieder neu angeregt werde, zum einen da der Autor, wie der Titel suggeriert, offenbar eine kritische Perspektive gegenüber Freire einnimmt – und wie dargestellt wurde ist dies selten –, zum anderen, da er eine Rezeption der neueren Arbeiten von Freire und auch Betrachtung der Rezeption Freires in der Einführung ankündigt. Obwohl der Autor in einigen seiner Kernaussagen Recht hat, zum Beispiel nämlich mit der Feststellung, die er bereits in der Einleitung trifft: „Eine Applausrezeption bietet bis heute viel Deskriptives, wenig Argumentatives, simples Einverständnis mit Freires politischen Ansichten und einige Versuche, dessen Konzeption auf unsere Breitengrade zu übertragen" (Stauffer 2007, 1), so verspricht doch die Einführung wesentlich mehr als der Band hält. Der Autor schießt über das Ziel hinaus: Anstelle einer kritischen Betrachtung des Ansatzes von Freire, seiner Praxisrelevanz und Wirkungsgeschichte tritt eine in weiten Teilen stark vereinfachende, polemisierende Demontage Freires, die häufig aufgrund von fragwürdigen Schlussfolgerungen und wenig kontextualisierten Belegen getroffen wird. Gleichzeitig reproduziert der Verfasser kritische Punkte in der Rezeption Freires (wie der Umgang mit dessen Biografie, die er unreflektiert

---

440 Ein Artikel mit fast identischem Inhalt, allerdings mit dem alleinigen Fokus auf Paulo Freire vom gleichen Autor erschien 1999 in der Zeitschrift ZEP (vgl. Siebert 1999). In ihm wird darauf hingewiesen, dass dieser eine überarbeitete Fassung eines bereits 1998 erschienenen Artikels im Sammelband *Bildung zu Self-Reliance* von Datta/Lang-Wojtasik (Hg.) sei. Der Autor hat demzufolge die Fragestellung in den zwischen den drei Veröffentlichungen liegenden Jahren nicht weitergehend verfolgt.

441 Der Autor weist sogar darauf hin, dass „eine These Paulo Freires (…) an den ‚interaktionistischen Konstruktivismus' erinnert" (ebd. 92). Diese Feststellung bleibt jedoch ohne konkrete Belege und Verweise auf diesen Ansatz.

442 Zur Rezeption Freires innerhalb der *Critical Pedagogy* vgl. auch den knappen Verweis von Rothermel (2003, 96 f.) und Kapitel 6 dieser Arbeit.

und in Teilen fehlerhaft darstellt,[443] vgl. ebd. 155 ff.), obwohl er dies selbst bei anderen Autoren kritisiert. Die Chance, Freire zu einer differenzierten Rezeption zu verhelfen, indem der Autor offene Stellen und Schwachpunkte innerhalb des Werkes Freires und dessen Rezeption aufdeckt und konstruktiv analysiert, lässt der Verfasser verstreichen und entscheidet sich stattdessen schlussfolgernd für die Feststellung „nicht nur die Rezeption Freires lässt sich durch die Pole Idealisierung und Ignoranz typisieren, sondern auch die Theorie und Praxis Freires". (Ebd. 207) Es drängt sich der Eindruck auf, dass der Autor nicht zu einem aktualisierten, möglicherweise tieferen Verständnis des Denkens Freires und ihrer Wirkung beitragen möchte, sondern dass sein einziges Anliegen ist, Freire und die, die ihn rezipier(t)en als Personen, „die von Pädagogik wenig Ahnung" haben (ebd. 202) zu disqualifizieren.[444] Der Autor verfasst ein eigenes Kapitel zur Wirkung und Rezeption Freires in Deutschland. In gewagten und wenig strukturierten, zeitlich nicht verorteten und ungenau recherchierten Darstellungen fasst der Autor auf wenigen Seiten seine Überlegungen und Recherchen (die sich in erster Linie auf die im Jahr 1996 in Brasilien erschienene *Biobibliografia* von M. Gadotti, eine Zählung der Trefferzahlen im Internet und eine oberflächliche und unvollständige Betrachtung von Sekundärliteratur in deutscher Sprache beziehen) mit dem Ergebnis zusammen, dass „wohlwollende Deskriptionspädagogik" vorherrsche und „das Feld" bestimme (ebd. 202). Der Erkenntnisgewinn durch dieses Kapitel strebt bedauerlicherweise gegen null.[445] Im gleichen Jahr (2007) erschien der Band *Paulo Freire heute. Zur Aktualität von Volksbildung und Befreiungspädagogik*, herausgegeben als *Journal für Entwicklungspolitik* vom *Mattersburger Kreis für Entwicklungspolitik an den österreichischen Universitäten*, der auch das *Paulo Freire Zentrum* in Wien trägt. Der Band ist eine Aufsatzsammlung deutschsprachiger, brasilianischer und slowenischer Autoren. Er enthält Reflexionen zu Freires Buch *Pädagogik der Hoffnung*[446] und auch zu einigen Kritiken, denen Freire sich stellen musste. Des Weiteren finden sich in ihm Erläuterungen zu einigen der Hauptkonzepte Freires und Überlegungen zu deren aktuellen Relevanz auf verschiedene Konstituenten von Gesellschaft angewendet. Hier finden auch die Aktivitäten des *Paulo Freire Zentrums* Berücksichtigung, wie zum Beispiel Tagungen zu Themen der Entwicklungszusammenarbeit, ein Kooperationsprojekt zwischen Hauptschulen und Hochschulen, ein im Jahr 2006 stattgefundenes Symposium zum Thema „Volksbildung heute" und interaktiv wie transdisziplinär angelegte Forschungsansätze. Des Weiteren wird in dem Band der Versuch unternommen, Freire inner-

---

443 Beispielsweise wird an einer Stelle festgestellt, Fernando Henrique Cardoso sei der Präsident Brasiliens (vgl. ebd. 161, was für das Jahr 2007, in dem der Band erschien, nicht zutrifft, und auch für das Jahr 2006, in dem das Vorwort geschrieben wurde; zumindest in diesem Teil hätte der Autor die Erstfassung der Arbeit von 2002 korrigieren können); wenige Seiten später wird Luiz Inácio Lula da Silva als Präsident Brasiliens ab dem Jahr 2002 erwähnt (ebd. 165), ebenso wird an einer Stelle behauptet, Freire habe von der Universität in Recife die Ehrendoktorwürde erhalten (ebd. 159), dann wiederum wird konstatiert, von eben dieser Universität habe er sie nicht erhalten (ebd. 164).

444 Nun lässt sich hier spekulieren, welche Übertragungen und imaginären Begehrlichkeiten bei einem solchen Anliegen eine Rolle spielen.

445 Zudem hat der Autor beispielsweise in Bezug auf die in Deutschland aktiven Vereine unzureichend beziehungsweise nicht recherchiert. Das Verhältnis von AG SPAK und PFG zueinander wird nicht erläutert, es wird lediglich erwähnt, dass diese „die selbe Adresse" hätten (aber es wird nicht angegeben, welche). Der AG SPAK wird das Produzieren und Sammeln von Material und Veranstalten von Seminaren zu Paulo Freire zugeschrieben – Aktivitäten, die seit der Gründung der PFG vor mehr als zehn Jahren längst an diese übergegangen waren und aktuell überhaupt nur noch sehr begrenzt stattfinden. Zudem wird die Existenz der PFK nicht erwähnt, vielmehr werden deren zentrale Figuren Dabisch und Gerhardt dem „Direktorium" (ebd., 201) der PFG zugeordnet (vgl. ebd. 201).

446 *Pedagogia da Esperança*, erschienen 1992, wurde bisher nicht ins Deutsche übersetzt.

halb des Spektrums „radikaler Pädagogik" international zu verorten und gemeinsame Zugänge und Wurzeln herauszuarbeiten. In diesem Zusammenhang werden auch radikale Praxen, Projekte und Bewegungen, insbesondere in Lateinamerika vorgestellt. In der Folge werden die Begriffe „Volksbildung", „befreiende Bildung" in Bezug auf *Globales Lernen* und „Autonomie" in ihrer Bedeutung mit Blick auf mögliche praktische Relevanz untersucht. Der Band liefert Denkanstöße und Ideen zu „Paulo Freire heute". Als Aufsatzsammlung hat er den Vorteil unterschiedlichste Themen zu berühren. Einige Konzepte Freires werden aufschlussreich untersucht. Gleichzeitig wird aus diesem Grunde keine detailliertere und umfangreichere Argumentation in eine Richtung verfolgt. An einigen Stellen wäre eine tiefere Argumentation aufschlussreich, zum Beispiel vor welchem Hintergrund Freire sich selbst in seinen späteren Arbeiten als „postmodern" bezeichnete und mit welcher Begründung er das tut. Ebenfalls aus dem Jahr 2007 stammt der Band 69 der Zeitschrift *Adult Education and Development*, herausgegeben vom *Institut für internationale Zusammenarbeit des Deutschen Volkshochschul-Verbandes (dvv international)*, welcher zum 10-jährigen Todestag Freires thematisch in der Hauptsache diesem gewidmet ist.[447] In dem Sammelband sind in der Hauptsache Artikel lateinamerikanischer Autorinnen zusammengestellt, die zum Teil neu verfasst wurden, zum Teil Nachdrucke bereits erschienener Aufsätze sind. Die Bandbreite reicht von persönlichen Abschiedsgedichten für Paulo Freire, Berichten über die Begegnung mit und Beeinflussung durch Paulo Freire über die Reflexion zur *educación popular* in Lateinamerika im Allgemeinen sowie anhand von Beispielen, die Biografie Paulo Freires, Überlegungen zur fortdauernden Relevanz Freires in den Bereichen Ethik, Erkenntnistheorie, Pädagogik und Sozialpolitik bis hin zu Darstellungen und Analysen in Bezug auf die Hauptkonzepte Freires. Im Jahr 2008 erschien das Buch *Funktionaler Analphabetismus Jugendlicher und junger Erwachsener* von A. Lindig. Auf eine Darstellung des Konzepts des funktionalen Analphabetismus folgt eine Erläuterung des Alphabetisierungsansatzes von Paulo Freire und eine Analyse der Möglichkeiten und Grenzen ihrer Übertragung auf den bundesdeutschen Kontext und die Zielgruppe junger Menschen mit erhöhtem Förderbedarf, wobei speziell auf den Aspekt der Motivation und die Idee der Mündigkeit eingegangen wird. Eher alltagspraktisch als theoretisch orientiert scheint der Band insgesamt eine relativ vereinfachende Sichtweise zu favorisieren, so dass die knappe Schlussbetrachtung in der Hauptsache den Aufruf enthält, Freires Alphabetisierungsansatz solle mutig und kritisch als Ideenbörse angesehen werden.

5.3   Erkenntnisse aus Gesprächen mit Freire-Praktikern und Interessierten

In den Gesprächen in Bezug auf die aktuelle Bedeutung Freires wurde deutlich, dass nicht nur einzelne Hauptaspekte oder -forderungen Freires bis heute für relevant gehalten werden, sondern dass sich die subjektive Bedeutung dieser Aspekte stets vermischt mit der Erinnerung daran, wie die Gesprächspartnerin selbst von den Ideen Freires erfahren hat

---

447   Vgl. *Institut für internationale Zusammenarbeit des Deutschen Volkshochschul-Verbandes (dvv international)* (2007). Der Band ist nicht deutschsprachig, sondern englischsprachig. Die Zeitschrift versteht sich als Zeitschrift für Erwachsenenbildung in Afrika, Asien und Lateinamerika und intendiert einen Austausch von Erwachsenenbildern dieser Länder untereinander aber auch mit Kolleginnen aus den „industrialized nations" (Klappentext). Sie erscheint vierteljährlich. Dadurch, dass die Zeitschrift in Deutschland erscheint, stelle ich sie in dieser Arbeit knapp vor.

und wie mit ihnen zu jenem Zeitpunkt umgegangen wurde.[448] Dies bezieht sich insbesondere auf das politische Klima zum Ende der 1960er und in den 1970er Jahren. Aus diesem
Grunde steht vor allem auch die Erkenntnis im Vordergrund, dass überhaupt eine Veränderung der gesellschaftlichen Verhältnisse notwenig und möglich sei und dass mit Paulo
Freire eine Person aus dem Süden gekommen sei, die in der Lage war, diese Veränderungsprozesse als Motivator für Bürgerbewegungen, Demonstrationen, Gemeinwesenpro-
jekte und ähnliches anzuspornen. Politischer Widerstand, Solidarität, sich wehren gegen
Entrechtung, (zusammen mit den Lateinamerikanern) für Freiheit und Autonomie kämpfen – dies sind offenbar Themen und Schlagworte, die untrennbar mit dem Namen Paulo
Freire verbunden sind. Die Erkenntnis, dass „vieles aus dem Süden kommen muss"
(Schimpf-Herken) – die Tatsache des Lernens von und mit Denkern aus den Entwicklungsländern hatte und hat für die, die Freire rezipier(t)en, eine besondere Bedeutung.[449]

Mein Erkenntnisinteresse konzentrierte sich in erster Linie auf drei Hauptthemenkreise:

> ➢ Welchen Stellenwert hat Paulo Freires Denken und Handeln für die pädagogische
>   Theorie und Praxis im deutschsprachigen Raum heute? (Zustimmung/
>   Weiterentwicklung/Kritik)
> ➢ Was sind aus deutscher Sicht die Kernpunkte von Paulo Freires Werk, die diesen
>   Stellenwert ausmachen?
> ➢ Wie war das persönliche Erleben in der Zusammenarbeit mit Paulo Freire – lassen
>   sich hieraus Hinweise ableiten, aus welchem Grund Paulo Freire eine solch große
>   Resonanz in Deutschland (und Europa) hatte?

Ausgehend von diesen Fragestellungen lassen sich die Ergebnisse wie folgt zusammenfassen:

(1) Hauptpunkte und Schwerpunktthemen des Werkes von Paulo Freire
Die Hauptpunkte im Werk von Paulo Freire wurden in den folgenden Aspekten gesehen:
Lernendes Subjekt; der Lerner lernt eigenständig und wird nicht mit Wissen gefüllt.[450]

---

448 Es versteht sich von selbst, dass hier nicht eine repräsentative Erhebung von Daten vorliegt, sondern
   dass analog zu Kapitel 4 auf der Basis von qualitativen Interviews vielmehr Tendenzen herausgearbeitet werden. In der Folge werden die Ergebnisse von Gesprächen mit Wissenschaftlerinnen und Praktikern, die sich mit dem Denken Paulo Freires in Deutschland beschäftig(t)en, zusammengefasst. Aus
   diesem Grunde ist es selbstverständlich, dass hier die Perspektiven von Personen zum Ausdruck kommen, die – auch wenn sie voneinander abweichen können – gegenüber den Ideen Paulo Freires grundsätzlich positiv eingestellt sind. Zum Teil sind Ergebnisse aus diesen Gesprächen auch in die bisherigen Ausführungen eingeflossen. Sie sind dort an jeder Stelle kenntlich gemacht. Ich gebe im Folgenden da, wo es von Interesse ist, die Namen der jeweiligen Interviewpartnerin in Klammern an. Der
   Einfachheit halber gebe ich nicht jedes Mal wieder das Datum des Interviews an. Alle Gespräche sind
   in meinem Archiv digital aufgezeichnet vorhanden und fanden im Zeitraum von September 2007 bis
   September 2008 statt. In wenigen Ausnahmefällen war eine digitale Aufzeichnung nicht möglich; hier
   liegt ein Gedächtnisprotokoll vor. Meine Gesprächspartner waren Heinz Schulze, Fritz Letsch, Ilse
   Schimpf-Herken, Joachim Schroeder, Dirk Oesselmann, Armin Bernhard, Uwe von Dücker, Renate
   Zwicker-Pelzer, Ulrike Devers-Kanoglu, Peter Hubertus und Jens Korfkamp, ferner Joachim Dabisch
   und Heinz-Peter Gerhardt.
449 Dies geht auch mit der Tatsache einher, dass viele dieser Personen in ihren Biografien dahingehend
   Ähnlichkeiten aufweisen, dass sie selbst Erfahrungen vor allem in Lateinamerika gemacht haben.
450 Hier wurde jedoch auch die Einschränkung getroffen, dass viele Pädagogen bis heute Schwierigkeiten
   hätten, den Subjekt-Gedanken umzusetzen. Sie fütterten ihre Schüler, obwohl sie es nicht wollten. So
   führten sie „das Suchtprinzip" und auch „das Angestelltenprinzip" weiter (Letsch).

Lernen sollte befreiendes, subjektorientiertes Lernen sein (Letsch, Schulze, Schroeder, Schimpf-Herken).

Autonomie im Lernen und autonomes Lernen wurden weiter als zentrale Kategorie genannt. Auch den Begriff der Autonomie allgemein hält eine Gesprächspartnerin bei Freire für sehr wichtig, da er in seiner späten Arbeit *Pädagogik der Autonomie* noch einmal verstärkt auf ihn eingegangen sei, und zwar aus einer individuelleren Perspektive als in den alten Schriften; er hebe weniger auf die makro-gesellschaftliche Ebene ab, sondern auf die Subjekt-Ebene der persönlichen Autonomie (Zwicker-Pelzer).

Ein Gesprächspartner thematisierte die Frage der Macht. Viele Personen, mit denen er in seiner praktischen Arbeit in Kontakt komme, sagten, sie möchten keine Macht haben. Dies betreffe besonders die Frauen. Mit Freire aber könne Macht auch etwas Positives sein, nämlich wenn sie im Sinne von Selbstermächtigung verstanden werde. Die Lösung sei, die Macht sichtbar zu machen und das Thema Macht anzusprechen (Letsch).

Auch die Nicht-Neutralität von Bildung und Erziehung wurde als zentraler Punkt bei Freire genannt (Schulze). Der Begriff des Dialogs und der Terminus *Kultur des Schweigens* wurden ebenfalls als zentrale Begriffe genannt (Schimpf-Herken).

Weitere Schwerpunkte wurden in folgenden Punkten gesehen: a) Bildung heißt politisch zu werden, nämlich für ein Kollektiv verantwortlich zu werden. Das Lokale wird und ist politisch. b) Das Wissen ist nicht nur reine Kenntnis, sondern emotionale Eingebundenheit in einen Erkenntnisprozess, Bewegung von Körper und Geist – und das nicht nur im individuellen Bereich, sondern auch im kollektiven Bereich. Zusammenhänge müssten nicht nur kognitiv erkannt, sondern auch gefühlsmäßig erspürt werden. Dadurch werde Freires Ansatz integrativ und interdisziplinär. Freires Vorzug wird auch darin gesehen, dass er religiöse Bedürftigkeiten aufgenommen habe, ohne aus der Perspektive einer bestimmten Gruppe zu sprechen[451] (Oesselmann).

Interessanterweise scheinen die Begriffe Revolution und *Conscientização* (Bewusstseinsbildung) keine Rolle zu spielen. Ersterer wird scheinbar als nicht mehr aktuell angesehen; der Marxismus spielt in der Diskussion keine große Rolle mehr: „Die Revolution steht nun heute wirklich nicht mehr auf der Tagesordnung." (Schulze) Letzteres scheint eher implizit im Begriff des Subjektes mitgedacht zu werden: ohne Bewusst-Sein kein Subjekt-Sein. Bemerkenswert ist auch, dass die Begriffe wie Liebe, Hoffnung, Utopie und Glaube, anders als in Brasilien, keine Nennung finden.

(2) Kritiken an Paulo Freire beziehungsweise seinen Werken
Kritiken an Paulo Freire werden in erster Linie in folgender Hinsicht geäußert:[452] Beispielsweise sei der Subjektbegriff von Freire nicht mehr aktuell, da er zu aufklärerisch definiert sei. Auch die Dichotomie zwischen *Unterdrücker* und *Unterdrückten* sei so heute

---

451 Dieser Hinweis ist aus meiner Sicht sehr hilfreich. Freire wird leichter zu verstehen, wenn seine religiöse Motivation und Prägung nicht aus dem Blick verloren wird. Die Tatsache, dass er sich in seinem Schreib- und Argumentationsstil in weiten Teilen Kriterien des „wissenschaftlichen Arbeitens" im engen Sinne entzieht, ist zu einem großen Teil dieser Tatsache geschuldet. Das gleiche gilt für die Art und Weise seiner Rezeption, sowohl im deutschsprachigen Raum, als auch in Brasilien.

452 Selbstkritisch berichtete Schimpf-Herken (Gespräch 17.04.2008), dass sie „damals nicht fähig war, Paulo Freire zu kritisieren". Die Identifikation mit ihm sei sehr positiv gewesen. Es liegt die Vermutung nahe, dass sie nicht die Einzige gewesen ist, der es so gegangen ist. Dennoch erklärte sie aus heutiger Sicht, sie denke nicht, „dass wir einen Guru pflegen müssen." (Schimpf-Herken 17.04.2008) Beispielsweise sei es für sie durchaus denkbar und akzeptabel, dass das *Paulo Freire Institut* in Berlin, bei dessen Namensgebung sie dafür plädiert habe, dass das Institut den Namen Freires trage, unter der Leitung zukünftiger Generationen umbenannt werde.

nicht mehr tragfähig. Herrschaftsverhältnisse seien zu komplex, um durch dieses Begriffspaar beschrieben werden zu können (Schimpf-Herken, Schroeder, Oesselmann). Der Dialogbegriff von Buber, auf den Freire sich bezieht, sei ebenfalls zu sehr in dieser Dichotomie verhaftet.[453] Zudem sei Freire in Bezug auf die Frage der Gewalt zu offen gewesen, da er sie in seinen frühen Werken nicht ganz als Mittel der Revolution ausgeschlossen habe (Schimpf-Herken). Des Weiteren habe er die Perspektive der Frauen beziehungsweise eine geschlechterkritische Perspektive zu wenig berücksichtigt. Zudem habe er aus heutiger Sicht eine gewisse methodologische Schwäche (Schimpf-Herken).[454]

Weitere Kritiken an Freire werden wie folgt genannt: Freire gebe sich zum Teil dem Versuch hin, wissenschaftlich zu klingen, indem er bestimmte Begriffe wie zum Beispiel „epistemologische Neugier" verwende. Dies erwecke den Eindruck, als wolle er in wissenschaftlichen Kreisen anerkannt werden, die er doch auf der anderen Seite kritisiert und vor allem von denen er sich stets abgegrenzt hat. Freires Sprache sei sehr schnörkelhaft, und er schreibe wie er spreche – und überfordere beziehungsweise verwirre so tendenziell seine Leser.[455]

Auch eine gewisse Eitelkeit wird Freire vorgeworfen: Er habe gerne betont, wie anerkannt er sei und welche berühmten Personen (zum Beispiel Iván Illich) mit ihm einer Meinung seien. Zudem habe er das Prinzip des Dialogs offenkundig selbst auch nicht in allen privaten wie beruflichen Lebenssituationen umgesetzt. Gleichzeitig wurde jedoch auch darauf hingewiesen, dass dies Freire menschlich mache – und dass es ein Fehler sei, ihn als einen perfekten Menschen konstruieren zu wollen. Auch weitere inhaltliche Kritiken an Freires Arbeiten wurden genannt: Freire habe eine sehr große Offenheit. Es gebe viele Wege, seine Ideen umzusetzen – aber auch viele Möglichkeiten, abseits von diesen gute Arbeit zu machen (Oesselmann). In den 1990er Jahren habe Freire sich nur wiederholt, nichts wesentlich Neues sei mehr hinzugekommen. Man müsse immer wieder in das Ursprungswerk sehen, als sei es eine Bibel. Auf viele Fragen habe Freire schlichtweg keine Antworten gegeben (Zwicker-Pelzer).[456] Zudem habe Freire die Bedeutung der Beziehungsebene zu wenig expliziert.

---

[453] Eine Gesprächspartnerin weist darauf hin, dass der Begriff des *Antlitz* von Lévinas weiterführen könnte, da der Andere von ihm im Ich bereits mitgedacht werde. Dialog sei nicht voraussehbar und entstehe im Moment zwischen den Menschen, so dass Sprache immer neu an Bedeutung erhalte (Schimpf-Herken, Gespräch 17.04.2008, Archiv Funke).

[454] Schimpf-Herken räumt ein, dass dies Kritiken seien, die sie erst aus heutiger Perspektive sehen könne. In den 1970er Jahren habe sie sich als Frau im Konzept der *Unterdrückten* wiedererkannt; auch der Frage der Gewalt habe man insgesamt weniger skeptisch gegenüber gestanden als heute (vgl. dazu auch Hagleitner (1996, 102 ff.).

[455] Gleichzeitig weist Oesselmann darauf hin, man solle gar nicht erst versuchen, Freires Werke daraufhin zu überprüfen, ob sie wissenschaftlich vollkommen schlüssig seien. Denn Wissenschaftlichkeit sei nicht sein Anspruch und sein Anliegen gewesen. Durch Freires narrativen Stil stehe vor allem das Inspirierende im Zentrum seiner Arbeiten. Hätte er einen wissenschaftlichen Diskurs geführt, hätte sicher auch nicht die Anziehungskraft gehabt, wie er sie in Deutschland entfaltet habe.

[456] Zwicker-Pelzer schlägt aus diesem Grunde vor, Freire durch systemisches Denken zu erweitern: Man komme mit der systemischen Denkweise weiter, wenn es um die Analyse von Mikro- und Mesoebene, zum Beispiel Familien und Institutionen gehe. Freire hingegen habe nur in Bezug auf die Makroebene gedacht, zur ganz konkreten Praxis in der pädagogischen Situation sage Freire nicht viel. Freire habe beispielsweise auch nicht thematisiert, wie wichtig die non-verbale Kommunikation sei, wie zum Beispiel die Kongruenz von kommunikativen Signalen – obwohl dies offenbar seine persönliche Stärke war, aufgrund derer er so eine große Faszination ausgestrahlt habe. Auch Freire selbst sollte deswegen nicht alleine stehend betrachtet werden, sondern eingebunden in ein System. Man kann und sollte heute nicht mehr unterscheiden zwischen „Wenn Du das machst, dann bist Du (nicht) Freire".

(3) Paulo Freire als Mensch

Zwei meiner Gesprächspartner beschrieben Paulo Freire als ein „kleines Männchen" mit einer faszinierenden, herzlichen, liebenswürdigen Ausstrahlung. Seine Klarheit und Einfachheit habe die Menschen begeistert (Letsch, Schulze). Zwicker-Pelzer schilderte, dass Freire ein „Mann mit Charisma" gewesen sei, der sehr gerne geredet habe, dem es auch Freude gemacht habe, zuzuhören, der aber auch sich selbst gerne reden gehört habe. Statt Dialog seien seine Reden jedoch eher ein Frage-Antwort Spiel gewesen. In dieser Hinsicht sei Freire seinem eigenen Anspruch nicht gerecht geworden. Seine Vorträge seien eher eine Art „Domestizierung der Studenten" (in Bezug auf die Terminologie, die Freire verwendet) durch den „Guru" Freire gewesen, der durchaus eine gewisse „machohafte" Ausstrahlung gehabt habe. Die Selbstpräsenz Freires sei sehr ausgeprägt gewesen: Körpersprache, Stimme und Inhalt hätten zusammen gepasst und hätten eine „menschheitsliebende" Ausstrahlung kreiert, die die Zuhörerinnen fasziniert und berührt habe: „Die Wirkungskraft von allen Pädagogen liegt nicht nur in den Worten." (Zwicker-Pelzer) Schimpf-Herken berichtete, Freire sei in der Lage gewesen, mit sehr großen Gruppen von Menschen gleichzeitig einen Dialog zu führen, da er an deren Herz appelliert habe. Er habe überaus intensiv zugehört und habe durch die Art und Weise, wie er antwortete, bereits eine Veränderung in den Menschen ausgelöst: Er habe im Zuhörer eine starke Selbstreflexion angeregt. Schulze erklärte, Freire habe eine große Kommunikationsgabe gehabt, so dass die Zuhörerinnen das Gefühl gehabt hätten, dass das, was er gesagt habe, speziell für die anwesende Zuhörerschaft erdacht worden sei.[457]

(4) Bedeutung des Werkes von Paulo Freire im deutschsprachigen Raum heute

Meine Interviewpartnerinnen waren einhellig der Meinung, dass Freire in der Regel heute an den Hochschulen als Klassiker erwähnt, aber in den allermeisten Fällen nicht weiter gelehrt werde oder versucht werde, nach seinen Ideen zu arbeiten.[458] Wenn überhaupt werde mit den alten Schriften Freires gearbeitet: „Die armen Studenten müssen sich mit *Pädagogik der Unterdrückten* herumschlagen." (Schulze) Die Bedeutung seines Werkes werde hier also nicht gefördert beziehungsweise nicht ausreichend gesehen. Zwicker-Pelzer (2001, 209) stellt fest: „Es ist zum derzeitigen Zeitpunkt schwierig, die Bedeutung der Pädagogik Paulo Freires in Deutschland zu beschreiben. Ob die *Pädagogik der Unterdrückten* in den Universitäten und Fakultäten für Erziehungswissenschaft erwähnt wird oder nicht, hängt von der Kenntnis ab, die der universitäre Lehrkörper über Paulo Freire hat."

Aus Sicht von Oesselmann liegen die Gründe möglicherweise auch darin, dass Freire die Wissenschaft als ohnmächtig und irrelevant entlarvt habe – das provoziere. Die Auseinandersetzung deutscher Pädagogen mit Freire sei – nicht nur an den Hochschulen – kaum vorhanden (Letsch). Auf der anderen Seite jedoch berichtet eine Person, dass das Interesse an Freire seitens der Studierenden sehr hoch sei und vor allem in den vergangenen Jahren zugenommen habe (Bernhard). Auch Schimpf-Herken beschreibt, dass in der Generation derjenigen, die aktuell ihr Studium abschlössen, ein sehr großes Interesse an Freire vorhanden sei, denn das *Paulo Freire Institut* in Berlin erhalte viele Anfragen Interessierter.

---

457 Dann aber habe die Tatsache, dass nach der Heirat mit Ana Maria Freire Unstimmigkeiten innerhalb der Freire-Familie entstanden waren, nicht ins Bild gepasst. Freire wurde mit einem Mal als ein ganz „normaler" Mensch sichtbar, der auch nicht durch das Prinzip *Dialog* alles zu regeln verstand (Schulze).

458 In der Tat hat Freire heute in der deutschsprachigen Literatur unter den „Klassikern der Pädagogik" seinen Platz (vgl. Tenorth 2003).

Einige Gesprächspartner betonten auch, dass sie diese Frage nicht wirklich beantworten könnten, da sie selbst die Diskussion, falls vorhanden, in den vergangenen Jahren nicht mitverfolgt hätten. Ein Gesprächspartner erläuterte, dass Freire heute eher als Inspiration dienen könne und solle. Und dafür sei der Name Freire selbst nicht unbedingt nötig (Oesselmann). Freires Inspiration wirke jedoch bis heute: Freire habe einer Bewegung Ausdruck verliehen und sie gestärkt – und für diese Bewegung sei er heute noch relevant. Man dürfe ihn aber nicht außerhalb dieser Bewegung sehen. Man solle Freire auch aktuell als inspirierend, eröffnend (statt einengend) verstehen und ihn beispielsweise in den Bereichen *Demokratie lernen* und *Globales Lernen*, *Umweltbildung* und *Nachhaltigkeit* als Ideengeber zu Rate ziehen. Schimpf-Herken sah Freires aktuelle Relevanz in seinem letzten Buch *Pädagogik der Autonomie*, da er in ihm die Dichotomie zwischen *Unterdrücker* und *Unterdrückten* zugunsten einer Situationsanalyse aufhebe. Er betone auf die positive Seite der Postmoderne, nämlich die Möglichkeit und Wichtigkeit der „Aufnahme der Peripherie in die Mitte der Gesellschaft". Das, was die Gesellschaft abspalte, solle in deren Zentrum aufgenommen werden (Schimpf-Herken 17.04.2008, Archiv Funke).

(5) Aktueller schriftlicher Diskurs über beziehungsweise zu Paulo Freire im deutschsprachigen Raum

Der große Teil der Gesprächspartner berichtet, es gebe keine schriftliche aktuelle Diskussion zu Freire. Vielmehr seien es einzelne Personen, die, wenn überhaupt, hin und wieder auf Freire Bezug nähmen. Die Sicht von Letsch war sehr selbstkritisch: Es gebe keinen aktuellen systematischen Diskurs, dieser sei zum Stillstand gekommen. Es habe auch nie eine deutsche breitere Rezeption gegeben. Auch die Zeitschriften sowohl der PFG und auch der PFK seien in der Vergangenheit und auch aktuell ohne Echo geblieben (Letsch). Es mangele an Konzentration, Überzeugung und Mission. Jeder arbeite an seiner eigenen Praxis: „Ausgerechnet unser eigener Dialog bleibt auf der Strecke." Diese Feststellung löste Nachdenklichkeit aus, denn die Gründe dafür schienen nicht leicht zu benennen. Man arbeite mit anderen, aber an seinem eigenen Bewusstsein arbeite man möglicherweise nicht in ausreichendem Umfang. Zudem hätten die Freireaner keine tragfähige Antwort auf den Neoliberalismus gefunden, die einen aktualisierten Diskurs im deutschsprachigen Raum hätte anregen können (Letsch). Die englischen Publikationen seien in Deutschland kaum angekommen, dazu „sind wir zu provinziell" (Schulze).[459]

(6) Paulo Freire heute „neu erfinden" und umsetzen

Folgende Möglichkeiten, das Denken Freires heute in die Praxis umzusetzen, werden benannt: theaterpädagogische Arbeit nach Boal, selbständiges Arbeiten, um unabhängig zu sein[460] (Letsch). Der Begriff des Dialogs und der Beteiligung müsse in eine neue Praxis umgesetzt werden: Beispielsweise seien linkspolitisch orientierte Gruppen häufig selbst autoritär strukturiert und agierten autoritär, so dass die keinen Dialog zuließen. Politische Beteiligung werde oft nicht konsequent umgesetzt: Beteiligung sei häufig nicht ernst gemeint oder werde nur in sehr eng abgestecktem Rahmen zugelassen. Emanzipatorische Ansätze würden eingeplant, in Strukturen eingepasst, bis sie unschädlich seien. So würden sie eher instrumentalisiert (Letsch). Zwicker-Pelzer wies darauf hin, dass die Frage „Was ist freireanisch?" sich heute so nicht mehr stelle. Viele Menschen machten gute Arbeit,

---

459 Diese Feststellung deckt sich, wie gezeigt wurde, mit meiner Literaturanalyse.
460 Hier stellt sich die Frage, ob diese Unabhängigkeit nur eine gefühlte ist, denn auch ein selbständig Tätiger ist auf Aufträge und Gelder der Auftraggeber angewiesen.

ohne dass sie Freireaner sein müssten. Dennoch sei es wichtig, heute Pädagogik als etwas Politisches zu begreifen (Zwicker-Pelzer). Ähnlich beschrieb es Oesselmann: Es sei Nebensache, ob sich jemand auf Paulo Freire beziehe oder nicht, wichtig sei, dass gute Arbeit gemacht werde. Gleichzeitig warnte er davor, Freire zu einem Idol zu machen, oder ihn anzueignen. Die Tatsache, dass einige Institutionen den Namen Freires tragen, dürfte nicht dazu führen, dass diese nun den Anspruch erhöben, quasi die rechtmäßigen Vertreter von Freire und seinem Denken zu sein. Anstatt inklusiv wirke Freire dann exklusiv.

Trotz der Kritik an dem Begriffspaar *Unterdrücker – Unterdrückte*, welches als zu vereinfachend und unangebracht gesehen wird, wiesen die Gesprächspartner darauf hin, dass die Idee, die hinter diesen Begriffen stecke, durchaus noch Aktualität habe, aber dass diese differenzierter gesehen werden müsse: Die Schere zwischen arm und reich in Deutschland vergrößere sich, es gebe starke Bildungsbenachteiligungen und angesichts dieser Tatsachen spiele eine Parteinahme eine wichtige Rolle. Dennoch wies Oesselmann drauf hin, dass die *Unterdrückung* für diejenigen, die unter ihr zu leiden hätten, sehr real sei. Im gesellschaftlichen Kontext gebe es Benachteiligungen, prekäre Lebensverhältnisse – und diese würden subjektiv sehr stark als *Unterdrückung* erlebt. Es seien vielmehr diejenigen, die „mitspielen dürfen", welche die Begriffe differenzieren wollten, um gesellschaftliche Verstrickungen und Schichtungen genauer zu beschreiben. Man dürfe demnach *Unterdrückung* nicht als eine soziologische Kategorie, sondern als eine Erlebenskategorie innerhalb eines sehr realen gesellschaftlichen Kontextes verstehen. Auch der Begriff der Befreiung könne mit neuer Bedeutung gefüllt werden, wenn er als Befreiung von Individualismus, von Kritiklosigkeit, von Sättigung und von Bewegungslosigkeit verstanden werde. Aus Sicht von Schroeder habe Freire im Laufe der Jahre an Bedeutung verloren, da in der Pädagogik der Blick weg von der politischen, gemeinwesenorientierten Arbeit eher auf individuelle und psychologisch orientierte Fragestellungen gerichtet worden sei. Möglicherweise sei eine Möglichkeit, Freire neu zu interpretieren und einer Praxis zuzuführen, diese individuellen und gesellschaftlichen Komponenten wieder zusammenzuführen.

(7) Die wichtigste Hinterlassenschaft Paulo Freires für die heutige Zeit
Dementsprechend war auch diese Frage schwierig zu beantworten. Die Frage nach der Parteilichkeit und Positionierung wird von den Gesprächspartnern tendenziell für eine wichtige Frage gehalten. Dennoch wird sie für eine problematische Frage gehalten, da 1. nicht immer eindeutig Parteilichkeiten erkennbar und rechtfertigbar sind und 2. die Menschen auch „nicht nur auf der Seite der Armen stehen" möchten, sondern auch, „den Reichtum genießen" möchten (Letsch). Es scheint, als gelten die Grundgedanken (wie zum Beispiel Solidarität und Respekt) Freires durchaus als eine Art Hinterlassenschaft, die Bedeutung haben könnte, jedoch als würden die Argumentation und auch die Begrifflichkeiten in Teilen so nicht mehr für gangbar gehalten. Für Schulze ist Freire beispielsweise bis heute eine Art Ideengeber geblieben, der für eine Grundhaltung steht. Freire dien(t)e aber auch als eine Art der Selbstvergewisserung, dass man selbst gute Arbeit macht (Schulze). Auch laut Zwicker-Pelzer könne Freires Haltung, Ethik und Philosophie einen „guten Hintergrund" geben. Er betrachte die Meta-Ebene, das Politische, das sei wichtig, denn das Gesamte spiegele sich – wiederum aus der systemischen Sichtweise – in der Feinstruktur und umgekehrt, und insofern könne die Betrachtung dieser Ebene nicht ausgelassen werden. Aber für die praktische operative Präzision im Mikro- und Mesokontext kämen andere Ansätze, wie zum Beispiel systemische Diagnostik und Intervention weiter.

Dazu sage Freire nichts – das sei aber möglicherweise auch sein Glück, das habe ihn bis heute gerettet.

Zusammenfassend lassen sich die Ergebnisse der Gespräche zu folgenden Thesen verdichten:

> ➤ Die Diskussion zu Freire ist, soweit sie vorhanden war, in weiten Teilen verstummt: Das, was noch schriftlich veröffentlicht wird, bringt, bis auf einige Ausnahmen, nur wenig neue Erkenntnisse.
> ➤ Diejenigen, die sich mit Freire beschäftig(t)en, sind in gewisser Weise ratlos, was die Frage nach der Möglichkeit seiner Umsetzung angeht und auch was die Erklärung dafür angeht, warum die Freire-Diskussion in Deutschland an ihre Grenzen gekommen ist.
> ➤ Möglichkeiten der Umsetzung werden am ehesten da gesehen, wo Freire erweitert, umgedeutet, als Ideengeber verstanden wird, wo also frei mit ihm umgegangen wird und er durch andere Ansätze ergänzt wird.
> ➤ Die Pädagogik der Solidarität tritt in Teilen auch als eine Pädagogik des schlechten Gewissens in Erscheinung, die da ihre Grenzen findet, wo sich weltgesellschaftliche Zusammenhänge nicht nur radikal verändert haben, sondern sich auch dem Einfluss durch pädagogische Arbeit – und häufig auch politischer Entscheidungen – entziehen.
> ➤ Es drängt sich der Eindruck auf, dass sich die an Freire orientierte Pädagogik in Teilen selbst zu einem Stillstand gebracht hat, wo sie sich selbst reproduziert und wenig andere Einflüsse – zum Beispiel durch eine aktive Reflexion und Einbindung der pädagogischen Theoriebildung – mit aufnimmt, wo sie also letztlich konservativ ist anstatt progressiv.
> ➤ Freire scheint in weiten Teilen auch dazu gedient zu haben, den Pädagogen Orientierung und Sicherheit zu geben – als Selbstvergewisserung, dass sie sich für eine „gute Sache" einsetzen.
> ➤ Die Faszination, die Freire ausstrahlte, ging im Wesentlichen von ihm als Menschen aus.
> ➤ Paulo Freires Ideen waren auch deswegen interessant und übten eine hohe Anziehungskraft aus, da sie auch eine Verheißung der eigenen *Befreiung* bedeuteten.

5.4   Wirkung Paulo Freires in der Praxis heute – eine deutsch-europäische Momentaufnahme[461]

5.4.1   Ausbildungskurs *Von Paulo Freire lernen. Europäisches Bewusstsein durch Partizipation*[462]

Der genannte Ausbildungskurs fand im Jahr 2006 über einen Zeitraum von fünf Tagen in Sibiu (Hermannstadt) in Rumänien als Fortbildung für im weitesten Sinne im sozialen Bereich tätige Teilnehmende statt. Der Kurs war im europäischen Grundtvig-Pogramm verortet und wurde vom *Europäischen Zentrum für Arbeitnehmerfragen* (EZA) in Zusammenarbeit mit Partnerorganisationen in Belgien, Slowenien, Portugal und Rumänien durchgeführt.[463] Es nahmen dreizehn Personen im Alter zwischen ca. 20 und ca. 60 Jahren, sieben Frauen und sechs Männer – wobei die Frauen zwischen 20 und 30 Jahren alt waren und die Männer zwischen 40 und 60 – , aus acht europäischen Ländern am Kurs teil. Der größte Teil der Teilnehmenden jedoch kam aus Deutschland. Die Kursleitung lag bei einem Mitarbeiter des *Oswald-von-Nell-Breuning-Hauses* in Herzogenrath und einer Mitarbeiterin von *Vormingscentrum AGORA* in Belgien. Ziele des Kurses waren: Kennenlernen des Werkes und der Biografie von Paulo Freire, Kennenlernen des Konzeptes der „Generativen Themen", biografisches, interkulturelles und dialogisches Lernen anhand von generativen Themen und Ziehen von Rückschlüssen für die eigene Bildungspraxis, Kennenlernen der Methode des *Theaters der Unterdrückten* nach Augusto Boal und Erarbeiten von Folgerungen für die eigene Bildungspraxis (vgl. Informationsblatt Ausbildungskurs *Von Paulo Freire lernen – europäisches Bewusstsein durch Partizipation*, Archiv Funke). Die Kurswoche war insgesamt von einer guten, offenen und sehr motivierten Stimmung geprägt. Die Teilnehmenden arbeiteten sehr aktiv und engagiert mit und waren aneinander interessiert und mitteilungsfreudig. Die Tatsache der Vielsprachigkeit innerhalb der Gruppe wurde beim Arbeiten im Plenum durch simultane Übersetzung gelöst. Der Kurs fand in einem Hotel statt, begleitendes Seminarprogramm waren Ausflüge in die Umgebung sowie mehrfaches Speisen in sehr guten Restaurants außerhalb des Hotels. Durch die Finanzierung des Kurses durch Mittel der EU-Kommission waren die Kosten, die die Teilnehmenden für An- und Abreise, Unterkunft, Verpflegung, Seminar- und Freizeitprogramm selbst tragen mussten – und in der Regel wurde dieser geringe Restbetrag von den jeweiligen Arbeitgebern der Personen übernommen – äußerst gering. Der Kursverlauf stellte sich, zusammenfassend beschrieben, wie folgt dar: Tag 1) Nach einer Aufwärmübung und kurzen Vorstellungsrunde aller Teilnehmenden sowie des Leitungsteams und der Übersetzerinnen wurde den Teilnehmern die Aufgabe gestellt, ein Bild zum Thema *Ich und Europa* zu malen. Es folgte eine „Ausstellung" der Bilder, während der die Teilnehmerinnen schweigend die Bilder betrachten und auf kleinen Zetteln zum jeweiligen

---

461   Die folgenden Schilderungen entstanden auf der Basis von teilnehmenden Beobachtungen.

462   Der Kursdurchlauf, an dem ich teilnahm, war Teil der so genannten „Erprobungsphase". Im Jahr 2006 wurde der gleiche Kurs zweimal durchgeführt – einmal in Rumänien, einmal in Slowenien. Auf Basis dieser Erfahrungen wurde er von den Veranstaltern ausgewertet und in ein abgeschlossenes Konzept gegossen, auf dessen Basis er erneut im Jahr 2007 zweimal stattfand.

463   Die Homepage des EZA ist http://www.eza.org. Informationen zum Paulo-Freire-Ausbildungskurs, die jedoch zum Zeitpunkt des Abrufs bereits nicht mehr aktuell waren, sind zu finden unter. http://www.eza.org/index.php?id=19&L=2%2Findex.php%3Fid%3Dhttp%3A%2F%2Fxdenguebds.ies pana.es%2Fsefe.txt (Zugriff 13.09.2008).

Bild Kommentare abgeben und Fragen notieren konnten. Diese wurde dann an die Werke geheftet. In einer gemeinsamen Plenumsrunde erläuterte dann die jeweilige Urheberin des Bildes ihr Werk und beantwortete die notierten Fragen. Aus diesen Gesprächen wurden *generative Themen*, also Schlüsselthemen, die die Anwesenden mit Europa verbanden, extrahiert.

Abbildung 4: Zwei Blicke auf Europa und die damit verbundenen Themen[464]

Diese Themen blieben über den gesamten Kursverlauf hinweg der Dreh- und Angelpunkt der weiteren praktischen Arbeit; Themen waren beispielsweise *Sicherheit, Begrenztheit, (Chancen)gerechtigkeit, Mobilität, Zusammenarbeit, Menschenrechte, Vielfalt, Gleichgültigkeit, Freiheit, Frieden* und *Einheit*. Anschließend wurde anhand eines Vortrags, der als ausführliches Handout den Anwesenden vorlag, über die Pädagogik Paulo Freires und seine Biografie einführend referiert. Hierbei ging es um die Grundlagen seines Denkens; eine Kenntnis der Hauptideen Freires wurde nicht vorausgesetzt. Es schloss sich eine Diskussion anhand der Frage *Gibt es heute eine Kultur des Schweigens in Europa?* an. Einige zentrale Punkte dieser Diskussion waren:

> ➢ Die „Kultur des Schweigens" ist überall da, wo Benachteiligungen einen nicht selbst betreffen, wo möglicherweise Einstellung und Verhalten auseinanderklaffen und sie so zu einem Verschweigen wird.
> ➢ Das bedeutet auch, dass die Menschen sich privat anders äußern als öffentlich.
> ➢ Der Mensch ist fragmentiert: Auf der einen Seite engagiert er sich möglicherweise für ein soziales Projekt, auf der anderen Seite macht er Urlaub in einem Land, wo der Tourismus die Natur zerstört.
> ➢ Auch die Medien verschweigen häufig engagierte, „widerständlerische" Praxis.

---

464 Sibiu/Hermannstadt 24.10.2006, Archiv Funke.

In einem weiteren Schritt wurde die Frage diskutiert, was europäisches Bewusstsein sei –
mit unter anderem folgenden Ergebnissen:

> ➤ Der europäische Blickwinkel ist relativ.
> ➤ Eine europäische Identität ist fiktiv, auch wenn einige Werte bei genauem Hinsehen
> gleich sind.
> ➤ Europa ist keine feste Größe, sondern verändert sich und ist auch widersprüchlich.
> ➤ Europäisches Bewusstsein ist deswegen auch nicht homogen, sondern kann nur ein
> Bewusstsein für oder von Europa sein, das je nach Person differiert.
> ➤ Europa bedeutet auch geteilte Geschichte, geteilte Traumata, geteilte Emotionen.

Am 2. Tag wurde nach einem Einstieg in den Tag anhand von Standbildern zu den Themen *Lehrer-Schüler-Verhältnis, Geben und Nehmen* sowie *Sich unterstützen und in die
gleiche Richtung sehen* der Schwerpunkt auf „biografisches Lernen" gesetzt. Von den
Kursleitern wurde das *Generative Thema „Freiheit"* für die Arbeit ausgewählt. Jeder
Teilnehmende sollte in Einzelarbeit eine Lebenslinie aufzeichnen und jeweils den Zeitab-
schnitten des eigenen Lebens die Bedeutung des Begriffes „Freiheit" in dieser Zeit zuordnen. Anschließend wurden diese Lebenslinien in Kleingruppen einander vorgestellt. Es
entwickelten sich zum Teil sehr intensive, persönliche aber auch politische Gespräche, die
insbesondere vor dem Hintergrund, dass die Teilnehmenden aus Rumänien und Slowenien
einen Teil ihres Lebens unter einer Diktatur gelebt hatten, die ihre persönliche Freiheit
stark einschränkte, für die Beteiligten lehrreich waren. Es wurde deutlich, dass Freiheit
viel einfacher zu definieren ist – ähnlich wie Identität – in Bezug auf Zeiten oder Situationen, in denen die Freiheit der betreffenden Person eingeschränkt ist. Jede Kleingruppe
erstellte ein zusammenfassendes Bild der Aspekte von Freiheit, die sie diskutiert hatte.
Diese wurden wieder im Plenum vorgestellt. Während Tag 3 wurde der Schwerpunkt auf
„interkulturelles Lernen" gelegt. Zunächst sollte jede Person zu den aufgelisteten *generativen Themen* persönliche spontane Assoziationen notieren. Dies wurden dann in Kleingruppen miteinander besprochen. Die Teilnehmenden sollten darüber ins Gespräch kommen, wie unterschiedlich die Begriffe von den einzelnen Personen mit Bedeutung gefüllt
werden können. Eine besondere Beachtung in einer Kleingruppe erhielt das Thema
Gleichgültigkeit. Die Teilnehmenden stellten sich die Frage, warum Gleichgültigkeit existiere oder in der heutigen Zeit subjektiv wahrgenommen zu stark existiere. Möglicherweise läge es daran, dass man in der heutigen Zeit keine Zeit mehr habe, politisch und engagiert zu sein. Man sei zu sehr mit sich selbst beschäftigt. Vor allem aber auch werde man,
wenn man nicht gleichgültig sei, als emotional, naiv oder zu „weiblich" kritisiert. Eine
Kritik der Teilnehmenden an dieser Methode war im Anschluss, dass nicht deutlich geworden sei, inwiefern diese als „interkulturelles Lernen" zu verstehen sei. Eine Diskussion
von Menschen unterschiedlicher Nationalität miteinander reiche noch nicht aus, um als
„interkulturelles Lernen" zu gelten. Des Weiteren sei die Methode zu gesprächslastig und
wenig interaktiv gewesen. Einigen fiel die Teilnahme an der Diskussion schwer, da die
generativen Themen sehr breit gefasst waren. Es wäre hilfreich gewesen, diese genauer zu
definieren, um sie so leichter in die Praxis überführen zu können. Dennoch wurde das Gespräch als intensiver und anregender Austausch bewertet. Tag 4 und 5 standen im Zeichen
der Theaterpädagogik auf Basis des *Theaters der Unterdrückten* von Augusto Boal. Nach
einer kurzen Einführung in die Biografie Augusto Boals durch eine Theaterpädagogin
wurden dessen Hauptmethoden in Kürze vorgestellt. Ziel der Theaterarbeit Boals ist es,

dem Menschen zu einem bestimmten Thema oder in einer bestimmten Situation Handlungsfähigkeit zu verleihen. Boals geht unter anderem davon aus, dass a) Menschen sich selbst beim Handeln beobachten können, b) Theater zu machen und zu leben zu den Grundbedürfnissen des Menschen gehört, c) eine Bühne überall dort ist, wo Menschen miteinander verabreden, dass es eine Bühne gibt d) dass Theater als Kunstform alles möglich macht und es nicht darum geht, Realität abzubilden. Nach einigen einführenden Theaterübungen zum Warmwerden wurde zu dem Thema *Unterdrückung* gearbeitet. Erst zu zweit, dann in Kleingruppen bis zu sechs Personen sollten Statuen zu dem Thema erarbeitet und den anderen Teilnehmenden gezeigt werden. Diese Beobachter konnten die Darsteller befragen, wie sie sich in der einzelnen Situation fühlten. Es wurde deutlich, dass eine Situation, die zu zweit dargestellt wurde, für die Darsteller insgesamt als nicht sehr unangenehm oder dramatisch empfunden wurde. Stellten aber vier bis sechs Personen eine *Unterdrückungssituation* dar, so nahmen es einige Darstellerinnen als dramatisch (im ursprünglichen Sinne) wahr, da sich Allianzen bildeten, Zuschauer und Weggucker und Personen, die intervenierten, entstanden. Insgesamt wurden Überlegungen angestellt, aus welchem Grunde und wie einem spontan auf die eine Geste, Haltung, Situation in den Sinn komme, da es in der Methode liegt, nicht lange über etwas nachzudenken, sondern es sofort theatralisch umzusetzen. Neben weiteren Bewegungsübungen wurde erneut mit Statuen gearbeitet. In Paaren und Kleingruppen sollten zu den *generativen Themen* Standbilder gestellt werden, über die dann wiederum im Plenum gesprochen und deren Hintergründe und Details so gemeinsam erforscht wurden. Eine der aus diesen Statuen entstandenen Fragen formulierte ein Teilnehmer wie folgt: „Aus welchem Grunde muss man erst reich werden, um für Gerechtigkeit kämpfen zu können?" Weiter wurde mit der Methode des Zeitungstheaters gearbeitet. Ausgehend von Zeitungsartikeln oder kurzen Meldungen mit sozialpolitischer Relevanz entwickelten die Teilnehmenden kurze Sketche, die sie sich gegenseitig präsentierten. Insgesamt waren besonders die Tage 4 und 5, in denen mit theaterpädagogischen Methoden gearbeitet wurde, diejenigen, an denen die Teilnehmenden den größten persönlichen Lerneffekt wahrnahmen und die ihnen auch am meisten Freude bereiteten. Sie arbeiteten während dieser Tage überaus ausdauernd und engagiert mit. Die Methode des Theaters zeigte sich als eine sehr geeignete konstruktive Methode, die vor allem das Imaginäre, wie persönliche Phantasien, Ängste, Wünsche und Hoffnungen ansprach sowie sie sicht- und greifbar werden ließ.

Zusammenfassend lässt sich zum beschriebenen Ausbildungskurs Folgendes festhalten: Die Bedeutung der Idee des Dialogs für den Ansatz Paulo Freires und auch für den Ausbildungskurs wurde in der Theorie vorgestellt, aber in der Praxis nicht stringent umgesetzt. Die Teilnehmenden hatten nicht immer den Eindruck, dass sie jederzeit Fragen stellen konnten. Zudem gab es lediglich zum Schluss des Seminars, kaum aber zwischendurch, zum Beispiel nach jedem einzelnen Seminartag, die Möglichkeit, Feedback zum Seminarverlauf zu geben, so dass sich die Teilnehmenden von diesem in Teilen abgekoppelt sahen. Der Leitungsstil der Seminarleiter war in Teilen sehr direktiv, in Form von a) Rechtfertigungen, warum eine Übung so ausgeführt werden sollte und nicht anders, b) die Teilnehmenden zu einer bestimmten Haltung oder Verhaltensweise innerhalb einer Übung überredet werden sollten, c) spontanen Äußerungen der Seminarleiter darüber, ob eine Übung „richtig" der „falsch" durchgeführt worden sei. Dies führte teilweise zu Verwirrungen bei den Teilnehmenden und Brüchen im Lehr-Lernprozess. Diese Schwierigkeiten entzerrten sich während der letzten beiden Tage, an denen mit einer Theaterpädagogin nach den Methoden Augusto Boals gearbeitet wurde. Die Informationen, die über

Paulo Freire und seinen Ansatz gegeben wurden, waren wenig plastisch, sondern wurden anhand eines fertigen Manuskripts in einem Vortrag monologisierend vorgestellt, so dass die Bedeutung der Inhalte sich erst mit der Zeit, im Verlauf des Kurses tiefer, aber nur ein Teilen erschließen konnten. Zudem waren die Informationen relativ knapp gehalten beziehungsweise bezogen sich lediglich auf die in deutscher Sprache erschienene Literatur Freires, die begrenzt ist (vgl. Broschüre *Von Paulo Freire lernen – europäisches Bewusstsein durch Partizipation*, Archiv Funke). Beispielsweise äußerten die Teilnehmenden, sie hätten gerne mehr über die Idee der *Conscientização* Paulo Freires erfahren und über einen möglichen Transfer der Ideen Paulo Freires und deren Relevanz für marginalisierte Bevölkerungsgruppen. Insgesamt klaffte eine Lücke zwischen Theorie und Praxis und es ergab sich immer wieder die Frage, wie man diese miteinander in Verbindung setzen könne. Der Gender-Aspekt wurde im Verlauf des Kurses nicht thematisiert, was aufgrund der Altersverteilung in Verbindung mit dem Geschlecht der Teilnehmenden besonders aufschlussreich hätte sein können, zumal die Frauen äußerten, dass sie die männlichen Teilnehmer als in ihrer Art aufzutreten sehr dominierend wahrgenommen hatten. Positiv aufgenommen wurde die praktische Arbeit mit interaktiven Methoden, insbesondere die biografische Arbeit mit den generativen Themen und die theaterpädagogischen Methoden in Anlehnung an Augusto Boal. Die Teilnehmenden zeigten ein hohes Interesse, Energie und Motivation, aktiv an dieser Arbeit teilzunehmen und sich miteinander auszutauschen.

Der Lerneffekt des Ausbildungskurses ist in meinen Augen in erster Linie in der direkten Interaktion der Teilnehmenden und dem Austausch miteinander zu suchen und weniger im Kennenlernen der Ideen Paulo Freires und deren Relevanz für das Thema *Partizipation,* wie der Titel der Veranstaltung eigentlich suggerierte. Dennoch kann der Kurs als eine gute Möglichkeit gelten, sich gemeinsam mit Kolleginnen aus anderen europäischen Ländern mit dem Thema Europa und Methoden der Bildungsarbeit auseinanderzusetzen. Paulo Freire selbst, so sei hier die Diagnose gewagt, spielt in diesem Zusammenhang eine eher untergeordnete Rolle beziehungsweise der Rückbezug zu ihm diente eher dazu, dem Kurs einen Namen und eine Richtung zu geben.

Im Vergleich zu den in Brasilien beobachteten Praxisprojekten ist es wichtig zu bemerken, dass beim geschilderten Seminar eine völlig andere Zielgruppe erreicht wurde als beispielsweise bei den Lehrerfortbildungskursen in São Paulo. Während an Letzterem Lehrerinnen teilnahmen, die sich in prekären Arbeitsverhältnissen befanden, nahm am hier geschilderten Ausbildungskurs gewissermaßen eine „Elite" teil, wobei sich hier auch eine Ungleichheit in Bezug auf die Geschlechter abzeichnete: Die Männer waren allesamt Führungskräfte aus dem Bereich Gewerkschaften, schulische und außerschulische Bildung, die Frauen kamen aus ähnlichen Bereichen (mit Ausnahme einer Krankenschwester, die Erwachsenenbildung studierte), stammten jedoch aus der Referentenebene. Alle sprachen mehrere Fremdsprachen. Für sie war die Teilnahme in den meisten Fällen keine erstmaliger Erfahrung von beruflicher Weiterbildung, sondern eher ein Teil einer beruflichen „Weiterbildungskarriere", insbesondere bei den Männern. Anstelle um eine Pädagogik der Anerkennung ging es hier vielmehr um eine Fortbildung von vielen, und auch um eine preisgünstige Möglichkeit, Rumänien zu besuchen und eine Abwechslung vom beruflichen Alltag zu bekommen. Es ging also während des gesamten Kurses nicht um direkte persönliche Anliegen, die Gegenstand der Arbeit waren (anders zum Beispiel als in dem beschriebenen Seminar in Guarulhos), sondern um eine Annäherung an Themen, dessen Relevanz und Merkmale für einen persönlich überhaupt erst einmal herausgearbeitet und identifiziert werden mussten. Damit soll nicht behauptet werden, den Teilnehmenden läge nichts an den Grundideen Freires und an, beispielsweise, sozialer Gerechtigkeit. Doch die Bedingungen und damit auch die Interessenslagen der Beschäftigung mit diesem Thema unterscheiden sich in beträchtlicher Weise von denen, die ich für den Kontext Brasilien dargestellt habe, so dass neben einem genuinen Interesse am Thema der Fortbildung auch immer von anderen einflussnehmenden Motivationslagen ausgegangen werden muss.

Wird Paulo Freire also hier zu einem Luxus einer Elite, die es sich leisten kann, sich mit ihm zu beschäftigen, die die persönlichen und beruflichen Ressourcen besitzt, die Information über das Stattfinden des Seminars überhaupt erst zu erhalten und die Durchsetzungskraft, die eigene Teilnahme gegenüber dem Arbeitgeber zu behaupten – oder sogar die Entscheidungskompetenz, darüber als Führungskraft eigenständig zu befinden? Diese Frage erhält zudem insofern eine weitere Bedeutungsfacette, als die Überlegung nach der Übertragbarkeit des Erfahrenen und Gelernten auf die Arbeit mit „ungelernten und unorganisierten Arbeiter/innen, gering Qualifizierten, Arbeitslosen, Migranten/innen, jungen Arbeitnehmer/innen, lernenden Arbeitnehmer/innen allgemein und weiteren Gruppen marginalisierter Bevölkerungsschichten" (vgl. Homepage des EZA)[465] deutlich in den Hintergrund trat. Ausgehend von der Annahme, dass alle Methoden erst einmal selbst erlebt und erprobt werden müssen, bevor sie in die eigene pädagogische Praxis übertragen werden können, war es durchaus sinnvoll, dass zunächst am direkten Erleben und Interaktion der Teilnehmenden angesetzt wurde. Dennoch wurde der Aspekt der Bedeutung der getesteten Methoden und möglichen Umsetzung im eigenen beruflichen Kontext zu wenig berücksichtigt.

5.4.2   Tagung *Von befreiender Bildungsarbeit zur Pädagogik der Autonomie. Eine Begegnung mit Paulo Freire*[466]

Diese Tagung fand vom 19.–21. Oktober 2007 statt und wurde vom Paulo Freire Institut der Internationalen Akademie an der Freien Universität Berlin durchgeführt. Die Finanzierung lief zu einem großen Teil über InWent. Teilnehmende waren rund 60 Personen im Alter zwischen 20 und ungefähr 60 Jahren aus den Themenfeldern Schule, außerschulische Jugendbildung, Erwachsenenbildung, Menschenrechtsbildung, Friedensarbeit und Theaterpädagogik, darunter auch langjährige Aktive der PFG und einige Mitglieder der PFK. Ilse Schimpf-Herken war die Hauptorganisatorin,[467] neben ihr hat eine Gruppe junger Engagierter, größtenteils ehemaliger Studierender sie bei der Organisation und Umsetzung der Tagung unterstützt; diese arbeiten mit ihr größtenteils auch in anderen Zusam-

---

465   http://www.eza.org/index.php?id=19&L=2%2Findex.php%3Fid%3Dhttp%3A%2F%2Fxdenguebds.iespana.es%2Fsefe.txt, Zugriff 13.09.2008.

466   Kurze Berichte zur beschriebenen Tagung finden sich auch auf der Internetseite des *Paulo Freire Zentrums* in Wien unter http://www.paulofreirezentrum.at//?art_id=561. Der Autor konstatiert zu Recht Folgendes: „Paulo Freire und sein Werk waren bei dieser Tagung eher Quelle der Inspiration, als Gegenstand der Auseinandersetzung." (ebd., Zugriff 17.09.2008) Eine Auseinandersetzung mit dem Ansatz einer der Referenten, Oscar Jara, ist zu finden unter http://www.pfz.at//?art_id=562 (Zugriff 17.09.2008).

467   Einer der jüngeren Teilnehmenden aus dem Organisationsteam, der mit ihr bereits in Projekten zusammengearbeitet hat, berichtete, Schimpf-Herken sei eine der wenigen Personen an der FU Berlin, die viele Studierende in ihren Bann zöge, da sie zum einen sehr freundlich und warmherzig sei und zum anderen eine der wenigen Professoren neben Jürgen Zimmer sei, die von Paulo Freire und dialogischem Lernen berichteten. Sie träfe damit immer noch den Nerv der Zeit – oder der jungen Studierenden – zumal ihre Seminare auch in der Praxis anders als üblich umgesetzt würden, während der übrige Universitätsalltag noch immer frontal und wenig partizipativ aufgebaut sei.

menhängen zusammen.[468] Es waren unter anderem einige Kolleginnen und Freunde von Schimpf-Herken aus Lateinamerika anwesend, so dass im Seminar Perspektiven der verschiedenen Kontinente zusammenflossen. Das Seminar war in einzelne Workshops und Diskussionen, die zum Teil im Plenum, zum Teil in kleineren Gruppen stattfanden, zu folgenden Themen untergliedert:

> ➤ Theaterpädagogische Arbeit in der Strafvollzugsanstalt („Gefängnistheater")
> ➤ Interkulturelle Arbeit
> ➤ Biografiearbeit mit Frauen
> ➤ Agenda 21
> ➤ Freire-Pädagogik in Zentralamerika[469]
> ➤ Aktualität und Facetten des Autonomiebegriffs bei Paulo Freire
> ➤ Autonomie in der Gestaltpädagogik
> ➤ Von der Beschämung zur Anerkennung
> ➤ Dialogische Arbeit in der HIV-Prävention in Mosambik
> ➤ Ökologie mit Kindern
> ➤ Schulfach LER (Lebenskunde-Ethik-Religion) im Land Brandenburg[470]

Die Auswahl der Themen stellte demnach ein breites Spektrum von Themen und Tätigkeitsbereichen dar, in denen die verschiedenen Referentinnen und Workshopleiter Bezug auf Paulo Freire nahmen. Dabei stellte sich heraus, dass die Idee des sich entwickelnden Menschen, des Dialogs als Prämisse und Prozess in jeder Interaktion und das Postulat, im Bildungsprozess stets von der Lebens- und Erlebenswelt der Lernenden auszugehen, einen gemeinsamen Nenner bildete, der mehr oder weniger alle Teilnehmenden während der Diskussionsverläufe, sei es zu auch noch so unterschiedlichen Themen, einte. Dennoch entstanden in einigen Workshops Schwierigkeiten, den Bezug zum Denken Freires zu systematisieren oder überhaupt herzustellen. Neben der Tatsache, sich zum Denken und den Zielen Freires zu bekennen, äußerten einige Anwesende den Wunsch, klarer zu formulieren, wie diese Haltung in den einzelnen Handlungsfeldern stringenter in die Praxis umgesetzt werden könne. Statt „Programmatik" seien konkrete Handlungsschritte interessant. Diese zu erarbeiten fiel jedoch den Anwesenden schwer, denn, so schien es, fehlte ein fest definiertes Ziel aber auch das Instrumentarium. Auch Freires Begriff der Autonomie wurde in Teilen kritisiert, da er vernachlässige, dass jeder Mensch sich in vielfältigen existen-

---

468 Ein Teil dieser Gruppe trifft sich auch unter dem Namen „Freiregelesen" regelmäßig, um aus Freire-Texten gemeinsam zu lesen und über sie zu diskutieren.

469 Der Hauptreferent zu diesem Thema war Oscar Jara, der in Costa Rica beim Institut ALFORJA tätig ist. (Vgl. http://www.alforja.or.cr/centros/cep/ und http://www.alforja.or.cr/sistem/biblio.html, Zugriff 17.09.2008). Sein Vortrag und auch seine interaktiven Spiele waren ein zentraler Bestandteil der Tagung. Sein Hauptanliegen ist es, die Ganzheit menschlicher Erfahrungen auf unterschiedlichen Ebenen individuell und im Kollektiv zu systematisieren, um so die Erlebens- und Perspektivenvielfalt sichtbar zu machen und Möglichkeiten von Transformation erfahrbar zu machen (vgl. Aufzeichnungen Funke 19.10.2007, Archiv Funke).

470 Dieses Fach wird im Land Brandenburg in den Jahrgangsstufen 5–10 seit 2004 als ordentliches Schulfach unterrichtet. Nach der politischen Wende von 1989/1990 wurde ein neues, ideologiefreies, „weltanschaulich neutrales, aber nicht wertneutrales" Schulfach (Christian Lange „Kurzinformationen zu LER", unveröffentlichtes Tagungsmanuskript) benötigt. Die Ideen Freires haben bei seiner Konzeption eine Rolle gespielt, stießen jedoch auch seitens des zuständigen Landesministeriums auf Ablehnung. Insbesondere die Orientierung am *thematischen Universum*, also den Ideen, Anliegen und Problemen der Schülerinnen wurde von diesem nicht befürwortet (vgl. Aufzeichnungen Funke, Archiv Funke; vgl. dazu auch insbesondere Lange 2001, 36 ff.).

ziellen Abhängigkeiten befinde, welche einen idealisierten Autonomiebegriff, wie Freire ihn anwende, unterminierten, da sie die Bedingungen der Möglichkeit von Selbstbestimmung enger umreißen und begrenzen. Statt zu träumen und religiös zu argumentieren, so gab eine Teilnehmerin zu bedenken, seien „Träume die Projekte, die wir realisieren" (vgl. Aufzeichnungen Funke 20.10.2007, Archiv Funke). Andere Teilnehmende wiederum wiesen darauf hin, dass der Autonomiebegriff Freires vielmehr als Verweisungszusammenhang bezüglich des Strebens nach Unabhängigkeit von einer neoliberalen und kapitalorientierten Weltordnung zu verstehen ist, der als Antrieb und Anregung dienen solle, Wege zu suchen, sich diesen Zusammenhängen zu entziehen.

Zum Ende des Seminars bildeten sich Vernetzungsgruppen zu den Themenschwerpunkten *Schule, internationale Bildungsarbeit* und *Vernetzung von Freire-Arbeit in Europa*. Zunächst wurden Gedanken, Themen und Arbeitsbereiche stichpunktartig zusammengetragen, die die Gruppenteilnehmerinnen für zentral hielten und an denen sie weiterarbeiten mochten, um dann Ideen zu entwickeln, wie dies geschehen könne. Im Bereich *Schule* wurden beispielsweise folgende Überlegungen festgehalten:

➢ Ist das Arbeiten in den Strukturen und Institutionen oder außerhalb von ihnen, um diese zu verändern oder zu erneuern, ein unvereinbarer Gegensatz? Anhand welcher Kriterien kann darüber befunden werden? Kann innerhalb der Strukturen überhaupt etwas verändert werden oder ist dafür eine politische Bewegung notwenig?

➢ Wechselwirkungen zwischen Strukturen und Individuum – wie wirken sie aufeinander ein?

➢ Bildung und Lernen sind Prozesse, die den ganzen Menschen berücksichtigen müssen. Darin eingeschlossen sind der Körper, die Emotionen in einem umfassenden Verständnis sowie kognitive und handelnde Elemente. Auch die Biografie als Konstituente der Person muss in ihrer individuellen und gesellschaftlichen Verflochtenheit Berücksichtigung finden.

➢ Lernen und Bildung sind Prozesse, die verschiedene Sachbereiche und Personen dialogisch mit einbeziehen sollten.

➢ Die Situation im Bereich Schule ist aktuell von Unmenschlichkeit geprägt.

➢ Für eine gemeinsame Weiterarbeit ist es notwendig, sich zu treffen und nicht nur Kontakt per E-Mail zu haben.

Für den Bereich *Internationale Bildungsarbeit* wurden unter anderem folgende Punkte formuliert:

➢ Wie kann ein Zusammenhang hergestellt werden, um dialogische Prozesse im Lernen in der Erwachsenenbildung und Lehrer(fort-)bildung zum Beispiel in Europa und Afrika voranzubringen?

➢ Wir müssen Räume für Dialog schaffen und Brücken bauen. Wir brauchen Empathie in beide Richtungen.

➢ Wir wünschen uns ein „Forum Paulo Freire"!

➢ Wir möchten Prozesse systematisieren und ergebnisorientiert arbeiten.

➢ Wie können wir eine methodische Weiterentwicklung der Philosophie Freires betreiben?

Es wurde deutlich, dass auf der einen Seite der Wunsch nach Vernetzung und Zusammenarbeit groß war, es auf der anderen Seite jedoch kaum möglich war, sich auf konkrete Ziele und Projekte zu verständigen, da zum einen die Zeit zu knapp war, dass detailliertere
Gespräche zu einzelnen Themen zielgerichtet stattfinden konnten. Die Sammlung dieser
Ideen, Fragen, Wünsche und Feststellungen zum status quo blieb so ohne konkrete inhaltliche Festlegungen. Zum anderen aber taten sich strukturelle Hürden auf: Fragen nach
möglicher Finanzierung und Förderung, nach einer Organisationsplattform, die die Zusammenarbeit koordinieren und Interessierte vernetzen könnte und nach den geografischen Hürden (da viele der Anwesenden aus ganz Deutschland und auch international an-
gereist waren und weit voneinander weg lebten) führten gewissermaßen zu einer Läh-
mung. Nach der Begeisterung, darüber, was zusammen alles erreicht werden könnte, trat
die Ungewissheit darüber, wie dies zu bewerkstelligen sei, in den Vordergrund, und wan-
delte sich in der Folge in die Gewissheit, dass doch erstmal jeder und jede für sich in seinem und ihrem direkten Arbeitskontext versuchen würde, wie bisher „irgendwie freireanisch" orientiert tätig zu sein – und dass die Teilnehmenden sich möglicherweise in einem
anderen Kontext wieder begegnen und gemeinsam weiterdenken könnten. Eine an Freire
orientierte Pädagogik hat sich auf diese Art und Weise von einer radikalen Bewegung zu
einem Bemühen und Wunsch derjenigen gewandelt, die längst in festen Strukturen verortet sind oder aber auf diese finanziell angewiesen wären, um freireanisch orientierte Arbeit
zu realisieren, diese aber gerade eben meiden möchten.[471]

Die Atmosphäre des Seminars war bemerkenswert: Es herrschte eine freundliche bis
hin zu freundschaftlich-familiäre Atmosphäre, die nur wenig gemein hatte mit der Atmosphäre von Tagungen, bei der sich bis dahin weitgehend unbekannte Menschen treffen und
die im universitären oder institutionellen Kontext anderer Art stattfindet. Dies mag zum
einen daran gelegen haben, dass sich tatsächlich viele Teilnehmende bereits kannten. Dies
traf aber bei weitem nicht für alle Anwesenden zu. Vielmehr strahlte das ganze Organisationsteam eine überschwängliche menschliche Wärme aus. Die Teilnehmenden wurden
mit einer Umarmung begrüßt, stets gab es umsichtige lächelnde Helfer und Helferinnen
(die gleichzeitig Teilnehmende des Seminars waren; es gab also keine Unterscheidung
zwischen Seminarteilnehmer und Verantwortlichen für die Verwaltung und Logistik, sondern, dies lief bei ein und denselben Personen, die die gesamte Tagung organisierten, zusammen) die auf die Garderobe hinwiesen, Getränke anboten und dafür sorgten, dass alle
sich möglichst wohl fühlten. Zudem waren die Räume mit bunten, aufwendig gestalteten
Plakaten, Wandbehängen, Papier-Blumen, Ausdrucken von Freire-Zitaten und Bildern
geschmückt, auf den Tischen standen Blumen und herbstliche Dekorationen. Neben den
Seminarräumen gab es zwei weitere kleinere Räume als eine Art „Cafeteria", in denen
informell diskutiert, erzählt und pausiert werden konnte. Für die Verpflegung sollte auf
Vertrauensbasis ein kleiner Geldbetrag in eine Tasse gelegt werden. In einer an die Semi-
narräume angrenzenden Küche wurden die Mahlzeiten selbst zubereitet. Am Morgen des
zweiten Tages wurden die Teilnehmenden mit Lese-Stationen begrüßt: Im Aufzug, auf der

---

471 Das soll nicht bedeuten, dass es gänzlich unmöglich sei, außerhalb von Strukturen und institutionellen
     Förderungen gute und wichtige Arbeit im sozialen, politischen und pädagogischen Sektor zu leisten.
     Es gibt unzählige Initiativen, Vereine und Privatpersonen, die dies seit langem Sinn bringend und er-
     folgreich tun. Sie sehen sich jedoch vor allem finanziellen Hürden gegenüber, mit denen eine innerhalb
     einer staatlich (oder privat) geförderten Institution verortete Arbeit sich in diesem Ausmaß in der Regel
     nicht konfrontiert sieht. Dies zeigte sich auch am Beispiel der beschriebenen Tagung: Trotz des um-
     fangreichen Engagements der die Tagung organisierenden Privatpersonen hätte diese ohne die Förde-
     rung der InWent nicht stattfinden können.

Treppe, im Tagungsraum und im Café-Bereich standen einige der Veranstalter, ganz in schwarz gekleidet, auf pinkfarbenen Stoffbahnen und lasen Textpassagen von Freire auf Deutsch, Spanisch und Englisch vor. Die klare Botschaft der Veranstalterinnen an die Teilnehmenden war eine Einladung, sich wohlzufühlen, mitzudenken, zu experimentieren – und auch zu genießen. Ein großer Teil der anwesenden Personen nahm dieses Angebot an und erwiderte es. Im Allgemeinen gewann ich den Eindruck, dass die Mehrzahl der Teilnehmenden den „Freire heute" suchten. Sie gingen von der moralischen Verpflichtung aus, in der Praxis die Wirklichkeit zu verändern. Solidarität, Orientierung in der unüber- sichtlich gewordenen Welt, Widerstand gegen Ungerechtigkeiten, Hunger, Zerstörung der Natur und Ähnliches schien alle Anwesenden zu bewegen. In einer Situation, die grund- sätzlich auch von Hilflosigkeit geprägt ist – denn was die Einzelne tun kann, ist begrenzt, da eine einzelne Person nur eingeschränkten Einfluss und eingeschränkte Mittel hat – bot Paulo Freire als Plattform (und auch Projektionsfläche) einen Anhalts- und Treffpunkt. Im Zentrum stand die Praxis, um das Tun und um das Gefühl, zusammenzugehören und ge- meinsam etwas zu schaffen. Theoretisches Interesse war zwar teilweise vorhanden, stand jedoch nicht im Vordergrund.[472] Vielmehr ging es um einen Erfahrungs- und Ideenaus- tausch und implizit auch um die Rückbestätigung, dass man mit seiner persönlichen Hal- tung „nicht alleine dasteht". Insgesamt schien also, auch in Anbetracht der relativ hohen Teilnehmerzahl, das Bedürfnis in einigen Kreisen da zu sein, Freire zu erfinden, wieder- zuerfinden – und darüber möglicherweise auch ein Stück sich selbst und den Sinn des ei- genen Handelns zu neu definieren. Zusammenfassend bietet sich eine Aussage Oscar Jaras während der Tagung als Resümee an: „Paulo Freire gibt uns keine Regeln und Methoden, die unsere Arbeit einfacher machen, sondern Fragen und Aussagen, die sie problemati- scher machen." (Jara 20.10.2007, vgl. Aufzeichnungen Funke, Archiv Funke)

5.4.3 Sonstige Beispiele

Es ist nicht möglich, an dieser Stelle einen auch nur annähernd vollständigen Überblick über die von Freire inspirierte und an ihm orientierte Praxis zu geben. Wie auch die beiden oben ausführlicher beschriebenen Beispiele müsste eine Auswahl weiterer Projekte, Insti- tutionen und Praxen stets in letzter Konsequenz willkürlich bleiben. Jede Auswahl blendet andere Möglichkeiten aus; diesem Dilemma kann insbesondere aus dem Grund nicht ent- gangen werden, da in Deutschland der Einfluss von Freire aktuell häufig implizit ist, und somit selbst bei sorgfältigster Suche nicht gewährleistet wäre, dass die Suchende alle die- jenigen Personen, Institutionen und Praxen aufgespürt hat, welche sich in ihrem Denken

---

472 Bei einigen Anwesenden schien es geradezu verpönt zu sein, sich theoretisch mit Freire zu befassen. Vielmehr stand im Vordergrund, welchen direkten Nutzen die eigene Arbeit – ob theoretisch oder praktisch – für die Lebenssituation „Benachteiligter" hat. So sollten diejenigen, die sich mit der Theo- rie befassten, klar äußern, welchen Wert dies haben könnte. Als ich berichtete, dass in der erziehungs- wissenschaftlichen Theoriediskussion in Deutschland und im Diskurs an den Hochschulen Freire in der Regel entweder nicht erwähnt, nicht ernst genommen oder abqualifiziert werde, waren viele Anwesen- de erstaunt bis entsetzt, denn das hätten sie nicht gedacht. So schien auch der Nutzen einer schwer- punktmäßig theoretisch orientierten Arbeit wie der vorliegenden einsichtig zu sein, sofern diese Freire in den genannten Bereichen zu mehr Rezeption und Ansehen verhilft, da Freire, so lange er nicht be- kannt ist, auch nicht in der Praxis berücksichtigt werden kann. So betonte eine Teilnehmerin: „Ich schreibe meine Doktorarbeit nicht wegen meiner tollen Karriere oder des Titels, sondern weil ich et- was geben und verändern will." Dennoch aber hatten beispielsweise viele vor allem der jüngeren An- wesenden einen Teil der (ins Spanische oder Englische übersetzten) Werke von Freire, auch der neue- ren Werke, gelesen, denn die allermeisten sprachen sehr gut Spanisch.

und ihrer Praxis an Paulo Freire orientieren. Im Zuge der Debatte über Bildung, Sozialpolitik und viele weitere gesellschaftlich zentrale Bereiche zum Ende der 1960er Jahre sind viele Grundideen und Postulate der Bewegung dieser Zeit in den pädagogischen und politischen „Mainstream" eingegangen und deswegen nicht immer leicht nachzuvollziehen. Insbesondere ist davon auszugehen, dass Paulo Freire nach wie vor im liberalen kirchlichen Bereich sowie im Bereich der (nicht nur christlichen) Entwicklungszusammenarbeit bekannt ist und eine Bezugsfolie darstellt, die, wenn nicht als Hauptleitlinie, dann doch als Inspiration und Orientierung in manchen Punkten dient. Dennoch ist klar, dass nicht selten deren Radikalität und Kernaussage im Laufe der Zeit abgeschwächt oder modifiziert wurden. Wenn also in der Folge weitere Beispiele der Rezeption Freires in pädagogischer Praxis in Deutschland genannt werden, so ist dies als eine ausschnitthafte Aufzählung zu verstehen, die nur dem Zweck dienen kann, eine annähernde Vorstellung davon zu geben, welche weitere Wirkung das Denken Paulo Freires bis heute in der Praxis im deutschsprachigen Raum haben könnte.

➢ In Parchim in Mecklenburg-Vorpommern gibt es eine evangelische Grundschule, die den Namen „Paulo Freire" trägt. In ihm sieht sie drei Säulen, die Reformpädagogik, Integration und christliches Verständnis verwirklicht. Auf der Suche nach einer Person, die diese Säulen in sich zu einen vermag, stießen Elternschaft und Träger auf Paulo Freire: „[M]it seiner christlichen Weltansicht und seinem Engagement gerade für die Unterdrückten oder sagen wir auch Randgruppen einer Gesellschaft (…), wurde man bei ihm [Paulo Freire, K.F.] fündig." (Unveröffentlichtes Schreiben des Schulleiters 11.09.2008, Archiv Funke) Insbesondere die Idee, dass Kinder Subjekte, nicht Objekte des Lehr-Lern-Prozesses sind, wird in Anlehnung an Paulo Freire im Schulkonzept formuliert (vgl. *Pädagogisches Konzept der evangelischen Grundschule „Paulo Freire" Parchim*, 5).[473]

➢ Das Netzwerk NORA *Netzwerk Ostwestfalen-Lippe für Regionale Agenda* verleiht seit dem Jahr 2002 im Zwei-Jahres-Turnus den „Paulo Freire Agenda Preis Ostwestfalen-Lippe".[474] Mit dem Preis können Gruppen, Initiativen und Organisationen und Einrichtungen geehrt werden, die den Bereichen Naturschutz, Friedensarbeit, interkulturelle Verständigung und Gleichberechtigung der Geschlechter einen Beitrag leisten.

➢ An der evangelischen Akademie Burckhardt Haus sollte zunächst im Frühjahr, dann im Herbst 2008 ein Seminar mit dem Titel *Pädagogik der Hoffnung: Lernen aus der einen Welt – Lernen von Paulo Freire* unter der Leitung von Ronald Lutz (Fachhochschule Erfurt)[475] stattfinden. Dieses Seminar fiel aufgrund einer zu geringen Teilnehmerzahl aus. Schwerpunkt des Seminars sollte „befreiende Sozialarbeit" sein.

---

473 http://www.ev-schule-parchim.de/uploads/media/Schulkonzept.pdf, Zugriff 18.09.2008. Die Internetseite der Schule ist http://www.ev-schule-parchim.de/.

474 http://www.noraowl.de/index.php?menid=90, Zugriff 18.09.2008. Im Internet sind nur Berichte von der Verleihung von 2002 und 2004 zu finden, danach finden sich keine Belege mehr. Meine E-Mail an zwei der Vertreter des Vereins ging ins Leere beziehungsweise blieb unbeantwortet. Es ist also anzunehmen, dass dieser Preis aktuell nicht mehr verliehen wird.

475 Ronald Lutz ist hin und wieder mit Artikeln in der Zeitschrift der *Paulo Freire Kooperation* vertreten (vgl. beispielsweise Dabisch 2007, beziehungsweise Lutz 2007). Seine Schwerpunkte sind befreiende Sozialarbeit, Armut, gemeinwesenorientierte Methoden und kulturelle Grundlagen sozialer Arbeit.

➢ In der so genannten *Freiburger Straßenschule*[476] wird nach der „von dem brasilianischen Pädagogen und Philosophen Paulo Freire übernommene[n] Denkweise" (von Dücker o. J., 1) gearbeitet. Durch das Bewusstwerden der eigenen, oft von Armut gekennzeichneten Lebenssituation sollen Wege gefunden werden, mit dieser als handelndes und gestaltendes Subjekt umzugehen. Die Straße als Lebensraum der Kinder und Jugendlichen sowie jungen Erwachsenen wird so zum Ausgangs- und Analysepunkt der (sozialen) Arbeit.

➢ Es bleibt abzuwarten, inwiefern das *Comenius-Institut*, welches im Jahr 2007 und 2008 drei neue Freire-Bände in deutscher Sprache publiziert hat,[477] sich weiterhin mit Paulo Freire beschäftigen wird, beziehungsweise die Beschäftigung mit ihm durch Veröffentlichungen und/oder Veranstaltungen fördern wird.[478]

➢ Das *Paulo Freire Institut* in Berlin verwirklicht(e) unterschiedliche praktische Projekte, die allesamt stark von Freire beeinflusst sind.[479] Dazu gehören: 1) internationale Kongresse und Projekte zum Thema Friedenserziehung,[480] 2) Konferenzen zu einer „Pädagogik der Erinnerung", die biografische Erfahrungen mit Unterdrückung thematisiert, um mit dem freireschen Konzept der *Kultur des Schweigens* zu arbeiten, 3) mehrwöchige bis einjährige unterschiedliche Lehrerfortbildungskurse mit Lehrerinnen aus unterschiedlichen lateinamerikanischen Ländern (beispielsweise Chile, Guatemala, Honduras und Peru) in Zusammenarbeit mit der *Internationalen Weiterbildung und Entwicklung gGmbH* (InWent).[481] Diese Kurse finden zu Teilen

---

476 Vgl. http://www.freiburgerstrassenschule.de/. Zum Zeitpunkt der Erstellung dieser Arbeit (Zugriff 18.09.2008) war diese Seite noch im Aufbau, so dass nur wenige Informationen von ihr abrufbar waren. Vgl. auch die Seite der Freiburger Straßenzeitung http://www.frei-e-buerger.de/strassenkids.php (Zugriff 18.09.2008), die sich auf die Straßenschule bezieht und auf der ein Interview mit dem Begründer der Straßenschule, Uwe von Dücker, wiedergegeben ist. In einem persönlichen Gespräch mit von Dücker ist es mir leider nicht gelungen, die Details der Arbeit der Straßenschule zu erfassen. Mein Gesprächspartner wies mich darauf hin, dass eine in erster Linie theoretische Arbeit wie die vorliegende ihren Wert nur aus einer praktischen Relevanz in Form der Verbesserung der Lebensbedingungen von marginalisierten Bevölkerungsgruppen ziehen könne. Der Schwerpunkt des Gespräches verlagerte sich so eher in Richtung, wo diese Relevanz aus der Sicht von von Dücker liegen könne und welche Literatur möglicherweise von mir dafür noch gelesen werden solle (vgl. Gespräch mit von Dücker 09.09.2008, Archiv Funke).

477 Paulo Freire. *Unterdrückung und Befreiung* (Bd.1), Paulo Freire. *Bildung und Hoffnung* (Bd.2), 2007 und *Pädagogik der Autonomie* (Bd. 3), 2008 sind in Münster beim Waxmann Verlag erschienen.

478 Einer der Herausgeber der drei Bände, Oesselmann (vgl. Gespräch 08.05.2008, Archiv Funke) berichtete, dass die Bände 1 und 2 sehr schnell verkauft worden seien und dass das Herausgeberteam zahlreiche E-Mails, insbesondere von Hochschuldozenten erhalten habe, die es begrüßten, dass diese Texte nun in deutscher Sprache verfügbar seien. Viele von ihnen hätten selbst Erfahrungen durch Aufenthalte in den Ländern des Südens gemacht, die sie nun in diesen Texten in Teilen widergespiegelt sähen.

479 Zu den folgenden Ausführungen vgl. Schimpf-Herken (2000a, 318 f.) und INA-Journal Heft 2, 2006/2007 sowie *Paulo Freire Gesellschaft* (2001): Zeitschrift für befreiende Pädagogik Nr. 27/28, April 2001: *Lehrerfortbildung im gegenseitigen Austausch* und Schimpf-Herken (2000b, 343 ff.).

480 Vgl. hierzu Schimpf-Herken (2001, 77f.), die ein Projekt mit dem Titel *Frauengedächtnis* beschreibt. Frauen aus acht Ländern Mittel- und Osteuropas nähmen an einem Seminar teil, in dessen Rahmen sie „durch eine Annäherung an ihre Biografien über Zeitgeschichte nachdenken." (Ebd.) Erfahrungen eines Lebens vor dem Krieg, während des Krieges und nach dem Krieg würden reflektiert: „Es ist ein Ziel des Projektes den Frauenalltag im Freire'schen Sinne zu ,dekodifizieren', um ihn hernach im Lichte aktueller Entwicklungen erneut zu kodifizieren." (Ebd.)

481 Zu der Lehrerfortbildung im Auftrag des chilenischen Erziehungsministeriums vgl. Schimpf-Herken/Jung (2003). Vgl. beispielsweise auch http://www.inwent.org/imperia/md/content/a-internet2008/portaliz/frieden/flyer_edupaz_2007-2010.pdf; http://www.inwent.org/imperia/md/content/a-internet2008/portaliz/sozialeentwicklung/procalidad_exptransferencia_versi__n_web.pdf; http://www.inwent.org/imperia/md/content/a-internet2008/portaliz/frieden/handbuch_theaterp__

im Auftrag des chilenischen Erziehungsministeriums statt und beinhalten Aufenthalte und Weiterbildungseinheiten in den jeweiligen lateinamerikanischen Ländern sowie in Berlin.[482] Schimpf-Herken (2001, 79) resümiert dazu: „Das große Engagement und den Erkenntnisgewinn (…) führen wir auf den konstruktivistischen Ansatz
dieser Projekte zurück, die nicht belehren, sondern Angebote zur Auseinandersetzung mit dem ‚Anderen' machen, um hierdurch Strukturen der eigenen Wirklichkeit
zu erkennen und sie tendenziell zu verändern."[483] 4) In Berlin selbst begleitet das
Paulo Freire Institut das „Kreuzberger Bildungsforum", das in regelmäßigen Abständen Vorträge und Diskussionsabende veranstaltet, ein Lesepatenprojekt an Berliner Schulen[484] und eine Zusammenarbeit mit einem „Mehrgenerationenhaus" ist in
Planung (vgl. Auskunft von Schimpf-Herken 02.08.2008, Archiv Funke).

➤ Es gibt jedoch auch Hinweise darauf, dass sich die Freire-Arbeit in Deutschland
   weiter fragmentiert. Die *Paulo Freire Gesellschaft e.V.* hat sich im Jahr 2008 von ihrer Vereinsstruktur getrennt, da keine Projekte und Veranstaltungen mehr durchgeführt wurden, für die diese nützlich und notwendig wäre. Zuletzt hatte die PFG noch
   vierzig Mitglieder. Der Verein hatte sich von einer Ermöglichungsplattform zu einer
   Belastung entwickelt. Obwohl die PFG einräumt, dass an einzelnen Orten in
   Deutschland nach wie vor Freire-Aktivitäten stattfänden, wie beispielsweise in Berlin oder theaterpädagogische Arbeit nach Boal in München und Köln – auch gebe es
   weiterhin Aktivitäten in Belgien – sei der Austausch wenig fruchtbar geworden,
   sondern es gehe die Tendenz dahin, dass die Personen und Institutionen eher ihre
   „eigene Sache" machten. Die Freire-Arbeit solle deswegen über den *Zusammenschluss bayrischer Bildungsinitiativen* (zbb) weiterlaufen (vgl. E-Mails von Letsch
   und Schulze, 27.02. und 02.03.2008 sowie Auskunft Letsch 20.10.2007, Archiv
   Funke).

Einige Personen, die in den 1970er Jahren mit Paulo Freires Ideen in Berührung gekommen sind, scheinen sich heute nicht mehr aktiv auf ihn zu beziehen, aber doch in ihrer
grundsätzlichen Denkweise von den Ideen Freires geprägt zu sein, wie z. B. Große-
Oetringhaus, der sich mit dem Thema Kinder und Kinderrechte beschäftigt (vgl. Große-
Oetringhaus 2001, 97 ff.) und Renate Zwicker-Pelzer, die sich vor allem auf Bereich Systemische Beratung, Beratung in Pflege, Betreuung und sozialen Diensten konzentriert,
aber auch zu Freire aus feministisch orientierter Perspektive Stellung bezieht, denn „über
eine lange Zeit hinweg war die Frau nicht Subjekt ihrer Geschichte" (Zwicker-Pelzer
2001, 211, vgl. auch Zwicker-Pelzer 2001, 209 ff.). Sie beklagt, dass Freire sich nicht ausreichend mit dem Thema der Unterdrückung der Frau und dem Thema Geschlechterver-
hältnis beschäftigt habe.[485] Dabei stellt sie klar, dass das „Patriarchat nicht als das Gegenteil einer weiblichen Welt betrachtet werden darf. Das Patriarchat ist in uns selbst – in
Männern wie in Frauen – und mehr Weiblichkeit ist kein Synonym für eine Welt, die von

---

dagogik_im_rahmen_des_edupaz-programms.pdf und http://www.inwent.org/imperia/md/content/a-
internet2008/portaliz/sozialeentwicklung/procalidad.pdf (Zugriff 18.09.2008).

482 Innerhalb dieser Kurse geht es auch um „Erinnerungspädagogik" und es werden Erfahrungen mit und
     Parallelen zwischen den Diktaturen in Chile und in Deutschland erarbeitet.

483 Eine Explizierung ihres Verständnisses von Konstruktivismus liefert die Autorin an dieser Stelle nicht.
     Es ist dennoch bemerkenswert, dass sie diesen Verweis macht; jedoch gibt es innerhalb der Literatur
     zu Freire, auch nicht von der gleichen Autorin meinen Recherchen zufolge, kaum weitere Anschlüsse
     an den Konstruktivismus.

484 Vgl. dazu beispielhaft http://www.alfred-brehm-schule.cidsnet.de/leseprojekt.html, Zugriff 18.09.2008.

485 Vgl. hierzu auch Rothermel (2003, 90f.), der auf die Publikation von Hagleitner (1996) hinweist.

Frauen dominiert wird. Mehr Weiblichkeit, als eine Vision für beide Geschlechter, kann bedeuten, eine Brücke für eine neue Menschheit zu bauen." (Zwicker-Pelzer 2001, 212) Zwicker-Pelzer betont darüberhinaus „die Bedeutung der Wichtigkeit der Konzepte und Vorstellungen Paulo Freires im Bereich der Erziehung, auch wenn sein Name nicht immer explizit erwähnt wird" (Zwicker-Pelzer 2001, 210 f.) und weist in der Folge auf Parallelen zur Kommunikationstheorie von Paul Watzlawick, zu den Lernstufen Gregory Batesons, der die Menschen als Subjekte des Lernens begreift, auf das Prinzip des Empowerment (im Gegensatz zur Domestizierung) und auf ganzheitliche und humanistische Ansätze in der Therapie und Beratung wie V. Satir, F. Pearls und C. Rogers hin.

5.5 Zusammenfassung und Schlussfolgerungen

„Es gibt eigentlich keine aktuelle Freire Debatte in Deutschland. Jeder schreibt so vor sich hin." (E-Mail Gerhardt 03.07.2008, Archiv Funke)

„Jedoch, im Deutschland von heute, ist sowohl das Interesse an als auch das Wissen über die Volkserziehung in Lateinamerika auf bestimmte Gruppen beschränkt." (Schroeder 2001, 134)

„One could even go so far as to say that liberatory education is one of the few educational concepts from the southern hemisphere which have been adopted by educators in the North." (Gerhardt 2006, 5)

Festhalten lässt sich insgesamt, dass die aktuelle Wirkung Freires in der Theorie und Praxis im deutschsprachigen Raum bis auf einige Ausnahmen längst a) nicht so umfangreich und verbreitet, b) nicht so vielschichtig auf unterschiedliche Handlungsfelder bezogen, c) nicht so systematisch, konsequent und koordiniert und d) mit weniger konkretem Ziel praktiziert wird, als ich es in Brasilien vorgefunden habe.

Freire löste in den 1970er Jahren eine Welle von Resonanz aus, die sich vor allem in verschiedenen sozialen Praxen und Handlungsfeldern der Pädagogik abbildete und Menschen unterschiedlicher Profession, aber ähnlicher Gesinnung und Ziele zusammenführte. Aufgrund unterschiedlicher Meinungen darüber, wie das Denken Freires in die Praxis umgesetzt und weitergedacht werden müsse, trennten sich deren Wege jedoch häufig auch wieder. Auch an einigen Hochschulen wurde vor allem in den 1970er Jahren das Denken Freires rezipiert und weitergedacht. Insgesamt gab es in Deutschland jedoch mehr Aktivisten als Intellektuelle, die sich mit Freire beschäftigen. Freire hat nicht zuletzt auch aufgrund seiner persönlichen Ausstrahlung großen Anklang in Deutschland gefunden. Treml (1987) hält es für wichtig, „auf das persönliche Charisma hin[zu]weisen, das Freire ausstrahlt. Daß Freire 75 Tage in Brasilien im Gefängnis saß und 14 Jahre ins Exil mußte, macht es schwer, zwischen der persönlichen Achtung vor dem guten Menschen aus Recife einerseits und der sachlichen Kritik an der von ihm vertretenen Theorie zu unterscheiden." (Ebd. 5) Der Reiz und die Anziehungskraft Paulo Freires und seiner Ideen lag und liegt (ähnlich wie in Brasilien) in Deutschland weniger in den Thesen eines zu diskutierenden und weiterentwickelnden pädagogischen Konzeptes, sondern in der Verheißung eines gefühlten und angestrebten gemeinschaftlichen Weges zum Wandel der Welt – inklusive der eigenen *Befreiung* und, wenn nötig, auch Orientierung und Gewissensberuhigung.[486]

Die Wirkung der Ideen Freires ebbte nach und nach bis zum aktuellen Zeitpunkt jedoch immer mehr ab. Es gibt aktuell nur wenig Vernetzung untereinander, obwohl die Strukturen in Form der *Paulo Freire Gesellschaft* und der *Paulo Freire Kooperation* vorhanden wären. Die Aktivitäten dieser Strukturen selbst sind ebenfalls begrenzt und können teilweise ihrem eigenen Anspruch nicht gerecht werden: Die Anzahl der aktiven Freireaner schrumpft zusammen, so dass der interne Dialog verkümmert oder durch konkurrierende Strukturen erschwert wird, aber auch der Dialog mit anderen (beispielsweise auch englischsprachigen) Praktikern und Theoretikerinnen findet so gut wie nicht statt. Möglicherweise fehlt es den Freireanern heute auch an einer Mission und an einem Ziel, sicher aber fehlt es vielen an materiellen und zeitlichen Ressourcen für eine von Freire inspirierte Praxis.[487] Paulo Freire hat heute am ehesten in den Bereichen Bedeutung, in denen er auch vor allem in den 1970er Jahren rezipiert wurde, nämlich in Bürgerinitiativen, in der Gemeinwesenarbeit, in einigen Bereichen der sozialen Arbeit und in kirchlichen Kreisen. Hier stellt er eher einen Bezugspunkt dar, der der Arbeit einen Hintergrund bietet, als einen praktischen und theoretischen Ansatz, der in die eigene Praxis überführt wird. Ausnahmen stellen hier vor allem Aktivitäten von Einzelpersonen, Initiativen und Gruppen dar, die nach wie vor von Freire inspiriert in der Praxis arbeiten. Diese finden hauptsächlich im Bereich der neben von Freire auch von Augusto Boal inspirierten theaterpädagogischen Arbeit statt, in einzelnen Fort- und Weiterbildungsseminaren für Lehrerinnen, Sozialarbeiter und verwandten Berufsgruppen oder in vereinzelten Veranstaltungen an Universitäten. Eine Beschäftigung mit Paulo Freire in Deutschland wird auch ein Teil eines gelebten Luxus – wer kann es sich leisten, sich mit Freire zu beschäftigen und sich für die *Unterdrückten* einzusetzen?

Der implizite Einfluss Freires auf pädagogische Theorie und Praxis, aber auch auf Politik staatlicher und nicht-staatlicher Organisationen darf, trotz der genannten Schwierigkeiten diesen Einfluss explizit zu machen, nicht unterschätzt werden. Auch für den internationalen Kontext gilt Ähnliches: Viele Autoren und Denker „put forward arguments very close to Freirean thinking, so that it is hard to understand this dismissal and/or lack of

---

486 Zu möglichen weiteren Gründen der Wirkung Freires gibt Treml (1987) eine aufschlussreiche Analyse, indem er beschreibt, dass „die Bedeutung Freires zum großen Teil auch in der Bedürfnisstruktur seiner Rezipienten begründet sein dürfte und nicht nur in seinem Werk selbst." Er nennt dafür eine Reihe plausibler Gründe (vgl. ebd., 3 ff.): a) Freire als einer „der Geschichte macht" stehe im positiven Gegensatz zu den täglichen Ohnmachtserfahrungen von Pädagogen. b) Mit seinem normativen Anspruch ordne Freire denjenigen, der sich auf ihn bezieht, der „richtigen Seite" (ebd., 3) zu – und wer will dort nicht stehen? c) Auf der einen Seite überwinde Freire die Verstörung dichotomer Welterfahrungen, indem er Einheiten konstruiere: Einheit von Theorie und Praxis, von Politik und Pädagogik, von Revolution und Liebe und von Lehrer und Schüler und dergleichen mehr. d) Gleichzeitig aber konstruiere er ebenso Orientierung versprechende neue Dichotomien: *Unterdrücker* und *Unterdrückte* stünden sich gegenüber – also nur wer auf der Seite der *Unterdrückten* steht, könne an der Verheißung der Einheit teilhaben. Genauso sei mit Freire Erziehung entweder progressiv oder reaktionär (aber niemals neutral).

487 Plausibel ist auch, dass sie lange Zeit bei Freire etwas suchten, was er nicht zur Verfügung gestellt hat, nämlich ein differenziertes Handlungs- und Analysesystem pädagogischer Situationen sowie ein politisches Handlungskonzept – eine Tatsache, die mit dazu führte, dass Unstimmigkeiten darüber entstanden, wie Freires Ideen umgesetzt werden sollten. Es ist interessant, dass sowohl in Lateinamerika als auch im englischsprachigen Diskurs unverkrampfter mit den Ideen Freires umgegangen wird als in Deutschland: „The metaphor of liberation in this educational approach is much more common and less controversial in Latin America (...) and the English-speaking world (...) than it is in educational circles in Germany." (Gerhardt 2006, 2)

interest in an writer who unquestionably influenced the educational thinking of the 20th century through his life and works." (Nuñez Hurtado 2007, 53)

Die Mehrzahl der Veröffentlichungen zu Freire weist nur wenig theoretische Tiefe auf. Diese Tatsache lässt sich möglicherweise auch durch das folgende Zitat erklären: „Es wurde relativ *unbefangen* mit den Anregungen Freires umgegangen. Wichtig war es, das Grundkonzept von Freire zu verstehen und zu schauen, wie damit die eigenen neuen Ansätze in den Gruppen und selbstorganisierten Projekten besser umgesetzt werden konnten." (Schulze 1991, 129) Weiter beschreibt Schulze, dass Paulo Freire für die Weiterentwicklung der kirchlichen Arbeit interessant gewesen sei, da er, beim Weltkirchenrat tätig und offensichtlich ein Christ, nicht so schnell als Marxist abgetan werden konnte wie andere Linksintellektuelle dieser Zeit.

> „Zum anderen fanden die Ideen Freires größere Akzeptanz bei den engagierten MitarbeiterInnen als das, was als *Reformen* von oben zur Diskussion gestellt wurde. Bei diesen Treffen war es nicht selten so, dass die konservativen MitarbeiterInnen die bekannten zwei Bücher Freires gelesen hatten und wie die Bibelzitatleute all die Stellen angegeb hatten (…), die auf den *kommunistischen* und *manipulativen* Freire hinweisen sollten. Die sich zum fortschrittlichen Bereich zählenden MitarbeiterInnen hatten eher einführende Artikel beziehungsweise Kurzfassungen der Konzeption Freires gelesen und die inhaltliche Auseinandersetzung mit den KollegInnen lieber uns [die Mitglieder des *Arbeitskreises Pädagogik Paulo Freire*, K.F.] führen lassen." (Ebd., 130, Hervorhebungen im Original)[488]

Es ist überaus bemerkenswert, dass offensichtlich diejenigen, die mit den Ideen Freires sympathisierten, ihn weniger gründlich und kritisch rezipierten und analysierten als diejenigen, die seine Ideen ablehnten und zu widerlegen suchten. Diese Tatsache scheint neben anderen Faktoren bis heute maßgeblich für die Schwäche der theoretischen Diskussion zu Paulo Freires Ansatz im deutschsprachigen Raum verantwortlich zu sein. Ein weiteres mögliches Motiv dafür erläutert Schulze, indem er weiter ausführt, dass „[d]iejenigen, die zu einer Fortbildung zum *Freire-Ansatz* bewußt (…) gekommen waren, fühlten sich auch als Unterdrückte und erhofften, durch die Arbeit mit einer *befreienden Pädagogik* gegen die unterdrückerische, herzlose und patriarchalische Struktur der Kirche arbeiten zu können." (Ebd.) Es spielte also vor allem auch die eigene persönliche Situation eine Rolle; die Pädagoginnen wollten in allererster Linie sich selbst befreien. Dieses Bedürfnis nach *Befreiung* entstand aus einem *Gefühl der Unterdrückung* heraus. Es war zunächst einmal zweitrangig, welche Inhalte und pädagogisch-politischen Konzepte im Einzelnen den Ansatz von Paulo Freire ausmachten. Auf diese Art und Weise beschäftigte und beschäftigt sich die Freire-Community in vielerlei Hinsicht vor allem auch mit sich selbst – und weniger mit einem Diskurs, der, wenn auch selbstreflexiv, Vorschläge für eine veränderte, gesellschaftliche relevante Erziehung und Bildung machen möchte. An dieser Stelle schließt sich auch der Kreis zu den Überlegungen im Kapitel 1.3: Schon anhand der verhältnismäßig verbreiteten Überschätzung Freires philosophisch-theoretischer Leistung in der Literatur ließ sich vermuten, dass die inhaltlich tiefe Auseinandersetzung mit Freires

---

[488] In der Literatur sind widersprüchliche Meinungen zu dieser Frage zu finden. Peters (1991) beispielsweise beklagt den Mangel an Anwendungsversuchen der Pädagogik Freires in Deutschland zu Gunsten einer Vielzahl von „Forschungsbeiträgen." (Ebd. 222) Hier stellt sich jedoch die Frage, was unter solchen Beiträgen zu verstehen ist – zweifelsohne erschienen in den 1970er und 1980er Jahren eine Fülle von Aufsätzen vor allem zum Denken Paulo Freires; möglicherweise auch mehr als eine Betrachtung des Spektrums der direkten Praxis vermuten ließ. Diese Beiträge sind jedoch in der Mehrzahl eher eine Bekennung zu den Grundprinzipien Freires als eine tatsächlich tiefgehende wissenschaftliche Auseinandersetzung mit ihnen.

Ideen nicht in allen Kreisen selbstverständlich war. Zu diesem Faktor mag auch ein weiterer hinzukommen, den von Hentig (1971) zur Atmosphäre in Cuernavaca beschreibt: „Auch ‚Forschungsergebnisse' (…) machten den Jungen keinen Eindruck mehr: Wissenschaft ist ein Teil des korrupten Systems. Wer sich auf Methoden und Methodenkritik einläßt, ist verloren – der kommt nicht mehr zum Handeln." (Ebd. 20 f.) Oder, wie Rothermel (2003, 86) formuliert: „Es war die entschiedene Radikalität der freireschen Sicht- und Ausdrucksweise, die 1973 in der BRD deren breite Rezeption auslöste und die akademische Attitüde der sich in Theoriedebatten genügenden kritischen Pädagogik mit dem Aufweis der Implementationsfähigkeit emanzipatorischer Erziehungs- und Bildungstheorie konfrontierte."

Aus dieser Darstellung einiger ausgewählter Literatur zeigt sich, dass man eher von einer Ansammlung von Einzelwerken sprechen kann, die jeweils andere, zum Teil auch ähnliche Aspekte und Horizonte der Theorie und Praxis Paulo Freires beschreiben, als von einer Diskussion, die aneinander anschließt und Aspekte einer sich auf Freire beziehenden Pädagogik systematisch weiterentwickelt. Es gab vereinzelt zwar kritische Analysen der Theorie und Praxis Freires, diese jedoch haben in beiden Bereichen wenig Resonanz erzeugt, wurden kaum wieder aufgegriffen und auch von den jeweiligen Verfasserinnen selbst in der Regel nicht weiterentwickelt. Insgesamt lässt auch die Betrachtung der neueren Literatur den Schluss zu, dass es nach wie vor keine sich aufeinander beziehende Debatte zu Freire gibt. Neben einigen wenigen Aufsätzen, die mehr oder weniger den Duktus der bekennenden Literatur der vergangenen Jahre weiterführen (Dabisch), oder dem Versuch, Freire mitsamt all denjenigen, die ihn rezipier(t)en, als inkompetent von der erziehungswissenschaftlichen Bühne zu wischen (Stauffer), sind in den letzten Jahren am ehesten im Bereich der Debatte um das *Globale Lernen* und das *informelle Lernen* (vgl. Mattersburger Kreis für Entwicklungspolitik 2007 und Overwien 2000a, 2000b und 2003) ambitionierte Versuche zu finden, Freire neue Aktualität zu verleihen.

Dennoch hat Paulo Freire quantitativ gesehen, ein überaus großes Echo in der Literatur deutscher Sprache erzeugt, was belegt, dass er „den Nerv der Zeit" getroffen hatte.

6.   Zur Rezeption und Wirkung im Diskurs der *Critical Pedagogy*

„Der spezifische Beitrag des Pädagogen zur Geburt der neuen Gesellschaft bestand folglich in einer kritischen Pädagogik, die kritische Einstellungen auszubilden imstande war." (Freire 1982, 37)

„The main problem with both critical adult education and critical pedagogy is that there is little practice but a lot of theory – not to mention the fact that most of these authors rarely discuss, simply profess. Critical pedagogy and critical adult education therefore mainly constitute a discourse about the importance of ‚becoming critical' (…). It is a discourse which leaves practitioners frustrated". (Finger/Asún 2001, 79)

Eine Arbeit über Paulo Freire und dessen Rezeption würde eine wichtige Facette seiner Wirkung unbeachtet lassen, wenn sie nicht zumindest einen kurzen Einblick in den Einfluss, den Freire auf die (in erster Linie) nordamerikanische Debatte der *Critical Pedagogy* hat, gäbe.[489] Aber auch umgekehrt war Freire besonders in seinen späten Schriften deutlich von dieser Debatte und deren Vertretern, mit denen ihn teilweise eine Freundschaft verband und mit denen er eng zusammenarbeitete, beeinflusst. Die Hauptvertreterinnen der *Critical Pedagogy* sind, neben anderen, Henry A. Giroux, Peter McLaren, Stanley Aronowitz, bell hooks,[490] Peter Mayo, Colin Lankshear, Donaldo Macedo, Joe L. Kincheloe, Antonia Darder, Michael Apple, Carlos Alberto Torres, Shirley R. Steinberg und Ira Shor (vgl. beispielhaft Mayo 2004, 17 ff. und McLaren 2000, 148). Die Witwe Freires, Ana Maria Araújo Freire, führt diese Zusammenarbeit und Freundschaft heute weiter, was sich auch in der Gründung von *The Paulo and Nita Freire International Project for Critical Pedagogy* an der McGill Universität in Montreal, Kanada, zusammen mit Joe L. Kincheloe und Shirley R. Steinberg im Jahr 2008 zeigt.[491]

Natürlich hat Freire neben den in dieser Arbeit ausgewählten Kontexten – Brasilien und Deutschland – nicht nur in Nordamerika eine starke Rezeption erfahren. Jedoch ist die Interaktion mit der *Critical Pedagogy* für eine Erläuterung der Wirkungsgeschichte Freires unverzichtbar, da diese weitaus systematischer, umfassender, dauerhafter und facettenreicher war und ist als die Rezeption und Weiterentwicklung des Ansatzes Freires in anderen Ländern und Theorietraditionen. Beispielsweise hat Freire zu einigen Publikationen im Spektrum der *Critical Pedagogy* das Vorwort verfasst (vgl. beispielhaft Freire 1993). Auch hier führt seine Witwe Ana Maria Araújo Freire das Vermächtnis Freires fort (vgl.

---

489 Es wäre allerdings falsch zu behaupten, dass die Debatte der *Critical Pedagogy* ausschließlich von nordamerikanischen Wissenschaftlern geführt werde. Sie wird unter anderem auch von Forscherinnen aus und in Lateinamerika mitgestaltet und weiterentwickelt, wie zum Beispiel von Carlos Alberto Torres, der aus Argentinien stammt und an der Universität UCLA in Los Angeles lehrt, oder von dem Brasilianer César Augusto Rossatto, der an der Universität von El Paso in Texas lehrt. Ein Autor der *Critical Pedagogy,* welcher in Europa (Malta) tätig ist, ist Peter Mayo. Er beschreibt beispielsweise Ansätze freireanischer Praxis im europäischen Mittelmeerraum (vgl. Mayo 2004, 103 ff. und 125 ff.) Auch ist es selbstverständlich, dass die Vertreterinnen der *Critical Pedagogy* international vernetzt sind. Der Schwerpunkt der Diskussion liegt jedoch in Nordamerika und auch in der Mehrheit bei nordamerikanischen Vertretern.

490 Wie in Kapitel 1 dieser Arbeit angemerkt, ist der Name *bell hooks* ein Pseudonym für Gloria Watkins. Die Autorin schreibt bewusst das Pseudonym mit kleinen Buchstaben. Ich verwende in dieser Arbeit die Schreibweise der Autorin.

491 Vgl. http://freire.mcgill.ca/, Zugriff 06.01.2008.

Araújo Freire 2000). Für die Reihe *Critical Perspectives in Education Series*[492] fungierten Freire und Giroux gemeinsam als Herausgeber (vgl. beispielhaft Freire/Giroux 1987 und Giroux 1988 beziehungsweise Freire 1988). Auch weitere Arbeiten wurden von Freire und Vertretern der *Critical Pedagogy* gemeinsam verfasst und herausgegeben (vgl. beispielhaft Freire/Giroux et al. 1994 und Freire/Fraser/Macedo et al. 1997). Das Buch *Literacy* ist in der englischen Ausgabe ein Gemeinschaftswerk von Freire und Macedo und erschien ebenfalls in der Reihe *Critical Studies in Education Series* (vgl. Freire/Macedo 1987).[493] Ähnliches gilt für das Buch *The Politics of Liberation* (Freire 1985), das eine von Macedo ins Englische übersetzte Aufsatzsammlung Freires enthält, eine Einführung von Giroux und ein Gespräch zwischen Macedo und Freire. Donaldo Macedo und Stanley Aronowitz verfassten das Vorwort und die Einführung zur englischen Ausgabe von Freires *Pädagogik der Autonomie* (auf Englisch *Pedagogy of Freedom*; vgl. Macedo 2001 und Aronowitz 2001). Durch die breite Rezeption Freires innerhalb der *Critical Pedagogy* fand Freire wiederum auch zu einer umfassenderen internationalen Rezeption, da die Autorinnen der *Critical Pedagogy* ihrerseits an internationalen Kooperationen und Publikationen zum Themenkreis Paulo Freire beteiligt sind und waren (vgl. beispielhaft Richards/ Thomas/Nain 2001 beziehungsweise McLaren 2001). Es bestand also ein enger, freundschaftlicher Austausch und wechselseitige Zusammenarbeit zwischen Paulo Freire und einigen Autorinnen im Spektrum der *Critical Pedagogy*.

Wie das Zitat eingangs dieses Kapitels zeigt, verwendete Freire selbst bereits früh den Begriff „kritische Pädagogik", um seinen Ansatz zu benennen. Freire selbst ist unbestritten der Hauptbezugspunkt für das Ent- und Bestehen des Ansatzes der *Critical Pedagogy*.[494] Freire selbst schreibt:

> „Over the years, educators such as Henry Giroux, Peter McLaren, Ira Shor, Carlos Alberto Torres, Donaldo Macedo, and bell hooks, among others, have tried to reinvent my writings and research on literacy and pedagogy so that they may be applied to North American struggles for liberation in schools, the workplace, the home, and universities and colleges. In my view, this has been exceedingly productive work. A number of these authors have attempted to bring my work into conversation with European thinkers who represent what has become to be called ‚modernist' and ‚postmodernist' strains of thought." (Freire 1993, ix)

In diesem Sinne haben die Autorinnen der *Critical Pedagogy* den freireschen Ansatz weiterentwickelt und in Bereichen ergänzt, die Freire in seinen Arbeiten, wie in den vorangegangenen Kapiteln gezeigt wurde, zwar angerissen, aber wenig systematisiert und theoretisch ausdifferenziert hat.

Ich stelle im vorliegenden Kapitel knapp die Grundideen der *Critical Pedagogy* und deren Anknüpfungspunkte an das freiresche Denken und dessen Erweiterungen vor. Da die *Critical Pedagogy* inhaltlich heterogen ist und eher einen gemeinsamen Bezugsrahmen

---

492 Später nannte sich die Reihe *Critical Studies in Education Series* und schließlich *Critical Studies in Education and Culture Series*. Diese wurde nach Freires Tod von Henry A. Giroux allein weiter herausgegeben. Vgl. dazu beispielsweise Roberts (2000), dessen Arbeit in dieser Reihe erschienen ist, ebenso wie Freire (1985).

493 Auf Portugiesisch *A Importância do Ato de Ler*. Der Teil, der mit Donaldo Macedo verfasst wurde (ein Gespräch zwischen den beiden Autoren), wurde in der englischen Ausgabe ergänzt.

494 Torres/Morrow (2003) erläutern, dass die *Critical Pedagogy* ihre Wurzeln natürlich nicht ausschließlich in Freire hat, sondern besonders auch in der *Kritischen Theorie* der frühen *Frankfurter Schule*. Sie arbeiten darüber hinaus heraus, dass der Einfluss von Habermas auf die *Critical Pedagogy* verhältnismäßig gering ist, obwohl dieser sich mit Freire in wesentlichen Punkten ähnelt und überschneidet (vgl. Torres/Morrow 2003, 229 ff.).

unterschiedlicher Ansätze und theoretischen Schwerpunkte als einen abgeschlossenen und in sich homogenen Ansatz darstellt, ist es in dieser Arbeit nur möglich, überblicksartig und vereinfachend die Grundideen und Themen der *Critical Pedagogy* und deren Bezüge zu Paulo Freire anzureißen.[495] Darüber hinaus werde ich beispielhaft das Diskussionsspektrum aus feministischer Sicht innerhalb der *Critical Pedagogy* kurz zusammenfassen. Diese Auswahl erscheint mir aus dem Grunde gerechtfertigt, nicht nur da die feministische Rezeption Freires einer der Hauptaspekte in der *Critical Pedagogy* darstellt, sondern da diese Diskussion geeignet erscheint, um das freiresche Denken um Perspektiven zu erweitern, die von Freire selbst in seinen späten Arbeiten zwar erwähnt und auch von anderen Autoren der *Critical Pedgagoy* beispielsweise im Konzept des Multikulturalismus (das Antirassismus und Antisexismus mit beinhalten soll) mitgedacht, aber nicht explizit ausgeführt werden. Die feministische Kritik an Freire ist nicht zuletzt aus meiner Sicht eine Denkrichtung innerhalb der *Critical Pedagogy*, die mit die größte theoretische Tiefe aufweist.[496]

Die in der *Critical Pedagogy* vorgeschlagenen Perspektiven sind vor allem geprägt durch Fragestellungen des Postmodernismus und Poststrukturalismus im weiten Sinne, des Feminismus und der Gender Studies, des Antirassismus, Postkolonialismus, Multikulturalismus und der Cultural wie Queer Studies.[497] Fragen der Macht, Hegemonie und des Wissens, sozialer Gerechtigkeit und gesellschaftlicher Transformation im Sinne radikaler Demokratie werden in den Blick genommen (vgl. dazu beispielhaft McLaren/Leonard 1993b, 2 ff.). McLaren (2000, 162) beschreibt die Inhalte der von Freire inspirierten *Critical Pedagogy* wie folgt:

> „Freire's work has inarguably been the driving force behind North American efforts at developing critical pedagogy. Freirean-inspired critical pedagogies in North America have grown out of a number of theoretical developments such as Latin American philosophies of liberation (…); critical literacy (…); the sociology of knowledge (…); the Frankfurt school of critical theory (…); adult education (…); feminist theory (…); bilingual and bicultural education; and neo-Marxist cultural criticism (…). In more recent years it has been taken up by educators influenced by debates over postmodernism and post-structuralism (…); cultural studies (…); and multiculturalism (…)." (Vgl. dazu auch Giroux 1994, 141)

Auf diese Art und Weise reflektiert die *Critical Pedagogy* aus verschiedenen Perspektiven über Freire. Mit ihm versucht sie eine zeitgenössische Pädagogik zu entwickeln, die kritisch im engen Wortsinne sein will. Das heißt, eine Pädagogik, die die gesellschaftlichen

---

495 Zu einer differenzierten Einführung in den Ansatz der *Critical Pedagogy* und dessen Perspektiven vgl. beispielhaft Darder/Baltodano/Torres (2003) und Kincheloe (2004). In Ersterem ist ebenfalls ein Beitrag von Paulo Freire zu finden sowie ein Abdruck eines Gesprächs zwischen McLaren und Freire aus dem Band „Literacy". (Freire/Macedo 1987)

496 Nicht zuletzt spielt natürlich auch meine Verortung als Frau – neben anderen – bei dieser Auswahl eine Rolle. Insbesondere vor dem Hintergrund, dass nach wie vor die Rezeption Freires in der Theoriediskussion männlich dominiert ist, halte ich es für wichtig, die feministische Perspektive zumindest vorzustellen. Zum Aspekt einer vermeintlich „männlichen" oder „weiblichen" Perspektive auf ein Thema und der Schwierigkeit und Konstruiertheit dieses Gegensatzes vgl. jedoch beispielhaft Brady/Hernández (1993, 327 ff.) Sie weisen darauf hin, dass jede Person verschiedene Orte einnimmt und verschiedene Diskurse repräsentiert: „One occupies many subject positions; each of us is not just ‚one thing'. We speak from multiple places" (ebd., 330).

497 Zu Fragestellungen innerhalb des Diskurses des Multikulturalismus und dem Bezug zu und auf Freire vgl. McLaren (1997), Stokes (1997), McKinnon (1997), besonders auch Scapp (1997) sowie Esquivel et al. (2002).

Bedingungen und hegemonialen Beziehungen, in denen Erziehung und Bildung stattfindet, als für sie konstituierend mit bedenkt und diese in Frage stellt und verändern möchte:

> „Critical Pedagogy is way of thinking about, negotiating, and transforming the relationship among classroom teaching, the production of knowledge, the institutional structures of the school, and the social and material relations of the wider community, society and nation-state (…). (…) [I]t has sparked up to the present a wide range array of antisexist, antiracist, and antihomophobic, classroom-based curricula and policy initiatives." (McLaren 2000, 35)

Der Umgang mit Freire ist in der *Critical Pedagogy* unbefangener, offener und weniger streng als beispielsweise im deutschen Sprachraum – eine Herangehensweise, die vor allem auch die Grundannahmen zeitgenössischer postmoderner und poststrukturalistischer Philosophie nicht als per se konträr zum Denken Freires sieht, sondern vielmehr versucht, diese an das Denken Freires anzunähern.

Auch in Deutschland gibt es einen Diskurs der *Kritischen Pädagogik*, der sich ebenfalls, wie in Kapitel 5 beschrieben wurde, in einigen Punkten auf Freire bezieht beziehungsweise diesen rezipiert. Die Ähnlichkeiten und Bezüge zwischen der *Kritischen Pädagogik* und der *Critical Pedagogy* sind jedoch vergleichsweise rar. Während sich die *Critical Pedagogy* in vielen Bereichen an eine postmoderne und poststrukturalistische Debatte und Sichtweise anlehnt und anschließt (auch wenn sie diesen Ansätzen gegenüber eine teilweise kritische Position einnimmt), lehnt die *Kritische Pädagogik* diese Perspektive weitgehend ab. Die Neuauflage der *Kritischen Pädagogik* in Deutschland ist kulturpessimistisch und zeichnet vielmehr die (post-)moderne Welt als Schreckgespenst sozialer Pathologien und Bedrohungsszenarien sowie entfremdeter, unterworfener Subjekte, die dem „ständig drohenden Rückfall" einer „ontogenetischen Regression in vorrationale Stadien der Subjektentwicklung" (Bernhard 2003, 25) ausgeliefert sind. Einerseits die Überbewertung der ratio in der ihr zugrundeliegenden *Kritischen Theorie* der Frankfurter Schule kritisierend, erliegt sie dennoch andererseits der Verlockung, eben dieser ratio eine überaus große Bedeutung beizumessen, denn „eine noch unterentwickelte Rationalität" (Bernhard 2003c, 22) führe zu „Selbstgefährdung von Kindern" (ebd.). Die „nicht-intellektuellen Dimensionen des Mensch-Welt-Verhältnisses" (ebd., 21) werden zwar in ihrer Bedeutung erkannt, jedoch, so scheint es, ausschließlich in den Dienst der Ausbildung des Verstandes des Subjektes der „kritischen Bildung" (ebd., 22) gestellt. In dieser Sichtweise werden nicht nur die kreativen Potenziale dieser Dimensionen im Lehr-Lernprozess unterschätzt, sondern es besteht auch die Gefahr, dass eine so verstandene Erziehung und Bildung letztlich autoritäre Züge annehmen kann, da das Vertrauen in die Leistungs- und Schaffenskräfte der Lerner gering ist und als zu beeinflusst „von den Sozialpathologien (…), die von allen Individuen ohne jede Ausnahme Besitz ergriffen haben" (ebd. 23) gesehen werden. Indem der Diskurs zeitgenössischer postmoderner Philosophien starr als mit Freire unvereinbar konstruiert wird, tritt eine solche *Kritische Pädagogik* eher als eine vermeidende Kampfansage *gegen* etwas als *für* etwas in den Ring und opfert damit einen Teil ihrer potentiellen Wirkungskraft: „Eine postmodernistische Umdeutung von Freire, die unwillens ist, am Emanzipationsprojekt der Aufklärung festzuhalten, und unfähig ist, auf die widersprüchliche gesellschaftliche Struktur hinzuweisen und deren Überwindung voranzutreiben, kann nicht die Basis einer befreienden Pädagogik im Sinne Freires sein, der den Postmodernismus noch kurz vor seinem Tod als eine ‚fatalistische Ideologie' charakterisierte". (Rothermel 2003, 98) Der Autor ist hier freireanischer als Freire selbst, indem er a) diese Charakterisierung Freires nicht in Zweifel zu ziehen wagt und b) vergisst, dass Freire sich selbst als postmodern bezeichnet hat – wenn auch zugegebenermaßen im Sinne der Freire eigentümlichen Umdefinition des Begriffs. Die *Critical Pedagogy* zeigt sich hier weitaus offener und experimentierfreudiger in Bezug auf eine mögliche Vereinbarkeit von Freires Denken und postmodern geprägtem Denken.

Unterschiedliche Ansätze finden sich vor allem innerhalb der *Critical Pedagogy* auch in Bezug auf die angestrebte politische Ordnung. Während McLaren beispielsweise deutlich als Neomarxist einzuordnen ist und eine „socialist future" (McLaren 2000, 198) anstrebt, beschäftigen sich andere Autoren wie zum Beispiel Giroux eher mit dem Thema der Vertiefung von Demokratie, die nicht notwendigerweise auf den Sozialismus als politisches System festgelegt ist. Weitere Unterschiede gibt es in der Haltung gegenüber essentialistischen und universalistischen Sichtweisen. Während beispielsweise bell hooks einerseits darauf hinweist, dass „critiques of essentialism have usefully deconstructed the idea of a monolithic homogenous black identity and experience" (hooks 1994, 78) gibt sie andererseits zu bedenken, dass „a totalizing critique of ‚subjectivity, essence, identity‘ can seem very threatening to marginalized groups, for whom it has been an active gesture of political resistance to name one's identity as part of a struggle to challenge domination." (Ebd.)[498] McLaren versucht ähnlich auf der einen Seite, mit Freire eine anti-essentialistische Sichtweise zu begründen: „Long before postmodernists brought us their version of ‚identity politics‘, Freire understood that the subjectivities of the oppressed are to be considered heterogeneous and ideologically pertuse, and they cannot be represented extratextually, that is, outside of the discursive embeddedness (…)." (McLaren 2000, 158) Er betont vor allem, dass Minderheiten und Benachteiligte für sich selbst sprechen können sollten, und bekräftigt hier in erster Linie die Rolle der indigenen Völker: „The experiences of indigenous peoples must not be appropriated by Euro-American criticalists in an attempt to essentialize or prescriptively hold prisoner the meaning of subaltern alterity/difference." (McLaren 2000, 200) Dennoch aber formuliert er für die *Critical Pedagogy* einen deutlich universalistischen Anspruch, der auch eine essentialistische Sichtweise impliziert, da er auf der Annahme aufbaut, dass Gruppenidentitäten mehr oder weniger einheitlich und stabil definiert werden können und sollten, um in einem politischen Prozess miteinander in Kommunikation zu treten: „Critical theory, after all, depends upon certain universalizing referential systems (…). Revolutionary praxis must equally be insistent upon totalizing understandings — that is, upon understandings of the totality of social forces and relations, both in local and in global contexts (…)." (McLaren 2000, 201) Aus der Sicht Giroux' ist es notwendig, dass „the postmodernist/poststructuralist notion of the subject must be accepted and modified in order to extend rather than erase the possibility of creating the enabling conditions for human agency." (Giroux 1994, 151; vgl. dazu besonders auch Scapp, 1997) Die Positionen innerhalb der *Critical Pedagogy* bewegen sich also auf einem Kontinuum zwischen anti-essentialistischen und anti-universalistischen

---

498 Ähnliche Perspektiven erläutert Yildiz (2002). Im Rekurs auf den Ansatz von Seyla Benhabib stellt er für das Thema Identitätspolitik aufschlussreich dar, inwiefern die ausschließende Gegenüberstellung von Konstruktivismus (der das essentialistische Paradigma ablehnt) und Essentialismus für die Praxis wenig sinnvoll ist. Während die konstruktivistische Perspektive auf der Ebene der Beobachtung Identität zutreffenderweise als historisch und soziologisch kontingent zeigt, ist politisch gesehen eine essentialistische Sichtweise für die betreffenden kulturellen oder ethnischen Gruppen relevant, um eine Basis zu haben, auf der sie sich für ihre Rechte einsetzen können. Die von ihnen wahrgenommenen Unterschiede müssen sie somit als entscheidend und essentiell konstruieren. „Daher müssen – laut Benhabib – die soziologische Perspektive auf die ‚Konstruiertheit‘ von Identitäten und die Ansicht von Mitgliedern identitätspolitischer Bewegungen, dass ihre Identität für sie relevant sei, durch passende Forschungsparadigmen kombiniert werden" (Yildiz 2002, 42).

Perspektiven postmoderner Prägung und dem Anspruch politischen Handelns der vielfältigen Subjekte und Gruppen als eine freiresche *Einheit in der Vielfalt* im Hinblick auf eine
für alle gültige politische, ethische und menschliche Gesellschaft im Sinne der Werte der
Moderne, welche auch essentialistische und universalistische Annahmen implizieren.
Lankshear/McLaren (1993, 48) stellen dazu fest: „Right now it is not clear how far the
project of political postmodernism and poststructuralism is *distinct* from that of critical
modernity, or how far it should be understood as an extension of it."

Die Autorinnen der *Critical Pedagogy* üben jedoch auch (anders als bei einem Großteil der Arbeiten in deutscher Sprache) integrierende Kritik an Freire, die dennoch den
Wert des Einflusses Freires auf ihr Denken nicht schmälert. Vor allem nennen sie hier die
zu undeutliche Konkretisierung der Alternativen zu dem, was Freire kritisiert. Zudem habe
Freire nicht ausreichend über Rassismus und Sexismus reflektiert und seine eigene Position als weißer Mann christlicher Gesinnung nicht ausreichend in den Blick genommen
(vgl. beispielhaft McLaren 2000, 159 f. und 164 f.). Diese Kritiken ändern jedoch nichts
an der Tatsache, dass Freire insgesamt von den Autoren der *Critical Pedagogy* weitaus
stärker und umfassender unterstützt als kritisiert wird, denn „Freires weakness is also a
source of his strength and marks the durability of his thought." (Ebd., 164)

Dennoch versteht sich die *Critical Pedagogy* insgesamt als ein emanzipatorischer
Ansatz, der wie der Ansatz Freires eine positive Utopie eine veränderten Gesellschaft beinhaltet – und identifiziert sich damit im Sinne eines *kritischen postmodernen Denkens*
(vgl. Freire 1993, ix f. in Bezug auf Giroux) auch weiterhin mit den Zielen der Moderne.
Vor allem ist es Merkmal der *Critical Pedagogy*, dass sie insbesondere am politischen und
transformatorischen Anspruch des Denkens Freires festhält. Giroux (1994) geht davon
aus, dass Freires Arbeiten oftmals auf eine Art und Weise rezipiert und angewendet werden und wurden, das jedoch diesem veränderndem Anspruch nicht gerecht wird und wurde: „What has been increasingly lost in the North American and Western appropriation of
Freire's work is the profound and radical nature of its theory and practice as an anticoloni-
al and postcolonial discourse. (…) This suggests that Freire's work has been appropriated
in ways that denude it of some of its most important political insights." (Giroux 1994, 142;
vgl. dazu auch beispielhaft Brady 1994, 144 f.) Für Giroux ist diese Art des Umgangs mit
dem freireschen Ansatz letztlich wiederum Praxis und Diskurs kolonialer Herrschaft, den
es insbesondere aus nordamerikanischer Perspektive im Sinne postkolonialer Bemühungen zu überwinden gilt (vgl. ebd.).

Die Autoren innerhalb der *Critical Pedagogy* rezipieren Freire sehr breit und wohlwollend. Freire ist in vielerlei Hinsicht auch für die Autoren der *Critical Pedagogy* ein
Motivator und Impulsgeber, der Mut macht und Visionen nährt, für die zu kämpfen es sich
lohnt. Wie bereits bei der Untersuchung der Wirkungsgeschichte Freires in Deutschland
und Brasilien festgestellt wurde, hat auch hier Freire als *Person* mit einer bestimmten
Ausstrahlung und menschlichen Haltung gegenüber dem *Autor* Freire eine besondere Bedeutung. Der *Beziehung* zu Freire und dessen Visionen und Ideen kommt in diesem Zusammenhang ein vorrangiges Gewicht zu. Dies wird zum Beispiel im folgenden Zitat,
einem an Freire gerichteten Nachruf, deutlich:

> „[O]ur hearts somehow continue to embrace one another, rooted in the solidarity of our
> shared political dream for justice. (…) Dear friend and comrade, we have learned so much
> from you. For many of us, you will always remain ‚our father in the struggle … our political
> mentor.' It was you who awakened our consciousness of liberation. It was you who human-
> ized our political soul. Your words illuminated our steps, as we struggled to make our road

to the now. Your life quickened our senses and revitalized our teaching with a revolutionary sense of ethics, discipline, coherence, and dignity. We are blessed to have known the love of your presence. And in the spirit of love you embodied, many of us recommit ourselves daily to struggle more seriously for that authentic democratic socialism of our dreams. (…) In all that we do and say, we will carry your legacy of love and hope, confident that you remain in our hearts and minds forever." (Darder 2001, 156 f.)

Auch wenn diese Formulierung Darders sehr persönlich ist und andere Autorinnen möglicherweise einen anderen sprachlichen Duktus wählen würden, um die Beziehungen, die zwischen Autoren der *Critical Pedagogy* und Paulo Freire vorhanden waren oder sind, zu beschreiben, so stehen sie doch für eine zentrale Komponente der Bedeutung Freires für die Vertreter der *Critical Pedagogy* insgesamt. Auch McLaren beispielsweise schildert es ähnlich, indem er erklärt „Paulo Freire was a dear friend and a loving mentor." (McLaren 2000, xxi; vgl. dazu besonders auch hooks 1994, 56; Slater/Fain/Rossatto 2002, 5 und Mayo 2004, 3 f.)

Die *Critical Pedagogy* bezieht sich in zweierlei Hinsicht auf Freire: Auf der einen Seite betonen ihre Vertreter ganz besonders den politischen Anspruch Freires und versuchen aus seinen Arbeiten Schlüsse für eine politische Praxis zu ziehen, die sich insbesondere den oben genannten Fragestellungen kultureller Vielfalt, sozialer Gerechtigkeit und globaler Zusammenarbeit widmet. Auf der anderen Seite versuchen sie, diesen politischen Anspruch mit Freire in praktische pädagogische Settings rückzubinden und eine kritische Pädagogik im engen Sinn, die diesen in der pädagogischen Arbeit bedenkt und konsequent umsetzt, zu entwickeln. Dies gilt beispielsweise auch für den Bereich der *Critical Literacy*, der als Teildisziplin der *Critical Pedagogy* verstanden werden kann. Zur Erfüllung dieses Anspruchs formulieren Lankshear/McLaren (1993) „[s]ix important learning principles" (ebd., 43), die sie von Freire übernehmen. Diese lauten (vgl. Lankshear/McLaren 1993, 43 f. und auch McLaren 2000, 162 f.):

➢ Die Welt als Erkenntnisgegenstand soll durch die Lerner selbst erkundet werden. Ihre Lernaktivität gründet sich in ihren eigenen Erfahrungen und Interessen.
➢ Die historische und kulturelle Realität ist vom Menschen gestaltet und gestaltbar.
➢ Die Lerner sollen lernen, den Zusammenhang zwischen den eigenen Lebensbedingungen und der Gestaltung gesellschaftlicher Wirklichkeit insgesamt zu erkennen.
➢ Sie sollen sich der Neugestaltung von Wirklichkeit widmen. Diese Neugestaltung muss ein kollektives und soziales Unternehmen sein, in dem die Stimmen aller zur Geltung kommen.
➢ Durch den Erwerb der Schriftsprachkompetenz und „in the very act of understanding what it means to be a human subject" (Lankshear/McLaren 1993, 43) erfahren die Lerner, dass sie Macht haben. Auf der Basis der Arbeit mit generativen Themen werden Möglichkeiten transformierender Praxis erarbeitet.
➢ Die Lerner sollen die Mythen der dominierenden Kultur, die sie marginalisieren, als zu transzendierende erkennen.

Obwohl diese Aspekte sehr eng an Freire orientiert sind, weisen die Autoren darauf hin, dass die freiresche Perspektive eine moderne sei, die dem aufklärerischen Projekt zu nahe stehe und das abgeschlossene menschliche, handelnde Subjekt idealisiere (vgl. ebd., 47). Sie schlagen deswegen vor, dass die Handlung des Subjekts nicht als eine in sich abgeschlossene, eindeutig zielgerichtete Aktivität politischer Natur verstanden werden solle, sondern vielmehr als eine Handlung „to transform the codes, cultural forms, and social practices (and their anchoring institutions) through which identities and subjectivities are produced" (ebd., 48). Kritische Praxis dürfe deshalb auch nicht selbst wiederum kolonisierenden Logiken folgen, indem sie für andere entscheide, ob und in welcher Form sie marginalisiert seien und welche Wahrheit und politische Praxis sie gegen diese Marginalisierung entwickeln sollen. In diesem Sinne sieht sich die *Critical Pedagogy* ähnlichen Herausforderungen und schwierigen Punkten gegenüber, wie sie in den vorangegangenen Kapiteln für den Ansatz von Freire selbst herausgearbeitet wurden.

Auf diese Herausforderungen reagieren einige Autorinnen der *Critical Pedagogy* aus feministischer Perspektive. bell hooks (1994) beispielsweise kritisiert in ihrem biografisch orientierten sehr persönlichen Text an Freire dessen sexistischen Sprachgebrauch sowie die Tatsache, dass er ein „phallocentric paradigm of liberation" (ebd., 49) konstruiere, da er davon ausgehe, Befreiung und männliche Erfahrung seien dasselbe. Dennoch betont sie, dass diese Kritik dem Respekt, den sie dem Gesamtwerk Freires entgegenbringe, nicht schmälere. Vielmehr habe Freires Werk, als sie es kennenlernte, einen stärkeren Eindruck auf sie hinterlassen als feministische Literatur: „I felt myself included in *Pedagogy of the Oppressed* (…) in a way that I never felt myself – in my experience as a rural black person – included in the first feminist books I read". (Ebd. 51) Dies begründet sie damit, dass die feministische Literatur den Aspekt der „politics of race and class" (ebd., 52), der für sie als schwarze Frau ebenso determinierend für ihre Erfahrungen war, zu wenig berücksichtigt habe (vgl. dazu auch beispielhaft Brady/Hernández 1993, 330 f.). Die Arbeiten Freires hingegen hätten ihr das „right as a subject in resistance to define my reality." (hooks 1994, 53) gegeben.[499] Weiler (1994) hingegen legt eine systematischere Analyse des freireschen Ansatzes aus feministischer Perspektive vor. Sie kritisiert, dass das universelle freiresche Ziel der Befreiung problematisch sei, da es die spezifischen kontextuellen Rückgebundenheiten und Erfahrungen von Unterdrückung und Benachteiligung einzelner Individuen und Gruppen zu wenig berücksichtige (vgl. Weiler 1994, 13). Dies trifft zwar für die frühen Arbeiten Freires zu – und die Autorin bezieht sich nur auf das Buch *Pädagogik der Unterdrückten* –, jedoch in seinen späteren Arbeiten versucht Freire, sich für diese Problematik zu öffnen. Darüber hinaus jedoch formuliert die Autorin eine weitere Kritik, die auch für die späteren Arbeiten Freires Gültigkeit hat, nämlich die „question of difference. The challenges of women of color or postmodern feminist theory have led to a shattering of the unproblematic and unitary category ‚woman‘ as well as the assumption of the inevitable unity of ‚women‘. Instead, these theorists have increasingly emphasized the importance of recognizing difference as a central category of feminist pedagogy." (Ebd., 23; vgl. ebd., 30 ff.; vgl. dazu auch Brady/Hernández, 1993, 325 f.)[500] Freire hat in der Tat stets eine abgrenzende und stabile Definition von Identität präferiert und versucht, Vielfalt eher anhand der Trias „*Rasse*" – *Klasse* – *Geschlecht* zu konturieren, anstatt auf die Überdeterminierung, Prozesshaftigkeit und Widersprüchlichkeit von Identität selbst einzugehen (in der diese Trias wirksam werden kann, aber als miteinander interagierend, sich widersprechend oder ineinander übergehend erscheinen kann, bis hin zur Infragestellung dieser Ka-

---

499 hooks beschreibt, auch sie hätte sehr gerne einmal mit Freire ein *Gesprochenes Buch*, wie er es beispielsweise mit Myles Horton oder Ira Shor gemacht habe, publiziert (vgl. hooks 1994, 57 f.). Dies ist jedoch nicht zustande gekommen. Mayo (2004, 95 f.) kritisiert dies als ein Versäumnis Freires, sich ernsthaft mit einer feministischen Interpretation einer farbigen Frau seines Werkes auseinanderzusetzen.

500 Zur (post-)feministischen Sichtweise, die diese Gedanken weiterführt vgl. beispielhaft Butler (1991), ferner Salih/Butler (2004) und Sönser Breen/Blumenfeld (2005).

tegorien selbst), um den politischen Charakter seines Ansatzes nicht zu gefährden.[501] Darüber hinaus kritisiert Weiler, dass Freire, wie bereits in Kapitel 3 dieser Arbeit dargestellt wurde, auf diese Art und Weise auch die Position und historisch-soziale Verortung des Lehrers und dessen Implikationen für Machtbeziehungen, die im pädagogischen Setting wirksam werden, nicht ausreichend berücksichtigt. Auch die freiresche Forderung nach gleichberechtigter dialogischer Zusammenarbeit im Lehr-Lernprozess reflektiere nicht nur bestehende Machtpositionen im direkten institutionellen Zusammenhang zu wenig, sondern vernachlässige auch die Tatsache, dass Frauen zunächst einmal damit beschäftigt seien, überhaupt Autorität zu erlangen, sie hätten „the need (…) to *claim* authority in a society that denies it to them." (Weiler 1994, 24, vgl. auch ebd., 23 ff.) Insbesondere diese Kritik erscheint bedeutsam, denn nur diejenige, die bereits Autorität erlangt hat und im politischen Diskurs repräsentiert ist und gesellschaftliche Praxis und mitbestimmen kann, ist in der *Position*, gleichberechtigte, möglichst hierarchielose Beziehungen zu fordern – nicht nur weil sie dann überhaupt eine Chance darauf hat, gehört zu werden, sondern weil sie davon ausgehen kann, dass sie die Ausgestaltung dieser Beziehungen mitstrukturieren wird (ob persönlich aktiv oder im Mehrheitsdiskurs bewusst oder unbewusst mitgedacht), und damit ein relativ geringes Risiko eingeht, das Gewicht ihrer Position einzubüßen. Des Weiteren arbeitet Weiler heraus, dass Freire in seiner starken Betonung der Urteilskraft die Bedeutung der Gefühle zur Konstruktion von Wissen unterschätzt. Vor allem auch Gefühle seien eine Möglichkeit Hinweise darüber zu erhalten, wie „dominant regimes of truth" und „structures of power" (Weiler 1994, 29) auf die einzelnen Personen und Gruppen zurückwirke (vgl. ebd. 27 f.; vgl. dazu auch Boler 1999, 62. Zu den Kritiken Weilers insgesamt vgl. vor allem auch Freire 2001a, 257 ff.). Auch diese Kritik trifft, wie in Kapitel 2 und 3 dieser Arbeit ausgeführt wurde, einen wichtigen Punkt, der im Ungang mit dem Werk Freires bedacht werden sollte.[502]

Boler (1999) fügt diesen Kritikpunkten hinzu, dass vor allem auch die Betrachtung Freires als einen Helden ein männliches Konstrukt sei, das nicht nur den Blick von den Errungenschaften der sozialen Bewegungen selbst, sondern auch von den Verdiensten feministischer Pädagogik ablenke (vgl. ebd. 61 und 63 ff.). Sie schildert hier beispielhaft den Ansatz des „Consciousness raising" (ebd., 65), der in den 1970er und 1980er Jahren von neuseeländischen Feministinnen entwickelt worden ist (vgl. ebd., 65 ff.). Auf diese Art und Weise kritisiert die Autorin auch, aus meiner Sicht zu Recht, die *Critical Pedagogy*, da sie die feministische Perspektive nur bedingt mit einschließe: „Feminist pedagogies developed educational theories and practices in directions not explored in critical pedagogies." (Boler 1994, 67) Auch Mayo (2004, 18) weist darauf hin, dass in McLaren (1993), dem ersten Sammelband zum Thema Freire und *Critical Pedagogy* die feministische (und ethnische) Perspektive zu wenig berücksichtigt werde, denn „African American and women writers are hardly evident". Aus der Perspektive einer afrikanischen Frau schildert Stefanos (1997), Freire wie auch Fanon und Memmi hätten der *Unterdrückung* der Frau und ihrer Emanzipation zu wenig Aufmerksamkeit geschenkt. Zudem sei sie „frustrated by the inadequacies of Western economic development theories", da diese zum einen soziale Transformation in erster Linie auf der Basis wirtschaftlicher Entwicklung versuche zu erklären und zum anderen der Frau in diesem Zusammenhang lediglich eine periphere

---

501 Vgl. zu dieser Problematik beispielhaft Yildiz (2002).
502 Einen ähnlichen Standpunkt wie Weiler (1994) vertritt auch Brady (1994).

Stellung einräume.[503] Es ist aus meiner Sicht erstaunlich, dass Freire selbst, aber auch die Diskussion der *Critical Pedagogy* mit Bezug auf Freire, trotz ihres Anspruches, eine postkoloniale Perspektive zu vertreten, zeitgenössische postkoloniale Ansätze bisher nur wenig rezipiert hat beziehungsweise haben. Auch Freire hat den Rekurs auf die Dependenztheorie beziehungsweise Modernisierungstheorie in seinen späteren Arbeiten nicht durch andere Theorien, zum Beispiel zeitgenössische Kulturtheorien, ersetzt oder ergänzt. Obwohl Stefanos (1997) Freire dafür kritisiert, dass er *Unterdrückung* in erster Linie anhand der Kategorie *Klasse* definiert habe, kommt sie zu folgendem Schluss: „Freirian analysis of domination and liberation, his approach to a humanitarian and democratic society are compatible with and relevant to feminism." (Stefanos 1997, 269) Aus der Sicht von Brady/Hernández (1993, 332 f.) liegt diese Kompatibilität in der Betonung von „questions concerning gender [that, K.F.] foreground forms of oppression and possibility". Denn diese Fragen

> „provide the basis for widening our understanding of how subjectivities, identities, and a sense of worth get constructed within and between various discourses and social relations as they are fought out at the level of every day life. (…) Feminist literacies (…) reclaim the importance of linking the personal and the political as a legitimate foundation for how one speaks, what one says, and how one acts. Any attempt to change cultural, political, and social aspects of the dominant, patriarchal society will be seen as an attack on democracy. We are willing to risk this, however, because (…) feminist literacies as discourses which initiate multiplicity are fundamental to developing a broader notion of democratic struggle and social justice."

Freire selbst schließlich kommt im Gespräch mit Macedo zu dem Schluss, dass er den nordamerikanischen Feministinnen viel verdanke, da sie ihn auf Auslassungen in seinen Arbeiten hingewiesen hätten. Er begründet diese vor allem damit, dass er in den frühen Jahren seines Wirkens eine marxistische Perspektive eingenommen habe, welche mit der Kategorie der *Klasse* operiere. Er weist jedoch auch darauf hin, dass sein Buch *Pädagogik der Unterdrückten* vor dem Hintergrund des historischen Kontexts, in dem es entstand, verstanden werden müsse (vgl. Freire 2001a, 260 ff.). „Ich finde es absurd, ein Buch wie die *Pädagogik der Unterdrückten* zu lesen und es zu kritisieren, weil es nicht alle potentiellen Arten von Unterdrückung gleichermaßen behandelt." (Ebd., 263) Schließlich hätten sich die Feministinnen in den 1970er Jahren ihm gegenüber nicht kritisch geäußert, da sie sich selbst der Wichtigkeit dieser Frage noch nicht bewusst gewesen seien (vgl. Freire 2001a, 267). Jedoch hat Freire auch zum Ende seines Wirkens die feministische Perspektive und die Benachteiligungen anhand des Konstrukts *Gender* nicht ausreichend berücksichtigt. Dafür ist es nicht hinreichend, festzustellen, „Ich bin selbst sehr Frau" (Freire 2001a, 266, vgl. dazu auch Freire 1985, 186) um sich mit den Anliegen der Frauen zu solidarisieren (zu dieser Kritik vgl. vor allem auch Mayo 2004, 95 f.).

Die *Critical Pedagogy* selbst ist, wie Freire auch, jedoch auch Gegenstand von Kritiken. Diese Kritiken werden aus unterschiedlicher Perspektive geübt. Zum einen beanstan-

---

503   Hingegen lobt sie die Aktivitäten der PAIGC (*Partido Africano da Independência da Guiné e Cabo Verde*) und deren Unterstützung durch Paulo Freire in der breiten Bildungs- und Alphabetisierungskampagne nach der Unabhängigkeit Guinea-Bissaus von Portugal im Jahr 1974. Die Perspektiven, Lebenslagen und Bedürfnisse der Frau seien in der Kampagne berücksichtigt worden (vgl. Stefanos 1997, 247 ff.). Zu Vereinbarkeit von westlich orientierten Theorien der Unterdrückung und der Realität afrikanischer Frauen (der Kontext ist in diesem Fall Eritrea) vgl. auch Stefanos (1997, 253 ff.) Zum Thema *Critical Literacy* und Alphabetisierungsarbeit mit Frauen in Australien vgl. den Beitrag von Bee (1993).

den beispielsweise die Autoren Finger/Asún (2001), wie das Eingangszitat zu diesem Kapitel zeigt, dass die *Critical Pedagogy* den Fokus zu sehr auf eine angestrebte kritische Haltung lege, die jedoch zu wenig durch konkrete Praxis erläutert und fassbar gemacht werde. Zudem überwiege in der Regel das Bekennen zu dieser kritischen Haltung gegenüber einer Diskussion ihrer Prämissen, Inhalte und Konsequenzen. Diese Kritik ist insbesondere nachvollziehbar, wenn wir Teile der Arbeiten von Peter McLaren betrachten, in welchen er feststellt „ours is the epoch of hope and dreams" (McLaren 2000, 204) und ähnlich prophetisch im Sprachduktus ist wie Passagen aus Freires Arbeiten selbst. Obwohl McLaren einräumt, dass die *Critical Pedagogy* einen „marginal status" (McLaren 2000, 148; vgl. dazu auch Macedo 2001) innerhalb der erziehungswissenschaftlichen Theorie und Praxis einnehme (was an sich noch kein Kriterium für ihre Bedeutung oder ihre Sinnhaftigkeit ist), weist er auf Folgendes hin: „North America's leading Freirean educators (…) are credited with making path-breaking political interventions in numerous educational arenas" (McLaren 2000, 148). Die Gleichsetzung von „bahnbrechender politischer Intervention" mit erzieherischer oder bildnerischer Praxis und vor allem das Nicht-Vorhandensein einer detaillierten Beschreibung und Analyse dieser Interventionen für die interessierte Leserin lässt zumindest den Schluss zu, dass die Kritik von Finger/Asún nicht ganz unberechtigt ist. Eine weitere Kritik an der *Critical Pedagogy* ist der Vorwurf, dass sie unter dem Deckmantel von Befreiung, sozialer Gerechtigkeit und gesellschaftlicher Transformation letztlich doch nur die Diskurse zulasse, die sie selbst als antihegemonial deklariere und damit selbst wieder autoritär sei. Noch dazu vernachlässige die *Critical Pedagogy* in Bezug auf das formale Schulsystem die Vermittlung von Inhalten zugunsten von politischem Aktivismus, so dass Rochester in Bezug auf Arbeiten McLarens zu dem Schluss kommt: „School is treated almost like experimental theater, the theater of the absurd." (Rochester 2003, 82) Besonders Giroux und McLaren als die Hauptvertreter der *Critical Pedagogy* werden von Rochester scharf kritisiert (vgl. dazu beispielhaft Rochester, 2003). Es existieren ebenso auch dieser Perspektive entgegen gesetzte Kritiken, nämlich in der Hinsicht, dass die *Critical Pedagogy* nicht kritisch genug sei und sich enger an der Herangehensweise der *Kritischen Theorie* der *Frankfurter Schule* orientieren solle, indem sie sich auf ihre kritische Funktion konzentrieren solle. Die *Critical Pedagogy* solle auf die Konstruktion von und das Streben nach einer gesellschaftlichen Utopie verzichten, da dies sie zu direktiv und repressiv mache und sich so letztlich in den Dienst des gesellschaftlichen wie schulischen Systems begebe, das sie eigentlich in Frage stellen wolle, da sie nicht die Erziehungs- und Bildungsinstitutionen an sich ablehne, sondern diese lediglich umgestalten wolle (vgl. dazu Gur-Ze'ev 1998).

Die Breite des auf Freire bezogenen Diskurses innerhalb der *Critical Pedagogy* birgt jedoch viele Anregungen und Ideen, wie mit Freire heute umgegangen und wie sein Denken aktualisiert und angewendet werden könnte. In dieser Hinsicht stellt die *Critical Pedagogy* eine Vielfalt von Perspektiven zur Verfügung, die zum Beispiel auch für eine neue Rezeption von Freire im deutschsprachigen Kontext aufschlussreich sein kann.

7. Fazit und Ausblick: Paulo Freire neu erfinden

„Maybe the greatest contribution of Paulo Freire is having been able to communicate and connect with so many people (…) and to help them see that there is something called education and something called poverty and oppression and that there is a relationship between the two (…). Paulo, the great communicator, the great inspirer, helped millions of people discover and bring to the surface the best of themselves: their human, generous, compassionate side, the inner drive to become a volunteer, an inventor, a heroe [sic], a revolutionary. In a world where both wealth and poverty grow uncontrollably, where individualism annihilates common sense and the most basic human solidarity (…), Freire continued to speak (…) about hope, liberation and utopia". (Torres, R.-M. 1999, 249)

Auch wenn diese enthusiastische Beschreibung von Torres ein wenig überschwänglich und möglicherweise übertrieben klingt, berührt sie den Kern der früheren und heutigen Relevanz Freires. Freire fordert(e) die Menschen nicht nur durch seine Bücher und seine Praxis, sondern auch durch seine Persönlichkeit, Haltung und Ausstrahlung auf und heraus, sich zu engagieren, Partei zu ergreifen und sich selbst als Subjekte ihrer eigenen Geschichte zu verstehen – die auch die Geschichte der Anderen mit zu denken und zu berücksichtigen suchen, ohne dabei die Vorläufigkeit, Unabgeschlossenheit und letztlich Konstruiertheit dieses Denkens und Handelns (und des Subjektes dieses Denkens und Handelns selbst) aus dem Blick zu verlieren. Dass diese Aufforderung bis heute eine Wirkungskraft hat, beschreibt Freire selbst anhand der Relevanz seines Buches *Pädagogik der Unterdrückten*:

„Möglicherweise liegt einer der Gründe, die die Nachfrage nach dem Buch heute genauso stark sein lassen wie vor 22 Jahren darin, dass ich in ihm bestimmte Kritiken machte, die [von den Marxisten, K.F.] als idealistisch und bürgerlich angesehen wurden. Es ist (…) die Wichtigkeit des Bewusstseins, das dennoch nicht als willkürlicher Gestalter der Welt gesehen wird; es ist die grundlegende Wichtigkeit des Individuums, ohne ihm die Kraft zuzuschreiben, die es nicht hat; es ist in unserem individuellen und sozialen Leben das Gewicht (…) der Gefühle, der Leidenschaft, der Wünsche, der Angst, des Ratens, des Muts zu lieben und wütend zu sein. Es ist die vehemente Verteidigung von humanistischen Positionen, ohne in Schwärmerei abzurutschen." (Freire 2003, 179)

Vor allem die Betonung der Gefühle und nicht-rationalen Anteile menschlichen Lebens und Erlebens und die Forderung, sich dem Wagnis eines Definitionsversuchs, was dieses menschliche, humane Leben ausmachen kann und sollte, zu stellen, sind Hinweise Freires, die bis heute eine Wirkkraft ausstrahlen.

Fazit ziehend und gleichzeitig ausblickend schließe ich diese Arbeit mit sieben Thesen zur weiteren Überlegung. Die Thesen *(1)* bis *(5)* beziehen sich hierbei in erster Linie auf die im Verlaufe dieser Arbeit herausgearbeiteten Hauptpunkte und Erkenntnisse und bringen diese zugespitzt und zusammengefasst – und damit notwendigerweise auch verkürzt und gewollt provokativ – auf den Punkt. Sie enthalten rekonstruktive, Freires Ansatz erläuternde Ausführungen als auch konstruktive Überlegungen, die über Freire hinausweisen und zum Weiterdenken vor allem in der Theorie anregen. Die Thesen *(6)* und *(7)* gehen einen Schritt weiter und skizzieren Vorschläge für einen neuen und experimentierfreudigen praktischen Umgang mit Freire im politischen und pädagogischen Bereich, der dennoch an differenzierte theoretische Überlegungen rückgebunden sein sollte. Diese Vorschläge stelle ich als Anhaltspunkte vor, welche zu weiterer Forschung in Theorie und Praxis einladen sollen.

(1) Paulo Freire ist kein Heiliger, sondern ein Praktiker, der, ausgehend vom durch seine Kolonialgeschichte geprägten Kontext Brasilien, ein von europäischen Denkern beeinflusstes pädagogisch-politisches Konzept formuliert hat, das zu Recht soziale Ungleichheiten radikal zu benennen und verändern suchte.

In der Freire-Rezeption weltweit kann beobachtet werden, dass Freire tendenziell mit einem verklärten Blick betrachtet und teilweise als Mythos stilisiert wird. Anhand der Untersuchung seiner Biografie und ihrer Idealisierung zeigt sich, dass sich nicht selten Wirklichkeit und ihre Darstellung voneinander unterscheiden. Dies macht eine Kritik an Freires Ansatz nicht leicht, scheint es doch, als würde der Kritiker oder die Kritikerin damit auch Paulo Freire als Person in Frage stellen wollen. Freire als Person und Freire als Autor und Praktiker sind demnach nicht immer deutlich voneinander zu trennen. Freires Ansatz sollte jedoch auch kritisiert und angezweifelt werden (können), um mit Freire nicht als Mythos, dem entweder jegliche Aktualität abgesprochen wird, oder, der im Gegenzug in seiner Vollkommenheit als unerreichbares Vorbild konstruiert wird, umzugehen, sondern seinen Ansatz auf aktuelle Relevanz und Bedeutung neu zu untersuchen.

Freire hat unterschiedliche Lebensphasen durchlaufen und auch seine politische Orientierung änderte sich mit der Zeit. So wurde Freire keinesfalls als „Revolutionär" geboren, der immer schon auf Seiten der Armen kämpfte, sondern er lebte zunächst eine klassische Biografie der bürgerlichen Mittelschicht und radikalisierte sich erst im Verlaufe seines Lebens. Obwohl Freire sich dann deutlich dem Kampf um soziale Gerechtigkeit verschrieb, gehörte er stets selbst der Gruppe der Privilegierten an und lebte auch diese Privilegien. Diese Tatsache spricht zwar nicht dafür, dass wir Freire in seinen Anliegen weniger ernst nehmen sollten, wohl aber dafür, dass wir ihn, wie jeden anderen Autoren auch, möglichst differenziert und kritisch lesen und zu verstehen suchen sollten, ohne ihn als unfehlbaren und fehlerfreien *Befreier* aus Lateinamerika positiv zu stigmatisieren.

Zu dieser differenzierten Betrachtung gehört auch, Freires Ansatz vor dem Entstehungshorizont seiner Genese zu interpretieren. Zum einen bildet sich die historische und sozioökonomische Situation Brasiliens in Freires Arbeiten ab: Sie sind geprägt von einer Verurteilung von dehumanisierenden und kolonisierenden gesellschaftlichen Praktiken und der Forderung nach politischer wie persönlicher *Befreiung* von diesen Praktiken. Die katastrophalen sozialen Exklusionsprozesse in Brasilien veranlassten Freire, eine Pädagogik für soziale Gerechtigkeit und gesellschaftliche Partizipation zu formulieren. Dass diese, andere und ähnliche Exklusionsprozesse bis heute nicht nur in Brasilien, sondern weltweit (wenn auch nicht immer auf Anhieb eindeutig erkennbar) beobachtbar sind, bestätigt die Aktualität von Freires Ansatz. (Es bestätigt jedoch auch die Beschränkungen des freireschen Ansatzes, der diese Problematiken nicht allein und vollständig lösen konnte und kann.)

Zum anderen sind besonders die frühen Arbeiten Freires durchwirkt von modernen Philosophien, die im Lateinamerika der 1950er und 1960er Jahre zahlreich rezipiert wurden und das Denken der linken Intellektuellen insgesamt maßgeblich beeinflussten: Das sind in erster Linie der Marxismus, die Existenzphilosophie und das christlich gefärbte Ideal der Aufklärung beziehungsweise darüber hinaus, bei Freire, der christliche Glaube. (Nicht alle Intellektuellen jedoch gingen die etwas ungewöhnliche Kombination von marxistischem und christlichem Denken ein.) Diese Theorie- und Glaubenstraditionen durchdringen das Werk Freires, ohne dass Freire diese Einflüsse immer explizit macht. Umso wichtiger ist es für die Leserin, einerseits um diese Einflüsse zu wissen, um Freires Ausführungen folgen und einordnen zu können, aber auch um andererseits mit der gleichen Gelassenheit mit ihnen umzugehen, wie Freire es selbst tat: Ihm dienen diese Ansätze als Anregung und Inspiration für seine – in der Folge oft eklektischen – Überlegungen und nicht als Theoriekonstrukte, auf die es sich systematisch zu beziehen gilt. Wer in Freires Arbeiten eine stringente theoretische Begründung und wissenschaftliche Analyse sucht, der wird dies vergeblich tun und damit möglicherweise das übersehen, was Freires Arbeiten dennoch zu bieten haben: Freires Schriften wie seine praktischen Tätigkeiten sind nicht nur interessante Ereignisse in der Geschichte der Pädagogik im Allgemeinen und der Alphabetisierung im Speziellen, sondern sein Ansatz ist ein Vorschlag für eine politische Pädagogik, die nach wie vor ihren Beitrag zur Theorie und Praxis einer zeitgenössischen Erziehungswissenschaft leisten kann. Dieser Beitrag, der vor allem in seinen Implikationen für eine Bildung und Erziehung in und für soziale(r) Gerechtigkeit liegt (vgl. dazu die folgenden Thesen), wird jedoch in seiner Radikalität erst durch die biografische, historische und ideengeschichtliche Rückgebundenheit des freireschen Ansatzes verständlich und erkennbar.

(2) Paulo Freire hat ein Menschen- und Gesellschaftsbild sowie darauf aufbauend eine Pädagogik in Theorie und Praxis entwickelt, die in ihren Grundannahmen beachtenswerte Vorschläge für eine Erziehung und Bildung heute macht, welche jedoch auch problematische Aspekte aufweist, die einer Weiterentwicklung bedürfen.

Für Freire sind Wirklichkeit, Erkenntnis und Bewusstsein nicht abgeschlossen, sondern beobachterabhängig und vorläufig. *Alle* Menschen haben die Fähigkeit und das Recht, an der Schaffung dieser Erkenntnis und Wirklichkeit als politisches Projekt aktiv teilzunehmen. Freire legt hier besonderes Augenmerk auf die sozial und ökonomisch weniger privilegierten Gruppen. Es sind nicht die Wissenschaft oder bestimmte Gruppen von Personen, wie zum Beispiel politische Entscheidungsträger, Lehrerinnen oder andere, die die Wahrheit durch ein Wissensmonopol für sich beanspruchen können, sondern divergentes Wissen und divergierende Interessen treten in einem möglichst enthierarchisierten Prozess miteinander in Dialog. In diesem Sinne argumentieren auch Beck/Bonß/Lau (2001, 22), die die „Abwertung des alltäglichen wie beruflichen Erfahrungswissens" als Merkmal der, wie sie sie nennen, *Ersten Moderne*, kritisieren. Jedoch: Analysekriterien für Bedingungen dieses herrschaftsfreien Dialogs, die auch die Rolle des Erziehungs- und Bildungssystems im gesamtgesellschaftlichen Kontext betreffen, sind in Freires Ansatz nicht zu finden; hierfür müssen ergänzend andere Theorien und Disziplinen zu Rate gezogen werden. Im Kontext von Erziehung und Bildung werden für Freire Lerner wie Lehrer Subjekte eines demokratisch gestalteten Lehr-Lernprozesses, in dem Wissen gemeinsam konstruiert wird. Dem Dialog kommt bei Freire eine fundamentale Bedeutung zu, denn er ist Ausdruck der grundlegenden Fähigkeit und Möglichkeit der Menschen, miteinander zu kommunizieren. Er dient dazu, *allen eine Stimme zu geben.* Dem Postulat Freire nach gleichberechtigtem Dialog und gemeinsamer Konstruktion von Wissen, sei es im Kontext von Bildung und Erziehung, sei es im Kontext politischer Entscheidungsfindung und Gestaltung, ist der Respekt für Vielfalt und Aufmerksamkeit für vielfältige Unterdrückungs- oder Benachteiligungsszenarien immanent. Aus dieser Aufmerksamkeit entwächst bei Freire die Frage, wie verbindliche Handlungsregeln aufgestellt werden können – seien sie moralischer oder politischer Natur –, die praktikable und plausible Orientierungen und Grenzen für gesellschaftliches Handeln geben können, ohne dieses für einzelne oder Gruppen zu stark einzuschränken. Mit der Spannung zwischen Autorität und Freiheit, zwischen verbindlichen Regeln und der notwendigen individuellen und kommunitären Selbstbestimmung hat Freire ein Grundproblem unserer Zeit benannt – wenn auch nicht gelöst. Insbesondere Freires naturalistische Begründung einer universellen Ethik als gelebte Berufung des Menschen ist in diesem Zusammenhang nicht nur aus erkenntniskritischer Sicht zweifelhaft, sondern auch aus praktischer Sicht wenig hilfreich.

Analog zur Wertschätzung des Wissens aller sollten Erziehung und Bildung nach Freire an der Lebenswelt der Lerner ansetzen. Freire geht nicht nur davon aus, dass die Lernerinnen in Bezug auf diese Lebenswelt Erfahrungswissen mitbringen, das für den Lernprozess wertvoll sein kann, sondern auch, dass die Lerner leichter lernen, wenn sie direkte Anknüpfungspunkte haben, an denen sie neues und bereits vorhandenes Wissen miteinander verbinden können und dieses Wissen für sie eine persönliche Bedeutung hat.[504] Diese persönliche Bedeutung ist bei Freire auch definiert als ein persönliches Anliegen, als eine politische Stellungnahme. Das Persönliche ist bei Freire niemals nur persönlich, sondern immer auch politisch. Erziehung und Bildung sollten in diesem Sinne nach Freire dazu beitragen, dass die Lerner eine gegenüber ihrer Umwelt, ihrer Gegenwart und ihren Lebensbedingungen kritische und politische Haltung einnehmen (können). Das bedeutet, dass sie diese nicht als natürlich gegeben, sondern als historisch und kulturell gewachsen und konstruiert und damit gestaltbar erkennen (können). Freire unterscheidet in diesem Zusammenhang zwischen kritischem und nicht-kritischem Bewusstsein sowie zwischen kritischer und nicht-kritischer Erziehung. Diese Unterscheidung ist vereinfachend und nicht in der Lage, die vielfältigen Facetten des Lehr-Lernprozesses abzubilden, der mit Freires gesprochen mehr oder weniger kritisch sein kann und der nicht nur auf eine politische Funktion beschränkt werden sollte. Das heißt, nicht-kritisch kann nicht automatisch gleichgesetzt werden mit nicht-sinnvoll. In diesem Zusammenhang wird von Freire auch die Frage nach den Unterschieden politischer Bildung und politischer Beeinflussung, also nach dem *„Was ist in diesem oder jenem Kontext überhaupt als kritisch zu bezeichnen, und wer nimmt diese Bezeichnung vor?"* nicht zufriedenstellend thematisiert. Jedoch sollten wir anerkennend zur Kenntnis nehmen, dass Freire zu Recht die kritische Funktion von Erziehung und Bildung als Experimentier- und Lernfeld im gesellschaftlichen Gesamtkontext, das auch immer als dessen Korrektiv mitgedacht werden muss, in den Vordergrund rückt.

Neben dieser kritischen Verstandestätigkeit betont Freire jedoch auch die Rolle der Gefühle, der Phantasien und Visionen im Lehr-Lernprozess. Auch wenn er ihre Bedeutung nicht ausreichend differenziert und analysiert, ist Freire ein Befürworter einer Erziehung und Bildung, die Freude macht, die Gefühle zulässt, anspricht und wertschätzt und diese nicht als für das Lernen unerheblich oder störend ansieht. Der Stellenwert der kritischen Urteilskraft, kognitiver und sprachlicher Aspekte des Lernens wird dennoch insgesamt von Freire überschätzt. Dennoch sind es Freires Stärken, dass er den Stellenwert der kritischen Verstandestätigkeit auf der einen Seite *und* der Berücksichtigung der Gefühlsseite im Denken, Handeln und Lernen benennt.

---

504 Diese Annahmen sind heute allgemein bekannt und durch die Lernforschung vielfach belegt. Jedoch in den frühen 1960er Jahren, als Freire seine ersten Arbeiten schrieb, war dies nicht der Fall. Insofern ist es ein besonderes Verdienst Freires, diese Thesen formuliert und umgesetzt zu haben. Auch heute noch halte ich es jedoch für sinnvoll, auf diese Prinzipien des Lernens hinzuweisen, werden sie doch im formalen Bildungssystem bei weitem nicht überall und stringent in die Praxis überführt.

All diese Facetten des Lernens und Lehrens betrachtend, weist Freire zu Recht auf die Komplexität und Schwierigkeit der Tätigkeit von Lehrenden und Pädagogen hin und darauf, dass der Wert ihrer Arbeit häufig unterschätzt wird. Freire trägt jedoch in dieser Hinsicht nur wenig zur Entlastung der Lehrenden und Pädagogen bei, da er zwar Grundaxiome von Bildung und Erziehung formuliert, jedoch keine konkreten Beiträge zu einer freireschen Methodik und Didaktik zur Verfügung stellt. Freires pädagogischer Ansatz sollte deswegen durch ein umfassendes Angebot hinsichtlich Methodik und Didaktik erweitert werden.

(3) In Brasilien hat Freire aktuell eine große Resonanz in der politischen und pädagogischen Praxis gefunden, die sich in Projekten im Bereich der Umgestaltung des formalen Bildungssystems, in der Alphabetisierung und politischen Bildung sowie in Unterstützung für verschiedene soziale Bewegungen äußert und die ein deutliches Signal setzt im Hinblick darauf, auf welche Art und Weise Freire aktuell Relevanz haben kann.
Für Brasilien hat Freire eine besondere Bedeutung, da das Land stark von sozialer Exklusion und Mängeln im rechtsstaatlichen System beziehungsweise dessen Umsetzung geprägt ist. In Brasilien ist es verhältnismäßig leicht zu benennen, *wogegen* man sich mit Freire einsetzt. Freire fungiert als Motivator, Impulsgeber und Projektionsfläche für eine Bandbreite von Projekten und Institutionen, die sich auf unterschiedliche Art und Weise und aus verschiedenen Perspektiven mit sozialer Benachteiligung und Bildungsbenachteiligung befassen. Von der Demokratisierung und Öffnung der Schulen, über die *Educação Popular* als allgemein- und bewusstseinsbildende Arbeit und Alphabetisierungsprojekte bis hin zur Unterstützung und Solidarisierung mit der Landlosenbewegung, der Bewegung der brasilianischen *Negros*[505] und des Zusammenschlusses der Müllsammlerinnen hilft Freire, die eigene Arbeit und das Engagement der Einzelnen in einen Gesamtzusammenhang zu stellen und diesem eine deutliche politische Komponente zu verleihen. Wer sich auf Paulo Freire bezieht, dessen Haltung beziehungsweise politische Stellungnahme ist eindeutig. Dies gibt den Pädagoginnen, Aktivisten, Lehrern und Engagierten eine Orientierung und eine Richtung. Dementsprechend ist der Bezug auf Paulo Freire überall da zu finden, wo er gebraucht wird und Identität stiftet: Persönliche Haltung und politische Ziele aller, die im Namen Freires aktiv sind, werden als miteinander identisch angenommen. Freires Traum, Utopie und Hoffnung fällt also bei Teilen der brasilianischen Bevölkerung auf sehr fruchtbaren Boden. Freire wird hier Bestandteil der Verheißung einer besseren Welt und zunächst, das ist besonders wichtig, eines besseren Brasiliens. Dies impliziert, dass nicht die genaue Exegese des Werkes Freires und dessen Weiterführung im Zentrum des Interesses steht, sondern die praktische und pragmatische Umsetzung der Ideen und Ideale Freires. Die von Freire inspirierte Praxis wird zu einer Praxis der Anerkennung und Repräsentation, die eine Stärkung des Selbstbewusstseins und des Bewusstseins über die eigene Situation, Rechte, Fähigkeiten und Werte anregt und zum Ziel hat. Erziehung nach freirescher Definition wird hier zu einem gesellschaftspolitischen und bildungspolitischen Anliegen gelebter Demokratie in allen Lebensbereichen.

Auf diese Art und Weise haben die brasilianischen Freireaner die Schwächen Freires in weiten Teilen hinter sich gelassen. Sie interpretieren Freire pragmatisch und versuchen zahlreiche Umsetzungswege, ohne sich starr auf seine Schriften zu beziehen oder sich damit aufzuhalten, darüber nachzudenken und zu diskutieren was nun wirklich freirea-

---

505 Wie bereits im Verlauf dieser Arbeit erläutert, ist der Begriff *negro* derjenige, welcher von der farbigen Bevölkerung Brasiliens verwendet wird, um sich selbst zu bezeichnen.

nisch ist oder nicht.[506] Die zwangsläufig wenig fruchtbare Diskussion darüber, was der wirklich richtige Weg ist, Freires Ideen in die Praxis umzusetzen, wurde abgelöst durch eine soziale, pädagogische und politische Praxis, die mehrere Schwerpunkte hat: Eine Pädagogik der Anerkennung im Bereich der Lehrerfortbildung, eine praxisorientierte *Volks*bildung im Sinne der *conscientização* und eine Alphabetisierung und Grundbildung, in der die Aufklärung über die Bürgerrechte ein grundlegender Bestandteil ist, sowie die Solidarisierung mit zahlreichen sozialen Bewegungen. Diese Praxis wird nicht zuletzt dadurch maßgeblich unterstützt und in vielen Bereichen erst ermöglicht, dass sie umfangreiche nationale, bundesstaatliche, kommunale wie private finanzielle Förderung erfährt.

Um jedoch die Wirkung des Ansatzes Freires in Brasilien noch zu erhöhen, wäre es wünschenswert, dass er in der Wissenschaft stärker und systematischer rezipiert wird. Obwohl der Diskurs in der brasilianischen Erziehungswissenschaft sich offen für die Ideen Freires zeigt, werden diese in ihm nur marginal theoretisch weiterentwickelt. Auch eine Rezeption und Ergänzung aus soziologischer Perspektive wäre für den Kontext Brasilien interessant, um Freires Forderungen deutlicher politisch zu definieren und konturieren zu können. Freires Ansatz könnte vor allem stärker auf Gesellschaftstheorien, die Vielfalt und Differenz reflektieren, bezogen werden, damit er nicht nur in pädagogischen, sondern auch in gesellschaftlichen und politischen Kontexten Relevanz erhält.[507] Dies wäre zum Beispiel interessant für die Frage, wie die Minderheitenrechte in Brasilien definiert werden sollten. Wie können die Rechte der farbigen Brasilianer und die Rechte der Indígenas politisch formuliert werden? Wer zählt sich überhaupt zu den genannten Gruppen oder möchte dazu gezählt werden? Wie sind oder werden diese von wem definiert? Hier finden Positions-, Identitäts- und Verteilungskämpfe statt, die Freire zugunsten einer idealisierten Vorstellung einer *Einheit in der Vielfalt* ausblendet.

4) In Deutschland hängt die derzeitige praktische Freire-Rezeption, die sich zum Beispiel in theaterpädagogischer Arbeit nach Augusto Boal und in internationalen Lehrerfortbildungskursen widerspiegelt, von einigen wenigen Personen ab und ist deswegen inhaltlich wie quantitativ überschaubar sowie in Teilen widersprüchlich.

Ausschlaggebend dafür, ob Freire in Deutschland als Ideengeber und Vorbild betrachtet wird, ist in allererster Linie die eigene biografische Erfahrung und die persönliche Geschichte, die auf die eine oder andere Art und Weise mit Paulo Freire zusammenhängt. Diese Verbundenheit mit Freire kann durch persönliche Begegnung mit ihm während seiner Zeit in Europa zustande gekommen sein oder beispielsweise durch prägende Erfahrungen in der Zeit der 68er Bewegung, in der unter anderem Freires Ideen eine Rolle spielten. Freire gewann hier Bedeutung als Befreier der Pädagogen selbst, die sich zum Teil in Arbeitskontexten befanden, die wenig Gestaltungsfreiräume boten und deswegen frustrierten. Freire stiftete Sinn und Orientierung, denn, wer sich auf Paulo Freire berief, konnte sich selbst zu der „guten" oder „richtigen" Seite im Aushandlungsprozess gesellschaftlicher Wirklichkeiten zählen. Außerdem bestand vielfach der Wunsch, sich mit der Bevölkerung lateinamerikanischer Länder zu solidarisieren, und hierzu bot Freire eine Möglichkeit. Paulo Freire wurde, auch wenn in vielen Kreisen ungezwungen aufgenommen und angewendet, in Deutschland doch genauer betrachtet und analysiert als in Brasilien. Paulo Freire selbst beschrieb diesen Unterschied wie folgt:

---

506 Dies gilt jedoch auch für den Kontext Brasilien, wie gezeigt wurde, nur mit Einschränkungen, denn auch hier gibt es Konkurrenzen und Unstimmigkeiten innerhalb der Freire-Community.
507 Ein differenzierter Anschluss beispielsweise an die Postkolonialismus-Debatte wäre hier interessant.

„Das Augenmerk lag, (…) wenn es sich um ein Publikum aus der Ersten Welt handelte, auf der theoretischen Analyse in Bezug auf die mehr oder weniger große Genauigkeit, mit der ich mich aus ihrer Sicht dem einen oder anderen Thema genähert hatte. Die Inkohärenz, die mir unterlaufen war, zwischen etwas, das ich beispielsweise auf Seite 25 gesagt hatte und etwas, dass ich auf Seite 122 betont hatte. Diese Art von Kritik lag den deutschen Studenten sehr. Wenn es Treffen mit Studenten aus der Dritten Welt gab, lag das Augenmerk auf etwas anderem. Die Diskussionen drehten sich in allererster Linie um politische Fragen." (Freire 2003, 127)

Dieser Umstand führte dazu, dass in Deutschland Unstimmigkeiten darüber entstanden, was freireanisch ist und was nicht, was Freires Ansatz ausmacht und was an ihm unveräußerlich ist – die Gruppen zersplitterten und schwächten sich dadurch selbst. Sie suchten in Freire etwas, was er nicht zur Verfügung stellte – nämlich eine differenzierte Theorie pädagogischen und politischen Handelns. Auch in Deutschland (wie aktuell in Brasilien) schien Freire zunächst überall zu passen – so lange wie die frühe Revolutionsliteratur Freires noch eine für die Praxis inspirierende Wirkung hatte. Als diese nachließ und weder die neueren Arbeiten Freires in Deutschland rezipiert wurden noch beispielsweise die englischsprachige Sekundärliteratur in Deutschland nennenswerte Reaktionen hervorrief, entwickelte die Freire-Community in Deutschland ein Nachwuchsproblem, das die Freire-Rezeption in Deutschland bis heute kennzeichnet. Es ist in den vergangenen Jahrzehnten der Freire-Community in Deutschland nicht umfassend und nur in wenigen interessanten Beispielen gelungen, Freire auf den europäischen Kontext nachhaltig zu übertragen. Die jungen Studierenden beispielsweise kommen nur dann mit den Ideen Freires in Kontakt, wenn er als ein „Klassiker der Pädagogik" zur Sprache kommt, oder aber wenn diese Studierenden auf eine der Personen treffen, für die Freire eine große Bedeutung hat und durch die sie sich näher mit seinem Ansatz beschäftigen. Anders als in Brasilien gibt es nur wenig staatliche oder kommunale Förderung von Vorhaben, die von Freire inspiriert sind, so dass auch außerhalb der Universität oder vereinzelter Fortbildungen die Wirkung Freires begrenzt ist. Freire wird dadurch auch zu einem Luxusgut für diejenigen, die es sich finanziell, zeitlich und in Bezug auf die Strukturen, in denen sie arbeiten, leisten können, sich mit Freire zu beschäftigen. Das liegt unter anderem auch daran, dass die Bildungspolitik, aber beispielsweise auch die Jugendpolitik den Fokus nur eingeschränkt auf eine Erziehung zu Kritikfähigkeit und gesellschaftlicher Partizipation legt, für die das Denken Freires interessant sein könnte.[508] Viele Praktikerinnen jedoch, die sich für Freire interessieren, finden wenig Räume und finanzielle wie zeitliche Ressourcen, um sich mit Freire zu beschäftigen. Es scheint vor allem so zu sein, dass sie zunächst einmal damit beschäftigt sind, die eigene Berufsbiografie erfolgreich zu gestalten, den Pflichtteil innerhalb des jeweiligen Arbeitsbereichs zu erfüllen – Freires Ideen an diesen Arbeitsbereich anschlussfähig zu machen und umzusetzen erscheint vielen als nur schwer praktikabel, auch wenn sie dies gerne möchten. Es fehlt ihnen aber auch der konkrete inhaltliche Anknüpfungspunkt. Die im Vergleich zu Lateinamerika subtileren, weniger eklatanten strukturellen Benachteiligungen, wie wir sie aus Europa kennen, sind schwieriger mit Freires Denken zu erkennen und zu erklären – vor allem wenn seine neuen Werke nicht bekannt sind, die sich den Zwischentönen der (post)moderner Vergesellschaftung eher stellen als die frühe Revolutionsliteratur.

---

508 Dies ist ein deutlicher Unterschied zum aktuellen Brasilien, in dem die Regierung des Präsidenten Lula da Silva eine andere Orientierung erkennen lässt.

Viele von Freires Forderungen und Haltungen sind jedoch als „Allgemeinwissen" vor allem in die soziale Arbeit, aber auch in die Erwachsenenalphabetisierung eingegangen – auch wenn ihre Herkunft natürlich nicht immer eindeutig auszumachen ist. Die Lerner- oder Klientenzentrierung und eine wertschätzende sowie ressourcenorientierte Herangehensweise gelten beispielsweise als Grundlage pädagogischen und sozialarbeiterischen Handelns. Vor allem die Idee des thematischen Universums des Lerners und das dialogische Prinzip spielen in der Erwachsenenalphabetisierung eine Rolle.

Um die Rezeption in Deutschland zu aktualisieren, sollte vor allem Freires Denken auch in der wissenschaftlichen Theoriediskussion wieder deutlicher beachtet, kritisch untersucht, weiterentwickelt und auf andere Ansätze bezogen werden. In der Praxis sollte ungezwungener und offener mit ihm umgegangen werden, um seine Hauptimplikationen zum Beispiel im formalen Schulsystem oder auf gesellschaftliche Fragen der Inklusion und Partizipation anzuwenden. Dafür wird es jedoch eine größere Offenheit und Unterstützung für diese Themen seitens der politischen Entscheidungsträger benötigen. (Auf diese Punkte komme ich mit den Thesen *(6)* und *(7)* zurück.)

(5) Freires Ansatz weist sowohl Überschneidungen und Ähnlichkeiten mit modernen Denktraditionen als auch mit postmodernen Theoriebildungen auf und sollte als ein Versuch interpretiert werden, beide miteinander in Einklang zu bringen und zeitgemäße wie praktikable Schlussfolgerungen aus diesen Ansätzen, die nicht als Gegensätze, sondern als sich ergänzend verstanden werden sollten, zu ziehen.

In seinen Grundannahmen kann Freire dem Denken der Moderne zugeordnet werden. Insbesondere im Hinblick auf seine Argumentation einer *universellen Ethik des menschlichen Seins* zeigt sich Freires Universalismus, der in der Überzeugung begründet liegt, dass nur eine verbindliche, in der Natur des Menschen begründete Ethik in der Lage ist, ein vernünftiges Handeln hervorzubringen. Freires Ethik, die naturalistisch und essentialistisch begründet ist, sollte jedoch vor allem von ihrem Naturalismus losgelöst werden und stärker an Diskurse, die Differenz(en) und Pluralität mitdenken, angeschlossen werden. Dennoch brauchen wir auch in der Pädagogik eine Ethik, denn „wir müssen *nein* sagen können, ohne Angst zu haben, antidemokratisch zu sein." (Gadotti 2007, 82)

Auch die Überzeugung, dass Vernunft als *richtiges Denken* Hauptkonstituente erwünschten Handelns ist, kennzeichnet Freire als modernen Denker. Des Weiteren favorisiert Freire die Annahme eines Geschichtsnarrativs, das alle Menschen mit einschließt und die Entwicklung der Welt als Universalgeschichte der Menschheit hin zum Besseren impliziert. Diese Annahme stellt Freire den notwendigen Optimismus bereit, um seine Hoffnung und utopische Haltung zu begründen, ohne die sein Ansatz ohne Ziel und Grundlage wäre. Dennoch hat sich Freire in seinen späten Büchern gegenüber postmodernen Ansätzen geöffnet. Dies geht vor allem auf den Austausch mit Vertretern der nordamerikanischen Debatte der *Critical Pedagogy* zurück, die versuchen, Freire aus postmoderner Sicht weiterzuentwickeln und ihn teilweise auch wegen seines Essentialismus und Universalismus kritisieren, ohne diese in Gänze aufzugeben. Freire schwankt so zwischen modernen und postmodern orientierten Positionen und versucht, in einem *progressiven Postmodernismus* einen Mittel- oder Ausweg zu formulieren. Dies jedoch vollzieht er nicht systematisch, sondern nach und nach sowie häufig nur implizit. Freire gibt in der Folge in seinen späten Arbeiten die binäre Konstruktion von *Unterdrücker – Unterdrückter* bis zu einem gewissen Maße auf und räumt ein, dass beide, als Prozesse und Handlungen gedacht, je nach Situation, Kontext und Perspektive der Interpretation in einer Person angesiedelt sein können. Von dieser Tatsache ausgehend nähert sich Freire dem Konzept multipel verorteter Identitäten an. Kulturelle Vielfalt und Differenz sind ebenfalls Themen, die er in seinen späteren Arbeiten aufgreift. Auffallend ist jedoch, dass Freire beispielsweise keinen Versuch einer Definition von Kultur unternimmt, obwohl dieser Begriff in seinen Arbeiten eine bedeutende Rolle spielt und sich auch in seinen Bedeutungsimplikationen wandelt. Statt einer Idee der Hochkultur (wie in der Moderne) passt zu Freire beispielsweise eher die Idee der Populärkultur der Postmoderne oder der *Cultural Studies* (auch wenn Freire sie eher idealisierend als Volkskultur definiert).[509] Freire führt auf der Basis eines geforderten Respekts für kulturelle Vielfalt eine Definition von *Unterdrückung* ein, die sich entlang der Kategorien von „Rasse",[510] Klasse und Geschlecht, die er als Determinanten dieser Vielfalt sieht, bewegt. Allerdings stellt Freire keine Überlegungen zu Identitäten und denkbaren *Unterdrückung*sprozessen an, die quer zu diesen Kategorien liegen. In dieser Hinsicht bleibt Freire essentialistisch, was ihm vor allem auch Kritik aus feministischer Perspektive eingebracht hat. Es wäre interessant, von Freires subjektorientierter Pädagogik ausgehend, Fragen der sich transformierenden und widersprüchlichen Identitäten und der Determination des Subjekts neu zu überdenken.

Für Freire haben alle Menschen Fähigkeiten, vor allem die Fähigkeit, Wissen zu produzieren und die Wirklichkeit zu gestalten – nicht nur ausgewiesene Autoritäten und Experten. Um diese Fähigkeiten zu fördern und ihnen Raum zu geben, ist es unter anderem Freires Ziel, allen Menschen eine Stimme zu geben – es geht hier um *Repräsentation*, und das auch, wenn man so möchte, im postmodernen Sinn. Auch in einem weiteren Punkt hat sich Freire einem eher postmodern geprägten Denken angenähert: Während in seinen frühen Werken Macht vertikal definiert ist (analog zum Dualismus *Unterdrücker – Unterdrückter*) sieht er in seinen späteren Werken Macht eher als an den Punkten und in den Situationen angesiedelt, in denen Widerstand entsteht und Menschen sich mit (Be-)Grenz(ung-)en auseinandersetzen und nähert sich damit eher einer Definition von Macht nach Foucault an. Machtbeziehungen und Verstrickungen von Macht sollten jedoch noch differenzierter analysiert werden, als Freire es andeutet. Eine bloße Anerkennung von Minderheiten, denen Eigenmächtigkeit zugestanden werden soll, findet da ihre Grenzen, wo deren Bezug zueinander und die Frage nach deren hegemonialen Verstrickungen in einem demokratischen Projekt thematisiert und organisiert werden wollen.

Freires Vorstellung von Wissen und Erkenntnis ist bereits in seinen frühen Werken und gleichbleibend ebenfalls in seinen späten Arbeiten konstruktivistisch geprägt (und ähnelt dadurch dem Konzept von Wissen in den postmodernen Theorien): Wissen und Wahrheit sind für Freire vorläufig, prozesshaft und ambivalent. Dies bildet für Freire die Argumentationsgrundlage, zu erläutern, dass auch Vorstellungen darüber, wie Gesellschaft gestaltet werden kann und sollte, wandelbar und nicht für alle Zeiten festgeschrieben sind. In einem Ansatz, in dem das Anliegen gesellschaftlicher Transformation den Kernpunkt ausmacht, ist diese Prämisse unabdingbar. Wirklichkeit ist damit für Freire

---

509 Die starke Betonung von Volkskultur ist eine gängige moderne Abgrenzung gegenüber populärer Massenkultur, die als kommerz- und propagandaorientierter Ausdruck der sich entfaltenden Konsumgesellschaft verstanden wird. Volkskultur gilt dabei als authentischer, sozusagen natürlicher Ausdruck der Vergemeinschaftung, während Populärkultur aus dieser Sicht genau diese Formen der Vergemeinschaftung gefährdet, da sie die Volkskultur im Dienst der konsumorientierten Kulturindustrie überformt und verdrängt (vgl. beispielhaft Carroll 1998, 16 ff. und Gorman 1996). Das *Instituto Paulo Freire* in São Paulo solidarisiert sich beispielsweise mit Projekten urbaner Popkultur aus der Peripherie der Stadt und versucht damit, diese Gegensätze gewissermaßen aufzulösen beziehungsweise sich aus freirescher Sicht gegenüber hybrid geprägten kulturellen Ausdrucksformen zu öffnen.

510 Freire verwendet den Begriff, wie erwähnt, ohne Anführungszeichen.

immer auch beobachterabhängig und kann nicht vollständig erfasst werden. Dies relativiert den Wahrheitsanspruch verschiedener Beobachtungen und öffnet den Raum für alternative Beobachtungen und Setzungen sowie für die Frage nach dem Unbewussten. Es wäre lohnenswert, diese Gedankengänge Freires weiter zu vertiefen, denn Freire selbst geht dennoch von einer letzt- und allgemein gültigen Wahrheit aus, die durch *richtiges Denken* auf der Basis einer *universellen Ethik* gefunden werden kann und muss. Praktische, sich daraus ergebende Handlungsimperative sind die Erfüllung der *ontologischen Berufung* des Menschen. Handlungen, die diesem Imperativ nicht entsprechen, sind damit für Freire unvernünftig, unnatürlich und unchristlich. Denn obwohl Freire es wenig expliziert, ist eine der Hauptmotivationen seines Denkens und Handelns seine christliche Gesinnung.[511] Er erwartet nicht von anderen Menschen, dass sie diese Gesinnung teilen, wendet sie aber dennoch als Beurteilungskriterium an, denn seine Vorstellung von der Natur des Menschen gründet sich auf einem christlichen Menschenbild. Problematisch ist in diesem Zusammenhang nicht nur die essentialistische Argumentationsweise Freires, sondern vor allem auch die Tatsache, dass Freire sich selbst als quasi losgelösten Beobachter, nicht aber als Teilnehmer und Akteur, der ebenso wie alle anderen Menschen in die Verwobenheiten der Diskurse und gesellschaftlichen Systeme eingeschrieben ist, versteht.[512] Dennoch ist es nachvollziehbar, dass Freire dem postmodernen Diskurs misstraut: Was ihn in letzter Konsequenz interessiert, ist nicht eine differenzierte Erkenntnis- und Gesellschaftstheorie, sondern ein praktisches und praktikables Werte- und Begriffsinstrumentarium für politische, pädagogische und menschliche Entscheidungen, die helfen, soziale Gerechtigkeit und Bildung für alle umzusetzen – und dafür sind Regeln, die universelle Geltung beanspruchen und gewisse Merkmale und Bedürfnisse als für den Menschen essentiell und unveräußerlich annehmen, unverzichtbar.

(6) Paulo Freire hat nicht nur für das heutige Brasilien, sondern auch für westliche Gesellschaften eine politische Relevanz, die für unterschiedliche Fragestellungen differenziert durchdacht werden kann.
Diese politische Relevanz des Denkens Freires kann für unterschiedliche Bereiche und Fragestellungen fruchtbar werden. Hierbei sollte Freire nicht als einziger und abgeschlossener Referenzpunkt dienen, sondern als Impuls- und Ideengeber, der gesellschaftliche Notwendigkeiten aus einer radikal demokratischen und humanistischen Perspektive betrachtet und formuliert hat, deren Bedeutung an andere politische und pädagogische Ansätze und Praxen anschlussfähig ist. Vor allem weil strukturelle Benachteiligungen und gesellschaftliche Exklusionsprozesse in Deutschland weniger deutlich spür- und erkennbar sind als in Brasilien, sind diese zunächst im Rekurs auf Freire schwieriger nachzuvollziehen (vgl. Beck/Bonß/Lau 2001, 19). Genaueres Hinsehen und die Ergänzung des freireschen Denkens durch andere Ansätze und Disziplinen sind gefragt.

Freires Ansatz und auch seine Person an sich sind insbesondere für den Dialog zwischen Nord und Süd wichtig: In der Entwicklungszusammenarbeit beziehungsweise in der Entwicklungspolitik und im *Globalen Lernen* ist Freires Ansatz nach wie vor ein Referenzpunkt, der unterschiedliche Perspektiven und Beobachterstandorte miteinander verknüpfen kann. Er wirkt bis heute als Unterstützer und Ermahner dekolonisierender Bestrebungen auf beiden Seiten, die in ihm beziehungsweise seinem Denken ein geteiltes Anlie-

---

511 Vgl. dazu Kapitel 1.3.2.1 dieser Arbeit.
512 Ein Anschluss an differenzierte Beobachtertheorie kann für dieses Vorhaben hilfreich sein. Vgl. dazu Reich (1998a).

gen formuliert oder verkörpert finden. Auch wenn Freires Bedeutung in diesem Bereich aktuell eher eine symbolische Funktion hat, so ist vor allem sein Anliegen eines Dialogs *gleichberechtigter* Partner, die jeweils ihre Anliegen und Erfahrungen in diesen Dialog mit dem Ziel gemeinsamer Gestaltung von Wirklichkeit einbringen, eine zentrale Prämisse der Interaktion zwischen Nord und Süd, welche sich nicht in einem Fortschrittversprechen des Nordens gegenüber dem Süden erschöpft (vgl. Beck/Bonß/Lau 2001, 18). Es ist nicht so, dass ohne Freire diese Notwendigkeit nicht formuliert worden wäre oder würde. Im Gegenteil, die Entwicklungszusammenarbeit heißt heute nicht zuletzt durch die Anerkennung der Partner im Süden als gleichberechtigt Entwicklungs*zusammenarbeit* und nicht mehr Entwicklungs*hilfe*. Dennoch aber können ein Bezug auf Freire als Person und seine Ideen die Akteurinnen dabei unterstützen, das Anliegen, welches der Begriff impliziert, in die Praxis umzusetzen. Ein Rekurs auf Freire zeigt vor allem den Partnern im Süden, dass sie ernst genommen werden, und das auch, weil Freire selbst die Beziehungen zwischen Nord und Süd als neu zu gestalten problematisiert (vgl. Freire 2002, 232 ff.; Mergner 2000 und 2002).[513]

Freire kann darüber hinaus aber auch als Bezugspunkt beispielsweise für die Themen Benachteiligtenförderung und politischer Umgang mit Minderheiten sein sowie in diesem Zusammenhang als Umsetzungsratgeber für die oft und gern bemühten politischen Schlagwörter Integration oder Inklusion[514] und Partizipation dienen. Für Freire erlangen diese Begriffe nur dann eine Relevanz, wenn sie praktische Wirkung für die betreffenden Menschen nach sich ziehen und wenn diese als gleichberechtigter und gleichwertiger Bestandteil einer Gesellschaft angesehen werden, die auch die ihre ist, denn:

> „In Wahrheit jedoch waren die so genannten Marginalisierten, die die Unterdrückten sind, niemals *außerhalb*. Sie waren immer *innerhalb*. Innerhalb der Struktur, die sie zu ‚Wesen für ein anderes‘ machte. Die Lösung ist nicht, sich in die Struktur, die sie zu Unterdrückten machte, zu ‚integrieren‘, die Struktur zu ‚inkorporieren‘, sondern diese so zu verändern, dass sie ‚Wesen für sich selbst‘ werden können." (Freire 2005d, 70, Hervorhebungen im Original)

---

513 Vgl. dazu beispielhaft Nuscheler (2006). Er kritisiert mit Blick auf die frühen 1970er Jahre Folgendes: „An den westlichen Universitäten erlebten die Imperialismus- und Dependenztheorien eine Hochkonjunktur. (…) Manche Revolutionstheoretiker im Norden und Süden entdeckten die ‚Peripherie‘ als neues revolutionäres Subjekt". (Ebd.,124) Dies nennt der Autor „revolutionäre (…) Halluzinationen" (ebd.), eine Kritik die auch Paulo Freire gelten könnte. Dennoch hält der Autor eindeutig fest, dass der „Nord-Süd-Konflikt (…) keine Leerformel" (ebd., 137) sei, jedoch dass „bei der Figur des Nord-Süd-Konflikts die Differenzierungen innerhalb des Nordens und Südens beachtet werden" müssten, da die politischen Allianzen „gelegentlich zur Zweiteilung der Welt querliegen" (ebd., 139).

514 Die Begriffe sind beide politisch und emotional aufgeladen und werden kontrovers diskutiert. Während der Terminus *Integration* in der Politik und in den Medien nach wie vor gängig ist und in der Regel im Zusammenhang mit dem Themen „Integration von Einwanderern" verwendet wird (und das nicht nur von der Integrationsbeauftragten des Bundes), wird er in der wissenschaftlichen Diskussion aktuell immer stärker abgelehnt und tendenziell durch den Begriff *Inklusion* (als Anleihe aus dem Englischen, wo der Begriff *inclusion* üblich ist) ersetzt. Die Hauptschwierigkeit des Begriffes *Integration* ist, dass er suggeriert, bestimmte Dinge oder Personen könnten oder sollten sich in ein bestehendes, statisches und homogenes Ganzes einfügen. Er impliziert vor diesem Hintergrund eine deutlich kulturalistisch gefärbte Argumentationslinie. Der Begriff *Inklusion* fokussiert stärker auf die angestrebte Umgestaltung der Gesellschaft und ihrer Institutionen selbst, um diese in die Lage zu versetzen, auf die sozialen und ökonomischen Bedürfnisse ihrer Mitglieder angemessen zu reagieren und diese in ihre Systeme gleichberechtigt einzuschließen. In diesem Sinne steht der Begriff für eine eher soziologisch ausgerichtete Perspektive.

Betrachten wir die Geschichte der Einwanderungspolitik in Deutschland und auch deren aktuelle Schwerpunktsetzungen, so wirkt das obige Zitat, das ursprünglich Ende der 1960er Jahre datiert, erstaunlich aktuell. Mit Freire wird es möglich, soziale Ungleichheit und Chancengerechtigkeit neu zu thematisieren, indem diese nicht nur ein Ziel ist, das die politischen Entscheidungsträger anzustreben haben, sondern ein Anliegen, an dessen Realisierung alle beteiligt sein müssen – auch diejenigen, die weniger Ressourcen in Form von, mit Bourdieu gesprochen, *symbolischem Kapital* besitzen. Und das bedeutet nicht zuletzt auch eine Vertiefung und Neudefinition des demokratischen Prozesses und Projekts. Mit Mouffe können wir sagen, dass die dauerhafte Marginalisierung bestimmter Bevölkerungsgruppen dieses Projekt selbst in Gefahr bringt (vgl. Mouffe 1997, 6). Politiken der Repräsentation, der Identitäten und der Verteilung sollten unter diesem Gesichtspunkt neu durchdacht werden. Freires Konzept der *Unterdrückten* erscheint natürlich für dieses Anliegen begrifflich ungelenk und veraltet. Im Hinblick auf das Beispiel Förderung benachteiligter Jugendlicher schlägt die Europäische Union beispielsweise Kategorien vor, anhand derer versucht wird, *Benachteiligung* zu operationalisieren.[515] Auch wenn der Begriff an sich ähnlich ungünstig erscheint und wohl kaum jemand sich selbst dieses Attribut zuschreiben möchte,[516] kann er als ein Versuch interpretiert werden, das Konzept der *Unterdrückten* neu zu definieren. Interessant ist, dass der Definitionskatalog der EU sehr genau und differenziert vorgeht und strukturelle Benachteiligungen ebenso thematisiert wie zum Beispiel Bildungsbenachteiligungen oder sozial bedingte Benachteiligungen. Zentral ist es auch hier mit Freire, nach der politischen Reaktion auf diese Benachteiligung zu fragen: Wird auf sie mit umfassender Förderung und Beteiligung reagiert oder mit, wie Freire sagen würde, Assistenzialismus oder, wie wir heute sagen würden, kompensatorischen Maßnahmen, die die Situation und deren Ursachen nicht ausreichend verändern?

Freires Ideen sind aber auch insgesamt für ein Nachdenken über zivilgesellschaftliche Prozesse interessant. Besonders für die bundesdeutsche Politik könnte dies zum Beispiel heißen, eine stärkere Beteiligung der Bürger im Allgemeinen und zivilgesellschaftlicher Gruppen im Besonderen stärker anzuregen, einzufordern, zu unterstützen und in ihren Resultaten ernst zu nehmen. Diese Überlegungen könnten für unzählige Beispiele wie Wahlrecht für Einwanderer, Kinderrechte, politisches Mitgestaltungsrecht Jugendlicher, gesellschaftliche Repräsentation verschiedener kultureller Gruppen und viele andere angestellt werden.[517] Freire ist in dieser Hinsicht vor allem deswegen relevant, weil er der Er-

---

515 Vgl. http://ec.europa.eu/youth/pdf/doc399_en.pdf; Zugriff 19.02.2009.

516 Insbesondere die Diskussion um so genannte „benachteiligte Jugendliche" ist kontrovers. Auf der einen Seite wird eine Begrifflichkeit benötigt, um eine bestimmte Gruppe als besonders unterstützungswürdig zu identifizieren. Auf der anderen Seite klingt der Begriff nur allzu oft als ein Stigma, die die betreffenden Jugendlichen in die Richtung „Problemfall" festschreiben. Ein Ausweg aus dieser Problematik wird mit der Umschreibung „Jugendliche mit erhöhtem Förderbedarf" versucht, was jedoch das Problem nicht wirklich löst, sondern nur verschiebt. Gewissermaßen findet sich hier die Schwierigkeit wieder, die bereits an anderer Stelle in dieser Arbeit thematisiert wurde: Um eine politische Entscheidung zu treffen, müssen wir bestimmte Merkmale, auch wenn sie vorübergehend sein mögen und in der Situation nicht in der Person begründet sind, als grundlegend annehmen, auch wenn wir damit in gewisser Hinsicht essentialistisch argumentieren, was wir als problematisch ansehen und erkenntnistheoretisch ablehnen mögen. Beck/Bonß/Lau (2001, 36) stellen hierzu fest: „Überall da, wo entschieden werden muß, wo Verantwortung zugeschrieben und Legitimation für Entscheidungen eingefordert wird, bedarf es konsensfähiger Verfahren und Kriterien, die es ermöglichen, gute von weniger guten Problemlösungen zu unterscheiden (…)."

517 Diese Aufzählung klingt, das mag die kritische Leserin einräumen, unvollständig und beliebig. Das ist sie notwendigerweise. Es ist an dieser Stelle nicht der Raum und das Ziel, die möglichen Anwendungsbereiche freireschen Denkens und Handelns erschöpfend und differenziert darzustellen. Viel-

fahrung und Lebenswirklichkeit *aller* Menschen als Gestalter von Kultur und Wirklichkeit eine Bedeutung beimisst und somit nicht nur Hierarchien in Frage stellt,[518] sondern auch die gesellschaftliche Ordnung als konstruiert und gewachsen zeigt, die nicht natürlich gegeben, sondern gestaltbar ist.[519] Freires Lust am Zweifel und am In-Frage-Stellen kann sich hier als fruchtbare Vorgehensweise erweisen, selbstverständlich Erscheinendes zu hinterfragen und verhandelbar zu machen, denn „[d]ie Gesellschaft enthüllt sich selbst als etwas Unvollendetes, nicht als etwas, das endgültig gegeben ist." (Freire 1982, 19)[520]

Dies könnte beispielsweise bedeuten, Konferenzen, die politische Partizipation Jugendlicher zum Thema haben, unter Anwesenheit und Beteiligung der Jugendlichen stattfinden zu lassen und nicht nur im Kreise der „üblichen Verdächtigen". Es könnte heißen, das zivile Engagement der Bevölkerung des Landes zu stärken, indem mit ihr gemeinsam und dialogisch Voraussetzungen dieses Engagements ausgelotet werden – die im Jahr 2007 ins Leben gerufene Initiative *ZivilEngagement* beispielsweise ist jedoch eine Kopfgeburt des Bundesfamilienministeriums, über die die zivilgesellschaftlichen Akteure nur erstaunt und fragend die Stirn in Falten legen konnten. Auch die UNESCO hat sich mit ihrer 2005 verabschiedeten *Konvention zum Schutz und zur Förderung der Vielfalt kultureller Ausdrucksformen* nicht nur für eine Förderung kultureller Vielfalt ausgesprochen, sondern vor allem auch für eine weite Definition von Kultur und deren Urheberinnen und Schaffende. Dennoch ist gerade der Einbezug dieser Gruppen in die Umsetzung der Konvention nicht ausreichend.

Diese Vorschläge und Kritiken mögen in gewisser Hinsicht zu vereinfachend klingen. Doch gerade das, was einfach klingt, wird häufig als nebensächlich betrachtet oder nicht berücksichtigt und gerät deswegen ins Hintertreffen. Jedoch ist es häufig dieses vermeintlich Banale, das konkret ist, da es praktisch ist und Kontakt herstellt zu den Menschen, die Gesellschaft gestalten (sollen). Oder, anders gesagt, banal klingende Benachteiligungen und Ausgrenzungen sind ab da nicht mehr banal, wo sie konkret sind. Der Wert von Politik, Erziehung und Bildung muss sich mit Freire an dessen konkreten Resultaten messen lassen. Freire ist bis heute ein Botschafter der Parteilichkeit. Eine abstrakt „gerechte" Politik, die in ihrer Wirkung keine gerechten Verhältnisse schafft, ist für Freire nicht akzeptabel. Freires Begründung ist in dieser Hinsicht gewissermaßen pragmatistisch. Diese konkreten Resultate finden sich im alltäglichen Leben der Menschen und nicht in der Politik oder in der Wissenschaft, denn: „Er [der Wissenschaftler, K.F.] weiß sehr gut, dass die Erkenntnis nicht etwas Gegebenes oder Fertiges ist, sondern ein sozialer Prozess, der voraussetzt, dass der Mensch verändernd in die Welt eingreift." (Freire 1981a, 56) Freires Primat des (Hinter-)Fragens und des Zweifelns verweist auch auf das Wagnis, dem Zweifel Raum zu geben. Eine Politik, die sich selbst als Prozess und Versuch begreift, die Fehler machen und (auch an sich selbst) zweifeln kann, kann Ermöglichungsräume öffnen, die dem Bestreben, alles perfekt zu machen oder vielmehr perfekt erscheinen zu lassen, wi-

---

mehr dienen die Beispiele dazu, auf die potentielle Relevanz des Ansatzes Freires überhaupt hinzuweisen und zu weiterem Denken und Handeln in dieser Richtung anzuregen.

518 In diesem Punkt wäre ein differenzierter Anschluss an Hall interessant. Vgl. beispielhaft Hall (2000a, 2000b, 2000c, 2004).

519 Dieser Aspekt ließe sich auf Bourdieus Konzept *symbolischer Herrschaft* beziehen.

520 Dass der Wunsch nach Veränderung und Gestaltung gesellschaftlicher Wirklichkeit vorhanden ist, zeigen Initiativen wie der 2006 ins Leben gerufenen *Die Gesellschafter* der Aktion Mensch („In was für einer Gesellschaft möchten wir leben?", vgl. http://diegesellschafter.de/; Zugriff 19.02.2009) oder die 2009 gestartete Aktion *Sei ein Futurist* von DM und der deutschen UNESCO-Kommission, vgl. http://www.sei-ein-futurist.de; Zugriff 19.02.2009). Utopien sind also im wahrsten Sinne des Wortes gesellschaftsfähig – die Frage ist nur, wer diese Utopien zu welchem Zweck formuliert.

derstehen könnten. Beck/Bonß/Lau (2001, 36) beschreiben dies als „reflexive[s] Handlungswissen", das „revidierbar sein [muss, K.F.]; es schöpft aus unterschiedlichen Quellen und hat allen Gewißheitsansprüchen entsagt. Aber es bietet eine kontextgebundene und zeitlich begrenzte Handlungsorientierung, die Lernen durch Erfahrung ermöglicht."

Irrtum zugunsten Gewissheit auszuschließen oder konstruktivistisch gesprochen eine Konstruktion als immun gegenüber Dekonstruktionen zu betrachten, ist immer ein Hindernis für kreativen Zweifel. Freires Ansatz wird damit auch zu einem Plädoyer für eine Kultur des Fragens, des Enthüllens, des (immer jedoch verantwortungsvollen) (Ver-) Suchens, für eine Kultur der Widerspenstigkeit, die sich auch gegen eine Kultur des (Ver-) Schweigens wehrt und verwehrt. Freires Anliegen als ein politisches zu begreifen ist nicht zuletzt auch dafür notwendig, um politische Anliegen nicht allein in den Bereich der Pädagogik zu verweisen. Anders gesagt: Global, aber auch national gesehen ist der Pädagoge nicht der einzig relevante Akteur. Um Freires Gedankenwelt auf nationale und globale Kontexte zu übertragen, sollte untersucht werden, an welchen Punkten und auf welche Art und Weise die hier relevanten Akteurinnen mit ihr in Berührung kommen können. An diesem Punkt setzen zum Beispiel globalisierungskritische Netzwerke wie Attac, das Weltsozialforum, das brasilianische Forum für Bildung und andere an. Ganzheitliche Konzepte wie die Paulo Freires erleben in ihnen einen neuen Aufschwung. Aus der Erkenntnis heraus, dass die Welt, wird sie weiterhin nach rein radikal marktorientierten Prinzipien organisiert, früher oder später dieser Ordnung Demokratie und Wohlstand opfern wird, entsteht eine neue Aufbruchsstimmung – die sich jedoch anderen Fragen stellen und neue Antworten suchen muss als diejenige der 1960er und 1970er Jahren, als Paulo Freire weltweit bekannt wurde (vgl. dazu zum Beispiel Beck 2007a und Beck/Bonß/Lau 2001).

Eine der größten Herausforderungen, die Freire in seinen Arbeiten anspricht, ist die Balance zwischen individueller Freiheit und gesellschaftlichen Verbindlichkeiten, die diese Freiheit einschränken (können). Freires Anliegen ist es, eine Solidarität im Sinne gemeinschaftlichen Zusammenwirkens auf ein geteiltes Ziel pädagogisch wie politisch festzuschreiben ohne individuelle Freiheitsbestrebungen dieser Solidarität zu opfern. Es kann ein neuer Zugang zu Freire sein, Solidarität und Freiheit, Gemeinschaft und Individuum nicht als Gegensätze zu konstruieren, sondern von ihrer grundsätzlichen Vereinbarkeit miteinander auszugehen. Beck (1997, 11) erklärt, „dass mit Individualisierung gerade die Bereitschaft, in einem anderen Sinne für andere da zu sein (...) wächst und nicht verschwindet." Betrachten wir beispielsweise die Engagementkultur in Deutschland, vor allem auch die junger Menschen, so kann der Eindruck gewonnen werden, dass diese Feststellung zutrifft. Voraussetzung ist allerdings, dass die Strukturen und Bedingungen vorhanden sind, die Engagement (und zwar das Engagement *aller*, die sich engagieren möchten) fördern und dieses auch als einen legitimen Wunsch nach und Ausdruck von Selbstbestätigung, selbstbestimmtem Handeln, Freude und Erleben persönlichen Wachstums ansehen, die sich nicht nur außerhalb sondern gerade *durch* solidarisches Handeln entwickeln. Dazu gehört auch, dass freiwilliges Engagement eines ist und bleibt: freiwillig.

„Die Kinder der Freiheit praktizieren eine suchende, eine versuchende Moral, die verbindet, was sich auszuschließen scheint: Selbstverwirklichung *und* Dasein für andere, Selbstverwirklichung *als* Dasein für andere. (...) Hier zeigt sich die eigentliche Überraschung: Selbstbehauptung, Selbstgenuß *und* Sorge für andere schließen sich nicht etwa aus, sondern ein, gehören zusammen, bekräftigen, bereichern sich gegenseitig." (Beck 1997, 15)

Eine Politik und Pädagogik des Verordnens, sei es für eine auch noch so gute Sache, kann nicht die Methode der Wahl sein, da sie die Kernidee ihres Anliegens ad absurdum führen würde. Dennoch sollten wir nicht in Sozialromantik verfallen. Die *Multitude*, wie Hardt und Negri sie beschreiben (vgl. Hardt/Negri 2004) ist nicht nur eine Masse, deren Vielfalt eine Demokratisierung bewirkt, sondern in ihr finden Kämpfe um Ideologie, Hegemonie und Repräsentation statt, an denen alle, sei es bewusst oder unbewusst, beteiligt sind. Daraus folgt, dass die „Umgestaltung der Gesellschaft' als ein Stellungskrieg ausgefochten werden muß, der an verschiedenen Fronten zugleich stattfindet." (Hall 2000a, 218 f.; vgl. dazu auch Hall 2000b und besonders auch 2004 sowie Reich 2006) Dennoch ist es lohnenswert, Freire positiv zu deuten und nicht nur seine Forderung nach ethischem und solidarischem Handeln zur Kenntnis zu nehmen, in der sich ein gewisser Wertekonservatismus Freires zeigt, sondern ihn als Aufforderung zu betrachten, Gelegenheiten zu schaffen, in denen Individualisierung und Solidarität wechselseitig und konstruktiv aufeinander bezogen werden können. In diesem Sinne ist noch einmal die Haltung Becks nachvollziehbar, der schreibt:

> „Das, was als Werteverfall verteufelt wird, erzeugt Orientierungen und Voraussetzungen, welche diese Gesellschaft – wenn überhaupt – in die Lage versetzen können, die Zukunft zu meistern. (…) Wertewandel und Demokratieakzeptanz gehen Hand in Hand. Zwischen den Selbstentfaltungswerten und dem Ideal der Demokratie besteht eine innere Verwandtschaft. Viele Befunde, welche Wertewandelforschung erbracht hat, z.B. Spontaneität und Freiwilligkeit des politischen Engagements, Selbstorganisation, Abwehr von Formalismen und Hierarchie, Widerborstigkeit, Kurzfristigkeit, auch der Vorbehalt, sich nur dort einzusetzen, wo man Subjekt des Handelns bleibt –, kollidieren zwar mit dem Parteiapparat, machen aber durchaus Sinn in Formen und Foren der Bürgergesellschaft." (Beck 1997, 17 f.)

Es wäre interessant, diese Annahmen näher daraufhin zu untersuchen, inwiefern individuelle Freiheit und Gemeinschaft keinen Widerspruch darstellen müssen, auch wenn diese nicht deckungsgleich sein können, schon alleine deshalb nicht, da beide als unabgeschlossen und prozesshaft verstanden werden. Individuelle Freiheit könnte so neue Gemeinschaften ermöglichen, die sozial und solidarisch sind und die neue Formen des Engagements, das Spaß macht, in ihr Zentrum stellen. Es ist eine Herausforderung an die Politik, dieses Engagement zu fördern – und dazu gehört auch, die Wünsche ihrer potentiellen Akteurinnen zu berücksichtigen (vgl. dazu beispielhaft Mutz/Kühnlein 2001, 197 ff.).

(7) Paulo Freire hat insbesondere für Fragen der Erziehung und Bildung eine aktuelle Bedeutung, die – nicht abgekoppelt von politischen Fragestellungen, sondern mit diesen verbunden und von diesen durchdrungen – für eine zeitgenössische Pädagogik einen gewinn- und sinnbringenden Einfluss haben kann.
Diese Bedeutung markiert vor allem zwei Bereiche der Erziehung und Bildung. Zum einen betrifft sie die Umgestaltung des erzieherischen und bildnerischen Systems selbst hin zu einer größeren Zugänglichkeit, Offenheit und deutlicheren Unterstützung der Lernerinnen – zum Beispiel durch die Abschaffung des mehrgliedrigen Schulsystems, in dem die Lerner viel zu früh und viel zu stark getrennt werden und dessen Durchlässigkeit zwar von oben nach unten, kaum aber in die umgekehrte Richtung gegeben ist, oder durch die gebührenfreie Hochschulbildung für alle sowie die Unterstützung so genannter bildungsferner Kinder und Jugendlicher im Hinblick auf eine erfolgreiche Bildungsbiografie (vgl. dazu beispielhaft Overwien/Prengel 2007, darin vor allem auch Edelstein 2007). Das bedeutet auch, die Aufgaben und Zielsetzungen dieses Systems selbst im gesamtgesellschaft-

lichen Kontext und dessen Ideologie (im Sinne Halls) kritisch zu beleuchten und alle betreffenden Gruppen – Lehrer, Eltern und Schülerinnen – in den politischen Gestaltungsprozess in Bezug auf Erziehung und Bildung einzubinden. Zum anderen betrifft die Relevanz Freires die inhaltliche und organisatorische Gestaltung des Lernens und Lehrens (und das nicht nur in formalen, sondern auch in non-formalen Settings) selbst. Für Letzteres formuliere ich im Folgenden einige Denkanstöße zur weiteren Überlegung.

Ein dialogisches Lernen, wie Freire es vorschlägt, das die Erfahrungen und Lebenswelten der Lernerinnen sowie deren Wünsche und Interessen maßgeblich in den Lehr-Lernprozess einbezieht, ist nicht nur ein freudvolleres und zeitgemäßes, freieres Lernen, sondern auch, und das wird die Skeptiker und Kritiker Freires besonders interessieren, ein effizienteres Lernen. Ein Lernen und Lehren, das die Lernerinnen ernst nimmt, mit verschiedenen konstruktiven Methoden umgesetzt wird und Wissen konstruieren, re- und dekonstruieren möchte, ist nicht der Gegensatz von, sondern der Weg zu erfolgreichem Erwerb von Wissen. Denn „[j]e kongruenter und dialogischer Beziehungen gestaltet werden, je mehr kommunikative Kompetenzen entwickelt werden, desto wahrscheinlicher ist eine gelungene Inhaltsvermittlung." (Reich 2004, 52, vgl. dazu auch Gadotti 1996b, 83) Eine wesentliche Rolle spielt hier die Betonung der Beziehungsseite im Lehr-Lernprozess. Freire hat dies wenig systematisiert, jedoch deutlich formuliert.[521] Die Beziehungen beeinflussen den Lehr-Lernprozess maßgeblich und sollten deswegen in diesem bewusst gestaltet werden. Beziehungen als zentrale Kategorie von Pädagogik sollten jedoch genauer untersucht werden, um Freires Ansatz zu erweitern, denn es sind Beziehungen, die die gelebte und gestaltete Realität formieren, und die eine *Pädagogik der Anerkennung* im Sinne Freires ausmachen. Gleichzeitig hilft dieses Vorgehen auch, zu lernen, Beziehungen zu gestalten – eine wichtige Fähigkeit, die das Individuum heute mehr denn je benötigt. Die Beziehungen sind mit zunehmender individueller Freiheit weniger streng organisiert und fest definiert – das heißt aber nicht, dass sie einen geringeren Stellenwert einnehmen – im Gegenteil. Ihnen kommt ein besonderer Stellenwert zu, da sie bewusst gestaltet und ausgehandelt werden wollen. Gesellschaftlich verantwortliches und reflektiertes Verhalten bedeutet stets, sich zu sich selbst und anderen in Beziehung zu setzen. Und dies will re/de/konstruktiv erlernt sein.[522] Reich (2004, 35) stellt dazu zutreffend fest: „Anerkennung, Freundlichkeit, Dialog und Enthierarchisierung – dies sind moderne Stichworte, die in der Kultur postmodern nicht mehr nur idealisierend benutzt werden sollten. Wir erwarten, dass sie praktisch im Lehren und Lernen umgesetzt werden."

Ein weiteres Anliegen Freires ist das Stärken und Ermöglichen demokratischer Erfahrungen in der Erziehung und Bildung. Für Freire können Demokratie und demokratische Prozesse durch autoritär und antidemokratisch organisierte Wissensvermittlung nicht erlernt werden. So sehr wie zum Beispiel Freire die Schwierigkeiten Brasiliens auf dem Weg zu einer demokratischen Gesellschaft darin sieht, dass es der Bevölkerung an demokratischer Erfahrung mangelte, so sehr könnte es die Aufgabe der Pädagogik – in einer Gesellschaft, die das ermöglicht und fördert – sein, die Menschen zu befähigen, sich aktiv und kritisch an demokratischen Prozessen zu beteiligen, indem sie selbst nach demokrati-

---

521 Freire thematisiert nicht nur die Beziehungen zwischen Mensch und Mensch, sondern auch zwischen Mensch und Struktur. Letztere wird zum Gegenstand der freireschen kritischen Gesellschaftsanalyse. Bei ersterem wendet er eine zum Teil systemische Sichtweise an, denn aus seiner Sicht entmenschlicht der *Unterdrücker* nicht nur die *Unterdrückten*, sondern auch sich selbst.

522 Zu einer ausführlichen Erläuterung der Facetten und Bedeutung von Beziehungen im Lehr-Lernprozess vgl. Reich (2004) sowie Reich (1996) und (1998b).

schen Prinzipien funktioniert.[523] Das bedeutet zum Beispiel auch eine Umdefinition der
Lehrerolle, damit dialogisches Lernen stattfinden kann. Die freiresche Forderung, dass die
Lehrerin etwas von den Schülern lernen kann oder sollte, klingt selbstverständlich, ist jedoch bei weitem nicht überall in der Praxis des deutschen Bildungsalltags und in der Politik angekommen. Insbesondere die von Freire inspirierte Praxis in Brasilien bietet interessante Anregungen, wie diese Demokratisierung umgesetzt werden kann: Einrichten von
Schulparlamenten, an denen Lehrer, Schülerinnen, Eltern und das Schulpersonal insgesamt beteiligt sind, ein dialogischer Austausch mit den zuständigen politischen Entscheidungsträgern, Erhöhung der Zugänglichkeit und Unterstützung der Schulen für sozial benachteiligte Schülerinnen, konstruktive und dialogische Unterrichtsmethoden, Einbinden
der Schulen in den Stadtteil und Anbinden an dessen Institutionen, Entwicklung eines gemeinsamen (multikulturellen) Schulleitbildes und vieles mehr. Ein zentrales Anliegen
Freires ist es in diesem Zusammenhang, dass die Schule von den Schülern nicht als Institution erlebt wird, in denen ihnen vorgefertigtes Wissen aufgedrängt wird, sondern als ein
Ort, an dem gemeinsam gelernt, gelebt und geforscht wird.

Zentraler Bestandteil dieses Anliegens ist aus Sicht Freires auch ein Erleben von und
Erziehung zur Solidarität. Der Begriff klingt in gewisser Weise altbacken und normativ
und ist deswegen nicht unproblematisch, da immer Fragen auftauchen, wer solidarisch mit
wem ist oder sein soll. Insbesondere eine Pädagogik, die Differenz(en) mitdenkt, kann an
dieser Stelle nicht allzu vereinfachend vorgehen. Nicht eine festgelegte und bestimmte
Tugend soll erlernt werden, sondern die Fähigkeit und das Interesse an Auseinandersetzung und Offenheit (vgl. Reich 2004, 45). Eine Solidarität, wie Freire sie denkt, fragt damit vor allem nach Gemeinsamkeiten und gemeinsamen Anliegen, die auch über Differenzen hinweg bestehen, denn „Bildung ist keine Einzelerfahrung, sondern ein Verständi-
gungsprozess in Beziehungen." (Reich 2003, 49). Diese Solidarität entsteht für Freire vor
allem da, wo nicht nur der Verstand, sondern auch das Gefühl, das menschliche Erleben
einen Stellenwert im Lehr-Lernprozess haben, da dies maßgeblich für den Beziehungsas-
pekt dieses Prozesses ist: „Heutzutage ... weiß man ab welchem Punkt Kontexte, die einen
Menschen gegen den anderen aufwiegeln Krieg hervorrufen während Kontexte, die Solidarität entstehen lassen eine Atmosphäre konstruieren, in der die Menschen sich verwirklicht fühlen. (…) Aus der Sicht Paulo Freires fordert der Verstand verstandesmäßig das
Recht auf seine emotionalen Wurzeln ein." Auf diese Art und Weise führt er zu einem
Konzept, das „grundlegend radikal [ist, K.F.]: das der menschlichen Solidarität." (Dowbor
1996, 636) Für Freire ist Erziehung und Bildung damit kein wertfreier, gefühlloser Raum,
sondern Solidarität, freundschaftliche Zuwendung und Wertschätzung gehören zu seinen
Bestandteilen. Eine Pädagogik der Solidarität, wie Freire sie fordert, kann damit eine dop-
pelte Bedeutung haben: Zum einen bedeutet es, Solidarität zu erleben und zu erlernen (und
dafür ist beispielsweise ein Schulsystem, das wenig auf Integration und Gemeinsamkeit,
sondern auf Segregation hin angelegt ist, nur bedingt geeignet). Zum anderen kann es bedeuten, solidarisches Handeln im engen und weiten Umfeld und (Lebens-)Welt der Lernerinnen wahrzunehmen und zu erkunden (zum Beispiel auch im Kontext globalen Lernens).

---

523 An dieser Stelle kann nicht auf die Definition von Demokratie eingegangen werden. Es gibt unzählige
     verschiedene Definitions- und Bestimmungsversuche von Demokratie, die sich zum Teil stark vonein-
     ander unterscheiden. Ich verwende den Begriff an dieser Stelle in Hinblick auf eine größtmögliche Be-
     teiligung aller betreffenden Personen an den Aushandlungs-, Gestaltungs- und Entscheidungsprozessen
     im Kontext Erziehung und Bildung, der auf den gesellschaftlichen Kontext insgesamt verweist. Diffe-
     renzierte Überlegungen wären hier für eine theoretische Begründung und praktische Umsetzung von-
     nöten.

Solidarität zu lernen, Solidarität zu fördern und Solidarität wertzuschätzen ist vor allem deshalb wichtig, denn „[j]e stärker die Freiheit anwächst, desto schwächer fallen soziale Netze aus und desto sehnsüchtiger hoffen wir auf Solidarität (jene Utopie der Moderne) ohne die auch die [postmoderne, K.F.] Ekstase der Freiheit bedrohlich wird." (Reich 2004, 37) In diesem Zusammenhang ist auch ein Nachdenken über den Natur- und Klimaschutz interessant, der letztenendes auch eine Frage der Solidarität ist zwischen Menschen, die mehr oder weniger stark von der Zerstörung der Natur und dem Klimawandel betroffen sind. An dieser Stelle ist es notwenig, über Freires anthropozentrisches Weltbild hinaus weiterzudenken.[524]

In diesem Zusammenhang kommt einer neuen Werteerziehung, die vor allem das Interesse für Pluralität und Differenz in ihr Zentrum stellt, eine große Bedeutung zu. Freire hat sich bemüht, sein Konzept der *Unterdrückten* auf unterschiedliche Merkmale und Parameter von Unterdrückung zu erweitern und vor allem die Aufmerksamkeit auch auf die Themen kulturelle Vielfalt und Rassismus zu lenken. Es ist eine Herausforderung an die Pädagogik, eine Diskussion über Werte anzuregen ohne zu moralisieren: „Gegensätzlichkeit wird zur Chance, sich vertiefend mit Gegensätzen und Widersprüchen zu befassen, andere Ansichten weit reichend und differenziert zu erfahren und mit eigenen Bedürfnissen zu beantworten, damit nicht nur Konsens, sondern auch einen Konsens über einen Dissens als sinnvolle Strategie und Kommunikation erleben zu können." (Reich 2004, 57)[525] Um diese Chance zu nutzen, sollten Freires Vorstellungen von Ethik auf ihre universalistischen und essentialistischen Aspekte hin untersucht werden und gegenüber Ansätzen, die dieser Haltung misstrauen, deutlicher geöffnet werden. Das bedeutet nicht, diese Aspekte vollständig und in jeder Hinsicht abzulehnen, sondern zu bedenken, dass Ethik (und Politik) immer plural, diskursiv konstruiert und verstrickt mit Machtbeziehungen sind (vgl. dazu beispielhaft Mouffe 1993, 5 ff.). In diesem Sinne nimmt „[e]manzipatorische Bildungsarbeit im postmodernen Sinn … die Selbstverantwortung und Mündigkeit der Individuen ernst. Lernen heißt somit: Reflexion und Klärung von Wertprioritäten, Wahrnehmung von Differenzen, Erweiterung von Möglichkeiten moralischen Urteilens." (Siebert 2008, 12)

Mit Bezug auf Freire können auch die Unterrichtsmethoden selbst einem kritischen Blick unterzogen werden. Obwohl Freire methodisch und didaktisch wenig konkrete Anregungen formuliert hat, ist für ihn klar, dass diese die Selbsttätigkeit und Eigenständigkeit des Lerners ins Zentrum stellen sollten.[526] Im Zentrum steht nicht der reine Wissenserwerb, sondern vor allem auch persönliches Wachstum. Bildung im freireschen Sinne wird damit auch zur Persönlichkeitsbildung. Hierfür spielen kognitives, tätiges und emotionales Lernen eine Rolle. Insbesondere das Gefühl, die Hoffnung, die Utopie, der Glaube an ein zu erreichendes Ziel, Experimentierfreude und Risikobereitschaft, der Mut zum Irrtum und zum Fehler, der in unserem Alltag so viel weniger Platz findet als in Brasilien,

---

524 Dass gerade diese Fragestellung eine deutliche politische und wirtschaftliche Komponente hat, ist klar. Naturschutz ist nicht nur eine Frage von Solidarität, sondern eine Frage von unterschiedlichen Interessenslagen verschiedener Akteure.

525 Diese Gedanken sind ähnlich auch in den Ansätzen von Habermas und Benhabib zu finden – wenn auch mit anderen Schlussfolgerungen. Ein differenzierter Anschluss wäre hier interessant.

526 Hierbei kann der *Interaktionistische Konstruktivismus* die Theorie und Praxis von Paulo Freire sinn- und wirkungsvoll ergänzen, da er einerseits didaktische Instrumentarien bietet, die in dieser Differenziertheit bei Paulo Freire fehlen und auch psychologische, sozial- und kulturwissenschaftliche Erkenntnisse mit berücksichtigt, die Freire nicht hinreichend bedenkt (vgl. dazu Reich 1996 und 1998a; 1998b) Zu einer ausführlichen Didaktik, welche mit den Ideen Freires kompatibel ist, vgl. insbesondere Reich (2004).

könnte den deutschen Bildungsalltag als Ermöglichungsraum bereichern und ein Lernen mit Herz ermöglichen.[527] Freire fragt nach einem „veränderte[n] Wissen", welches „nicht im Alltagstrott zu gewinnen" (Freire 1981a, 55) ist, sondern das durch Lernen, das aus dem Alltag herausgelöst und dennoch an diesen anschließt, konstruiert wird. Freire steht für ein pädagogisches Handeln, das auf dieser Basis fasziniert, ermutigt und Kraft gibt. Diese Faszination betrifft Lehrende als auch Lernende sowie auch internationale Beobachter, wie die weltweite Rezeption Freires zeigt. Denn, „[s]olche Begeisterung, das wissen pädagogische Praktiker schon lange, ist eine wesentliche Voraussetzung für erfolgreiches Lernen." (Reich 2004, 59)

Nicht nur in der explizit als „Freire-Pädagogik" bezeichneten oder sich bezeichnenden Praxis sind bereits Ansätze zu finden, welche mit Ideen Freires teilweise übereinstimmen und dieses *veränderte Wissen* anstreben. Verschiedene Ansätze der Pädagogik wie die konstruktivistische Pädagogik, die Erlebnispädagogik, die Theaterpädagogik; systemische Methoden wie zum Beispiel das Psychodrama in der so genannten Humanistischen Pädagogik haben (bewusst oder unbewusst) erkannt und aufgegriffen, was Freire mit seiner dialektischen Einheit von Theorie und Praxis meint: So steht in der Theaterpädagogik (zum Beispiel nach Augusto Boal, der Freires Ideen in eine theaterpädagogische Praxis transferiert hat) das Ausprobieren und Erleben oft vor dem symbolisch-kognitiven Erklären und Analysieren beziehungsweise geht mit ihm ein konstruktives Wechselspiel ein, welches erst auf diese Weise zu einem Erkennen und Verstehen führt, das auch Resultate in der eigenen persönliches Lebenspraxis zeigen kann. Auch konstruktive Methoden wie zum Beispiel Planspiele zielen genau auf diese Vorgänge ab. Denn laut Freire können wir „nur in der Einheit von Praxis und Theorie, von Aktionen und Reflektionen … den entfremdeten Charakter des Alltags aufdecken" (Freire 1981a, 55) und auch die für ihn notwendigen Resultate dieser Erkenntnis im eigenen Verhalten verwirklichen.

Dies führt uns zu der politischen Komponente der freireschen Pädagogik. Es lohnt sich, mit Freire auch weiterhin eine Pädagogik zu gestalten, die eine kritische Pädagogik im Sinne Freires (und zum Beispiel im Sinne Halls) ist. Sie untersucht auch das gesellschaftliche Eingelassensein der Institutionen (wie die Schule) und der Individuen und reflektiert darüber, inwiefern die persönlichen Erfahrungen gesellschaftlich determiniert und damit politisch sind. Dies ist keine einfache Aufgabe, denn einerseits haben die Pädagoginnen hier die Aufgabe, zu Kritik anzuregen, und dennoch sollen sie sich, andererseits, so weit wie möglich, weltanschaulich neutral verhalten. Von Freire kann gelernt werden, dass dies nicht vollständig möglich (und bei ihm auch nicht gewollt) ist. Es sind also die Lehrenden gefragt, hier eine (notwendigerweise subjektiv empfundene) Balance zu schaffen. Den politischen Charakter von Erziehung und Bildung selbst zu untersuchen ist jedoch besonders wichtig in Gesellschaften, in denen auch Bildung und Erziehung immer mehr nach Prinzipien der Verwertbarkeit („employability") und des wirtschaftlichen Nutzens funktionieren und beurteilt werden und in der die Erziehungs- und Bildungssysteme soziale Ungleichheiten nicht nur widerspiegeln, sondern reproduzieren. In diesem Sinne stimme ich Reich (2004, 26) zu, der schreibt, „dass … kritisches Hinterfragen im Sinne von Aufklärung über Voraussetzungen, über die Bedingung der Möglichkeit von Veränderungen" nach wie vor ein wichtiges und wesentliches Anliegen der Pädagogik ist, das „auch für postmoderne Denker wesentlich" bleibt. Es ist vor diesem Hintergrund und die angerisse-

---

527 Eine differenzierte Betrachtungsweise ist an dieser Stelle jedoch vonnöten. Aus freirescher *Liebe* und Zuneigung heraus motiviertes Handeln kann auch einschränkend und direktiv, anstatt konstruktiv und *befreiend* sein.

nen Themenfelder berücksichtigend eine lohnenswerte Herausforderung, die Ideen Paulo Freires aktuell auch im Kontext europäisch geprägter Kultur und Wirklichkeit zu verstehen und für sie viable Anwendungsvorschläge zu formulieren. Denn, das hat sich, so hoffe ich, im Verlaufe dieser Arbeit gezeigt, mit Paulo Freire können wir nicht nur die Wirklichkeit in den brasilianischen Favelas mit anderen Augen sehen, sondern auch unsere eigene.

Hilft uns also der Brasilianer Paulo Freire, uns vor dem „Untergang à la carte", der „Brasilianisierung Europas" (Beck 2007a, 266; vgl. dazu auch Beck 2007b, 28 ff. und 126 ff.) zu bewahren? Es wird daran liegen, was wir selbst daraus machen. Eines steht jedoch, das konstatiert Freire zu Recht, fest: „Wenn die Erziehung alleine nicht die Gesellschaft verändert, ohne sie verändert sich die Gesellschaft auch nicht." (Freire 2000, 67)

Literatur

I. Primärliteratur

Um die Chronologie der Werke Freires für den Leser nachvollziehbar zu machen, sind diese in der Reihenfolge ihres Erscheinens angegeben. Im Klammern findet sich jeweils das Erscheinungsjahr der ersten Veröffentlichung, darauf folgend der Verweis auf das Jahr, dessen Ausgabe in der vorliegenden Arbeit verwendet wurde. Umgekehrt gebe ich bei der verwendeten Auflage in Klammern an, aus welchem Jahr die erste Publikation ursprünglich datiert. Aus diesem Grunde werden in der Folge einige Arbeiten Freires zweimal genannt.

FREIRE, PAULO (1959, siehe 2001d): Educação e atualidade brasileira. São Paulo (Cortez Editora/Instituto Paulo Freire)

FREIRE, PAULO (1970, siehe 1975): Cultural Action for Freedom. Harmondsworth (Penguin Books)

FREIRE, PAULO (englische Ausgabe ursprünglich 1970, portugiesische Ausgabe ursprünglich 1974; siehe 2005d): Pedagogia do Oprimido. São Paulo (Paz e Terra.)

FREIRE, PAULO (1973, siehe 1998): Pädagogik der Unterdrückten. Reinbek bei Hamburg (Rowohlt)

FREIRE, PAULO (1973): Politische Alphabetisierung. Einführung ins Konzept einer humanisierenden Bildung. In: BAUMGARTNER, ALEX; GEISLER, WOLFGANG; GERHARD, LORE; GRAUER, GUSTAV; KALB, PETER E.; SCHERER, HANFRIED; SCHWEIM, LOTHAR; ZIMMER, JÜRGEN; ZINNECKER, JÜRGEN (Hg.) (1973): betrifft: erziehung. [sic] Das aktuelle pädagogische Magazin. Die Methode Paulo Freire. Pädagogik der dritten Welt. 6. Jahrgang, Nr. 7. Weinheim, Basel (Beltz) 15–21

FREIRE, PAULO (1974): Pädagogik der Solidarität. Für eine Entwicklungshilfe im Dialog. Wuppertal (Hammer)

FREIRE, PAULO (1975, ursprünglich 1970): Cultural Action for Freedom. Harmondsworth (Penguin Books)

FREIRE, PAULO; ILLICH, IVÁN (1975): Diálogo. Análisis crítico de la „desescolarización" y „concientización" en la conyuntura actual del sistema educativo. Buenos Aires (Ediciones Búsqueda/Comisión evangelica latinoamericana de educación cristiana – CELADEC)

FREIRE, PAULO (1977, siehe 1982): Erziehung als Praxis der Freiheit. Beispiele zur Pädagogik der Unterdrückten. Reinbek bei Hamburg (Rowohlt)

FREIRE, PAULO (1978): Os cristãos e a libertação dos oprimidos. Lisboa (Edições Base)

FREIRE, PAULO (1979a): Conscientização. Teoria e Prática da libertação. Uma introdução ao pensamento de Paulo Freire. São Paulo (Cortez & Moraes)

FREIRE, PAULO (1979b): Educação e Mudança. São Paulo (Paz e Terra)

FREIRE, PAULO (1980): Dialog als Prinzip. Erwachsenenalphabetisierung in Guinea-Bissau. Wuppertal (Jugenddienst-Verlag)

FREIRE, PAULO (1981a): Der Lehrer ist Politiker und Künstler. Reinbek bei Hamburg (Rowohlt)

FREIRE, PAULO (1981b, englische Erstausgabe 1970): Ação cultural para a liberdade e outros escritos. Rio de Janeiro (Paz e Terra) 5. Auflage

FREIRE, PAULO (1982, ursprünglich 1977): Erziehung als Praxis der Freiheit. Beispiele zur Pädagogik der Unterdrückten. Reinbek bei Hamburg (Rowohlt)
FREIRE, PAULO (1985): The Politics of Education. Culture, Power and Liberation. Westport/Connecticut, London (Bergin & Garvey)
FREIRE, PAULO; GADOTTI, MOACIR; GUIMARÃES, SÉRGIO (1985, siehe 1995): Pedagogia: diálogo e conflito. São Paulo (Cortez Editora)
FREIRE, PAULO; FREI BETTO (1986): Schule, die Leben heißt. Befreiungstheologie konkret. Ein Gespräch. München (Kösel)
FREIRE, PAULO; MACEDO, DONALDO (1987): Literacy. Reading the Word and the World. Westport/Connecticut, London (Bergin & Garvey)
FREIRE, PAULO; SHOR, IRA (1987): A Pedagogy for Liberation. Dialogues on transforming education. South Hadley/Massachusetts (Bergin & Garvey)
FREIRE, PAULO; GIROUX, HENRY A. (1987) Series Introduction. In: LIVINGSTONE, DAVID W. (Hg.) (1987): Critical Pedagogy and Cultural Power. South Hadley/Massachusetts (Bergin & Garvey) xi–xvi
FREIRE, PAULO (1988): Editor's Introduction. In: GIROUX, HENRY A. (1988): Teachers as intellectuals: toward a critical pedagogy of learning. Granby/Massachusetts (Bergin & Garvey) xxvii–xxviii
FREIRE, PAULO; FAUNDEZ, ANTONIO (1989): Learning to Question. A Pedagogy for Liberation. Genf (World Council of Churches, WCC Publications)
FREIRE, PAULO (1989): A Importância do Ato de Ler. São Paulo (Cortez Editora)
FREIRE, PAULO; HORTON, MILES (1990): We Make the Road by Walking. Conversations on Education and Social Change. Philadelphia (Temple University Press)
FREIRE, PAULO (1991 siehe 2005a): A Educação na Cidade. São Paulo (Cortez Editora)
FREIRE, PAULO (1992, siehe 2003): Pedagogia da Esperança. Um reencontro com a Pedagogia do oprimido. São Paulo (Paz e Terra)
FREIRE, PAULO (1993, siehe 1997): Professora sim, tia não. Cartas a quem ousa ensinar. São Paulo (Olho dágua)
FREIRE, PAULO (1993, siehe 2005b): Teachers as Cultural Workers. Letters to Those Who Dare Teach. Boulder (Westview Press)
FREIRE, PAULO (1993, siehe 2001b): Política e Educação. São Paulo (Cortez Editora)
FREIRE, PAULO (1993): Foreword. In: MCLAREN, PETER; LEONARD, PETER (Hg.) (1993): Paulo Freire. A critical encounter. London, New York (Routledge) ix–xii
FREIRE, PAULO (1994, siehe 2002): Cartas a Cristina. Reflexões sobre minha vida e minha práxis. São Paulo (Editora Unesp)
FREIRE, PAULO; GIROUX, HENRY A.; CASTELLS, MANUEL; FLECHA, RAMÓN; MACEDO, DONALDO; WILLIS, PAUL (1994): Nuevas perspectivas críticas en educación. Barcelona, Buenos Aires, México (ediciones PAIDOS)
FREIRE, PAULO (1995, siehe 2005c): À sombra desta mangueira. São Paulo (Olho dágua)
FREIRE, PAULO; GADOTTI, MOACIR; GUIMARÃES, SÉRGIO (1995, ursprünglich 1985): Pedagogia: diálogo e conflito. São Paulo (Cortez Editora)
FREIRE, PAULO (1996): Minha primeira professora. In: GADOTTI, MOACIR (Hg.) (1996a): Paulo Freire. Uma biobibliografia. São Paulo (Cortez Editora) 31
FREIRE, PAULO (1996, siehe 2004): Pedagogia da automonia. Saberes necessários à pràtica educativa. São Paulo (Paz e Terra)

FREIRE, PAULO; FRASER, JAMES W.; MACEDO, DONALDO; MCKINNON, TANYA; STOKES, WILLIAM T. (Hg.) (1997): Mentoring the Mentor. A Critical Dialogue with Paulo Freire. New York, Washington/D.C., Baltimore, Bern, Frankfurt am Main, Berlin, Wien, Paris (Peter Lang)

FREIRE, PAULO (1997, ursprünglich 1993): Professora sim, tia não. Cartas a quem ousa ensinar. São Paulo (Olho dágua)

FREIRE, PAULO (1998, ursprünglich 1973): Pädagogik der Unterdrückten. Reinbek bei Hamburg (Rowohlt)

FREIRE, PAULO (2000 – posthum veröffentlicht): Pedagogia da indignação. Cartas pedagógicas e outros escritos. São Paulo (Editora Unesp)

FREIRE, PAULO; ILLICH, IVÁN (2001, ursprünglich 1975): La educación. Buenos Aires (Galerna/Búsqueda de Ayllu)

FREIRE, PAULO (2001a – posthum veröffentlicht): Pedagogía dos Sonhos Possíveis. São Paulo (Editora Unesp)

FREIRE, PAULO (2001b, ursprünglich 1993): Política e Educação. São Paulo (Cortez Editora)

FREIRE, PAULO (2001c; portugiesische Ausgabe ursprünglich 1996): Pedagogy of Freedom. Ethics, Democracy and Civic Courage. Lanham, Boulder, Oxford, New York (Rowman & Littlefield Publishers)

FREIRE, PAULO (2001d, ursprünglich 1959): Educação e atualidade brasileira. São Paulo (Cortez Editora/Instituto Paulo Freire)

FREIRE, PAULO (2002, ursprünglich 1994): Cartas a Cristina. Reflexões sobre minha vida e minha práxis. São Paulo (Editora Unesp)

FREIRE, PAULO (2003, ursprünglich 1992): Pedagogia da Esperança. Um reencontro com a Pedagogia do oprimido. São Paulo (Paz e Terra)

FREIRE, PAULO (2004, ursprünglich 1996): Pedagogia da autonomia. Saberes necessários à pràtica educativa. São Paulo (Paz e Terra)

FREIRE, PAULO (2005a, ursprünglich 1991): A Educação na Cidade. São Paulo (Cortez Editora)

FREIRE, PAULO (2005b, ursprünglich 1993): Teachers as Cultural Workers. Letters to Those Who Dare Teach. Boulder (Westview Press)

FREIRE, PAULO (2005c, ursprünglich 1995): À sombra desta mangueira. São Paulo (Olho dágua)

FREIRE, PAULO (2005d; englische Ausgabe ursprünglich 1970, portugiesische Ausgabe ursprünglich 1974): Pedagogia do Oprimido. São Paulo. (Paz e Terra.)

FREIRE, PAULO (2005e) (posthum veröffentlicht): Pedagogia da Tolerância. São Paulo (Editora Unesp)

FREIRE, PAULO (2007a): Unterdrückung und Befreiung. Münster (Waxmann)

FREIRE, PAULO (2007b): Bildung und Hoffnung. Münster (Waxmann)

FREIRE, PAULO (2008; portugiesische Ausgabe ursprünglich 1996): Pädagogik der Autonomie. Notwendiges Wissen für die Bildungspraxis. Münster (Waxmann)

II. Sekundärliteratur

ALEXANDER, JEFFREY C. (2006): The Civil Sphere. Oxford (Oxford University Press)

ALMEIDA, ALBERTO CARLOS (2007): A Cabeça do brasileiro. Rio de Janeiro, São Paulo (Editora Record)

ALMEIDA CUNHA, ROGÉRIO (1975): Pädagogik als Theologie. Paulo Freires Konzept als Ansatz für eine systematische Glaubensreflexion lateinamerikanischer Christen. Münster (Inauguraldissertation ohne Verlagsangabe)

ANTUNES, ÂNGELA (Hg.) (2005): Conselhos de Escola. Formação para e pela Participação. São Paulo (Cortez Editora)

ANTUNES DE OLIVEIRA, BETTY (1991): Anfragen an partizipatorisches Lernen. In: DABISCH, JOACHIM; SCHULZE, HEINZ (Hg.) (1991): Befreiung und Menschlichkeit. Texte zu Paulo Freire. München (AG SPAK Publikationen) 109–118

ARAÚJO FREIRE, ANA MARIA; APOLUCENO DE OLIVEIRA, IVANILDE; MACHADO, ROBERTO LUIZ (Hg.) (2001): A Pedagogia da Libertação em Paulo Freire. São Paulo (Editora Unesp)

ARAÚJO FREIRE, ANA MARIA (1996a): A voz da esposa. A trajetória de Paulo Freire. In: GADOTTI, MOACIR (Hg.) (1996a): Paulo Freire. Uma biobibliografia. São Paulo (Cortez Editora) 27–67

ARAÚJO FREIRE, ANA MARIA (1996b): As leituras do jovem Paulo Freire. In: GADOTTI, MOACIR (Hg.) (1996a): Paulo Freire. Uma biobibliografia. São Paulo (Cortez Editora) 562–563

ARAÚJO FREIRE, ANA MARIA (2000): Foreword. In: MCLAREN, PETER (2000): Che Guevara, Paulo Freire and the Pedagogy of Revolution. Lanham, Boulder, New York, Oxford (Rowman & Littlefield Publishers) xiii–xvi

ARAÚJO FREIRE, ANA MARIA (2002): Notas. In: FREIRE, PAULO (2002): Cartas a Cristina. Reflexões sobre minha vida e minha praxis. São Paulo (Editora Unesp) 247–333

ARAÚJO FREIRE, ANA MARIA (2003): Notas. In: FREIRE, PAULO (2003, ursprünglich 1992): Pedagogia da Esperança. Um reencontro com a Pedagogia do oprimido. São Paulo (Paz e Terra) 201–245

ARAÚJO FREIRE, ANA MARIA (2006): Paulo Freire. Uma História de Vida. São Paulo (Villa das Letras)

ARBEITSKREIS PÄDAGOGIK PAULO FREIRE IN DER AG SPAK (1994): Mit Phantasie und Spaß. Praktische Anregungen für eine motivierende politische Bildungsarbeit. München (AG SPAK Publikationen)

ARONOWITZ, STANLEY (2001): Introduction. In: FREIRE, PAULO (2001c): Pedagogy of Freedom. Ethics, Democracy and Civic Courage. Lanham, Boulder, Oxford, New York (Rowman & Littlefield Publishers) 1–19

ASSOCIAÇÃO DE EDUCAÇÃO CATÓLICA DO BRASIL (Hg.) (2007a): Revista de Educação AEC. Olhando o Caleidoscópio: a escola em movimento. Jahrgang 36, Nr. 142. Brasília/DF, São Paulo (Editora Salesiana)

ASSOCIAÇÃO DE EDUCAÇÃO CATÓLICA DO BRASIL (Hg.) (2007b): Revista de Educação AEC. A práxis de uma educação inédita viável: referenciando Paulo Freire. Jahrgang 36, Nr. 143. Brasília/DF, São Paulo (Editora Salesiana)

BAHR, HANS-ECKEHARD; GRONEMEYER, REIMER (Hg.) (1974): Konfliktorientierte Gemeinwesenarbeit. Niederlagen und Modelle. Reihe Theologie und Politik, Band 8. Darmstadt, Neuwied (Luchterhand) 112–135

BAQUERO, PATRICIA (1998): Unterdrückung, Geschlecht und Befreiung. Eine Annäherung an Paulo Freires Befreiungsansatz. In: KNAUTH, THORSTEN; SCHROEDER, JOACHIM (Hg.) (1998b): Über Befreiung. Befreiungspädagogik, Befreiungsphilosophie und Befreiungstheologie im Dialog. Münster (Waxmann) 143–170

BARRETO, VERA (1998): Paulo Freire para Educadores. São Paulo (Arte e Ciência)

BAUMAN, ZYGMUNT (1999): Unbehagen in der Postmoderne. Hamburg (Hamburger Edition)

BAUMAN, ZYGMUNT (2005a): Verworfenes Leben. Die Ausgegrenzten der Moderne. Bonn (Lizenzausgabe für die Bundeszentrale für politische Bildung)

BAUMAN, ZYGMUNT (2005b): Moderne und Ambivalenz. Hamburg (Hamburger Edition HIS Verlagsgesellschaft)

BAUMGÄRTNER, ANDREAS (1991): Freire in der Hochschule. Ein Versuch. In: DABISCH, JOACHIM; SCHULZE, HEINZ (Hg.) (1991): Befreiung und Menschlichkeit. Texte zu Paulo Freire. München (AG SPAK Publikationen) 140–144

BAUMGARTNER, ALEX; GEISLER, WOLFGANG; GERHARD, LORE; GRAUER, GUSTAV; KALB, PETER E.; SCHERER, HANFRIED; SCHWEIM, LOTHAR; ZIMMER, JÜRGEN; ZINNECKER, JÜRGEN (Hg.) (1973): betrifft: erziehung. [sic] Das aktuelle pädagogische Magazin. Die Methode Paulo Freire. Pädagogik der dritten Welt. 6. Jahrgang, Nr. 7. Weinheim, Basel (Beltz)

BECK, ULRICH (Hg.) (1997): Kinder der Freiheit. Frankfurt am Main (Suhrkamp Edition Zweite Moderne)

BECK, ULRICH; BONSS, WOLFGANG (Hg.) (2001): Die Modernisierung der Moderne. Frankfurt am Main (Suhrkamp)

BECK, ULRICH; BONSS, WOLFGANG; LAU, CHRISTOPH (2001): Theorie reflexiver Modernisierung – Fragestellungen, Hypothesen, Forschungsprogramme. In: BECK, ULRICH; BONSS, WOLFGANG (Hg.) (2001): Die Modernisierung der Moderne. Frankfurt am Main (Suhrkamp) 11–59

BECK, ULRICH (2007a): Was ist Globalisierung? Frankfurt am Main (Suhrkamp)

BECK, ULRICH (2007b): Schöne neue Arbeitswelt. Frankfurt am Main (Suhrkamp)

BEE, BARBARA (1993): Critical literacy and the politics of gender. In: LANKSHEAR, COLIN; MCLAREN, PETER (Hg.) (1993): Critical Literacy. Politics, praxis and the postmodern. New York (State University of New York Press) 105–131

BENDIT, RENÉ; HEIMBUCHER, ACHIM (1977): Von Paulo Freire lernen. Ein neuer Ansatz für Pädagogik und Sozialarbeit. München (Juventa)

BERNECKER, WALTER L.; PIETSCHMANN, HORST; ZOLLER, RÜDIGER (2000): Eine kleine Geschichte Brasiliens. Frankfurt am Main (Suhrkamp)

BERNHARD, ARMIN; ROTHERMEL, LUTZ (Hg.) (2001): Handbuch kritische Erziehungswissenschaft. Eine Einführung in die Erziehungs- und Bildungswissenschaft. Weinheim, Basel (Beltz)

BERNHARD, ARMIN; KREMER, ARMIN; RIESS, FALK (Hg.) (2003a): Kritische Erziehungswissenschaft und Bildungsreform. Programmatik – Brüche – Neuansätze, Band 1: Theoretische Grundlagen und Widersprüche. Baltmannsweiler (Schneider Verlag Hohengehren)

BERNHARD, ARMIN; KREMER, ARMIN; RIESS, FALK (Hg.) (2003b): Kritische Erziehungswissenschaft und Bildungsreform. Programmatik – Brüche – Neuansätze, Band 2: Reformimpulse in Pädagogik, Didaktik und Curriculumentwicklung. Baltmannsweiler (Schneider Verlag Hohengehren)

BERNHARD, ARMIN (2003): Kritische Erziehungswissenschaft zwischen Antiquiertheit und Zukunftsbedeutung: Zur Überprüfung eines erziehungswissenschaftlichen Theoriemodells. In: BERNHARD, ARMIN; KREMER, ARMIN; RIESS, FALK (Hg.) (2003a): Kritische Erziehungswissenschaft und Bildungsreform. Programmatik – Brüche – Neuansätze, Band 1: Theoretische Grundlagen und Widersprüche. Baltmannsweiler (Schneider Verlag Hohengehren) 8–36

BERNHARD, ARMIN (2006): Pädagogisches Denken. Einführung in allgemeine Grundlagen der Erziehungs- und Bildungswissenschaft. Baltmannsweiler (Schneider Verlag Hohengehren)

BESSA, VIRGÍNIA (ohne Jahresangabe, laut Angabe der Autorin 2001): Paulo Freire. In: VESPUCCI, RICARDO (Hg.): Coleção Rebeldes Brasileiros: homens e mulheres que desafiaram o poder. Vol. 1, fascículo 12. São Paulo (Casa Amarela) 368–383

BHABHA, HOMI K. (1996): Culture's In-Between. In: HALL, STUART; DU GAY, PAUL (Hg.) (1996): Questions of Cultural Identity. London, Thousand Oaks, New Delhi (SAGE Publications) 53–60

BHABHA, HOMI K. (1997a): Die Frage der Identität. In: BRONFEN, ELISABETH; MARIUS, BENJAMIN; STEFFEN, THERESE (Hg.) (1997): Hybride Kulturen – Beiträge zur anglo-amerikanischen Multikulturalismusdebatte. Tübingen (Stauffenburg-Verlag) 97–122

BHABHA, HOMI K. (1997b): Verortungen der Kultur. In: BRONFEN, ELISABETH; MARIUS, BENJAMIN; STEFFEN, THERESE (Hg.) (1997): Hybride Kulturen – Beiträge zur anglo-amerikanischen Multikulturalismusdebatte. Tübingen (Stauffenburg-Verlag) 123–148

BLANKERTZ, HERWIG; BOLLNOW, OTTO F.; BREZINKA, WOLFGANG; FLITNER, ANDREAS; FURCK, CARL-LUDWIG; KLAFKI, WOLFGANG; LANGEVELD, MARTINUS J.; ROEDER, PETER M.; SCHEIBE, WOLFGANG; SCHEUERL, HANS (Hg.) (1972): Zeitschrift für Pädagogik. 18. Jahrgang, Nr. 5. Weinheim (Beltz)

BLOCH, ERNST (1954): Das Prinzip Hoffnung, 1. Band. Berlin (Aufbau-Verlag)

BLOCH, ERNST (1955): Das Prinzip Hoffnung, 2. Band. Berlin (Aufbau-Verlag)

BLOCH, ERNST (1968): Das Prinzip Hoffnung, 3. Band. Frankfurt am Main (Suhrkamp)

BOAL, AUGUSTO (1989): Theater der Unterdrückten. Übungen und Spiele für Schauspieler und Nicht-Schauspieler. Frankfurt am Main (edition suhrkamp)

BOCOCK, ROBERT (2000): The Cultural Formations of Modern Society. In: HALL, STUART; HELD, DAVID; HUBERT, DON; THOMPSON, KENNETH (Hg.) (2000): Modernity. An Introduction to Modern Societies. Malden/Massachusetts, Oxford (Blackwell Publishers) 149–183

BOLER, MEGAN (1999): Posing Feminist Queries to Freire. In: ROBERTS, PETER (Hg.) (1999): Paulo Freire, Politics and Pedagogy. Reflections from Aotearoa – New Zealand. Palmerston North (Dunmore Press) 61–69

BOURDIEU, PIERRE (1970): Zur Soziologie der symbolischen Formen. Frankfurt am Main (Suhrkamp)

BOURDIEU, PIERRE (1982): Die feinen Unterschiede. Kritik der gesellschaftlichen Urteilskraft. Frankfurt am Main (Suhrkamp)

BOURDIEU, PIERRE (1983): Ökonomisches Kapital, kulturelles Kapital, soziales Kapital. In: KRECKEL, REINHARD (Hg.) (1983): Soziale Ungleichheiten. Göttingen (Verlag Otto Schwartz & Co.) 183–198

BOURDIEU, PIERRE (1985): Sozialer Raum und „Klassen". Leçon sur la leçon. Zwei Vorlesungen. Frankfurt am Main (Suhrkamp)

BOURDIEU, PIERRE (1990): Was heißt sprechen? Zur Ökonomie des sprachlichen Tauschs. Wien (Braunmüller)

BOWERS, C.A. (2005): How the Ideas of Paulo Freire Contribute to the Cultural Roots of the Ecological Crisis. In: BOWERS, C.A.; APFFEL-MARGLIN, FRÉDÉRIQUE (Hg.) (2005): Rethinking Freire. Globalization and Environmental Crisis. Mahawah/New Jersey, London (Lawrence Erlbaum Associates Publishers) 133–150

BOWERS, C.A.; APFFEL-MARGLIN, FREDERIQUE (Hg.) (2005): Rethinking Freire. Globalization and Environmental Crisis. Mahawah/New Jersey, London (Lawrence Erlbaum Associates Publishers)

BRADY, JEANNE; HERNÁNDEZ, ADRIANA (1993): Feminist literacies: Toward emancipatory possibilities of solidarity. In: LANKSHEAR, COLIN; MCLAREN, PETER (Hg.) (1993): Critical Literacy. Politics, praxis and the postmodern. New York (State University of New York Press) 323–334

BRADY, JEANNE (1994): Critical literacy, feminism, and a politics of representation. In: MCLAREN, PETER; LANKSHEAR, COLIN (1994): Politics of Liberation. Paths from Freire. London, New York (Routledge) 142–153

BRIESEMEISTER, DIETRICH; ROUANET, SERGIO P. (Hg.) (1996): Brasilien im Umbruch: Akten des Berliner Brasilien-Kolloquiums vom 20.–22. September 1995. Frankfurt am Main (Biblioteca Luso-Brasileira)

BRODEN, ANNE; MECHERIL, PAUL (Hg.) (2007): Re-Präsentationen. Dynamiken der Migrationsgesellschaft. Düsseldorf (IDA-NRW)

BRONFEN, ELISABETH; MARIUS, BENJAMIN; STEFFEN, THERESE (Hg.) (1997): Hybride Kulturen – Beiträge zur anglo-amerikanischen Multikulturalismusdebatte. Tübingen (Stauffenburg-Verlag)

BRÜHL, DIETER (1996): Einige Überlegungen zur Armutsstruktur in Agrargemeinden des Nordostens. In: BRIESEMEISTER, DIETRICH; ROUANET, SERGIO P. (Hg.) (1996): Brasilien im Umbruch: Akten des Berliner Brasilien-Kolloquiums vom 20.–22. September 1995. Frankfurt am Main (Biblioteca Luso-Brasileira) 185–205

BRUMLIK, MICHA (1990): Die Entwicklung der Begriffe „Rasse", „Kultur" und „Ethnizität" im sozialwissenschaftlichen Diskurs. In: DITTRICH, ECKHARD J.; RADTKE, FRANK-OLAF (Hg.) (1990): Ethnizität. Wissenschaft und Minderheiten. Opladen (Westdeutscher Verlag) 179–190

BUBER, MARTIN (1979): Ich und Du. Heidelberg (Verlag Lambert Schneider)

BUBER, MARTIN (2000): Reden über Erziehung. Reden über das Erzieherische, Bildung und Weltanschauung, über Charaktererziehung. Gütersloh (Gütersloher Verlagshaus) 10. Auflage

BUNDESVERBAND ALPHABETISIERUNG (2000): Ihr Kreuz ist die Schrift. Analphabetismus und Alphabetisierung in Deutschland. Münster, Stuttgart (Klett)

BUNDESVERBAND ALPHABETISIERUNG E.V. (Hg.) (2004): Alfa-Forum. Zeitschrift für Alphabetisierung und Grundbildung. 18. Jahrgang, Nr. 54/55. Münster (ohne Verlagsangabe)

BUTLER, JUDITH (1991): Das Unbehagen der Geschlechter. Frankfurt am Main (edition suhrkamp)

CABRAL, AMILCAR (1974): Die Revolution der Verdammten. Der Befreiungskampf in Guinea-Bissau. Berlin (Rotbuch-Verlag)

CARROLL, NOËL (1998): A Philosophy of Mass Art. New York (Oxford University Press)

CASTEL, ROBERT (2008): Die Metamorphosen der sozialen Frage. Eine Chronik der Lohnarbeit. Konstanz (UVK Verlagsgesellschaft)

CAVALCANTI MAIA, ANTÔNIO (2006): Kulturelle Diversität und nationale Identität Brasiliens: Ihre gegenwärtigen Herausforderungen. In: KÜHN, THOMAS; SOUZA, JESSÉ (Hg.) (2006): Das moderne Brasilien. Gesellschaft, Politik und Kultur in der Peripherie des Westens. Wiesbaden (Verlag für Sozialwissenschaften) 49–64

CHIAPPINI, LIGIA; DIMAS, ANTONIO; ZILLY, BERTHOLD (Hg.) (2000): Brasil, País do Passado? São Paulo (EDUSP)

CHIAPPINI, LIGIA; ZILLY, BERTHOLD (Hg.) (2000): Brasilien, Land der Vergangenheit? Biblioteca luso-brasileira, Band 20. Frankfurt am Main (TFM – Teo Ferrer de Mesquita)

COLLINS, DENIS E. (1977): Paulo Freire: His Life, Works and Thought. New York, Ramsey, Toronto (Paulist Press)

CREMER, HENDRIK (2008): „… und welcher Rasse gehören Sie an?" Zur Problematik des Begriffs „Rasse" in der Gesetzgebung. Berlin (Deutsches Institut für Menschenrechte)

DABISCH, JOACHIM; SCHULZE, HEINZ (Hg.) (1991): Befreiung und Menschlichkeit. Texte zu Paulo Freire. München (AG SPAK Publikationen)

DABISCH, JOACHIM (Hg.) (2000): Dialogische Erziehung. 4. Jahrgang, Nr. 4. Oldenburg (Verlag Dialogische Erziehung)

DABISCH, JOACHIM (1991): Lernen mit Schülern. In: DABISCH, JOACHIM; SCHULZE, HEINZ (Hg.) (1991): Befreiung und Menschlichkeit. Texte zu Paulo Freire. München (AG SPAK Publikationen) 242–247

DABISCH, JOACHIM (2001): Uma pedagogia da esperança ou trinta anos depois da Pedagogia do oprimido de Paulo Freire. In: ARAÚJO FREIRE, ANA MARIA; APOLUCENO DE OLIVEIRA, IVANILDE; MACHADO, ROBERTO LUIZ (Hg.) (2001): A Pedagogia da Libertação em Paulo Freire. São Paulo (Editora Unesp) 127–131

DABISCH, JOACHIM (2002): Paulo Freire. In: DATTA, ASIT; LANG-WOJTASIK, GREGOR (Hg.) (2002): Bildung zur Eigenständigkeit. Vergessene Reformpädagogische Ansätze aus vier Kontinenten. Frankfurt am Main. (IKO Verlag für interkulturelle Kommunikation) 75–85

DABISCH, JOACHIM (Hg.) (2006a): Dialogische Erziehung. Informationen zur Paulo Freire Pädagogik. 10. Jahrgang, Nr. 2. Oldenburg (Paulo Freire Verlag)

DABISCH, JOACHIM (2006b): Wider die neoliberale Wendung in der Bildungspolitik. Die „eigenverantwortliche Schule" und ihre Kritiker. In: DABISCH, JOACHIM (Hg.) (2006a) Dialogische Erziehung. Informationen zur Paulo Freire Pädagogik. 10. Jahrgang, 2/2006. Oldenburg (Paulo Freire Verlag) 18–23

DABISCH, JOACHIM (Hg.) (2006c): Aspekte der Freire Pädagogik. Nr 4/2000. Oldenburg (Paulo Freire Verlag) 2. Auflage

DABISCH, JOACHIM (Hg.) (2007): Dialogische Erziehung. Informationen zur Paulo Freire Pädagogik. 11. Jahrgang, Nr. 1–2. Oldenburg (Paulo Freire Verlag)

DAHLMANNS, CLAUS (2008): Die Geschichte des modernen Subjekts. Michel Foucault und Norbert Elias im Vergleich. Münster, New York, München, Berlin (Waxmann)

DARDER, ANTONIA (2001): Reinventing Paulo Freire. A Pedagogy of Love. Boulder/Colorado, Oxford (Westview Press)

DARDER, ANTONIA; BALTODANO, MARTA; TORRES, RODOLFO D. (2003): The Critical Pedagogy Reader. New York, London (Routledge Falmer)

DA SILVA, JAIR MILITÃO (1996): O Homem e o Mito. Um encontro em três momentos. In: GADOTTI, MOACIR (Hg.) (1996a): Paulo Freire. Uma biobibliografia. São Paulo (Cortez Editora) 222–224

DA SILVA, TOMAZ TADEU; MCLAREN, PETER (1993): Knowledge under siege. The Brazilian debate. In: MCLAREN, PETER; LEONARD, PETER (Hg.) (1993): Paulo Freire. A Critical Encounter. London, New York (Routledge) 36–46

DATTA, ASIT; LANG-WOJTASIK, GREGOR (Hg.) (2002): Bildung zur Eigenständigkeit. Vergessene Reformpädagogische Ansätze aus vier Kontinenten. Frankfurt am Main. (IKO Verlag für interkulturelle Kommunikation)

DATTA, PETRA (1991): Politische Alphabetisierung mit türkischen Migrantenjugendlichen In: DABISCH, JOACHIM; SCHULZE, HEINZ (Hg.) (1991): Befreiung und Menschlichkeit. Texte zu Paulo Freire. München (AG SPAK Publikationen) 156–164

DAUBER, HEINRICH (1975): *Kommentar zum Gespräch von Freire und Illich, ohne Titel.* In: FREIRE, PAULO; ILLICH, IVÁN (1975): Diálogo. Análisis crítico de la „desescolarización" y „concientización" en la conyuntura actual del sistema educativo. Buenos Aires (Ediciones Búsqueda/Comisión evangelica latinoamericana de educación cristiana – CELADEC) 55–65

DAUBER, HEINRICH; SIMPFENDÖRFER, WERNER (Hg.) (1981): Eigener Haushalt und bewohnter Erdkreis. Ökologisches und ökumenisches Lernen in der einen Welt. Wuppertal (Hammer-Verlag)

DEJUNG, KARL-HEINZ; KLATT, HANS-GERHARD (2007): Werner Simpfendörfer: Leben als Lernreise – Ein Porträt. Bad Boll (Evangelische Akademie Bad Boll)

DE LIMA, VENÍCIO ARTUR (1981): Comunicação e Cultura: As idéias de Paulo Freire. Rio de Janeiro (Paz e Terra)

DE LIMA, VENÍCIO ARTUR (1996): Conceito de Comunicação em Paulo Freire. In: GADOTTI, MOACIR (Hg.) (1996a): Paulo Freire. Uma biobibliografia. São Paulo (Cortez Editora) 621

DEL PILAR O'CADIZ, MARIA; LINDQUIST WONG, PIA; TORRES, ALBERTO CARLOS (1998): Education and Democracy. Paulo Freire, Social Movements and Educational Reform in São Paulo. Boulder/Colorado, Oxford (Westview Press)

DERRIDA, JAQUES (1990): Die différance. In: ENGELMANN, PETER (1991a): Postmoderne und Dekonstruktion. Texte französischer Philosophen der Gegenwart. Stuttgart (Reclam) 76–113

DER SPIEGEL (1970): Kann Gewalt christlich sein? SPIEGEL-Gespräch mit dem katholischen Südamerika-Experten Ivan [sic] Illich über Kirche und Revolution. Heft 9. Hamburg (Spiegel-Verlag) 104–116

DE RUI BEISIEGEL, CELSO (2004): Estado e Educação Popular. Um estudo sobre a educação de adultos. Brasília (Liber Livro Editora)

DE RUI BEISIEGEL, CELSO (2008): Política e Educação popular. A teoria e a prática de Paulo Freire no Brasil. Brasília (Liber Livro Editora)

DE TARSO SANTOS, PAULO (1996): O Sr. sabe o que está falando? In: GADOTTI, MOACIR (Hg.) (1996a): Paulo Freire. Uma biobibliografia. São Paulo (Cortez Editora) 176–180

DEUTSCHE STIFTUNG FÜR INTERNATIONALE ENTWICKLUNG (Hg.) (2001): Entwicklung und Zusammenarbeit. Nr. 1. Bonn, Frankfurt am Main (ohne Verlagsangabe)

DIAS, PATRICK V. (2001): Pädagogik: Dritte Welt. In: BERNHARD, ARMIN; ROTHERMEL, LUTZ (Hg.) (2001): Handbuch kritische Erziehungswissenschaft. Eine Einführung in die Erziehungs- und Bildungswissenschaft. Weinheim, Basel (Beltz) 315–332

DITTRICH, ECKHARD J.; RADTKE, FRANK-OLAF (Hg.) (1990): Ethnizität. Wissenschaft und Minderheiten. Opladen (Westdeutscher Verlag)

DO MAR CASTRO VARELA, MARÍA; DHAWAN, NIKITA (2007): Migration und die Politik der Repräsentation. In: BRODEN, ANNE; MECHERIL, PAUL (Hg.) (2007): Re-Präsentationen. Dynamiken der Migrationsgesellschaft. Düsseldorf (IDA-NRW) 29–46

DOMSCHKE, RAINER; KUPFER, ECKHARD E.; KUTSCHAT, RENATA S. G.; MERKLINGER, MARTINA (Hg.) (2007): Martius-Staden-Jahrbuch. Nr. 54. São Paulo (Nova Bandeira produções editoriais)

DOWBOR, LADISLAU (1996): Volta ao ser humano completo. In: GADOTTI, MOACIR (Hg.) (1996a): Paulo Freire. Uma biobibliografia. São Paulo (Cortez Editora) 635–636

EDELSTEIN, WOLFGANG (2007): Schule als Armutsfalle – wie lange noch? In: OVERWIEN, BERND; PRENGEL, ANNEDORE (Hg.) (2007): Recht auf Bildung. Zum Besuch des Sonderberichterstatters der Vereinten Nationen in Deutschland. Opladen, Farmington Hills (Verlag Barbara Budrich) 123–133

ELIAS, JOHN L. (1994): Paulo Freire: Pedagogue of Liberation. Malabar/Florida (Krieger Publishing Company)

ENGELMANN, PETER (1991a): Postmoderne und Dekonstruktion. Texte französischer Philosophen der Gegenwart. Stuttgart (Reclam)

ENGELMANN, PETER: (1991b): Einführung. Postmoderne und Dekonstruktion. Zwei Stichwörter zur zeitgenössischen Philosophie. In: ENGELMANN, PETER (1991a): Postmoderne und Dekonstruktion. Texte französischer Philosophen der Gegenwart. Stuttgart (Reclam) 5–32

ESCOBAR, MIGUEL; FERNÁNDEZ, ALFREDO L.; GUEVARA-NIEBLA, GILBERTO; with Paulo Freire (1994): Paulo Freire on Higher Education. A Dialogue at the National University of Mexico. New York (State University of New York Press)

ESQUIVEL, ARISVE; LEWIS, KARLA; RODRIGUEZ, DALIA; STOVALL, DAVID; WILLIAMS, TYRONE (2002): We Know What's Best for You: Silencing of People of Color. In: SLATER, JUDITH J.; FAIN, STEPHEN M.; ROSSATTO, CESAR A. (Hg.) (2002): The Freirean legacy: educating for social justice. New York, Washington/D.C., Baltimore, Bern, Frankfurt am Main, Berlin, Brüssel, Wien, Oxford (Peter Lang) 207–219

EUCHNER, WALTER (Hg.) (1991): Klassiker des Sozialismus, Band 1. München (C.H. Beck Verlag)

FANON, FRANTZ (1966): Die Verdammten dieser Erde. Frankfurt am Main (Suhrkamp)

FANON, FRANTZ (1980): Schwarze Haut, weiße Masken. Frankfurt am Main (Syndikat)

FAUNDEZ, ANTONIO (2000): Notas sobre algumas idéias de Paulo Freire e a Globalização. In: CHIAPPINI, LIGIA; DIMAS, ANTONIO; ZILLY, BERTHOLD (Hg.) (2000): Brasil, País do Passado? São Paulo (EDUSP) 287–294

FAUSTO, BORIS (1997): História do Brasil. São Paulo (EDUSP) 5. Auflage

FERREIRA MAFRA, JASON (2007): A conectividade radical como princípio e prática da educação em Paulo Freire. São Paulo (Faculdade de Educação da Universidade de São Paulo, FEUSP. Unveröffentlichte Doktorarbeit)

FIGUEROA, DIMAS (1989a): Paulo Freire zur Einführung. Hamburg (Junius)

FIGUEROA, DIMAS (1989b): Aufklärungsphilosophie als Utopie der Befreiung in Latein-amerika. Die Befreiungstheorien von Paulo Freire und Gustavo Gutiérrez. Frankfurt am Main, New York (Campus)

FINGER, MATTHIAS; ASÚN, JOSÉ MANUEL (2001): Adult Education at the Crossroads. Learning Our Way Out. London, New York (Zed Books), Leicester (Niace)

FOUCAULT, MICHEL (1978): Dispositive der Macht. Über Sexualität, Wissen und Wahr-heit. Berlin (Merve Verlag)

FOUCAULT, MICHEL (1994): Überwachen und Strafen. Die Geburt des Gefängnisses. Frankfurt am Main (Suhrkamp)

FRASER EVANS, ALICE; EVANS, ROBERT A.; BEAN KENNEDY, WILLIAM (1990): Pedago-gies for the non-poor. Maryknoll, New York (Orbis Books)

FREIRE WEFFORT, MADALENA (1983): A paixão de conhecer o mundo: relatos de uma professora. Rio de Janeiro (Paz e Terra)

FRIEDENTHAL-HAASE, MARTHA; KOERRENZ, RALF (Hg.) (2005): Martin Buber: Bildung, Menschenbild und hebräischer Humanismus. Paderborn, München, Wien, Zürich (Ferdinand Schöningh)

FRIEDRICH, LEONHARD (2005): Das erzieherische Verhältnis aus der Sicht Martin Bubers. In: FRIEDENTHAL-HAASE, MARTHA; KOERRENZ, RALF (Hg.) (2005): Martin Buber: Bildung, Menschenbild und hebräischer Humanismus. Paderborn, München, Wien, Zürich (Ferdinand Schöningh) 115–128

FRITSCH-OPPERMANN, SYBILLE (Hg.) (1998a): Paulo Freire in Memoriam: Lernen befreit. Dialog, Pädagogik und gesellschaftliche Transformation in interkulturellen Gesell-schaften, Loccumer Protokolle 21/97. Rehburg-Loccum (ohne Verlagsangabe)

FRITSCH-OPPERMANN, SYBILLE (1998b): Begrüßung – Zur Einführung. In: FRITSCH-OPPERMANN, SYBILLE (Hg.) (1998a): Paulo Freire in Memoriam: Lernen befreit. Dia-log, Pädagogik und gesellschaftliche Transformation in interkulturellen Gesellschaf-ten, Loccumer Protokolle 21/97. Rehburg-Loccum (ohne Verlagsangabe) 11–13

GADOTTI, MOACIR (1994): Reading Paulo Freire. His Life and Work. New York (State University of New York Press)

GADOTTI, MOACIR (1995): Pedagogia da Práxis. São Paulo (Cortez Editora/Instituto Paulo Freire)

GADOTTI, MOACIR (Hg.) (1996a): Paulo Freire. Uma biobibliografia. São Paulo (Cortez Editora)

GADOTTI, MOACIR (1996b): A voz do biógrafo brasileiro. A prática à altura do sonho. In: GADOTTI, MOACIR (Hg.) (1996a): Paulo Freire. Uma biobibliografia. São Paulo (Cor-tez Editora) 69–115

GADOTTI, MOACIR (1996c): A esperança como imperativo existencial e histórico. In: GADOTTI, MOACIR (Hg.) (1996a): Paulo Freire. Uma biobibliografia. São Paulo (Cor-tez Editora) 661–664

GADOTTI, MOACIR (2001): Pedagogia da Terra. São Paulo (Editora Peirópolis/Instituto Paulo Freire)

GADOTTI, MOACIR (2007a): Paulo Freire, memória e presença. Zeitungsartikel in: O Esta-do de São Paulo, 27.05.2007, D6

GADOTTI, MOACIR (2007b): A Escola e o Professor. Paulo Freire e a paixão de ensinar. São Paulo (Publisher Brasil)

GADOTTI, MOACIR (Manuskript ohne Datumsangabe): Education for sustainable development. What we need to learn to save the planet? [sic] São Paulo (Instituto Paulo Freire) 1–33

GADOTTI, MOACIR (2008): What We Need to Learn to Save the Planet. In: Journal of Education for Sustainable Development. 2008, 2. Los Angeles, London, Neu-Delhi, Singapur (SAGE Publications) 21–30

GADOTTI, MOACIR; TORRES, CARLOS ALBERTO (2005): Paulo Freire, Administrador Público. A Experiência de Paulo Freire na Secretaria da Educação da Cidade de São Paulo [1989 – 1991]. In: FREIRE, PAULO (2005a, ursprünglich 1991): A Educação na Cidade. São Paulo (Cortez Editora) 11–17

GERHARDT, HEINZ-PETER (1978): Zur Theorie und Praxis Paulo Freires in Brasilien. Frankfurt am Main. (Dissertation ohne Verlagsangabe)

GERHARDT, HEINZ-PETER (1991): Alphabetisierung weltweit. Ein Untersuchungsansatz zu Zielen und Interessen in der Alphabetisierungsarbeit. In: DABISCH, JOACHIM; SCHULZE, HEINZ (Hg.) (1991): Befreiung und Menschlichkeit. Texte zu Paulo Freire. München (AG SPAK Publikationen) 104–108

GERHARDT, HEINZ-PETER (1996): Uma voz européia. Arqueologia de un pensamento. In: GADOTTI, MOACIR (Hg.) (1996a): Paulo Freire. Uma biobibliografia. São Paulo (Cortez Editora) 149–170

GERHARDT, HEINZ-PETER (2000): Befreiende Pädagogik 2000. Eine Bestandsaufnahme. In: DABISCH, JOACHIM (Hg.) (2000): Zeitschrift Dialogische Erziehung. 4. Jahrgang, Nr. 4. Oldenburg (Paulo Freire Verlag) 27–36

GERHARDT, HEINZ-PETER (2001): Educação libertadora e globalização. In: ARAÚJO FREIRE, ANA MARIA; APOLUCENO DE OLIVEIRA, IVANILDE; MACHADO, ROBERTO LUIZ (Hg.) (2001): A Pedagogia da Libertação em Paulo Freire. São Paulo (Editora Unesp) 101–112

GERHARDT, HEINZ-PETER (2006): Liberatory Education and Globalization. In: DABISCH, JOACHIM (Hg.) (2006c): Aspekte der Freire-Pädagogik. Nr. 4/2000. Oldenburg (Paulo Freire Verlag) 2. Auflage, 1–19

GERMANN, DOROTHEA (2001): Die Bedeutung der Bildungskonzeption Paulo Freires für die Realisierung einer „ética universal do ser humano". Aachen (Wissenschaftsverlag Verlagsgruppe Mainz)

GESELLSCHAFT FÜR INTERKULTURELLE BILDUNGSFORSCHUNG UND ENTWICKLUNGSPÄDAGOGIK E.V. (Hg.) (1999): Zeitschrift für internationale Bildungsforschung und Entwicklungspädagogik. 22. Jahrgang, Nr. 1. Frankfurt am Main (IKO Verlag für interkulturelle Kommunikation)

GIDDENS, ANTHONY (2001): Entfesselte Welt. Wie die Globalisierung unser Leben verändert. Frankfurt am Main (Suhrkamp)

GIDDENS, ANTHONY (2003): Die große Globalisierungsdebatte. In: KLEINER, MARCUS S.; STRASSER, HERMANN (Hg.) (2003): Globalisierungswelten. Kultur und Gesellschaft in einer entfesselten Welt. Köln (Herbert von Halem Verlag) 33–70

GIROUX, HENRY A. (1985): Introduction. In: FREIRE, PAULO (1985): The Politics of Education. Culture, Power and Liberation. Westport/Connecticut, London (Bergin & Garvey) xi–xxv

GIROUX, HENRY A. (1988): Teachers as intellectuals: toward a critical pedagogy of learning. Granby/Massachusetts (Bergin & Garvey)

GIROUX, HENRY A. (1993): Paulo Freire and the politics of postcolonialism. In: MCLAREN, PETER; LEONARD, PETER (Hg.) (1993): Paulo Freire. A Critical Encounter. London, New York (Routledge) 177–188

GIROUX, HENRY A. (1994): Disturbing pleasures: Learning popular culture. New York, London (Routledge)

GIROUX, HENRY A. (1996): Um livro para os que cruzam fronteiras. In: GADOTTI, MOACIR (Hg.) (1996a): Paulo Freire. Uma biobibliografia. São Paulo (Cortez Editora) 569–570

GIROUX, HENRY A. (2001): Public spaces, private lives. Beyond the culture of cynicism. Lanham, Boulder, Oxford, New York (Rowman & Littlefield Publishers)

GOMES GARCIA, OLGAIR (2004): A Formação do Educador em Paulo Freire: A Constituição do Educador-Sujeito numa Prática em Processo. São Paulo (Pontifícia Universidade Católica de São Paulo, PUC-SP. Unveröffentlichte Doktorarbeit)

GOMES GARCIA, OLGAIR (Hg.) (2002): Poetizando Paulo Freire. São Paulo (ohne Verlagsangabe)

GONZALEZ CURSINO DOS SANTOS, EURICO A. (2006): Die soziale Konstruktion des Sklaven: Die Religion Brasiliens. In: KÜHN, THOMAS; SOUZA, JESSÉ (Hg.) (2006): Das moderne Brasilien. Gesellschaft, Politik und Kultur in der Peripherie des Westens. Wiesbaden (Verlag für Sozialwissenschaften) 213–228

GORMAN, PAUL R. (1996): Left Intellectuals and Popular Culture in Twentieth-Century America. Chapel Hill, London (The University of North Carolina Press)

GRAMSCI, ANTONIO (1964): Gli intellettuali e l'organizzazione della cultura. Torino (Giulio Einaudi Editore) 7. Auflage

GREGORI, RICARDA (2001): Interkulturelles Know-How für das Engagement in Brasilien. In: Tópicos. Nr. 4/2001. Bonn (ohne Verlagsangabe) 10

GROSSE-OETRINGHAUS, HANS-MARTIN (1991): Alternativen zum Schweigen? Von den Schwierigkeiten, die Konzeption Paulo Freires hier bei uns zu vermitteln. In: DABISCH, JOACHIM; SCHULZE, HEINZ (Hg.) (1991): Befreiung und Menschlichkeit. Texte zu Paulo Freire. München (AG SPAK Publikationen) 145–150

GROSSE-OETRINGHAUS, HANS-MARTIN (2001): Os postulados de Freire e os direitos da criança. In: ARAÚJO FREIRE, ANA MARIA; APOLUCENO DE OLIVEIRA, IVANILDE; MACHADO, ROBERTO LUIZ (Hg.) (2001): A Pedagogia da Libertação em Paulo Freire. São Paulo (Editora Unesp) 97–100

GUR-ZE'EV, ILAN (1998): Toward a Non-Repressive Critical Pedagogy. In: Educational Theory. Volume 48, Fall 1998, Nr. 4. (University of Illinois) 463–486

GUSMAO DE GOES BRENNAND, EDNA (1999): Education et globalisation: un dialogue entre Paulo Freire et Jürgen Habermas. Paris (Dissertation Sorbonne)

GUTIÉRREZ, FRANCISCO (1996): Caminhante da Obviedade. In GADOTTI, MOACIR (1996a) (Hg.): Paulo Freire. Uma biobibliografia. São Paulo (Cortez Editora) 187–189

GUTIÉRREZ, GUSTAVO (1992): Theologie der Befreiung. Mainz (Matthias Grünewald-Verlag) 10. Auflage

HAGLEITNER, SILVIA (1996): Mit Lust an der Welt – in Sorge um sie. Feministisch-politische Bildungsarbeit nach Paulo Freire und Ruth C. Cohn. Mainz (Matthias-Grünewald-Verlag)

HALL, STUART (2000a): Ideologie, Kultur, Rassismus. Ausgewählte Schriften 1. Hamburg (Argument Verlag)

HALL, STUART (2000b): Cultural Studies. Ein politisches Theorieprojekt. Ausgewählte Schriften 3. Herausgegeben und übersetzt von Nora Räthzel. Hamburg (Argument Verlag)

HALL, STUART (2000c): Rassismus und kulturelle Identität. Ausgewählte Schriften 2. Hamburg (Argument Verlag)

HALL, STUART (2004): Ideologie, Identität, Repräsentation. Ausgewählte Schriften 4. Herausgegeben von Juha Koivisto und Andreas Merkens. Hamburg (Argument Verlag)

HALL, STUART; HELD, DAVID; HUBERT, DON; THOMPSON, KENNETH (Hg.) (2000): Modernity. An Introduction to Modern Societies. Malden/Massachusetts, Oxford (Blackwell Publishers)

HALL, STUART; DU GAY, PAUL (Hg.) (1996): Questions of Cultural Identity. London, Thousand Oaks, New Delhi (SAGE Publications)

HARDT, MICHAEL; NEGRI, ANTONIO (2004): Multitude. Krieg und Demokratie im Empire. Frankfurt am Main, New York (Campus)

HAUSMANN, GOTTFRIED (1991): Erinnerungen. In: DABISCH, JOACHIM; SCHULZE, HEINZ (Hg.) (1991): Befreiung und Menschlichkeit. Texte zu Paulo Freire. München (AG SPAK Publikationen) 26–29

HEGEL, GEORG WILHELM FRIEDRICH (2000): Phänomenologie des Geistes. Köln (Könemann Verlagsgesellschaft)

HEINZ, WOLFGANG S. (1996): Menschenrechte und Demokratie in Brasilien. In: BRIESEMEISTER, DIETRICH; ROUANET, SERGIO P. (Hg.) (1996): Brasilien im Umbruch: Akten des Berliner Brasilien-Kolloquiums vom 20.–22. September 1995. Frankfurt am Main (Biblioteca Luso-Brasileira) 79–92

HERNÁNDEZ, JESÚS (1977): Pädagogik des Seins. Paulo Freires praktische Theorie einer emanzipatorischen Erwachsenenbildung. Edition 2000, Band 52. Lollar (Achenbach)

HERNÁNDEZ, JESÚS (1991): Bewußtsein, wozu? In: DABISCH, JOACHIM; SCHULZE, HEINZ (Hg.) (1991): Befreiung und Menschlichkeit. Texte zu Paulo Freire. München (AG SPAK Publikationen) 70–75

HOFFMANN, DIETER (2007): Kritische Erziehungswissenschaft. Historische und systematische Rekonstruktionen eines verdrängten Paradigmas. Hamburg (Verlag Dr. Kovač)

HOLM, KARIN (1991): 10 Jahre Volkserziehung in Nicaragua. In: DABISCH, JOACHIM; SCHULZE, HEINZ (Hg.) (1991): Befreiung und Menschlichkeit. Texte zu Paulo Freire. München (AG SPAK Publikationen) 91–103

HOOKS, BELL (1994): Teaching to Transgress. Education as the Practice of Freedom. New York, London (Routledge)

HOOVER INSTITUTION, LELAND STANFORD JUNIOR UNIVERSITY (2003) (Hg): Education next. A journal of opinion and research. Volume 3, Nr. 4. Stanford/CA (ohne Verlagsangabe)

HUTTERER, ROBERT (1998): Das Paradigma der humanistischen Psychologie. Entwicklung, Ideengeschichte und Produktivität. Wien (Springer Verlag)

IBEN, GERD (Hg.) (1996a): Dialogische Heilpädagogik. Grundlagen und heilpädagogische Praxis. Ohne Ortsangabe (Verlag Wort im Bild)

IBEN, GERD (1996b): Momente des Dialogischen und kommunikative Kompetenz – Versuch einer Zusammenfassung. In: IBEN, GERD (Hg) (1996a): Dialogische Heilpädagogik. Grundlagen und heilpädagogische Praxis. Ohne Ortsangabe (Verlag Wort im Bild) 243–250

ILLICH, IVÁN (1980): Schulen helfen nicht. Über das mythenbildende Ritual der Industrie-gesellschaft. Strukturen einer Kulturrevolution. Reinbek bei Hamburg (Rowohlt)

ILLICH, IVÁN (1981): Entschulung der Gesellschaft. Entwurf eines demokratischen Bildungssystems. Reinbek bei Hamburg (Rowohlt)

INA-JOURNAL DER INTERNATIONALEN AKADEMIE FÜR INNOVATIVE PÄDAGOGIK, PSYCHO-LOGIE UND ÖKONOMIE (INA) AN DER FREIEN UNIVERSITÄT BERLIN (2006/2007) Heft 2. Berlin (ohne Verlagsangabe)

INSTITUT FÜR INTERNATIONALE ZUSAMMENARBEIT DES DEUTSCHEN VOLKSHOCHSCHUL-VERBANDES (DVV INTERNATIONAL) (Hg.) (1999): Adult Education and Development, Nr. 53. Bonn (IIZ/DVV)

INSTITUT FÜR INTERNATIONALE ZUSAMMENARBEIT DES DEUTSCHEN VOLKSHOCHSCHUL-VERBANDES (DVV INTERNATIONAL) (Hg.) (2007): Adult Education and Development, Nr. 69. Bonn (IIZ/DVV)

INSTITUTO NACIONAL DE ESTUDOS E PESQUISAS EDUCACIONAIS ANÍSIO TEIXEIRA (INEP); MINISTÉRIO DA EDUCAÇÃO (2003): Mapa do Analfabetismo no Brasil. Brasilia (ohne Verlagsangabe)

INSTITUTO PAULO FREIRE, ESCOLA MULTIMEIOS (Hg.) (2005): Alfabetização Multimeios. Rio de Janeiro (ohne Verlagsangabe)

INSTITUTO PAULO FREIRE, FUNDAÇÃO VALE DO RIO DOCE, FUNDAÇÃO ROBERTO MARINHO (Hg.) (2005): Tecendo o Saber. Livro de Leitura e Reflexão. Rio de Janeiro (ohne Verlagsangabe)

INSTITUTO PAULO FREIRE; PETROBRAS; FUNDAÇÃO BANCO DO BRASIL (JOSÉ VALE, MARIA; GONÇALVES JORGE, SONIA MARIA; BENEDETTI, SANDRA) (Hg.) (2005): Paulo Freire, Educar para transformar: almanaque histórico. São Paulo (ohne Verlagsanga-be)

JACOB, ERNST GERHARD (1974): Grundzüge der Geschichte Brasiliens. Darmstadt (Wis-senschaftliche Buchgesellschaft)

JACOBI, JULIANE (Hg.) (2005): Martin Buber, Werkausgabe 8. Schriften zu Jugend, Erzie-hung und Bildung. Gütersloh (Gütersloher Verlagshaus)

JOHN, SARAH-LEA (2006): Erziehung und Politik. Pädagogische Diskurse und Sozialkritik im Brasilien des 20. Jahrhunderts. In: WENTZLAFF-EGGEBERT, CHRISTIAN; TRAINE, MARTIN (Hg.) (2006): Arbeitspapiere zur Lateinamerikaforschung, II-05. Köln (Ar-beitskreis Spanien-Portugal-Lateinamerika, Philosophische Fakultät der Universität zu Köln)

JOUHY, ERNEST (1996): Bleiche Herrschaft – Dunkle Kulturen. Essais zur Bildung in Nord und Süd. Frankfurt am Main (IKO – Verlag für interkulturelle Kommunikation)

JULES, DIDACUS (1993): The challenge of popular education in the Grenada revolution. In: LANKSHEAR, COLIN; MCLAREN, PETER (Hg.) (1993): Critical Literacy. Politics, praxis and the postmodern. New York (State University of New York Press)

KINCHELOE, JOE L. (2004): Critical Pedagogy Primer. New York (Peter Lang Verlag)

KLEINER, MARCUS S.; STRASSER, HERMANN (Hg.) (2003): Globalisierungswelten. Kultur und Gesellschaft in einer entfesselten Welt. Köln (Herbert von Halem Verlag)

KNAUTH, THORSTEN; SCHROEDER, JOACHIM (1998a): Eröffnungsvortrag. In: FRITSCH-OPPERMANN, SYBILLE (Hg.) (1998): Paulo Freire in Memoriam: Lernen befreit. Dialog, Pädagogik und gesellschaftliche Transformation in interkulturellen Gesellschaften, Loccumer Protokolle 21/97. Rehburg-Loccum (ohne Verlagsangabe) 15–24

KNAUTH, THORSTEN; SCHROEDER, JOACHIM (Hg.) (1998b): Über Befreiung. Befreiungspädagogik, Befreiungsphilosophie und Befreiungstheologie im Dialog. Münster (Waxmann)

KNOPF, DETLEF; MÖLLER, DORIS; SCHMIDT, MICHAEL (1978): Alltagsorientierung in der Bildungsarbeit mit Erwachsenen. Eine kritische Analyse von Paulo Freires Konzept der „conscientización". Bensheim (päd.extra buchverlag) [sic]

KOBRA, BUNDESWEITER ZUSAMMENSCHLUSS DER BRASILIENSOLIDARITÄT (2007): Brasilicum. Aktuelle Nachrichten aus Brasilien, Nr. 161. Freiburg (ohne Verlagsangabe)

KOŁAKOWSKI, LESZEK (1979): Die Hauptströmungen des Sozialismus, Band 3. München (Piper Verlag)

KORFKAMP, JENS (2004): Ein Klassiker der Alphabetisierung: Paulo Freires konkrete Utopie der Befreiung. In: BUNDESVERBAND ALPHABETISIERUNG E.V. (Hg.) (2004): Alfa-Forum. Zeitschrift für Alphabetisierung und Grundbildung. 18. Jahrgang, Nr. 54/55. Münster (ohne Verlagsangabe) 56–58

KOSÍK, KAREL (1967): Die Dialektik des Konkreten. Eine Studie zur Problematik des Menschen und der Welt. Frankfurt am Main (Suhrkamp)

KRECKEL, REINHARD (Hg.) (1983): Soziale Ungleicheiten. Göttingen (Verlag Otto Schwartz & Co.)

KÜHN, THOMAS; SOUZA, JESSE (Hg.) (2006): Das moderne Brasilien. Gesellschaft, Politik und Kultur in der Peripherie des Westens. Wiesbaden (Verlag für Sozialwissenschaften)

LACLAU, ERNESTO; MOUFFE, CHANTAL (1991): Hegemonie und radikale Demokratie. Zur Dekonstruktion des Marxismus. Wien (Passagen Verlag)

LACLAU, ERNESTO (2002): Emanzipation und Differenz. Wien (Verlag Turia + Kant)

LANGE, CHRISTIAN (2001): In der Begegnung mit dem Anderen erkenne ich mich und meine Situation. In: PAULO FREIRE GESELLSCHAFT (Hg.) (2001): Zeitschrift für befreiende Pädagogik. Lehrerfortbildung im gegenseitigen Austausch. Nr. 27/28. München (ohne Verlagsangabe) 36–45

LANKSHEAR, COLIN; MCLAREN, PETER (Hg.) (1993): Critical Literacy. Politics, praxis and the postmodern. New York (State University of New York Press)

LEITE SINTRA, BENEDITO ELISEU (1978): O sentido do Outro em Paulo Freire. São Paulo. (Pontifícia Universidade Católica de São Paulo, PUC-SP. Unveröffentlichte Magisterarbeit)

LEITE SINTRA, BENEDITO ELISEU (1996): Entre o grego e o semita In: GADOTTI, MOACIR (Hg.) (1996a): Paulo Freire. Uma biobibliografia. São Paulo (Cortez Editora) 577–580

LENHART, VOLKER (1993): „Bildung für alle" Zur Bildungskrise in der dritten Welt. Darmstadt (Wissenschaftliche Buchgesellschaft)

LETSCH, FRITZ (1991): Bewußtseinsbildung in der Theaterarbeit. In: DABISCH, JOACHIM; SCHULZE, HEINZ (Hg.) (1991): Befreiung und Menschlichkeit. Texte zu Paulo Freire. München (AG SPAK Publikationen) 175–180

LEUSCHNER, ANDREAS (1991): Vom Lehrer zum Animator und Mentor. Ein Weg der Bewußtwerdung an der Berufsschule der Emigrierten. In: DABISCH, JOACHIM; SCHULZE, HEINZ (Hg.) (1991): Befreiung und Menschlichkeit. Texte zu Paulo Freire. München (AG SPAK Publikationen) 253–256

LIEHR, WILFRIED (1983): Fischer in Brasilien. Schritte zur Selbstbefreiung durch Basisorganisationen. Aspekte der Brasilienkunde, Band 7. Mettingen (Brasilienkunde Verlag)

LIEHR, WILFRIED (1988): Katholizismus und Demokratisierung in Brasilien. Forschungen zu Lateinamerika, Band 17. Saarbrücken, Fort Lauderdale (Verlag breitenbach Publishers)

LINDIG, Alexandra (2008): Funktionaler Analphabetismus Jugendlicher und junger Erwachsener. Potentiale der Methode PAULO FREIREs für die Alphabetisierungsarbeit mit Jugendlichen. Saarbrücken (VDM Verlag Dr. Müller)

LIVINGSTONE, DAVID W. (Hg.) (1987): Critical Pedagogy and Cultural Power. South Hadley/Massachusetts (Bergin & Garvey)

LOHRENSCHEIT, CLAUDIA (2002): Einladung zur Reflexion über Paulo Freire: Gottfried Mergner über die Aktualität des Erziehungswissenschaftlers. In: NITSCH, WOLFGANG; VAN DER LINDEN, MICHAEL; LOHRENSCHEIT, CLAUDIA; GRUBITZSCH, SIEGFRIED (Hg.) (2002): Statt Menschenliebe: Menschenrechte. Lernprozesse zwischen gesellschaftlicher Anpassungsgewalt und Widerstand. Zur Erinnerung an Gottfried Mergner (1940–1999). Frankfurt am Main (IKO Verlag für interkulturelle Kommunikation) 79–84

LUCAS, FÁBIO (2002): Expressões da identidade brasileira. São Paulo (EDUC)

LUTZ, RONALD (2007): Befreiende Praxis. In: DABISCH, JOACHIM (Hg.) (2007): Dialogische Erziehung. Informationen zur Paulo Freire Pädagogik. 11. Jahrgang, Nr. 1/2. Oldenburg (Paulo Freire Verlag) 4–8

LYOTARD, JEAN-FRANÇOIS (1991a): Beantwortung der Frage: Was ist postmodern? In: ENGELMANN, PETER (1991a): Postmoderne und Dekonstruktion. Texte französischer Philosophen der Gegenwart. Stuttgart (Reclam) 33–48

LYOTARD, JEAN-FRANÇOIS (1991b): Randbemerkungen zu den Erzählungen. In: ENGELMANN, PETER (1991a): Postmoderne und Dekonstruktion. Texte französischer Philosophen der Gegenwart. Stuttgart (Reclam) 49–53

MACEDO, DONALDO (2001): Foreword. In: FREIRE, PAULO (2001c): Pedagogy of Freedom. Ethics, Democracy and Civic Courage. Lanham, Boulder, Oxford, New York (Rowman & Littlefield Publishers) xi–xxxii

MACKIE, ROBERT (Hg.) (1981): Literacy and Revolution. The Pedagogy of Paulo Freire. New York (Continuum)

MÄDCHE, FLÁVIA (1995): Kann Lernen wirklich Freude machen? Der Dialog in der Erziehungskonzeption von Paulo Freire. München (AG SPAK Publikationen)

MANN, BERNHARD (1979): Die pädagogisch-politischen Konzeptionen Mahatma Gandhis und Paulo Freires. Eine vergleichende Studie zur entwicklungsstrategischen politischen Bildung in der Dritten Welt. Studien zur Politikdidaktik, Band 9. Frankfurt am Main (Haag+Herchen Verlag)

MATTERSBURGER KREIS FÜR ENTWICKLUNGSPOLITIK AN DEN ÖSTERREICHISCHEN UNIVERSITÄTEN (Hg.) (2007): Paulo Freire heute. Zur Aktualität von Volksbildung und Befreiungspädagogik. Journal für Entwicklungspolitik (JEP), Vol. XXIII 3-2007. Wien (mandelbaum *edition südwind*)

MAYO, PETER (2004): Liberating Praxis. Paulo Freire's Legacy for Radical Education and Politics. Westport/Connecticut, London (Praeger)

MAYO, PETER (2006): Politische Bildung bei Antonio Gramsci und Paulo Freire. Perspektiven einer verändernden Praxis. Hamburg (Argument Verlag)

MCKINNON, TANYA (1997): The Dilemmas of Lived Multiculturalism. In: FREIRE, PAULO; FRASER, JAMES W.; MACEDO, DONALDO; MCKINNON, TANYA; STOKES, WILLIAM T. (Hg.) (1997): Mentoring the Mentor. A Critical Dialogue with Paulo Freire. New York, Washington/D.C., Baltimore, Bern, Frankfurt am Main, Berlin, Wien, Paris (Peter Lang) 283–301

MCLAREN, PETER; LEONARD, PETER (Hg.) (1993a): Paulo Freire. A Critical Encounter. London, New York (Routledge)

MCLAREN, PETER; LEONARD, PETER (1993b): Editor's Introduction. Absent discourses: Paulo Freire and the dangerous memories of liberation. In: MCLAREN, PETER; LEONARD, PETER (Hg.) (1993a): Paulo Freire. A Critical Encounter. London, New York (Routledge) 1–7

MCLAREN, PETER (1997): Freirean Pedagogy: The challenge of Postmodernism and the Politics of Race. In: FREIRE, PAULO; FRASER, JAMES W.; MACEDO, DONALDO; MCKINNON, TANYA; STOKES, WILLIAM T. (Hg.) (1997): Mentoring the Mentor. A Critical Dialogue with Paulo Freire. New York, Washington/D.C., Baltimore, Bern, Frankfurt am Main, Berlin, Wien, Paris (Peter Lang) 99–125

MCLAREN, PETER (2000): Che Guevara, Paulo Freire and the Pedagogy of Revolution. Lanham, Boulder, New York, Oxford (Rowman & Littlefield Publishers)

MCLAREN, PETER (2001): Freirean Pedagogy and Higher Education: The Challenge of Postmodernism and the Politics of Race. In: RICHARDS, MICHAEL; THOMAS, PRADIP N.; NAIN, ZAHAROM (2001): Communication and Development. The Freirean Connection. Cresskill/New Jersey (Hampton Press) 109–130

MCLAREN, PETER; LANKSHEAR, COLIN (1994): Politics of Liberation. Paths from Freire. London, New York (Routledge)

MCLAREN, PETER; DE LISSOVOY, NOAH (2003): Paulo Freire. In: TENORTH, HEINZ-ELMAR (Hg.) (2003): Klassiker der Pädagogik, 2. Band. Von John Dewey bis Paulo Freire. München (Verlag C.H. Beck) 217–226

MCLENNAN, GREGOR (2000): The Enlightenment Project Revisited. In: HALL, STUART; HELD, DAVID; HUBERT, DON; THOMPSON, KENNETH (Hg.) (2000): Modernity. An Introduction to Modern Societies. Malden/Massachusetts, Oxford (Blackwell Publishers) 635–663

MEDIENVERBAND DER EVANGELISCHEN KIRCHE IM RHEINLAND (Hg.) (1987): Erziehen heute: Mitteilungen der Gemeinschaft Evangelischer Erzieher e.V. Jahrgang 1987, Nr. 37. Düsseldorf (ohne Verlagsangabe)

MEJÍA, MARCO RAÚL (1999): Paulo Freire na Mudança de Século: Um chamamento para reconstruir a Práxis impugnadora. In: STRECK, DANILO R.; REDIN, EUCLIDES; MÄDCHE, FLÁVIA C.; MANETZEDER KEIL, IVETE; GAIGER, LUIZ I. (Hg.) (1999): Paulo Freire: Ética, Utopia e Educação. Petrópolis, RJ. (Editora Vozes) 7. Auflage, 53–65

MERGNER, GOTTFRIED (2000): Zur Bedeutung des Konzepts der Erwachsenenbildung von Paulo Freire. In: OVERWIEN, BERND (Hg.) (2000a): Lernen und Handeln im globalen Kontext. Beiträge zur Theorie und Praxis internationaler Erziehungswissenschaft. Zur Erinnerung an Wolfgang Karcher. Frankfurt am Main (IKO Verlag für interkulturelle Kommunikation) 45–50

MERGNER, GOTTFRIED (2002): Paulo Freire: Zur Vernunft der Solidarität. In: NITSCH, WOLFGANG; VAN DER LINDEN, MICHAEL; LOHRENSCHEIT, CLAUDIA; GRUBITZSCH, SIEGFRIED (Hg.) (2002): Statt Menschenliebe: Menschenrechte. Lernprozesse zwischen gesellschaftlicher Anpassungsgewalt und Widerstand. Zur Erinnerung an Gottfried Mergner (1940–1999). Frankfurt am Main (IKO Verlag für interkulturelle Kommunikation) 101–108

METZ, JOHANN BAPTIST (1992): Vorwort. In: GUTIÉRREZ, FRANCISCO (1992): Theologie der Befreiung. Mainz (Matthias Grünewald-Verlag) 10. Auflage, 11–16

MONTAG HIRCHZON, CECÍLIA; COPIT, MELANIE (1996): Psicanálise e Paulo Freire. In: GADOTTI, MOACIR (Hg.) (1996a): Paulo Freire. Uma biobibliografia. São Paulo (Cortez Editora) 629–631

MOSER, HEINZ (1972): Programmatik einer kritischen Erziehungswissenschaft. In: BLANKERTZ, HERWIG; BOLLNOW, OTTO F.; BREZINKA, WOLFGANG; FLITNER, ANDREAS; FURCK, CARL-LUDWIG; KLAFKI, WOLFGANG; LANGEVELD, MARTINUS J.; ROEDER, PETER M.; SCHEIBE, WOLFGANG; SCHEUERL, HANS (Hg.) (1972): Zeitschrift für Pädagogik. 18. Jahrgang, Nr. 5. Weinheim (Beltz) 639–657

MOUFFE, CHANTAL (1997): The return of the political. London, New York (Verso)

MOUFFE, CHANTAL (2000): Deliberative Democracy or Agonistic Pluralism. Wien (Institut für höhere Studien)

MUNK, ELFRIEDE (1988): Der/die Lehrende in der Erwachsenenbildung: Idealvorstellungen und die sie bestimmenden Faktoren dargestellt am Beispiel von Carl R. Rogers und Paulo Freire. Tübingen (H.-J. Köhler, Reprografischer Betrieb)

MUTZ, GERD; KÜHNLEIN, IRENE (2001): Erwerbsarbeit, bürgerschaftliches Engagement und Eigenarbeit – Auf dem Weg in eine neue Arbeitsgesellschaft? In: BECK, ULRICH; BONSS, WOLFGANG (Hg.) (2001): Die Modernisierung der Moderne. Frankfurt am Main (Suhrkamp) 191–202

NESTVOGEL, RENATE (2001): Considerações sobre a *Pedagogia do oprimido*. In: ARAÚJO FREIRE, ANA MARIA; APOLUCENO DE OLIVEIRA, IVANILDE; MACHADO, ROBERTO LUIZ (Hg.) (2001): A Pedagogia da Libertação em Paulo Freire. São Paulo (Editora Unesp) 207–208

NEUBERT, STEFAN; ROTH, HANS-JOACHIM; YILDIZ, EROL (Hg.) (2002): Multikulturalität in der Diskussion. Neuere Beiträge zu einem umstrittenen Konzept. Reihe Interkulturelle Studien. Opladen (Leske + Budrich)

NITSCH, WOLFGANG; VAN DER LINDEN, MICHAEL; LOHRENSCHEIT, CLAUDIA; GRUBITZSCH, SIEGFRIED (Hg.) (2002): Statt Menschenliebe: Menschenrechte. Lernprozesse zwischen gesellschaftlicher Anpassungsgewalt und Widerstand. Zur Erinnerung an Gottfried Mergner (1940–1999). Frankfurt am Main (IKO Verlag für interkulturelle Kommunikation)

NITSCHAK, HORST (1996): Brasilianische Kultur. Gegensätze und Vielfalt. In: BRIESEMEISTER, DIETRICH; ROUANET, SERGIO P. (Hg.) (1996): Brasilien im Umbruch: Akten des Berliner Brasilien-Kolloquiums vom 20.–22. September 1995. Frankfurt am Main (Biblioteca Luso-Brasileira) 243–255

NUSCHELER, FRANZ (2006): Entwicklungspolitik. Bonn (Lizenzausgabe für die Bundeszentrale für politische Bildung. Verlag J.H.W. Dietz)

ORDÓÑEZ PEÑALONZO, JACINTO (1996): O corte epistemológico de Paulo Freire. In: GADOTTI, MOACIR (Hg.) (1996a): Paulo Freire. Uma biobibliografia. São Paulo (Cortez Editora) 573–576

ORTIZ, RENATO (1994): Cultura Brasileira e Identidade Nacional. São Paulo (editora brasiliense) 4. Auflage

OVERWIEN, BERND (Hg.) (2000a): Lernen und Handeln im globalen Kontext. Beiträge zur Theorie und Praxis internationaler Erziehungswissenschaft. Zur Erinnerung an Wolfgang Karcher. Frankfurt am Main (IKO Verlag für interkulturelle Kommunikation)

OVERWIEN, BERND (2000b): Befreiungspädagogik und informelles Lernen – eine Verbindung für globales Lernen? In: SCHEUNFLUG, ANNETTE; HIRSCH, KLAUS (Hg.) (2000): Globalisierung als Herausforderung für die Pädagogik. Frankfurt am Main, London (IKO-Verlag)

OVERWIEN, BERND (2003): Von der „Dritte-Welt-Pädagogik" zum globalen Lernen? In: BERNHARD, ARMIN; KREMER, ARMIN; RIESS, FALK (Hg.) (2003b): Kritische Erziehungswissenschaft und Bildungsreform. Programmatik – Brüche – Neuansätze, Band 2: Reformimpulse in Pädagogik, Didaktik und Curriculumentwicklung. Baltmannsweiler (Schneider Verlag Hohengehren) 112–123

OVERWIEN, BERND; PRENGEL, ANNEDORE (Hg.) (2007): Recht auf Bildung. Zum Besuch des Sonderberichterstatters der Vereinten Nationen in Deutschland. Opladen, Farmington Hills (Verlag Barbara Budrich)

PADILHA, PAULO ROBERTO (2007): Educar em todos os cantos. Reflexões e Canções por uma Educação Intertranscultural. São Paulo (Cortez Editora/Instituto Paulo Freire)

PAUCKER, ULRICH (2006): Alphabetisierung in der Erwachsenenbildung. Zur Arbeit mit Migrantinnen und Migranten in Deutschland nach der Methode Paulo Freires. Oldenburg (Paulo Freire Verlag)

PAULO FREIRE GESELLSCHAFT (Hg.) (1997a): Adios Paulo Freire! Texte – Würdigung – Nachrufe in deutscher, spanischer, portugiesischer, englischer, französischer und catalanischer Sprache. München (ohne Verlagsangabe)

PAULO FREIRE GESELLSCHAFT (Hg.) (1997b): Zeitschrift für befreiende Pädagogik. Feministisches Nachdenken über befreiende Pädagogik. WIR? Frauen zwischen einer und vielen Welten. Nr. 13/14. München (ohne Verlagsangabe)

PAULO FREIRE GESELLSCHAFT (Hg.) (1999): Zeitschrift für befreiende Pädagogik. Ist Annäherung möglich? Konfliktbearbeitung in der befreienden Erziehung. Nr. 21/22. München (ohne Verlagsangabe)

PAULO FREIRE GESELLSCHAFT (Hg.) (2000): Zeitschrift für befreiende Pädagogik. Agenda 21 – Eine Welt. Voneinander lernen in Nord und Süd. Nr. 23/24. München (ohne Verlagsangabe)

PAULO FREIRE GESELLSCHAFT (Hg.) (2001): Zeitschrift für befreiende Pädagogik. Lehrerfortbildung im gegenseitigen Austausch. Nr. 27/28. München (ohne Verlagsangabe)

PEREIRA PAIVA, VANILDA (1980): Nationalismus und Bewusstseinsbildung in Brasilien, insbesondere bei Paulo Freire. Frankfurt am Main (Verlag Renate Gerhardt)

PERSIE, MICHAEL (1984): Paulo Freire, Theologie der Befreiung und praxisverändernde Bildung. München (AGSPAK Publikationen)

PERSIE, MICHAEL (1991): Suchtarbeit nach Paulo Freire. In: DABISCH, JOACHIM; SCHULZE, HEINZ (Hg.) (1991): Befreiung und Menschlichkeit. Texte zu Paulo Freire. München (AG SPAK Publikationen) 151–155

PETERS, MANFRED (1991): Die Pädagogik Paulo Freires in der Schule. Ein Erfahrungsbericht. In: DABISCH, JOACHIM; SCHULZE, HEINZ (Hg.) (1991): Befreiung und Menschlichkeit. Texte zu Paulo Freire. München (AG SPAK Publikationen) 222–235

PETERS, MICHAEL (1999): Freire and Postmodernism. In: ROBERTS, PETER (Hg.) (1999): Paulo Freire, Politics and Pedagogy. Reflections from Aotearoa – New Zealand. Palmerston North (Dunmore Press) 113–122

POPPER, KARL (1992a): Die offene Gesellschaft und ihre Feinde, Band 1. Tübingen (J.C.B. Mohr/Paul Siebeck) 7. Auflage

POPPER, KARL (1992b): Die offene Gesellschaft und ihre Feinde, Band 2. Tübingen. (J.C.B. Mohr/Paul Siebeck) 7. Auflage

PROGRAMA DAS NAÇÕES UNIDAS (2007): Relatório de Desenvolvimento Humano 2007/2008. New York (Edições Almedina)

REICH, KERSTEN (1996): Systemisch-konstruktivistische Pädagogik. Neuwied, Kriftel, Berlin (Luchterhand)

REICH, KERSTEN (1998a): Die Ordnung der Blicke, Band 1. Beobachtungen und die Unschärfen der Erkenntnis. Perspektiven des interaktionistischen Konstruktivismus. Neuwied, Kriftel, Berlin (Luchterhand)

REICH, KERSTEN (1998b): Die Ordnung der Blicke, Band 2. Beziehungen und Lebenswelt. Perspektiven des interaktionistischen Konstruktivismus. Neuwied, Kriftel, Berlin (Luchterhand)

REICH, KERSTEN (2004): Konstruktivistische Didaktik. Lehren und Lernen aus interaktionistischer Sicht. München, Unterschleißheim, Neuwied (Luchterhand)

REICH, KERSTEN (2006): Multitude zwischen Beobachtern, Teilnehmern und Akteuren. Köln (Unveröffentlichtes Manuskript)

RENGIFO VASQUEZ, GRIMALDO (2005): Nurturance in the Andes. In: BOWERS, C.A.; APFFEL-MARGLIN, FRÉDÉRIQUE (Hg.) (2005): Rethinking Freire. Globalization and Environmental Crisis. Mahawah/New Jersey, London (Lawrence Erlbaum Associates Publishers) 31–47

REVISTA CULT. REVISTA BRASILEIRA DE CULTURA (2007): Entrevista com o filósofo Paulo Arantes. Jahrgang 10, Nr. 118 (8–12); Dossiê: A renovação do pensamento de esquerda. São Paulo (40–64) (Editora Bregantini)

RIBEIRO, JOÃO UBALDO (1994): Ein Brasilianer in Berlin. Frankfurt am Main. (Suhrkamp)

RICHARDS, MICHAEL; THOMAS, PRADIP N.; NAIN, ZAHAROM (Hg.) (2001): Communication and Development. The Freirean Connection. Cresskill/New Jersey (Hampton Press)

RIEMANN COSTA E SILVA, MARGOT (1990): Paulo Freire. Bilanz einer Konzeption. Wissenschaft und Forschung, Band 11. Frankfurt (Verlag für Interkulturelle Kommunikation)

ROBERTS, PETER (Hg.) (1999): Paulo Freire, Politics and Pedagogy. Reflections from Aotearoa – New Zealand. Palmerston North (Dunmore Press)

ROBERTS, PETER (2000): Education, Literacy and Humanization. Exploring the Work of Paulo Freire. Westport/Connectitut, London (Bergin & Garvey)

ROCHESTER, MARTIN J. (2003): Critical Demagogues. What happens when ideology and teaching mix. In: HOOVER INSTITUTION, LELAND STANFORD JUNIOR UNIVERSITY (Hg.) (2003): Education next. A journal of opinion and research. Volume 3., Nr. 4. Stanford/CA (ohne Verlagsangabe) 77–82

ROSENOW, ELIYAHU (2003): Mordechai Martin Buber. In: TENORTH, HEINZ-ELMAR (Hg.) (2003): Klassiker der Pädagogik, 2. Band. Von John Dewey bis Paulo Freire. München (Verlag C.H. Beck) 112–122

ROSSATTO, CÉSAR AUGUSTO (2002): Critical Pedagogy applied Praxis: a Freirean Interdisciplinary Project and Grassroot Social Movement. In: SLATER, JUDITH J.; FAIN, STEPHEN M.; ROSSATTO, CESAR A. (Hg.) (2002): The Freirean legacy: educating for social justice. New York, Washington/D.C., Baltimore, Bern, Frankfurt am Main, Berlin, Brüssel, Wien, Oxford (Peter Lang) 157–171

ROSSATTO, CÉSAR AUGUSTO (2005): Engaging Paulo Freire's Pedagogy of Possibility. From Blind to Transformative Optimism. Lanham, Boulder, New York, Toronto, Oxford (Rowman & Littlefield Publishers)

ROTHE, FRIEDRICH K. (1975): Erziehung und Entfremdung. Zu den Thesen von Ivan [sic] Illich und Paulo Freire. neue pädagogische bemühungen [sic], Band 68. Essen (Neue Deutsche Schule Verlagsgesellschaft)

ROTHERMEL, LUTZ (2003): Erziehung zur Befreiung. Rezeption und Adaption der Pädagogik Paulo Freires in der BRD. In: BERNHARD, ARMIN; KREMER, ARMIN; RIESS, FALK (Hg.) (2003a): Kritische Erziehungswissenschaft und Bildungsreform. Programmatik – Brüche – Neuansätze, Band 1: Theoretische Grundlagen und Widersprüche. Baltmannsweiler (Schneider Verlag Hohengehren) 83–103

SALIH, SARA; BUTLER, JUDITH (Hg.) (2004): The Judith Butler Reader. Malden, Oxford, Victoria (Blackwell Publishing)

SANTIAGO, MARIA ELIETE (2007): Campo Curricular, Prática Pedagógica e Pedagogia Freireana. In: ASSOCIAÇÃO DE EDUCAÇÃO CATÓLICA DO BRASIL (Hg.) (2007a): Revista de Educação AEC. Olhando o Caleidoscópio: a escola em movimento. Jahrgang 36, Nr. 142. Brasília/DF, São Paulo (Editora Salesiana) 28–40

SANTOS GRACIANI, MARIA STELLA (1996): Momentos que não dá para esquecer. In: GADOTTI, MOACIR (Hg.) (1996a): Paulo Freire. Uma biobibliografia. São Paulo (Cortez Editora) 229–230

SAÚL, ANA MARIA (1996): Convivendo com Paulo Freire. Uma experiência inusitada. In: GADOTTI, MOACIR (Hg.) (1996a): Paulo Freire. Uma biobibliografia. São Paulo (Cortez Editora) 226–228

SCAPP, RON (1997): The subject of Education: Paulo Freire, Postmodernism, and Multiculturalism. In: FREIRE, PAULO; FRASER, JAMES W.; MACEDO, DONALDO; McKINNON, TANYA; STOKES, WILLIAM T. (Hg.) (1997): Mentoring the Mentor. A Critical Dialogue with Paulo Freire. New York, Washington/D.C., Baltimore, Bern, Frankfurt am Main, Berlin, Wien, Paris (Peter Lang) 283–291

SCHACHTNER, CHRISTINA (1999): A Recepção do Enfoque Teórico de Paulo Freire na Europa. In: STRECK, DANILO R.; REDIN, EUCLIDES; MÄDCHE, FLÁVIA C.; MANETZEDER KEIL, IVETE; GAIGER, LUIZ I. (Hg.) (1999): Paulo Freire: Ètica, Utopia e Educação. Petrópolis, RJ. (Editora Vozes) 7. Auflage, 123–137

SCHEUNFLUG, ANNETTE; HIRSCH, KLAUS (Hg.) (2000): Globalisierung als Herausforderung für die Pädagogik. Frankfurt am Main, London (IKO-Verlag)

SCHIMPF-HERKEN, ILSE (1979): Erziehung zur Befreiung? Paulo Freire und die Erwachsenenbildung in Lateinamerika. Materialien der AG SPAK, M 42. Berlin (Sozialpolitischer Verlag)

SCHIMPF-HERKEN, ILSE (1991): Erziehung heute – wozu? In: DABISCH, JOACHIM; SCHULZE, HEINZ (Hg.) (1991): Befreiung und Menschlichkeit. Texte zu Paulo Freire. München (AG SPAK Publikationen) 17–25

SCHIMPF-HERKEN, ILSE (2000a): Paulo Freire na Alemanha. In: CHIAPPINI, LIGIA; DIMAS, ANTONIO; ZILLY, BERTHOLD (Hg.) (2000): Brasil, País do Passado? São Paulo (EDUSP) 312–320

SCHIMPF-HERKEN, ILSE (2000b): Der Lehrer ist Politiker und Künstler. Paulo Freire in Deutschland. In: CHIAPPINI, LIGIA; ZILLY, BERTHOLD (Hg.) (2000): Brasilien, Land der Vergangenheit? Biblioteca luso-brasileira, Band 20. Frankfurt am Main (TFM – Teo Ferrer de Mesquita) 333–347

SCHIMPF-HERKEN, ILSE (2001): Paulo Freire: eine Theorie- und Methodenreflexion auf dem Hintergrund aktueller Entwicklungen in Europa. In: PAULO FREIRE GESELLSCHAFT (Hg.) (2001): Zeitschrift für befreiende Pädagogik. Lehrerfortbildung im gegenseitigen Austausch. Nr. 27/28. München (ohne Verlagsangabe) 71–79

SCHIMPF-HERKEN, ILSE; JUNG, INGRID (Hg.) (2003): Das Fremde als Chance. Wie entstehen Lernprozesse? Erfahrungen in der Bildungsarbeit mit chilenischen und deutschen LehrerInnen. Frankfurt am Main (IKO-Verlag für Interkulturelle Kommunikation)

SCHMIED-KOWARZIK, WOLFDRIETRICH (1974): Dialektische Pädagogik. Vom Bezug der Erziehungswissenschaft zur Praxis. München (Kösel)

SCHRAVESANDE, JOKE; MENDES, CANDIDO; DE BŒR, JAAP; SANDERS, THOMAS G.; FREIRE, PAULO; ZANDEE, PETER (Hg.) (1973): Die Methode Paulo Freire. Eine Theorie kulturellen Handelns. Berlin (Gerhardt Verlag)

SCHROEDER, JOACHIM (2001): A *Pedagogia do oprimido* na Alemanha. In: ARAÚJO FREIRE, ANA M.; APOLUCENO DE OLIVEIRA, IVANILDE; MACHADO, ROBERTO LUIZ (Hg.) (2001): A Pedagogia da Libertação em Paulo Freire. São Paulo (Editora Unesp) 133–145

SCHULZ, GÜNTHER (1991): Die sozialen Bewegungen werden weiterarbeiten. In: DABISCH, JOACHIM; SCHULZE, HEINZ (Hg.) (1991): Befreiung und Menschlichkeit. Texte zu Paulo Freire. München (AG SPAK Publikationen) 30–32

SCHULZE, HEINZ (1991): Über 15 Jahre Seminare und Veranstaltungen zur „Freire-Pädagogik". In: DABISCH, JOACHIM; SCHULZE, HEINZ (Hg.) (1991): Befreiung und Menschlichkeit. Texte zu Paulo Freire. München (AG SPAK Publikationen) 129–139

SCHULZE, HEINZ; SCHULZE, TRUDI (Hg.) (1989): Zukunftswerkstatt Kontinent. Volkserziehung in Lateinamerika. München (AG SPAK Publikationen)

SCHULZE, HEINZ (1997): Wir haben einen Freund verloren. In: PAULO FREIRE GESELLSCHAFT (Hg.) (1997a): Adios Paulo Freire! Texte – Würdigung – Nachrufe in deutscher, spanischer, portugiesischer, englischer, französischer und catalanischer Sprache. München (ohne Verlagsangabe) 22–23

SCOCUGLIA, AFONSO C. (1999a): A Construção da História das Ideias de Paulo Freire. In: STRECK, DANILO R.; REDIN, EUCLIDES; MÄDCHE, FLÁVIA C.; MANETZEDER KEIL, IVETE; GAIGER, LUIZ I. (Hg.) (1999): Paulo Freire: Ètica, Utopia e Educação. Petrópolis, RJ. (Editora Vozes) 7. Auflage, 29–51

SCOCUGLIA, AFONSO C. (1999b): A História das Idéias de Paulo Freire e a Atual Crise de Paradigmas. João Pessoa (Editora Universitária) 2. Auflage

SCOCUGLIA, AFONSO C. (Hg.) (2006a): Paulo Freire na História da Educação do Tempo Presente. Porto (Edições Afrontamento)

SCOCUGLIA, AFONSO C. (Hg.) (2006b): Paulo Freire e a „conscientização" na transição pós-moderna. In: SCOCUGLIA, AFONSO C. (Hg.) (2006a): Paulo Freire na História da Educação do Tempo Presente. Porto (Edições Afrontamento) 141–156

SEIBERT, THOMAS (1997): Existenzphilosophie. Stuttgart (Metzler Verlag)

SEIPPEL, ALBRECHT-SIGBERT (1974): Konfliktorientierte Gemeinwesenarbeit als Erwachsenenbildung In: BAHR, HANS-ECKEHARD; GRONEMEYER, REIMER (Hg.) (1974): Konfliktorientierte Gemeinwesenarbeit. Niederlagen und Modelle. Reihe Theologie und Politik, Band 8. Darmstadt, Neuwied (Luchterhand) 112–135

SHERMAN, Ann L. (1996): A emoção nos escritos de Paulo Freire. In: GADOTTI, MOACIR (Hg.) (1996a): Paulo Freire. Uma biobibliografia. São Paulo (Cortez Editora) 630–631

SIDDHARTHA (2005): From Conscientization to Interbeing: A Personal Journey. In: BOWERS, C.A.; APFFEL-MARGLIN, FRÉDÉRIQUE (Hg.) (2005): Rethinking Freire. Globalization and Environmental Crisis. Mahawah/New Jersey, London (Lawrence Erlbaum Associates Publishers) 83–100

SIEBERT, HORST (1999): Paulo Freire als Konstruktivist? In: GESELLSCHAFT FÜR INTERKULTURELLE BILDUNGSFORSCHUNG UND ENTWICKLUNGSPÄDAGOGIK E.V. (Hg.) (1999): Zeitschrift für internationale Bildungsforschung und Entwicklungspädagogik. 22. Jg., Heft 1, März 1999. Frankfurt am Main (IKO Verlag für interkulturelle Kommunikation) 12–15

SIEBERT, HORST (2002): Paulo Freire und Ivan Illich als Konstruktivisten? In: DATTA, ASIT; LANG-WOJTASIK, GREGOR (Hg.) (2002): Bildung zur Eigenständigkeit. Vergessene Reformpädagogische Ansätze aus vier Kontinenten. Frankfurt am Main (IKO Verlag für interkulturelle Kommunikation) 87–97

SIEBERT, HORST (2008): Konstruktivistisch lehren und lernen. Augsburg (Ziel-Verlag)

SIMPFENDÖRFER, WERNER (1991): Portrait Paulo Freire. In: DABISCH, JOACHIM; SCHULZE, HEINZ (Hg.) (1991): Befreiung und Menschlichkeit. Texte zu Paulo Freire. München (AG SPAK Publikationen) 4–11

SKIDMORE, THOMAS E. (1967): Politics in Brazil, 1930–1964. An Experiment in Democracy. New York (Oxford University Press)

SKIDMORE, THOMAS E. (1988): The Politics of Military Rule in Brazil, 1964–85. New York (Oxford University Press)

SLATER, JUDITH J.; FAIN, STEPHEN M.; ROSSATTO, CESAR A. (Hg.) (2002): The Freirean legacy: educating for social justice. New York, Washington/D.C., Baltimore, Bern, Frankfurt am Main, Berlin, Brüssel, Wien, Oxford (Peter Lang)

SÖNSER BREEN, MARGARET; BLUMENFELD, WARREN J. (Hg.) (2005): Butler Matters. Judith Butler's Impact on Feminist and Queer Studies. Aldershot, Burlington (Ashgate)

SORGE, PETRA (2002): Soft Skills in einer Welt der harten Fakten. Interkulturelle Kompetenz im deutsch-brasilianischen Business. In: Tópicos 3/2002, 21 (Bonn)

SORGE, PETRA (2007): Inclusão – uma qualidade brasileira sem pares – vista da perspectiva alemã. In: Hallo Brasil! Edição 1, 2/07 (ohne Ortsangabe) ohne Seitenangabe

SOUZA, JESSÉ (2000): A modernização seletiva: uma re-interpretação do dilema brasileiro. Brasília (Editora Universidade de Brasília)

STAUFFER, MARTIN (2007): Pädagogik zwischen Idealisierung und Ignoranz. Eine Kritik der Theorie, Praxis und Rezeption Paulo Freires. Bern (Peter Lang Verlag)

STEFANOS, ASGEDET (1997): African Women and Revolutionary Change. A Freirian and Feminist Perspective. In: FREIRE, PAULO; FRASER, JAMES W.; MACEDO, DONALDO; MC.KINNON, TANYA; STOKES, WILLIAM T. (Hg.) (1997): Mentoring the Mentor. A Critical Dialogue with Paulo Freire New York, Washington/D.C., Baltimore, Bern, Frankfurt am Main, Berlin, Brüssel, Wien, Oxford (Peter Lang) 243–271

STOKES, WILLIAM T. (1997): Progressive Teacher Education: Consciousness, Identity, and Knowledge. In: FREIRE, PAULO; FRASER, JAMES W.; MACEDO, DONALDO; MCKINNON, TANYA; STOKES, WILLIAM T. (Hg.) (1997): Mentoring the Mentor. A Critical Dialogue with Paulo Freire. New York, Washington/D.C., Baltimore, Bern, Frankfurt am Main, Berlin, Wien, Paris (Peter Lang) 201–227

STRECK, DANILO R.; REDIN, EUCLIDES; MÄDCHE, FLÁVIA C.; MANETZEDER KEIL, IVETE; GAIGER, LUIZ I. (Hg.) (1999): Paulo Freire: Ètica, Utopia e Educação. Petrópolis, RJ. (Editora Vozes) 7. Auflage

STUCKE, CORDULA (2006): Kampf um Gleichberechtigung. Bilanz und Perspektiven. In: BRIESEMEISTER, DIETRICH; ROUANET, SERGIO P. (Hg.) (1996): Brasilien im Umbruch: Akten des Berliner Brasilien-Kolloquiums vom 20.–22. September 1995. Frankfurt am Main (Biblioteca Luso-Brasileira) 357–362

STÜCKRATH-TAUBERT, ERIKA (1975): Erziehung zur Befreiung. Volkspädagogik in Lateinamerika. Reinbek bei Hamburg (Rowohlt)

TAVARES DA SILVA, ALEXANDRE MAGNO: Protagonismo juvenil: Proposta para a formaçăo de educadores sociais e agentes voluntários em projetos sócio-communitários. A contribuição do pensamento de Paulo Freire. In: DOMSCHKE, RAINER; KUPFER, ECKHARD E.; KUTSCHAT, RENATA S. G.; MERKLINGER, MARTINA (Hg.) (2007): Martius-Staden-Jahrbuch Nr. 54. São Paulo (Nova Bandeira produções editoriais) 190–204

TAYLOR, PAUL V. (1993): The Texts of Paulo Freire. Buckingham, Bristol (Open University Press)

TENORTH, HEINZ-ELMAR (Hg.) (2003): Klassiker der Pädagogik, 2. Band. Von John Dewey bis Paulo Freire. München (Verlag C.H. Beck)

THOMPSON, KENNETH (2000): Social Pluralism and Post-Modernity. In: HALL, STUART; HELD, DAVID; HUBERT, DON; THOMPSON, KENNETH (Hg.) (2000): Modernity. An Introduction to Modern Societies. Malden/Massachusetts, Oxford (Blackwell Publishers) 564–594

TÖDT, HEINZ EDUARD; TÖDT, ILSE: Paulo Freires Conscientização – eine theologische Theorie der Sozialisation? In: DABISCH, JOACHIM; SCHULZE, HEINZ (Hg.) (1991): Befreiung und Menschlichkeit. Texte zu Paulo Freire. München (AG SPAK Publikationen) 38–44

TORRES, CARLOS ALBERTO (1996a): A voz do biógrafo latino-americano. Uma biografia intelectual. In: GADOTTI, MOACIR (Hg.) (1996a): Paulo Freire. Uma biobibliografia. São Paulo (Cortez Editora) 117–147

TORRES, CARLOS ALBERTO (1996b): Pedagogia do Oprimido. Revolução pedagógica da segunda metade do século. In: GADOTTI, MOACIR (Hg.) (1996a): Paulo Freire. Uma biobibliografia. São Paulo (Cortez Editora) 567–568

TORRES, CARLOS ALBERTO (1997): Pedagogia da Luta. Da Pedagogia do Oprimido à Escola Pública Popular. Campinas (IPF/Papirus Editora)

TORRES, CARLOS ALBERTO (Hg.) (2003): Teoria Crítica e Sociologia Política da Educação, Biblioteca Freiriana 6. São Paulo (Cortez Editora)

TORRES, CARLOS ALBERTO; MORROW, RAYMOND A. (2002): Reading Freire and Habermas: Critical Pedagogy and transformative social change. New York (Teachers College Press)

TORRES, CARLOS ALBERTO; MORROW, RAYMOND A. (2003): Jürgen Habermas, Paulo Freire e a pedagogia crítica: novas orientações para a Educação Comparada. In: TORRES, CARLOS ALBERTO (Hg.) (2003): Teoria Crítica e Sociologia Política da Educação. Biblioteca Freiriana 6. São Paulo (Cortez Editora) 229–263

TORRES, ROSA-MARÍA (1996): Por que uma releitura de Freire? In: GADOTTI, MOACIR (Hg.) (1996a): Paulo Freire. Uma biobibliografia. São Paulo (Cortez Editora) 654–656

TORRES, ROSA-MARÍA (1999): The million Paulo Freires. In: INSTITUT FÜR INTERNATIONALE ZUSAMMENARBEIT DES DEUTSCHEN VOLKSHOCHSCHUL-VERBANDES (DVV INTERNATIONAL) (Hg.) (1999): Adult Education and Development, Nr. 53. Bonn (IIZ/DVV) 239–250

TREML, ALFRED K. (1987): Der Freire-Mythos. Zur Entmythologisierung der Freire-Pädagogik aus entwicklungspädagogischer Sicht. In: MEDIENVERBAND DER EVANGELISCHEN KIRCHE IM RHEINLAND (Hg.) (1987): Erziehen heute: Mitteilungen der Gemeinschaft Evangelischer Erzieher e.V. Jahrgang 1987, Nr. 37. Düsseldorf (ohne Verlagsangabe) 2–6

TRILLA I BERNET, JAUME (1996): Repercussões da obra de Freire. In: GADOTTI, MOACIR (Hg.) (1996a): Paulo Freire. Uma biobibliografia. São Paulo (Cortez Editora) 645–646

VENSLER, LUTZ (1991): Eine Schule öffnet sich. In: DABISCH, JOACHIM; SCHULZE, HEINZ (Hg.) (1991) : Befreiung und Menschlichkeit. Texte zu Paulo Freire, München (AG SPAK Publikationen) 248–252

VESPUCCI, RICARDO (Hg.) (ohne Jahresangabe): Coleção Rebeldes Brasileiros: homens e mulheres que desafiaram o poder. Vol. 1, fascículo 12. São Paulo (Casa Amarela)

VON DÜCKER, UWE (ohne Jahresangabe): Von Kindern und jungen Menschen Lernen … neue Erfahrungen aus der „Freiburger StrassenSchule". [sic] (unveröffentlichtes Tagungsmanuskript)

VON HENTIG, HARTMUT (1971): Cuernavaca oder: Alternativen zur Schule. Stuttgart, München (Ernst Klett Verlag/Kösel-Verlag)

VON HENTIG, HARTMUT (1973): Die Wiederherstellung der Politik. Cuernavaca revisited. Stuttgart, München (Ernst Klett Verlag/Kösel-Verlag)

VON OERTZEN, PETER (1991): Karl Marx. In: EUCHNER, WALTER (Hg.) (1991): Klassiker des Sozialismus, Band 1. München (C.H. Beck Verlag) 139–156

WAGNER, CHRISTOPH (2001): Paulo Freire (1921–1997). Alphabetisierung als Erziehung zur Befreiung. In: DEUTSCHE STIFTUNG FÜR INTERNATIONALE ENTWICKLUNG (Hg.) (2001): Entwicklung und Zusammenarbeit. Nr. 1. Bonn, Frankfurt am Main (ohne Verlagsangabe) 17–19

WALDENFELS, BERNHARD (1992): Einführung in die Phänomenologie. München (UTB Verlag)

WALKER, JIM (1981): The End of Dialogue: Paulo Freire on Politics and Education. In: MACKIE, ROBERT (Hg.) (1981): Literacy and Revolution. The Pedagogy of Paulo Freire. New York (Continuum) 120–150

WEFFORT, FRANCISCO (1982): Erziehung und Politik. Soziologische Reflektionen über eine Pädagogik der Freiheit. In: FREIRE, PAULO (1982, ursprünglich 1977): Erziehung als Praxis der Freiheit. Beispiele zur Pädagogik der Unterdrückten. Reinbek bei Hamburg (Rowohlt) 89–111

WEILER, KATHLEEN (1994): Freire and a feminist pedagogy of difference. In: MCLAREN, PETER; LANKSHEAR, COLIN (1994): Politics of Liberation. Paths from Freire. London, New York (Routledge) 12–42

WELLER, WIVIAN (2000): A Experiência de Paulo Freire como Secretário de Educação na Prefeitura de São Paulo. In: CHIAPPINI, LIGIA; DIMAS, ANTONIO; ZILLY, BERTHOLD (Hg.) (2000): Brasil, País do Passado? São Paulo (EDUSP) 295–302

WELLER, WIVIAN (2006): Frauen und Bildung in Brasilien. In: BRIESEMEISTER, DIETRICH; ROUANET, SERGIO P. (Hg.) (1996): Brasilien im Umbruch: Akten des Berliner Brasilien-Kolloquiums vom 20.–22. September 1995. Frankfurt am Main (Biblioteca Luso-Brasileira) 363–375

WENER, LEOKADIA K. (1991): Alphabetisierung und Bewußtwerdung. Eine Studie zur Methode Paulo Freire, verbunden mit einer Einführung in die Morphem-Methode. Mettingen (bkv brasilienkunde verlag)

WHITAKER, DULCE C. A. (2000): Brasil, um país do futuro? Um contraponto entre as projeções de Stefan Zweig e as de Paulo Freire. Um contraponto de esperança. In: CHIAPPINI, LIGIA; DIMAS, ANTONIO; ZILLY, BERTHOLD (Hg.) (2000): Brasil, País do Passado? São Paulo (EDUSP) 303–311

WILHELM, JOACHIM; FUTTERLIEB, HARTMUT (1975): Erziehung zur Solidarität. Materialien zu Paulo Freire's [sic] politischer Alphabetisierung. Freiburg (iz3w, Informationszentrum Dritte Welt)

WILLIANSON C., GUILLERMO (1996): Paulo Freire: 1964–1969. Sua passagem pelo Chile e o Chile pelo qual passou. In: GADOTTI, MOACIR (Hg.) (1996a): Paulo Freire. Uma biobibliografia. São Paulo (Cortez Editora) 184–187

WITKOFSKI, HANNELORE (1991): Gemeinsam lernen – Alphabetisierung in der Hamburger Erwachsenenbildung. In: DABISCH, JOACHIM; SCHULZE, HEINZ (Hg.) (1991): Befreiung und Menschlichkeit. Texte zu Paulo Freire. München (AG SPAK Publikationen) 124–128

YALOM, IRVING D. (1989): Existenzielle Psychotherapie. Köln (Verlag Edition Humanistische Psychologie)

YEARLY, STEVEN (2000): Environmental Challenges In: HALL, STUART; HELD, DAVID; HUBERT, DON; THOMPSON, KENNETH (Hg.) (2000): Modernity. An Introduction to Modern Societies. Malden/Massachusetts, Oxford (Blackwell Publishers) 504–532

YILDIZ, EROL (2002): Die politische Ethik multikultureller Gesellschaften im globalen Kontext: Multikulturalismusverständnis Seyla Benhabibs. In: NEUBERT, STEFAN; ROTH, HANS-JOACHIM; YILDIZ, EROL (Hg.) (2002): Multikulturalität in der Diskussion. Neuere Beiträge zu einem umstrittenen Konzept. Reihe Interkulturelle Studien. Opladen (Leske + Budrich) 33–62

ZIMMER, JÜRGEN (1977): Zu dieser Veröffentlichung. Freire im Rahmen der Entschulungsdebatte. In: BENDIT, RENÉ; HEIMBUCHER, ACHIM (1977): Von Paulo Freire lernen. Ein neuer Ansatz für Pädagogik und Sozialarbeit. München (Juventa)

ZIMMER, JÜRGEN (Hg.) (1983): Pädagogik der Befreiung. Lernen in Nicaragua. München (Kösel-Verlag)

ZITKOWSKI, JAIME JOSÉ (2000): Horizontes da (re)fundamentação em educação popular: um dialogo entre Freire e Habermas. Frederico Westphalen (Ed. URI)

ZWICKER-PELZER, RENATE (1991): Befreiung vom Patriarchat. Menschlichkeit durch mehr Weiblichkeit. In: DABISCH, JOACHIM; SCHULZE, HEINZ (Hg.) (1991): Befreiung und Menschlichkeit. Texte zu Paulo Freire. München (AG SPAK Publikationen) 45–48

ZWICKER-PELZER, RENATE (2001): Trinta anos de *Pedagogia do oprimido*. In: ARAÚJO FREIRE, ANA MARIA; APOLUCENO DE OLIVEIRA, IVANILDE; MACHADO, ROBERTO LUIZ (Hg.) (2001): A Pedagogia da Libertação em Paulo Freire. São Paulo (Editora Unesp) 209–213

Abbildungsverzeichnis

Waxmann

MÜNSTER · NEW YORK · MÜNCHEN · BERLIN

Interaktionistischer Konstruktivismus

herausgegeben von Kersten Reich und Stefan Neubert

■ Band 8

Angela Carmen Breuer

Das Portfolio im Unterricht

Theorie und Praxis im Spiegel des Konstruktivismus

2009, 328 Seiten, br., mit CD-ROM, 29,90 €,
ISBN 978-3-8309-2232-2

„Das Portfolio ist eine zielgerichtete (Auswahl aus einer) Sammlung von Schülerprodukten, die durch implizite und explizite Reflexionen, als auch durch die gegebenenfalls stattfindende Aufnahme von Zwischenprodukten die Entwicklung, den Fortschritt und den erreichten Leistungsstand – im Sinne von erreichten Kompetenzen (Standards) – des Schülers in einem bestimmten Zeitraum aufzeigt. (...)" (S. 164)

Die Arbeit mit dem Portfolio bedingt und begünstigt eine zeitgemäße Unterrichtskultur. Sie ist immer an einen voraussetzungsvollen Kontext gebunden, der systemisch gesehen durch intern und extern institutionelle Faktoren beeinflusst wird und in seiner Ausgestaltung entscheidend für die erfolgreiche Umsetzung der Idee ist.

Das Werk ist in drei Teile untergliedert, welche die Voraussetzungen für die Implementierung, die theoretische Rekonstruktion und die praktische Umsetzung des Portfoliokonzeptes darlegen und hinterfragen sollen.

Der interaktionistische Konstruktivismus nach Reich bietet sich in diesem Zusammenhang als viable Basis an, da er nicht nur den Lernenden als Ausgangspunkt aller didaktischen Überlegungen sieht, sondern auch eine Unterscheidung von einer Inhalts- und Beziehungsebene postuliert, die hilft, die zahlreichen reflexiven Elemente und kommunikativen Prozesse des Portfolios aufzufangen.

Zur Illustration finden sich auf der Begleit-CD neben einigen Kopiervorlagen auch einzelne, von den Lernenden zur Verfügung gestellte Portfolios. Sie sollen die Vielfalt und die Offenheit des Konzepts widerspiegeln und zum Einsatz des Portfolios ermutigen.

Waxmann

■ Band 7

Doris Wirth

Beziehungsarbeit an einer deutschen Hauptschule

Wege eines besseren Miteinanders

2009, 182 Seiten, br., 19,90 €
ISBN 978-3-8309-2206-3

Die Arbeit in der Schule scheitert oft nicht an Qualifikationen und Fähigkeiten der beteiligten Personen, sondern an dem mangelhaft funktionierenden Miteinander, der Beziehungsarbeit. Es besteht folglich die Notwendigkeit, die Fokussierung auf die Beziehungsebene zu richten und unter Verbindung von Beziehungsaufbau und interaktionistischem Konstruktivismus den Prozess des Beziehungslernens zu fördern.

Aber wie kann es gelingen, Beziehungsarbeit besser zu gestalten? Aus Sicht einer Lehrerin und Schulleiterin werden in diesem Buch Studien ‚gewöhnlicher Schulalltage‘ geschildert, die zeigen, dass es den so genannten ‚leichten Schultag‘ selten in diesem System gibt. Jederzeit können Geschehnisse ablaufen, die ein schnelles, umsichtiges Handeln erfordern und den schulischen Aufgabenbereich zu einem Bereich der permanenten Aufmerksamkeit, Sensibilität, Flexibilität und Spontaneität machen.

Denkbare Wege, diese Anforderungen zu bewältigen, werden durch Beispiele enger, kooperativer und wohlwollender Zusammenarbeit aufgezeigt, die für Lehrer/innen, Student/inn/en, Pädagog/inn/en in Ausbildungsseminaren sowie Eltern Hilfe und Motivation zugleich sein können.

MÜNSTER · NEW YORK · MÜNCHEN · BERLIN

Waxmann

MÜNSTER · NEW YORK · MÜNCHEN · BERLIN

Paulo Freire

Unterdrückung und Befreiung

Herausgegeben von Peter Schreiner,
Norbert Mette, Dirk Oesselmann,
Dieter Kinkelbur,
in Kooperation mit Armin Bernhard

2007, 140 Seiten, br., 9,90 €,
ISBN 978-3-8309-1803-5

Diese Sammlung von Schriften aus der Zeit von 1970 bis 1990 des brasilianischen Pädagogen Paulo Freire (1921–1997) gibt einen Einblick in die Grundlagen und Prinzipien seiner Bildungsarbeit auf der Basis der Pädagogik der Befreiung. In den ausgewählten Texten werden nicht nur pädagogische Probleme und inhaltlich-methodische Fragen der Bildungsarbeit thematisiert. Sie enthalten ebenso Analysen und Bewertungen von Politik, Kultur, Religion, Ethik und Veränderungsmöglichkeiten von Gesellschaft – eine Erweiterung, die sich gegen eine Vorstellung wendet, Pädagogik sei von Gesellschaft und Politik losgelöst zu behandeln. Scharfsinnig hat Freire u.a. die verheerenden Folgen des Neoliberalismus für Individuum und Gesellschaft analysiert und zum widerständigen Denken und Handeln ermuntert.

Paulo Freire

Bildung und Hoffnung

Herausgegeben von Peter Schreiner, Norbert Mette, Dirk Oesselmann, Dieter Kinkelbur, in Kooperation mit Armin Bernhard

2007, 156 Seiten, br., 9,90 €,
ISBN 978-3-8309-1856-1

Diese Sammlung von Schriften des brasilianischen Pädagogen Paulo Freire (1921–1997) geben einen Einblick in die spätere Phase der Weiterentwicklung seiner Bildungsarbeit von 1991 bis 1997 auf der Basis der Pädagogik der Befreiung.

Eine Auswahl repräsentativer alter und neuer Texte von Paulo Freire: Wer sie zur Hand nimmt, entdeckt rasch, dass uns dieser brasilianische Pädagoge nicht nur für die Theorie und Praxis unserer Erziehungsarbeit, sondern für unser Überleben Entscheidendes zu sagen hat.

Prof. Dr. Ulrich Becker, Universität Hannover

Waxmann

MÜNSTER · NEW YORK · MÜNCHEN · BERLIN

Paulo Freire

Pädagogik der Autonomie

Herausgegeben von Peter Schreiner, Norbert Mette, Dirk Oesselmann, Dieter Kinkelbur

2008, 134 Seiten, br., 9,90 €,
ISBN 978-3-8309-1870-7

Der Band *Pädagogik der Autonomie. Notwendiges Wissen für die Bildungspraxis* erscheint erstmals als deutsche Übersetzung aus dem Portugiesischen. Es ist das letzte von Paulo Freire selbst veröffentlichte Buch. Im Original im September 1996 erschienen, kann es als zusammenfassende Darstellung seines gesamten Werkes verstanden werden.

In diesem Buch rückt der Autor die Schule, die Situation der Schülerinnen und Schüler sowie der Lehrkräfte ins Zentrum der Betrachtungen. Konsequent verbindet Paulo Freire Gesellschaftsutopie, Bildungstheorie und Erziehungspraxis, um auf die für Lehrkräfte notwendigen Kompetenzen hinzuweisen, die für eine kritische, reflektierende Lehr-Lern-Praxis benötigt werden.

Insbesondere für die aktuelle Diskussion um Globales Lernen kann diese engagiert politische und gleichzeitig respektvolle Pädagogik bedeutsame Beiträge leisten. Angesichts der zunehmenden sozialen, kulturellen und religiösen Disparitäten in der Gesellschaft geht es im Bildungsbereich um die von Paulo Freire benannte Option für geschichtliche Veränderungen. Leitend dafür ist die Vorstellung eines Zusammenlebens, das die Autonomie aller Menschen – verstanden als selbstbestimmtes Leben, frei von Unterdrückung – fördert.

Für den deutschen Kontext erhoffen sich die Herausgeber, dass die Perspektive von Paulo Freire auch in anderen Zusammenhängen neue Sichtweisen auf Bildungspraxis eröffnen kann.